忠诚国家利益　崇尚专业和谐

中国能源报
CHINA ENERGY NEWS

我们的理念
忠诚国家利益

我们的目标
中国第一　世界著名

我们的定位
中国最权威的能源产业传媒

U0671385

沈阳鼓风机集团股份有限公司（以下简称沈鼓集团）是我国重大技术装备行业的自主性、战略型领军企业，是以重大技术装备国产化为己任的国家高新技术企业、国家创新型企业，中国机械工业 100 强企业，截至 2014 年末企业在岗员工 6917 人。

近些年来，沈鼓集团凭借雄厚的技术实力、精良的工艺装备、过硬的产品质量和优质的服务，稳居国内同行业领军地位，部分技术领域已经接近或达到国际同行业先进水平，跻身为具有较强国际竞争力的装备制造企业。

2014 年，沈鼓集团全力攻关重点科研项目，结合国家重大技术装备需求，完成了以十万空分压缩机组为代表的科研开发项目 165 项；累计完成以 120 万吨／年乙烯装置为代表的新产品开发 363 种 276 台；获得市级以上科技奖励 27 项；获得发明专利授权 23 项，实用新型专利授权 19 项，软件专利授权 1 项；并继续面向国内外技术资源，借助外力提升企业技术能力和水平。先后与 GE、三井造船、CFE 等公司进行交流并签署了深度合作研制意向。

2015 年，沈鼓集团根据《中国制造 2025 规划》及相关领域"十三五"发展方向，再一次明确了技术创新转型三大方向，即向高端装备转型、向新兴市场领域转型、向智能化装备转型，力争在未来 10 年和更长的时期内，继续成为中国高端透平装备的领跑者和领军人。

未来，沈鼓集团将继续坚持向生产性服务业转型，不断扩充服务功能和领域；践行落实"走出去"战略，不断扩大海外市场，积极努力创建具有国际竞争力的装备制造业基地。

①50吨电跳机测试机操作图片

②BCL1407重整循环氢离心压缩机

③4M150往复压缩机机组

④HS2200高速撬装往复输气压缩机组

⑤营口基地工人吊装设备

集团股份有限公司

能见未来　矿富天下

平安银行能源矿产金融事业部

　　2013年4月，能源矿产金融事业部由平安银行总行批准成立，能源矿产金融事业部的成立是平安银行基于"以客户为中心"的理念，按照"流程银行"的要求，实行由成本中心向利润中心的转变，对重点行业、重点业务进行嵌入式管理，实行专业化、集约化经营的重要举措，事业部的建立和发展承担着平安银行转型发展的重要任务。

　　截至2014年底，平安银行已实现能源矿产、地产、交通、现代物流、现代农业五大行业产业链金融服务的"全覆盖"，事业部架构也增至"11+5+1"（11个产品事业部、5个行业事业部、1个平台事业部）。

　　能源矿产事业部依托行业细分，从事能源、矿产领域的金融业务，致力于为能源、矿产行业上下游企业提供专业化、流程化的综合金融服务。作为平安银行首批行业事业部，能源矿产金融事业部借鉴先进的国际银行组织架构和实践经验，由总行直接领导，独立开展业务，面向全国开展业务经营。成立以来，30多家分支机构已如雨后春笋般建起，各地人才迅速汇聚成一个近300人的精英化团队。为了加强对各区域客户的服务，我们设立了北方、西北、华东、西南和南方五大区域总部，形成了全国主要能矿产地和贸易集中地全覆盖的战略布局，建立了总部战略引导、区域推动、分部（业务中心）经营的独具特色的业务管理模式。

中国平安
保险·银行·投资

平安银行
PING AN BANK

国家能源核电站核级设备研发中心

国家能源核电站核级设备研发中心（以下简称研发中心）于2010年1月6日正式授牌成立，依托中国广核集团中科华核电技术研究院组建。作为国家能源局设立的16个国家能源研发（实验）中心之一，研发中心以搭建核级设备研发平台和核级设备鉴定平台为目标，不断创新，引领我国核电设备研发技术和鉴定技术发展，并为我国核电设备制造企业提供设备供应方案和设备鉴定方案。

研发中心在编员工150多人，其中硕博士学历员工占比达90%以上，涵盖机械设计与制造、过程装备与控制、力学、核动力工程、核物理、电子工程、电气自动化、计算机等专业。研发中心设电仪所、主设备所、智能装备所、系统所及市场与项目管理所，并成立专家委员会指导全中心技术活动，开展机械、仪控、电气和环境工程设备研发和产业化。研发中心获国家863计划、科技支撑、973计划项目等支持，获得国家能源局、国防科工局等项目支持，获得广东省、深圳市科研项目支持。研发中心已获得国防科技等省部级以上奖励多项，拥有授权专利50多项，完成20余项核级产品研发和应用，员工获得国家五一劳动奖章一次。

研发中心成立至今，秉承建设开放式设备研发和鉴定平台的理念，在深圳大亚湾核电基地建设了安全壳内不可接近设备研发与试验中心（以下简称不可接近中心）。不可接近中心是我国模拟核电站反应堆厂房水池真实环境的试验平台。该中心提供核燃料组件模拟体、换料装置、压力容器模拟体、蒸汽发生器模拟体、控制棒驱动机构工程样机、反应堆整体螺栓拉伸机工程样机、控制棒驱动系统工程样机等重大不可接近设备。该中心可模拟在高放射性环境下设备的检修和提供培训指导，并为不可接近设备的专用维修工具研发和一回路重大设备的研制提供有力支

中广核 CGN
核能服务　中科华核电技术研究院
Nuclear Power Services　China Nuclear Power Technology Research Institute

撑。同时，研发中心还建设了大量的核级设备鉴定试验实施，为设备制造企业提供鉴定服务，包含：国内在运大型LOCA环境鉴定试验台，反应堆再循环杂质试验台，CRDM冷、热态考验试验台，地坑滤网化学效应和下游试验台，主泵运维技术试验验证平台，核电机器人湿热鉴定试验台，并与国内其他单位联合建设了反应堆C环热态综合平台、主泵轴封综合试验平台、大型设备辐照试验装置等。研发搭建集核主泵关键部件研发和日常修复的试验验证平台，包括核主泵轴封系统研发和试验平台、核主泵部件修复技术研发和试验平台、核主泵废弃物处理技术研发试验平台，建成后的平台将具备国内自主维修核主泵的能力。

依托已建成的试验平台，研发中心成功开发出近30种核电站重要设备，包括燃料操作设备、燃料在线和离线检查装置、反应堆大盖螺栓拉伸机、地坑过滤器、LSS裕度监测装置、控制棒驱动机构、棒控棒位系统、反应堆大盖C型密封环工程样机、反应堆压力容器法兰式清洗装置等，并实现产业化供货合同总额达9亿元，供货范围覆盖中核、中广核在役和新建核电站。研发中心在中低放废物处理领域，成功研制出水泥固化线，开发出等离子焚烧减容技术和成套蒸发器与脱气塔等关键设备，为核电站中低放废物处理提供安全、环保的解决方案，同时可为城市生活垃圾处理、医疗垃圾处理提供技术指导。

研发中心在设备鉴定方面重点开展三大业务：设备鉴定基础技术研究、设备鉴定体系及标准规范建立、国产化设备研发的鉴定指导。通过消化法国和美国鉴定标准，结合国内实践，完成50多份核级设备鉴定标准规范编制，承担28项国家能源局核电行业标准编制工作。这些工作极大地推动了核电设备国产化进程。

研发中心以国家能源发展规划为方向，利用国家核电事业发展契机，借助新堆型研发阵地，将在"十三五"期间开展一批核电关键鉴定技术研究，启动新一批核电重大设备研发，实施一批重要试验平台建设，为国家核电"走出去"提供核心技术支撑。

CHAODA

超达阀门集团总部

超达阀门集团五星厂区

企业简介 About Us >>>

超达阀门集团股份有限公司创建于1984年，国家重点高新技术企业，中国阀门协会副理事长单位，中石化、中石油、中海油集团高中压阀门一级供应网络成员单位。公司主要生产金属硬密封耐磨球阀、低温阀门、波纹管阀门、对夹止回阀、高压耐磨调节阀等特色产品及各类标准阀门。产品广泛应用于石油、石化、天然气、煤化工、多晶硅、冶金、电力等行业，并出口欧美、亚太、中东等国家和地区。

公司设有省级重点研究院、省级企业技术和研发中心，拥有省级重点企业技术创新团队，从事新产品新技术研究开发，公司获国家专利100项、国家重点新产品3项、国家火炬计划4项、省级新产品11项，公司被评为省创新型试点企业、省专利示范企业、省产学研合作示范企业、省标准创新型企业，先后制订了76项国家标准和国家机械行业标准。

公司从2003年开始大规模进入煤化工行业，是国内率先从事煤化工关键阀门国产化的企业之一。超达已为国内100多个大型煤化工项目提供了5万多台阀门，其中用于气化装置的锁渣阀、灰水黑水及煤浆切断阀、煤粉阀、氧气阀、黑水调节阀、放料阀等煤化工关键阀门共计3万多台，为煤化工关键阀门的国产化做出了重要的贡献。

神华100万吨煤直接液化示范工程联动试车保障组成员企业

超越自我　不断创新
www.chinavalve.com

浙江省青田超达铸造有限公司

超达阀门集团丽水有限公司—鸟瞰图

产品展示 >>>
Prodaction exhibition

超达阀门集团股份有限公司
CHAODA VALVES GROUP CO.,LTD.

地址:浙江省永嘉县瓯北镇江北大街　　　　邮编:325105
电话:+86-577-67377888　　67315666　　传真:+86-577-67311220
E-mail:chaoda2@chinavalve.com　　http://www.chinavalve.com

四川川润动力设备有限公司

四川川润动力设备有限公司（原东方锅炉设备制造有限公司），始建于1978年，是四川川润股份有限公司（深交所股票代码：002272，股票简称川润股份）的全资子公司。

川润动力公司致力于为客户提供"专业化、规范化、国际化"电站工程和节能减排工程解决方案。基于30多年的锅炉和容器设计、制造和服务经验，研发制造生物质锅炉、余热锅炉、燃煤锅炉、各种容器、电站辅机；通过国内国际化工程合作，为中国和亚洲客户提供生物质发电、余热发电、垃圾焚烧发电、新能源、燃煤电厂、节能减排产品服务和电站EPC、BT、EMC等工程总包服务。

川润动力作为中国西部大型的余热利用生物质锅炉生产基地，先后取得A级锅炉设计制造许可证，A1、A2级压力容器设计制造许可证，美国ASME认证的U证和S证，ISO9001质量管理体系认证，ISO14001环境管理体系认证，邓白氏评级5A2，OHSAS18001职业健康安全体系认证。公司拥有院士（专家）工作站和先进的实验室。

循环流化床锅炉

余热锅炉总包

生物质电站总包工程

电站总包工程

锅炉容器生产基地

地址：四川省自贡市高新工业园区荣川路1号
Add : Zigong City,Sichuan Province High-tech Industrial Park Rongchuan Road No.1
电话：0813-2629999　传真：0813-5100887　邮编：643000

有 限 公 司

四川川润液压润滑设备有限公司

四川川润液压润滑设备有限公司系四川川润股份有限公司（深交所股票代码：002272，股票简称川润股份）的全资子公司。

公司立足于重大装备制造业，以能源装备为核心，致力发展成为具有持续发展能力的"专业化、规范化、国际化"的现代化企业，相继研制开发出液压系统、润滑系统、冷却系统及特种液压缸等产品。公司拥有机械工业润滑液压技术工程重点实验室，能对产品各项性能做全功率试验。同时，公司还取得CE认证，拥有中国船级社认证、ISO9001质量管理体系认证、ISO14001环境管理体系认证、OHSAS18001职业健康安全 体系认证。

公司产品广泛应用于风能、太阳能、水电、核能等清洁能源领域和矿山、水利、电力、石油化工、海洋工程、建材、冶金等行业，并远销海外30多个国家及地区，已累计为近3000家直接客户提供了超过100000台/套技术先进、性能优良的液压润滑冷却产品及系统解决方案。公司将致力于为全球客户提供高效、节能的液压系统、润滑系统、冷却系统及油气开采、石化类产品与服务，也为全球能源装备企业提供成套的液压润滑系列产品及解决方案！

风力发电润滑、液压、冷却系统

核电润滑、冷却系统

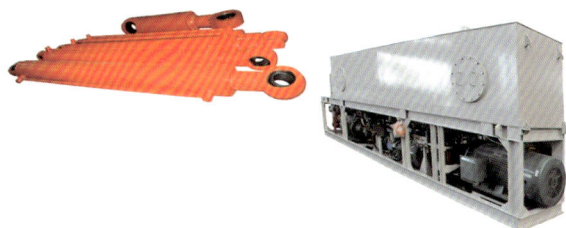

润滑液压系统及元件

液压润滑产品生产基地

地址：四川省成都市现代工业港港北六路85号
Add：The modern industrial port of chengdu city, sichuan province port north road 85 6
电话：028-65022272　传真：028-61836323　邮编：611743

GE可再生能源

　　GE发电和水处理集团是全球的发电设备和水处理整体解决方案供应商，改变了全球发电和用电的方式。可再生能源技术是其中一项非常重要的业务，GE投入了超过20亿美元用于先进的可再生能源技术的开发。GE风机在全球装机总量超过23,000台，并拥有11个生产制造工厂。目前，GE在31个国家的总装机量已经超过37GW，其中在役风机超过98%。

GE可再生能源在中国

　　GE致力于把先进的风电技术带入中国。辽宁沈阳的风机制造工厂便是GE帮助中国客户实现风电开发目标和财务指标的例证。

　　通过不懈的努力，GE目前在中国的风机安装量已经超过1000台。2004年，GE在中国率先安装了1.5MW型风机，目前拥有国内较长的运行时间记录。

　　通过在中国推出1.7–103型风机，GE把在同兆瓦级风机中容量系数较优的产品带进低风速市场，以便中国的风电开发商在极低风速的情况下也能得到高效能。而GE的1.85MW型风机则专为中高风速设计，在保持成本效率和竞争力的情况下，为客户提供高品质风能技术。GE新的2.75–120风机扩展了GE智能风机的平台，利用工业互联网的力量为客户提高经济收益，将助力于实现GE对中国可再生能源领域的承诺。

谈笑风生

分享实时数据，风力涡轮机协作无间，"无话不谈"，提升效率，优化能源解决方案。
GE梦想启动未来
tvs.youku.com/gechina

德阳经济技术开发区

德阳经济技术开发区成立于1992年8月，2010年6月经国务院批准升级为国家级经济技术开发区，位于成渝经济区核心极点和成都—德阳—绵阳经济发展带上，紧邻省会城市成都，是国家工信部授予的全国"国家新型工业产业化示范基地"和联合国"清洁技术与新能源装备制造业国际示范城市"挂牌园区。在2014年中国能源峰会暨第三届中国能源经济论坛上，德阳经开区荣获"中国能源装备产业园区十强"荣誉称号。2014年11月，德阳市顺利通过国家节能减排示范城市评选公示，成为全国12个综合示范城市之一。

德阳经济技术开发区以装备制造、能源装备、新型材料为主导产业，拥有中国二重、东方电机、东方汽轮机、东方阿海珐等一批行业龙头企业，输出了占全国60%以上的核电产品、50%以上的电站铸锻件、40%的水电机组、30%以上的火电机组和汽轮机以及40%的重型铸锻件，先后为三峡、二滩、大亚湾等工程提供了重大成套装备。大型的8万吨模锻压机在这里诞生。

德阳经济技术开发区始终秉持"战略产业新区，区域发展支点，创新驱动前沿，低碳绿色家园"的发展理念，始终遵循"一体化、高端化、国际化"前进航向，创新驱动发展，领航德阳创造，乘风远航，驶向更加广阔的未来！

中国二重自主研发制造的大型8万吨模锻压机

2006年10月10日东方电机生产制造的国产三峡右岸电站70万千瓦水轮机转轮发运出厂

东汽——核电转子

东锅——百万千瓦级核电蒸发器

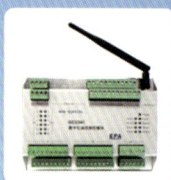

中航动力科技工程有限责任公司
AVIC POWER SCIENCE & TECHNOLOGY ENGINEERING CO., LTD.

中航动力科技工程有限责任公司

荣获

2013节能中国优秀单位

中国节能协会

中航工业动科是国内率先拥有自主知识产权的以航空发动机技术衍生产品为核心业务的高科技公司，以中航工业燃机成套、工业余能集成、燃机和余能等工程总包及服务为主营业务。其中，燃气轮机成套及工业余能集成产品在国内地位轻重并举，系列化发展的产品格局，处于技术领先、行业主导地位。燃机及工业余能工程EPC建设及服务，在行业内一直拥有较高的知名度和美誉度，服务内容主要包括燃机动力工程及工业余能工程总承包(EPC)业务，机组及部件的检修维护业务、备件修理业务、燃气轮机电站的运行管理与技术咨询业务等。公司总部设北京，下属五个子公司。

燃气轮机研发、制造能力

自20世纪70年代以来，已先后生产并运行具有自主知识产权燃气轮机发电设备200多台套，功率等级包括1MW、1.5MW、2MW、6MW、7MW、12.8MW、26MW、110MW等。其中，2MW、12.8MW燃机发电机组曾出口到中东及东欧国家。

电站安装、调试、运行维护能力

具有丰富的国内、外多种型号燃机安装、调试、运行维护的经验，主要机型有西门子公司的SGT-200、SGT-400、SGT-2000E；美国GE公司的LM2500、LM5000、LM6000、MS5001、MS6001B、MS9001E；三菱公司的MS251S、日立公司的H25、普惠公司的FT8系列燃机，以及中石油西气东输增压站、中海油海上石油平台发电机组的维护。

燃机成套能力

与西门子公司合作，开发成套燃气轮机发电机组。已成套并在国内、外销售QDR70(SGT-200)型燃机16台、QDR129(SGT-400)型燃机18台。2014年中航工业动科与西门子签署SGT-800合作协议，西门子提供中航工业动科具有竞争力的产品、维护价格和供货周期。与美国GE油气公司合作成套QD100系列燃气轮机发电机组，已成套并在国内、外销售16台。

地址：北京市朝阳区小关乐里14号中航发展大厦A座五层　电话：010-57827333　57827369　传真：010-57827273

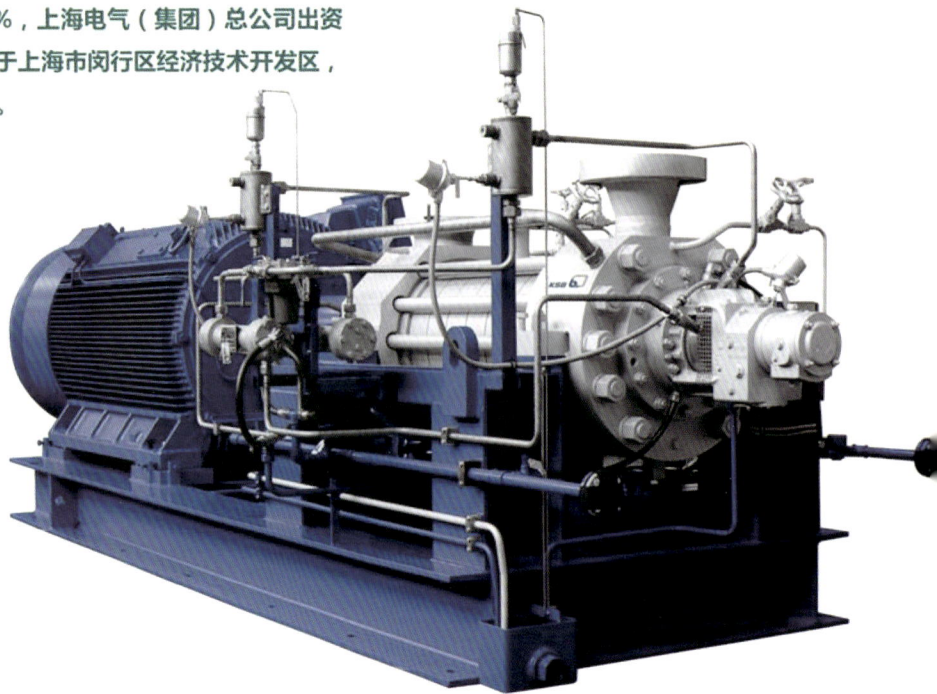

沈阳华创风能有限公司

沈阳华创风能有限公司于2006年4月在沈阳成立，是一家集设计研发、生产制造、技术咨询、销售服务为一体的拥有完全自主知识产权的大型风机制造企业。2011年7月，公司与中国大唐集团公司进行战略重组，成为大唐集团科技板块骨干企业。

经过9年的创新发展，公司现已成为集设计研发、生产制造、技术咨询、销售服务为一体的拥有完全自主知识产权的大型风机制造企业。公司拥有沈阳、青岛、通辽、宁夏四大产业基地，产业布局合理，均贴近中国主要风资源，运输便利，具有明显成本优势和快速服务响应能力，四个生产基地年产能1500台。

自主创新是公司发展战略的核心。目前，华创风能已经形成从产品开发到试制、试验的较为完整的产品研发体系；具有1.5MW直驱、双馈，2MW直驱、3MW直驱、双馈、3.6MW半直驱风机的大批量生产能力。5MW半直驱机型已设计完成，进入样机实验阶段。华创风能是全部掌握直驱、双馈、半直驱三种不同技术路线并实现生产、装机、并网发电的企业。

华创风能已经完成以国家风电场总体布局为导向的、覆盖国内主要风资源地区、尽显区位优势的生产、运维、研发、销售、管理一体多翼产业布局。

华创风能品牌风机已遍布内蒙古、山东、黑龙江、新疆、山西、福建、宁夏等省及自治区。投运机组可利用率达98%以上，居国内领先水平。

长输管道关键设备国产化项目
大口径高压全焊接球阀

上海电气阀门有限公司
（原上海耐莱斯·詹姆斯伯雷阀门有限公司）

为了确保国家的能源战略安全，进一步贯彻"以国代进"战略，在国家发改委和能源局的积极倡议下，上海电气集团于2013年9月成功收购了上海耐莱斯·詹姆斯伯雷阀门有限公司原外方投资方的全额股份，使SNJ成为上海电气集团下属的全资公司。

经过一年的平稳过渡，上海耐莱斯·詹姆斯伯雷阀门有限公司于2014年9月正式更名为上海电气阀门有限公司。更名后公司将继续保持SNJ品牌，继续使用原上海耐莱斯·詹姆斯伯雷阀门有限公司自主研发的技术（如管线球阀）和原外方投资方的球阀和蝶阀技术进行生产和销售；继续保持和发展管道工业领域的阀门供应商的龙头地位，为国家的能源安全战略做贡献；同时依托上海电气集团的强大后盾，上海电气阀门有限公司（SNJ）将在电站配套、化工、煤化工、节能、核电等领域开拓新的天地。

目前，"天然气长输管道关键设备国产化高压大口径全焊接阀体管线球阀形成批量生产能力"项目正式启动，上海电气阀门有限公司的制造场地将进一步扩展，新一批具有行业先进水平的加工设备和试验设备陆续到位，公司的持续发展能力得到强有力的保障。

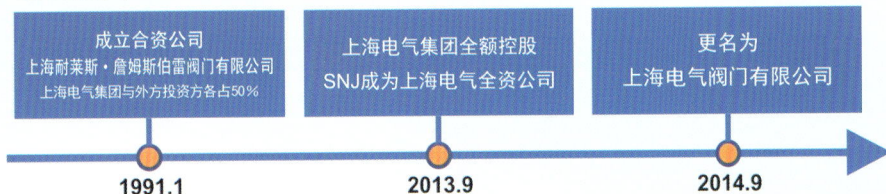

48" Class 900高压大口径全焊接管线球阀

56" Class 900高压大口径全焊接管线球阀

公司沿革

成立合资公司 上海耐莱斯·詹姆斯伯雷阀门有限公司 上海电气集团与外方投资方各占50%	上海电气集团全额控股 SNJ成为上海电气全资公司	更名为 上海电气阀门有限公司
1991.1	**2013.9**	**2014.9**

制造完成的31台 48". Class 900高压大口径全焊接球阀，出厂发运到西气东输三线（西段）现场。

上海电气
SHANGHAI ELECTRIC

上海电气阀门有限公司
SNJ VALVE CO., LTD.

中国·上海浦东金桥出口加工区秦桥路333号　邮编：201206　电话：021-61006611　E-mail:snj@snjvalve.com　http://www.snjvalve.com

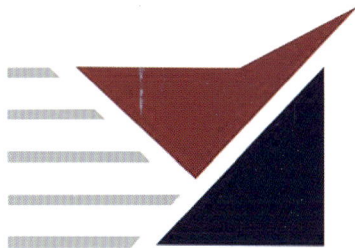

远大压缩机
COMPRESSOR

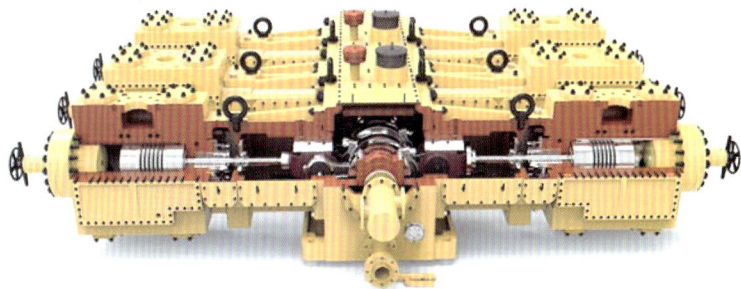

完全平衡型高转速压缩机

CNG压缩机

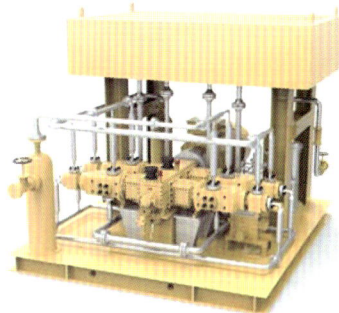

沈阳远大压缩机股份有限公司创建于1997年，总占地面积21.4万㎡，建筑面积10.4万㎡；注册资本9450万元，资产总额超过12亿元；有员工700余人。

公司专业从事往复活塞式压缩机的研发制造，是国家高新技术企业、辽宁省企业技术中心、辽宁省往复压缩机工程技术研究中心、产品研发制造位于国内领先水平。现已研发生产了M、D、Z、P、L、V、W、HS型8个系列上千种型号及K和D两个系列百余种型号的迷宫压缩机产品。压缩机气体力为20KN~1500KN，介质温度为-163℃~300℃。公司多次承接国家石油、化工重点项目、重大装备国产化项目，很多产品为国内首创，达到国际先进水平。长期服务于石油、化工、天然气、新能源领域。公司是美国、德国等工程公司的亚太地区供应商。

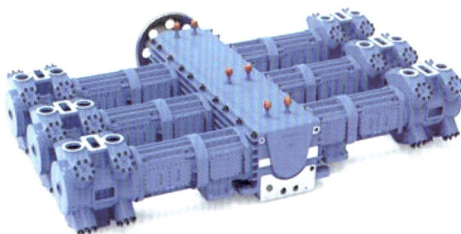

API618重型工艺压缩机

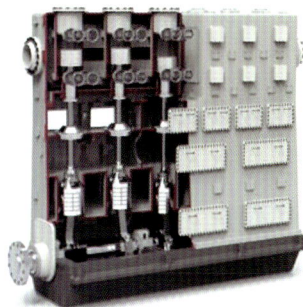

大型迷宫压缩机

装配车间　　　　　　　　　　　机加车间

正门远景

远大鸟瞰

沈阳远大压缩机股份有限公司
http://www.ydysj.com

地址：沈阳经济技术开发区沧海路1号　邮编：110027　传真：024-2536 8551
销售热线：024-2536 2789　2536 9782　服务热线：024-2537 1227

Jiuli 浙江久立特材科技股份有限公司

浙江久立特材科技股份有限公司创建于1987年，座落在"长三角"中心太湖南岸——浙江省湖州市，是一家专业生产工业用不锈钢及特种合金管材、管件的上市公司（股票代码：002318）。公司建有先进水平的不锈钢、耐蚀合金、钛合金、高温合金无缝管（热挤压/穿孔+冷轧/冷拔）生产线和FFX成型、JCO成型等焊接管生产线，始终致力于为油气、电力、核电、LNG等能源装备及石化、化工、船舶制造等行业装备提供高性能、耐蚀、耐压、耐温的不锈钢管；不锈钢、镍基合金、碳钢、合金钢等材料法兰、管件等，管道产销量多年居国内领先。

公司核电用核安全1级、2级、3级管道已全面覆盖核岛和常规岛各设备及系统，产品应用于国内外众多电站，覆盖了二代、三代、四代以及ITER等众多堆型。其中，包括核电站中核心设备蒸汽发生器用核一级U形传热管的成功开发和应用，解决了国内多年来产品一直依赖进口的局面。

久立行政科技大楼

核电蒸汽发生器用耐蚀合金U形传热管

双金属复合管　　　　　LNG输送用大口径焊接管　　　　　耐蚀合金油井管　　　　　超超临界锅炉用管

地址：浙江省湖州市吴兴区中兴大道1899号　邮编：313028
电话：0086-572-2539999　传真：0086-572-2539000
E-mail：info@jiuli.com　　http://www.jiuli.com

绿色清洁能源的倡导者

湘电风能有限公司成立于2006年，是湘电股份（600416）旗下专业从事大型风力发电装备系统提供商。

目前拥有XE系列直驱型不同功率机组五大类11种：

XE87/96/100/105/112/116-2000；

XE112/122-2500；

XE137-4000；

XE137-4500；

XE128-5000；

适用于山地、陆地低温、陆地高温、高海拔、多台风、超低风速、潮间带、海上等特殊风资源地区。

中国能源装备年鉴（2014）

《中国能源装备年鉴》编委会　编

主办单位

中国机械工业联合会

国家发展和改革委员会能源研究所

中国能源报社

经济管理出版社

发展能源装备

提高科技含量

降低资源消耗

减少环境污染

改善经济效益

保障安全使用

贺中国能源装备年鉴创刊

曾培炎

二〇一三年七月

《中国能源装备年鉴》编纂委员会

主　任

张国宝　国家能源委员会专家咨询委员会主任
　　　　中国产业海外发展和规化协会会长
　　　　国家发展和改革委员会原副主任、国家能源局原局长
王瑞祥　中国机械工业联合会会长

常务副主任

韩文科　国家发展和改革委员会能源研究所所长
李庆文　中国能源报社社长

副主任（按姓氏笔画排序）

王寿君　中国核工业建设集团有限公司党组书记、董事长
苏永强　沈阳鼓风机集团股份有限公司董事长、党委书记
李跃平　中国电力建设集团有限公司副总经理
张　刚　上海弘盛特种阀门制造有限公司总经理
庞松涛　中科华核电技术研究院有限公司总经理
胡德霖　苏州电器科学研究院股份有限公司董事长
程永权　中国长江三峡集团公司总工程师
濮　津　中煤能源股份公司副总裁、中煤装备公司执行董事兼总经理

委　员（按姓氏笔画排序）

庄建新　江苏银环精密钢管股份有限公司董事长
江国进　北京广利核系统工程有限公司总经理
何顺席　河北天择重型机械有限公司董事长
张宗列　中核苏阀科技实业股份有限公司总经理
姚梦兴　上海凯士比泵有限公司总经理
谢小平　黄河上游水电开发有限责任公司总经理
蔡　军　扬州电力设备修造厂有限公司总经理

协编单位

政府机构（按笔画排序）

上海市发展和改革委员会

山东省经济和信息化委员会

广东省能源局

天津市发展和改革委员会

云南省发展和改革委员会

甘肃省能源局

四川省发展和改革委员会

宁夏回族自治区能源局

辽宁省发展和改革委员会

吉林省发展和改革委员会

江西省发展和改革委员会

江苏省能源局

青海省发展和改革委员会

河北省发展和改革委员会

贵州省发展和改革委员会

重庆市发展和改革委员会

浙江省能源局

黑龙江省发展和改革委员会

湖北省发展和改革委员会

湖南省发展和改革委员会

新疆维吾尔自治区经济和信息化委员会

福建省发展和改革委员会

行业组织（按笔画排序）

云南省机械行业协会

中国水力发电工程学会

中国可再生能源学会风能专业委员会

中国石油和石油化工设备工业协会

中国电池工业协会

中国电池网

中国电器工业协会

中国机械工业联合会

中国农机工业协会风能设备分会

中国城市燃气协会

中国核能行业协会

中国造船工程学会

中国通用机械工业协会气体分离设备分会

中国通用机械工业协会阀门分会

中国煤炭工业协会

中国煤炭加工利用协会

中国煤炭机械工业协会

北京节能环保中心

安标国家矿用产品安全标志中心

国家发展改革委能源研究所《中国能源》杂志社

参编单位（按笔画排序）

上海开维喜集团股份有限公司

上海电力修造总厂有限公司

上海电气阀门有限公司

上海弘盛特种阀门制造有限公司

上海自动化仪表股份有限公司自动化七厂

上海凯士比泵有限公司

上海瑞纽机械股份有限公司

上海鼓风机厂有限公司

天津市松正电动汽车技术股份有限公司

无锡动力工程股份有限公司

中国长江三峡集团公司

中国东方电气集团有限公司

中国电力建设集团有限公司

中国联合工程公司

中科华核电技术研究所有限公司

中核苏阀科技实业股份有限公司

中航动力科技工程有限责任公司

内蒙古中环光伏材料有限公司

内蒙古北方重工业集团有限公司

长沙鼓风机厂有限责任公司

平安银行能源矿产金融事业部

北京广利核系统工程有限公司

北京京城新能源有限公司

四川川润集团有限公司

四川空分设备（集团）有限责任公司

扬州电力设备修造厂有限公司

江西萍乡市华朋实业有限公司

江苏金通灵流体机械科技股份有限公司

江苏银环精密钢管股份有限公司

安徽应流集团霍山铸造有限公司

苏州电器科学研究院股份有限公司

沈阳华创风电有限公司

沈阳远大压缩机股份有限公司

沈阳鼓风机集团股份有限公司

河北天择重型机械有限公司

南京南瑞继保电气有限公司

哈尔滨空调股份有限公司

重庆水泵厂有限责任公司

浙江九立特材科技股份有限公司

浙江三方控制阀股份有限公司

浙江中控技术股份有限公司

通用电气（中国）有限公司

黄河上游水电开发有限责任公司

超达阀门集团股份有限公司

湘电风能有限公司

德阳经济技术开发区管理委员会

编辑工作人员

主　编

解树江

副主编

杨存生　杨世伟

编辑部主任

牟思南

责任编辑

胡　清

编　辑

龙茂兰

编辑说明

一、《中国能源装备年鉴（2014）》由中国机械工业联合会、国家发展和改革委员会能源研究所、中国能源报社联合主办，是我国能源装备领域大型综合类史料性文献。

二、《中国能源装备年鉴（2014）》是继首部《中国能源装备年鉴（2012）》出版之后的第二部。年鉴在编撰过程中，得到了有关领导、行业组织、地方政府及主管单位和相关企业的大力指导支持和帮助。国务院原副总理曾培炎同志高度重视年鉴编纂工作，并亲笔题词祝贺年鉴创刊；国家能源局原局长吴新雄同志对首部年鉴殷切寄语并拨冗写序。张国宝主任对年鉴进行了总体设计，并明确了工作原则、目标和任务；王瑞祥会长对第二部年鉴的编纂给予了具体的指导和支持；韩文科所长负责专业内容的把握和指导；李庆文社长负责编辑工作的总体统筹协调和系统安排。

三、第二部采用分类编辑法，分9个篇章：总论、大事记、行业篇、地方篇、成就篇、企业篇、产品技术篇、数据篇和附录，全面系统地记载了我国石油石化天然气、煤炭、电力、新能源、节能减排领域及各地区2012年、2013年发展情况和主要成就。另外，大事记、成就篇、企业篇等篇章也有部分2014年的最新资料。

四、因能源装备产业涉及行业面广、专业跨度大，各领域装备制造均有各自相对独立的产业链，无论在研制水平还是行业信息统计方面都存在诸多差异，在编辑中，我们始终坚持以产品及其相应经济指标为主线，同时兼顾各行业不同的发展水平和国产化进程，尊重各行业的产业特殊性。在行业篇中，油气板块主要分石油和石油化工、煤化工两大部分。煤炭板块主要分采掘、洗选、安全三大部分，电力板块主要分火电及其他发电、水电、核电、输变电、智能电网五大部分，新能源板块主要分风电、光伏、储能三大部分，此外还收录了脱硫脱硝的内容。在地方篇中，按华北、东北、华东、中南、西南、西北六大区域划分，详细收录了该区域内以能源装备为主导的产业园区发展情况和经济指标数据。在数据篇中，根据隋永滨总工程师给予的指导意见，从机械工业统计数据中，挑选出五大类产品（电工电器、石化通用、重型矿山、仪器仪表、基础零部件）的数据并分别注明大致比例供读者参考使用。此外，成就篇中收录了第二届中国能源装备优秀人物/企业的获奖名单，第二部还新增产品技术篇。

五、参与有关章节编写的单位有：中国机械工业联合会、中国石油和化学工业联合会、中国石油和石油化工设备工业协会、中国煤炭加工利用协会、国家矿用产品安全标志中心、中国电器工业协会、中国水力发电工程学会、中国核能行业协会、中国风能协会、中国农机工业协会风能设备分会、中国光伏行业协会、中国环保产业协会脱硫脱硝委员会等机构及行业有关企业。

六、真诚感谢各位领导、专家的指导及参与编写的单位和作者。因水平有限，我们在资料收集、材料筛选、文字加工、体例统一等方面难免有疏漏和不足之处，敬请批评指正。

《中国能源装备年鉴》编辑部

2015 年 9 月

目 录

总 论

大事记

行业篇

地方篇

成就篇

中国能源装备优秀人物/企业

国家能源科技进步奖

企业篇

产品技术篇

数据篇

附　录

总 论

能源装备面临的任务和展望

装备工业是为国民经济各部门、基础设施建设和国防建设提供装备的部门，是国家经济安全和国家安全的重要保障。

纵观美、日、德、法、英等世界工业发达国家的发展历程，无不以装备制造业作为立国之本，就连韩国也是如此。中国是一个拥有 13 亿人口的社会主义大国，国民经济发展和社会主义建设、国防建设所需装备必须基本立足国内。这应该是国家和全社会的共识，不可能想象依靠进口设备发展电力、石油化工等能源工业以使我们国家成为受世人尊敬的工业化强国。装备工业是一个强大国家的脊梁。

党中央、国务院历来高度重视装备工业的振兴与发展，特别强调依托国家重点工程，推进重大技术装备国产化，带动整个装备制造业的振兴与发展，并为此出台了一系列的文件。

能源装备在很大程度上代表着装备制造业的最高水平。多年来，国家发改委、国家能源局在列入国家规划的能源建设项目中，充分发挥了将项目核准与推进装备国产化相结合的优势，依托国家重点工程，有效地完成了电力装备（超超临界火电、大型水电、核电、特高压输变电）、石油化工（千万吨炼油、百万吨乙烯、石油天然气集输、天然气液化）以及煤炭开采和深加工等一大批能源装备国产化。

能源装备国产化带动了相关配套设备、重要原材料和基础零部件等行业的发展，加速了产业升级改造，极大地提升了我国装备制造业的核心竞争力。

一、机械工业 2014 年运行情况

改革开放 30 多年来，特别是近 10 年来，装备业迅速发展。2010 年，我国机械工业产值超过美国，成为世界第一装备制造大国。

2014 年，全行业实现主营业务收入 22.21 万亿元，实现利润 1.56 万亿元，完成固定资产总投资 4.49 万亿元，实现出口 4022 亿美元。

世界金融危机和全球经济不景气，特别是我国经济进入调整期，对机械工业造成重大影响。自 2008 年开始，机械工业呈持续下滑态势。全行业主营业务收入增速，由 2007 年的 33.35%，下降到 2014 年的 9.41%；工业增加值增速由 2007 年的 35.59% 下降到 2014 年的 10.00%；实现利润增速由 2007 年的 50.64%，下降到 2014 年的 10.61%。

（一）总体平稳增长，增速同比略有下降

2014 年工业增加值同比增长 10%，低于 2013 年同期 0.9 个百分点，但尚高于全国工业（8.3%）1.7 个百分点。

2014 年完成主要营业收入 22.21 万亿元，同比增长 9.41%，增速较 2013 年同期回落 4.43 个百分点，但高于全国工业（7.25%）2.4 个百分点。

2014 年实现利润总额 1.56 万亿元，同比增长 10.61%，增速较 2013 年同期回落 4.95 个百分点，高于全国工业（5.31%）5.93 个百分点。

（二）当前面临的主要问题

市场需求不旺、重大项目启动和重大产品交货

推迟，订货情况普遍不如 2013 年同期。

产能过剩、无序竞争加剧，跨国公司挤兑国内市场，低价倾销对装备制造业的破坏作用不可估量。

拖欠款成常态、财务费用持续增加、税费负担沉重、资金周转困难。

钢铁、煤炭、炼油等重要服务领域需求峰值提前到来，面临的困难可能是全局的、较长期的。

二、能源装备面临的任务

应该关注、学习和贯彻党中央、国务院关于经济发展的重大方针政策。

"一带一路"战略为装备制造业带来重大发展机遇。"一带一路"沿线国家石油、天然气储量分别占全球的 68.6% 和 72.3%；产量分别占 58% 和 54%；中国进口量分别占 66% 和 86%。加强与"一带一路"沿线国家的技术、商务等多方面合作具有重要战略意义和良好前景。

中国装备工业"走出去"战略，正在制订战略规划，"走出去"不是简单的产能转移，在技术、管理等方面有大量基础工作要做，提高国际化水平和国际竞争力。

全面落实《中国制造 2025》发展规划。

以落实三部委煤电节能减排 2014~2020 行动纲领为契机，加强技术服务和加快产业转型。

实施保障能源供应、发展新能源、调整能源结构战略以带来的新增长点。

国家振兴东北、西部大开发等区域振兴措施落实。

关注重要能源服务领域。

安全、有序发展核电和核电"走出去"将继续带动装备制造业创新能力提升。

石油、天然气对外依存度不断提高，长输管线建设、天然气液化和接收站建设有持续发展机遇。

煤制气、煤制油、煤制烯烃为代表的煤炭深加工将在统筹规划前提下适度发展。

页岩气、煤层气等非常规天然气开发可能成为装备制造业重要增长点。

海洋工程。

（一）核电

1. 落实核电中长期发展规划，适时启动核电建设项目巩固核电装备国产化成果，延续核电装备制造业发展态势

核电是我国目前唯一可以大规模利用的高效、清洁非化石能源，安全、有序发展核电是保障我国能源供应、调整能源结构、改善环境的重要选择，要坚持自主发展核电方针的正确道路。

2020 年，我国将建成 5800 万千瓦、在建 3000 万千瓦核电机组；目前，我国在运和在建 50 个机组、共 4800 万千瓦，加上 2015 年可能核准的机组，完成建成 5800 万千瓦规划目标没有问题，但要实现在建 3000 万千瓦目标，则需加快项目核准。

完成规划目标和考虑出口的可能性，每年大约新增机组 6~8 套，目前，我国已形成的核电装备生产能力完全可以满足需要。

2. 核电装备国产化取得重大突破

二代改进机组设备国产化达 85%，核岛主设备、大型铸锻件、核级泵阀、DCS 控制系统、汽轮机发电机组等关键设备已具备批量生产能力；

在二代改进型机组基础上形成的"华龙一号"中国三代核电技术、设备国产化率可达 80%~85%；

引进 AP1000 三代核电技术已完成消化吸收，同时，结合国家压水堆核电重大专项开展科技攻关，实现关键设备国产化，后续机组国产化率达 85%。

依托国家压水堆核电重大专项技术自主开发 CAP1400 三代核电机组，设备国产化率可达 80%。

3. 已建成东北、上海和四川三大核电装备制造基地和核级泵阀、重要原材料和零部件等产业群，形成了较完整的研发、制造体系，每年可供 12~15 套核电成套设备

4. 今后工作重点

加强核文化和质保体系建设，已形成批量化的产品要不断稳定和提高产品质量。

对尚未完成国产化攻关任务的关键设备，要抓紧试验、研发工作。二代改进机组和"华龙一号"

轴封主泵，通过消化吸收国外技术和自主攻关，尽快掌握核心技术；引进 AP1000 和自主开发 CAP1400 无轴封泵（屏蔽泵和湿绕组泵）抓紧完成考核试验及完善化工作；对尚需进口的核一级阀门、关键配套件和原材料等要尽快制订国产化具体计划。

应高度重视核电设备招标中无序竞争、低价中标现象，维护企业积极性、保证核电健康发展。

（二）天然气长输管线

我国已建成的西气东输 1、2 线、陕京 1、2、3 线和"川气东送"关键设备全部从国外进口。在国家能源局领导和组织协调下，以西 3 线工程为依托，国产化工作取得重大进展。其中：

20 兆瓦电机驱动管线压缩机组（包括离心压缩机、高速电机、大功率高压变频装置）已在西 2 线完成工业性考核，目前，国内企业已订货 53 套，其中 23 套在运行。

消化吸收引进技术研发的 25 兆瓦燃气轮机驱动天然气管线压缩机组，即将在西 3 线开始试车运行。

40″、48″大口径全焊接球阀在西 3 线全面推广应用，56″Class900 世界最高参数球阀实现自主研制。

计划建设的中石油西 3 线中东段、中亚管线 C 线扩容和新建 D 线、陕京 4 线和中石化新浙粤管线将会对装备带来巨大的市场需求，其中仅管线压缩机超过 200 余台，大口径管线球阀达 2000 多台。

（三）天然气液化

1. 液化天然气接收站

我国 2014 年进口液化天然气 1980 万吨、2015 年估计进口 3500 万吨，到 2020 年预计进口 6000 万吨，将新建、扩建 30 个左右接收站。

依托唐山 LNG 接收站建设项目，完成了开架式汽化器、海水泵等部分设备国产化，国产化率由 35% 提高到 60%；在国家能源局的推动下，以中石油深圳 LNG 接收站为依托，全面开展关键设备国产化，国产化率达 80%。

2. 天然气液化装置

以山东泰安 60 万吨/年、湖北黄冈 120 万吨/年

天然气液化装置为国产化依托工程，完成了多股流换热器、制冷压缩机、BOG 压缩机和 DCS 控制系统等关键设备国产化，国产化率达 75%~80%。

针对海外市场，需要开展 260 万~550 万吨天然气液化装置关键设备研发工作，其中混合制冷压缩机配套率将达 8 万千瓦。

（四）煤炭深加工

适度发展煤炭深加工对装备工业发展有重要拉动作用。我国缺油少气、煤炭储存量相对丰富，统筹规划、有序发展煤制油、煤制气和煤制烯烃是降低石油、天然气对外依存度、改善环境的重要途径。

煤炭深加工项目投资大，工艺复杂，对设备和材料的安全性、可靠性要求极为苛刻。国家规划了 15 个国产化示范工程，并且明确设备国产化率不低于 80%，对装备工业发展将有重要拉动作用。

煤炭深加工大部分关键设备包括气化炉、大型空分设备、各种反应器、各类工艺压缩机和泵阀等都已完成国产化研制，国产化率可达 80% 以上。其中，神华宁煤为国产 10 万空分配套的功率达 7 万千瓦的空气压缩机组已在沈鼓集团全负荷试车成功。

（五）发电设备

1. 电力需求与发展规划

2014 年，全国发电装机容量 13.6 亿千瓦，同比增长 8.7%。其中：火电 9.61 亿千瓦，增长 5.9%；水电 3.02 亿千瓦，增长 7.9%；核电 1988 万千瓦，增长 36.1%；并网风电 9581 万千瓦，增长 25.6%；并网太阳能发电 2652 万千瓦，增长 67%。

电力需求增速放缓，"十三五"期间发电设备（常规火电、水电）增长空间有限。2014 年，全国发电设备产量 1.54 亿千瓦，而目前发电设备产能 2 亿千瓦，远超出电力发展规划需求。

2. 重点工作

加快推进泵、阀、四大管道等关键辅机和材料国产化。

落实节能降耗行动计划，加快由生产型企业向生产、技术服务型企业转变。

发展 700℃、燃气轮发电、联合循环、分布式能源等新技术。

依托我国雄厚资本优势和成熟技术及制造能力进一步扩大出口。

三、发展建议

估计 2015 年全年机械工业增加值增速在 6% 左右，主营业务收入在 4.5% 左右，为近 10 年来最低。

当前机械工业面临的困难可能是较长期和全局性的，全行业应该有充分的思想准备。

要以改革、创新推动产业结构调整，适应经济发展新常态，寻求新的发展机遇。

（1）应继续坚定推进重大装备国产化，为装备制造业提供更多市场空间。目前，"国民经济发展和基础设施建设所需装备应基本立足国内"并没有在全社会得到重视，"拉动内需"政策难落实。

1）核准权限下放，但国产化意识并未得到传承，有的地方能源主管部门对采用国产设备有抵触。

2）个别民营重大煤化工项目业主声言不受国家能源局文件要求国产化比例的限制，有的项目业主未获国家核准情况下抢先与国外公司签订订货合同。

3）少数大型国企用户国产化步伐有倒退，往往以各种名目拒绝采用国产设备。

（2）结合"十三五"能源装备发展规划，应主动研究制订化解产能过剩的政策措施，不能简单化为"优胜劣汰"、"让市场解决"。

（3）应高度重视当前产能过剩、市场需求不旺引起的无序竞争以及由此对行业发展产生的破坏力。研究在市场机制不健全、企业自律能力差的情况下，如何规范市场秩序，完善招标办法并对招标进行全过程监督。

（4）在国家统筹规划下，适时启动一批核电、天然气长输管线、煤炭深加工等重点建设项目，缓解企业因市场需求不足带来的压力。

（5）结合"一带一路"等国家重大方针政策，加快推进国际化战略，实现由单一产品出口向高端、成套产品出口和技术合作及境外建厂的转变。装备工业"走出去"，不仅能够扩大市场空间，更重要的是有利于国内企业适应国际化需要，尽快与国际接轨，提高产品质量、企业管理和服务水平。但目前国内制造企业与这一目标并不相适应，还有许多基础工作要做。

（6）应学习和全面理解《中国制造 2025》的内涵和重要意义，注意制造业之间、装备制造业内各行业之间的差异化和各自特点，防止片面性和"标签化"。在突出"智能化"、"网络化"、"3D 打印"等新技术的同时，不应忽视传统产业的创新，现阶段中国装备制造业难有跨越式发展的机会。

（7）对装备制造业长期存在的固有矛盾和问题（产业结构不合理、集中度不够、管理水平和创新能力有待提高等）开展调查研究，结合"十三五"规划提出政策措施和建议。

（隋永滨　中国机械工业联合会顾问、原总工程师）

大事记

2013 年

1月6日 国内首个"中国重大技术装备制造业基地"在德阳挂牌，授牌方中国设备管理协会与德阳市签订战略合作框架协议，将在德阳重大技术装备制造业的基础上，发挥中国设备管理协会的优势、经验，提升德阳重大技术装备制造业的国际竞争力。德阳市政府表示，将以此次授牌为契机，加大对装备制造业企业的扶持、服务力度，在政策、融资、生产要素等多方面给予装备制造业企业重点倾斜支持。

1月9日 国家863计划"1兆瓦级微型燃气轮机及其供能系统研制"课题在湖南省株洲市通过了现场验收。由中国南方航空工业（集团）有限公司牵头的研发团队经过多年潜心研究，攻克了兆瓦级燃气轮机离心压气机、环形回流燃烧室、可调导叶涡轮等核心部件的设计、试验和制造技术，成功研制了兆瓦级燃气轮机样机，完成了热电联供系统集成和调试，建立了兆瓦级燃气轮机热电联供系统应用示范装置，并实现了400多小时示范运行。

1月13日 中共中央政治局委员、国务委员刘延东在山东荣成石岛湾高温气冷堆核电站示范工程工地调研时强调，要深入贯彻党的十八大精神，大力实施创新驱动发展战略，强化政产学研用紧密结合，积极稳妥推进核电科技重大专项，为我国能源结构调整和清洁能源发展提供有力科技支撑。

1月17日 国网智研院普瑞工程公司研制的具有完全自主知识产权的±320千伏/1000兆瓦柔性直流换流阀阀塔在DNV KEMA实验室见证下，完成IEC62501标准规定的全部型式试验，标志着世界电压等级最高、容量最大的柔性直流换流阀及阀控设备研制成功。

1月18日 由国家电网公司等30家主要单位共同完成的"特高压交流输电关键技术、成套设备及工程应用"项目获得2012年国家科学技术进步奖特等奖。项目中对导线布置方案进行了特别研究，用8根导线替代以往的4根导线。电磁环境实测值不仅满足国家环保要求，更优于国际上的相关标准。该项目成果已实现工程应用，建成了1000千瓦晋东南—南阳—荆门特高压交流试验示范工程，投运4年以来累计输送电量419.25亿千瓦时。这项技术在世界上是唯一的。特高压输电技术的发展改变了我国输变电行业长期跟随西方发达国家发展的被动局面，确立了在高压输电领域的国际领先地位。在带动我国输变电装备制造业全面升级的同时，我国特高压输电设备制造企业已经开始全面进军国际市场，我国特高压标准电压已经成为国际标准。

目前，全国60%的核电产品、40%的水电机组、30%的火电机组、50%的大型轧钢设备、20%的大型船用铸锻件由德阳制造，德阳已成为我国重要的重大技术装备制造基地和全国三大动力设备制造基地之一。截至2012年底，德阳全市装备制造企业达1470家。2012年，德阳规模以上装备制造业企业实现工业总产值1018亿元，形成千亿产业集群。

1月29日 三门核电AP1000三代核电1号机组钢制安全壳顺利封顶，标志着1号核岛主要设备和模块已基本引入完毕，核岛施工进入全面安装阶段。三门核电工程位于浙江省台州市三门县健跳镇的猫头山半岛上，三面环海，是国务院于 2004 年 7 月 21 日批准实施的首个核电自主化依托项目，同时也是当时中美两国最大的能源合作项目，引进美国西屋开发的第三代先进压水堆核电（AP1000）技术。

1 月 31 日　由哈尔滨锅炉厂有限责任公司研制的国内首台 600 兆瓦风扇磨Π型褐煤超临界锅炉和具有自主知识产权新型高压加热器两项新产品通过了专家鉴定。经鉴定，哈锅研制的国内首台 600 兆瓦风扇磨Π型褐煤超临界锅炉产品达到国际领先水平，具有自主知识产权新型高压加热器产品总体达到国内领先、国际先进水平。

2 月 2 日　我国第一台具有自主知识产权的薄煤层锚杆钻机在冀中能源石煤机公司下线，各项性能指标全部达到设计要求。该机独特的短支腿、高强度、大推力、五级推进气缸等设计填补了国内空白，为加快实现薄煤层成套装备研发迈出了可喜的一步。

2 月 17 日　辽宁红沿河核电站 1 号机组首次并网成功，标志着该机组正式进入并网调试阶段，具备发电能力。辽宁红沿河核电站是中国自主创新最多、国产化率最高的核电站，其二期工程设备，包括关键设备的国产化比例，均超过 80%。该核电站并网发电后，将优化辽宁地区电力供应结构，实现节能减排，改善空气和水质量。

2 月 25 日　首套国产化 6 万立方米/时等级空分多轴增压机在陕鼓动力试车成功，这是继西安陕鼓动力股份有限公司 2012 年 10 月 16 日成功进行首套国产化 6 万立方米/时等级空分压缩机组试车后，在国产化大型空分装置领域主机产品上的又一次重大突破。该机组的试车成功标志着陕鼓动力已占领国内 6 万立方米/时等级空分压缩机领域制高点，并达到了国际同等级空分装置领域的先进水平。

2 月 26 日　国南车自主研制的首台 2 兆瓦风机在株洲成功下线。此次下线的 WT2000/D110/H85 低风速风力发电机组，是中国南车株洲所在现有风电机组设计技术基础上，针对低风速地区风况特点，完全自主研制的一款风力发电机组，进一步完善了中国南车风电产品型谱，对于提升中国南车风电产业核心竞争力具有重要意义。这也是中国南车继推出 1.5 兆瓦、1.65 兆瓦、2.5 兆瓦系列风机后，紧跟市场需求、抢占特色风机市场份额所推出的一款全新机型。

3 月 5 日　邢台国泰发电循环水余热利用项目顺利达产运营，该项目率先在 30 万等级湿冷供热机组上应用大功率吸收式热泵，机组投运后，每个取暖季可节约标煤 3.6 万吨，减排二氧化碳 10.7 万吨、二氧化硫 270 吨、烟尘 35.5 吨、NO_x 477.3 吨；同时，还可增加供热面积 200 多万平方米，大大缓解了邢台市供热紧张的严峻形势。邢台国泰发电公司因此成为国内第一台成功投运大功率吸收式热泵机组的发电厂，实现了可再生清洁能源在集中供热领域的新突破。

3 月 19 日　第 13 届中国国际石油石化技术装备展览会在北京中国国际展览中心（新馆）开幕。本届展会共吸引全球 62 个国家和地区的参展企业 1500 余家，其中世界 500 强企业 46 家，展出面积 90000 平方米。2012 年以来，石油装备领域保持着稳中有升、逆势上扬的态势，陆上石油精细开采、深海石油钻探、页岩气装备等热点技术装备成为本届展会的亮点。百余家代表政府机构、石油商协会组织的专业采购团参会，不仅带来丰厚订单，也紧密衔接起中国企业与国际能源市场。

3 月 19 日　由浙江省送变电工程公司负责运输、安装调试的国内电网领域变电容量最大的变压器顺利抵达浙江湖州韦山码头。此次运输的变压器重达 397 吨，容量 3000 兆伏安，是国内电网领域容量最大的变压器，该变压器将运往位于安吉县的 100 万伏浙北变电站，并将成为建设中的皖电东送特高压工程的重要一环。通过 100 万伏浙北变电站，皖电东送工程可向浙江每年供电 300 亿度（千瓦时）。皖电东送特高压工程是我国首条同塔双回路特高压交流输电工程，工程西起安徽淮南，经皖南、浙北到达上海，线路全长 656 千米，共有 1421

座铁塔。工程计划于 2013 年底投运，届时年送电量约 500 亿千瓦时。

3月20日 无锡市中级人民法院依据《破产法》裁定，对无锡尚德太阳能电力有限公司实施破产重整。3 月 18 日，无锡尚德太阳能电力有限公司债权银行联合无锡市中级人民法院递交无锡尚德破产重整申请。据介绍，截至 2 月底，包括工行、农行、中行等在内的 9 家债权银行对无锡尚德的本外币授信余额折合人民币已达到 71 亿元。

3月21日 东方电气集团旗下东方汽轮机有限公司自主研发的 5.5 兆瓦大功率海上风机正式从四川启运江苏如东潮间带试验风场，这是国内首台在厂内完成 5 兆瓦以上大功率低电压穿越试验的机组。同时，该机组的 DF140A 风机叶片也由东汽自主研发、生产，近日在天津 SGS 风能技术中心圆满完成静力认证试验，顺利通过德国 DEWI 公司和中国船级社认证。

3月25日 由大连重工承制的我国首台国产化 AP1000 三代核电技术反应堆厂房用燃料装卸料机，在公司旅顺基地正式下线，标志着该公司在我国三代核电装备制造领域获得重大突破，为持续推动我国第三代核电技术关键设备国产化打下了坚实基础。据悉，大连重工共为国家核电技术工程公司承担 8 台 AP1000 起重设备的制造任务，其中核电站环行桥式起重机 1 台、乏燃料起重机 3 台、燃料抓取机 2 台、燃料装卸料机 2 台。

4月9日 长度达 360 米、载流能力达 10 千安的高温超导直流输电电缆在河南中孚实业股份有限公司通过了国家科技部组织的专家技术验收。该条电缆是目前世界上传输电流最大的高温超导电缆，也是世界首条实现并网示范运行的高温超导直流电缆。该超导电缆的成功研制，标志着我国在大容量超导电缆研制方面又一次取得了新的突破，并在国际上处于领先地位。

4月19日 我国自主研发的具备完整自主知识产权的先进压水堆核电站 ACP1000 初步设计在京通过了国家核行业权威鉴定。专家一致认为，ACP1000 的技术和安全指标达到了国际上三代核电机组的同等水平，设计、建造能够完全实现自主化。据悉，ACP1000 采用 177 盒先进燃料组件的反应堆堆芯、双层安全壳、电厂单堆布置、60 年设计寿命，可利用率大于 90%。ACP 具有完整知识产权，并已获得出口合同。目前，中核集团已完成 ACP1000 初步安全分析报告、初步设计，正在开展施工设计，具备 2013 年底开工条件。首堆目标工程设备国产化率大于 85%，有利于加快推动国内装备制造水平的提高和进一步降低工程造价。

5月6日 国内首台双速遥控起重机在石家庄煤矿机械有限责任公司研制成功。该起重机采用了液压双速绞车，绞车可根据吊装重量，使起重机提升速度从每分钟 6 米提高到每分钟 30 米，极大地提高了吊装作业效率和安全性，填补了国内行业空白。

5月14日 为期三天的 2013 年上海国际太阳能产业及光伏工程展览会在上海新国际博览中心开幕。此次太阳能光伏展展出面积约 15 万平方米，内容涵盖了光伏产业链的各个环节，包括光伏生产设备、材料、光伏电池等，共有国内外 1500 多家企业参展。

5月16日 东方电气（广州）重型机器有限公司制造完成了一台重达 500 多吨的核电蒸汽发生器，这是目前国际上新型反应堆之一的三代核电 EPR 机组，也是我国制造的首台台山 EPR 项目核电机组的核岛主设备。

5月17日 由中核集团中国核动力研究设计院设计，烟台台海玛努尔核电设备股份有限公司生产制造的我国自主研制的第三代核电 ACP1000 的锻造主管道，在山东烟台通过了中国机械工业联合会和山东省科技厅组织的专家鉴定。以叶奇蓁院士为主任的专家委员会一致认为，ACP1000 锻造主管道在材料和生产工艺上均实现突破，主要技术指标达到国际先进水平。该产品试制成功，标志着我国自主掌握了 ACP1000 锻造主管道全部技术。主管道是核电站八大关键设备之一，被称作核电站的"大动脉"。与二代核电站相比，三代核电站安全性更高，设计寿命也从 40 年提高到 60 年，其中最大的变化之一是加工工艺从铸造变为锻造。

5月18日　由烟台台海玛努尔核电设备股份有限公司和中核集团—中国核动力研究设计院研制的百万千瓦级压水堆核电厂锻造主管道成果进行鉴定，来自国内业界权威评审专家们表示，该成果充分体现了三代核电技术对于主管道产品的自主化设计要求，生产工艺成熟，检测手段完备，质量保证体系有效运行，完全具备了整台套、全流程的生产能力。CP1000锻造主管道是连接反应堆压力容器和蒸汽发生器的大口径厚壁承压主管道，是核蒸汽供应系统输出堆芯热能的"大动脉"，是压水堆核电站的核Ⅰ级关键设备之一。

5月29日　特变电工衡阳变压器有限公司成功研制出了世界首台750千伏级有载调压自耦变压器。该产品也是世界首台750千伏电压等级中性点变磁通有载调压自耦变压器，中压电压等级为500千伏，技术难度相当于1000千伏特高压产品"750千伏级有载调压自耦变压器"专为"哈密—郑州±800千伏特高压直流输电工程"哈密南±800千伏换流站量身定做。该联络变压器的成功开发将为建设全国性直流输电网络，实现跨区域、远距离、大容量的能源输送提供有力保障。

6月7日　科技部网站发布消息，在"十一五"863计划新材料领域"兆瓦级风力发电机组风轮叶片原材料国产化"重点项目支持下，中材科技风电叶片股份有限公司等单位承担的"国产化原材料风轮叶片设计及制造技术开发"3个课题取得了重要进展，重点突破了兆瓦级叶片结构强度分析校核及国产原材料评价技术等关键技术，国产原材料已用于中材科技风电叶片有限公司、金风科技股份有限公司、中航惠腾风电设备股份有限公司等企业的不同规格型号和不同使用环境条件下的叶片产品，并全部通过了型式试验。

6月13日　我国首套智能综采成套设备（包括采煤机、支架和运输机等）联动试车开始。这套综采成套设备是国家"十二五"智能装备发展专项——《煤炭综采成套装备智能系统开发与示范应用》项目，在太重煤机有限公司举行了地面联动验

收试车仪式。国家发改委、工信部及山西有关部委领导及各大煤矿用户出席试车仪式。此次地面联动的试车成功，标志着中国向实现"无人采煤工作面"迈出了重要一步。该项目由太重集团煤机公司和西山煤电公司牵头承担，并联合平阳重工、山西煤机、山西科达、汾西重工、罗克佳华、向明机械、太原理工大学等单位共同完成试制。该项目总投资4.4亿元，其中，国家扶持1亿元。它是"十二五"国家智能装备发展专项中，资金扶持最大的科研项目，表明国家对山西煤炭大省实现转型发展的重视与支持。

7月11日　大连金州重型机器有限公司为中国神华宁夏煤业集团研制的世界首台超大型费托合成反应器在银川交付。费托合成反应器被国家发改委列入"十二五"规划发展的15个煤炭深加工示范项目之一，是神华宁夏集团年产400万吨煤炭间接液化合成油品装置的核心设备。这台费托合成反应器重2200吨，直径9.6米，长61.5米，年生产能力达400万吨。这不仅为中国大型煤化工装备的自主化、国产化作出了卓越贡献，也标志着大连金重已经成为世界顶级的石化装备生产商。

7月12日　纪念国务院国发〔1983〕110号文发布30周年暨重大技术装备国产化工作座谈会在北京召开。工业和信息化部副部长苏波、原国家能源局局长张国宝、能源局总经济师李冶及原国务院重大技术装备办公室部分老领导参加会议并讲话。苏波同志在讲话中指出，过去30年，依托三峡机组、大秦铁路等重大工程，重大技术装备实现了从无到有、从来图加工到自主设计、从单机生产到工程总包的伟大目标，百万千瓦水电机组、特高压输变电设备、连铸连轧成套装备、百万吨乙烯成套设备、海上石油钻井平台、高速动车组等一大批重大技术装备不仅书写了装备工业的辉煌历史，更为工业转型升级奠定了坚实的基础。

8月2日　欧盟委员会的书面声明指出，从8月6日起，94家中国光伏企业按照价格承诺协议可享受对欧盟出口硅片、电池、组件免征反倾销税。在中欧光伏大战结束的同时，近百家光伏企业将按

比例分食 7 吉瓦的欧盟市场配额。中国机电产品进出口商会和光伏企业已初步敲定"631"的配额分配方案，即将年度出口数量的 60% 份额按照企业对欧盟出口光伏电池组件占我对欧出口光伏电池组件的份额进行分配；将年度出口数量的 30% 作为鼓励和重点支持份额分配给参加行业抗辩企业；将年度出口数量的 10% 份额优先用于扶持出口规模较小企业以及支持自有品牌、科技含量高、财务状况良好的光伏电池出口。

8月24日　目前世界最大单机容量核能发电机——台山核电站 1 号 1750 兆瓦核能发电机由中国东方电气集团东方电机有限公司完成制造，并从四川德阳市顺利发运。东方电机为台山核电站提供首期全部两台核能发电机，单机容量高达 1750 兆瓦，是东方电机迄今为止制造的技术难度最高、结构最复杂、体积最大、重量最重的核能发电机。台山 1 号核能发电机的成功制造，标志着东方电气在大容量、高参数发电机制造领域再次刷新纪录，登顶业界新的高峰。

9月11日　由天地科技股份有限公司制造的国内装机功率最大、开采高度最高、产量最高的煤炭综采工作面成套装备智能系统通过项目专家委员会验收。煤炭综采成套装备智能系统的成功研制，提高了我国在本领域的国际竞争力，为推动我国煤炭开采工艺技术和装备走向世界，提供了有力的技术支撑。项目的成功示范，实现了煤炭综采成套装备智能系统的国产化，是我国煤炭综采成套智能系统产业化发展的里程碑。全国约有 2000 个综采工作面，综采成套装备智能系统具有广泛的推广应用前景。预计每年推广 20 套以上，可实现装备制造产值 100 亿元以上。

9月13日　内蒙古北方重工业集团有限公司自主设计制造的 ZY12000/25.5/55D 掩护式电液控液压支架一次通过型式试验，取得煤安证。该支架工作阻力 12000 千牛顿，最高采煤高度 5.3 米，可适用于综合机械化长壁采煤法的一次采全高工作面，支架的抗扭能力强，在三软煤层（软的顶板岩层、软的主采煤层和软的煤层底板岩层）工作面使用能有效解决采煤过程"冒顶、片帮及支架扎底"等问题。

10月8日　第一座自升式钻井平台在外高桥造船公司举行坞内铺底仪式。这座 JU-2000E 自升式钻井平台是为挪威客户度身定制的 2+3 座中的第一座，是中国船舶工业集团公司所属企业建造的第一座自升式钻井平台，由外高桥造船公司负责设计、采购、建造。平台作业水深 400 英尺，钻探深度 35000 英尺，入级美国船级社，可容纳最多 140 人生活和工作，计划于 2014 年 3 月完工交付。这不仅意味着上海船舶行业在新兴领域取得突破，新平台建成后还将作为"国家标准"，成为我国自升式钻井平台建造的"样板房"。

10月9日　由中石油渤海装备制造有限公司自主研制、拥有完全自主知识产权的第一艘自升式海上钻井平台 CP-300 交付使用。它适用于浅海海上石油勘探开发，可在全球无限航区施工作业，最大作业水深 300 英尺（91.44 米），最大钻井作业深度 9000 米，一次就位可钻井 30 口，设计定员 105 人，各项指标均处于国内外领先水平。而同样由渤海装备制造设计的更为先进的 CP-400 海上钻井平台目前也已通过中国、美国和挪威三国船级社审核，未来交付成功后，将进一步填补中国石油装备制造技术空白。

10月16日　我国首台双循环全流发电机组在山西省长治县易通集团的生产车间下线。该机组采用国内领先、世界先进的低温发电技术，为低温余热回收利用领域开辟了新的天地，它的应用标志着我国低温热源利用率的提高，有望实现低温区余热梯级利用。

10月19日　中国船舶重工集团公司所属 712 所研制的我国首台兆瓦级高温超导电机，日前在北京通过科技部的项目验收。标志着我国已经具备了兆瓦级高温超导电机设计、制造能力，成为国际上少数几个掌握高温超导电机关键技术的国家之一。

10月22日　中国长江三峡集团发布消息称，世界上最大的水轮机组在向家坝水电站右岸电厂顺利完成首次启动试验。监测数据显示，机组安装工艺和运行状况稳定良好。

10 月 24 日　国务院新闻办公室发布《中国能源政策（2012)》白皮书，全面介绍中国能源发展现状、面临的诸多挑战以及努力构建现代能源产业体系和加强能源国际合作的总体部署。白皮书指出，改革开放以来，中国能源工业快速增长，实现了煤炭、电力、石油天然气、可再生能源和新能源的全面发展，为保障国民经济长期平稳较快发展和人民生活水平持续提高作出重要贡献。2011 年，中国一次能源生产总量达到 31.8 亿吨标准煤，居世界第一。白皮书说，《中华人民共和国国民经济和社会发展第十二个五年规划纲要》提出：到 2015 年，中国非化石能源占一次能源消费比重达到 11.4%，单位国内生产总值能源消耗比 2010 年降低 16%，单位国内生产总值二氧化碳排放比 2010 年降低 17%。中国政府承诺，到 2020 年非化石能源占一次能源消费比重将达到 15% 左右，单位国内生产总值二氧化碳排放比 2005 年下降 40%~45%。大力发展新能源和可再生能源，是推进能源多元清洁发展、培育战略性新兴产业的重要战略举措，到 "十二五" 末，非化石能源消费占一次能源消费比重将达到 11.4%，非化石能源发电装机比重达到 30%。

11 月 17 日　中国广核集团公司在深圳举行的第十五届中国国际高新技术成果交易会上集中发布了包括自主知识产权三代核电技术方案、核级数字化仪控系统产品平台、核反应堆专用机器人等在内的八项重大科研成果。

11 月 18 日　中国国内首套褐煤提水装置在大唐多伦煤化工项目现场（所在地为锡林郭勒盟）试验成功，提水效率达到 80% 以上。此次试验的成功，填补了国内该领域空白，为在水资源匮乏地区褐煤的合理开发开辟了一条可持续发展的新途径。

11 月 25 日　国务院总理李克强与罗马尼亚总理蓬塔会谈后，共同见证两国政府和企业签署多项合作文件或合同，涉及经贸、投资、电信，以及核电、火电、风电等能源项目。据悉，会谈中，两国总理还决定在修建罗马尼亚高铁等其他领域进行合作。

12 月 13 日　华中科技大学机械学院、数字制造装备与技术国家重点实验室陈学东教授研究团队和苏州大一装备科技有限公司，将信息技术与采油工艺结合，研发出能用于我国低产油田及老油井再开发利用的智能捞油机。该设备在陕西省延长油田 "蟠 2038" 井应用 1 年多，将这口 "死井" 变活，增产 2.5 倍，节电超过 50%，含水率从 85% 以上降到 15% 左右，达到增产、节能与环保的目的。专家表示，我国新增探明石油地质储量的 60% 以上是低渗透油田，已开发油田的剩余原油压力不足、产量低、含水高，目前类似 "蟠 2038" 井的井数及间开井、超低产量井约在 10 万口左右。如果在全国推广智能捞油机，不仅可以增加我国原油年产量，同时还能减少污水排放，并大幅节电。

12 月 19 日　国家能源局发布了有效期为 3 年的《光伏发电运营监管暂行办法》，内容涉及光伏发电并网、运行、交易、信息披露等各个环节。其中，电网企业在光伏并网和消纳中的责任进一步强化，除特殊情形外，其不得限制光伏发电出力，应当全额收购光伏发电上网电量，未按照规定完成收购造成经济损失的，应当承担赔偿责任。

12 月 23 日　西南化工研究院与四川天科股份自主研制、自主设计的 30000 标立每小时焦炉气甲烷化制压缩天然气工业装置在河北省邯郸市裕泰燃气有限公司以顺利投产。作为我国首套焦炉气制压缩天然气装置，可实现年减排二氧化碳 90 万吨、年产天然气 1 亿立方米的该项目，开辟了我国重污染工业废气制备清洁能源的新途径。目前，西南化工研究院、四川天科股份正与山西国新正泰、山西襄矿恒通等多家单位合作焦炉气甲烷化项目，已向 10 余家企业提供技术转让，为 30 多家企业提供项目可研报告。

2014 年

1 月 9 日　国家能源局在京组织召开核电重大专项 CAP1400 初步设计审查总结会。国家发展改革委副主任、国家能源局局长吴新雄出席并讲话。国家能源局副局长许永盛参加会议。经与会专家评议，CAP1400 初步设计内容完整，设计方案先进、可行，总体上可靠，同意通过审查。目前，相关支撑性试验和关键设备研制已全面展开。

CAP1400 是在消化吸收 AP1000 技术基础上，通过自主研发和再创新，形成的我国自主品牌三代核电技术，是核电重大专项的目标性、标志性工程，对实现我国核电高起点、跨越式发展具有重要意义。CAP1400 电功率超过 150 万千瓦，是目前世界上最大的非能动压水堆核电机组。它沿用了 AP1000 先进的非能动安全理念；并通过多个领域的技术创新，使安全性、经济性和环境相容性有了进一步提升，满足世界最新核安全标准。目前，全国有近百家"产学研"单位参与到 CAP1400 型号的研究、设计、试验验证、安全评审、设备研制和示范工程建造中。在 AP1000 核电设备自主化取得全面突破基础上，CAP1400 的关键设备基本实现了自主化设计、国产化制造，预计首台 CAP1400 核电机组的设备自主化率将达到 80% 左右。完成了一批具有世界先进水平的试验台架建设，部分关键试验已完成，所取得的数据有效地支撑了 CAP1400 设计和安全评审。数字化反应堆保护系统、关键设计分析软件开发按计划推进。CAP1400 施工设计已完成约 60%。

1 月 10 日　2013 年国家科学技术奖励大会在北京隆重举行。特变电工股份有限公司因参与完成"电网大范围冰冻灾害预防与治理关键技术及成套装备"项目，荣获 2013 年国家科技进步奖一等奖。同时，特变电工"输变电装备技术创新平台建设"荣获国家科技进步奖二等奖。这是特变电工近七年来第五次获得国家科技进步奖，其中获得国家科技进步奖特等奖 1 次，国家科技进步奖一等奖 3 次。

1 月 10 日　宝鸡石油机械有限责任公司研制的国内首套钻机交叉滑移装置，在加载配重、承重 700 多吨的情况下，成功完成整体滑移试验。这一滑移装置工作时利用液缸推动，使钻机整体实现各方向滑移，最快移动速度可达每分钟 40 厘米，可用于 5000 米以上大型钻机的丛式井作业，与原来使用棘爪的平移方式相比，更加简便快捷，可大大减少搬家频次和成本，具有广阔的市场前景和良好的经济效益。这类滑移装置全球仅有两个公司可以生产。目前，宝石机械公司已经获得 3 套装置订单。

1 月 13 日　国家电网黑龙江电力公司对外发布消息，该公司与哈尔滨理工大学共同研发的新型变压器中性点可控保护间隙装置，在雷电过电压和内部过电压情况下，可清楚区分间隙装置与避雷器的动作分工，有效杜绝了"双动作"，该装置的研发填补了中国该领域的空白。该项目不仅解决了目前中国电力部门所面临的变压器中性点雷电过电压和操作及工作过电压绝缘配合不当的问题，而且避免经济损失，保证供电可靠性。

1 月 26 日　依托国电联合动力技术有限公司建设的"北京市风电设备可靠性工程技术研究中心"

成功设计出国内首个 12 兆瓦超大风电叶片（105米），使我国大兆瓦风机叶片摆脱国外设计技术依赖成为可能。大兆瓦（3 兆瓦以上）风机叶片设计是风机设计的关键核心技术之一，目前主要由欧美国家相关研究机构掌握。

2 月 25 日 国家能源局在京召开新闻发布会，介绍 2013 年风电产业监测有关情况。

2013 年，全国新增风电并网容量 1449 万千瓦，累计并网容量 7716 万千瓦，同比增长 23%。年发电量 1349 亿千瓦时，同比增长 34%。风电利用小时数达到 2074 小时，同比提高 184 小时。平均弃风率 11%，比 2012 年降低 6 个百分点。全国新增核准容量 3069 万千瓦，累计核准容量 1.37 亿千瓦，累计在建容量 6023 万千瓦。

2013 年，全国风电项目布局得到优化，"三北"地区弃风限电情况明显好转，中东部和南部地区风电加快发展，补贴效率进一步提高，风电设备制造业加快复苏，出口风电机组 338 台、总容量 65 万千瓦，出口国家扩展到美国、意大利、澳大利亚等21 个国家和地区。

2014 年，国家能源局将进一步优化风电开发布局，积极推动海上风电开发建设，结合大气污染防治工作，加快推动清洁能源替代，有序推进承德风电基地二期项目、乌兰察布和锡林郭勒风电基地规划，利用哈密—郑州±800 千伏输电线路开展"风火打捆"输电示范研究，积累风电消纳示范运行经验，对拟规划建设的 12 条大气污染防治输电通道开展风电消纳论证，努力促进风电产业持续健康发展。预计到 2014 年底，全国风电并网装机容量超过 9000 万千瓦，年发电量达到 1750 亿千瓦时。

2 月 28 日 财政部、国家发展改革委、工业和信息化部、海关总署、国家税务总局、国家能源局联合对外宣布，2014 年 3 月 1 日起，我国将对重大技术装备进口税收政策进行调整，旨在加快我国战略性新兴产业发展。

通知规定对国内企业为生产国家支持发展的重大技术装备或产品而确有必要进口部分关键零部件及原材料，符合《国家支持发展的重大技术装备和产品目录》和《重大技术装备和产品进口关键零部件及原材料商品目录（2014 年修订）》中规定条件的，免征关税和进口环节增值税。同时，对有关企业进口国内已能生产的重大技术装备和产品，按照《进口不予免税的重大技术装备和产品目录》和《进口不予免税的重大技术装备和产品目录》中自用设备，以及按照合同随上述设备进口的技术及配套件、备件征收进口税，自 2014 年 3 月 1 日起执行。

《重大技术装备和产品进口关键零部件及原材料商品目录（2014 年修订）》共 17 大项，新增油气钻探设备、半潜式钻井平台、液化天然气运输船、深水物探船、接触网多功能综合作业车、湿式电除尘器等装备；同时，删除了工程机械、城市轨道交通装备、核电装备等领域国内已能生产的部分关键零部件及原材料。

3 月 5 日 第十二届全国人民代表大会第二次会议在北京人民大会堂开幕。李克强总理代表国务院向大会作政府工作报告。李克强在报告 2014 年重点工作时指出，从战略高度推动出口升级和贸易平衡发展。2014 年进出口总额预期增长 7.5%左右。要稳定和完善出口政策，加快通关便利化改革，扩大跨境电子商务试点。实施鼓励进口政策，增加国内短缺产品进口。引导加工贸易转型升级，支持企业打造自主品牌和国际营销网络，发展服务贸易和服务外包，提升中国制造在国际分工中的地位。鼓励通信、铁路、电站等大型成套设备出口，让中国装备享誉全球。

3 月 18 日 由陕鼓动力股份有限公司研制的 8万等级空分装置配套离心空气压缩机组在西安试车成功，这不仅是我国国产化大型离心空压机组研制的新突破，推进了重大装备国产化的进程，也打破了 8 万等级空分配套离心压缩机组国外垄断的现状。

3 月 27 日 由甘肃省电力公司成功研制出的SAQ-420 智能化牵引机，在兰州高新区装备制造业园放线试验成功。该型牵引机最大牵引力 42 吨，最大牵引速度每小时 5 千米，能为 1250 平方毫米或 1520 平方毫米导线展放提供解决方案。采用 RC微处理器，通过对安全情景的模拟预设，提供全面的恒速控制、无极变速和自动保护能力，实现整体智能控制。设计了具有自动记忆功能的导线夹紧装置和尾绳摆线装置，大幅度提高了电网工程施工效率和安全性能，降低劳动强度和导线损耗。作为世界最大吨位等级的电力施工架线用牵引设备，标志着复杂条件下特高压和智能电网大截面导线施工工艺提升到新的水平。

3月27日 由烟台杰瑞石油服务集团股份有限公司研制的世界首台4500水马力涡轮压裂车——"阿波罗"亮相第十四届中国国际石油石化技术装备展览会，该车是目前全球单机功率最大的压裂车。"阿波罗"搭载了5600马力涡轮发动机和由杰瑞集团自主研制的、全球最大功率的5000马力超级压裂泵，性能远超此前国外最大涡轮压裂车3750马力发动机与2250马力压裂泵组合。"阿波罗"的研制成功意味着我国成为继美国和俄罗斯之后，世界上第三个拥有涡轮压裂装备的国家，将引领国内油气开发进入全新的"涡轮时代"。

4月1日 工业和信息化部对第二批符合《光伏制造行业规范条件》企业名单进行公示。此次共有74家企业入围公示名单，主要包括多晶硅、电池、组件、硅棒、硅片几个业务领域。其中涵盖了亿晶光电、东方日升、中环股份、向日葵、海润光伏、阿特斯等一批在国内外上市的光伏企业。

4月15日 江苏虹港石化有限公司150万吨/年PTA项目完成全部安装工程，实现装置机械竣工。这是采用中国昆仑工程公司自主PTA工艺建设的产能规模最大的PTA装置，80%以上的国产设备也使该装置成为国产化率最高的PTA装置，标志着我国自主技术PTA装置在工艺技术、规模和装备国产化上又有新突破。

4月29日 被列为国家16个重大科技专项之一的我国自主三代核电品牌CAP1400示范工程——石岛湾核电站已具备开工条件。

5月16日 中国质量协会发布调查报告称，我国装备制造业关键设备国产化率为52.4%，汽车制造关键设备的国产化率为40.2%，进口依赖性严重，装备制造基础依然薄弱。

5月16日 南阳二机集团自主研制的国内首套自升式9000米海洋模块钻机井架及提升系统，顺利完成了载荷试验、应力测试等全部试验，各项主要性能指标均达到设计要求，并通过中海油专家组验收。这是南阳二机集团超深井海洋钻井装备领域的又一重大突破。

5月21日 哈电集团重型装备有限公司制造的AP1000蒸汽发生器顺利通过水压试验。标志着国产首台AP1000蒸汽发生器制作成功，将成为我国核电技术自主研发的一个重要里程碑，同时也意味着我国从事第三代高端核技术研发日臻成熟。

5月27日 国家电网公司宣布向社会资本全面开放分布式电源并网工程与电动汽车充换电设施市场。

6月19日 神华集团完成世界首套全断面高效掘进系统设备操作规程，并通过审核。神东煤炭集团设备管理中心牵头组织机电管理部、安监局、通风管理部等就QMJ4260全断面煤巷高效掘进机及后配套CMM10-30型煤矿用锚杆钻车等五种设备的开机、运行、停机的使用操作程序进行了四次集中审核，对该套设备在操作过程中可能涉及的安全隐患进行了辨识，并最终一致通过，为高效快速掘进系统的入井应用提供安全保障。

6月20日 黑龙江省电力公司对外发布消息，20千伏漠河变电站低温环境输变电设备运行试验顺利完成。该试验可为中国电网输变电设备在低温恶劣环境下安全运行提供核心数据，填补了中国该技术研究领域的空白。

6月26日 一座"中国制造"的400英尺海上自升式钻井平台在江苏南通中远船务船厂正式交付，并被命名为"凯旋一号"。"凯旋一号"作业水深400英尺，钻井深度35000英尺，技术水平和建造质量处于全球领先水平，将在近日转场至我国东海正式投产运营。

7月16日 国家科技重大专项高温气冷堆核电站的心脏装备——主氦风机工程样机在上海电气鼓风机厂完成100小时热态满功率连续运行考验。主氦风机运行功率4500千瓦，工作温度250℃，满足位于山东荣成石岛湾的 20 万千瓦级高温气冷堆核电站示范工程的技术要求。研制的高温气冷堆主氦风机无论功率还是技术水平都属于世界领先，是我国自主创新在先进核能核心装备技术上的重大突破，是世界高温气冷堆先进核电技术研发中的主要技术难关。

7 月 21 日 中船重工第七一二研究所成功研制出具有完全自主知识产权的国内最大功率超低温余热回收发电装置，其热能利用率可达 18%以上，标志着我国已具备 200~1000 千瓦大功率等级的超低温余热回收发电全套设计和制造能力，成为国际上少数几个掌握相关核心技术的国家之一。该装置的研制成功，必将加快节能技术装备升级换代，推动能耗企业能源利用方式的根本性转变，积极促进我国资源节约型、环境友好型社会建设。

7 月 28 日 由中国机械工业联合会与中国能源报社共同举办的"2014 年中国能源经济论坛"在北京隆重召开，评选出了 2014 年中国能源装备"十大优秀管理者"、"十大自主创新企业"、"十佳民企"、"产业园区十强"、"杰出贡献企业"、"终身成就人物"、"领军人物" 7 个奖项。本届论坛聚焦能源市场化改革与产业转型发展，呼吁能源行业统一认识，将能源的商品属性（市场主导）、能源安全和低碳环保作为我国能源革命的三要素。

8 月 4 日 由国家能源局组织的成果鉴定会在上海电气集团鼓风机厂进行，叶其蓁院士、王玉明院士等业内专家对国家科技重大专项高温气冷堆核电站的心脏装备——主氦风机工程样机进行评审并最终通过鉴定。与会专家们一致认定世界首台套大功率电磁轴承主氦风机工程样机研制成功，并认为这是我国自主创新在先进核能核心装备技术上的重大突破。

8 月 15 日 神华集团国华三河电厂 1 号机组环保改造示范项目 8 月 15 日通过验收，成为京津冀首台达到燃气机组排放标准的"近零排放"燃煤机组。这是继 6 月 25 日国华舟山电厂新建的 4 号机组在全球首次实现燃煤机组排放优于燃气机组后，国华在役燃煤机组实施"近零排放"技术改造的首

例，预示着居国内电力装机主力地位的近 9 亿千瓦燃煤机组"近零排放"改造开始提速。

8 月 15 日 中国西电完成了首个柔性直流输电换流阀的型式试验；标志着中国西电所属西高院已具备了该类产品的试验检测能力。掌握柔性直流输电换流阀型式试验技术对推动该项技术的快速发展具有重要的战略意义。

8 月 19 日 全国政协主席俞正声 19 日下午主持召开主席办公会议，研究重点提案办理工作，听取关于"发挥市场决定性作用，化解造船产能过剩，促进海工产业健康发展"重点提案办理落实情况的汇报。会议提出，要进一步推动落实国务院关于化解产能严重过剩矛盾的要求，利用金融等手段，支持优质企业发展，促进过剩产能退出，引导扶持企业积极开展海洋工程装备科技研发，提升自主创新能力。柔性直流输电技术设备涉及高压大容量换流阀、换流变、直流控制保护系统等。目前柔性直流领域的高压大容量换流阀设备只有中国西电、许继电气、荣信股份、中电普瑞电力工程公司几家企业生产。

8 月 22 日 由中国寰球工程公司 EPCC 总承包的中国石油昆仑能源山东泰安 60 万吨/年 LNG 装备国产化项目生产出合格产品，标志着装置开车投产成功。泰安 LNG 项目是国家能源局和中国石油集团公司批准的天然气液化技术和关键设备国产化依托工程，也是中国石油引领国内 LNG 产业国产化、高端化发展的战略工程。

8 月 25 日 具有自主知识产权的三代核电"华龙一号"总体技术方案，已通过由 43 位院士和专家组成的专家组的权威评审。评审专家组认为，"华龙一号"成熟性、安全性和经济性可满足三代核电技术要求，设计技术、设备制造和运行维护技术等领域的核心技术具有自主知识产权，是目前国内可以自主出口的核电机型。专家组建议尽快启动示范工程。

9 月 18 日 为落实国务院印发的《"十二五"国家战略新兴产业发展规划》，加快提升我国环保技术装备发展，国家发改委、工信部、科技部、财政

部、环保部五部委联合制定了《重大环保技术装备与产品产业化工程实施方案》。方案实施周期为三年，方案总体目标至2016年，实现环保装备工业生产总值7000亿元，重大环保装备基本满足国内市场需求。根据方案，到2016年，我国环保技术装备水平在基本保障二氧化硫、氮氧化物、化学需氧量、氨氮等四项约束性指标减排的基础上，针对危害大、影响面广的雾霾、水污染和重金属污染等突出环境问题，将重点开发推广一批急需的技术装备和产品，完善技术创新体系，提升创新能力，推动先进成熟技术产业化应用和推广，高效低耗的先进环保技术装备与产品的市场占有率由目前的10%左右提高到30%以上，提升优势产品的国际竞争力。

10月24日 华电通用轻型燃机设备有限公司在上海举行了我国首台国内组装生产的航改型燃气轮机发电机组下线仪式。LM6000PF套航改型燃气轮机发电机是世界上最先进的5万千瓦等级发电机组，联合循环发电效率可达52%。

11月19日 中集来福士为中海油服建造的第四座深水半潜式钻井平台在山东烟台交付。该平台采用全球最新海工设计理念，满足全球最严格规范要求，能够在挪威北海恶劣环境下作业。它的成功交付，标志着中国深水装备日趋成熟，为中国深水钻井平台批量走进国际主流市场，为21世纪海上丝绸之路增添了新的时代内涵。

11月19日 国务院办公厅近日印发《能源发展战略行动计划（2014~2020年)》(以下简称《行动计划》)，明确了2020年中国能源发展的总体目标、战略方针和重点任务，部署推动能源创新发展、安全发展、科学发展。这是今后一段时期中国能源发展的行动纲领。

《行动计划》指出，能源是现代化的基础和动力。能源供应和安全事关中国现代化建设全局。当前，世界政治、经济格局深刻调整，能源供求关系深刻变化，中国能源资源约束日益加剧，能源发展面临一系列新问题新挑战。要坚持"节约、清洁、安全"的战略方针，重点实施节约优先、立足国内、绿色低碳和创新驱动四大战略，加快构建清洁、高效、安全、可持续的现代能源体系。到2020年，基本形成统一开放、竞争有序的现代能源市场体系。

《行动计划》明确了中国能源发展的五项战略任务。一是增强能源自主保障能力。推进煤炭清洁高效开发利用，稳步提高国内石油产量，大力发展天然气，积极发展能源替代，加强储备应急能力建设。二是推进能源消费革命。严格控制能源消费过快增长，着力实施能效提升计划，推动城乡用能方式变革。三是优化能源结构。降低煤炭消费比重，提高天然气消费比重，安全发展核电，大力发展可再生能源。四是拓展能源国际合作。深化国际能源双边多边合作，建立区域性能源交易市场，积极参与全球能源治理。五是推进能源科技创新。明确能源科技创新战略方向和重点，抓好重大科技专项，依托重大工程带动自主创新，加快能源科技创新体系建设。

11月20日 高温气冷堆核电站示范工程乏燃料贮存系统地车及屏蔽罩成套设备在太原重工顺利完成了各项出厂试验和验收，标志着世界首台高温气冷堆核电站乏燃料贮存系统地车及屏蔽罩成套设备研制成功。高温气冷堆是我国拥有自主知识产权的具有第四代核能系统安全特征的先进核电堆型，采用基于贮罐的乏燃料干式贮存方式，可以实现非能动方式载出乏燃料产生的衰败热，具有固有安全特性。乏燃料地车及屏蔽罩成套设备是高温气冷堆示范工程的关键设备，可以实现乏燃料转料过程中的平移、定位等多种工况的全自动运行，由清华大学核研院进行方案设计，太原重工负责施工设计和制造。

12月24日 中国广核集团承担的国家能源应用技术研究及工程示范项目"核电站非能动应急高位冷却水源系统"在大亚湾核电基地顺利通过国家能源局验收。系统的成功研发，提高了我国核电站应对极端自然灾害的能力，提升了核电站的安全性和可靠性，标志着我国核电站安全水平又迈上了一个新台阶。

行业篇

石油和石油化工

一、石油石化工业发展强劲

随着我国国民经济的快速发展，我国已成为石油天然气生产和消费大国。据BP《2014世界能源统计回顾》数据，2013年我国油气消费占一次能源的比重分别为17.79%和5.10%，远低于世界平均比重32.87%和23.73%；占世界油气消费的比重分别是12.12%和4.82%，低于油气最大消费国美国的19.86%和22.22%。2013年，我国油气产量分别位居全球第4位和第6位，与2012年相比，原油产量排名不变，天然气产量排名上升1位；2013年油气消费量分别占全球的第2位和第4位，与2012年的排名不变。2013年世界主要能源消费大国能源结构见表1。2013年我国能源消费结构占比见图1。2013年我国各类能源消费全球份额见图2。2013年世界十大油气生产国见表2。2013年世界十大油气消费国见表3。

表1   2013年世界主要能源消费大国能源结构

国　家	项　目	石　油	天然气	煤　炭	核　能	水　电	可再生能源	合　计
中　国	消费量（百万吨油当量）	507.400	145.452	1 925.297	25.033	206.281	42.921	2 852.361
	占本国一次能源比重（%）	17.79	5.10	67.50	0.88	7.23	1.50	100.00
	占世界本类能源比重（%）	12.12	4.82	50.31	4.44	24.10	15.37	22.41
美　国	消费量（百万吨油当量）	831.000	671.012	455.709	187.931	61.514	58.636	2 265.830
	占本国一次能源比重（%）	36.68	29.61	20.11	8.29	2.71	2.59	100.00
	占世界本类能源比重（%）	19.86	22.22	11.91	33.37	7.19	20.99	17.80
俄罗斯	消费量（百万吨油当量）	153.100	372.129	93.520	39.140	41.000	0.135	698.997
	占本国一次能源比重（%）	21.90	53.24	13.38	5.60	5.87	0.02	100.00
	占世界本类能源比重（%）	3.66	12.32	2.44	6.95	4.79	0.05	5.49
印　度	消费量（百万吨油当量）	175.200	46.303	324.304	7.537	29.836	11.736	594.916
	占本国一次能源比重（%）	29.45	7.78	54.51	1.27	5.01	1.97	100.00
	占世界本类能源比重（%）	4.19	1.53	8.47	1.34	3.49	4.20	4.67
日　本	消费量（百万吨油当量）	208.900	105.181	128.563	3.304	18.600	9.442	474.009
	占本国一次能源比重（%）	44.07	22.19	27.12	0.70	3.92	1.99	100.00
	占世界本类能源比重（%）	4.99	3.48	3.36	0.59	2.17	3.38	3.72
世界合计	消费量（百万吨油当量）	4 185.100	3 020.377	3 826.712	563.191	855.779	279.294	12 730.429
	占一次能源比重（%）	32.87	23.73	30.06	4.42	6.72	2.19	100
	五国占本类能源比重（%）	44.82	44.37	76.50	46.69	41.74	43.99	54.09

数据来源：BP《2014世界能源统计回顾》。

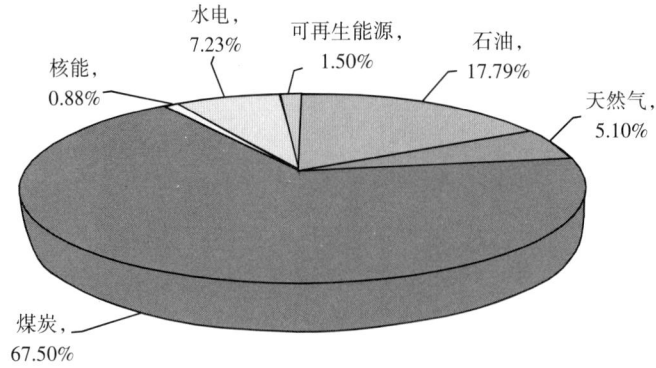

图 1　2013 年我国能源消费结构占比

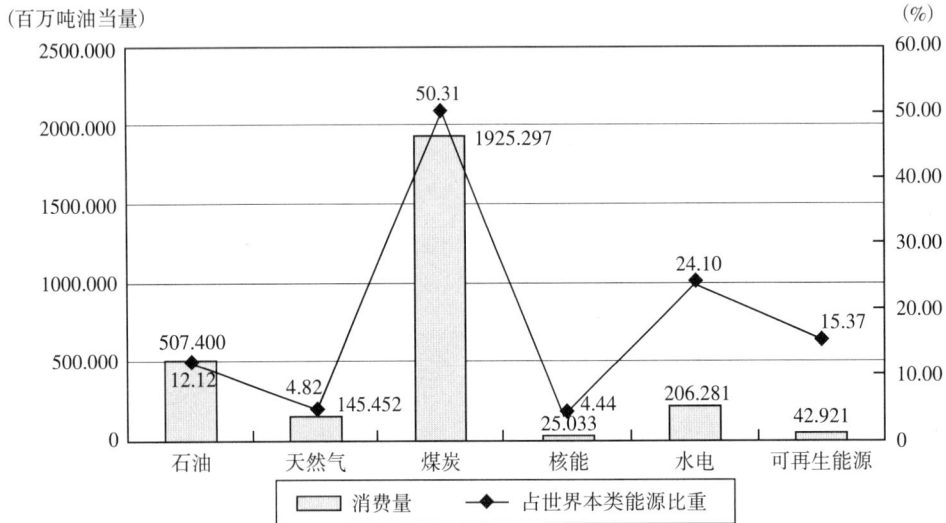

图 2　2013 年我国各类能源消费全球份额

表 2　2013 年世界十大油气生产国

国　家	石　油 (亿吨)	同比增长 (%)	占　比 (%)	排　名	国　家	天然气 (亿方)	同比增长 (%)	占　比 (%)
全　球	41.329	2.2	100.0		全　球	33 699	1.1	100.0
沙特阿拉伯	5.423	−1.1	13.1	1	美　国	6 876	1.3	20.6
俄罗斯	5.314	1.3	12.9	2	俄罗斯	6 048	2.4	17.9
美　国	4.462	13.5	10.8	3	伊　朗	1 666	0.8	4.9
中　国	2.081	0.6	5.0	4	卡塔尔	1 585	5.4	4.7
加拿大	1.930	6.0	4.7	5	加拿大	1 548	−0.5	4.6
伊　朗	1.661	−6.0	4.0	6	中　国	1 171	9.5	3.5
阿联酋	1.657	7.4	4.0	7	挪　威	1 087	−5.0	3.2
伊拉克	1.532	0.8	3.7	8	沙特阿拉伯	1 030	4.0	3.0
科威特	1.513	−1.3	3.7	9	阿尔及利亚	786	−3.3	2.3
墨西哥	1.418	−1.1	3.4	10	印度尼西亚	704	−0.7	2.1

数据来源：BP《2014 世界能源统计回顾》。

表 3　2013 年世界十大油气消费国

国　家	石　油 (亿吨)	同比增长 (%)	占　比 (%)	排　名	国　家	天然气 (亿方)	同比增长 (%)	占　比 (%)
全　球	41.851	1.4	100.0		全　球	33 476	1.4	100.0
美　国	8.310	2.0	19.9	1	美　国	7 372	2.4	22.2
中　国	5.074	3.8	12.1	2	俄罗斯	4 135	−0.4	12.3

续表

国 家	石 油 (亿吨)	同比增长 (%)	占 比 (%)	排 名	国 家	天然气 (亿方)	同比增长 (%)	占 比 (%)
日 本	2.089	−3.8	5.0	3	伊 朗	1 622	0.7	4.8
印 度	1.752	1.2	4.2	4	中 国	1 616	10.8	4.8
俄罗斯	1.531	3.1	3.7	5	日 本	1 169	0.2	3.5
沙特阿拉伯	1.350	3.1	3.2	6	加拿大	1 035	3.5	3.1
巴 西	1.327	5.8	3.2	7	沙特阿拉伯	1 030	4.0	3.1
德 国	1.121	0.9	2.7	8	德 国	836	7.0	2.5
韩 国	1.084	0.0	2.6	9	墨西哥	827	4.2	2.5
加拿大	1.035	−0.5	2.5	10	英 国	731	−0.6	2.2

数据来源：BP《2014 世界能源统计回顾》。

根据国家统计局数据，2012 年与 2013 年相比：

我国油气总油当量产量由 3 亿吨增长到 3.1 亿吨，同比增长 4%。其中，原油产量由 2.07 亿吨增长到 2.08 亿吨，同比增长 1.7%；天然气产量由 1067.1 亿立方米增长到 1129.4 亿立方米，同比增长 9.1%；天然气产量占油气总当量的比重由 32.1% 增长到 32.8%，同比上升 1.5 个百分点；2013 年页岩气产量超过 2 亿立方米，比 2012 年增加了 7 倍，取得重大突破。

我国原油加工量由 4.68 亿吨增长到 4.79 亿吨，同比增长 3.3%；其中成品油产量（汽、煤、柴油合计）由 2.82 亿吨增长到 2.9 亿吨，同比增长 3%；乙烯产量由 1486.8 万吨增长到 1622.6 万吨，同比增长 8.5%。

原油进口从 2.71 亿吨增长到 2.82 亿吨，同比增长 4.1%；原油对外依存度由 56.4% 上升到 57.4%。天然气进口从 407.7 亿立方米提高到 529.6 亿立方米，同比增长 29.9%，天然气对外依存度由 26.2% 上升至 30.8%。

石油和天然气开采业实际投资从 2854 亿元增长到 3805.2 亿元，同比增长 33.33%，为 2005 年以来最大增幅；石油加工业完成投资从 1671.31 亿元增长到 2137.6 亿元，同比增长 27.9%，为 2008 年以来最大增幅。2013 年，天然气开采领域投资持续快速增长，增幅 44%，投资额逾 300 亿元，占石油天然气开采投资总额的 8.1%。

石油石化工业的强劲发展，促进了我国石油石化装备制造业的发展。2005~2013 年我国原油、天然气、成品油、乙烯产销量见表 4。2010~2013 年我国石油化学工业投资情况见表 5。2005~2013 年我国原油产销量见图 3。2005~2013 年我国天然气产销量见图 4。2005~2013 年我国成品油产销量见图 5。2005~2013 年我国乙烯产需量见图 6。

表 4　2005~2013 年我国原油、天然气、成品油、乙烯产销量

年 份	原油 (万吨)		天然气 (亿方)		成品油 (万吨)		乙烯 (万吨)	
	产 量	消费总量	产 量	消费总量	产 量	消费总量	产 量	需求量
2005	18 135	30 086	493	468	17 530	16 904	758	1 876
2006	18 477	32 245	586	561	18 333	18 203	941	1 959
2007	18 632	34 032	692	705	19 430	19 260	1 048	2 112
2008	19 044	35 498	803	813	20 915	20 972	1 026	2 104
2009	18 949	38 129	853	895	23 090	21 369	1 070	2 594
2010	20 301	42 875	849	1 076	24 209	23 264	1 422	2 960
2011	20 288	43 966	1 027	1 305	25 540	24 848	1 550	3 130
2012	20 748	46 679	1 072	1 463	25 726	25 080	1 487	3 190
同比增长 (%)	2.27	6.17	4.38	12.11	0.73	0.93	−4.06	1.92
2013	20 947	48 846	1 170	1 692	27 289	26 334	1 623	3 260
同比增长 (%)	0.96	4.64	9.14	15.65	6.08	5.00	9.15	2.19

数据来源：国家统计局。

（万吨）

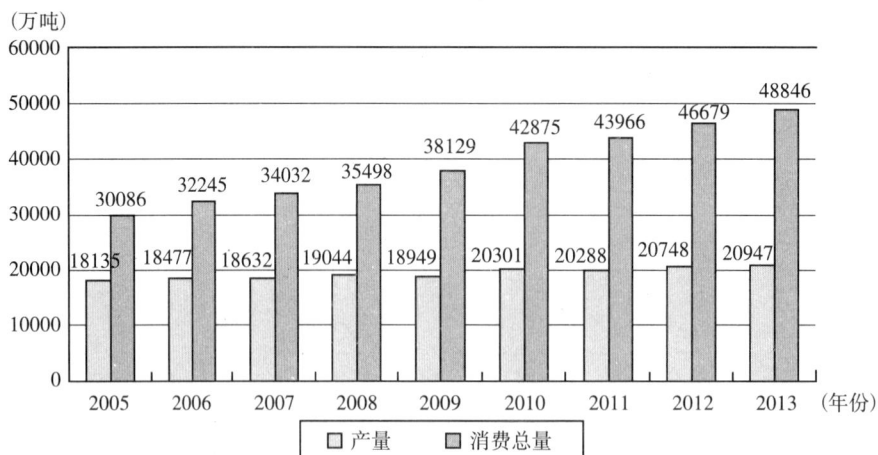

图3　2005~2013 年我国原油产销量

（亿方）

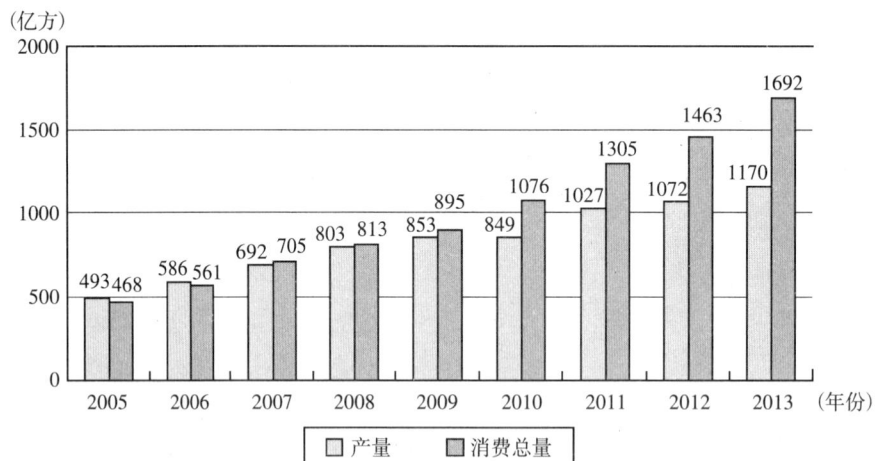

图4　2005~2013 年我国天然气产销量

（万吨）

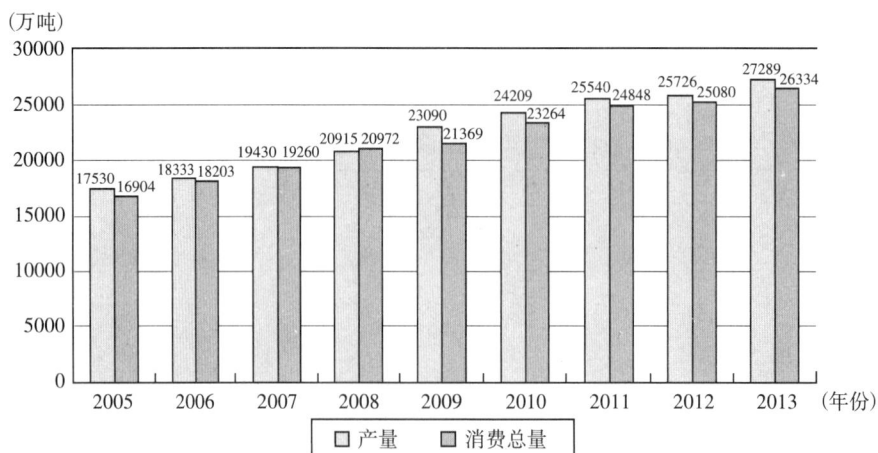

图5　2005~2013 年我国成品油产销量

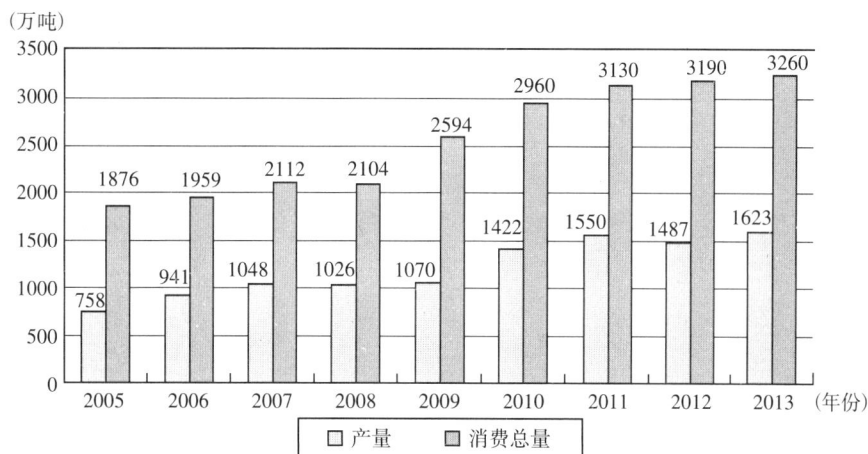

图6　2005~2013年我国乙烯产需量

表5　2010~2013年我国石油化学工业投资情况

年　份	总投资（亿元）	同比增长（%）	石油天然气开采业			石油加工业	
			数值（亿元）	同比增长（%）	比重（%）	数值（亿元）	同比增长比重（%）
2010	11 648	15.05	2 579.63	7.30	22.15	1 327.86	11.40
2011	14 301	22.77	2 720.35	5.46	19.02	1 472.00	10.29
2012	17 600	23.10	2 854.00	4.91	16.22	1 671.31	9.50
2013	20 000	19.10	3 805.20	33.33	19.03	2 137.60	10.69

二、石油石化装备行业经济运行良好

按照《国民经济行业分类》（GB/T4754-2011）标准，我国石油石化装备制造行业包括石油钻采设备、海洋工程设备、炼油化工设备和金属压力容器

4个小行业。

根据国家统计局和海关总署提供的行业相关经济数据，石油石化装备制造行业2012~2013年生产规模有了进一步的提高，保持了一定程度的增长，但呈现回落趋势。2012~2013年我国石油石化装备制造行业主要经济指标汇总见表6。

表6　2012~2013年我国石油石化装备制造行业主要经济指标汇总

主要指标	2012年		2013年		同比增减（%）
	累计值	同比增长（%）	累计值	同比增长（%）	
规模以上企业数（家）	1 604	7.87	1 773	10.53	2.66
出口交货值（亿元）	303.06	23.38	635.55	5.77	−17.61
资产总额（亿元）	3 130.92	22.69	5 060.01	16.91	−5.78
负债总计（亿元）	1 760.88	22.95	2 938.05	16.56	−6.39
主营业务收入（亿元）	3 565.73	19.13	5 071.22	13.13	−6.00
利润总额（亿元）	252.43	37.80	326.50	6.23	−31.57
税金总额（亿元）	120.34	31.46	166.66	8.29	−23.17
进出口总额（亿美元）	262.87	0.41	255.05	−2.97	−3.38
出口总额（亿美元）	195.76	−0.23	185.17	−5.41	−5.18
进口总额（亿美元）	67.12	2.32	69.88	4.13	1.81
贸易顺差（亿美元）	128.64	−1.52	115.29	−10.38	−8.86

注：进出口额根据海关总署提供的行业70种产品的数据统计，其他经济指标根据国家统计局提供的数据统计。

（一）行业规模以上企业增长较快

根据国家统计局数据统计，我国石油石化装备制造行业规模以上企业从 2012 年的 1604 家增长到 2013 年的 1773 家，同比增加 10.54%，增速提高了 2.66 个百分点。其中，海洋工程设备制造企业（按行业）和大型企业（按企业规模）增速分别高达 58.62% 和 63.33%。海洋工程设备制造企业大幅增加与部分造船企业向海洋工程设备制造转型有关。2012~2013 年行业规模以上企业增长和分布情况见表 7。2012~2013 年规模以上企业按小行业分增长见图 7。2013 年规模以上企业按小行业分占比见图 8。2013 年规模以上企业按企业规模分占比见图 9。2013 年规模以上企业按经济类型分占比见图 10。

表 7　2012~2013 年行业规模以上企业增长和分布情况

	2012 年			2013 年		
	企业数（家）	比重（%）	同比增长（%）	企业数（家）	比重（%）	同比增长（%）
合　计	1 604	100.00	7.87	1 773	100.00	10.54
按小行业分						
石油钻采设备	718	44.76	5.12	799	45.06	11.28
海洋工程设备	29	1.81	—	46	2.59	58.62
炼油化工设备	433	27.00	12.76	458	25.83	5.77
金属压力容器	424	26.43	0.95	470	26.51	10.85
按企业规模分						
大型企业	30	1.87	275	49	2.76	63.33
中型企业	231	14.40	16.08	243	13.71	5.19
小型企业	1 343	83.73	4.97	1481	83.53	10.28
按经济类型分						
国有企业	114	7.11	12.87	118	6.66	3.51
民营企业	1 305	81.36	6.88	1447	81.61	10.88
三资企业	114	7.11	0.00	125	7.05	9.65
其他	71	4.43	39.22	83	4.68	16.90

注：海洋工程专用设备制造是按新版《国民经济行业分类》（GB/T4754-2011）增加的小类行业，原石油钻采专用设备制造中的海上石油、天然气勘探开采平台及相关漂浮设备的制造被调整到海洋工程专用设备制造中；国有企业指国有和国有控股企业，民营企业包括集体控股和私人控股企业，三资企业包括港澳台商控股和外商控股企业。

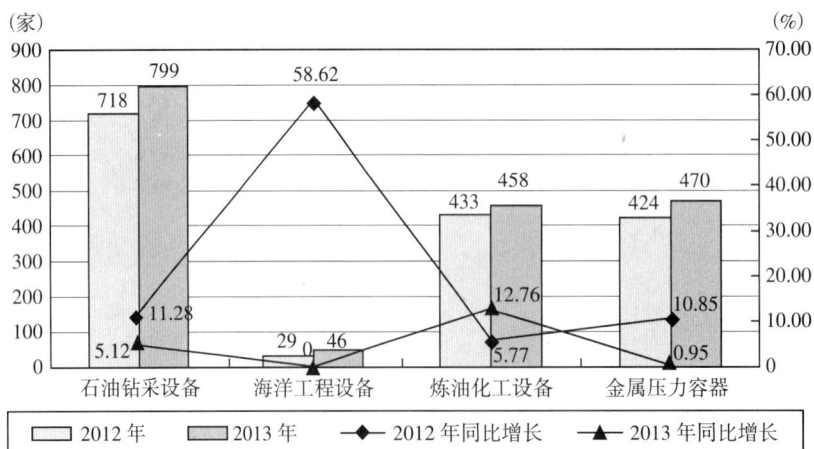

图 7　2012~2013 年规模以上企业按小行业分增长

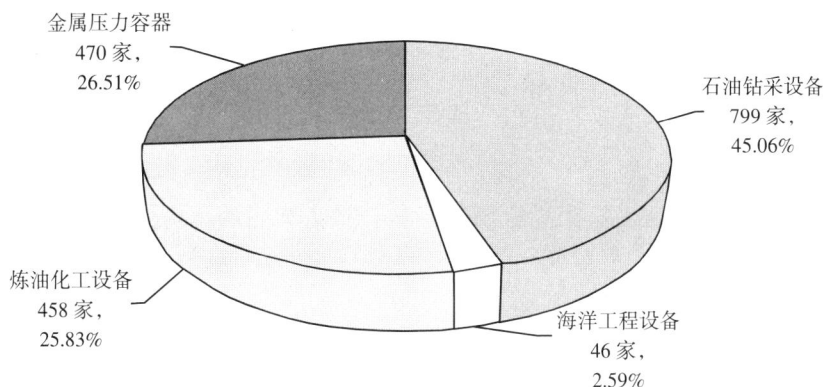

图8　2013年规模以上企业按小行业分占比

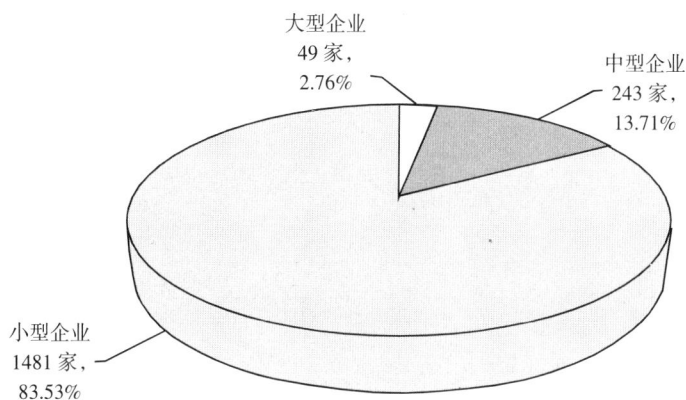

图9　2013年规模以上企业按企业规模分占比

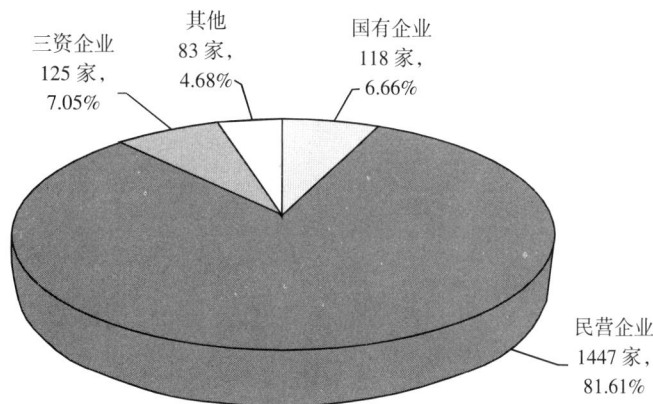

图10　2013年规模以上企业按经济类型分占比

（二）行业出口增长乏力

2013年全年石油石化装备制造行业出口交货值累计完成635.55亿元，较2012年的303.06亿元增长5.77%，增幅下滑了15.84个百分点，回落幅度大于预期。

从分行业看，仅炼油化工设备制造业出口交货值累计同比增速（11.81%）保持两位数的水平；金

属压力容器制造业同比减少了12.80%，这与当前金属压力容器出口产品数量少、附加值低、国际竞争力不强有关；由于海洋工程设备制造企业分布发生了变化，企业数量大幅增加，且基本都是大型企业，出口量增大，从而导致海工设备出口交货值占比近50%，贡献率高达75.95%，超过原来的石油钻采设备，成为出口第一大户。

从企业规模看，大型企业优势明显，出口交货值 382.79 亿元，占全行业总数的比重超过 60%，同比增长 6.68%，大于全行业平均水平，贡献率高达 69.20%。

从企业经济类型看，国有企业出口交货值完成 313.12 亿元，占全行业总额的比重从 2012 年的 19.99% 大幅提高到 49.26%，但同比增速仅为 2.20%，增幅下滑严重；相比，民营企业和三资企业同比增速远高于国有企业，达到两位数的水平；其他经济类型企业出口交货值减少 56.87%，但其占行业比重很小。2012~2013 年出口交货值对比见表 8。2012~2013 年出口交货值按小行业分增长见图 11。2013 年出口交货值按小行业分占比见图 12。2013 年出口交货值按企业规模分占比见图 13。2013 年出口交货值按经济类型分占比见图 14。

表 8　2012~2013 年出口交货值对比

	2012 年			2013 年		
	出口交货值（亿元）	比重（%）	同比增长（%）	出口交货值（亿元）	比重（%）	同比增长（%）
合　计	303.06	100.00	23.38	635.55	100.00	5.77
按小行业分						
石油钻采设备	219.11	72.3	30.71	258.34	40.65	3.78
海洋工程设备	17.58	5.8	32.74	314.87	49.54	9.12
炼油化工设备	27.73	9.15	17.04	32.01	5.04	11.81
金属压力容器	38.64	12.75	−5.92	30.33	4.77	−12.8
按企业规模分						
大型企业	93.27	30.78	15.44	382.79	60.23	6.68
中型企业	126.04	41.59	21.39	181.73	28.59	3.98
小型企业	83.75	27.63	37.28	71.03	11.18	5.53
按经济类型分						
国有企业	60.59	19.99	14.39	313.12	49.26	2.20
民营企业	130.34	43.01	36.60	153.27	24.12	18.68
三资企业	89.47	29.52	15.19	159.75	25.14	11.30
其他	22.66	7.48	15.76	9.42	1.48	−56.87

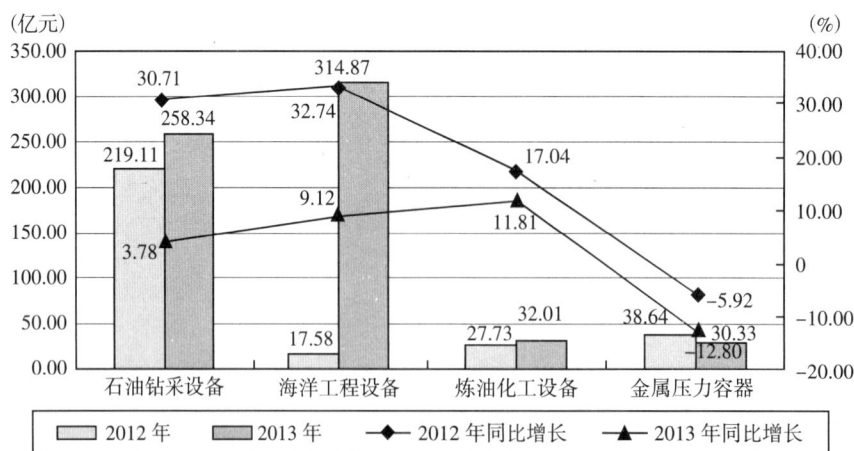

图 11　2012~2013 年出口交货值按小行业分增长

炼油化工设备
32.01 亿元，
5.04%

金属压力容器
30.33 亿元，
4.77%

石油钻采设备
258.34 亿元，
40.65%

海洋工程设备
314.87 亿元，
49.54%

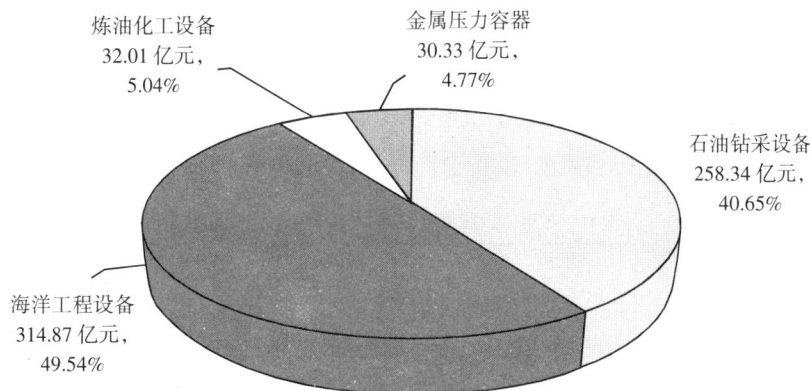

图 12　2013 年出口交货值按小行业分占比

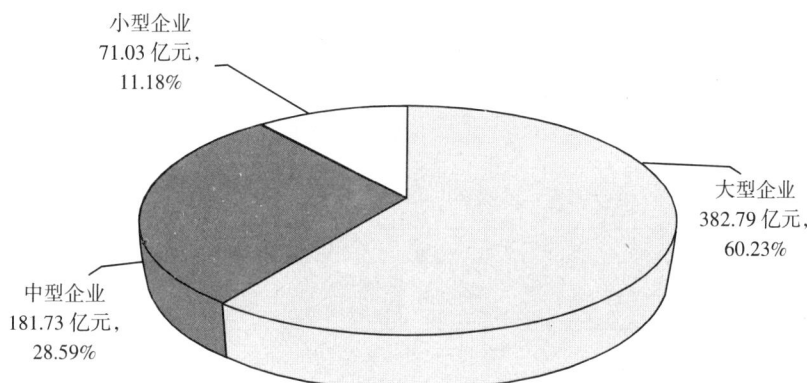

小型企业
71.03 亿元，
11.18%

大型企业
382.79 亿元，
60.23%

中型企业
181.73 亿元，
28.59%

图 13　2013 年出口交货值按企业规模分占比

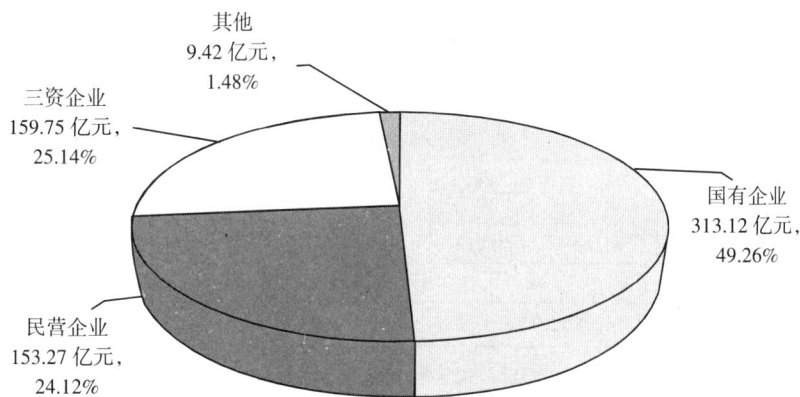

其他
9.42 亿元，
1.48%

三资企业
159.75 亿元，
25.14%

国有企业
313.12 亿元，
49.26%

民营企业
153.27 亿元，
24.12%

图 14　2013 年出口交货值按经济类型分占比

（三）主要经济效益指标稳定增长

1. 资产总额

我国石油石化装备制造行业资产总额从 2012 年的 3130.92 亿元增长到 2013 年的 5060.01 亿元，同比增长 16.91%，增幅较 2012 年同期下滑了 5.78 个百分点。

从分行业看，石油钻采设备制造业资产总额占全行业一半出头，2013 年的同比增速最高，增长贡献率达 63.69%；炼油化工设备制造企业资产总额比重上升最快，从 9.56% 增长到 16.34%，但增幅下滑最大，为 23.6 个百分点。

从企业规模看，大型企业比重上升幅度最大，从 25.02% 上升至 42.58%；中型企业同比增速最低，近 2 年的增速分别是 14.77% 和 9.45%，均低于行业平均水平。

从企业经济类型看，国有企业的比重在上升

（从 27.82%上升至 39.71%），民营企业则下降（从 51.98%下降到 41.2%）；其他经济类型企业同比增速最高（从 42.91%上升到 82.42%）。2012~2013 年总资产对比见表 9。2012~2013 年总资产按小行业分增长见图 15。2013 年总资产按小行业分占比见图 16。2013 年总资产按企业规模分占比见图 17。2013 年总资产按经济类型分占比见图 18。

表 9　2012~2013 年总资产对比

	2012 年			2013 年		
	总资产（亿元）	比重（%）	同比增长（%）	总资产（亿元）	比重（%）	同比增长（%）
合　计	3 130.92	100.00	22.69	5 060.01	100.00	16.91
按小行业分						
石油钻采设备	1 589.99	50.78	26.26	2 545.67	50.31	22.42
海洋工程设备	661.92	21.14	13.19	1 008.55	19.93	11.97
炼油化工设备	299.37	9.56	35.01	826.57	16.34	11.41
金属压力容器	579.64	18.52	19.29	679.22	13.42	12.11
按企业规模分						
大型企业	783.31	25.02	24.17	2 154.61	42.58	18.47
中型企业	1 053.02	33.63	14.77	1 346.18	26.60	9.45
小型企业	1 294.59	41.35	29.01	1 559.22	30.81	21.87
按经济类型分						
国有企业	870.97	27.82	22.13	2 009.46	39.71	16.32
民营企业	1 627.35	51.98	24.16	2 084.60	41.20	13.13
三资企业	457.57	14.61	12.85	686.64	13.57	13.53
其他	175.02	5.59	42.91	279.31	5.52	82.42

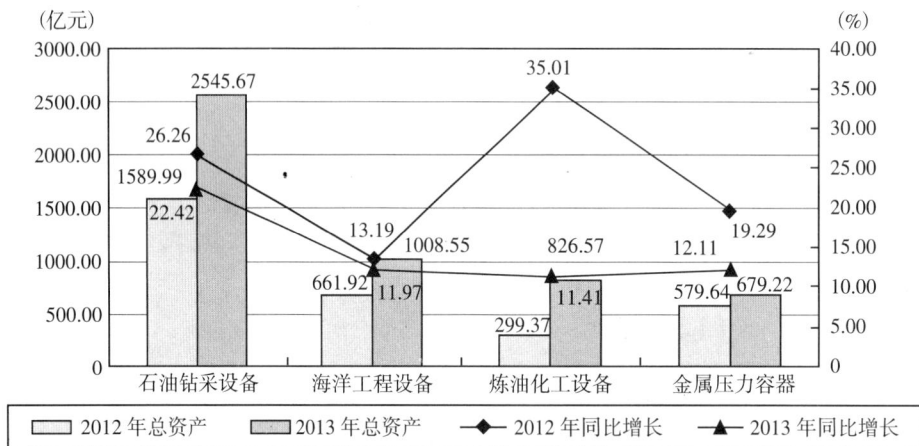

图 15　2012~2013 年总资产按小行业分增长

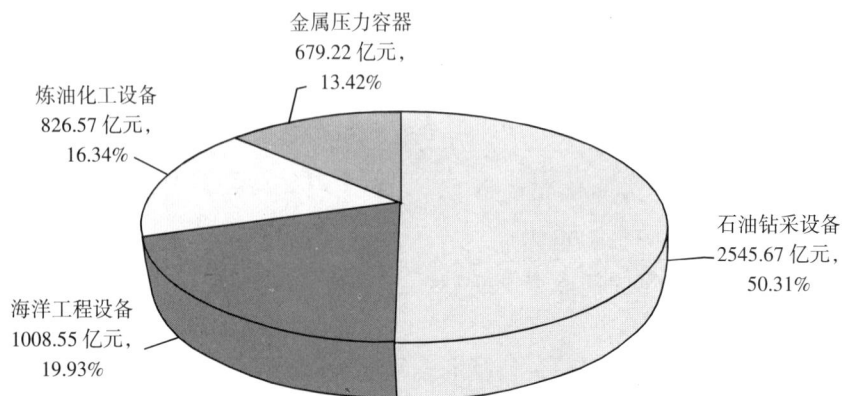

图 16　2013 年总资产按小行业分占比

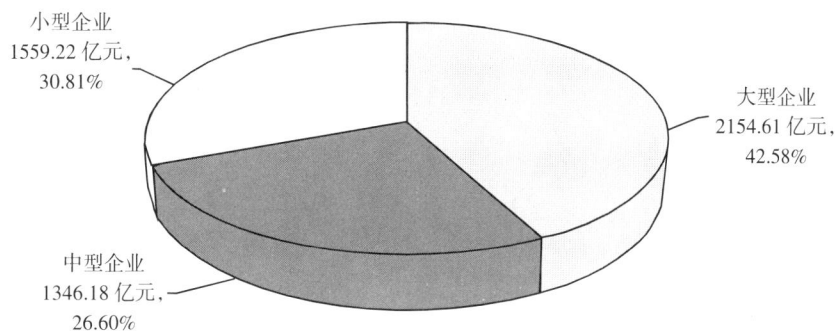

图 17　2013 年总资产按企业规模分占比

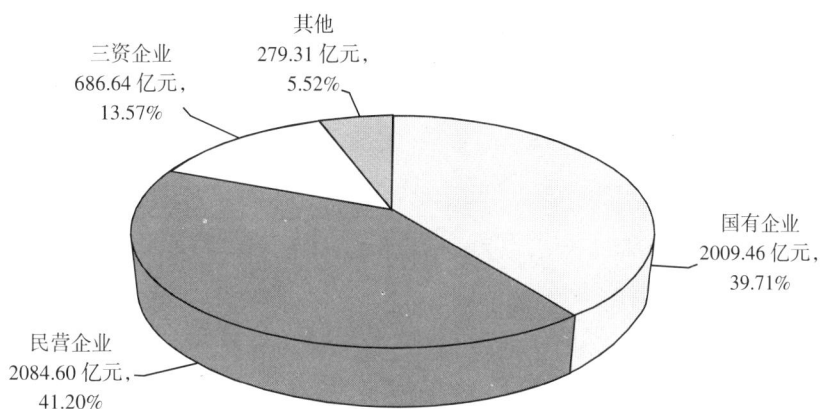

图 18　2013 年总资产按经济类型分占比

2. 主营业务收入

行业主营业务收入从 2012 年的 3565.73 亿元增长到 2013 年的 5071.22 亿元，同比增长 13.13%，增速较 2012 年同期下滑了 6 个百分点。

从分行业看，石油钻采设备仍然是全行业的主力军，占比从 53.84% 继续提高到 55.46%；同比增长从 23.1% 下滑到 15.88%。炼油化工设备是唯一实现同比增长实现逐年增长的分行业，从 2012 年的 8.57% 继续增长到 10.79%，但增幅均低于行业平均水平。

从企业规模看，中、小型企业的比重继续下降，特别是企业数量占全行业总数 83% 的小型企业，其主营业务收入占全行业的比重从 52.38% 下降到 41.81%，但同比增长速度 25.47% 和 18.87% 均为全行业最高，增长贡献率为 57.87%。

从企业经济类型看，尽管比重从 66.45% 下降到 59.55%，但民营企业主仍具有绝对优势，增长速度为行业最高，分别达到 23.24% 和 15.77%，贡献率近 70%。2012~2013 年行业主营业务收入对比见表 10。2012~2013 年主营业务收入按小行业分增长见图 19。2013 年主营业务收入按小行业分占比见图 20。2013 年主营业务收入按企业规模分占比见图 21。2013 年主营业务收入按经济类型分占比见图 22。

表 10　2012~2013 年行业主营业务收入对比

	2012 年			2013 年		
	主营业务收入（亿元）	比重（%）	同比增长（%）	主营业务收入（亿元）	比重（%）	同比增长（%）
合　计	3 565.73	100.00	19.13	5 071.22	100.00	13.13
按小行业分						
石油钻采设备	1 919.89	53.84	23.10	2 812.37	55.46	15.88
海洋工程设备	710.19	19.92	14.76	604.20	11.91	4.73

续表

	2012 年			2013 年		
	主营业务收入（亿元）	比重（%）	同比增长（%）	主营业务收入（亿元）	比重（%）	同比增长（%）
炼油化工设备	238.26	6.68	8.57	848.40	16.73	10.79
金属压力容器	697.39	19.56	17.18	806.25	15.90	13.10
按企业规模分						
大型企业	668.24	18.74	13.12	1 647.89	32.49	8.32
中型企业	1 029.63	28.88	12.69	1 303.16	25.70	10.65
小型企业	1 867.86	52.38	25.47	2 120.17	41.81	18.87
按经济类型分						
国有企业	639.85	17.94	14.36	1 261.38	24.87	4.00
民营企业	2 369.27	66.45	23.24	3 019.81	59.55	15.77
三资企业	373.74	10.48	4.73	600.60	11.84	14.45
其他	182.87	5.13	18.63	189.43	3.74	38.84

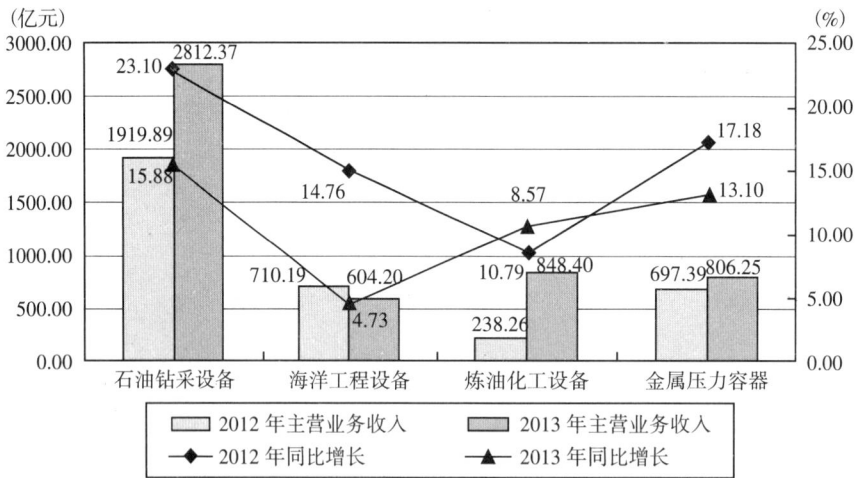

图 19　2012~2013 年主营业务收入按小行业分增长

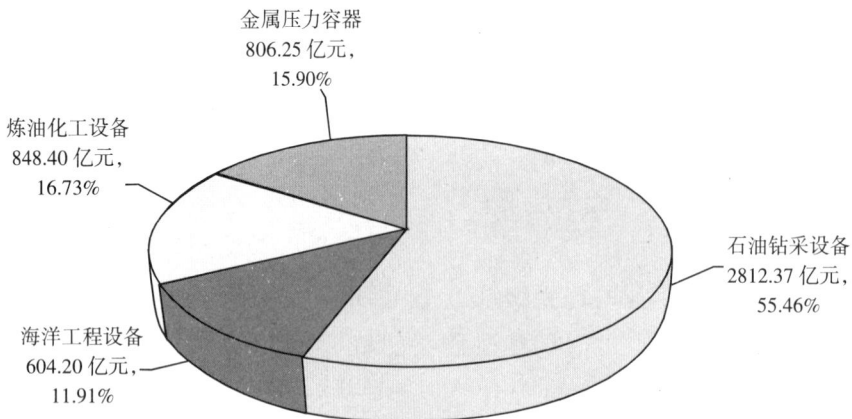

图 20　2013 年主营业务收入按小行业分占比

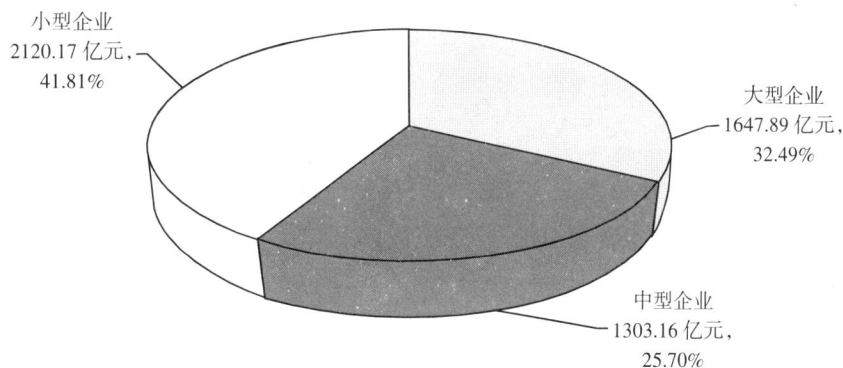

图21　2013年主营业务收入按企业规模分占比

小型企业
2120.17亿元，
41.81%

大型企业
1647.89亿元，
32.49%

中型企业
1303.16亿元，
25.70%

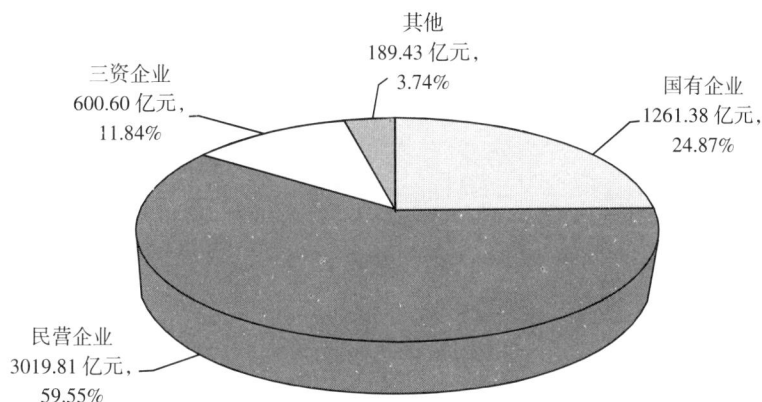

图22　2013年主营业务收入按经济类型分占比

其他
189.43亿元，
3.74%

三资企业
600.60亿元，
11.84%

国有企业
1261.38亿元，
24.87%

民营企业
3019.81亿元，
59.55%

3. 利润总额

行业利润总额从2012年的252.43亿元上升到2013年的326.50亿元，但同比增长从37.8%下降到6.23%，下滑高达31.57个百分点。

从企业分类看，不同类型的企业利润总额增长很不平衡。大型企业（按企业规模）和国有企业（按企业经济类型）大起大落趋势明显，由2012年的最高位（54.01%和45.4%）均下滑到2013年的最低位（-7.29%和-41.44%）。与此相比，金属压力容器（按小行业）、小型企业和民营企业的增幅比较平稳，同比增速均超过10%。

石油钻采设备制造业同比增速下滑虽然严重，但凭借其60%以上的行业利润比重，2013年对行业利润总额增长的贡献较高（71.10%）；小型企业（按企业规模）和民营企业（按企业经济类型）对行业利润增长的贡献率更高，分别为118.61%和172.53%，而海洋工程设备、大型企业和国有企业由于同比增速下降，导致对行业利润增长的贡献率为负数，对全行业利润总额增长造成严重影响。2012~2013年利润总额对比见表11。2012~2013年利润总额按小行业分增长见图23。2013年利润总额按小行业分占比见图24。2013年利润总额按企业规模分占比见图25。2013年利润总额按经济类型分占比见图26。

表11　2012~2013年利润总额对比

	2012年			2013年		
	利润总额（亿元）	比重（%）	同比增长（%）	利润总额（亿元）	比重（%）	同比增长（%）
合　计	252.43	100.00	37.80	326.50	100.00	6.23
按小行业分						
石油钻采设备	158.91	62.95	56.93	197.62	60.53	7.40
海洋工程设备	47.12	18.67	7.44	18.91	5.79	-30.78
炼油化工设备	3.10	1.23	5.06	61.28	18.77	17.92

续表

	2012 年			2013 年		
	利润总额（亿元）	比重（%）	同比增长（%）	利润总额（亿元）	比重（%）	同比增长（%）
金属压力容器	43.30	17.15	23.31	48.69	14.91	10.52
按企业规模分						
大型企业	42.12	16.69	54.01	93.12	28.52	−7.29
中型企业	75.31	29.83	19.66	85.84	26.29	4.58
小型企业	135.00	53.48	45.32	147.54	45.19	18.21
按经济类型分						
国有企业	28.07	11.12	45.40	32.31	9.90	−41.44
民营企业	193.08	76.49	42.51	231.04	70.76	16.70
三资企业	19.52	7.73	−0.50	51.70	15.83	12.30
其他	11.76	4.66	33.97	11.45	3.51	40.49

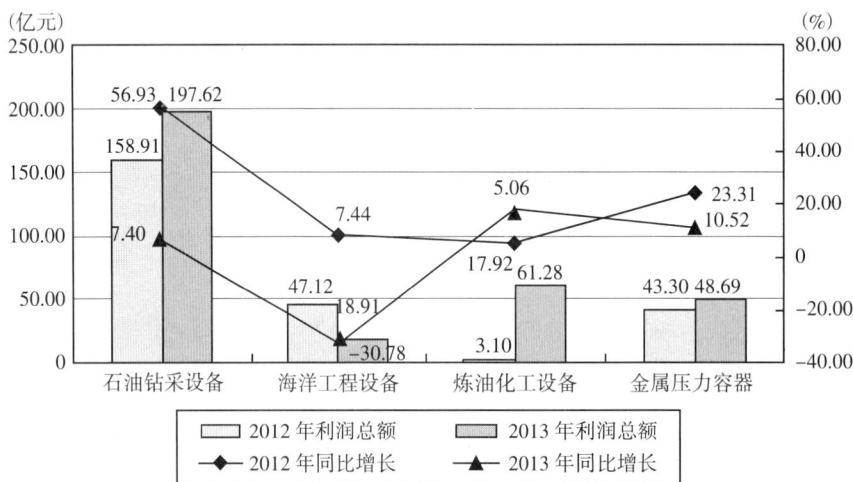

图 23　2012~2013 年利润总额按小行业分增长

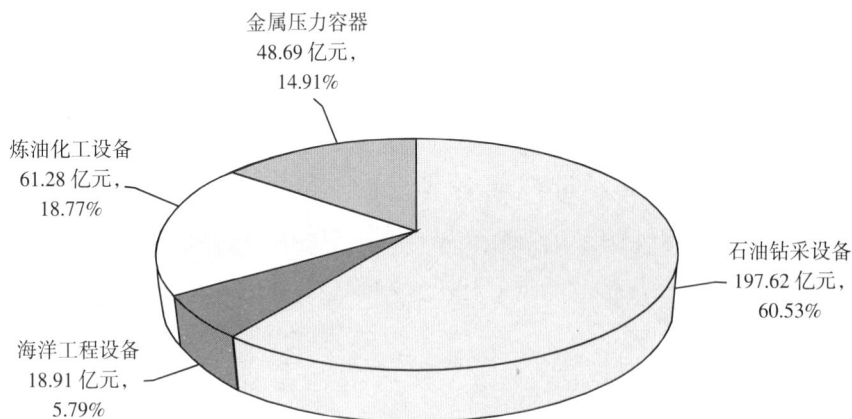

图 24　2013 年利润总额按小行业分占比

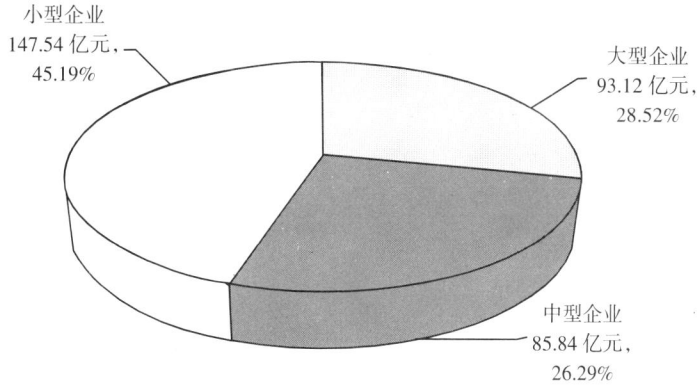

图 25　2013 年利润总额按企业规模分占比

大型企业 93.12 亿元，28.52%

中型企业 85.84 亿元，26.29%

小型企业 147.54 亿元，45.19%

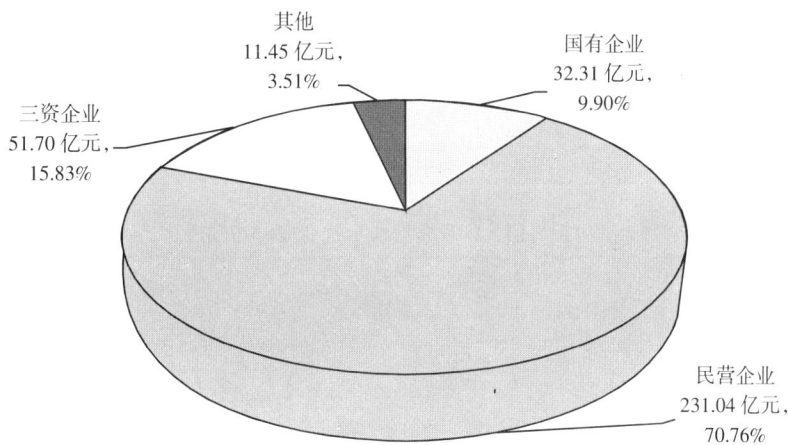

图 26　2013 年利润总额按经济类型分占比

其他 11.45 亿元，3.51%

国有企业 32.31 亿元，9.90%

三资企业 51.70 亿元，15.83%

民营企业 231.04 亿元，70.76%

4. 亏损面和亏损额

从 2012 年到 2013 年，行业亏损企业从 154 家增长到 185 家，亏损面从 9.6% 上升到 10.43%，全年累计亏损额从 14.03 亿元上升到 22.2 亿元，增幅从 13.97% 上升到 47.54%，表现出效益下滑趋势明显。

从分行业看，石油钻采设备制造业亏损面最小，均低于行业平均值 3 个百分点，但亏损额出现大起大落，由 2012 年的行业最好（-10.08%）下滑到 2013 年的最差（163.13%）；海工装备亏损额与石油钻采正好相反，从 125.47% 大幅减少到 -59.86%，其他分行业的波动相对较小。

从企业规模看，大型企业亏损面为全行业最小，增速同比增加了 100%，但亏损额增速从全行业最差（954.29%）大幅减少到最好（15.7%）；小型企业亏损面与行业平均水平相当，但亏损额增幅均高于全行业的平均值。

从企业经济类型看，国营企业波动较大，情况与石油钻采分行业类似；作为企业数和亏损企业数最多的民营企业，亏损面全行业最低（7.89% 和 8.15%），亏损额波动最小（4.91% 和 9.66%）。2012 年亏损额和亏损企业分布情况见表 12。2013 年亏损额和亏损企业分布情况见表 13。2012~2013 年亏损额按小行业分增长见图 27。2013 年亏损面按小行业分占比见图 28。2013 年亏损面按企业规模分占比见图 29。2013 年亏损面按经济类型分占比见图 30。

表 12　2012 年亏损额和亏损企业分布情况

	企业总数（家）	亏损面			亏损额	
		亏损企业（家）	占总数（%）	同比增长（%）	金额（亿元）	同比增长（%）
合　计	1 604	154	9.60	9.22	14.03	13.97
按小行业分						
石油钻采设备	718	47	6.55	−11.32	5.10	−10.08
海洋工程设备	433	40	9.24	14.29	3.03	125.47
炼油化工设备	29	4	13.7	−20.00	3.24	43.86
金属压力容器	424	63	14.86	31.25	2.66	−12.58
按企业规模分						
大型企业	30	1	3.33	0.00	3.16	954.29
中型企业	231	30	12.99	3.45	4.87	−30.50
小型企业	1 343	123	9.16	10.81	6.00	19.77
按企业经济类型分						
国有企业	114	19	16.67	−20.83	1.67	−62.77
民营企业	1 305	103	7.89	17.05	4.15	4.91
三资企业	114	26	22.81	30.00	7.87	119.69
其他	71	6	8.45	−33.33	0.33	21.75

表 13　2013 年亏损额和亏损企业分布情况

	企业总数（家）	亏损面			亏损额	
		亏损企业（家）	占总数（%）	同比增长（%）	金额（亿元）	同比增长（%）
合　计	1 773	185	10.43	12.80	22.20	47.54
按小行业分类						
石油钻采设备	799	62	7.76	29.17	14.14	163.13
海洋工程设备	46	7	15.22	0.00	1.44	−59.86
炼油化工设备	458	47	10.26	4.44	3.75	8.65
金属压力容器	470	69	14.68	7.81	2.87	9.02
按企业规模分类						
大型企业	49	4	8.16	100.00	3.69	15.70
中型企业	243	30	12.35	−3.23	8.83	33.38
小型企业	1 481	151	10.20	15.27	9.68	84.83
按企业经济类型分类						
国有企业	118	29	24.58	38.10	10.10	432.80
民营企业	1 447	118	8.15	5.36	5.33	9.66
三资企业	125	23	18.40	−4.17	5.36	−32.68
其他	83	15	18.07	114.29	1.41	324.46

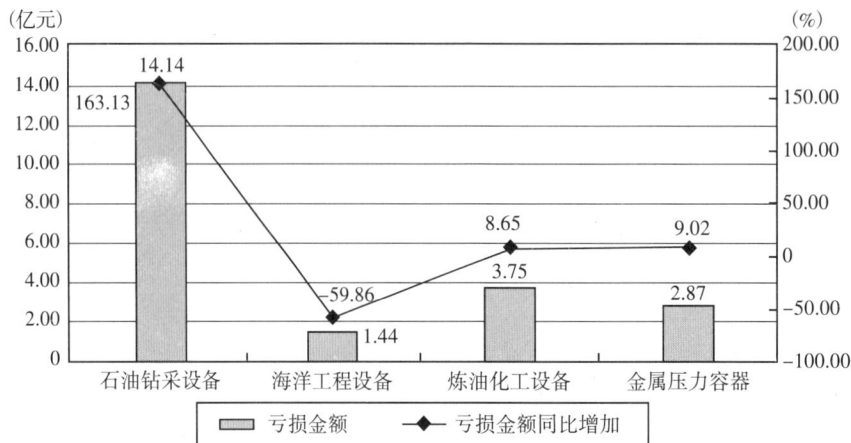

图 27　2012~2013 年亏损额按小行业分增长

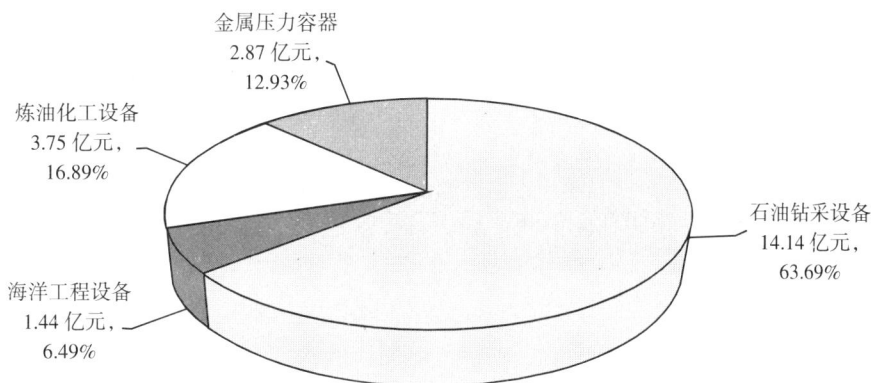

图 28　2013 年亏损面按小行业分占比

金属压力容器
2.87 亿元，
12.93%

炼油化工设备
3.75 亿元，
16.89%

海洋工程设备
1.44 亿元，
6.49%

石油钻采设备
14.14 亿元，
63.69%

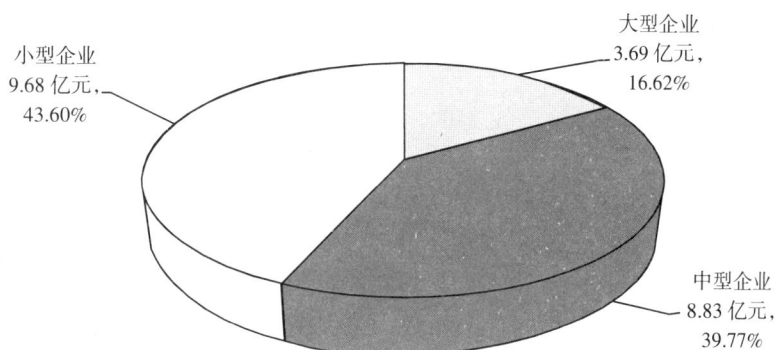

图 29　2013 年亏损面按企业规模分占比

小型企业
9.68 亿元，
43.60%

大型企业
3.69 亿元，
16.62%

中型企业
8.83 亿元，
39.77%

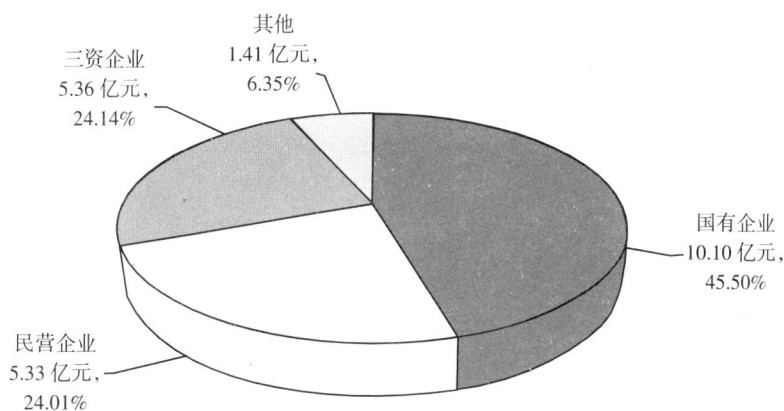

图 30　2013 年亏损面按经济类型分占比

三资企业
5.36 亿元，
24.14%

其他
1.41 亿元，
6.35%

民营企业
5.33 亿元，
24.01%

国有企业
10.10 亿元，
45.50%

5. 月度主要经济效益指标对比情况

从 2012 年 3 月至 2013 年 12 月的我国石油石化装备制造行业各月度累计指标（12 月后重新开始）情况来看，主营业务收入整体增长平稳，同比增长幅度从 2012 年 3 月的 26.75%，一路下滑到 2013 年 12 月的 13.13%，其最低点是 2013 年 9 月的 12.03%；资产总额的增长曲线与主营业务收入基本相同，但更为平稳，在 20% 左右（23.44%~13.97%）

波动；利润总额增长的年度运行特征明显，2012 年 3 月至 12 月呈现"U"形曲线，从 3 月的 49.10% 下滑至 6 月的 26.76%，再上升至 12 月的 37.8%，2013 年 2 月至 12 月的资产总额环比增长从年初的 23.44% 下降到年末的 16.91%，呈现"M"形趋势，从 2013 年 1 月的 -8.15% 上升至 4 月的 27.3%，再下降到 6 月的 18.85%，上升到 9 月的 22.36% 后再下降到 12 月的 6.23%，与 2012 年年底的增长速度相差6倍；出口交货值呈现较大波动下的快速下降趋势，即从2012年3月的43.9%逐年下降到12月的23.38%，第二年后基本以10%以下的增速，从

2013年2月的6.45%缓慢下降到12月的5.77%，其中9月出现638.5%的爆发式增长。2012年3月至2013年12月主要经济指标月度对比见表14。

表14　2012年3月至2013年12月主要经济指标月度对比

	资产总额		主营业务收入		利润总额		出口交货值	
	金额（亿元）	同比增长（%）	金额（亿元）	同比增长（%）	金额（亿元）	同比增长（%）	金额（亿元）	同比增长（%）
2012.3	2 568.04	19.33	707.71	26.75	37.10	49.10	63.79	43.90
2012.4	2 595.37	18.15	960.92	22.72	48.69	35.62	86.47	22.29
2012.5	2 649.15	17.24	1 254.32	22.25	65.66	36.97	108.19	24.88
2012.6	2 708.00	17.55	1 596.18	19.55	84.49	26.76	140.50	19.38
2012.7	2 741.29	18.02	1 872.00	19.50	99.11	29.17	166.82	22.59
2012.8	2 781.57	18.02	2 158.97	20.30	113.00	28.12	193.49	26.20
2012.9	2 868.42	19.67	1 476.77	19.46	133.67	32.18	219.36	24.99
2012.10	2 926.40	19.77	2 788.98	19.44	157.70	35.28	243.11	23.46
2012.11	3 067.34	22.08	3 147.61	19.69	191.41	34.78	271.39	21.61
2012.12	3 130.92	22.69	3 565.73	19.13	252.43	37.80	303.06	23.38
2013.2	3 873.30	23.44	563.58	13.59	24.75	−8.15	62.47	6.45
2013.3	3 895.46	20.38	982.65	16.09	50.86	19.72	102.14	8.62
2013.4	3 967.49	20.11	1 341.54	16.08	70.79	27.30	139.88	9.47
2013.5	4 055.85	20.96	1 749.12	15.96	93.06	24.55	176.74	10.56
2013.6	4 537.78	20.67	2 285.05	13.27	125.55	18.85	305.78	4.59
2013.7	4 627.86	21.39	2 671.63	12.98	149.45	20.29	357.94	2.86
2013.8	4 665.08	19.24	3 080.38	12.39	172.25	20.55	414.03	3.17
2013.9	4 729.69	18.04	3 520.61	12.03	203.49	22.36	477.67	638.50
2013.10	4 812.93	17.32	3 961.76	12.08	234.40	19.08	528.84	6.87
2013.11	4 837.08	13.97	4 465.52	12.42	279.73	18.89	583.81	6.89
2013.12	5 060.01	16.91	5 071.22	13.13	326.50	6.23	635.55	5.77

6. 经济效益评价指标

2013年全行业各项主要经济效益评价指标同比下降，除资本保值增值率略高于机械工业水平外，其他各项评价指标均不同程度低于机械工业平均水平，但总体来说处于比较健康的发展状态。

其中，总资产贡献率为11.04%，同比降低2.67个百分点；资本保值增值率为117.41%，同比降低4.96个百分点；净资产收益率为16.62%，同比降

低3.66个百分点；流动资产周转率为1.68次，同比减少0.29次；成本费用利润率为6.9%，同比降低0.74个百分点；主营业务收入利润率为6.44%，同比降低0.64个百分点。从分行业看，海洋工程设备处于较低水平。2012~2013年主要经济效益质量评价指标见表15。2013年全行业主要经济效益质量评价指标趋势见图31。

表15　2012~2013年主要经济效益质量评价指标

	全行业		石油钻采设备		海洋工程设备		炼油化工设备		金属压力容器	
	2012年	2013年	2012年	2013年	2012年	2013年	2012年	2013年	2012年	2013年
总资产贡献率（%）	13.71	11.04	16.07	12.71	6.39	6.29	14.05	12.59	13.02	13.47
资本保值增值率（%）	122.37	117.41	125.75	120.62	134.36	105.82	115.32	112.00	116.46	123.55
净资产收益率（%）	20.28	16.62	24.82	18.29	2.87	7.16	16.83	18.18	20.00	17.21
资产负债率（%）	56.24	58.06	55.14	53.59	58.64	73.06	54.69	56.93	59.81	53.97
流动资产周转率（次）	1.97	1.68	2.07	1.89	1.53	0.95	1.79	1.73	2.09	2.05
成本费用利润率（%）	7.64	6.90	9.03	7.56	1.32	3.28	7.13	7.80	6.67	6.41
主营业务收入利润率（%）	7.08	6.44	8.28	7.03	1.30	3.13	6.63	7.22	6.21	6.04

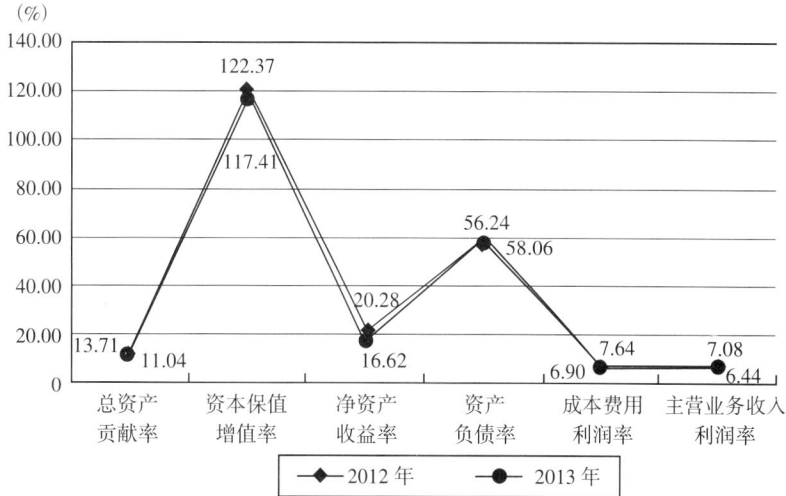

图 31　2013 年全行业主要经济效益质量评价指标趋势

7. 进出口贸易情况

根据海关总署提供的数据，2012 年全年我国石油石化装备（统计范围为 70 种主要产品）进出口总额为 2628752.92 万美元，同比增长 0.41%。其中进口 671159.79 万美元，同比增长 2.32%；出口 1957593.13 万美元，同比减少 0.23%。全年进出口贸易顺差 1286433.34 万美元，比 2011 年减少了 19836 万美元。

其中，石油钻采设备进出口总额同比增长 19.22%，好于其他几大类产品；炼油化工设备出口增长比进口增长高 16.31 个百分点，使其贸易逆差进一步缩小；金属压力容器进口和出口向两个相反

方向增长，相差超过 23 个百分点，使其贸易顺差进一步加大，达到 394568.7 万美元；海洋油气装备的船类产品进出口同比大幅下降，这是影响全行业进出口增长的重要原因，但因原来属于钻采设备的浮动或潜水式钻探或生产平台被调整到海洋工程装备小行业后使得其进口额有了很大的增长。

2012 年进出口总体表现不佳，增长乏力。2012 年分行业进出口统计见表 16。2012 年分行业进出口统计见图 32。2012 年进口金额超 1 亿美元单项产品见表 17。2012 年出口金额超 1 亿美元单项产品见表 18。

表 16　2012 年分行业进出口统计

分行业	进出口总额		进口额		出口额		贸易顺差
	金额（万美元）	同比增长（%）	金额（万美元）	同比增长（%）	金额（万美元）	同比增长（%）	（万美元）
石油钻采设备	507 759.95	19.22	93 817.10	9.62	413 942.85	12.83	320 125.75
炼油化工设备	939 200.74	10.14	485 515.48	2.86	453 685.26	19.17	−31 830.22
海洋油气装备	623 804.37	−21.28	10 117.63	78.14	613 686.74	−22.00	603 569.11
金属压力容器	557 987.86	7.20	81 709.58	−11.81	476 278.28	11.31	394 568.70
合　计	2 628 752.92	0.41	671 159.79	2.32	1 957 593.13	−0.23	1 286 433.34

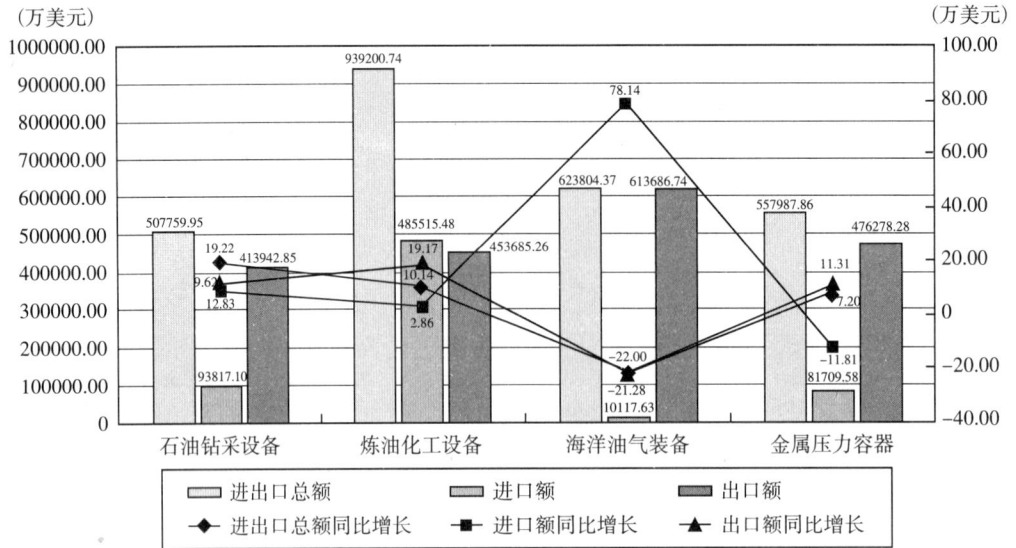

图 32 2012 年分行业进出口统计

表 17 2012 年进口金额超 1 亿美元单项产品

商品代码	商品名称	数量	金额（万美元）
84195000	热交换装置（台）	444 217	119 889.30
84198990	未列名利用温度变化处理材料的机器、装（台）	176 587	95 026.25
84139100	液体泵零件（吨）	27 984.25	63 463.69
84772090	其他挤出机（台）	882	43 187.72
84314310	石油或天然气钻机的零件（吨）	11 287.01	43 140.46
84193990	未列名干燥器（台）	59 115	37 039.14
84811000	减压阀（万个）	2937.27	34 666.91
84211990	其他未列名离心机，包括离心干燥机（台）	37 313	28 060.78
84138100	未列名液体泵（台）	9 001 513	25 054.06
73079900	未列名钢铁制管子附件（吨）	11 636.33	24 050.79
84135020	电动往复式排液泵（台）	6 346 302	22 469.07
73072900	不锈钢制其他管子附件（吨）	2 384.03	13 942.66
84136090	其他回转式排液泵（台）	1 581 322	12 379.18
84135090	未列名往复式排液泵（台）	1 043 165	11 221.87

表 18 2012 年出口金额超 1 亿美元单项产品

商品代码	商品名称	数量	金额（万美元）
89052000	浮动或潜水式钻探或生产平台（台）	99	178 638.45
84314310	石油或天然气钻机的零件（吨）	264 844.79	141 646.99
84139100	液体泵零件（吨）	239 353.56	138 103.25
89012011	载重量不超过 10 万吨的成品油船（艘）	120	115 873.67
89012023	载重量超过 30 万吨的成品油船（艘）	10	108 528.49
73079900	未列名钢铁制管子附件（吨）	274 748.14	89 549.42
73079100	其他钢铁制法兰（吨）	426 756.23	71 253.89
89012022	载重量超过 15 万吨，不超过 30 万吨成品油船（艘）	6	68 359.61
73071900	可锻性铸铁及铸钢管子附件（吨）	244 838.24	55 872.61
84198990	未列名利用温度变化处理材料的机器、装（台）	3 050 270	53 235.21
84136090	其他回转式排液泵（台）	24 349 575	52 104.12
73110090	装压缩气体或液化气体的非零售包装钢铁（吨）	214 416.76	51 362.33
73071100	无可锻性铸铁管子附件（吨）	244 567.62	47 890.57

续表

商品代码	商品名称	数　量	金额（万美元）
84138100	未列名液体泵（台）	27 122 769	46 278.92
84195000	热交换装置（台）	804 538	45 131.92
73072100	不锈钢制法兰（吨）	70 857.53	44 870.27
84304119	未列名自推进的石油及天然气钻机（台）	502	40 004.63
87059090	未列名特殊用途的机动车辆（辆）	5 318	35 974.33
84304111	自推进石油及天然气钻机，钻探深度≥6000 米（台）	52	30 498.79
73079200	其他钢铁制螺纹肘管、弯管及管套（吨）	88 802.93	29 564.10
84772090	其他挤出机（台）	8 492	27 267.45
84314320	其他钻探机械的零件（吨）	37 883.94	26 776.02
84193990	未列名干燥器（台）	773 141	26 442.77
73079300	其他钢铁制对焊件（吨）	152 618.23	24 769.62
84305010	其他自推进采油机械（台）	8 671	24 128.85
73072900	不锈钢制其他管子附件（吨）	21 822.03	23 537.06
84743100	混凝土或砂浆混合机器（台）	716 100	23 194.27
89012042	容积在 20000 立方米以上的液化石油气船（艘）	1	20 905.78
89012021	载重量不超过 15 万吨的成品油船（艘）	6	20 066.49
73072200	不锈钢制螺纹肘管、弯管及管套（吨）	18 527.99	17 619.03
84811000	减压阀（万个）	3 516.82	16 791.24
84135090	未列名往复式排液泵（台）	1 641 212	16 278.97
89012031	容积在 20000 立方米以下的液化石油气船（艘）	10	15 254.59
73072300	不锈钢制对焊件（吨）	13 864.27	14 609.44
84135020	电动往复式排液泵（台）	14 192 667	12 693.10
89012012	载重量超过 10 万吨，不超过 30 万吨成品油船（艘）	2	11 483.41
84304129	其他自推进的钻机，钻探深度＜6000 米（台）	937	11 254.83

2013 年全年我国石油石化装备制造行业 70 种主要产品进出口总额为 255.05 亿美元，同比减少 2.97%。其中进口 69.88 亿美元，同比增长 4.13%；出口 185.17 亿美元，同比减少 5.41%。全年进出口贸易顺差仍然高达 115.29 亿美元，但比 2012 年同期减少了 10.38%。

在进口方面，同比增长 4.13%，较 2012 年增幅提高了 1.81 个百分点，其中石油钻采设备和海洋工程设备增幅分别高达 27.51% 和 276.24%；炼油化工设备由 2012 年增长 2.86% 变为减少 7.52%。

在出口方面，同比减少了 5.41%，与 2012 年相比，减少幅度加大了 5.18 个百分点。除炼油化工设备保持增长 4.1% 外，其他大类产品均有不同程度的下降。

在贸易顺差方面，全行业仍然有 115.29 亿美元的贸易顺差，但同比已经下降了 10.38%，其中石油钻采设备降幅高达 51.75%，炼油化工设备由 2012 年逆差 3.18 亿美元变为顺差 2.33 亿美元。2013 年分行业进出口统计见表 19。2013 年分行业进出口统计见图 33。

表 19　2013 年分行业进出口统计

	进出口总额		进口额		出口额		贸易顺差	
	金额（亿美元）	同比增长（%）	金额（万美元）	同比增长（%）	金额（万美元）	同比增长（%）	金额（亿美元）	同比增长（%）
石油钻采设备	51.10	0.65	11.96	27.51	39.14	−5.44	27.18	−51.75
炼油化工设备	92.13	−1.91	44.90	−7.52	47.23	4.10	2.33	—
金属压力容器	55.07	−1.31	9.22	12.85	45.85	−3.74	36.63	−7.17
海洋工程设备	56.75	−9.03	3.80	276.24	52.95	−13.72	49.15	36.41
合计	255.05	−2.97	69.88	4.13	185.17	−5.41	115.29	−10.38

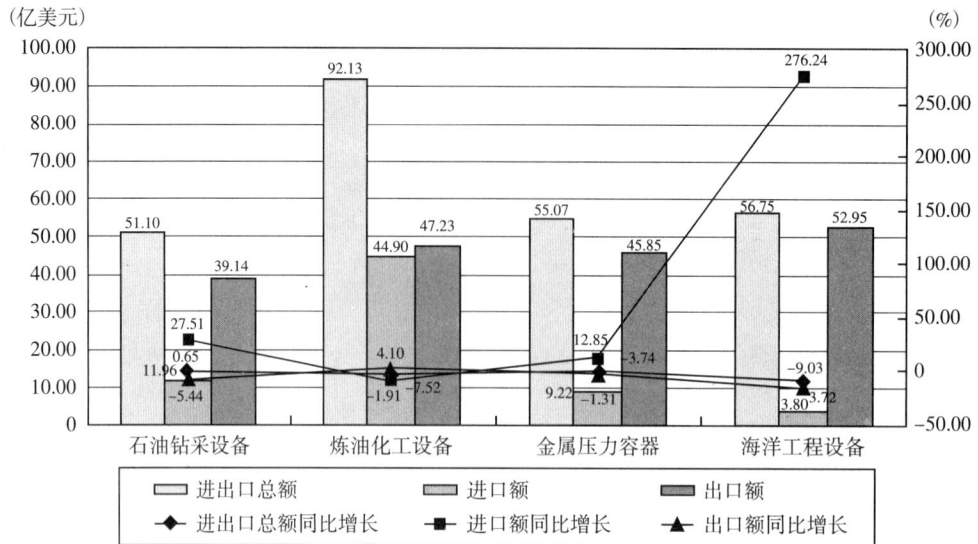

图 33　2013 年分行业进出口统计

出口金额超 3 亿美元的单项产品共有 16 项，其中有 14 项为顺差；出口金额超过 5 亿美元的产品有 13 项，超过 10 亿美元的产品有 4 项，其中出口额最高的为 24.5898 亿美元。贸易顺差超过 3 亿美元的产品有 13 项，超过 20 亿美元的产品有 1 项。2013 年主要大类产品进出口明细见表 20。

表 20　2013 年主要大类产品进出口明细

产品编号	产品名称	进出口总额	进口		出口		贸易顺差（万美元）
			数量	金额（万美元）	数量	金额（万美元）	
合　计		2 550 612.89	—	698 814.26	—	1 851 798.62	1 152 984.36
1. 石油钻采设备							
84304111	自推进石油及天然气钻机，钻探深度≥6000 米（台/套）	32 057.78	3	5 065.59	36	26 992.19	21 926.60
84304119	未列名自推进的石油及天然气钻机（台/套）	42 929.68	4	2 921.49	309	40 008.19	37 086.70
84304121	钻探深度在 6000 米及以上自推进的其他钻探机（台/套）	2 785.21	—	—	2	2 785.21	2 785.21
84304122	履带式自推进的钻机，钻探深度<6000 米（台/套）	6 373.48	25	2 048.05	205	4 325.43	2 277.39
84304129	其他自推进的钻机，钻探深度<6000 米（台/套）	11 501.86	238	1 728.32	949	9 773.54	8 045.22
84305010	其他自推进采油机械（台/套）	14 358.12	97	68.60	5 003	14 289.52	14 220.92
84314310	石油或天然气钻机的零件（吨）	229 311.88	13 163	53 416.16	287 323	175 895.72	122 479.57
84314320	其他钻探机械的零件（吨）	18 550.82	1 032	2 105.98	34 139	16 444.84	14 338.85
84743100	混凝土或砂浆混合机器（台/套）	31 779.65	641	2 069.57	860 769	29 710.08	27 640.51
84811000	减压阀（台/套）	58 009.67	35 762 295	38 615.96	40 465 397	19 393.71	-19 222.25
87052000	机动钻探车（台/套）	1 941.42	5	818.28	35	1 123.14	304.86
87059080	石油测井车、压裂车、混沙车（台/套）	8 349.88	29	5 019.89	80	3 329.99	-1 689.90
87059091	混凝土泵车（台/套）	10 829.54	1	40.00	452	10 789.54	10 749.54
87059099	未列名特殊用途的机动车辆（台/套）	34 012.56	90	5 667.57	4 405	28 344.99	22 677.42
87163110	油罐挂车及半挂车（台/套）	8 211.47	—	—	2 471	8 211.47	8 211.47
石油钻采设备合计		511 003.04	—	119 585.47	—	391 417.57	271 832.10

续表

产品编号	产品名称	进出口总额	进口		出口		贸易顺差（万美元）
			数量	金额（万美元）	数量	金额（万美元）	
2. 炼油化工设备							
84135020	电动往复式排液泵（台/套）	43 134.15	13 504 563	25 476.18	17 340 217	17 657.97	−7 818.21
84135090	未列名往复式排液泵（台/套）	23 411.00	1 339 159	11 494.75	1 755 594	11 916.25	421.51
84136090	其他回转式排液泵（台/套）	66 357.42	1 495 880	11 704.22	23 575 239	54 653.20	42 948.98
84137010	转速在 10000 转/分及以上的离心泵（台/套）	8 258.30	666 679	3 632.42	10 634 982	4 625.88	993.46
84138100	未列名液体泵（台/套）	65 880.67	4 963 917	25 838.31	22 822 708	40 042.37	14 204.06
84138200	液体提升机（台/套）	1 163.13	3 024	805.13	35 643	357.99	−447.14
84139100	液体泵零件（吨）	220 149.90	27 020	70 877.90	244 743	149 272.00	78 394.10
84139200	液体提升机零件（吨）	1 890.81	14 553	38.28	1 884 895	1 852.54	1 814.26
84148020	二氧化碳压缩机（台/套）	8 058.39	65 289	3 618.16	294 515	4 440.23	822.07
84193990	未列名干燥器（台/套）	53 722.91	99 113	28 775.97	752 992	24 946.94	−3 829.03
84194010	提净塔（台/套）	3 890.96	23	2 064.44	998	1 826.53	−237.91
84194020	精馏塔（台/套）	11 384.77	47	8 864.79	163	2 519.98	−6 344.81
84194090	其他蒸馏或精馏设备（台/套）	16 750.13	1 893	6 563.84	30 280	10 186.29	3 622.46
84195000	热交换装置（台/套）	125 057.86	475 751	74 853.29	740 859	50 204.57	−24 648.71
84198910	加氢反应器（台/套）	2 780.40	93	1 938.41	92	841.99	−1 096.42
84198990	未列名利用温度变化处理材料的机器、装（台/套）	166 090.51	400 730	107 682.96	4 210 971	58 407.54	−49 275.42
84211990	其他未列名离心机，包括离心干燥机（台/套）	34 897.38	104 401	26 507.69	290 758	8 389.69	−18 118.00
84213923	工业用旋风式除尘器（台/套）	2 480.88	4 583	1 400.54	7 115	1 080.34	−320.20
84233010	定量包装秤（台/套）	3 900.91	444	464.74	112 509	3 436.18	2 971.44
84772090	其他挤出机（台/套）	62 119.80	1 497	36 433.62	8 648	25 686.18	−10 747.45
	炼油化工设备合计	921 380.29		449 035.63	—	472 344.66	23 309.03
3. 金属压力容器							
73071100	无可锻性铸铁管子附件（吨）	52 172.58	989	1 345.70	259 381	50 826.88	49 481.18
73071900	可锻性铸铁及铸钢管子附件（吨）	60 119.91	2 543	4 713.31	241 571	55 406.60	50 693.29
73072100	不锈钢制法兰（吨）	42 092.16	2 604	5 755.74	64 180	36 336.42	30 580.68
73072200	不锈钢制螺纹肘管、弯管及管套（吨）	19 873.67	823	4 007.23	16 639	15 866.43	11 859.20
73072300	不锈钢制对焊件（吨）	17 542.49	1 169	3 997.44	13 496	13 545.05	9 547.61
73072900	不锈钢制其他管子附件（吨）	44 369.37	3 110	18 271.17	23 109	26 098.20	7 827.03
73079100	其他钢铁制法兰（吨）	71716.07	8 546	6 428.38	413 986	65 287.69	58 859.31
73079200	其他钢铁制螺纹肘管、弯管及管套（吨）	33 836.98	3 969	8 209.44	85 410	25 627.55	17 418.11
73079300	其他钢铁制对焊件（吨）	31 859.88	5 437	5 635.45	162 927	26 224.43	20 588.99
73079900	未列名钢铁制管子附件（吨）	113 544.85	12 399	24 678.19	277 334	88 866.66	64 188.47
73110010	装压缩气体或液化气体的零售包装钢铁容（吨）	2 272.61	5 895	924.13	3 409	1 348.48	424.35
73110090	装压缩气体或液化气体的非零售包装钢铁（吨）	56 383.75	20 132	6 229.97	220 879	50 153.78	43 923.81
84051000	煤气发生器；乙炔发生器等水解气体发生（吨）	3 391.91	172	1 007.16	5 880	2 384.75	1 377.59
84059000	煤气发生器及乙炔发生器等的零件（吨）	1 520.79	132	979.06	1 787	541.73	−437.33
	金属压力容器合计	550 697.02	—	92 182.36	—	458 514.65	366 332.29

续表

产品编号	产品名称	进出口总额	进口		出口		贸易顺差（万美元）
			数量	金额（万美元）	数量	金额（万美元）	
4. 海洋工程设备							
89012011	载重量不超过 10 万吨的成品油船（台/套）	76 333.72	21	90.76	101	76 242.96	76 152.20
89012012	载重量超过 10 万吨，不超过 30 万吨的成品油船（台/套）	6 057.94	—	—	1	6 057.94	6 057.94
89012021	载重量不超过 15 万吨的成品油船（台/套）	2 031.73	—	—	2	2 031.73	2 031.73
89012022	载重量超过 15 万吨，不超过 30 万吨的成品油船（台/套）	8 093.65	—	—	2	8 093.65	8 093.65
89012023	载重量超过 30 万吨的成品油船（台/套）	181 365.37	—	—	18	181 365.37	181 365.37
89012031	容积在 20000 立方米以下的液化石油气船（台/套）	9 831.44	—	—	4	9 831.44	9 831.44
89052000	浮动或潜水式钻探或生产平台（台/套）	283 818.68	4	37 920.04	62	245 898.64	207 978.60
	海洋工程设备合计	567 532.54	—	38 010.80	—	529 521.74	491 510.94

注：浮动或潜水式钻探或生产平台（89052000）由往年归类为石油钻采设备改为海洋工程设备。

煤化工

一、煤化工发展概况

我国现代煤化工产业经过 30 多年的科技攻关和技术积累，特别是通过"十二五"以来的升级示范工程和部分推广，无论是在产业关键技术突破、重大装备自主化研制，还是在产品品种开发和生产规模等方面，都取得了较大进展，成为近年来石油化工产业的亮点。

（一）煤化工产业发展特点

煤化工产业发展主要呈现以下几个方面的特点：

（1）产业规模快速增长。2013 年，煤制油产能 148 万吨，产量（不含煤焦油加氢和甲醇制汽油）116 万吨；煤制烯烃产能 258 万吨，产量 204 万吨；煤制乙二醇产能 85 万吨，产量 33 万吨；煤制天然气产能 27.5 亿立方米，此外，国家批准的一批煤制油、煤制天然气示范工程以及煤制烯烃升级示范工程正抓紧建设。2012 年、2013 年煤化工主要产品产能产量情况见表 1。2013 年煤化工主要产品产能产量情况见图 1。2013 年煤化工主要产品产能占比见图 2。2013 年煤化工主要产品产量占比见图 3。

表 1 2012 年、2013 年煤化工主要产品产能产量情况

年　度	煤制油（万吨）		煤制烯烃（万吨）		煤制乙二醇（万吨）		煤制天然气（亿立方米）	
	产能	产量	产能	产量	产能	产量	产能	产量
2012	148	108	258	140	85	18	—	—
2013	148	116	258	204	85	33	27.05	—

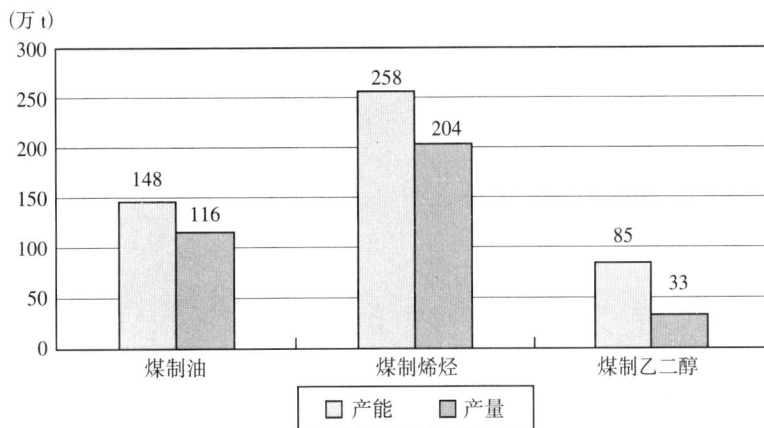

图 1 2013 年煤化工主要产品产能产量情况

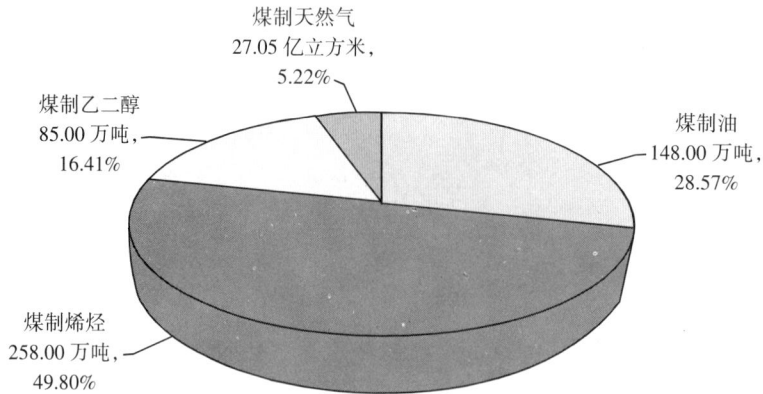

图 2　2013 年煤化工主要产品产能占比

煤制天然气
27.05 亿立方米，
5.22%

煤制乙二醇
85.00 万吨，
16.41%

煤制油
148.00 万吨，
28.57%

煤制烯烃
258.00 万吨，
49.80%

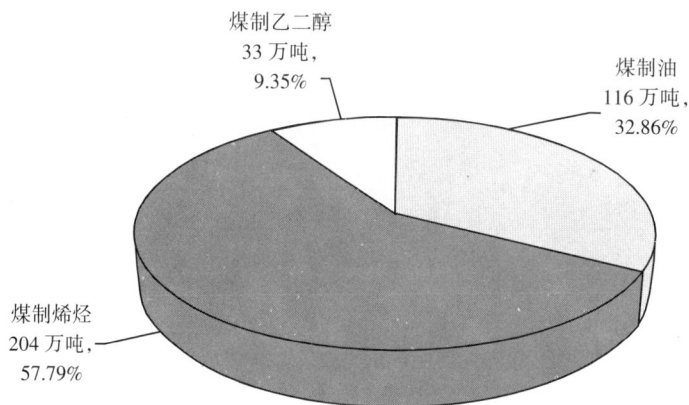

图 3　2013 年煤化工主要产品产量占比

煤制乙二醇
33 万吨，
9.35%

煤制油
116 万吨，
32.86%

煤制烯烃
204 万吨，
57.79%

（2）示范工程运行稳定，效益初显。"十二五"以来，我国先后开展了煤直接液化制油、煤间接液化制油、煤制烯烃、煤制天然气、煤制乙二醇、煤制二甲醚等多项工业化示范，其中煤制油、煤制烯烃、煤制二甲醚等示范工程已建成并实现了稳定运行。

（3）产业集中度明显提升，基地化格局初步形成。"十二五"期间，国家明确在全国 11 个省区建设的 15 个煤炭深加工示范工程项目包括煤制天然气、煤化电热一体化项目、煤炭分质综合利用、煤制二甲醚、煤间接液化等。其中，内蒙古煤化工产业规模最大，呈现出由示范项目向示范基地建设转变，产业化、规模化、集群化发展势头强劲。

（4）关键技术和装备研发实现新突破，取得一批重大科技成果。"十二五"以来，我国现代煤化工技术在多个领域获得新突破，自主开发了大型先进煤气化、大型煤制甲醇、煤直接制油、煤间接制油、煤制烯烃、煤制乙二醇、万吨级煤制芳烃、低

阶煤分质利用、合成气变换等技术，并促进和带动了煤化工装备的研制。日处理煤量 2000 吨级以上大型煤气化装置，大型变换炉、低温甲醇洗、12 万等级大型空分、8 万等级以上空分空气压缩机、百万吨级煤制油反应器、60 万吨级甲醇制烯烃反应器等装备，以及配套的锁斗阀、煤浆阀、渣水阀等特殊阀门先后实现自主化研制和生产。

（二）现代煤化工工程发展情况

1. 煤制油

煤制油技术分为直接液化和间接液化，目前在国内均实现了工业化。神华集团在国际上首次建成百万吨级的煤直接制油装置，装置总投资 245 亿元，年产柴油、石脑油等油品 108 万吨。

目前，神华宁煤 400 万吨/年煤炭间接液化项目正在建设，项目位于宁夏宁东能源化工基地，总投资约550 亿元，采用 GSP 粉煤加压气化技术和中科合成油油品合成技术，计划 2017 年投入商业化运营。

伊泰集团共有 3 个煤制油项目处于建设或前期工作，分别位于新疆伊犁（100 万吨/年）、新疆乌鲁木齐（200 万吨/年）、鄂尔多斯准格尔旗（200 万吨/年，2017 年建成）。

山西潞安煤制油项目，规划年生产能力为 400 万吨煤制油及 20 亿立方煤制天然气。项目于 2012 年 7 月获国家发展与改革委员会"路条"，计划 2015 年建成投产。一期建设 16 万吨煤基合成油多联产示范装置已建成投产。

由兖矿集团和延长石油集团合资的 100 万吨/年项目（位于陕西榆林），总投资 162 亿元，目前处于全面建设阶段，预计将于 2015 年投产，项目采用兖矿集团自主研发的低温费托合成油技术和油品加工技术。

总体来看，目前直接液化煤制油技术已经成熟，间接液化煤制油也具备实现大规模工业生产的条件。

2. 煤制烯烃

至 2013 年底，我国已建成的煤制烯烃装置有 8 套，分别是神华包头 60 万吨/年煤制烯烃项目、神华宁煤 52 万吨/年聚丙烯、大唐多伦年产 46 万吨煤基烯烃以及中国石化集团在濮阳投产的 20 万吨/年聚乙烯、宁波禾元年产 60 万吨烯烃 DMTO 装置，合计产能 258 万吨/年。

神华包头 60 万吨/年煤制烯烃装置是世界首次煤制烯烃技术的工业化，该装置甲醇制烯烃部分采用中国科学院大连化学物理研究所开发的 DMTO 工艺，自 2011 年成功进入商业化运营以来装置运行稳定，创造了良好的经济效益；而且作为全球最大、世界首套煤制烯烃示范工程，其在技术开发和工程建设过程中实现了三十多台套关键设备和特大型设备的工业化，设备国产化率达到 87% 以上，有力带动了国内煤制烯烃项目装备国产化进程，激励了我国煤制烯烃产业的发展。

目前我国已建成投运的煤制烯烃装置总体上技术成熟、装置运行良好。特别是神华包头等煤制烯烃示范装置的成功运行，为我国在建或计划建设煤制烯烃项目提供了重要的借鉴意义。

3. 煤制天然气

至 2013 年底，我国建成投产项目只有 2 个，一个是位于内蒙古克什克腾旗的大唐集团一期 13.3×10^8 立方米/年煤制天然气示范项目（规划产能 40×10^8 立方米/年），采用英国戴维公司甲烷化技术及其催化剂，所产天然气于 2013 年 12 月通过配套输气管线并入中国石油输京天然气管网；另一个是位于新疆伊犁州伊宁县的庆华能源集团一期 13.75×10^8 立方米/年煤制天然气项目（规划产能 55×10^8 立方米/年），采用托普索甲烷化技术及其催化剂，所产天然气也于 2013 年 12 月通过自建管道接入中国石油西气东输二线的伊宁—霍尔果斯支线。

2013 年我国加快了煤制天然气项目的审批节奏，仅在 2013 年 8 月到 2014 年 2 月的 7 个月内，就有 11 家企业与地方政府签订项目投资合同，计划项目总产能达到 780×10^8 立方米/年。

尤其值得关注的是，2013 年新疆准东煤制天然气项目获得国家发展与改革委员会"路条"，目前已经开始项目建设，这是一个由中国石化集团及新疆民企广汇能源等近十家合作伙伴共同投资的超大型煤制天然气工程，气源建设项目由中国石化集团 80×10^8 立方米/年项目和广汇能源等社会资本投资的煤制天然气项目共同构成，总供气规模达（300~360）$\times 10^8$ 立方米/年，建成后其主产品天然气将通过中国石化集团"新粤浙"输气管道送往广东、浙江市场。

4. 煤制乙二醇

中石化将"积极发展煤化工"列为"十二五"期间的发展目标任务。煤制乙二醇技术是其"10 条龙"项目之一，由中石化上海石油化工研究院负责，自主开发了羰化、加氢催化剂及整个工艺流程。2011 年，扬子石化 1000 吨/年煤制乙二醇中试顺利完成，2012 年 9 月在湖北化肥厂开工建设 20 万吨/年煤制乙二醇项目，2013 年 11 月中间交工，并于 2014 年 3 月 9 日产出达到国家优等品标准的聚酯级乙二醇。

华谊集团上海焦化有限公司的万吨级乙二醇工业示范装置自 2013 年 7 月投运以来，历经消缺整改、打通全流程、产品得率及质量达标等阶段，现已进入长周期稳定运行阶段。

随着河南煤业，4套20万吨/年煤制乙二醇的稳步推进，尤其是新疆天业集团5万吨/年电石尾气制乙二醇的高质量运行，国内煤制乙二醇建设及规划如雨后春笋，在建及拟建的煤制乙二醇项目产能达到了847万吨/年。

5. 煤制芳烃

2013年3月，由华电集团和清华大学联合开发的万吨级甲醇制芳烃工业试验装置在陕西榆林成功运行。该技术采用流化床反应器，使用自主研发的改性分子筛催化剂，反应过程包括甲醇制芳烃、轻烃芳构化和苯、甲苯甲醇烷基化等反应。该技术通过了石油和化工工业联合会组织的专家组考核和科技成果鉴定。华电在陕西榆林煤化工基地规划建设世界首套百万吨甲醇制芳烃工业示范装置。该基地届时将形成年产1000万吨煤炭、300万吨煤制甲醇、100万吨甲醇制芳烃和120万吨精对苯二甲酸（PTA）产能。

在国家产业规划引导和地方规划布局下，现代煤化工项目主要向内蒙古、山西、陕西、新疆、宁夏等煤炭资源地集中。煤制油、煤制烯烃、煤制乙二醇、煤制天然气等示范工程实现稳定运行，对推进化工原料多元化进程、加快煤炭资源深加工转化、提高国家能源保障能力发挥了积极作用。

二、煤化工装备应用及发展趋势

煤化工装备种类繁多，通常可分为动、静两大类装备。其中，气化炉、反应器、变换炉、换热器、储运容器等压力容器和管道、阀门等属于静装备，泵、风机、压缩机、空分装备等属于动装备。在煤化工装备投资中，一般压力容器占45%，换热器占20%，机泵占15%，管道系统占5%，空分设备占5%，其他装备占10%。煤化工各装备购置费占项目总投资比重见表2。煤化工各装备购置费占项目总投资比重见图4。

表2　煤化工各装备购置费占项目总投资比重

	一般压力容器	换热器	机泵	管道系统	空分设备	其他
比重（%）	45	20	15	5	5	10

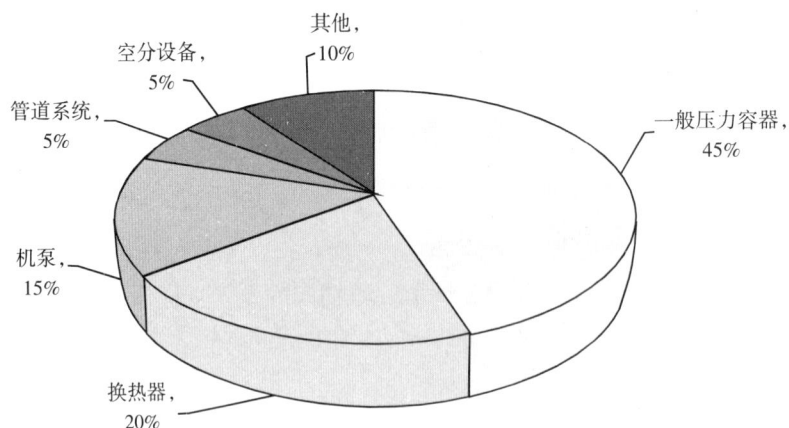

图4　煤化工各装备购置费占项目总投资比重

一般来说，重大装备的国产化都要历经四个阶段：第一阶段是成套进口；第二阶段是材料全部进口，国内成套制造；第三阶段是材料部分进口，国内成套制造；第四阶段是全部采用国产材料和国内成套制造。而只有到第四阶段才是真正的国产化。

据中国机械工业联合会的有关专家表示，"十一五"期间我国煤化工成套设备国产化率已达到了90%。

（一）煤气化装备

在煤化工装备中，气化炉是煤化工最为关键的装备之一，结构复杂，制造难度大及工期长，工艺和质量要求高，大部分煤化工项目都需经历煤炭经气化炉转换为合成气这一环节。

我国自 20 世纪 80 年代就已经开始引进国外煤气化技术，包括早期引进的 Lurgi 固定床气化、Ugas 流化床气化、Texaco 气流床水煤浆气化，近年来新一轮引进和拟引进的 BGL 固定床气化、Shell 气流床粉煤气化、GSP 气流床粉煤气化等。目前世界上几乎所有的气化技术都已经在中国得到应用。与此同时，我国的大型煤化工成套设备的自主创新开发也迅速发展。

我国近年来在煤气化技术方面加大了研制攻关力度，先后自主开发成功四喷嘴水煤浆加压气化炉、多原料浆气化炉、航天粉煤加压气化炉、"清华炉"水煤浆气化技术、灰熔聚气化炉等，使我国煤气化技术装备达到世界领先水平。

由兖矿集团和华东理工大学共同研制的"多喷嘴对置式水煤浆气化炉"实现了大规模应用，单炉日处理 2000 吨煤的多喷嘴对置式水煤浆气化装置已经成功运行，为我国煤制烯烃、煤制天然气等新型煤化工产业提供了强大的技术支撑。

由航天长征开发的"航天粉煤加压气化技术"目前已实现了系列化，从日投煤量 750 吨到 2000 吨均已开车并实现了长周期稳定运行。2013 年，航天气化炉签约 14 台，市场累计运行 68 台。

2012 年，清华大学、北京盈德清大科技公司和山西阳煤丰喜肥业（集团）有限责任公司合作开发的水煤浆水冷壁清华炉气化技术，建成日处理 600 吨煤的水煤浆水冷壁气化炉。该设备自动化水平高，具备稳定性好、煤种适应性强、系统运转率高、安全性强、系统启动快、气化压力高和技术细节处理好等技术优势，投资和运行费用较低；装备国产化率达到 100%，碳转化率达到 97.6%。

（二）空分装备

随着冶金、石化、煤化工等产业十年来对空分装备大型化需求的日益增加，空分装备规格朝着特大型、智能化和高效节能方向发展。以杭州制氧机集团有限公司、四川空分设备（集团）有限责任公司和开封空分集团有限公司等为代表的一大批民族

空分设备制造企业占据了主要市场，形成 6 万标准立方米/小时等级以下的空分设备市场占有率以国产设备为绝对优势的局面。其中杭氧在国内率先完成了"6 万等级空分设备国产化"攻关任务，国产最大等级的 8 万空分设备于 2013 年成功开车，还设计制造完成了世界上最大的 12 万等级空分设备，空分设备制氧量综合达到 150 万标准立方米/小时以上，大型空分设备（包括 6 万标准立方米/小时空分）国内市场占有率一直保持在 50% 以上。

大型空分装置压缩机组是空分装备的核心动力设备，目前陕鼓动力在 2 万~6 万等级空分压缩机组的市场占有率超过 70%。目前正在实现 8 万~10 万标准立方米/小时的空分配套离心压缩机组。随着高等级空分装置压缩机组研发项目的推进，将大力推进重大装备的国产化进程，打破国外技术垄断。

伴随着我国制造业转型的步伐，空分装备行业部分企业发展也由纯制造业向工业服务业拓展。凭借其在设计、制造大型空分装置方面的领先技术、丰富经验和专业化运营管理气体公司的实践基础，为用户带来维护设备稳定运行的强大技术支撑，有效保证空分装置运行的可靠性、安全性、经济性。

虽然我国已成为世界气体分离设备制造大国，但是在特大型空分设备的制造上还有相当一部分依赖进口；同时，与空分配套的产业链不够完善，从空气过滤器到压缩机、增压机、换热器、容器、泵、阀、各种管材、板材、吸附剂、仪器仪表，需要各行各业的配合配套，分离设备所需的特殊配套，专门设计、专业制造国内未形成系统的产业链，特别是在大型、特大型空分的开发上，许多环节缺乏，造成只能依赖进口或无法满足成套性能的要求。

（三）非标压力容器

近年来，受石油化工和煤化工的发展，我国的压力容器行业发展保持了较高的增速，复合增速在 20% 以上。

我国非标压力容器行业焊接、成型等加工工艺水平获得了大幅度提高，产品制造开发也逐步由小型设备向大型化、重型化设备转变，多种非标压力

容器（如换热器、反应器）等主要单元设备制造技术已达到国际先进水平。现代煤化工所需要的压力设备主要包括煤气化装置、变换装置、洗涤装置及合成装置，压力容器主要包括反应器、塔器、储罐和分离器等。

目前，国内大型非标压力容器生产企业如中国第一重型机械集团公司、张家港化工机械股份有限公司、苏州海陆重工股份有限公司、太原重工股份有限公司、大连金州重型机器有限公司、中航黎明锦西化工机械（集团）有限责任公司、南京化学工业有限公司化工机械厂、西安核设备有限公司、云南大为化工装备制造有限公司、哈尔滨锅炉厂有限责任公司等。

（四）泵阀

2013年，由上海福斯特流体机械有限公司自主开发的MJ200-110型离心式高温油煤浆泵在神华鄂尔多斯煤制油分公司通过新产品鉴定。该设备结构科学合理、密封效果良好、暖泵方式独特，在结构、材料、密封、暖泵等技术方面均有突破和创新，总体达到国内领先、国际先进水平，可完全替代进口产品。

伴随着国内煤化工装置的大型化、一体化发展趋势，煤化工装置中的阀门所处的严苛工况环境具有高温、高压、易燃易爆、高腐蚀、高冲刷磨损等特征，对阀门的高频开关、快速启闭、密封性能、耐磨性能和洁净程度都提出了更高要求。在目前国内的一些主要的煤化工项目中，各类工艺的气化装置均需要大量的开关控制阀。这类阀门产品在业主单位、工程公司、技术专利商和国内优秀的阀门制造商的共同努力下，压力等级低于600LB的氧气、氮气、煤粉、煤浆、煤渣、煤灰等系统的阀门已经积累了比较丰富的国产化应用经验，基本实现了国产化。但对于压力等级在900LB及以上的高参数阀门中，例如高压氧、氮、煤粉、煤浆、煤渣、煤灰系统的开关控制阀（球阀），目前还主要依赖进口。

值得关注的是，在最近几年，包括上海开维喜在内的国内几家煤化工关键阀门企业在提升装备制造能力方面做出了诸多努力，在装备上已经达到世界先进水平，甚至引进了大口径球体五轴加工中心和智能化表面喷涂生产线。

但即使我们的阀门企业制造出了具有同等性能可替代进口的阀门产品，由于缺乏权威性的检测与过程见证，缺少专业的国家标准或者行业标准，对于动辄投资过百亿的煤化工项目，业主也不敢贸然应用在工程装置的关键位置上。

在技术创新能力上，我们国内的阀门企业的确还有很长的路要走。这就需要在国家重点攻关任务中，动员多方面力量，帮助国内的阀门企业成长，尤其在技术创新上取得突破。

三、煤化工产业装备发展面临的问题

"十一五"以来，我国现代煤化工技术在多个领域获得新突破，在消化、吸收引进和自主开发方面取得重大进展，具有自主知识产权的现代煤化工技术开始从实验室走向大生产，大型先进煤气化、大型煤制甲醇、煤直接制油、煤间接制油、煤制烯烃、煤制乙二醇、万吨级煤制芳烃、低阶煤分质利用、合成气变换等自主研发技术促进和带动了煤化工装备的研制。

中国石油和化学工业联合会煤化工专业委员会秘书长胡迁林表示，日处理煤量2000吨级以上大型煤气化装置，大型变换炉、低温甲醇洗、12万等级大型空分、8万等级以上空分空气压缩机、百万吨级煤制油反应器、60万吨级甲醇制烯烃反应器等装备，以及配套的锁斗阀、煤浆阀、渣水阀等特殊阀门先后实现自主化研制和生产，阀门的寿命已接近进口设备，完全可以支撑我国现代煤化工的发展。

尽管我们的煤化工技术和装备已走在行业发展的前列并建成了一些工业项目示范，但是，这些工业示范项目有不少关键技术及装备仍要从国外引进，例如煤制丙烯、大型甲醇、大型空分、大型压缩机、大型煤制气反应器、特种泵、阀门、特殊材料等。对精密控制的流量计、控制阀、测振仪及大流量泵等核心设备的关键技术的掌握基本处于起步阶段。引进技术及装备不仅价格高，而且维修备件受制于人，给企业生产运行带来一定困难。

现代煤化工装备总体能效还不够高，有些工艺还不成熟，部分核心装备还需要依赖进口。甲烷化技术及反应器（单系列 13 亿~20 亿立方米/年）、大型空分设备（10 万~12 万标准立方米/小时）、大型甲醇合成技术及反应器（单系列 100 万吨/年以上）、干粉煤泵、空分装置中的液氧泵、液氮泵、液氩泵、高压隔膜泵、高压煤浆泵、氧阀、煤浆切断阀、锁渣阀及大部分调节阀等关键设备还需要加强技术开发力度，提高国产化率。

一些前景看好的自主知识产权的技术都缺少大型化的商业化示范装置，尚不具备大规模推广的条件，难以满足大型煤化工项目发展的需要。主要表现在：日处理煤 4000 吨等级的水煤浆气化炉及日处理 3000~4000 吨等级的粉煤气化炉亟需突破，煤粉泵尚未产业化；百万吨级甲醇合成塔依赖进口，等温反应器尚未大型化；大型空分及压缩机智能化控制与国际先进水平有一定的差距；已建项目或在建项目甲烷化均采用国外技术，核心工艺技术、催化剂、关键设备主要依赖进口；热解关键技术亟待突破工程化和大型化难题。

另外，现代煤化工已有示范工程的技术可靠性和项目经济性有待验证，其核心技术初次商业化，其工业流程和技术集成尚待优化，设备选择尚未完全定型，能效、煤耗、水耗等指标仍有较大的提升空间。

现代煤化工主要布局在中西部煤炭资源地，其生态环境比较脆弱，严重缺水，多数地区缺少纳污条件，环保压力较大，对于三废的处理带来了巨大的挑战，特别是高浓度难降解有机废水和高浓度含盐废水，采用一般的生化工艺很难处理，暴露出的问题也比较多，煤化工环保核心技术装备亟需突破。

四、煤化工产业及装备发展思路

我国工业发展正处在转型升级的重要时期，现代煤化工产业发展的总体思路是：统筹规划产业布局，科学把握发展节奏；推进示范项目升级，降低产业发展风险；坚持清洁高效转化，促进节能减排和低碳发展；提升产品附加值，增强产业竞争力；坚持单项技术发展与系统优化、集成相结合；坚持自主创新，提高技术装备水平。

企业要加强技术创新，实现重大设备的国产化，政府需要加大财政投入，鼓励企业使用国产化装备。一方面加强对现代煤化工关键技术和重大装备产学研联合攻关的组织，努力提高技术装备水平；对于经国家批准的现代煤化工项目，都应提出明确的国产化目标、方案和实施计划。另一方面对订购和使用首台（套）国产重大技术装备的现代煤化工项目，可确定为技术进步示范项目，优先予以安排；尝试建立用户订购和使用首台（套）国产装备的风险分担机制。对国内空白或水平落后的，鼓励引进国外先进技术和装备，并积极组织消化、吸收和自主化工作，推动现代煤化工装备定型化和标准化。

煤炭采掘

我国是世界上煤炭机械装备制造和使用的第一大国，根据中国煤炭机械工业协会年报统计结果：2012年我国煤机行业总产量494.43万吨，同比增长20.08%，工业总产值1223.12亿元，同比增长8.03%，产品销售收入1246.79亿元，同比增长8.52%，利润总额77.61亿元，同比下降4.44%，煤机行业年平均利润率为6.22%，高于全国机械行业5%的年平均利润率。

一、主要经济指标

煤机行业的市场规模在全国机械行业中的占比为1/20，2011年以后煤机行业年总产值达到千亿规模以上。2007~2012年煤机行业总产值见表1。2007~2012年煤机行业总产值见图1。

表1 2007~2012年煤机行业总产值

年 份	2007	2008	2009	2010	2011	2012
总产值（亿元）	422.84	503.31	632.10	878.87	1 121.38	1 345.66
增长率（%）	35.00	19.03	25.59	39.04	27.59	20.00

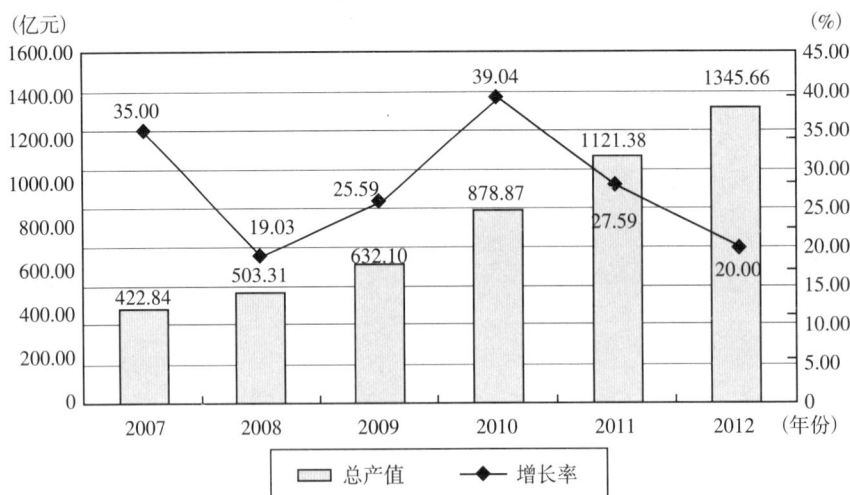

图1 2007~2012年煤机行业总产值

在主要产品销售量方面，根据2012年的统计数据，掘进机销售量前三名依次是三一重型装备有限公司、山西天地煤机装备有限公司（太原分院）、佳木斯煤矿机械有限公司，采煤机销售量前三名依次是天地科技股份公司、鸡西煤矿机械有限公司、上海创立集团股份有限公司，刮板运输机销售量前三名依次是中煤张家口煤矿机械有限公司、西北奔牛实业集团有限公司、山东矿机集团股份有限公司，液压支架销售量前三名依次是郑州煤矿机械集团有限公司、中煤北京煤矿机械有限公司、郑州四维机电设备制造有限公司。2012 年掘进机生产厂家排名见表 2。2012 年掘进机生产厂家销量占比见图 2。2012 年采煤机生产厂家排名见表 3。2012 年采煤机生产厂家销量占比见图 3。2012 年刮板运输机生产厂家排名见表 4。2012 年刮板运输机生产厂家销量占比见图 4。2012 年液压支架生产厂家排名见表 5。2012 年液压支架生产厂家销量占比见图 5。

表 2　2012 年掘进机生产厂家排名

排　名	厂　家	销售量（台）
1	三一重型装备有限公司	603
2	山西天地煤机装备有限公司（太原分院）	285
3	佳木斯煤矿机械有限公司	277
4	北方重工集团有限公司	137
5	石家庄煤矿机械有限公司	120
6	上海创立集团股份有限公司	118

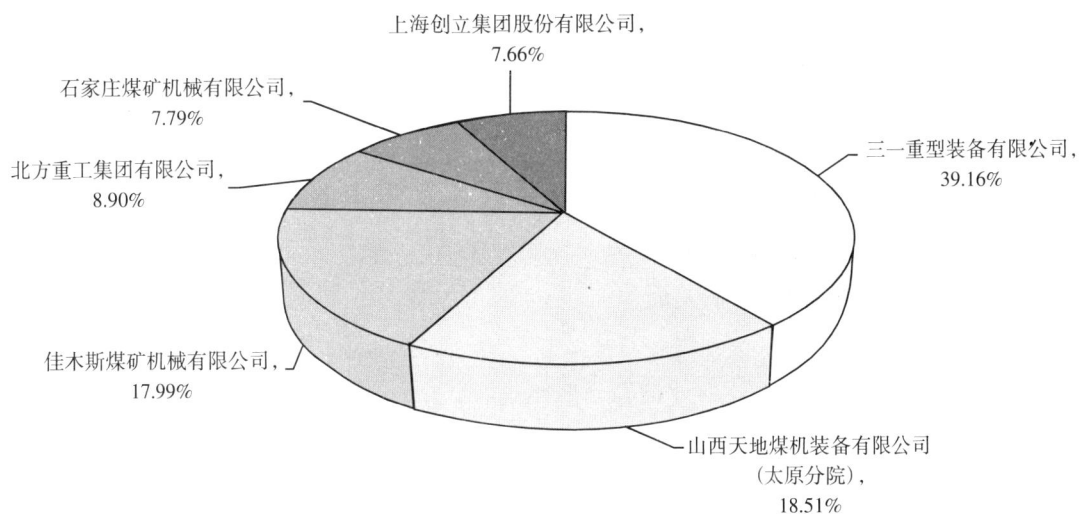

图 2　2012 年掘进机生产厂家销量占比

表 3　2012 年采煤机生产厂家排名

排　名	厂　家	销售量（台）
1	天地科技股份公司	304
2	鸡西煤矿机械有限公司	190
3	上海创立集团股份有限公司	166
4	太重煤机有限公司	146
5	西安煤矿机械有限公司	131
6	晋城金鼎煤机矿业有限公司	87

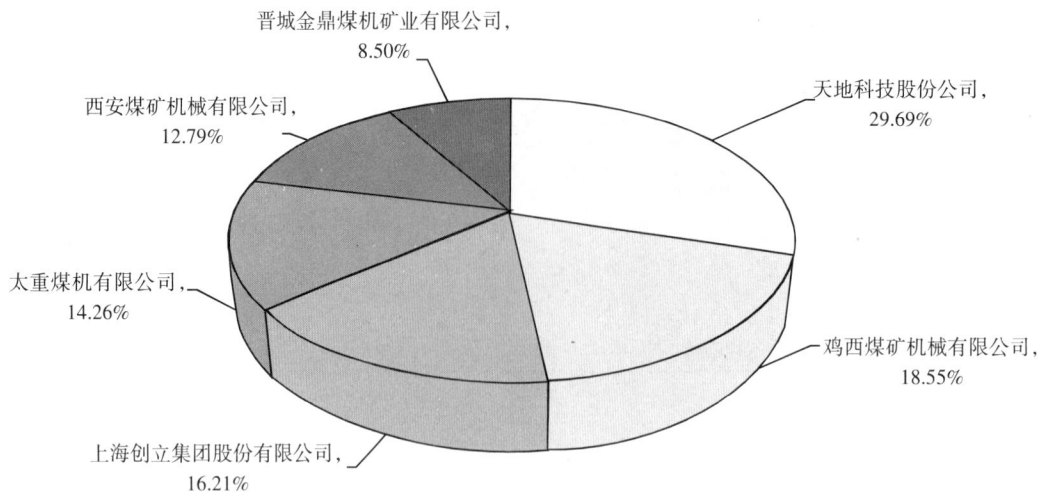

图 3　2012 年采煤机生产厂家销量占比

表 4　2012 年刮板运输机生产厂家排名（按吨位排）

排　名	厂　　家	销售量（台/吨）
1	中煤张家口煤矿机械有限公司	330/93 902
2	西北奔牛实业集团有限公司	223/72 683
3	山东矿机集团股份有限公司	1 387/47 583
4	山西煤矿机械制造有限公司	237/46 863
5	兖矿集团大陆机械有限公司	210/18 264

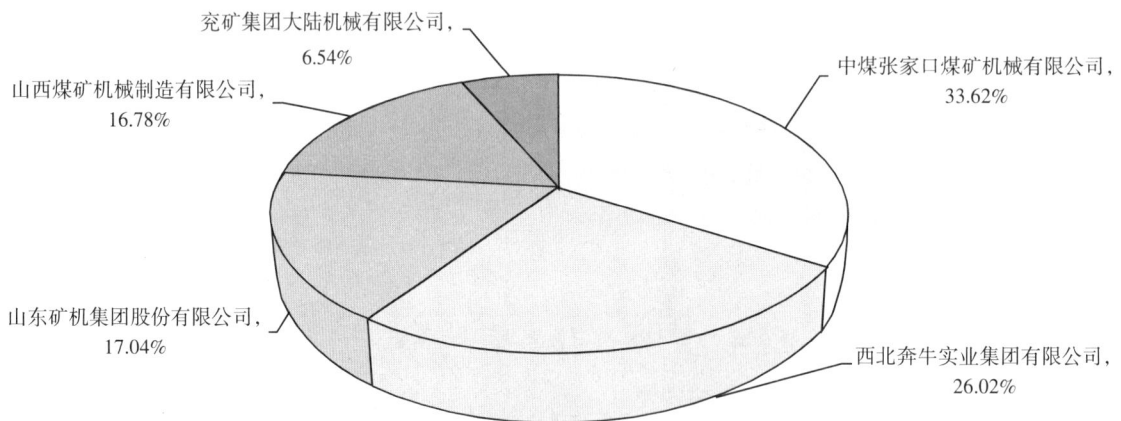

图 4　2012 年刮板运输机生产厂家销量占比

表 5　2012 年液压支架生产厂家排名

排　名	厂　　家	销售量（架）
1	郑州煤矿机械集团有限公司	21 919
2	中煤北京煤矿机械有限公司	8 058
3	郑州四维机电设备制造有限公司	7 011
4	平顶山煤矿机械有限公司	6 935
5	重庆大江信达车辆股份有限公司	5 568
6	山东天晟煤矿装备有限公司	5 442

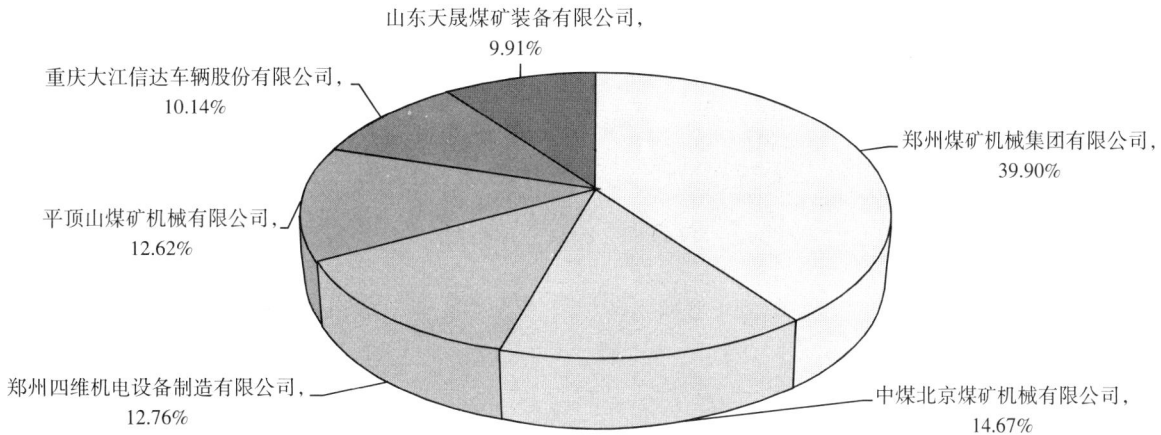

图5　2012年液压支架生产厂家销量占比占比

2012年我国煤炭机械工业进口额为10.29亿美元，同比增长13.1%，出口额为14.62亿美元，同比增长21.4%，贸易顺差为4.33亿美元。2007~

2012年我国煤炭机械行业进出口额及增长情况见表6。2007~2012年我国煤炭机械行业进出口额及增长情况见图6。

表6　2007~2012年我国煤炭机械行业进出口额及增长情况

排　　名	进口额（亿美元）	同比增长（%）	出口额（亿美元）	同比增长（%）
2012	10.29	13.1	14.62	21.4
2011	9.10	8.9	12.04	22.6
2010	8.36	8.7	9.82	13.0
2009	7.69	10.6	8.69	27.4
2008	6.95	−8.1	6.82	20.5
2007	7.56	−3.8	5.66	23.0

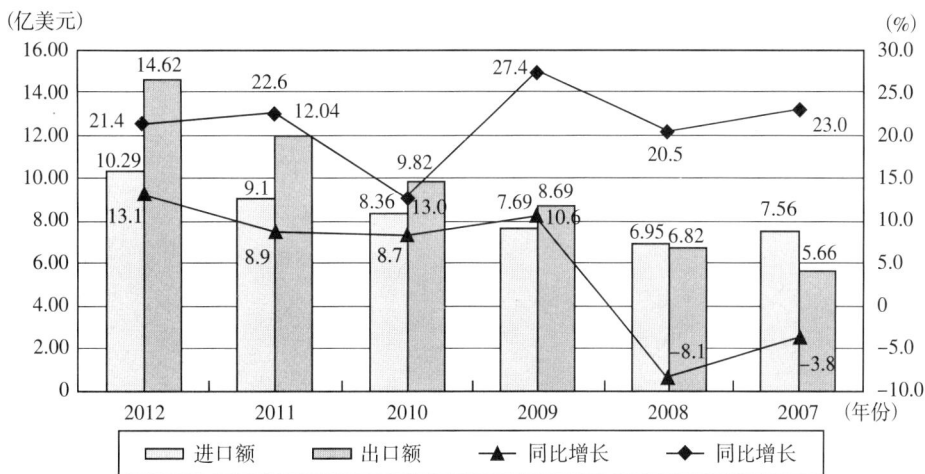

图6　2007~2012年我国煤炭机械行业进出口额及增长情况占比

二、煤机行业50强企业

2012年煤机行业50强企业中，销售收入上百亿元的企业仅1家，中国煤矿机械装备有限责任公司

实现销售收入109.24亿元，销售收入上50亿元的企业有4家，排名依次是中国煤矿机械装备有限责任公司、天地科技股份有限公司、郑州煤矿机械集团股份有限公司、平煤神马机械集团股份有限公司。2012年煤炭机械工业50强企业见表7。2012年煤

炭机械工业销售收入上 50 亿元企业占比见图 7。

表 7　2012 年煤炭机械工业 50 强企业

排　序	企业名称	煤机产品销售收入（万元）
1	中国煤矿机械装备有限责任公司	1 092 456.7
2	天地科技股份有限公司	974 896.8
3	郑州煤矿机械集团股份有限公司	949 036.8
4	平煤神马机械集团股份有限公司	642 028.2
5	太原重型机械集团煤机有限公司	450 206.4
6	兖矿东华重工有限公司	445 649.3
7	山东能源机械集团有限公司	444 675.2
8	三一重型装备有限公司	346 073.9
9	中煤张家口煤矿机械有限责任公司	340 083.0
10	晋城金鼎煤机矿业有限责任公司	329 593.6
11	中煤北京煤矿机械有限责任公司	263 359.5
12	宁夏天地奔牛实业集团有限公司	242 184.1
13	北方重工集团有限公司	226 501.6
14	西安重工装备制造集团有限公司	221 983.2
15	兖矿集团有限公司机电设备制造厂	210 322.4
16	山东鲁南装备制造有限公司	204 096.1
17	太重煤机（新加坡）投资有限公司	194 569.4
18	中信重工机械股份有限公司	193 871.0
19	平顶山煤矿机械有限责任公司	189 973.9
20	山西天地煤机装备有限公司	175 760.6
21	IMM 国际煤矿机械有限公司（集团）	172 474.5
22	沈阳北方交通重工集团有限公司	168 344.2
23	郑州宇通重工有限公司	162 861.1
24	山东矿机集团股份有限公司	161 351.5
25	山东天晟煤矿装备有限公司	157 155.1
26	山东煤机装备集团有限公司	147 692.7
27	重庆大江信达车辆股份有限公司	144 975.3
28	中煤机械集团有限公司	142 947.2
29	山西平阳重工机械有限责任公司	142 050.3
30	山西煤矿机械制造有限责任公司	137 727.4
31	郑州四维机电设备制造有限公司	136 330.3
32	太重煤机有限公司	133 050.1
33	安徽省矿业机电装备有限责任公司	130 970.3
34	林州重机集团股份有限公司	126 094.0
35	山东塔高矿机装备制造有限公司	116 810.3
36	上海创力集团股份有限公司	116 799.9
37	唐山开滦铁拓重机公司	112 269.3
38	宁夏天地西北煤机有限公司	109 859.5
39	山西汾西矿业（集团）设备修造厂	107 220.2
40	兖矿集团大陆机械有限公司	100 491.9
41	山西永恒集团有限公司	98 754.6
42	佳木斯煤矿机械有限公司	85 760.0
43	山东新煤机械装备股份有限公司	81 030.0
44	抚顺煤电机制造有限公司	75 928.6
45	石家庄煤矿机械有限责任公司	75 879.6

续表

排　序	企业名称	煤机产品销售收入（万元）
46	淮南郑煤机舜立机械公司	72 001.3
47	西安煤矿机械有限公司	71 806.7
48	凯盛重工有限公司	69 856.7
49	徐州华东机械厂	69 439.3
50	山东莱芜煤矿机械有限公司	59 069.0

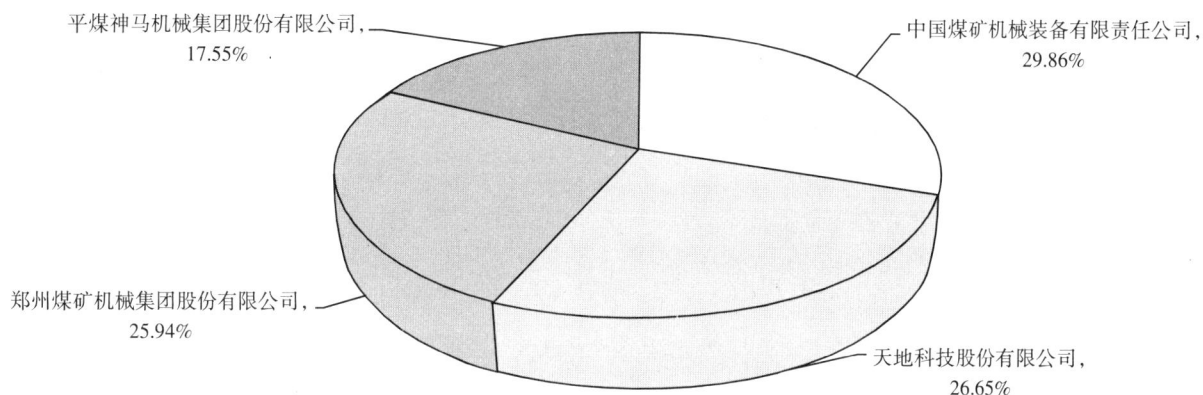

图7　2012年煤炭机械工业销售收入上50亿元企业占比

平煤神马机械集团股份有限公司，17.55%
中国煤矿机械装备有限责任公司，29.86%
郑州煤矿机械集团股份有限公司，25.94%
天地科技股份有限公司，26.65%

2013年煤机行业50强企业销售收入出现明显回落，仅13家企业销售收入在10亿元以上，排名第一的郑州煤矿机械集团股份有限公司销售收入也仅有47.43亿元。2013年煤炭机械工业50强企业见表8。2013年煤炭机械工业销售收入上10亿元企业占比见图8。

表8　2013年我国煤炭机械工业50强企业

排　序	企业名称	销售收入（万元）
1	郑州煤矿机械集团股份有限公司	474 306.8
2	三一重型装备有限公司	190 137.6
3	中煤张家口煤矿机械有限责任公司	189 241.5
4	中煤北京煤矿机械有限责任公司	173 154.8
5	长治清华机械厂	154 816.4
6	平顶山煤矿机械有限责任公司	153 353.3
7	四川神坤装备股份有限公司	143 410.1
8	宁夏天地奔牛实业集团有限公司	133 053.0
9	山东天晟煤矿装备有限公司	125 968.0
10	山东矿机集团股份有限公司	119 090.8
11	山西平阳重工机械有限责任公司	109 174.0
12	郑州四维机电设备制造有限公司	105 752.6
13	中信重型机械公司	102 944.9
14	煤科总院山西煤机装备有限公司	91 224.7
15	重庆大江信达车辆股份有限公司	82 584.0
16	佳木斯煤矿机械有限公司	81 920.9
17	兖矿集团有限公司机电设备制造厂	80 401.0
18	山西煤矿机械制造有限责任公司	72 222.4
19	太原矿山机器集团有限公司	71 580.0
20	西北煤矿机械有限公司	65 532.9
21	晋城金鼎煤机产业发展有限公司	61 907.6

续表

排　序	企业名称	销售收入（万元）
22	上海创力集团股份有限公司	55 953.4
23	石家庄煤矿机械有限责任公司	55 159.5
24	唐山开滦铁拓重机公司	54 259.4
25	抚顺煤矿电机制造有限公司	51 529.9
26	西安煤矿机械有限公司	51 252.0
27	徐州华东机械厂	50 222.3
28	河北天择重型机械有限公司	49 431.4
29	鸡西煤矿机械有限公司	45 933.6
30	淮南舜立机械有限责任公司	43 313.2
31	兖矿集团大陆机械有限公司	42 407.4
32	河南万合机械有限公司	41 647.0
33	三一西北骏马电机制造股份公司	40 329.4
34	山西焦煤集团西山机电总厂	37 507.5
35	山东新煤机械有限公司	37 120.0
36	山东莱芜煤矿机械有限公司	35 976.0
37	山西忻州通用机械有限责任公司	35 878.8
38	浙江衢州煤矿机械总厂有限公司	35 109.3
39	大同煤矿集团有限公司中央机厂	34 377.2
40	山东泰安煤矿机械有限公司	34 114.3
41	淄博先河机电有限责任公司	30 018.6
42	安徽攀登机械股份有限公司	28 697.9
43	山西汾西矿业（集团）设备修造厂	28 026.6
44	霍州煤电集团公司机电修配分公司	26 347.2
45	淮南长壁煤矿机械有限责任公司	24 356.7
46	鹤壁市豫兴煤机有限公司	23 635.8
47	济宁卓力工矿设备有限公司	22 928.9
48	内蒙古北方重工工程机械公司	22 668.0
49	中煤邯郸煤矿机械有限责任公司	20 041.2
50	徐州煤矿机械厂	19 654.4

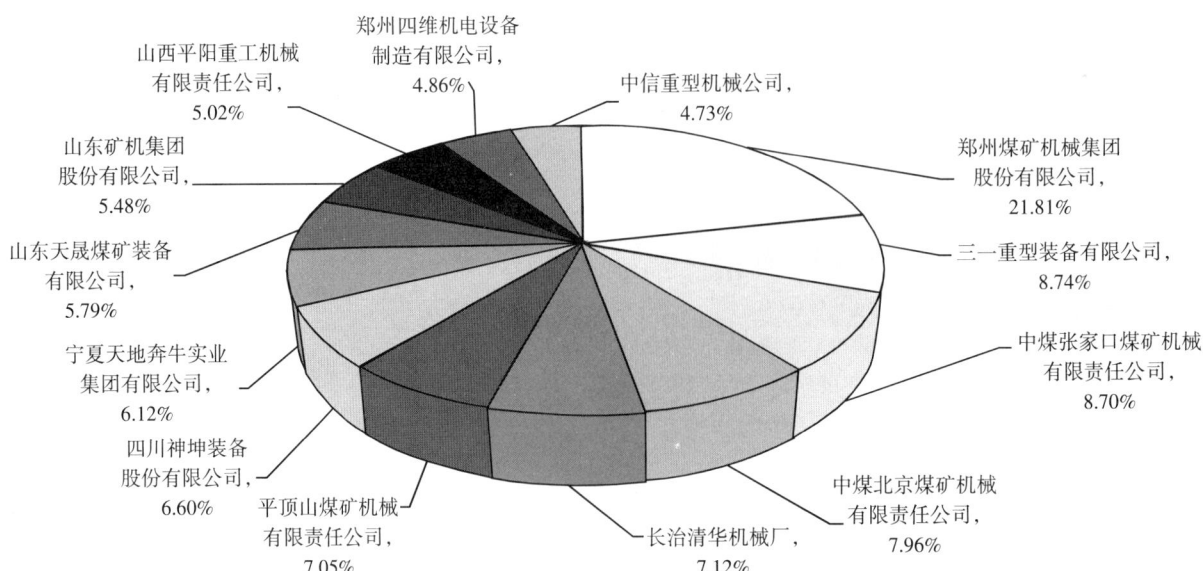

图 8　2013 年煤炭机械工业销售收入上 10 亿元企业占比

三、煤机行业发展特点和面临的挑战

2012年、2013年，煤机装备业作用进一步突出，专业化集团向产业化集群方向战略重组，产业集聚效应初显，技术改造力度不断加大，积极创造上市条件吸纳社会资金，谋求企业更大发展，重大技术装备取得了突破。

我国煤机行业发展面临的挑战：煤炭需求总量减缓，整个世界经济疲软，面临经济周期性调整；投资增速明显减缓，产能明显过剩，低水平重复建设严重；煤机大而不强，关键设备仍依赖进口；节能减排、环境压力增大，绿色制造是发展方向。新的工业园不能建铸造、电镀、热处理等项目；国外大型企业集团进入中国，进行快速并购现有企业，国企面临兼购重组的压力；市场竞争更加激烈，拼价格、拼营销，形成短期恶性竞争，原材料价格上涨、劳动成本上升，企业面临生产成本增长。

在未来发展中，煤机行业要致力于"五个转型"：一是加快从注重发展工业向先进制造业、高新技术产业和现代制造服务业协同发展转型；二是从偏重引进资金向重视引进先进技术、科学管理和高素质人才转型；三是从注重规模扩展向注重质量效益提升转型；四是从依靠政策优惠向提升综合服务功能转型；五是由消耗环境资源向环境友好型转型。

努力实现"五个升级"：一是产业的优化升级；二是自主创新能力的提高升级；三是集约化水平的提高升级；四是综合服务功能提档升级；五是生态环境的优化升级；努力开创我国经济开发区发展新局面。

煤炭洗选

一、选煤工业快速发展

进入21世纪以来，煤炭工业经历了大发展的"十年黄金时代"后，到2012年下半年以后进入了调整期。在新时期中煤炭工业面临的形势是：

煤炭产能超前，煤炭市场低迷，全国煤炭库存量居高不下，进口煤量迅速增长，煤炭价格下滑，企业经济困难。

面对上述情况，煤炭工业加快了煤炭经济结构的调整，把立足点从提高产量转变到提高质量和效益上来，从单一产品结构转变到多品种，生产适销对路产品和提高企业经济效益上来，从单一产业结构调整到"以煤为主、多元发展、综合利用、延伸产业链"上来；从原煤粗加工逐步过渡到细加工、精加工到深加工的轨道上来，大力推进大型煤化工示范工程建设，全面提升煤炭工业科学化发展水平。

得益于煤炭工业的调整，选煤工业得到更快的发展。

（一）原煤入洗量大大增加

原煤入洗量从2000年的3.37亿吨，增长到2013年的22.14亿吨，13年增加了18.77亿吨，平均每年增加1.44亿吨，特别是近五年来从14亿吨，增加到22.14亿吨，每年平均增加1.63亿吨。我国成为世界第一选煤大国。2000~2013年我国原煤入洗量见表1。2005~2013年我国原煤入洗量见图1。

（二）建设了一批超大型选煤厂，采用了大型高效设备

近几年淘汰了一批技术和装备落后、工艺不配套、产品质量差、污染环境、浪费煤炭资源的小型（30万吨/年）的简易选煤厂。

新建了一大批具有世界先进水平选煤技术和装备的大型和超大型选煤厂，其中设计入洗原煤能力超过1000万吨/年的选煤厂接近50座，设计入洗原煤能力超过6.5亿吨/年，接近全国选煤能力的28%。最大的炼焦煤选煤厂设计入洗能力30亿吨/年，最大的动力煤选煤厂设计入选能力35亿吨/年。这些选煤厂采用了大型高效选煤设备。它们是：

单层香蕉筛，筛分面积4300毫米×9000毫米；强力抛射分级筛，筛分面积90平方米；毫米D1300筛分破碎机，处理能力达到7500吨/小时；动筛跳汰机，工作面积5~6平方米，处理能力达500吨/小时；跳汰机，工作面积43平方米；浅槽重介质分选机，最大处理能力800吨/小时；三产品重介旋流器，φ1500/1150，处理能力达650吨/小时；机械搅拌式浮选机，单槽容积48立方米；喷

表1　2005~2013年我国原煤入洗量

项目＼时间	2000	2005	2006	2007	2008	2009	2010	2011	2012	2013
原煤产量（亿吨）	12.99	22.05	23.73	25.26	27.88	29.73	32.40	35.20	36.50	36.80
入洗煤量（亿吨）	3.37	7.03	7.80	11.00	12.50	14.00	16.50	18.50	20.50	22.14
入洗率（%）	25.90	31.90	32.90	43.50	44.80	47.10	50.90	52.60	56.20	60.20

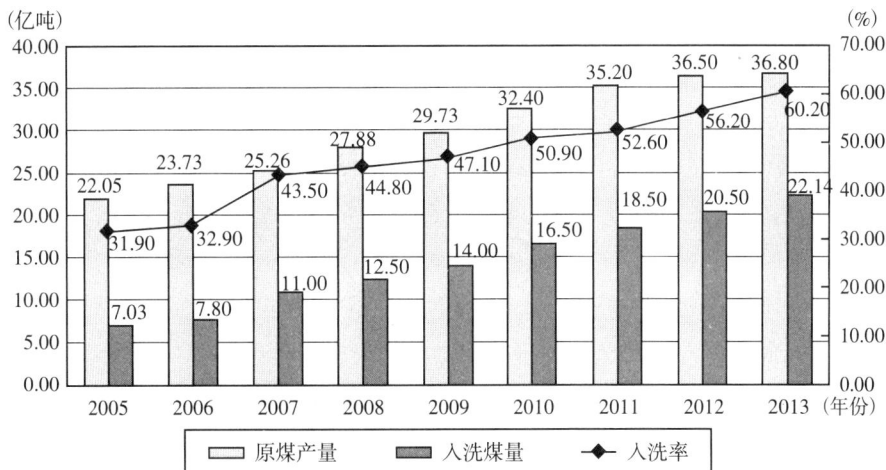

图1 2005~2013年我国原煤入洗量

射式浮选机，单槽容积 44 立方米；浮选柱，圆柱直径 5 米；末煤卧式振动离心脱水机，筛篮直径 1650 毫米，处理能力 400 吨/小时；煤泥振动离心脱水机，筛篮直径 1400 毫米；沉降过滤式离心脱水机，转子 $\phi 1133 \times 3300$，处理能力达 70 吨/小时；耙式浓缩机，最大直径 $\phi 85$ 米；快速隔膜压滤机，压滤面积 500 平方米；智能快速装车系统，最大装车能力 5500 吨/小时。

这些大型高效设备的应用，大大提升了选煤厂的总体技术水平，为我国从选煤大国向选煤强国创造了条件。

（三）重介质选煤成为主导的选煤方法

我国拥有世界所有的各种选煤方法。各种选煤方法比例见表2。各种选煤方法比例见图2。

表2 各种选煤方法比例

时间 \ 项目	跳汰（%）	重介（%）	浮选（%）	其他（%）
2010	30.5	55.0	9.5	5.0
2013	20.0	65.0	10.0	5.0

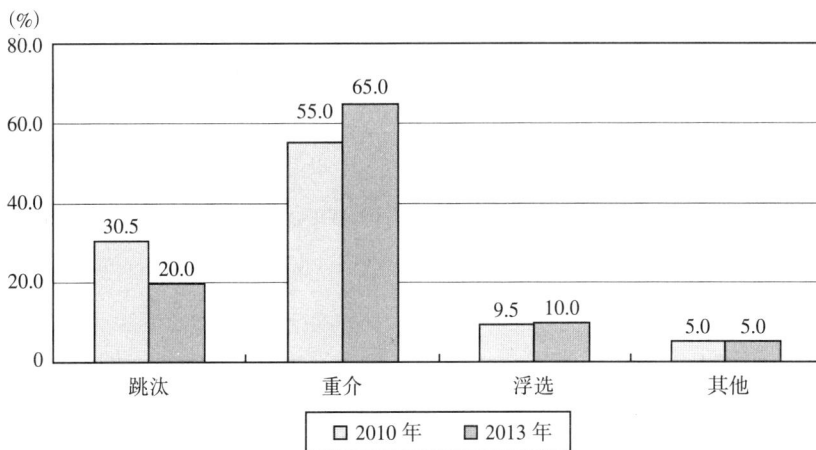

图2 各种选煤方法比例

重介选煤法由于分选效率高，分选粒度范围广、处理能力大、易于实现自动控制，近几年在我国发展很快，它已成为我国目前最主要的选煤方法。

（四）干法选煤有了新进展

继复合式干法分选机之后，近年研制成功了GDRT 煤矸智能分选系统，该分选机采用了核物理和计算机控制技术，对块煤中煤炭和矸石根据对 γ 射线衰减差异原理进行分选。

它适用于 30~300 毫米原煤的分选，具有建设投资少、占地面积小、建设周期短、不消耗水和其他介质、安全环保、操作简单、维护方便、运行成本低等优点，适合于各种煤类块煤的分选。

该设备已在北京、内蒙古等地矿区煤矿使用，分选效果良好，用户满意，可以在干旱缺水的中、小煤矿推广使用，具有广阔的发展前景。

干法重介质选煤装置在徐州张集煤矿和新疆神华新疆能源公司实现了工业应用。

（五）井下原煤排矸装置成功应用

为了减少原煤中的矸石含量，降低运输成本，减少地面矸石山对环境的污染，我国成功研制了浅槽重介分选机或动筛式跳汰机的井下排矸装置，实现了块矸不出井的意愿。

（六）细粒煤筛分技术有新突破

解决细粒煤干法筛分是历来各国选煤界都重点关注的问题，我国除了各国广泛常用的等厚筛（香蕉筛）外，近年来由我国自主研制的抛射筛（博后筛）、多单元组合振动筛和弛张筛有效地进行细粒煤的筛分。

1. 大型抛射筛

大型抛射筛的特点是：

（1）筛面振动，筛箱不振动。筛面由若干段组成。筛面的振动是由驱动机构带动，促使物料在筛面完成抛射运动。由于筛面是多段组成的，各段受力较小，故而降低了对材料、零部件的强度要求。由于筛箱不振动，因此筛箱断裂的可能性较小。筛面的面积可以扩大至 90 平方米左右。筛面是由多段组成的，其长度可以根据筛分时间、筛分效率的要求而进行调整，筛子的长度可达 18.75 米，宽度达 4.8 米。

（2）采用大振幅、大振动强度和弹性筛面，提高筛分效率。双振幅 18~25 毫米，振动强度 5%~

8%。当分级粒度为 6 毫米时，筛分效率可达 85%；当分级粒度为 3 毫米时，筛分效率约为 60%~65%。

（3）单位面积筛分能力大。筛分原煤 0~150 毫米，分级粒度为 6 毫米时，单位面积的筛分能力达 10 吨/小时·平方米左右。

（4）入料水分可达 8%~12%，筛面倾角为 25 度，防止物料堵塞。

（5）运行平稳，可靠，噪声低（85dB［A］）。

2. 多单元组合振动筛

筛子是由多单元筛箱组成的，因此每个单元的筛面倾角、频率、振幅可以设计成不同的参数。入料端单元采用大倾角、高频率、小振幅，以便加大物料流动速度，破坏黏湿物料结团，减少物料与筛面粘结和堵塞筛孔。过渡单元与出料单元则采用较小倾角、较低频率和大振幅，以延长物料在筛面上的筛分时间，以便提高筛分效率，每个单元的筛面用橡胶或夹有钢绳的聚氨酯弹性材料，使物料在筛面上产生二次振动，以提高筛分效率。

多单元组合振动筛在结构设计上既保证了筛子有较大的筛分面积，又大大减轻了参振质量，减少了筛箱运行的惯性力；筛子的筛面和物料可以在高振强度下运行，而筛分机又可在低应力状态下工作，提高了筛分效率和处理能力，延长了筛子的工作寿命，这种设计有效地实现了物料在筛面上实现松散、分层透筛的筛分过程。

3. 弛张筛

近年来，我国引进、消化和自行制造了弛张筛，并较广泛地推广应用弛张筛，这是一种专门设计用于筛分细粒度、黏湿物料的筛子。筛子配备了数片弛张式弹性筛网，筛网在交叉布局的内外横梁往复靠近、分离的推拉作用下筛面产生向下松弛、向上张紧的蹦床式运动。物料在筛面振动和伸张蹦弹作用下，连续完成松散、分层、透筛的筛分过程。

弛张筛主体筛框是圆振动筛，弹性聚氨酯筛面安装在固定横梁（与筛体相连）和浮动横梁上（与浮动平衡梁相连）。由于筛体和浮动平衡梁的交错往复运动带动筛面拉紧—松弛，形成弛张运动。

弛张筛具有以下特点：

（1）单位面积处理量大。

（2）筛分效率高，可用于6毫米、3毫米的干法筛分。

（3）筛孔不易堵塞。

（4）筛体动负荷小，可以制成大面积筛子。

（5）噪声低。

（七）细粒煤的分选技术有新的发展

近年来我国广泛推广用小直径重介质旋流器、干扰床分选机（TBS）、螺旋分选机分选3~0.25毫米的细粒煤，用浮选机、浮选柱分选0.25~0毫米的细煤泥。

值得一提的是近几年在解决"构造煤"分选技术方面取得了重大突破。

所谓"构造煤"是指煤层经地壳错动，煤体粉碎成为粉片状，伴随少量粒、鳞片状，光泽暗，强度低。有人把它称为"风化煤"，其粒度组成以-6毫米粒级为主，超过70%，其中-0.5毫米粒级含量超过30%，浮沉煤泥超过10%，总煤泥含量超过50%。经泥化试验，煤泥化比为9.26%，属中等泥化程度。郑州煤业集团的煤炭就属于"构造煤"，其可采储量10.02亿吨，过去科研、设计、高等院校多次对这种煤炭进行研究，认为既不能进行湿法分选，又不能用干法分选，因此其生产的原煤为瘦煤，灰分高达30%，只能当高灰动力煤销售，经济效益差。

近年来，集团公司工程技术人员经反复试验，采用下列选煤工艺流程：原煤经φ0.75毫米脱泥后，进入无压给料三产品重介质旋流器分选，煤泥经三产品旋流分级筛分级，0.75~0.25毫米粒级进TBS干扰床分选机分选，-0.25毫米粒级煤泥进入浮选，取得了满意效果，建立了一个入洗能力3兆吨/年的新郑选煤厂，经济效益及社会效益极好。选

出的精煤灰分10.45%。可作为炼焦配煤或高炉喷吹用煤，中煤灰分44.71%供电厂作动力用煤，压滤煤泥地销，洗矸灰分89.23%。

（八）煤泥水处理技术和设备有创新

做好煤泥水处理，实现煤泥厂内回收、洗水闭路循环，达到煤泥水零排放是我国选煤厂有别于外国选煤厂的特色。从20世纪70年代起，我国选煤厂就长期研究这项技术，并取得了突破。近年来煤泥水处理技术和设备又有所创新。

采用煤泥两段浮选和浮选尾煤两段浓缩、两段回收的新工艺，可以保证煤泥厂内回收，洗水闭路循环，实现煤泥水零排放的要求。具体做法是煤泥经浮选后，精煤用沉降过滤式离心脱水机或加压过滤机脱水、回收，离心液或过滤液中的细煤泥进入第二段浮选，浮选精煤用快速（隔膜）压滤机脱水、回收。浮选尾煤经第一段浓缩机浓缩，其底流经沉降过滤式离心脱水机脱水、回收，浓缩和溢流经第二段浓缩机浓缩，其底流经沉降过滤式离心脱水机脱水、回收、溢流作为选煤厂循环水复用。

（九）选煤厂自动化、信息化水平提高

选煤厂广泛采用在线灰分检测装置、重介质密度自动测控装置、液位、浓度测控装置，药剂自动加药装置、计算机生产控制和辅助管理系统、机电设备状况、设备维修、配件物资供应管理系统、快速装车系统等，大大提高选煤生产、经营管理水平，减少设备及人身安全事故，提高产品质量和劳动效率，提高选煤厂经济效益。

二、选煤装备主要供应厂商

全球选煤装备主要供应厂商见表3。

表3　全球选煤装备主要供应厂商

	中　国	外　国
破碎设备	天地科技公司唐山分公司 山东莱芜煤矿机械厂 郑州冶金矿山机械厂	英国毫米D 澳大利亚ABON

续表

	中　国	外　国
筛分设备	鞍山重型矿山设备公司 山东煤矿机械集团 山东博润工业技术股份有限公司 唐山森普机械厂	澳大利亚申克 澳大利亚约翰芬雷 澳大利亚卢德维琪 美国康威德 澳大利亚奥瑞 荷兰天马
湿法与干法分选设备	天地科技唐山分公司 唐山国华科技公司 唐山森普机械厂 抚顺隆基公司 唐山神州机械公司 沈阳科迪通达矿山机械公司 山东威海海王旋流器公司 山东润泽公司 山东泰安煤矿机械厂	美国丹尼斯 美国克莱博斯 美国艺利 澳大利亚 CMI
脱水与干燥设备	山东博润工业技术股份有限公司 河北衡水海江 山东景津 淮北中芬 山东煤机 淮北矿机 北京中水长 唐山协力 湖南株洲舜天 唐山天 江苏宜兴环保设备厂	荷兰天马 美国 DMI 澳大利亚申克 澳大利亚奥瑞
运输设备（快速装车系统）	山东博润工业技术股份有限公司 天地科技唐山分公司 山东煤机集团	美国 KSS 澳大利亚申克
其他（水泵、砂浆泵）	沈阳水泵厂 武汉水泵厂 石家庄水泵厂 石家庄工业泵厂	美国丹佛 澳大利亚丹佛 澳大利亚瓦曼

三、选煤发展存在的问题

（1）原煤入洗率还比较低，商品煤灰分偏高。我国原煤灰分比较高，普遍超过 30%，比美国 14%、俄罗斯 20% 左右高很多，但原煤入洗率 2013 年仅为 60.2%，因此商品煤灰分高，全国平均 23%~25%，特别是电厂用煤灰分 25%~27%，发热量 5000 千卡/千克，而美国电厂用煤灰分约 10%，发热量 6500~7000 千卡/千克，日本电厂用煤灰分在 13% 左右，发热量 6500 千卡/千克。商品煤灰分高导致电厂能耗高，烟尘、SO_2、CO_2 排放量大，是产生酸雨、雾霾的重要原因。

（2）选煤发展不平衡。我国有一批技术先进的选煤厂，但大部分选煤厂技术和装备比较落后，总体来说，山西、陕西、内蒙古、新疆、河南、山东、河北、贵州选煤能力和技术发展比较快，东北地区发展较慢，技术落后。

（3）选煤设备质量有待提高。中国设备的可靠性、使用寿命和国外相比还有差距。因此一些大型、高端设备如筛子、重介旋流器、离心脱水机、磁选机、自动控制设备仍依赖进口。中国选煤厂工作时间按《选煤厂设计规范》规定为 5280 小时，而国外多数选煤厂年工作小时为 6500~7000 小时，主要是设备差距造成的。

（4）发展选煤的配套政策未得到贯彻落实。商品煤的质量管理没有相应的政策、法规，全民的环保意识不强，因此动力煤洗选市场受到制约。

四、选煤工业未来的发展

选煤是指应用物理、物理—化学方法排除原煤中矿物杂质和有害元素，提高煤炭质量，生产出不同质量、规格、适合不同用户需要的煤炭，选煤可以提高煤炭燃烧效率，降低煤耗，减少无效运输，节约运力，降低燃煤污染物（主要是烟尘、SO_2、氮氧化物和 CO_2）的排放。

选煤是煤炭洁净、高效利用的有效手段，是洁净煤技术的基础和前提。选煤也是企业改变产品结构、经济结构、延长煤炭产业链，提高企业经济效益的重要措施。选煤又是煤炭工业开展资源综合利用，发展循环经济，构建生态工业园，走煤炭工业可持续发展道路的保证。

国家制定了"节能减排"和"环境保护"两项基本国策，并将节能和减排指标层层落实到各级政府和各部门作为指令性指标，落实到各单位，引起各单位的重视。

应对全球气候变化，我国政府承诺：到2020年我国单位 GDP 能耗比 2005 年降低 40%~60%，单位 GDP 的 CO_2 排放降低 50% 左右。选煤作为洁净煤技术的基础和前程，普遍得到各级政府和各部门领导的重视。

按照《"十二五"煤炭行业发展规划》，2015年全国原煤入洗率达到 65% 左右，全国选煤能力达到 26.5 亿吨，原煤入洗量达到 25.5 亿吨。按此要求，2015~2016 年要加快发展选煤。按照国务院《大气污染防治行动计划》，2017 年原煤入洗率要求达到 70%。

如果按照 2020 年全国原煤产量 42 亿吨，原煤入洗率 70% 测算，全国选煤入洗量应达到 29.4 亿吨，选煤厂能力应达到 31.2 亿吨/年。而 2013 年选煤能力只有 23.2 亿吨/年。因此到 2020 年还要新增选煤能力 8 亿吨/年，平均每年要新建选煤厂选煤能力约 1.15 亿吨/年，按照每个选煤厂平均能力 3 兆吨/年计算，每年新建选煤厂 38 处。比"十二五"期间每年新建选煤能力 2 亿吨/年略有下降，但仍保持着较快的增长速度。

选煤装备未来的发展主要趋向：

（1）选煤设备大型化。今后煤炭工业以建设陕北、黄陇、鄂尔多斯等 14 个大型煤炭基地为重点，以建设大型现代化煤矿为重点，其配套建设的大型选煤厂需要更多大型、高效的选煤装备。

（2）提升装备的质量。近年来我国选煤设备的制造质量有很大提升，大多数可以替代进口设备，有的还出口美国、俄罗斯、印度尼西亚、越南、南非等国，但是设备的可靠性和使用寿命与国际先进水平仍有差距。

（3）提高选煤装备的信息化、自动化水平。我国选煤厂的信息化、自动化水平与先进国家相比还落后很多，因此劳动效率低、用人多，商品煤质量差，应该尽快改变这种状况，争取成为世界的选煤强国。

煤矿安全

安全装备作为煤炭装备的重要组成部分，为遏制煤矿灾害事故、保证矿工生命安全与健康发挥着十分重要的作用，在支撑和保障煤矿安全生产的同时也得到了较快发展。监测监控系统、通信联络系统、安全仪器仪表、通风除尘设备、安全避险装备等是近年发展的重点。

一、监测监控系统

监测监控系统是灾害事故预测预警、监测与控制的基本工具，被广泛用于井下各生产环节、各生产过程，实现对井下环境参数、人员及瓦斯抽放（采）、供电、运输、排水、矿山压力等进行监测监控，从而有效降低或避免灾害事故的发生，是煤矿安全生产最重要的技术保障，得到党和政府、煤矿企业及各相关方的高度重视。

（一）基本情况

监测监控系统主要包括煤矿安全监控系统、瓦斯抽采（放）监控系统、轨道运输监控系统、胶带运输监控系统、供电监控系统、排水监控系统、火灾监控系统、矿山压力监控系统、煤与瓦斯突出监控系统、井下作业人员管理系统（人员位置监测系统）等。随着传感、传输及自动化、信息技术的发展，多种功能融合的监测监控系统日益成为研发重点。

煤矿监测监控系统的生产单位及生产规格数呈大幅增多态势。2012 年、2013 年持有有效安全标志的监测监控系统生产单位总数分别达到 208 家和 252 家，产品总规格数分别达到 329 个和 436 个。2012 年、2013 年具有有效安标的主要监测监控系统规格数见表 1。2012 年、2013 年具有有效安标的主要监测监控系统规格数见图 1。2012 年具有有效安标的主要监测监控系统情况见图 2。2013 年具有有效安标的主要监测监控系统情况见图 3。2012 年、2013 年具有有效安标的主要监测监控系统生产单位数见表 2。2013 年具有有效安标的主要监测监控系统生产单位情况见图 4。人员管理系统、安全监控系统的生产单位最多，产品规格数所占比例最大，2013 年生产单位分别为 118 家和 58 家，产品规格数分别为 138 个和 68 个。

表 1　2012 年、2013 年具有有效安标的主要监测监控系统规格数

年　度	监测监控系统类别（套）										
	人员	安全	压力	供电	胶带运输	排水水文	图像	轨道运输	瓦斯抽放	主通风机	其他
2012	109	66	33	33	21.5	10.5	10	5	2	2	37
2013	138	70	45	34	27.5	16.5	21	10	5	5	74

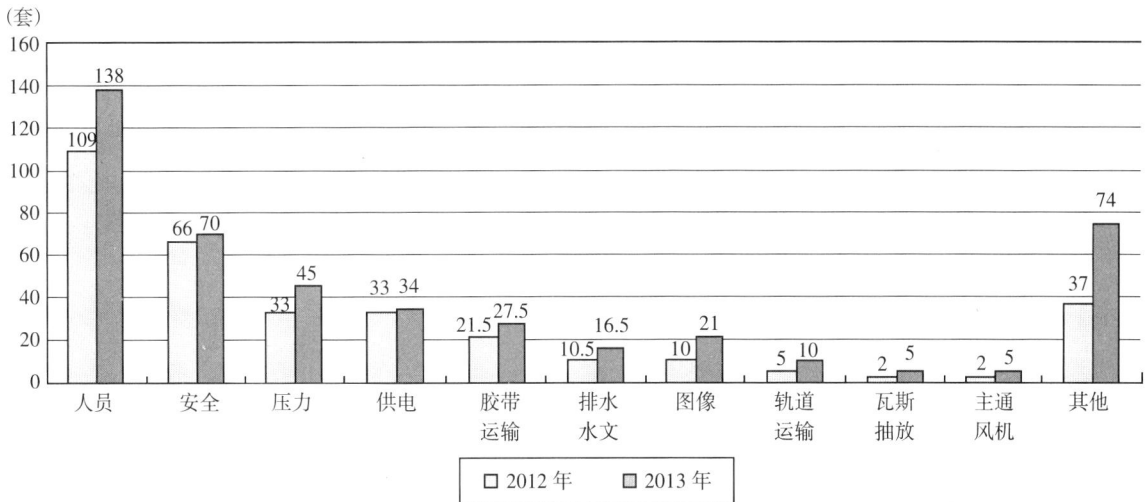

图1　2012年、2013年具有有效安标的主要监测监控系统规格数

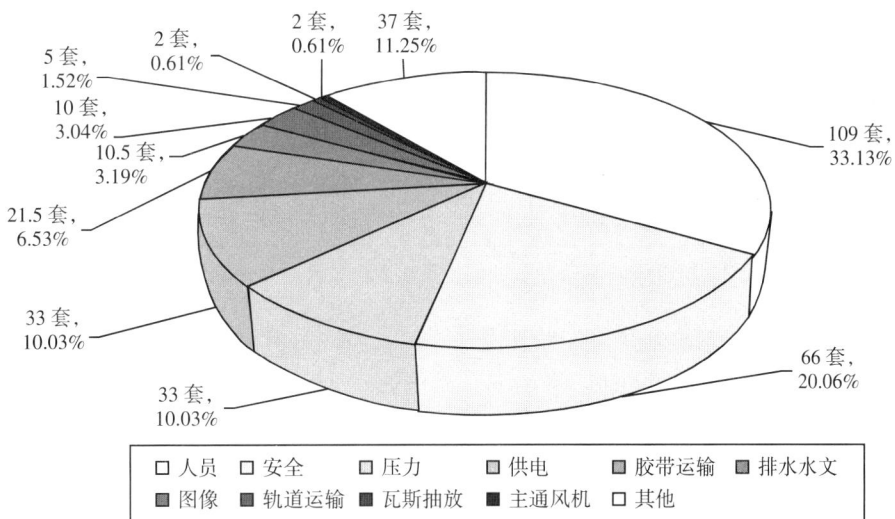

图2　2012年具有有效安标的主要监测监控系统情况

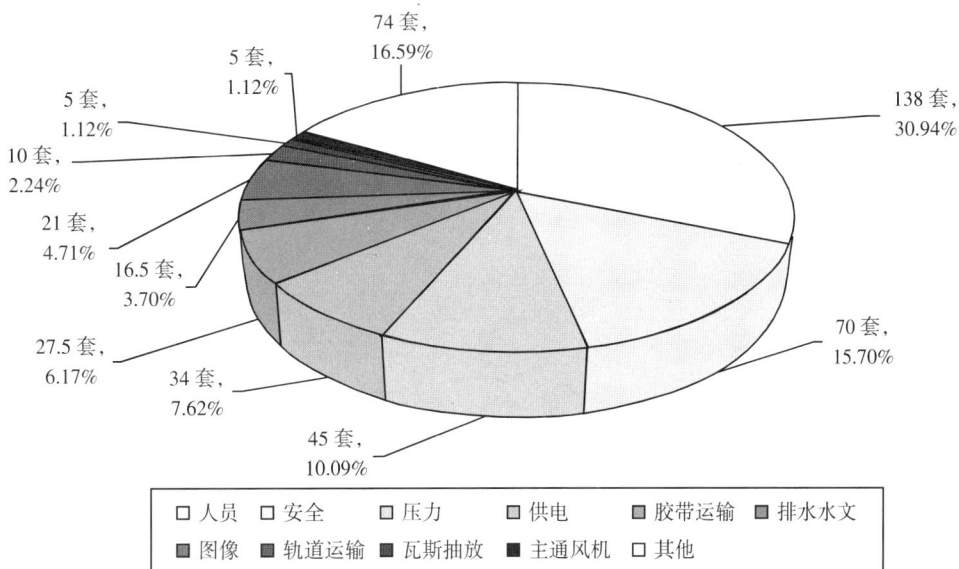

图3　2013年具有有效安标的主要监测监控系统情况

表2　2012年、2013年具有有效安标的主要监测监控系统生产单位数

年　度	监测监控系统类别（套）									
	人员	安全	压力	供电	胶带运输	排水水文	图像	轨道运输	瓦斯抽采	主通风机
2012	96	56	22	28	18	10	10	5	2	2
2013	118	60	32	34	21	16	21	10	4	5

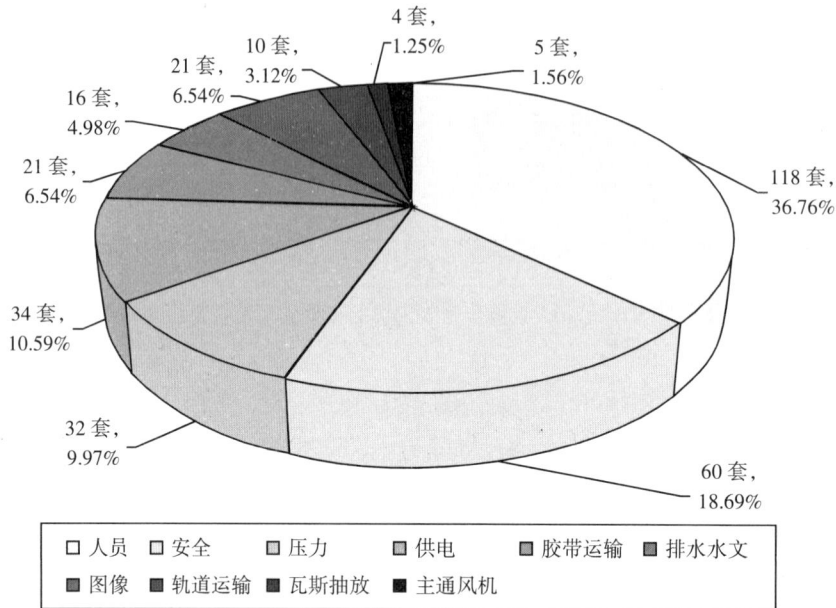

图4　2013年具有有效安标的主要监测监控系统生产单位情况

目前，安全监控系统、人员管理系统已是国家明文规定所有煤矿必须装备的系统，供电、图像等监测监控系统在煤矿的应用也非常广泛，在大中型矿井成为基本的安全装备。随着煤矿装备水平的提高、监测监控技术的发展、安全管理的强化，矿山压力监测系统、水文监测系统、连锁放炮监控系统、煤矿自然发火监测系统、煤与瓦斯突出监测预警系统等得到越来越多的关注和重视，使用面逐步扩大，效果越来越显著。

（二）安全监控系统

安全监控系统是由主机、传输接口、分站、各类传感器、电源、执行器及相关软件等组成的有机整体，对井下甲烷浓度、风速、风压、一氧化碳浓度、温度等环境参数进行监测，对机电设备工作状态等进行监控，具备风电、瓦斯电及故障闭锁等重要功能。

1. 生产情况

煤炭"十年黄金期"，监测监控技术及相关产品的生产制造得到快速发展。近年虽然生产单位仍有增加，但增幅已明显放缓，2012年56家，2013

年为60家，仅增加了4家。

我国煤矿安全监控系统产品质量和技术水平总体达到国际先进水平，部分性能处于国际领先水平，完全替代进口产品，并已实现产品出口。进口产品已基本失去国内市场。

安全监控系统的主要生产单位有：天地（常州）自动化股份有限公司、中煤科工集团重庆研究院有限公司、淄博瑞安特自控设备有限公司、煤科集团沈阳研究院有限公司、镇江中煤电子有限公司、煤炭科学技术研究院有限公司、重庆梅安森科技股份有限公司等。对于已趋于饱和的市场，安全监控系统生产单位主要是进行系统的升级改造和零配件的生产。

据不完全统计，安全监控系统的年生产量在2000套左右，产值15亿元左右，从业人员约4000人。2012年、2013年安全监控系统生产及销售情况见表3。2012年、2013年典型生产单位市场份额（按销售额统计）情况见表4。2012年典型生产单位市场份额（按销售额统计）情况见图5。2013年

典型生产单位市场份额（按销售额统计）占比情况　　见图6。

表3　2012年、2013年安全监控系统生产及销售情况

年　度	生产量（套）	总产值（亿元）	销售额（亿元）	出口额（万元）	年平均从业人数（人）	生产单位数（家）
2012	2 200	15.0	13.6	420	4 000	56
2013	2 000	14.5	13.6	350	4 000	60

注：年平均从业人数不包括安全监控系统配件生产单位人数。

表4　2012年、2013年典型生产单位市场份额（按销售额统计）情况

生产单位	市场份额（%）	排　名	生产单位	市场份额（%）
重庆研究院	35	1	重庆研究院	28
天地常州	14	2	天地常州	15
淄博瑞安特	7	3	淄博瑞安特	11
沈阳研究院	5	4	沈阳研究院	6
镇江中煤	5	5	镇江中煤	6
煤科研究院	3	6	煤科研究院	4
重庆梅安森	3	7	重庆梅安森	3
西安西科	2	8	西安西科	2
南昌煤矿仪器	2	9	南昌煤矿仪器	1
山西美安	1	10	山西美安	1
其他	23		其他	23

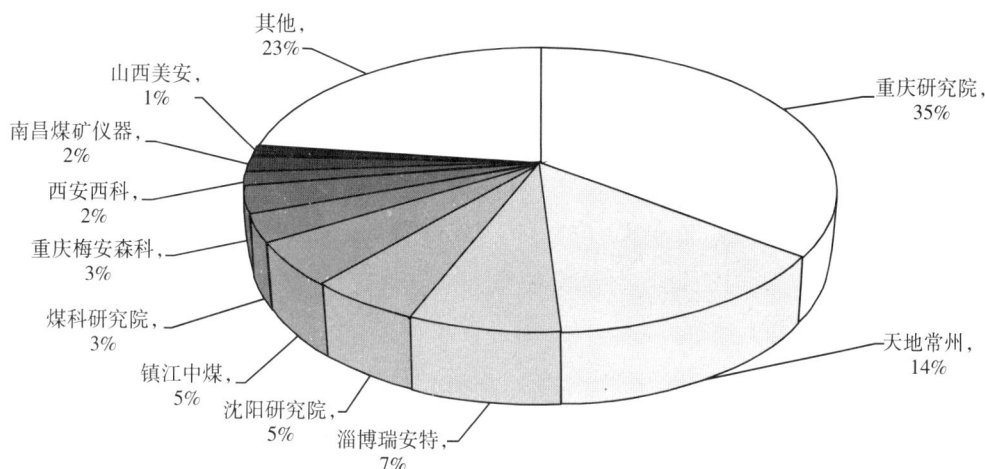

图5　2012年典型生产单位市场份额（按销售额统计）情况

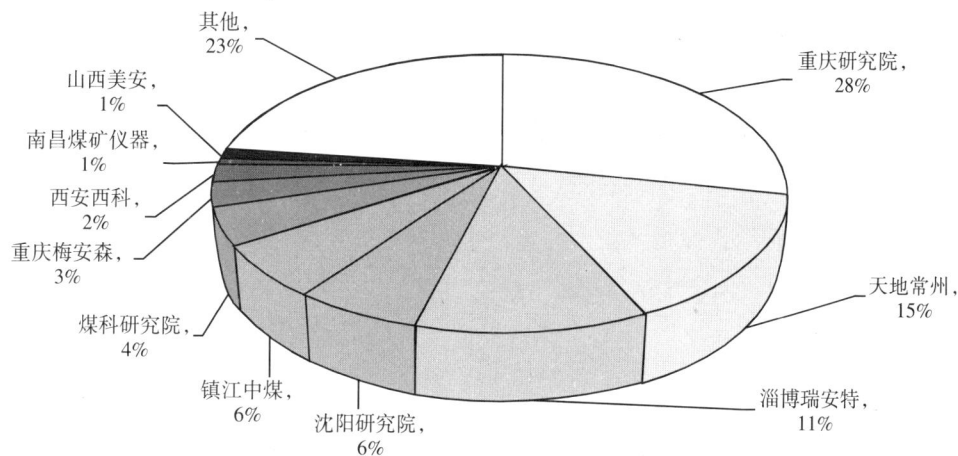

图6　2013年典型生产单位市场份额（按销售额统计）情况

2. 运行情况

2013 年，《国务院办公厅关于进一步加强煤矿安全生产工作的意见》（国办发〔2013〕99 号）、《国家安全监管总局 国家煤矿安监局关于加强煤与瓦斯突出事故监测和报警工作的通知》（安监总煤装〔2013〕28 号）及部分省区市有关规范性文件的出台，安全监管监察机构切实加强对安全监控系统运行管理的监管监察，有力促进了煤矿企业加强对安全监控系统的安装、使用和维护管理，有效发挥了安全监控系统在煤矿安全生产中的重要作用。

截至目前，所有生产矿井均已配备了安全监控系统，运行状态总体良好。但也存在一些技术上和管理中亟待改进、提高的问题，如传感器稳定性、抗干扰能力、小煤矿使用与维护管理能力不足等，在一定程度上制约了安全监控系统重要作用的充分发挥。

随着安全监测监控技术的快速发展，安全监控系统的更新明显加快。2012 年、2013 年监控系统安装、更新情况见表 5。2012 年、2013 年更新量分别占总安装量的 66% 和 62%。

表 5　2012 年、2013 年监控系统安装、更新情况

年　度	生产量（套）	国内销售量（套）	新安装（套）	更　新	
				套数（套）	占总量比（%）
2012	2 200	1 800	700	1 350	66
2013	2 000	1 750	780	1 280	62

3. 科研情况

国家高度重视安全监控系统及相关技术的发展。2013 年，《国家安全监管总局 国家煤矿安监局关于加强煤与瓦斯突出事故监测和报警工作的通知》（安监总煤装〔2013〕28 号）对煤与瓦斯突出使用的安全监测监控系统提出了危险有害因素监测、监控、预警等的新要求，并对设置的传感器类型、数量、预测预警功能等进行了具体规定。生产单位与煤矿企业联合进行了相关技术的研究开发，进一步完善了安全监控系统的功能。

"十二五"期间，国家先后设立了"新型高可靠性煤矿安全监控系统"、"煤矿瓦斯光纤监测预警系统"、"煤矿安全综合监控预警系统"、"矿井爆炸危险性实时监测预警技术研究"、"基于微纳米制造的新型高性能瓦斯传感器"、"煤矿用红外 CO 检测仪（传感器）"、"光纤煤矿安全信息平台"等科研课题，并对取得的成果及时组织推广。国家投入达数千万元，生产单位也与煤矿联合进行相关技术的研究开发，投入资金在 5000 万元以上。

针对安全监控系统存在的可靠性较差、抗干扰能力低、传感器稳定性不高、预警性能不够等问题，着力研究了高可靠性高稳定传感技术、安全检测仪表无线接入技术、本质安全配接技术、煤岩动力灾害监测子系统、监控系统网络可靠性及抗干扰技术、数据可靠性判识技术、分级报警技术等，研发了激光、光纤等新型传感器并推广应用，使安全监控系统相关性能有了一定提高。目前，瓦斯传感技术由原主要采用催化燃烧、热导原理，发展到逐步采用红外、激光、光纤技术；稳定性由 7 天提高到 15 天、60 天，甚至 1 年以上；响应时间由 30 秒缩短到 20 秒。系统的无主运行网络结构可靠性及抗干扰技术也提升明显。

安全监控系统技术发展方向：传感技术，实现高精度传感，并提高传感的稳定性和抗干扰能力；组网及传输技术，进一步提高传输的可靠性及响应速度；功能多样化，由单一的安全监测监控功能向综合监控发展；在监测监控的同时提高超前报警、预测预警、分级报警能力；异地断电控制，提高甲烷等参量超限异地断电相响应速度；强化联网功能。

（三）人员管理系统

人员管理系统由主机、传输接口、分站（读卡器）、标识卡等组成，实现对井下人员或移动目标的数量、位置、时间、移动方向等的监测和管理等重要功能。

1. 生产情况

我国人员管理系统的研制生产自 2000 年起步，2004 年第一套人员管理系统 KJ69 取得矿用产品安全标志。其后，生产单位逐步增多，产量逐年增加，至 2007 年初人员管理系统生产单位增加至近 20 家，煤矿安装量超过 1000 套。2007 年尤其是 2010 年以后，人员管理系统生产单位快速增加，2011 年已达 110 家，生产量大幅提高，年总产值超过 10 亿元。2012 年，生产开始放缓，年总产值下降至 7.4 亿元左右，生产单位降至 96 家，呈现趋于稳定、略呈减少态势。2013 年，年总产值下降至 7.1 亿元左右，生产单位又增加至 118 家，市场已趋于饱和。

我国煤矿人员管理系统产品质量和技术水平稳步提升，总体达到国际先进水平，部分性能处于国际领先水平，并已实现产品出口。

人员管理系统主要生产单位有：天地（常州）自动化股份有限公司、中煤科工集团重庆研究院有限公司、北京天一众合科技股份有限公司、北京凯瑟新起点科技发展有限公司、煤炭科学技术研究院有限公司、重庆梅安森科技股份有限公司、淄博瑞安特自控设备有限公司、镇江中煤电子有限公司等。对于已趋于饱和的市场，人员管理系统生产单位主要是进行系统的升级改造和零配件的生产。

据不完全统计，目前我国煤矿人员管理系统年生产量在 1800 套左右，产值 7 亿元左右，年平均从业人员约 3000 人。2012 年、2013 年人员管理系统生产及销售情况见表 6。2012 年、2013 年典型人员管理系统生产单位市场份额（按销售额统计）情况见表 7。2012 年典型人员管理系统生产单位市场份额情况见图 7。2013 年典型人员管理系统生产单位市场份额情况见图 8。

表6　2012年、2013年人员管理系统生产及销售情况

年　度	生产量（套）	总产值（亿元）	销售额（亿元）	出口额（万元）	年平均从业人数（人）	生产单位数（家）
2012	1 900	7.4	6.7	100	2 800	96
2013	1 800	7.1	6.5	100	3 000	118

注：年平均从业人数不包括人员管理系统配件生产单位人数。

表7　2012年、2013年典型人员管理系统生产单位市场份额（按销售额统计）情况

生产单位	市场份额（%）	排　名	生产单位	市场份额（%）
重庆研究院	21.8	1	重庆研究院	19.4
天地常州	9.5	2	天地常州	10.2
煤科研究院	8.4	3	北京天一众合	9.3
北京天一众合	9.3	4	淄博瑞安特	8.3
北京凯瑟新起点	7.6	5	北京凯瑟新起点	8.0
重庆梅安森	7.2	6	镇江中煤	7.7
淄博瑞安特	6.8	7	煤科研究院	5.5
镇江中煤	6.6	8	重庆梅安森科	4.9
沈阳研究院	2.5	9	沈阳研究院	2.9
武汉华德威	2.3	10	南京北路	2.4
其他	17.8		其他	21.4

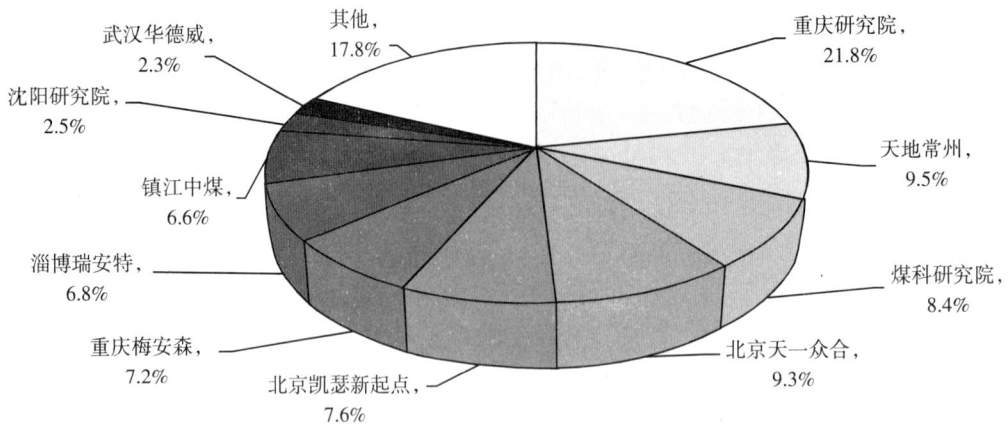

图 7　2012 年典型人员管理系统生产单位市场份额情况

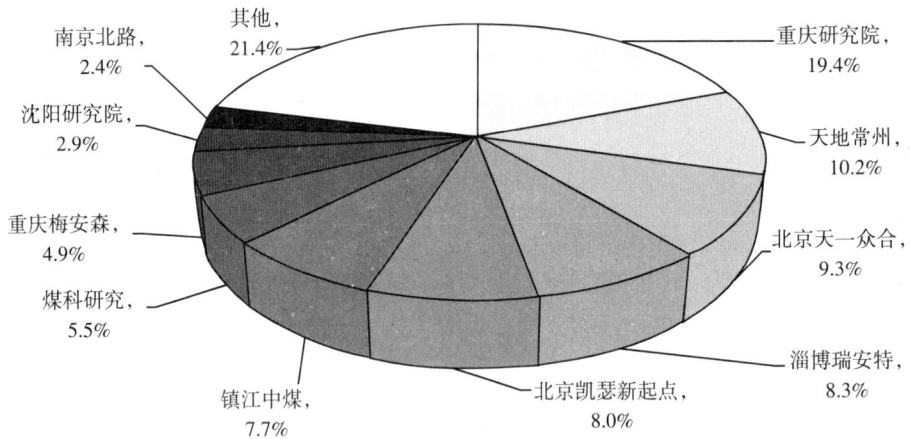

图 8　2013 年典型人员管理系统生产单位市场份额情况

2. 运行情况

截至目前，所有生产矿井基本安装了人员管理系统，运行状态总体良好。但也存在一些技术上和管理中亟待改进、提高的问题，如定位精度与成本、可靠性与稳定性、携卡人员快速和正确识别、小煤矿使用与维护管理能力不足等，在一定程度上制约了人员管理系统重要作用的充分发挥。

随着监测监控技术的快速发展，人员管理系统的更新明显加快。2012 年、2013 年人员管理系统安装、更新情况见表 8。2012 年、2013 年更新量分别占总安装量的 46% 和 48%。

表 8　2012 年、2013 年人员管理系统安装、更新情况

年　度	生产量（套）	国内销售量（套）	新安装（套）	更新	
				套数（套）	占总量比（%）
2012	1 900	1 700	1 020	850	46
2013	1 800	1 500	1 050	950	48

3. 科研情况

国家、地方、煤矿企业及生产制造单位高度重视煤矿人员管理系统相关技术的研发。"十二五"期间，国家科技支撑计划专门设立了"煤矿井下人员环境感知系统"、"基于 WMA 技术的安全救援与井下无线人员精准定位安全系统"、"光纤煤矿安全信息平台"等科研课题，并对取得的成果及时组织推广。据不完全统计，"十二五"期间国家对人员管

理系统相关技术研究的科研投入超千万元，生产单位与煤矿联合进行相关技术研发投入资金达数千万元。

研究的主要内容包括：复杂巷道中精确定位技术，矿井应急避灾引导信号系统，高可靠、低功耗、低成本的矿用本安型编码发射卡，本安型现场总线接口装置，便携式高灵敏探测器等，并着力实现精确定位与预警、语音通信等的有机融合。同时，研究实现井下矿工从被动环境感知到主动环境感知的转换，技术上提高矿工对周围环境的感知能力、煤矿事故灾害时的互救能力，防范煤矿重特大事故的发生被动定位、井上下信息交互及矿灯间自组网的功能。

随着矿山信息化建设的不断深入、现代通信技术的发展，人员管理系统的主要发展方向有：超高精度定位技术与装备，定位精度达到1米以内；融合无线定位与人体生物特征识别技术的装备与系统；井下动目标一体化定位、通信、监测技术与装备；基于3D-GIS支撑平台的多功能井下动目标监控，虚拟井下，动态三维展示；高可靠性和抗电磁干扰技术和对人员唯一性的快速识别技术等。

二、通信联络系统

通信联络系统是煤矿地面与井下之间信息交互、传输的装备、设施组成的有机整体，是煤矿生产系统、安全生产保障系统不可或缺的重要组成部分，在煤矿日常调度、安全生产、应急救援等工作中发挥着十分重要的作用。我国煤矿通信联络系统以有线调度系统、无线通信系统、应急广播系统和救灾通信系统等为典型代表。

（一）生产销售情况

受煤炭生产形势的整体影响，2012年、2013年通信联络系统相关设备的生产销售也逐渐步入低迷期。虽然生产单位的数量、取得安全标志的产品规格数同比2011年小幅增长，但整个行业生产销售情况却大幅下滑。2012年、2013年具有通信联络产品安全标志的生产单位数量和产品规格数见表9。2012年、2013年通信联络产品生产总量与总产值不完全统计见表10。每年生产通信联络系统3000套左右，产值6.5亿元左右。

表9 2012年、2013年具有通信联络产品安全标志的生产单位数量和产品规格数

年 度	产品规格数	生产单位数
2012	128	87
2013	199	126

表10 2012年、2013年通信联络产品生产总量与总产值不完全统计

年 度	生产量（套）	总产值（亿元）
2012	3 500	7.0
2013	3 000	6.5

我国煤矿通信联络系统生产单位主要有：中煤科工集团重庆研究院有限公司、天地（常州）自动化股份有限公司、山东大齐通信电子有限公司、济南蓝动激光技术有限公司济宁分公司、西安大唐电信有限公司、南京北路自动化系统有限责任公司、重庆梅安森科技股份有限公司等。2012年通信联络系统主要生产单位主要经济指标见表11。2013年通信联络系统主要生产单位主要经济指标见表12。2013年通信联络系统主要生产单位总产值情况见图9。

表11 2012年通信联络系统主要生产单位主要经济指标

生产单位	注册资金（万元）	总产值（万元）	总生产量（套）	年平均从业人数（人）
中煤科工集团重庆研究院有限公司	30 000.0	9 494	195	600
天地（常州）自动化股份有限公司	11 000.0	7 903	69	600
山东大齐通信电子有限公司	1 000.0	4 300	350	98
济南蓝动激光技术有限公司济宁分公司	300.0	3 700	92	110
西安大唐电信有限公司	49 240.0	3 100	15	360
南京北路自动化系统有限责任公司	2 000.0	2 700	27	120
重庆梅安森科技股份有限公司	8 663.8	2 063	52	535

表 12　2013年通信联络系统主要生产单位主要经济指标

生产单位	注册资金（万元）	总产值(万元)	总生产量（套）	年平均从业人数（人）
中煤科工集团重庆研究院有限公司	30 000.0	8 780	193	600
天地（常州）自动化股份有限公司	11 000.0	6 512	111	600
山东大齐通信电子有限公司	1 000.0	3 900	300	93
济南蓝动激光技术有限公司济宁分公司	300.0	3 180	78	108
南京北路自动化系统有限责任公司	2 000.0	3 400	35	150
西安大唐电信有限公司	49 240.0	2 700	18	360
重庆梅安森科技股份有限公司	16 877.6	1 870	49	635

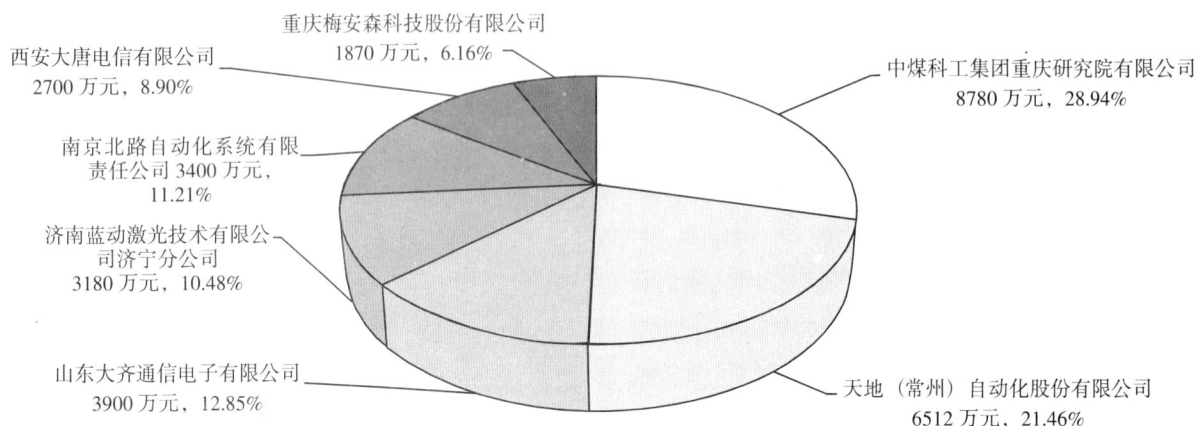

图 9　2013年通信联络系统主要生产单位总产值情况

（二）技术应用状况

随着科学技术的飞速发展，近两年矿用通信联络系统在核心技术、结构功能、传输方式、语音质量等方面均取得重大进展，主要表现在以下几方面：

（1）先进无线通信技术在井下得到应用。CMA、Wi-Fi、TD-SCDMA、WCDWA 及 4G 等先进无线通信技术，经防爆改造后均被成功引入煤矿井下，满足各类矿井的应用需求。除满足语音通话的需求外，一些无线通信系统还实现了部分数据、视频传输及人员定位功能。

（2）应急广播系统得到重视和发展。应急广播系统是全矿井或局部区域的扩音通话系统，具备半双工通话功能，在紧急情况下可发出声光语音报警信息；通过采用 SIP 协议、TCP/IP 网络技术，将音频信号以标准 IP 包形式在局域网和广域网上进行传送，实现纯数字双向音频扩声的传输，有效解决音质不佳、维护管理复杂、缺乏互动性等问题。随着煤矿井下安全避险系统的建设，应急广播系统得到了广泛的应用。

（3）救灾通信系统成为研发的热点与难点。代

表产品包括透地通信系统、无线救灾通信系统等产品。透地通信是一种利用超低频穿透岩石层，实现地面与井下通信的技术。目前个别单位研发的透地通信产品可以垂直透地通信超过 500 米，实现双向文本传输，通信速率不小于 1kbps。无线救灾通信系统主要采用 Mesh、Wi-Fi 技术，具有自组网、自愈合、快速组网功能，支持语音、视频、环境参数及救灾人员生命体征参数的实时传输等功能。

（4）功能组合化与多网融合。不同类型通信联络系统之间以及通信联络系统与人员管理系统、安全监控系统等有效融合，实现功能组合化。一些系统整合有线调度系统、无线通信系统和应急广播系统，做到三网合一，统一管理、统一调度。个别系统还能实现与安全监控系统、人员管理系统等的联动，与业主办公自动化及 ERP 等系统互联，实现资源共享。

（三）应用情况

《国家安全监管总局、国家煤矿安监局关于印发〈煤矿井下安全避险"六大系统"建设完善基本规范（试行）〉的通知》（安监总煤装〔2011〕33

号），对井下通信联络系统建设提出要求。截至目前，所有生产煤矿已安装有线调度系统，一些煤矿还装备了无线通信系统、应急广播系统和救灾通信系统，整体运行情况良好。

有线调度通信系统是煤矿应用最早、最广泛、最可靠的通信联络方式，《煤矿安全规程》规定，所有矿井都必须安装有线调度通信系统。以中煤科工集团重庆研究院有限公司、西安大唐电信有限公司为代表的部分矿用通信设备生产单位已推出基于 IP 软交换的矿用有线调度系统，并在煤矿井下成功应用。

无线通信系统满足了矿山移动通信的需求。目前基于 Wi-Fi 技术的无线通信系统在煤矿井下应用最为广泛。基于 TD-SCDMA、WCDWA 技术的 3G 无线通信系统以及 4G 无线通信系统由于需要营运商支持、价格成本等方面的原因，虽在井下有所应用，但用量仍然有限。

应急广播系统可实现全矿井、实时、无障碍信息发布，从 2012 年开始在煤矿井下大量应用。

目前救灾通信系统能够基本满足救灾过程中的通信需要。国内主要矿山救护基地、区域救护队基本配置无线救灾通信系统，但煤矿企业配备不多。

（四）科研情况

国家、地方、煤矿企业及生产制造单位高度重视矿用通信联络系统相关技术的研发，每年都有大量经费投入通信系统核心技术升级换代中，如可视化救灾通信指挥、透地通信等新技术、新装备的开发应用。未来矿用通信联络装备的发展方向有以下几方面：

（1）对 IP 语音通信技术进行二次开发，采用 SIP 协议，通过 IP 网络传递语音、视频信号；建成有线通信技术、4G/3G/Wi-Fi 无线通信技术、视频监控技术、语音交互技术、扩播通信技术、声光报警技术于一体的多媒体调度系统，实现多系统联动。

（2）无线通信系统与人员管理系统、应急广播系统等有机融合，形成集移动语音通信、移动视频监控、人员管理、信息发布等多功能综合信息平台。

（3）研究 4G 技术在井下的实现和推广，进而

为煤矿井下提供更大带宽的无线网络服务，实现井下一机一卡，在煤矿专网和公共网间无缝漫游。

（4）救灾通信装备增加有效通信带宽，提高通信稳定性、防爆保护等级；减少设备体积、重量、功耗，增大通信距离，延长有效使用时间。

三、安全仪器仪表

安全仪器仪表是在煤矿安全生产中用以检出、测量、观察、计算各种物理量、物质成分、物性参数等的器具或设备，在安全检测、监测、预测、预警、预防中发挥着无可替代的重要作用。随着煤矿安全生产工作的不断深入，煤矿对安全仪器仪表的需求不断增加，促进了安全仪器仪表市场的较快发展，并且仍然拥有巨大的发展空间和潜力。

（一）生产销售情况

煤矿安全仪器仪表大体可分为两大类，即传感器类和便携式仪器仪表类。传感器类产品为安全监测监控系统的基本设备，一般固定安装，用于监测环境参数或设备设施状态。监测环境参数的传感器主要有甲烷传感器、温度传感器、一氧化碳传感器、二氧化碳传感器、氧气传感器等；监测设备设施状态的传感器主要有开停传感器、转速传感器、堆煤传感器、风筒传感器等。便携式仪器仪表主要包括：便携式环境检测设备，如便携式甲烷检测报警仪、一氧化碳测定器、氧气测定器、粉尘采样器、矿用风速表等；物探类设备，如直流电法仪、瞬变电磁仪等；设备状态检测类设备，如设备故障检测仪，提升机多参数检测仪等。

近年煤矿安全仪器仪表发展迅速，生产单位及产品规格数增加，已取得安全仪器仪表安全标志的生产单位 600 余家，每年生产量在 70 万台以上，总产值 13 亿元以上。2012 年、2013 年主要安全仪器仪表生产情况见表 13。

表 13　2012 年、2013 年主要安全仪器仪表生产情况

年　度	生产量（万台）	总产值（亿元）
2012	70	14
2013	68	13

我国煤矿安全仪器仪表生产单位主要有：中煤科工集团重庆研究院有限公司、天地（常州）自动化股份有限公司、煤炭科学技术研究院有限公司、重庆梅安森科技股份有限公司、煤科集团沈阳研究院有限公司等。2012 年、2013 年主要安全仪器仪表生产企业销售情况见表 14。2013 年主要安全仪器仪表生产企业国内销售情况见图 10。

表 14　2012 年、2013 年主要安全仪器仪表生产企业销售情况

年　度	单位名称	国内销售量		出口情况			主要出口产品
		台	万元	台	万元	国家	
2012	中煤科工集团重庆研究院有限公司	154 295	35 770.19	42	21.35	土耳其	甲烷、一氧化碳、风向传感器
	天地（常州）自动化股份有限公司	51 521	9 034.20	—	—	—	—
	煤炭科学技术研究院有限公司	18 000	4 300.00	—	—	—	—
	煤科集团沈阳研究院有限公司	13 000	1 680.00	—	—	—	—
	重庆梅安森科技股份有限公司	29 444	6 994.35	—	—	—	—
	南昌煤矿仪器设备厂	7 800	1 300.00	200	85	印度尼西亚	甲烷、一氧化碳、设备状态传感器
2013	中煤科工集团重庆研究院有限公司	133 964	31 002.49	57	20.80	土耳其	甲烷、一氧化碳、风向传感器
	天地（常州）自动化股份有限公司	56 950	11 555.40	—	—	—	—
	重庆梅安森科技股份有限公司	29 221	6 884.71	—	—	—	—
	煤炭科学技术研究院有限公司	23 000	5 100.00	—	—	—	—
	煤科集团沈阳研究院有限公司	15 000	1 870.00	—	—	—	—
	南昌煤矿仪器设备厂	5 800	1 000.00	200	85	印尼	甲烷、一氧化碳、设备状态传感器

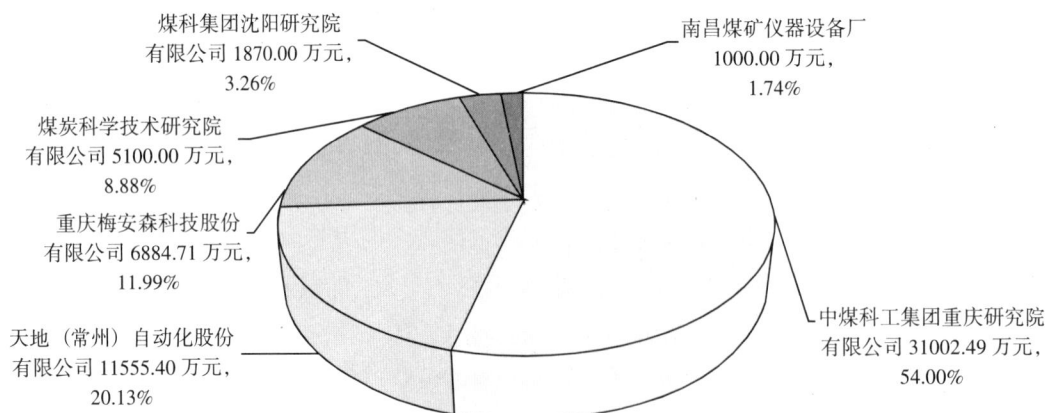

煤科集团沈阳研究院有限公司 1870.00 万元，3.26%

南昌煤矿仪器设备厂 1000.00 万元，1.74%

煤炭科学技术研究院有限公司 5100.00 万元，8.88%

重庆梅安森科技股份有限公司 6884.71 万元，11.99%

天地（常州）自动化股份有限公司 11555.40 万元，20.13%

中煤科工集团重庆研究院有限公司 31002.49 万元，54.00%

图 10　2013 年主要安全仪器仪表生产企业国内销售情况

传感器作为安全仪器仪表的重要部分，近年生产单位数量和产品种类都有大幅度的增加。2012 年、2013 年取得传感器安全标志的生产单位分别为 372 家和 482 家，产品规格数分别达到 1997 个和 2762 个。2012 年、2013 年各类传感器生产单位、规格数情况见表 15。2012 年、2013 年各类传感器生产单位数见图 11。2012 年、2013 年各类传感器规格数见图 12。2013 年各类传感器生产单位情况见图 13。2013 年各类传感器规格数情况见图 14。从中可见，甲烷、温度传感器的规格数及生产单位最多，所占比例最大。

表 15　2012 年、2013 年各类传感器生产单位、规格数情况

类　型	2012 年		2013 年	
	产品规格数（个）	生产单位（家）	产品规格数（个）	生产单位（家）
甲烷传感器	221	95	265	105
温度传感器	184	139	249	177
一氧化碳传感器	96	62	131	75
压力传感器	94	57	143	84
烟雾传感器	89	78	113	99
开停传感器	73	48	86	55
速度传感器	73	70	105	94
跑偏传感器	73	66	97	86
流量传感器	64	22	98	30
光控传感器	55	46	69	55
堆煤传感器	54	49	73	67
风速传感器	54	34	77	40
位置传感器	52	47	63	56
撕裂传感器	43	42	57	57
触控传感器	42	40	58	53
氧气传感器	40	29	68	46
位移传感器	35	26	53	39
负压传感器	30	21	41	26
转速传感器	30	27	38	34
液位传感器	27	23	46	35
声控传感器	27	27	31	29
二氧化碳传感器	26	21	56	41
差压传感器	21	17	25	20
粉尘浓度传感器	20	12	26	18

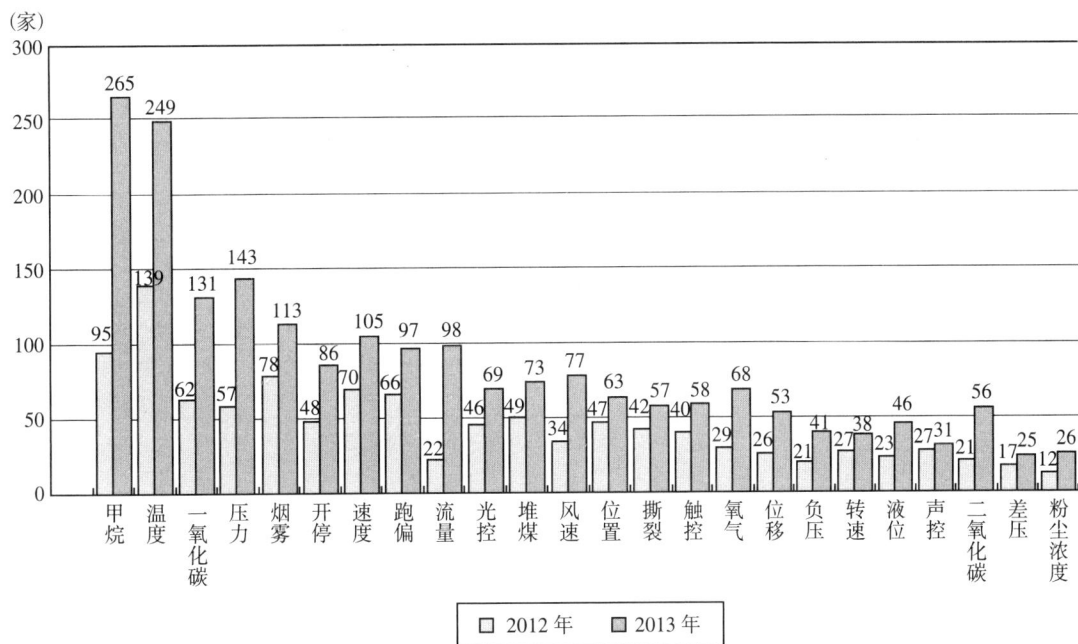

图 11　2012 年、2013 年各类传感器生产单位数

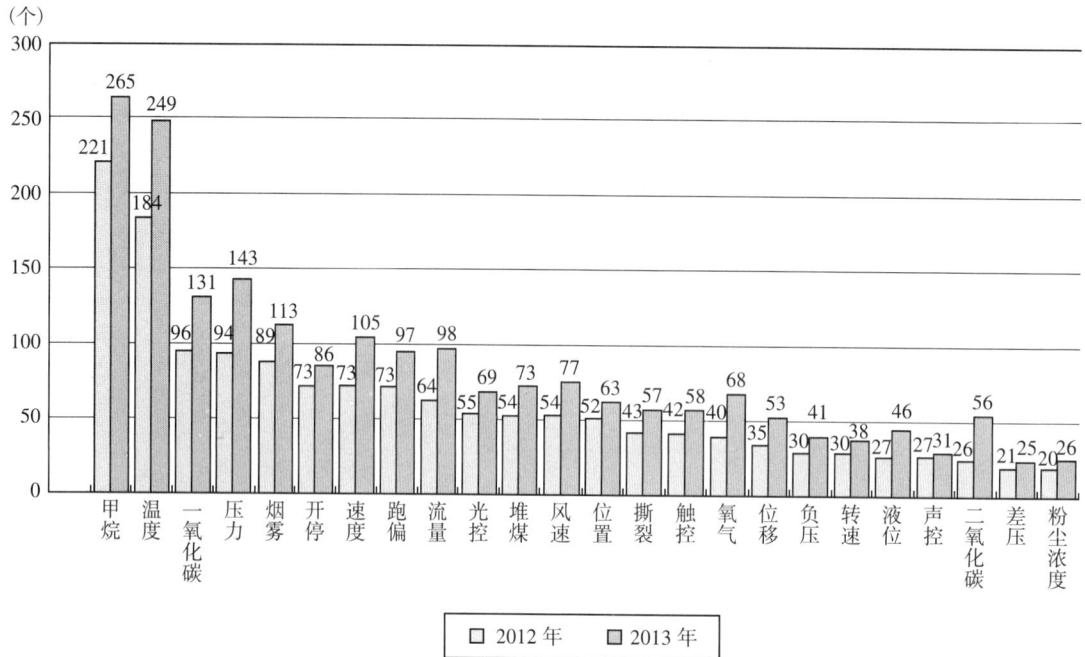

图 12　2012 年、2013 年各类传感器规格数

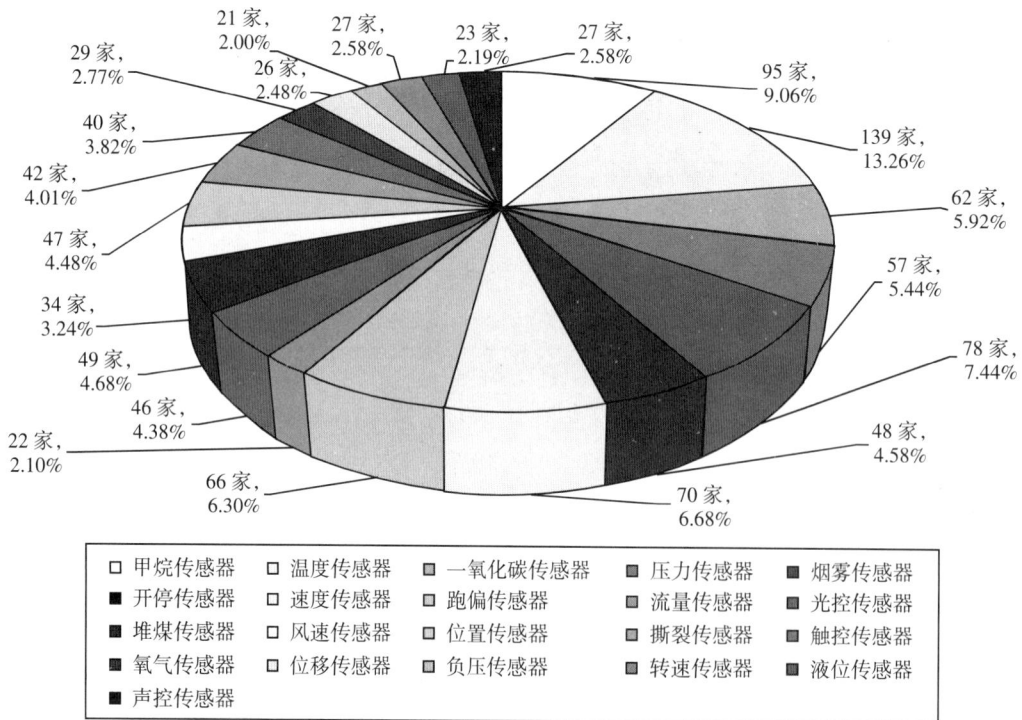

图 13　2012 年各类传感器生产单位情况

（二）新型传感器的发展与应用

根据煤矿安全生产的客观需求，在国家的大力支持下，新型传感器得到一定的发展与应用，并在实用中取得好的效果。近年研发的新型传感器以光纤光栅传感器、激光甲烷传感器、风向类传感器等为代表。

光纤光栅传感技术是当今传感技术发展的最新成果。光纤光栅传感器可以实现对温度、应变等物理量的直接测量，具有无源、本质安全、无电磁干扰、长距离信号传输、长期稳定性好、多参量并行检测等其他类传感器无法比拟的显著优势，适宜在煤矿井下阴暗潮湿、振动、电磁干扰、存在易燃易

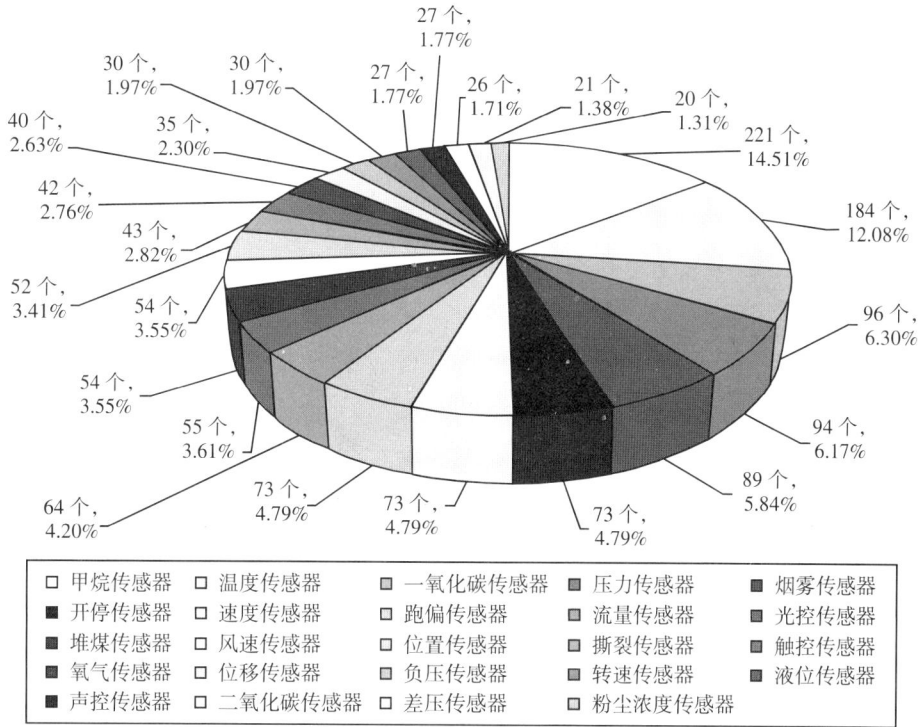

图 14 2012 年各类传感器规格数情况

图例：
□ 甲烷传感器 □ 温度传感器 ▨ 一氧化碳传感器 ▧ 压力传感器 ▩ 烟雾传感器
■ 开停传感器 □ 速度传感器 ▨ 跑偏传感器 ▨ 流量传感器 ▩ 光控传感器
▨ 堆煤传感器 ▨ 风速传感器 □ 位置传感器 ▨ 撕裂传感器 ▩ 触控传感器
▨ 氧气传感器 ▨ 位移传感器 ▨ 负压传感器 ▨ 转速传感器 ▨ 液位传感器
■ 声控传感器 ▨ 二氧化碳传感器 ▨ 差压传感器 □ 粉尘浓度传感器

爆气体等环境下使用。目前煤矿用光纤光栅类传感器主要有矿用光纤光栅温度传感器、矿用光纤光栅顶板应力传感器、矿用光纤光栅顶板位移传感器、矿用光纤光栅锚杆（索）应力传感器等。

激光甲烷传感器是以激光器为检测元件的传感器，是利用甲烷气体对特定波长的激光具有吸收效应，且吸收强度与甲烷气体浓度相关原理而设计的高精密传感器，用于煤矿井下对甲烷浓度连续检测监控。近年，以大连艾科科技开发公司、山东省科学院激光研究所、武汉理工大学等为代表的高科技企业和科研机构，对激光甲烷传感器及相关关键技术进行科技攻关，成功研发出激光器非线性因素消除技术、激光波长精密控制技术、超低功耗激光器制造技术、高可靠性激光器设计和封装技术、微弱信号检测技术及温度、压强补偿技术等重大关键技术，开发出激光甲烷气体检测元件、激光甲烷传感器、激光甲烷检测报警仪、激光甲烷遥测仪等系列产品。

风向类传感器是为适应煤与瓦斯突出的需要而开发，用于监测井下风流方向，防止风流逆流，主要有差压式、机械罗盘式风向传感器等。2012 年、2013 年取得安全标志的主要新型传感器规格数及生产单位数见表 16。

表 16 2012 年、2013 年取得安全标志的主要新型传感器规格数及生产单位数

产品类型	2012 年		2013 年	
	产品规格数（个）	生产单位数（家）	产品规格数（个）	生产单位数（家）
激光类传感器	3	3	7	5
光纤类传感器	11	3	12	4
风向类传感器	1	2	16	13

光纤光栅类传感器的生产单位主要有：山东微感光电子有限公司，上海启鹏工程材料科技有限公司等。激光类传感器的生产单位主要有：大连艾科科技开发有限公司，山东微感光电子有限公司，天地（常州）自动化股份有限公司等。2012 年、2013 年主要光纤光栅传感器生产单位生产销售情况见表

17。2012 年、2013 年主要激光甲烷传感器生产单 位生产销售情况见表 18。

表 17　2012 年、2013 年主要光纤光栅传感器生产单位生产销售情况

年　度	单位名称	产值（万元）	生产量（台）	国内销售量	
				台	万元
2012	山东微感光电子有限公司	748	2 492	2 492	748
	上海启鹏工程材料科技有限公司	35	100	100	35
2013	山东微感光电子有限公司	815	2 717	2 717	815
	上海启鹏工程材料科技有限公司	150	650	650	150

表 18　2012 年、2013 年主要激光甲烷传感器生产单位生产销售情况

年　度	单位名称	产值（万元）	生产量（台）	国内销售量	
				台	万元
2012	大连艾科科技开发有限公司	180	100	26	47
	山东微感光电子有限公司	48	40	40	48
2013	大连艾科科技开发有限公司	2 088	1 160	1 144	2 059
	山东微感光电子有限公司	84	70	70	84
	天地（常州）自动化股份有限公司	27	15	15	27

宿州太平矿业集团的光纤光栅巷道矿压监测系统已经在井下运行 2 年，通过历史数据可以完整地查看巷道矿压变化情况。在塔山煤矿、唐山沟煤矿等基于光纤光栅传感技术的矿压监测系统，完整采集了巷道支护、开采、采空整个过程巷道矿压变化情况。激光甲烷传感器在神东集团保德矿、寸草塔二矿，双鸭山矿务局东荣三矿、晋煤集团寺河矿、成庄矿，铁煤集团大隆矿、晓明矿，辽源矿务局金宝屯矿，阳煤集团新景矿，潞安集团高河矿、五阳矿等矿井试用，效果良好，其中东荣三矿首批在井下使用的已超过 2 年，性能稳定。

（三）安装与应用情况

煤矿安全仪器仪表经过多年的发展，总体使用情况良好，能够基本满足煤矿安全生产的需要，并在实际工作中发挥着重要作用。但在实际安装和使用过程中还存在一些问题：

（1）催化式传感器稳定性较差。催化式甲烷传感器采用载体催化元件，存在着稳定性较差，容易中毒，调校周期短的现象，而且容易受高浓冲击影响，使用寿命一般 1 年左右。

（2）安全仪器仪表的整机功耗较大。例如有些甲烷传感器、高低浓度甲烷传感器、粉尘传感器等产品，工作电压 18 伏时整机电流在 120 毫安以上，无法满足井下超长工作面的需要。

（3）防护性能有待提高。受井下潮湿和粉尘等恶劣环境影响，仪器仪表容易产生误报警等现象。

（4）抗电磁干扰能力差。由于井下空间狭小，大型供电、变频设备集中，设备的频繁启停形成的电磁干扰，严重影响仪器仪表的使用。

四、通风机

矿井生产中，必须连续不断地将新鲜风流输送到井下各作业地点，供人员呼吸，稀释和排除井下各种有毒有害气体及矿尘，并创造良好的作业条件和作业环境。因此，通风机是矿井重要的安全设备，对保障矿工生命安全与健康，保证煤矿安全生产具有十分重要的作用。按照服务范围，通风机分为主要通风机、局部通风机等。

（一）生产情况

随着煤炭工业的发展，我国通风机技术发展较快，厂家增多，产品规格数不断增加。但近年已趋于稳定，生产能力出现过剩。2012 年，全国共有主要通风机生产单位 61 家，局部通风机生产单位 120

家；2013 年，主要通风机生产单位 64 家，局部通风机生产单位 116 家。截至 2013 年底，全国从事矿用通风机生产的单位共计 129 家。

据不完全统计，全国煤矿用主要通风机总产量，2012 年约 1800 台，2013 年约 1400 台；局部通风机总产量，2012 年约 25000 台，2013 年约 18000 台。2012 年部分煤矿用通风机企业生产和运营情况见表 19。2012 年部分煤矿用通风机企业产值情况见图 15。2013 年部分煤矿用通风机企业生产和运营情况见表 20。2013 年部分煤矿用通风机企业产值情况见图 16。

表 19　2012 年部分煤矿用通风机企业生产和运营情况

生产单位	注册资金（万元）	总产值（万元）	生产量（台）		年平均从业人数（人）
			主要通风机	局部通风机	
平安电气股份有限公司	5 000.0	45 992.0	514	6 785	561
山西渝煤科安运风机有限公司	10 000.0	36 977.0	416	1 331	312
山西省安瑞风机电气有限公司	20 481.0	22 544.0	140	580	360
南阳防爆集团股份有限公司特种机械分公司	33 000.0	16 700.0	116	880	71
运城市安宏节能防爆风机有限公司	1 001.1	14 429.8	80	2 550	150
山东大成电气有限公司	2 000.0	7 933.0	21	2 560	260
淄博风机厂有限公司	2 800.0	6 800.0	500	—	180
豪顿华工程有限公司	7 200.0	5 600.0	9	—	1 000
航空工业沈阳发动机研究所风机厂	900.0	3 623.0	8	—	120

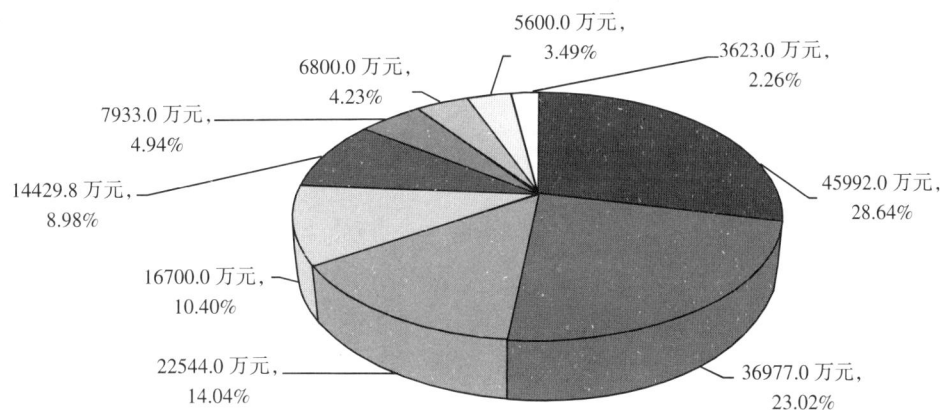

图 15　2012 年部分煤矿用通风机企业产值情况

表 20　2013 年部分煤矿用通风机企业生产和运营情况

生产单位	注册资金（万元）	总产值（万元）	生产量（套）		年平均从业人数（人）
			主要通风机	局部通风机	
平安电气股份有限公司	5 000.0	44 105.0	388	3 921	524
山西渝煤科安运风机有限公司	10 000.0	32 143.0	370	1 172	257
南阳防爆集团股份有限公司特种机械分公司	33 000.0	20 300.0	131	1 300	73
运城市安宏节能防爆风机有限公司	1 001.1	19 890.7	65	2 460	130
山西省安瑞风机电气有限公司	20 481.0	18 484.0	120	500	360
豪顿华工程有限公司	7 200.0	8 500.0	12	—	1 000
淄博风机厂有限公司	2 800.0	6 450.0	580	—	180
山东大成电气有限公司	2 000.0	6 450.0	12	2 310	260
航空工业沈阳发动机研究所风机厂	900.0	4 037.0	6	—	120

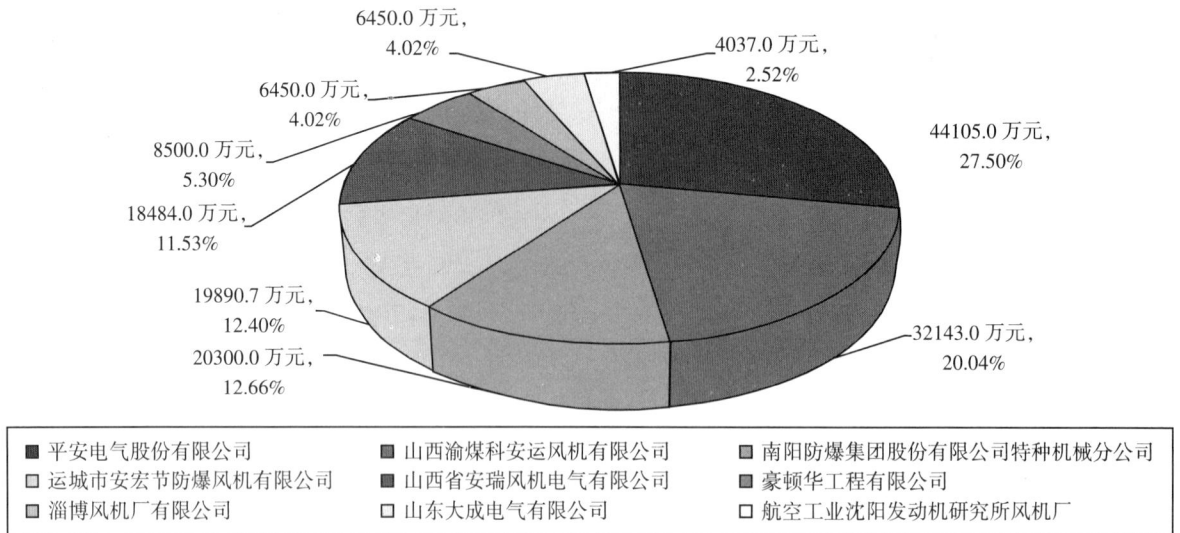

6450.0 万元，4.02%
6450.0 万元，4.02%
8500.0 万元，5.30%
18484.0 万元，11.53%
19890.7 万元，12.40%
20300.0 万元，12.66%
4037.0 万元，2.52%
44105.0 万元，27.50%
32143.0 万元，20.04%

- ■ 平安电气股份有限公司
- ■ 山西渝煤科安运风机有限公司
- ■ 南阳防爆集团股份有限公司特种机械分公司
- □ 运城市安宏节防爆风机有限公司
- ■ 山西省安瑞风机电气有限公司
- ■ 豪顿华工程有限公司
- ■ 淄博风机厂有限公司
- □ 山东大成电气有限公司
- □ 航空工业沈阳发动机研究所风机厂

图 16　2013 年部分煤矿用通风机企业产值情况

对于主要通风机，由于国家重点关闭 9 万吨/年及以下不具备安全生产条件的煤矿，加快关闭 9 万吨/年及以下煤与瓦斯突出等灾害严重的煤矿，坚决关闭发生较大及以上责任事故的 9 万吨/年及以下煤矿的政策引导，№12 以下小机号风机基本失去市场，大机号风机则呈现增多态势。目前我国矿用主要通风机最大直径已达 4.22 米。

（二）技术应用状况

我国煤矿用通风机发展始源于 20 世纪 50 年代，初始模仿苏联产品。煤炭工业"黄金十年"，矿用通风机技术得到了快速发展，多级、多速、长距离局部通风机相继出现，特别是近年矿用通风机生产制造逐步进入智能化阶段，变频控制、可拆卸式、低噪声局部通风机、低压成套电控等技术的应用，使得通风机发展水平得到了长足的进步；随着智能设计理念的引入，局部通风机结构将更加合理、功能齐全、可靠性更高。近年应用的新技术主要有：

（1）流道设计技术。已实现对风道的 CFD 分析，有针对性地对风道进行优化，针对不同的情况，增加进气风道的整流格栅、进口弯头的导叶、出口弯头的导叶等，改善了风道的气流，减小气体流动阻力，提高风机效率和设备的安全性。

（2）新材料叶片技术。叶轮是通风机的关键部件。随着高强度材料的开发、合金技术的发展和加工制造手段的进步，为了适应不同使用条件的要求，近年发展了塑料、铜、铸造合金等新材料叶片。这些新材料叶片对通风机整体效率、风量、风压、噪声等性能指标有了一定提升。同时，叶片技术还体现在叶片气动设计上，在满足轴流通风机的设计参数，同时设计出最优流型，使通风机效率提高、噪声降低。

（3）叶片加工和成套技术。机加工水平得到了一定的提高，等离子火焰切割机、法兰成型机、旋压机、叶片电加热等设备的应用，使主要通风机叶片一次成型；同时轮毂锥形套结构技术，主要通风机自动行走机构，主要通风机的附属装置，如防爆门、蝶阀、电控、监测监控系统等的进一步完善，确保了风机效率和装配更加便利。

（4）变频技术和控制技术。通过采用变频设备，实现对电动机的软启动，提高了运转精度，改善了功率因数。在矿用通风设备中，变频调速技术能够实现对各级动叶气流流动的合理匹配，方便即时调整工况，满足矿井风量、风压的变化需求，并且加大对通风设备的操控性能。

（5）减噪技术。通过主动和被动控制通风机噪声，改善井下工作条件。主动控制方面主要从声源方面采取措施，例如，合理选择通风机型式，包括尽量选择低转速运行风机，合理设计管路、稳定入口流场，合理选择通风机的几何参数，保证叶栅具有最小噪声，合理选择通风机叶片数和轴向间隙等；减小径向间隙，增加机壳与叶轮同心度、改变弯掠量等。被动控制方面主要是在噪声传播途径上实施噪声控制，如在通风机进出口安装消声器、可拆卸式消声装置等；对于主要通风机，还采用建造混凝土扩散塔，降低噪声对周围环境的影响。

（6）通风机在线监测与故障诊断技术。通风机在线监测与故障诊断技术得到进一步发展，包括数据采集、分析及处理、存储及故障诊断等环节，理论上能够实现通风机运行状态的监测、监控及预警。

（三）安装运行情况

《煤矿安全规程》规定，矿井必须采用机械通风；掘进工作面必须采用全风压通风或局部通风机通风。因此，每处矿井地面均安装有主要通风机，且为2套同等能力的主要通风机装置，其中1套作为备用；同时井下均大量使用局部通风机，为掘进工作面等局部地点供风。

随着通风机技术的进步，通风机的质量和技术性能在稳步提升。同时，煤矿企业切实加强了通风机的管理，主要通风机采用双回路供电，通风系统专人维护，定期进行性能测定；局部通风机采用双风机双电源的工作方式，突出矿井和高瓦斯矿井的局部通风机还配备备用风机，自动切换，且采用"三专两闭锁"等措施，并制定严格的管理制度，煤矿通风机的运行情况整体良好。

随着电子技术、变频技术、自动控制、信息技术的推广应用，通风机的运行水平将得到进一步提升。

（四）科研情况

2012~2013年，煤炭行业和相关设备生产单位开展了一系列科研课题研究，如"基于物联网技术的矿井智能局部通风机集中监控成套装备"及其产业化研究等；编制了《矿井通风系统安全评价规范》、《矿井主要通风机刹车装置技术条件》、《煤矿用通风机能效限值》等标准规范；建立了大型矿用通风机模拟验证试验室，有力促进了通风机技术水平的提升。

随着煤炭工业呈现的新常态，设计安全、节能、

环保、性能稳定、操控性强、运行可靠等理念将引领通风机设计制造领域。未来的发展方向如下：

（1）通风机基础理论将得到更深入研究。先进的通风机气动性能设计必将在矿用通风机设计方面得到广泛应用，如优化设计、整体结构优化、系列化设计等，实现由经验设计向精准设计的转变。

（2）矿用通风机选型将更加合理。通风机的系列化、成套性以及配套性研究将得到进一步验证。"大马拉小车"、选型"一劳永逸"、考虑二三十年后的使用等不合理现象，会被经济性、合理性所取代。

（3）智能化、电子化通风系统进一步发展。随着电子、微电子技术和控制技术的发展，变频调节技术、叶片新材料的应用，智能通风系统的使用会得到加强，专用变频电动机技术会得到更加广泛的推广使用，矿用大型、自适应型、自监测与故障预警矿用主要通风机等新产品将得到广泛推广使用。

（4）传感技术将得到进一步提高。随着煤矿安全管理的提高和分析测试技术的发展，会促进和带动矿用通风机在线监测、监控技术的产业化建设，对与之配套的传感技术、遥测技术等的研究将取得重要进展。

（5）通风机大型化。随着煤炭生产集约化及矿山大型化，大型通风机的需求量会越来越大，预计未来10年内将出现叶轮直径达到5米的矿用主要通风机。

（6）降噪和节能技术将得到进一步推广。国家越来越重视职业病危害防治，将有力促进有源控制、降低噪声技术的推广应用，对消音棉的无害化及环保性也将提出新的要求。同时，国家"节能减排"政策的引导和节能规范的建立，矿用通风机节能认证、节能推广等工作会进一步加强，通风机效率会进一步提高，低效率产品将会逐步被淘汰。

五、安全避险系统

安全避险系统作为矿井安全生产保障系统的重要组成部分，在矿井突发紧急情况下为遇险人员提

供逃生支持，在逃生受阻或逃生不能的情况下提供临时庇护场所和生存保障，并为应急救援提供支撑。主要设备设施包括避难硐室、可移动式救生舱、过渡站（补给站）、自救器、压风自救装置等。

（一）主要技术发展

随着煤矿井下安全避险系统建设的逐步深入，以及对相关技术装备在实用过程中反馈问题深入剖析，有效促进了安全避险技术与装备发展。主要技术发展反映在以下方面：

（1）动力供应技术与装备。2011 年之前，紧急避险设施主要追求无电源化，采用液态 CO_2 制冷及动力系统。2012 年之后，研制出蓄冰制冷+压缩空气驱动气动马达，实现空气循环与温湿度调节。2013 年大容量电源装置的研制成功，有源避险装备与设施得到成功应用，并提高了避险装备环境监控与避险装置内部空气处理的自动化程度。

（2）供氧技术与装备。避险设施最初多采用高压氧气瓶作为自备氧源。由于氧气瓶本身具备一定的危险性及维护管理的诸多不便，化学氧源成为研发重点。主要有两种方式，其一是利用超氧化物（NaO_2、KO_2 等）药板与空气中 CO_2 和水反应产生氧气的再生氧技术；其二是以氯酸盐（如 $MClO_3$ 等）为主体材料，添加少量催化剂、除氯剂和黏结剂，通过触发装置化学反应生成氧气，由于其形似蜡烛，俗称氧烛。

（3）有害气体处理技术与装备。避险设施内部有害气体（CO、CO_2 等）净化处理主要通过催化剂、化学吸收剂等进行去除，主要采用集中处理或分散去除的方式。集中处理是利用通风机强制空气流经装有药剂的净化箱而进行空气净化，开发的通风机有电动、气动或人工方式，相应需要电力、高压气源或利用人力，功率 30~115 瓦，风量 55~580 立方米/时。分散去除是将装有化学药剂的幕帘分散悬挂在避险设施内人员集中的地点，自动吸收 CO_2，无需动力，环保效果好。与集中处理技术相比，分散处理技术由于空气流动性不好，吸收效果相对较差。

（4）温湿度调节技术与装备。蓄冰制冷、液态 CO_2 制冷得到应用，相变制冷、压风制冷、化学制冷等也有试验、试用。蓄冰制冷是利用平时蓄以一定量的冰，通过空气导流及热交换装置，将冰块融化以吸收避险设施内部环境热量达到降温效果。液态 CO_2 制冷是利用 CO_2 从液态变气态过程中大量吸热而降温的方法。设备简单，工作时不需能源，防爆安全性较好，在国外煤矿井下得到较多应用。相变制冷是一种新型的制冷技术，利用材料相变过程中吸热实现降温。近年研究的井下相变材料主要为无机材料，相变温度 24℃~27℃ 可调，相变压力为常压，相变潜热大多为 160~190 千焦，个别达到 240 千焦。

（5）可移动式救生过渡站。作为一种新型井下安全避险装备，可移动式救生过渡站近年得到了高度重视。可移动式救生过渡站具备短暂避灾、休息调整、伤员简单医疗处理、更换自救器逃生等功能。过渡站外壳采用钢结构，具有一定防护性能，同时具有与矿井压风系统连接的接口。过渡站具有结构简单、占用巷道空间小、拆装方便灵活、易于维护、经济实用等特点，便于布置和井下移动。与矿用可移动式救生舱相比，其体积可降低 75%，价格可降低 80%。

（二）生产销售情况

近年，国家对煤矿井下安全避险系统建设的高度重视，促进了相关装备的生产与销售，生产单位不断增多，2012 年超过 200 家。进入 2013 年，受煤炭市场总体情况的影响，安全避险装备生产销售量有所降低。

2012 年，取得矿用可移动式救生舱安全标志的生产单位有 53 家，共计 1151 台产品。2013 年则分别为 55 家、464 台产品，较 2012 年下降 69.3%。2012 年、2013 年取得安全标志的矿用可移动式救生舱产量情况见表 21。2012 年取得安全标志的矿用可移动式救生舱产量见图 17。2013 年取得安全标志的矿用可移动式救生舱产量情况见图 18。

表21　2012年、2013年取得安全标志的矿用可移动式救生舱产量情况

	2012 年		2013 年	
	数量（台）	占比（%）	数量（台）	占比（%）
16 人舱	59	5.2	62	13.4
12 人舱	504	44.1	167	36.0
10 人舱	421	36.8	45	9.7
8 人舱	141	12.3	188	40.5
6 人舱	19	1.7	2	0.4

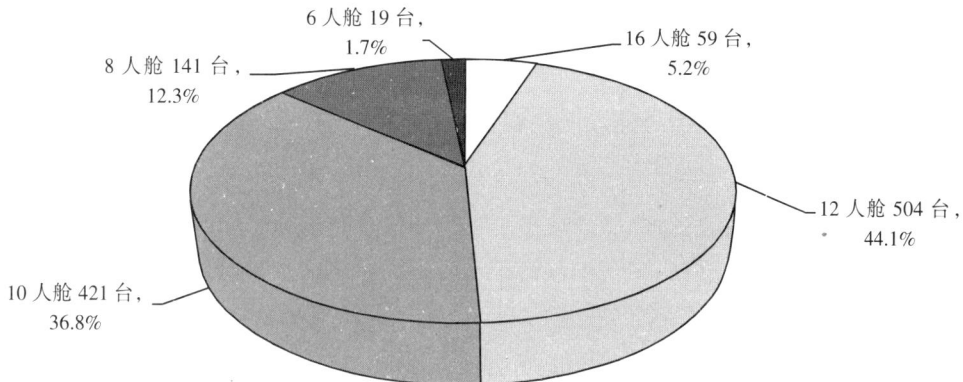

图17　2012年取得安全标志的矿用可移动式救生舱产量情况

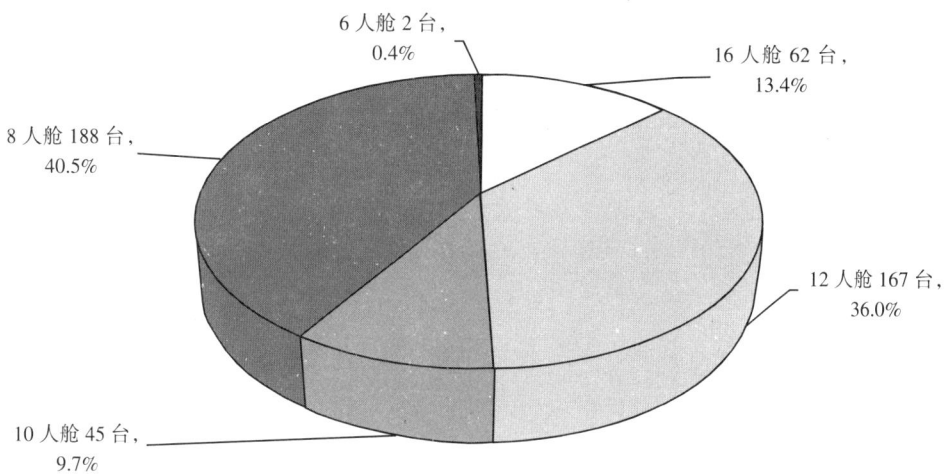

图18　2013年取得安全标志的矿用可移动式救生舱产量情况

2012年取得矿用可移动式救生舱安全标志的前10家生产单位见表22。2013年取得矿用可移动式救生舱安全标志的前10家生产单位见表23。

表22　2012年取得矿用可移动式救生舱安全标志的前10家生产单位

序　号	企业名称	获证数量（台）
1	辽宁卓异装备制造股份有限公司	262
2	煤科集团沈阳研究院有限公司	186
3	楠江集团有限公司	91
4	西安博深煤矿安全科技有限公司	82
5	深圳市中兴昆腾有限公司	81
6	中船重工（西安）东仪矿用安全装备有限公司	66

续表

序　号	企业名称	获证数量（台）
7	山西汾西机电有限公司	36
8	中煤机械集团有限公司	36
9	阜新金昊空压机有限公司	32
10	山东华盾科技股份有限公司	32
合　计		904

表 23　2013 年取得矿用可移动式救生舱安全标志的前 10 家生产单位

序　号	企业名称	获证数量（台）
1	北京中煤矿山工程有限公司	65
2	中船重工环境工程有限公司	63
3	中船重工（西安）东仪矿用安全装备有限公司	38
4	中煤机械集团有限公司	35
5	南京韩威南冷制冷集团有限公司	30
6	山东坚龙特种不锈钢股份有限公司	20
7	山西地宝科技股份有限公司晋中分公司	18
8	江苏中煤机电科技有限公司	18
9	江苏拉艾夫矿山设备有限公司	15
10	泰兴市华诚机电制造有限公司	13
合　计		315

　　煤矿安全避险系统建设过程中，避难硐室所占比重较大，且呈上升趋势。2012 年避难硐室主要建设企业及建设数量情况见表 24。2013 年避难硐室主要建设企业及建设数量情况见表 25。2012 年避难硐室主要建设企业产值情况见图 19。2013 年避难硐室主要建设企业产值情况见图 20。2013 年主要建设企业建设数量同比 2012 年增加了 19.24%。

表 24　2012 年避难硐室主要建设企业及建设数量情况

序　号	企业名称	建设硐室数量（个）	产值（万元）
1	北京中煤矿山工程有限公司	130	18 500
2	煤科集团沈阳研究院有限公司	77	21 000
3	辽宁卓异装备制造股份有限公司	76	16 000
4	煤炭科学技术研究院有限公司	45	7 500
5	中煤科工集团常州研究院有限公司	21	1 194
6	中船重工（西安）东仪矿用安全装备有限公司	21	2 500
7	淄博瑞安特自控设备有限公司	18	900
8	电光防爆科技（上海）有限公司	15	2 737
9	中煤机械集团有限公司	13	3 750
10	楠江集团有限公司	5	1 000
合　计		421	75 081

表 25　2013 年避难硐室主要建设企业及建设数量情况

序　号	企业名称	建设硐室数量（个）	产值（万元）
1	煤科集团沈阳研究院有限公司	113	8 985
2	北京中煤矿山工程有限公司	111	24 700
3	辽宁卓异装备制造股份有限公司	88	10 000
4	中煤机械集团有限公司	51	9 050

续表

序 号	企业名称	建设硐室数量（个）	产值（万元）
5	中煤科工集团常州研究院有限公司	44	4 361
6	煤炭科学技术研究院有限公司	28	4 700
7	淄博瑞安特自控设备有限公司	26	1 300
8	中船重工（西安）东仪矿用安全装备有限公司	23	3 000
9	电光防爆科技（上海）有限公司	14	1 475
10	江苏中煤机电科技有限公司	4	400
	合 计	502	67 971

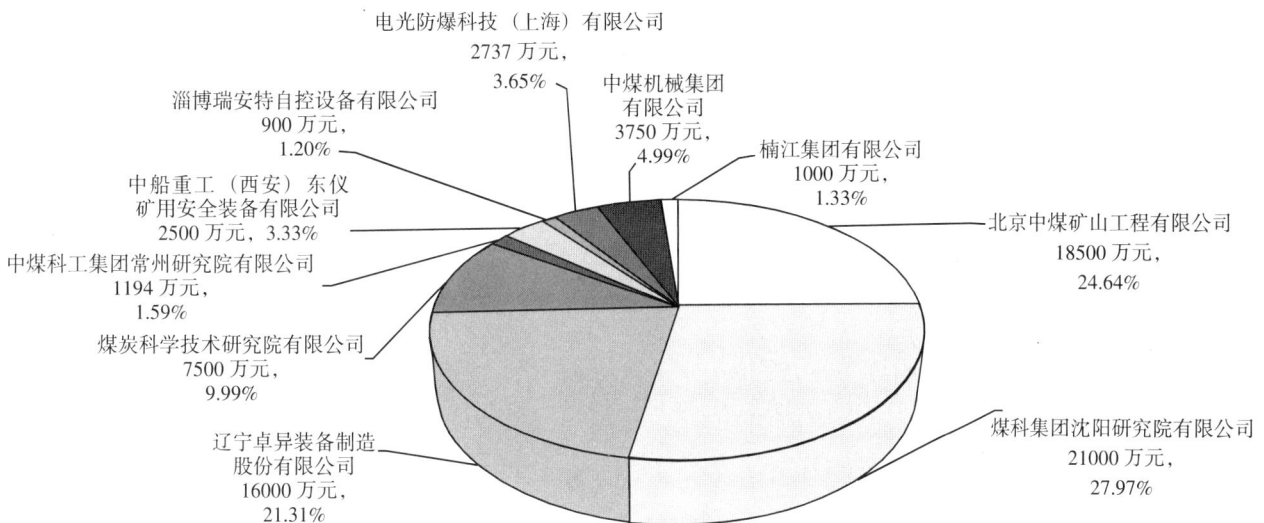

图19 2012年避难硐室主要建设企业产值情况

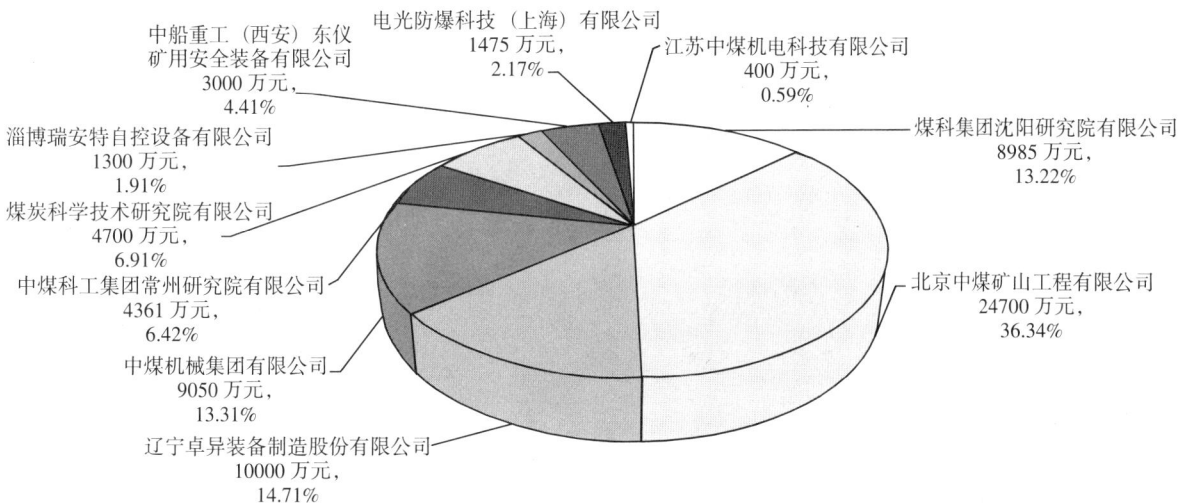

图20 2013年避难硐室主要建设企业产值情况

目前，可移动式救生过渡站制造企业近10家，主要有辽宁卓异装备制造股份有限公司、北京中煤矿山工程有限公司、煤科集团沈阳研究院有限公司、山东国泰科技有限公司、中煤科工集团重庆研究院有限公司、深圳市中兴昆腾有限公司等。

（三）应用情况

经过近十年的发展，我国避险装备的安装与应用、煤矿避险系统建设已有一定规模。据不完全统计，2012年全国避难硐室建设量800个左右，2013年为1100个左右，安装6~16人各规格型号可移动式救生舱近 1400 台，部分煤矿根据自身特点，安装了可移动式救生过渡站（约 50 台左右）等避险装备。

各规格型号的矿用可移动式救生舱基本都进行了检测，性能指标都达到相关要求；部分煤矿对避难硐室的空气与氧气供应系统、环境处理与净化系统、通信系统等单项性能进行了试验；个别煤矿进行了避难硐室综合性能真人演练，对避难硐室自备生存保障系统、外部供给系统等分别进行测试，测试结果满足相关要求。通过一系列试验，也为煤矿避险系统的设计、建设、管理等提供了依据和指导。

（四）科研情况

从 2006 年开始，我国将煤矿安全避险装备及关键技术纳入相关课题进行专项研究。经过近几年的研究，在避难硐室、矿用可移动式救生舱安全防护、内部环境净化与处理、生存保障等方面都取得了很大进展。同时，根据煤矿安全避险实际需要，研制出了系列矿用可移动式救生舱、避险过渡站（补给站）、避难硐室配套装备等产品，丰富了安全避险装备的同时，进一步提高了安全避险装备技术水平。

目前，进行中的"十二五"国家科技支撑计划"煤矿井下紧急避险与快速处置技术及装备"，主要对安全避险装置相关问题进行专题研究，研究重点涵盖避难硐室、救生舱配置技术、安全避险装备安全技术要求及验收规范等主要内容。

火电及其他发电

一、经济运行情况

（一）主要经济指标

2012 年发电设备主要行业主营业务收入保持增长态势，其中发电机及发电机组制造、锅炉及辅助设备制造、水轮机及辅机制造 2013 年同比增长分别达到 13.00%、11.89%、17.36%。2013 年上缴税金总额出现分化，发电机及发电机组制造、锅炉及辅助设备制造 2013 年上缴税金总额同比增幅均低于主营业务收入增幅，而汽轮机及辅机制造、水轮机及辅机制造上缴税金总额同比增幅分别达到

19.36%、29.70%，明显高于主营业务收入增幅。

利润方面，2013 年行业盈利情况不容乐观，除汽轮机及辅机制造保持了 19.12% 的较高增长外，发电机及发电机组制造、锅炉及辅助设备制造、水轮机及辅机制造盈利能力有限，其中锅炉及辅助设备制造、水轮机及辅机制造分别为 5.67%、1.37% 的负增长。2012 年、2013 年发电设备细分行业主要经济效益指标见表 1。2013 年发电设备细分行业主要经济效益指标见图 1。2013 年发电设备细分行业主营业务收入情况见图 2。2013 年发电设备细分行业利润总额情况见图 3。2013 年发电设备细分行业税金总额情况见图 4。

表 1　2012 年、2013 年发电设备细分行业主要经济效益指标

	年份	企业数（个）	主营业务收入（亿元）	同比增长（%）	利润总额（亿元）	同比增长（%）	税金总额（亿元）	同比增长（%）
发电机及发电机组制造	2012	789	3 041.36	2.61	200.28	8.16	89.51	16.30
	2013	848	3 487.96	13.00	187.81	0.51	101.56	10.68
锅炉及辅助设备制造	2012	744	1 607.96	9.30	121.79	12.19	68.71	5.57
	2013	779	1 764.07	11.89	115.15	−5.67	56.54	−19.02
汽轮机及辅机制造	2012	93	589.98	−1.66	30.12	−28.49	27.85	33.56
	2013	95	598.16	1.26	35.62	19.12	33.31	19.36
水轮机及辅机制造	2012	40	63.29	5.88	4.90	−10.78	1.93	12.38
	2013	46	77.56	17.36	4.91	−1.37	2.58	29.70

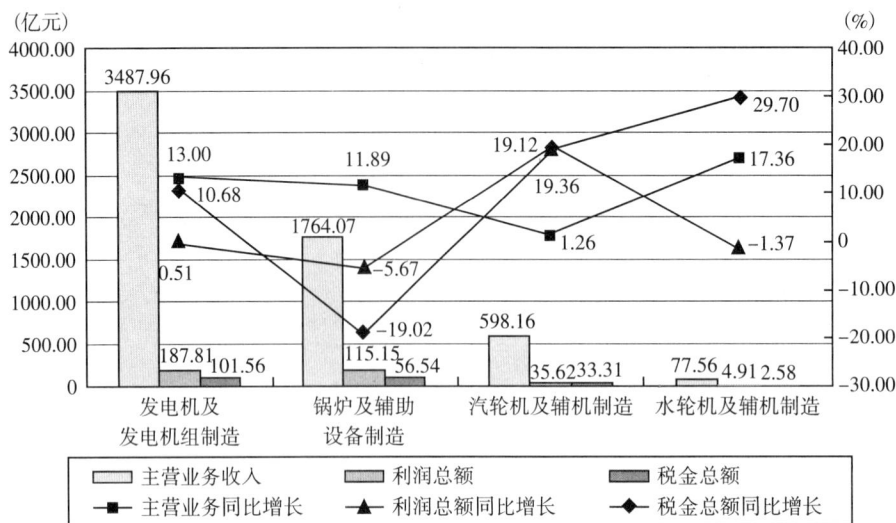

图1 2013年发电设备细分行业主要经济效益指标

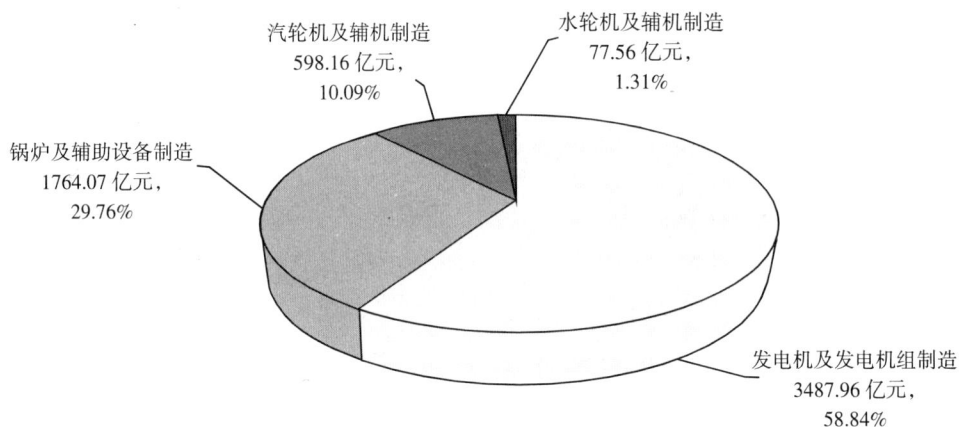

图2 2013年发电设备细分行业主营业务收入情况

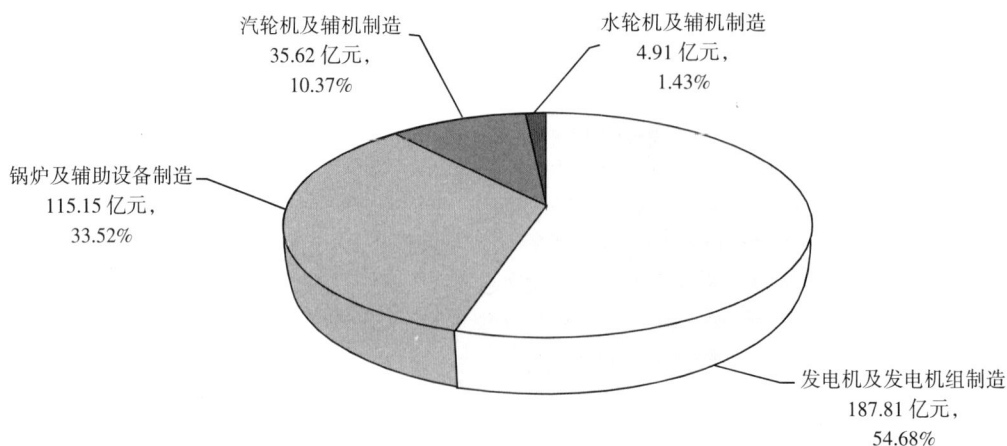

图3 2013年发电设备细分行业利润总额情况

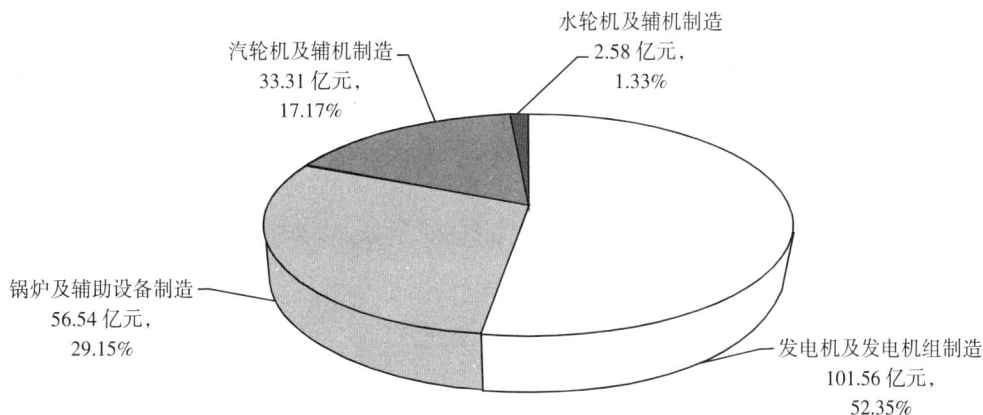

图4 2013年发电设备细分行业税金总额情况

（二）产品产量

2012 年、2013 年，发电设备主要产品中，除个别产品保持低速以外，大多数产品产量增长缓慢，甚至接近一半的产品是负增长，市场需求仍不乐观。发电机组 2013 年产量为 12183.15 万千瓦，同比减少 2.20%。电站水轮机 2013 年产量为 800.24 万千瓦，增速为 20.30%，实现了两位数的高速增长。2012 年、2013 年发电设备主要产品产量完成情况见表 2。2013 年发电设备主要产品产量完成情况见图 5。2013 年发电机组产量情况见图 6。2013 年发电机组产量情况见图 7。

表2 2012 年、2013 年发电设备主要产品产量完成情况

	2012 年		2013 年	
	数　量	同比增长（%）	数　量	同比增长（%）
发电机组（万千瓦）	12 683.22	−8.90	12 183.15	−2.20
其中：水轮发电机组（万千瓦）	2 358.96	1.59	2 137.39	−4.75
汽轮发电机（万千瓦）	9 223.54	−6.84	8 450.45	−8.34
风力发电机组（万千瓦）	1 775.66	−22.72	1 788.18	9.61
工业锅炉（蒸吨）	439 337.00	−2.15	512 736.00	2.02
电站锅炉（蒸吨）	538 170.00	4.99	469 794.00	−3.67
电站用汽轮机（万千瓦）	7 773.75	−24.70	7 252.06	−6.94
电站水轮机（万千瓦）	670.71	8.58	800.24	20.30
燃气轮机（万千瓦）	600.16	165.99	657.37	9.53

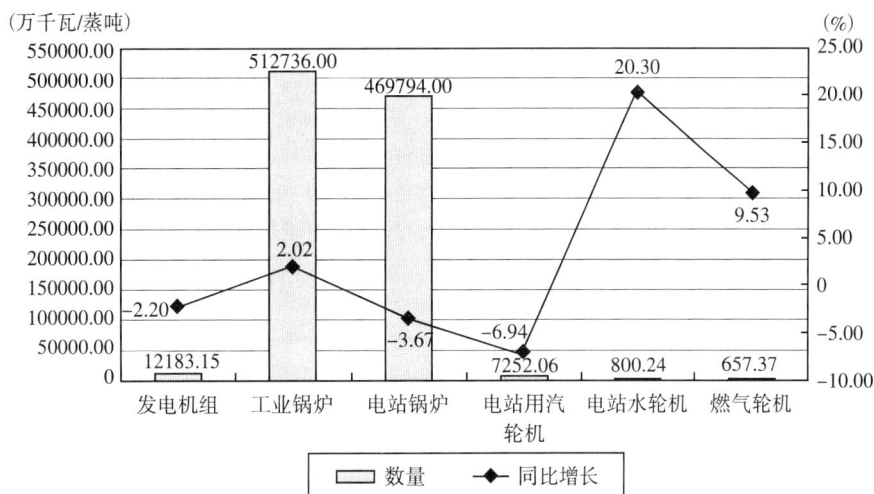

图5 2013 年发电设备主要产品产量完成情况

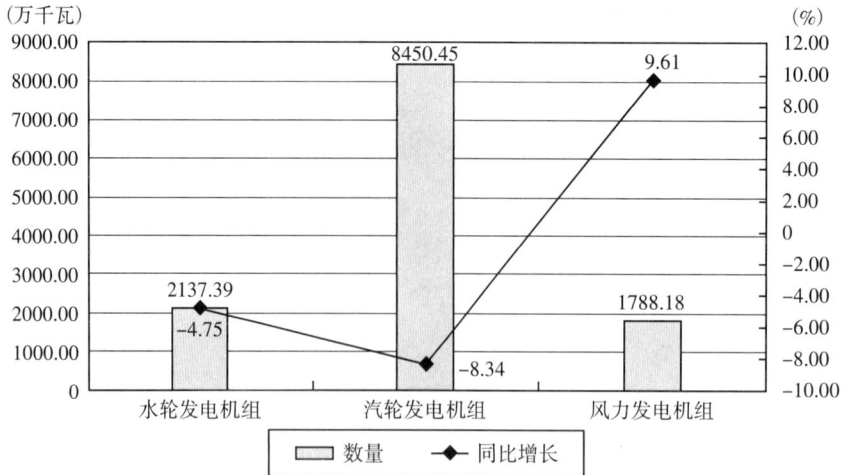

图6 2013年发电机组产量情况

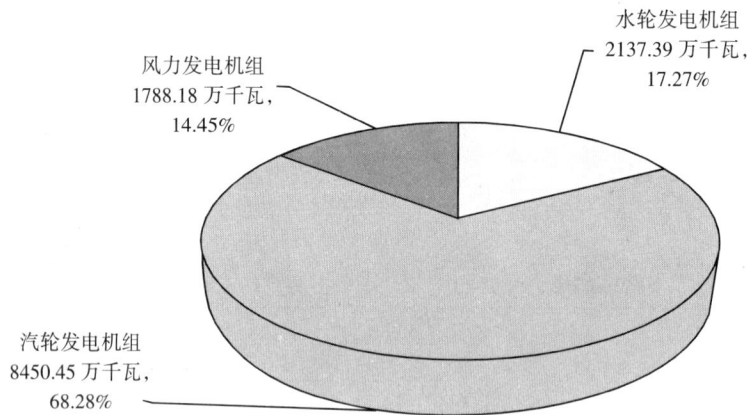

图7 2013年发电机组产量情况

二、行业概况及全年重点投运项目

2012年7月世界最大水电站——三峡电站最后一台机组正式并网发电。至此，经过10多年的安装、调试，三峡电站全部机组投入运行。12月，金沙江向家坝水电站实现首批两台机组全部并网发电目标。此举标志着我国已建和在建的第三大水电站开始发挥发电效益，进入收获期。

受2011年日本核电事故影响，从2011年3月16日开始，我国停止了一切核电建设项目，这些项目中有位于沿海的，也有位于内陆地区的，根据2012年10月24日国务院常务会议精神，"十二五"期间内陆地区核电项目不能建设。2012年5月底，《核安全与放射性污染防治"十二五"规划及2020年远景目标》获中国国务院常务会议原则通过。

2012年底以来，随着浙江三门核电站、山东石岛湾核电站、江苏田湾核电站工程项目的相继启动，中国核电装备行业有望迎来新一轮发展高潮。

风电产业2012年持续负增长，龙头企业频传裁员新闻，某些地区出现了风电设备制造企业倒闭的现象。2012年，我国光伏"腹背受敌"：一方面，需求下降导致产能过剩；另一方面，欧美挥舞"双反"贸易大棒。上半年，近九成国内多晶硅企业停产，裁员风暴席卷国内，众多上市企业也濒临破产。但与风电产业相比（由于缺乏政府对上网风电补贴等政策支持，2012年我国风电弃风限电超过200亿千瓦时，由此造成的经济损失超过100亿元），政府明显"青睐"光伏产业。2012年国务院密集出台了多项引导光伏产业健康发展，把外销转为内需的政策和规划。

我国火电装备的设计、制造能力已经处于世界前列。火电设备正在逐步地向大容量、高参数的方向发展。2013 年生产百万千瓦级超（超）临界机组 10 台套，至今累计生产 80 台套。东锅提供的、完全具有自主知识产权、世界最大容量（60 万千瓦级）、国内首台白马电厂超临界循环流化床锅炉已经于 2013 年 4 月投入商业运行，运行状态良好。二次再热机组已经在研制和制造中，2015 年 3 月投产。

我国水电装备的设计、制造能力处于世界一流水平，装机规模位居世界第一，而且是世界水电装机第二大国美国装机容量的两倍多。从 2003 年 7 月第一台机组发电到 2013 年 10 月 19 日三峡电站累计发电 7000 亿度，2012 年，我国全社会用电量 49591 亿千瓦时，三峡电站累计发电量相当于我国 2012 年用电量的近 1/7。溪洛渡水电站 18 台 77 万千瓦机组，国产化机组达到 15 台，东方电机厂为溪洛渡水电站提供的自主研发、制造的机组已经于 2013 年 7 月 15 日投产，现在已经投产 12 台。向家坝水电站 8 台 80 万千瓦机组，国产化机组达到 4 台，哈尔滨电机厂为向家坝水电站提供的自主研发、制造的机组已经于 2013 年 10 月 24 日投产，运行状态良好，现在已经投产 5 台。国产化高水头 30 万千瓦仙游抽水蓄能电站 1 号机组 2013 年 4 月 16 日并网发电，标志我国抽水蓄能技术迈上新台阶，填补了国内国产化抽水蓄能机组的空白。

二代加技术的宁德 1 号机组，红沿河 1 号机组分别于 2013 年 4 月和 6 月投产，两台机组的国产化率高达 75%。由一重集团大连基地制造的红沿河 1 号机组反应堆压力容器，是我国首台完全拥有自主知识产权、自主建造的百万千瓦级核反应堆压力容器。

2013 年我国风电装机容量已经达到 7160 万千瓦，装机规模世界第一，规划到 2015 年达到 1 亿千瓦。

2013 年，继欧美分别对我国出口光伏产品进行了"双反"调查，并征税，对我国光伏生产企业造成了严重的打击，行业内进行了深度调整。光伏产业面临的问题引起了国务院的高度重视，前不久国务院发布《关于促进光伏产业健康发展的若干意见》，明确提出了中国光伏产业发展目标和保障措施，估计 2013 年太阳能累计装机 1500 万千瓦，规划到 2015 年太阳能发电装机将达到 3500 万千瓦以上。

截至 2013 年底，国内火电市场 30 万千瓦及以上机组招标 120 台，总计 9985 万千瓦，同比增长 39.16%。2013 年 1~12 月，发电设备新增装机容量 9400 万千瓦，其中水电 2993 万千瓦，火电 3650 万千瓦。

三、存在的主要问题

（一）产能过剩

2013 年三大电站锅炉厂的产能总共有 9000 万千瓦，但实际的产量只有 5300 万千瓦，产能未能得到有效发挥。我国核电设备的产能在 12 台套左右，但核准的只有 3~4 台套，产能利用严重不足。

（二）行业进入深度转型期

我国已经成为电工装备生产大国，但离电工装备生产强国还存在一些差距。从目前的情况看，转型升级是我国走向电工强国的必由之路，是电工行业企业摆脱经营风险的最好途径，必须提高软实力，提高自主创新能力。必须从简单的制造转向生产性服务业。欧美装备制造业巨头 60% 的利润来自服务收入。通用电气服务创造的价值相当于海外工程总承包收入的 70%。

（三）环境保护对行业提出了更高的要求

现在我国已经达到人均 GDP6000 美元，步入了世界中等收入国家的行列。与此同时，国人对环境保护的意识越来越强。一方面，要求发电产品更加节能高效，使其在使用过程中能够节约能源，减少排放。2013 年以来，雾霾席卷了大半个中国，包括南方很多地区也罕见地出现了雾霾天气，多地多次出现了 PM2.5 爆表的现象，大气污染非常严重。为了保护环境，发电设备特别是燃煤机组在向高参数、大容量发展，提高机组能效的同时，应该认真做好脱硫、脱硝和除尘，最大可能地减少污染物排放。另一方面，要求发电产品在生产过程中的节能减排，这就要求电工行业向数字化、网络化、智能化方向发展，实现智能制造。

四、科技创新获奖情况

2012 年行业继续坚持依靠技术创新驱动行业发展的方针，在科技创新中取得了丰硕成果。经中国机械工业科学技术奖评审委员会评审和中国机械工业科学技术管理委员会批准，发电设备行业共有 13 个项目获得 2012 年度中国机械工业科学技术奖，其中一等奖 1 项，二等奖 7 项，三等奖 5 项。2012 年发电设备行业获中国机械工业科学技术奖情况见表 3。

表 3　2012 年发电设备行业获中国机械工业科学技术奖情况

序　号	项目名称	项目单位	奖励等级
1	先进高效大型供热汽轮机组关键技术研究及应用	东方电气集团东方汽轮机有限公司	一
2	3.6 兆瓦大型风力发电机组	上海电气风电设备有限公司	二
3	采用先进流通技术（AIBT）的优化型亚临界 300 兆瓦汽轮机开发	上海电气电站设备有限公司	二
4	多变频单元集中控制在电机系统节能中的应用	上海电器科学研究所（集团）有限公司、上海电机系统节能工程技术研究中心有限公司、山西防爆电机（集团）有限公司、上海电科电机科技有限公司、上海格立特电力电子有限公司	二
5	响水涧水泵水轮机设计开发	哈尔滨电机厂有限责任公司	二
6	磁通可控式电机与控制系统关键技术研究及产品开发	江苏大学、东南大学、常州市武起常乐电机有限公司	二
7	60 赫兹—300 兆瓦等级汽轮机研制	哈尔滨汽轮机厂有限责任公司	二
8	中速磨 600 兆瓦超临界∏型褐煤锅炉研制及产业化	哈尔滨锅炉厂有限责任公司	二
9	改进型 400 兆瓦级燃气轮发电机	上海电气电站设备有限公司	三
10	百万千瓦火电机组凝汽器	上海电气电站设备有限公司	三
11	大型并网风电机组关键技术研究与应用	浙江运达风电股份有限公司、浙江大学	三
12	非晶硅白膜光伏机组	保定天威集团有限公司、保定天威薄膜光伏有限公司	三
13	绥中 1000 兆瓦超超临界锅炉自主开发	东方电气集团东方锅炉股份有限公司	三

2013 年电工行业继续坚持依靠技术创新驱动行业发展的方针，在科技创新中取得了丰硕成果。经中国机械工业科学技术奖评审委员会评审和中国机械工业科学技术管理委员会批准，发电设备行业共有 17 个项目获得 2013 年度中国机械工业科学技术奖，其中一等奖 3 项，二等奖 6 项，三等奖 8 项。2013 年发电设备行业获中国机械工业科学技术奖情况见表 4。

表 4　2013 年发电设备行业获中国机械工业科学技术奖情况

序　号	项目名称	项目单位	奖励等级
1	600 兆瓦等级超临界"W"型火焰锅炉研制	东方电气集团东方锅炉股份有限公司	一
2	大型汽轮发电机组应力与寿命监控系统及应用	上海发电设备成套设计研究院、上海电气电站设备有限公司、上海外高桥发电有限责任公司、上海上发院发电成套工程有限公司、上海电力学院	一
3	60 赫兹亚临界 660 兆瓦汽轮机研制	东方汽轮机有限公司	一
4	100 万吨/年乙烯装置驱动用工业汽轮机国产化创新研制	杭州汽轮机股份有限公司、浙江工业大学	二
5	500 千伏高效大功率太阳能光伏并网逆变器研发及产业化应用	特变电工新疆新能源股份有限公司	二
6	大型电站锅炉信息集成与协同优化关键技术的研发及应用	上海锅炉厂有限公司、上海迪吉特控制系统有限公司、宝山钢铁股份有限公司	二
7	大型风电传动系统全功率负载试验台的研制与应用	国电联合动力技术（保定）有限公司、河北工业大学	二
8	冲击发电机励磁装置研制	哈尔滨大电机研究所、哈尔滨电机厂有限责任公司	二

续表

序　号	项目名称	项目单位	奖励等级
9	4×1100兆瓦"W"超超临界空冷机组单相42万220千伏主变压器的研制与开发	特变电工股份有限公司	二
10	四角切圆锅炉新型低NOx燃烧系统研究与开发	东方电气集团东方锅炉股份有限公司、上海交通大学	三
11	高压125兆瓦空冷汽轮机研发	中国长江动力集团有限公司	三
12	焦化工艺高参数自然循环余热锅炉产业化	上海理工大学、苏州海陆重工股份有限公司	三
13	核电站1E级应急柴油发电机开发	上海电气集团上海电机厂有限公司	三
14	E级联合循环热电联供双抽机组	上海电气电站设备有限公司	三
15	超临界350兆瓦两缸两排汽抽汽凝汽式汽轮机组	上海电气电站设备有限公司	三
16	电站锅炉集箱成套制造装备及绿色工艺技术开发与应用	上海锅炉厂有限公司、北京中电华强焊接工程技术有限公司、成田燃具（上海）有限公司	三
17	核电站用1E级K1类热缩管的研制及产业化	长圆集团股份有限公司、中广核工程有限公司	三

水 电

一、我国水轮发电机组的技术发展

(一) 概述

水能资源是我国发展清洁能源得天独厚的优势资源。我国是世界第一水电大国,继举世闻名的三峡水电站建成之后,2012~2013年,我国第二大和第三大水电站金沙江溪洛渡、向家坝水电站相继投产发电。溪洛渡水电站共安装18台单机77万千瓦水轮发电机组,总装机容量为1386万千瓦。全球单机容量最大的80万千瓦水轮发电机组在向家坝水电站投入运行,标志着我国水电大机组的设计、制造和安装都取得了巨大的成功。

翻开我国水电建设的百年沧桑,从1910年依托国外技术兴建的我国大陆第一座水电站——云南石龙坝水电站,到1971年自主设计建设的世界上最大的低水头大流量、径流式水电站——葛洲坝水电站,到世界第一大水电站——三峡水电站,再到综合科技含量领先国际的西南水电群,我们看到,科技创新正引领着我国水电一步步走向世界之巅。特别是近10年来,我国水电装备科技水平取得跨越式发展,通过引进、消化、吸收、再创新,拥有了水轮机水力设计、发电机定子绕阻绝缘、蒸发冷却等具有自主知识产权的核心技术。哈尔滨电机厂有限责任公司(简称哈电)和东方电机股份有限公司(简称东电)各自设计制造了三峡右岸4台(套)水轮发电机组,实现了国产70万千瓦水电大机组的突破;以福建仙游抽水蓄能电站机组投产为标志,我国30万千瓦、500米水头以上大容量、高水头抽水蓄能机组设计制造自主化取得重大进展;由东电制造供货的巴西杰瑞(JIRAU)水电站投入商业运行,展现了我国在大型低水头贯流式水轮发电机组研制方面强劲的技术实力。依托目前在建和拟建的白鹤滩、乌东德等电站,我国水电机组制造技术正在从单机容量70万千瓦和80万千瓦向100万千瓦的更高水平发展。

过去20多年,我国水电市场经历了高速发展的辉煌时期。我国水电近期总装机容量统计和预测情况见图1。

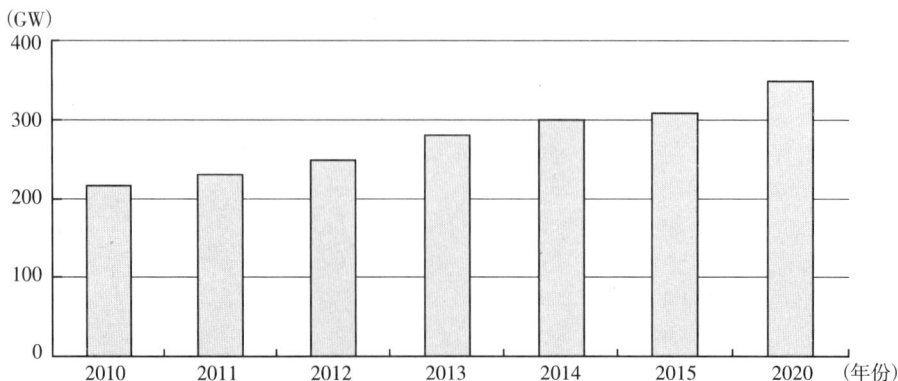

图1 我国水电近期总装机容量统计和预测情况

注:2013年以后的数据为预测结果。

从 2010 年起，我国水电装机容量达到 216 吉瓦，居世界第一位。到 2012 年，我国水电装机容量达到 249 吉瓦，已经达到世界总量的 22.5%。我国水电总装机容量与世界对比情况见图 2。

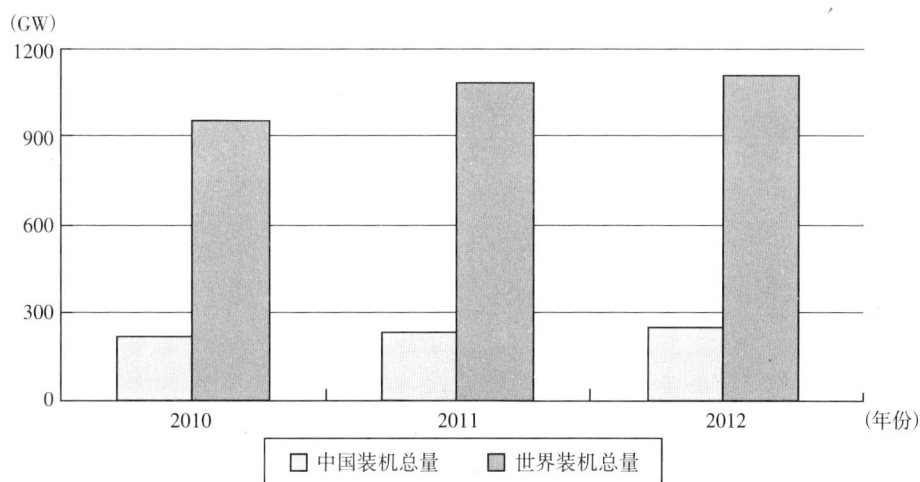

图 2　我国水电总装机容量与世界对比情况

（二）立式水轮发电机

常规立式水轮发电机适用于混流式水轮机和轴流式水轮机发电情况，是水电市场应用最广泛的设备。进入 21 世纪，常规立式水轮发电机发展飞快。世界大型水电机组统计见表 1。我国厂商制造的发电机统计见表 2。

表 1　世界大型水电机组统计

电站名称	国家	单机容量（MVA）	机组台数	投入运行时间
溪洛渡	中国	856	18	2013
向家坝	中国	889	8	2012
小湾	中国	778	6	2009
拉西瓦	中国	778	5	2008
龙滩	中国	778	7（+2）	2007
三峡	中国	778/840	32	2003
Itapuq	巴西	824	20	1985
Guri Ⅱ	委内瑞拉	677/805	10	1984
Grand Coulee Ⅲ	美国	700	3	1975

表 2　我国厂商制造的发电机统计

电站名称	单机功率（MW）	机组总数	我国造机组总数
三峡	700/756	32	22
龙滩	700	7（+2）	7
拉西瓦	700	6	5
小湾	700	6	6
溪洛渡	770	18	18
向家坝	800	8	8

从表 1 可见，我国大型水电机组的发展在世界上占据着十分重要的地位。在单机容量 700 兆瓦及以上的水电站中，我国发电设备制造商的市场份额占据了主导地位。从表 2 可见，在单机容量 700 兆瓦及以上机组的 79 台产品中，我国产品占 66 台，这些产品的制造商包括哈电、东电、上海福依特水

电设备有限公司（简称上海福依特）和阿尔斯通水电设备（我国）有限公司（简称天津 ALSTOM）等。

1. 电磁设计与结构优化

电磁参数决定电机的性能，因而水轮发电机电磁参数的设计是至关重要的。对大容量水轮发电机，电磁参数还决定了机网之间的相互作用情况。因而在设计开发阶段，准确地设计电机的稳瞬态参数、合理地设计电机的阻尼绕组，对提高水轮发电机的负序承载能力，改善机网动态过程的响应具有重要的工程意义。目前，国内几大电机制造商都已具备采用电磁场数值技术和瞬变过程的数值分析技术来准确进行电机参数的计算，并在设计阶段对水轮发电机的各种运行性能和瞬态故障进行分析预测的能力。

在水轮发电机的结构方面，采用电磁场数值技术，针对大容量水轮发电机的开发可以对磁极极靴形状、阻尼绕组分布及定子线棒换位结构等进行详细的设计。同时，对端部复杂的绕组及固定结构，设计人员可以采用端部三维电磁场数值技术对端部绕组及结构件进行损耗、温升及电动力的详细分析。

2. 绝缘系统

随着水轮发电机容量和电压的提高，绝缘系统的制造难度越来越大。在某种程度上，发电机主绝缘承受电场强度的变化可以反映发电机绝缘水平的发展状态。水轮发电机绕组主绝缘的平均电场强度由早期的 1.2 千伏/毫米已经发展到三峡电站发电机的 2.8 千伏/毫米。水轮发电机定子绕组主绝缘材料工作电场强度的发展见图3。

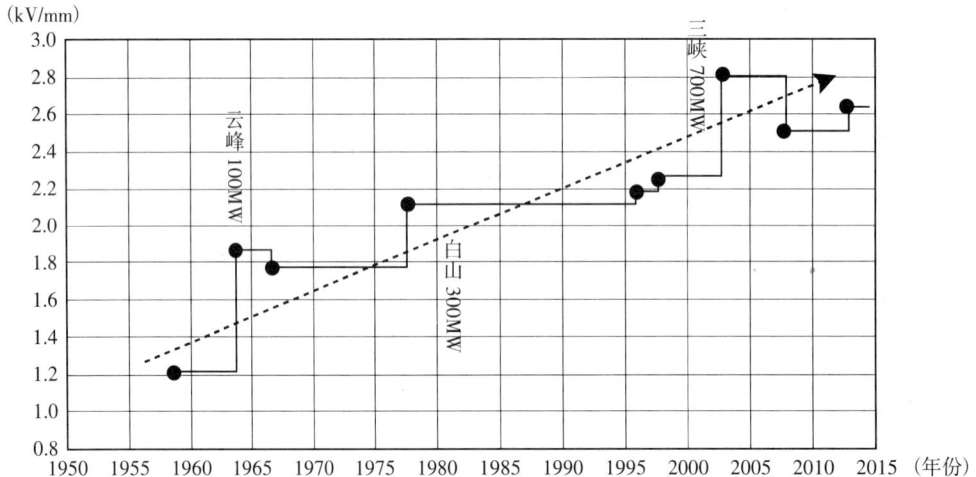

图3 水轮发电机定子绕组主绝缘材料工作电场强度的发展

目前我国大型水轮发电机的电压等级有 13.8 千伏、15.75 千伏、18 千伏、20 千伏。随着 1000 兆瓦级水轮发电机研制工作的启动，22 千伏、24 千伏和 26 千伏等高电压等级绝缘系统的开发工作正在展开。

3. 冷却系统

对大容量水轮发电机，电机的冷却方式是设计人员所重点关注的问题。大型水轮发电机所采用的冷却技术目前大致有三种，即空气冷却方式、水内冷冷却方式及蒸发冷却方式。

空气冷却方式在电机内部只采用空气作为冷却介质，通过空气的流通实现电机整体的降温冷却，结构简单，可靠性高，因而是目前最受用户欢迎的一种冷却方式。2005 年以前，我国最大的空冷水轮发电机是二滩电站 550 兆瓦水轮发电机，550 兆瓦以上发电机全部为水冷电机。2006 年，哈电开发了首台 700 兆瓦全空冷水轮发电机，并成功地在三峡右岸电站投入运行。此后，几乎所有 700 兆瓦及以上量级的发电机都采用了全空冷技术。目前，世界最大的全空冷水轮发电机是 2013 年投运的向家坝水电站 800 兆瓦水轮发电机。

在某些应用场合，当空气冷却方式不能满足实际运行要求时，需要采用内冷冷却方式。内冷冷却方式包括水冷冷却方式和蒸发冷却方式。水冷冷却方式因结构复杂，安全性低，在我国市场趋于淘汰。此时，蒸发冷却方式是最佳的解决方案。蒸发冷却水轮发电机是我国具有自主知识产权的新型发电机。这种电机的特点是通过冷却介质的蒸发效应来实现定子绕组的内部循环冷却。由于冷却介质不导电，因此蒸发冷却电机比水冷电机更安全，由于冷却介质的循环是借助于蒸发效应进行，省去了提供动力的循环泵，其结构比水冷更简单。目前，全世界采用蒸发冷却的水轮发电机共有四个电站，分

别是我国的大寨电站 10 兆瓦机组、安康电站 50 兆瓦机组、李家峡电站 400 兆瓦机组及三峡地下电站 700 兆瓦机组，这些机组全部为东电生产制造。

4. 推力轴承

推力轴承是水轮发电机的重要支撑部件，在一定程度上决定着水轮发电机运行的成败。多年来，我国水电机组大型推力轴承的制造水平不断进步。在三峡电站发电机组中，大型推力轴承的负荷达到了近 6000 吨的水平。大型推力轴承制造技术的发展状况见图 4。

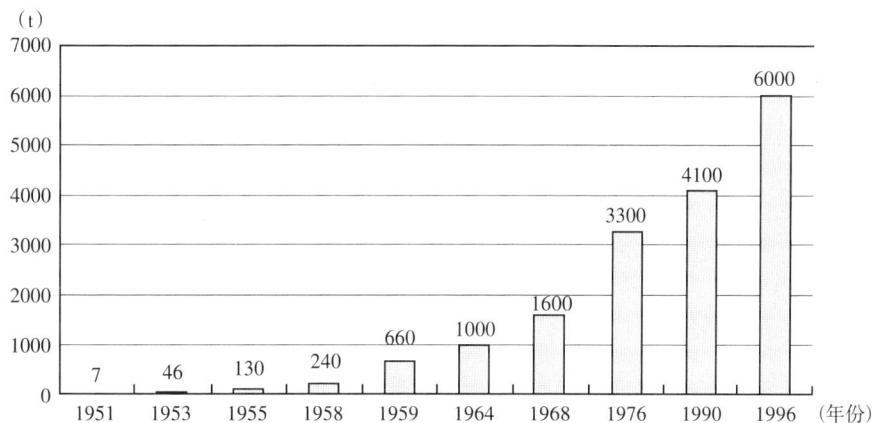

图 4 大型推力轴承制造技术的发展状况

大型水轮发电机的推力轴承为扇形可倾瓦滑动轴承，推力瓦有巴氏合金瓦或弹性金属塑料瓦两种。轴承性能的准确研究一般需要进行轴承系统的

热弹性流体动力的数值分析。有时，在推力轴承试验台上的整体模拟试验是非常重要的。哈电 3000 吨推力轴承试验台的结构见图 5。

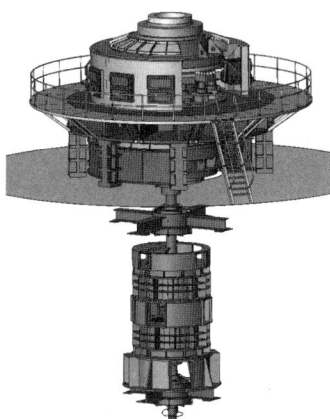

图 5 哈电 3000 吨推力轴承试验台的结构示意图

（三）抽水蓄能机组

由于电力系统负荷调节和发展清洁能源的需

要，抽水蓄能机组迅速发展起来。抽水蓄能发电电动机的基本结构与常规水轮发电机相同，但工作条

件更加复杂。抽水蓄能发电电动机需要适应发电与抽水两种运行工况的运行及调相要求，而且要承受经常的起停机考验。

在电磁方案和结构的设计上，抽水蓄能发电电动机重点考虑电机的起动过程和在不同运行工况之间转换的瞬态响应，优化电机的结构和参数，加强电机转子的刚强度。由于抽水蓄能发电电动机的转速较常规机组高，电机的铁心轴向比较长，因而通风冷却系统的设计难度略大，有时需要采用带风扇的转子结构。

在轴承设计方面，抽水蓄能发电电动机的轴承要适应双向旋转的要求，因而轴瓦通常采用中心支承结构。这种结构比常规水轮发电机的偏心支撑结构承载能力低，因而轴承系统的制造难度大，需要进行详细的理论及实验研究。

在大容量抽水蓄能发电电动机的开发方面，2005 年起，哈电和东电联合进行了宝泉、白莲河和惠州三个电站的打捆招标技术引进工作。在技术引进基础上，合作制造的产品分别于 2009~2011 年在三座电站投入运行。继三个电站之后，哈电又开发了 250 兆瓦大容量抽水蓄能发电电动机组，于 2012 年在安徽响水涧电站投入运行。这是国内首台完全自主生产的大容量国产化抽水蓄能发电电动机组。近年已投运的大型抽水蓄能发电电动机组参数情况见表 3。

表 3　近年已投运的大型抽水蓄能发电电动机组参数情况

年　份	电　站	单机功率（MW）	转速（PPM）	地区（省份）
2009	惠　州	300	500	广州
2009	黑麋峰	300	300	湖南
2011	宝　泉	300	500	河南
2011	白莲河	300	250	湖北
2012	蒲石河	300	333.3	辽宁
2012	响水涧	250	250	安徽
2013	仙　游	300	500	福建

（四）灯泡贯流式水轮发电机

灯泡贯流式水轮发电机适合于低水头径流发电，其特点为电机的直径小、铁心长。电磁设计难度大，定子绕组的选择和阻尼绕组的设计特别重要，需重点防止阻尼绕组的电蚀现象。由于电机的结构呈细长型，因而通风冷却的设计难度也很大，有时需要考虑强迫通风方式。在轴承设计方面，重点工作主要是径向轴承和正反推力轴承的结构设计。

贯流式水轮发电机在我国发展很快。图 6 给出了我国灯泡贯流式水轮发电机制造业的发展情况，其中由东电制造的巴西杰瑞电站贯流式水轮发电机组是世界最大的贯流式水轮发电机组。

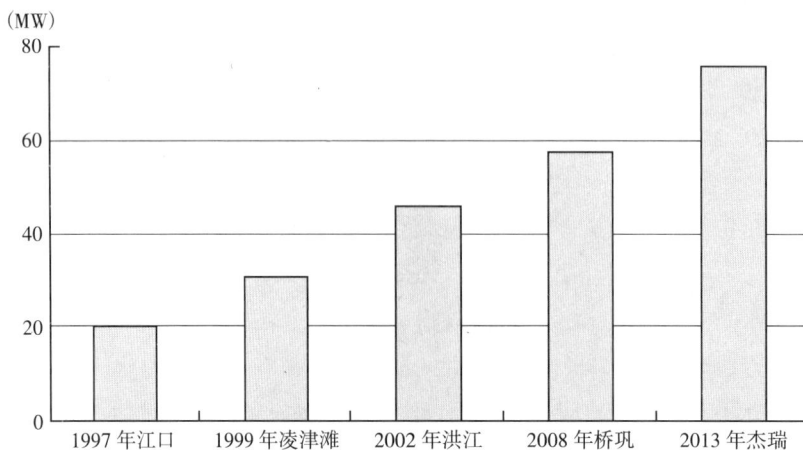

图 6　灯泡贯流式水轮发电机制造业发展情况

（五）变速水轮发电机

除常规的凸极同步式水轮发电机外，一种可变速的双馈式水轮发电机正在引起人们的关注。2010年，由哈电开发的6500千瓦可变速水轮发电机组在新疆人民电站投入运行。这是国内首台变速水轮发电机组产品。尽管距离国外先进制造商的水平尚有一定差距，但这标志着国内变速水轮发电机组的良好开端。

二、典型案例

（一）东电模式

1. 专注于科技进步、致力于清洁能源发展

水力发电是一种清洁的可再生能源发电途径，是发电设备的首选方式。伴随着我国水电事业的发展，我国水力发电的主要设备制造企业专注于科技进步、致力于清洁能源发展，在经历了长期的科研和技术进步历程后，取得了突破性的进展和巨大成就，以下以东电的发展为例作介绍。

2. 生产能力迅猛发展，技术水平飞速提高

东电从1966年生产第一台45兆瓦水轮发电机组以来，专注于水轮发电机组的研制，经过近50年风雨历程，到2012年，全年完成水电机组产量6680兆瓦，更为惊人的是，2013年全年完成水电产量6960兆瓦，其中包括6台单机770兆瓦的溪洛渡机组顺利投运，创下水电行业的历史纪录。

在生产能力迅猛发展的同时，东电的技术水平也是飞速提高。尤其是近15年，借助于国家发改委组织的技术引进的机遇，东电从三峡左岸机组和抽水蓄能打捆招标等项目中，汲取了国外的先进技术，通过自身努力和吸收转化，设计、制造出具有自主知识产权的巨型机组和抽水蓄能机组，完全实现了我国装备、装备我国。并且，在世界单机容量最大的巴西杰瑞75兆瓦贯流式水电机组项目上，东电与欧洲三巨头同台竞技，取得的成绩令全球瞩目。

3. 重视技术革新和技术人才的培养

东电历来重视技术革新和技术人才的培养，目前拥有1个博士后工作站和水力、大电机、几何量计量3个国家级重点实验室，以及轴承、通风、绝缘、刚强度与振动、蒸发冷却、焊接工艺、大电机试验站、中型电机试验站、电动机试验站、特种电机试验站、新能源试验站、计量检测、理化试验、无损检测、几何量检测、控制设备试验室等20余个研究试验站室，形成了学科和功能完备的科研实验体系，更注重结合实际的超前研究，为技术创新提供了坚实的物质基础。

4. 水力研究试验室

东电水力研究试验室始建于1966年，经过近50年的发展，已拥有5座高精度的水力机械通用试验台，可进行反击式水力机械（水轮机、水泵、水泵水轮机）的模型试验，并自主研发了具有行业先进水平的新设备，试验参数、功能、自动化水平、数据采集及处理系统、试验精度及重复性等方面达到国际先进水平，先后完成了瀑布沟、三峡右岸和溪洛渡等巨型电站水轮机的模型验收试验。借助于实时的试验数据采集、处理系统和先进的流态观测技术（闪频观测和光纤内窥镜观测），试验台具备与国际著名试验台同台竞技的能力，在仙游项目、杰瑞项目、深圳项目等数次国际洛桑试验台验收试验中，所得出的报告与我们自己内部的实验结果高度吻合。

5. 电机研究室

电机研究室拥有当今业界一流水平的大型分析软件和计算机软硬件设备，以及高水平的测试分析仪器与试验研究设备，为公司新产品的研究开发和发展提供了重要保证。部分研究成果达到国际领先、国内一流水平，获得多项国家级科技奖项。这些科研成果为公司重点传统产品的优化和技术创新提供了有力的技术支持，也为新产品的技术开发提供了技术保障，产生了巨大的应用价值。

研究室完成了多项重大科研项目，主要包括：大型水轮发电机的蒸发冷却试验研究、通风模型试验研究和贯流式水轮发电机阻尼绕组故障诊断及优化设计研究等。

6. 推力轴承试验台

东电 1985 年 5 月建成 1000 吨推力轴承试验，主要用于水轮发电机立式推力轴承的试验研究，并为理论计算提供边界条件以及验证理论计算的正确性。1989 年 11 月通过机械电子工业部技术鉴定，1990 年 12 月获机械电子工业部科技进步一等奖，1991 年获国家重大技术装备一等奖。

2011 年 7 月建成高速重载双向推力轴承试验台并正式投入使用。该试验台是一座现代化、高精度的试验台，能够进行 6000 吨级的巨型水轮发电机推力轴承模拟试验和抽水蓄能机组的全尺寸双向推力轴承全工况模型试验。目前，已经完成仙游、仙居等蓄能机组的全尺寸双向推力轴承全工况模型试验，也已经完成白鹤滩、乌东德机组全尺寸轴瓦的推力轴承模拟试验，为东电未来制造百万级水轮发电机组打下坚实的基础。

7. 强度振动研究室

强度振动研究室下属公司研究试验中心，员工 20 人，其中教授级高工 4 人，高级工程师 5 人，博士 1 人，硕士 4 人，人才队伍强大。除自开发分析软件外，还配置了较有竞争力的分析软件、计算机和测试设备。

强度振动研究室能开展包括水电机组、汽轮发电机及核能发电机、抽水蓄能机组、交直流电机、风电和主泵机组在内的各种发电设备的静力学和动力学计算分析和试验研究。主要包括发电设备的机械可靠性和稳定性，即机组强度、刚度、疲劳的计算分析和实验研究；机组动力特性、动力响应、隔振性能、轴系稳定性等的计算分析和试验研究以及试验模态分析、振动测试与动态信号分析、旋转机械故障诊断等方面的研究。与国内外同行业比较，东电在多物理场分析中的流—固耦合分析，热结构耦合分析、转子系统动力稳定性分析、蜗壳混凝土联合受力分析和水轮机转轮水下动应力测试等方面接近国内外先进水平，其中流—固耦合分析技术和蜗壳混凝土联合受力分析技术在国内外同行业中处于领先水平。

8. 绝缘研究试验室

经过 50 余年的不断发展和完善，已建设成为能够全面进行绝缘材料的常规电气机械性能试验、绝缘结构的常规电气机械性能试验、热性能试验和长期电老化寿命试验的现代化试验室，拥有多套国内外先进的试验仪器和试验设备系统。

特别是最近 10 年，通过大型抽水蓄能发电电动机绝缘技术的引进和开发，使公司具备自主设计制造 300~400 兆瓦级大型抽水蓄能发电机组的能力，研究成果已应用于惠州、黑麋峰、仙游、仙居、呼和浩特等大型抽水蓄能电站机组；通过 1000 兆瓦水轮发电机绝缘技术研究，研究适用于 24 千伏和 26 千伏电压等级的主绝缘厚度、电气和机械性能稳定优越的定子线棒绝缘系统，对真机试验线棒和绕组运行环境模拟平台进行试验，提出了满足 1000 兆瓦级水轮发电机 24 千伏、26 千伏电压等级定子绕组绝缘性能要求的绝缘设计，掌握了 24 千伏、26 千伏电压等级 1000 兆瓦巨型水轮发电机组绝缘系统设计及成型工艺，能够自主设计制造 24 千伏、26 千伏电压等级 1000 兆瓦水轮发电机定子线棒，并提出合理的、满足机组长期稳定可靠运行的绝缘技术指标。

（二）中外合作结硕果、合资厂活跃于我国水电市场

随着我国水电事业的快速发展，一批在国际上享有盛誉的水电设备制造商如阿尔斯特、福伊特、西门子和东芝等，纷纷来到我国投资建立中外合资企业，他们与我国企业合作并依靠母公司的先进技术和最新开发成果，采用统一的国际化质量标准和管理系统，在母公司企业集团的支持下，为我国和世界的水电站设备提供从设计、制造、安装直至运行的全方位服务，活跃于我国水电市场并为我国的水电设备技术进步做出了贡献。以上海福依特和天津 ALSTOM 为例，经过 20 多年的发展，他们现在不仅已经成为我国水电设备制造的重要力量和在我国水电装备市场上有着很强的竞争力，而且已经成为全球水电市场重要和可靠的合作伙伴。

上海福伊特水电设备有限公司是上海电气集团

（占 20%）和福伊特水电集团控股（占 80%）并由其控股及管理的合资公司，公司于 1994 年 12 月 12 日成立，面向全球市场设计、生产和销售大型混流式、轴流式、抽水蓄能和灯泡贯流式机组。福伊特水电集团是全球领先的水力发电设备供应商之一，提供的水电机组容量占世界水电总装机容量的三分之一；上海电气集团是我国发电设备行业的巨头，生产的发电设备遍布全国各地。这种强强联合成立合资公司的方式，对加快我国水电事业的发展，提高水电设备的技术水平，产生了巨大的影响。

作为上海福伊特控股方的德国福伊特，与我国水电的发展有着深厚的历史渊源。早在 1910 年，福伊特就为我国第一座水电站——云南石龙坝水电站提供了水轮发电机组设备。成立于 1994 年的上海福伊特，更是以领先的水力发电技术和设备活跃于我国水电市场的前沿，参与的我国大型水电工程包括三峡、广西龙滩、青海拉西瓦、云南小湾、糯扎渡和四川锦屏、溪洛渡等。2013 年 8 月，上海福伊特为我国第二大水电站溪洛渡水电站提供的首台

单机容量为 77 万千瓦的水轮发电机组圆满完成试运行，正式移交三峡集团投入商业运行。溪洛渡是我国最重要的水电站之一，三峡集团公司对溪洛渡水电站项目的设计、制造、质量、安全和环保等各方面都提出了很高的要求。上海福伊特组织了最强的团队为该项目提供支持，并得到了福伊特集团总部的高度支持。溪洛渡水电站首批机组的成功交付使用和投产发电，证明了福伊特强大的本土化设计和制造能力。同时，这也是上海福伊特为我国成套巨型水电机组制造本土化所做出的一大重要贡献，对我国实施可再生能源战略、改善能源结构都具有重要意义。

经过 20 年的发展，上海福伊特目前最大年设计生产能力（水轮发电机组）为 4000 兆瓦，年最大加工能力达到了 3 万吨，正在制造或已承接的合同总价达 25 亿元。上海福伊特水电设备有限公司 2011~2013 年近三年销售额见表 4。上海福伊特水电设备有限公司常规水电机组业绩情况见表 5。

表 4　上海福伊特水电设备有限公司 2011~2013 年近三年销售额

年　份	总销售额（万元）	国内销售额（万元）	出口销售额（万元）	其他业务收入（万元）
2011	128 465.96	121 277.43	6 408.86	779.67
2012	129 142.46	114 865.46	13 161.20	1 115.80
2013	94 250.21	80 182.03	13 566.50	501.67

表 5　上海福伊特水电设备有限公司常规水电机组业绩情况

序号	项目名称	国家	台数（台）	Hr 水头（m）	容量（MW）	转轮直径（mm）	合同年份	供货说明
				500 兆瓦以上主要的水轮机及其辅助设备				
1	Belo Monte	巴西	4	87	620	8 100	2011	母公司项目，即将发电
2	溪洛渡	中国	3	197	784	7 655	2008	VHS 项目，已发电
3	梨园	中国	4	106	612	8 150	2008	VHS 项目，执行中
4	大岗山	中国	4	160	633	7 000	2008	VHS 项目，执行中
5	锦屏 Ⅱ	中国	8	288	610	6 500	2007	VHS 项目，已发电
6	糯扎渡	中国	3	187	650	7 250	2007	VHS 项目，已发电
7	小湾	中国	3	216	714	6 600	2005	见注①
8	拉西瓦	中国	5	205	711	6 900	2004	见注②
9	龙滩	中国	4	140	714	7 900	2003	见注③
10	Itapu Ⅱ 伊泰普（扩）	巴西	2	112.9	740	8 456	2000	母公司项目，VHS 提供了座环，已发电
11	三峡左岸	中国	2	113	710	9 551	1997	见注④

续表

500MVA 以上主要的发电机及其辅助设备							
序号	项目名称	国家	台数（台）	单机容量（MVA）	额定电压（kV）	转速（rpm）	合同年份	供货说明
1	Belo Monte	巴西	4	679	18	90	2011	母公司项目，2015年发电
2	Revelstoke U5	加拿大	1	532	13.8	112.5	2008	母公司项目，已发电
3	溪洛渡	中国	3	855	20	125.0	2008	VHS 项目，已发电
4	Itapu Ⅱ 伊泰普扩机	巴西	1	823.6	18	90.9	2000	母公司项目，已发电
5	Itapu Ⅱ 伊泰普（扩）	巴西	1	766	18	92.3	2000	母公司项目，已发电
6	BathCounty Mod 巴斯康蒂（改）	美国	6	530	20.5	257.1	2000	母公司项目，已发电
7	三峡左岸	中国	2	840	20	75	1997	VGS 供 6 台，已发电
8	Grand Coulee 大古力	美国	3	825.7	15	85.7	1992	母公司项目，已发电

注：①DFEM/VHS 供 6 台，VHS 提供了水力和总体设计，4 个转轮及 3 台套水轮机及筒阀等。
②VHS 项目，提供全套设备，已发电。
③DFEM/VHS 供 7 台，VHS 提供水力和总体设计，5 个转轮及 3.5 台套水轮机及其他部件，已发电。
④VGS 供 6 台，VHS 提供了 2 个转轮、1 个顶盖，已发电。

上海福伊特不仅在常规水电机组方面有着丰富的经验，而且十分注重抽水蓄能水电机组的技术开发，早在 20 世纪 30 年代就开始生产抽水蓄能水电机组，已拥有 80 多年的设计制造经验，拥有领先的技术和一批实力雄厚的研发大型抽水蓄能水电机组的工程师。上海福伊特水电设备有限公司生产的抽水蓄能水电机组主要业绩见表 6。

表 6 上海福伊特水电设备有限公司生产的抽水蓄能水电机组主要业绩

序 号	项目名称	装机容量（MW）	水头/扬程（m）	合同年份
1	江西洪屏	4 × 300	540	2012
2	Frades Ⅱ	2 × 372	419	2010
3	Ingula	4 × 340	441	2008
4	La Muela Ⅱ	4 × 210	494	2007
5	Limberg Ⅱ	2 × 240	420	2006
6	Siah Bishe	4 × 260	487	2004
7	山东泰安	4 × 250	256	2003
8	河北张河湾	4 × 250	305	2003
9	Goldishthal	4 × 300	302	1998
10	广州Ⅱ期	4 × 352	509	1994
11	北京十三陵	4 × 220	420	1992

阿尔斯通是我国水电设备和系统领域的领先供应商，拥有大约 20% 的大型水电市场份额，1995 年在华成立了水电制造基地——天津阿尔斯通水电设备有限公司。经过近 20 年的发展，公司已经逐步成长为世界一流的水电设备生产厂商和阿尔斯通全球最大的水电基地，兼具设计和制造能力，为国内和全球市场提供世界顶级的产品。迄今为止，天津 ALSTOM 已在我国签署了总装机容量达 43 吉瓦的水轮发电机组合同，其中约 28 吉瓦已经投入商业运行。

20 年来，天津 ALSTOM 是我国大型水电项目建设的重要参与者。公司直接参与了全球最大的水力发电项目——三峡工程的建设，提供了 32 台机组设备中的 14 台套，每台机组的出力达到 700 兆瓦。此外，公司参与的其他重要水电项目包括阿海水电站（5套400兆瓦混流式水轮机，世界最大筒阀）、峡江水电站（5台套40兆瓦贯流式水轮发电机组）、宝泉/惠州/白莲河抽水蓄能电站打捆项目（16台套300兆瓦全套抽水蓄能机组）、锦屏二级水电站（8台600兆瓦水轮发电机）和向家坝水电站。其中，为向家坝水电站设计、制造的水轮发电机组（4台800兆瓦级混流式水轮发电机组）是全球单机容量最大的水轮发电机组。

公司致力于发掘和培养当地的优秀人才（中国员工达99%），培训技术知识并恪守企业社会责任项目中的承诺。天津基地已成为一家拥有完整价值体系的实体，涵盖研发、销售与市场营销、工程设计、采购、制造、项目管理、安装维护和服务。

2008年，阿尔斯通决定在天津空港经济区开工建设阿尔斯通水电设备（中国）有限公司，投资额高达1亿欧元，阿尔斯通在天津的所有水电业务在不中断生产的情况下已经从老厂顺利迁移至新基地。

全新的阿尔斯通水电中国基地于2013年9月投入运行，总面积25万平方米，车间占地面积15.4万平方米，年均可生产20~1000兆瓦各型水轮发电机组26台套，旨在进一步满足我国日益增长的水电需求。如今，天津新基地拥有一流的设备，员工总数约2000名，其中包括400多名工程师，以确保向业主提交高质量的设计；同时还拥有包括焊工、钳工、机床操作工、天车司机和机修工在内的各类熟练技工，以确保生产质量。阿尔斯通水电（中国）致力于通过为客户提供更好的产品和服务，并为员工创造安全的工作环境，从而实现长期的可持续发展。

位于基地内的全球技术中心（GTC）随着新基地的落成同时投入使用，致力于满足亚洲市场各种类型水电设备的研发需求。天津的全球技术中心将在一个统一的通用平台上进行产品开发，该平台为阿尔斯通水电在全球所有的研发中心所共用。该中心主要针对水轮发电机组进行机械、水力和电气方面的研究，同时进行混流式和轴流式水轮机的模型试验。通过有效的国际合作和来自100多个国家和

地区的当地技术中心的支持，位于天津的全球技术中心能够更好地满足我国和全球市场的需求，提升本地研发能力。

2012年，天津ALSTOM的水电业务取得了迅猛的发展，创纪录地向客户交付多达12台机组，总装机容量达7.15吉瓦，分别提供给阿海水电站、锦屏二级水电站、糯扎渡水电站、越南Son La水电站和向家坝水电站。这些机组的成功交付体现了天津ALSTOM出色的项目执行能力，并保证按期甚至提前向客户交付高质量的产品。

公司在2012年进行了大规模扩建并提升其研发能力。2012年7月，宣布在天津建立水电业务全球技术中心。同时，公司也进行了大量的厂房升级改造工作，着眼于本地、区域及出口市场。阿尔斯通将致力于向全球推出集我国研发、设计及制造于一体的高质量水电产品，单机容量涵盖从20兆瓦到1000兆瓦及以上的范围。

2013年，天津ALSTOM获得了一系列重量级海外水电订单，包括：携手合作伙伴我国水电顾问集团中南勘测设计院与越南电力集团（EVN），赢得了一份价值超过9000万欧元的合同，为该国第三大水电站莱州（Lai Chau）水电站项目提供水电设备，天津ALSTOM在该合同中的份额超过6000万欧元，将提供三台400兆瓦混流式水轮发电机组及其辅助电机设备；与我国水电顾问集团华东勘测设计研究院一起赢得了越煤集团电力控股总公司一份价值为2000万欧元的合同，为Dong Nai 5水电站项目提供水电设备，公司的合同份额价值约为1000万欧元，提供两台77兆瓦水轮发电机组及其辅助电机设备。2013年底，与我国水电建设集团国际工程有限公司签署合同，在非洲市场向科特迪瓦苏布雷水电站项目提供机电设备和技术服务，包括3台90兆瓦混流式水轮发电机组，1台5兆瓦贯流式水轮发电机组和其他相关设备。该项目也是天津ALSTOM继布维项目（3×133兆瓦水轮发电机组）后又一个与我国水电建设集团合作的项目。

2012年7月，我国第三大水电站——向家坝水电站（8×800兆瓦）正式投入商业运营，天津

ALSTOM 为其提供了 4 台全球单机容量最大的水轮发电机组，4 台机组全部在我国设计生产，为该水电站的成功投运作出了重要贡献。

由天津 ALSTOM 提供的 4 台机组由单机容量 800 兆瓦级的水轮机配 889MVA 的发电机组成，其发电机的定子直径达到了 19 米，是世界上迄今建造的最大、功率最强的水轮发电机。天津 ALSTOM 以前所未有的速度交付了 4 台机组——平均每 4 个月完成一台机组的制造和调试，所有机组均一次成功通过可靠性考核运行。尤其值得一提的是，在发电机上使用了世界上唯一的空气冷却 23 千伏定子线棒，如此高的电压实现了在高输出功率情况下最优的电气设计。此外，水轮机转轮直径达 10 米，重量超过 400 吨，是世界上最大的转轮之一，在设计上采用了最新技术，实现了极高的水力稳定性。

天津 ALSTOM 凭借在向家坝水电站项目供货合同执行过程中的杰出表现，以及其产品的卓越质量和准时交付，在 2014 年 3 月获得了由我国长江三峡集团授予的"优秀供应商"称号。

三、前景展望

我国水电机组拥有广阔的发展空间，立式水轮发电机的单机容量已经达到世界最大。未来几年，尽管我国整体经济发展变缓，但我国水电市场的发展仍将走在世界前沿。在常规水轮发电机方面，依托已经启动建设的白鹤滩电站水轮发电机组，世界最大的 1000 兆瓦水轮发电机组将铸就世界空冷水轮发电机发展的一个新的里程碑。从已运行的向家坝电站到即将安装投产的白鹤滩电站，我国的立式水轮发电机产品一直是处于世界领先水平。而贯流式水轮发电机产品也已经达到了世界领先水平。

在抽水蓄能水电机组方面，阳江抽水蓄能电站工程即将启动，这是我国设计生产的 40 兆瓦/428.6 转的大容量、高水头抽水蓄能机组，由此将使我国的抽水蓄能机组制造水平迈上一个新的台阶。随着国网新源科技股份公司等单位牵头的抽水蓄能变速机组工程前期研究工作的启动，抽水蓄能变速机组也将得到快速的发展。

由哈尔滨大电机研究所牵头承担的水电机组远程服务与诊断系统正在开发中。未来水电产品的全生命周期服务将系统展开，我国的水电机组在设计、制造、运行与维护等方面将进入一种全新的信息化阶段。

核 电

一、概况

近两年我国核能行业在"安全高效发展核电"方针的指引下，锐意进取，稳中求进，取得了积极进展。

（一）新机组投运，在役核电机组安全稳定运行

2013年4月18日福建宁德1号机组、6月6日辽宁红沿河1号机组先后投入商业运行；11月23日，辽宁红沿河2号机组实现首次并网发电。

截至2013年12月31日，我国内地投入商业运行的核电机组17台，总装机容量1483万千瓦。2013年发电量1107.10亿千瓦时，较2012年增长12.60%，占全国总发电量的2.11%。

各运行核电厂坚持"安全第一、质量第一"方针，构筑核安全文化屏障，强化核电厂运行经验反馈，坚持与国际同行对标、持续改进，确保了各机组安全稳定运行。

（二）新机组开工，在建核电规模仍保持世界第一

按照国务院稳妥恢复正常建设的部署，2013年9月18日、9月27日、12月23日，阳江5号、田湾4号、阳江6号机组核岛主体工程先后开工建设。截至2013年底，我国在建核电机组31台，装机容量为3386万千瓦，2013年完成工程建设投资609亿元，在建规模继续保持世界第一。

（三）核电企业完成安全改进的10项要求

日本福岛核事故后，根据综合安全检查结果，借鉴国际研究成果和经验，国家核安全局对运行核电厂提出了10项安全改进要求，截至2013年底，除1项长期研究项目正在顺利推进外，其他项目全部完成。与此同时，国家核安全局对在建核电厂提出的14项安全改进要求，首次装料的核电机组均在装料前全部实施，其他在建项目正在按计划推进。安全改进计划的实施，进一步提升了我国核电厂的安全性。

（四）铀资源和核燃料保障能力进一步加强

天然铀产业新布局、新机制、新项目取得重要进展，北方五大工程全面启动，南方两项重点工程进展顺利。中国核燃料有限公司正式挂牌成立，核燃料重点项目有序推进，400吨压水堆燃料元件扩建项目形成产能，AP1000燃料元件生产线、高温气冷堆核电站示范工程燃料元件生产线建设按计划进行。铀资源、核燃料保障能力进一步加强。

7月17日，中国铀矿第一科学深钻项目顺利终孔，钻探深度达2818.88米，突破了以往1200米的找矿深度，填补了我国铀矿深部找矿的空白，缩短了与国外铀矿深部勘查的差距。此次技术的突破，拓展了铀资源的找矿空间。

（五）科技创新取得新成果

国家重大科技专项《大型先进压水堆和高温气冷堆核电站》研发和示范工程建设进展良好。CAP1400通过初步设计审查，工程验证试验和关键

设备研制取得重要成果。高温气冷堆核电站示范工程项目——山东石岛湾核电站建设已全面转入核岛主体结构施工阶段。与此同时，具有自主知识产权的华龙1号核电机型研发取得重要进展；核燃料CF系列组件研制顺利进行。核能领域研发平台建设不断取得新进展，取得了一批新成果。

2013年共有61项核能科技成果获2013年中国核能行业协会科学技术奖。其中，《中国百万千瓦核电自主化依托项目——岭澳核电站二期工程》《AP1000反应堆冷却剂管道安装与焊接技术研究》两项获得一等奖。

由中国核工业地质局牵头完成的《中国北方中新生代沉积盆地铀矿资源调查评价》项目，荣获2013年度国土资源部科技进步奖一等奖。

（六）内陆核电多项研究成果向社会发布

5月31日中国核能行业协会召开发布会，向社会发布了有关内陆核电的多项研究成果，并就我国公众和有关政府部门对内陆核电建设涉及的安全和环境影响问题作出了回答。这些成果为政府有关部门启动内陆核电建设提供了科学依据。

（七）国际合作与两岸交流不断深化，核电走出去取得突破

在习近平总书记和李克强总理的推动下，中俄核合作取得重要进展，示范快堆政府间协议谈判启动，浮动堆合作备忘录原则达成一致。

在两国元首见证下，成功举办中法核能合作30周年高峰论坛，中法双方签署第11个和平利用核能合作议定书，双方企业签订大型商业后处理—再循环工厂项目合作意向书，与法国电力集团（EDF）及阿海珐集团（AREVA）签署长期合作联合声明。

中美核安保示范中心项目开工，与美就核出口管制等问题深入交换意见，就修订中美和平利用核能合作协定开展谈判。

我国代表出席国际原子能机构第57届大会、21世纪核能部长级大会、国际核安保部长级大会。

积极推动与国际原子能机构技术合作活动的管理协调，2013年获批项目9项，获得援助资金157万欧元，组织学术交流会议30多场，推荐专家参加机构技术会议592人次。

出席国际热核聚变实验堆理事会会议，参加亚洲核合作论坛第14届部长级会议和高官会，与经济合作与发展组织核能机构签署和平利用核能领域合作联合声明。

中国核能行业协会承担了第四代核能系统国际论坛（GIF）联络办公室的工作。

经商务部和上海市商委批准，中国核能行业协会于2013年5月，在上海浦东展览馆举办了第十届中国国际核电工业展览会。

认真履行防扩散国际义务。向国际原子能机构及有关国家通报核履约年度报告；严格执行核进出口事务管理，完成19份核进口合同审批，涉及天然铀7800余吨；编制并发布《核进口政府承诺管理工作手册》，审查出具核进口政府承诺49份，审查核两用品出口申请663单。

妥善应对敏感核问题。完成朝鲜第三次核试验有关应对工作；密切跟踪伊朗核问题进展；认真组织研究《不扩散核武器条约》履约报告、核术语与定义问题工作组等问题。

核电"走出去"取得新的突破。2013年11月26日，出口巴基斯坦的两台百万千瓦核电机组开工建设；与罗马尼亚达成合作开发切尔纳沃德核电站3号、4号机组意向；与法国电力公司合资，参股英国欣克利角核电项目；与阿根廷、苏丹、南非等国的核电合作意向谈判取得积极进展。与哈萨克斯坦、乌兹别克斯坦、澳大利亚、尼日尔、纳米比亚等国的铀资源合作稳步推进。

推进海峡两岸的合作与交流。经中国核能行业协会与台湾财团法人核能科技协进会共同安排，组织有关人员赴台进行了核电系统管理培训以及核电厂对标管理交流；举办了"第二届海峡两岸核能合作研讨会"。

（八）核能行业管理进一步加强

一年来，有关政府部门大力加强核能行业管理工作。根据国务院机构改革和职能转变方案，国家能源局完成了重组，积极推进核电中长期发展规划

的落实，初步建立起了服务核电企业科学发展协调机制；国家国防科工局继续推进《原子能法》立法工作，努力提高核科技自主创新能力，加强核燃料产业能力建设，对新修订的国家核应急预案进行了宣贯；环境保护部（国家核安全局）积极推进《核安全法》立法工作，认真贯彻核安全与放射性污染防治"十二五"规划，落实福岛事故后制定的安全改进措施，核安全监管工作进一步加强。

二、核电装备国产化取得积极进展

上海电气、东方电气、哈尔滨电气三大动力集团完成了各自的能力布局，2013 年迎来了批量交货的高峰。中国一重、中国二重加大技术改进和研发力度，完善核安全文化和质量保障体系，产品质量稳定性不断提高，满足了在建核电工程建设的需要。

（一）上海电气（集团）总公司

1. 核电设备研制完成情况

2013 年，实际交付或完工主设备达 38 台（套），与 2012 年的 26 台（套）比较，增加了46%，数量再创历史新高，整体保持了"出产高峰年、管理常态化"的良好态势。面对多堆型、多批量、资源冲突、周期偏紧的局面，利用集团"核电百日行动""质量月"等活动，以不影响工程节点为底线，基本实现了当年必需的出产任务，满足了工程需求，并保持质量稳定，批量出产能力得到了验证。其中尤以上海电气核电设备有限公司当年完工或交付 18 台蒸汽发生器的成绩令人印象深刻。

（1）核岛主设备。上海电气核电设备有限公司共交付或完工 20 台主设备（18 台蒸汽发生器、1台压力容器和 1 台稳压器），完成全部二代改进项目及三代 EPR 蒸发器。上海第一机床厂有限公司交付或完工 14 套（7 套堆内构件和 7 套控制棒驱动机构）。

（2）常规岛主设备。上海汽轮机厂完成阳江 3号汽轮机交付；恰希玛 3 号、防城港 2 号汽轮机部分发货。上海发电机厂完成阳江 3 号、恰希玛 3 号、防城港 2 号发电机交付；阳江 4 号发电机部分发货。

（3）其他。上海电气凯士比核电泵阀有限公司交付了 20 台核二三级泵。上海电站辅机厂交付核岛设备 27 台、常规岛 29 台/套。上海自动化仪表股份有限公司完成或交货应急柴油发电机组控制柜 1套、驱动棒电源控制柜 3 套、各类小三箱 3000 余台、AP1000 辐射检测系统 4 套、阀门约 200 台、执行机构约 100 台、各类仪表 11000 台左右（其中AP1000 项目 3000 台左右）。上海起重运输机械厂有限公司交付了宁德 4 号装卸料机等 9 台设备，另有福清 3 号装卸料机等 2 台设备完工。上海重型机械厂有限公司完成各类核电锻件 54 件计 749 吨。

2. 核电质量管理

2013 年核电质量管理重点是提高体系管理水平、转变工作方式、提高监督有效性和覆盖面。各涉核企业质量体系运转正常，不符合项数量得到一定程度的控制，质量管理总体上得到业主首肯。到目前为止，已交付现场的主要设备质量比较稳定。

3. 核电技术进步

上海电气聚焦自主三代技术、国家重大专项（大型先进压水堆和高温气冷堆）及先进核能系统的研发，设置了 7 个核电科研课题共 58 个子项。2013 年，国家压水堆重大专项、市科委科研计划部分课题通过相应验收。

通过科研攻关、产品开发，满足重大装备国产化的国家战略需求。这一技术能力通过近三年设备批量制造和产品交付的成功实践得到初步验证。为使核电技术能适应未来市场需求，上海电气积极参与了快堆和钍基融盐堆等堆型的前期研发。在常规岛方面，通过专项攻关，已拥有三种转子（整体转子、焊接转子和红套转子）制造技术，其中焊接转子和 1710 毫米长的叶片技术已在出口项目中应用。1905 毫米长叶片技术也在开发中。

坚持技术研发以项目为导向，以技术瓶颈为突破口。在高温堆项目中，承制压力容器、金属堆内构件、控制棒驱动机构、主氦风机、汽轮机和仪表及主控盘台等关键设备；在 CAP1400 项目中，承制蒸汽发生器、堆内构件、控制棒驱动机构、主泵和稳压器等关键设备。这些项目的承制大大加快了新技术的开发。

4. 核电市场成果

2013年核电市场好于预期，截至12月底，新承接订单约39.5亿元。囊括了CAP1400示范工程、福清5~6号等6套堆内构件设备订单，在CAP1400、"华龙一号"核电技术市场上实现了新的突破。

（二）东方电气股份有限公司

2013年，东方电气在核电市场营销、项目执行等方面均取得重大进展：获得了徐大堡核电站的核岛主设备、常规岛汽轮发电机组供货合同；由东方电气提供核岛及常规岛汽轮发电机组的宁德1号机组、红沿河1号机组分别于2013年4月18日、6月6日投入商运。

1. 2013年核电工作回顾

（1）多项举措并举，大力开拓核电市场。2013年，东方电气获得了徐大堡核电站的核岛、常规岛汽轮发电机组供货合同；获得了陆丰核电站的CRDM/RVI设备供货合同；获得了福清核电站5、6号蒸汽发生器，常规岛汽轮发电机组供货合同。

（2）强化设备交货和现场服务管理，全力确保核电投运。2013年完成交付的有压力容器（RPV）2台、蒸汽发生器（SG）9台、稳压器（PRZ）3台、主泵14台、汽轮机3台、发电机3台、汽水分离再热器（MSR）7台。

2013年4月18日，宁德核电站1号机组顺利投入商业运行；6月6日，红沿河核电站1号机组顺利投入商业运行；11月23日，红沿河核电站2号机组汽轮发电机组一次并网成功；12月20日，福清核电站1号机汽轮发电机组非核冲转成功；12月25日，方家山核电站1号机汽轮发电机组非核冲转成功；12月27日，宁德核电站2号机汽轮发电机组冲转一次成功。

（3）继续加强质量管控，全力推进集团化管理。全面启动民用核安全设备质量监督工作，正式向涉核子企业派驻质量监督人员；发布《东方电气核电经验反馈工作实施管理办法（试行）》，并协调各子企业建立、完善核电经验反馈体系。全力推进集团化管理，2013年1月18日，国家核安全局发布了国核安发〔34〕号文，授权许可东方电气作为开展民用核安全设备活动许可管理的国内首家试点单位。

（4）积极培育核设备设计力量，稳步提升设计能力。2013年1月，与清华大学签署了高温气冷实验堆设备的设计供货合同；4月，与中国原子能科学研究院签订钠冷实验快堆的联合研制合同；9月，与中科院上海高等研究院签订了钍基熔盐实验堆的联合研发合同。

2. 核电国产化进展及今后发展目标

国产化取得新进展。2013年产出2台压力容器、9台蒸汽发生器、3台稳压器、3台汽轮机、3台发电机、7台汽水分离再热器等核电设备，同时，AP1000产品全面进入制造阶段，EPR产品全面进入交付阶段，东方电气成为同时批量化生产二代加和两种三代机组成套设备的企业，东方电气的核电产品及配套日趋完整。

自主研发取得突破。东方电气参加了国家重大专项"大型半速饱和蒸汽汽轮机、大型半速汽轮发电机等设备关键共性技术研究课题"的研究，承担了子课题"CAP+核电站大型半速饱和蒸汽轮机技术方案及关键技术研究"，2013年底各专题已经按计划完成了自验收工作。

东方电气参加了国家重大专项常规岛关键设备自主设计和制造课题的研究，承担了子课题"CAP1400半速饱和蒸汽汽轮机研制"、"CAP1400半速汽轮发电机研制"、"CAP1400常规岛主要辅机研制"等共20个专题的研究工作。2013年各专题的研发工作按计划进行。东方汽轮机、东方电机、东方重机开展了CAP1400项目汽轮机、发电机、MSR的工程设计。

东方电气参与了国家重大专项"CAP1400控制棒驱动机构制造技术研究"、"CAP1400堆内构件制造技术研究"课题申报、2013年获得国家能源局专家评审通过。

（三）哈尔滨电气集团公司

1. 基本情况

哈尔滨电气是在原哈尔滨"三大动力厂"（哈尔滨电机厂、哈尔滨锅炉厂、哈尔滨汽轮机厂）、阿城继电器厂及哈尔滨绝缘材料厂的基础上组建的，我国最大的发电设备、舰船动力装置、电力驱动设备研究制造基地和成套设备出口的国有重要骨干企业集团之一。

哈尔滨电气拥有 2 个国家级工程（技术）中心、1 个国家重点实验室、2 个院士工作站、4 个博士后工作站。基本形成了以各主机厂设计（工艺）部门为核心的"产品制造技术"层，以国家级工程（技术）研究中心等为核心的"研究开发"层，以院士（博士后）工作站与高校（科研院所）协作为载体的"上游技术"层的技术创新体系，关键装备和制造技术能力达到国际先进水平。

2. 市场开发取得全新成果

一是签订三门 3、4 号，海阳 3、4 号，陆丰 1、2 号机组 AP1000 主泵屏蔽电机（共计 12 台）合同，哈电将通过该项目完成 AP1000 关键设备的完全自主化。二是签订 K2、K3 项目蒸发器供货合同，为集团公司大力拓展海外市场夯实基础。三是签订 CAP1400、福清 5/6 号机组辅机项目合同。锅炉公司将自主研发的百万千瓦等级除氧器喷嘴成功推向市场。四是成功获得秦山二期设备检修所需的 MSR 衬板供货合同，为公司在核电备品备件和售后服务领域开创范例。五是取得了国内电机采购项目的绝大部分核级电机订单。

3. 核设备制造方面取得的主要成绩

顺利完成 C3 蒸汽发生器的制造，为 C4 项目、K2/K3 项目蒸汽发生器的顺利完工奠定了坚实的基础。三门 2 号机组堆芯补水箱于 2013 年 9 月底完成制造，创下了 8.5 个月的制造纪录。圆满完成海阳 2 号机组堆芯补水箱制造任务，并于 2013 年 5 月顺利运抵海阳核电码头。宁德 3 号机组稳压器于 2013 年 3 月顺利发运。阳江 3 号机组稳压器于 2013 年 10 月顺利发运。圆满完成三门 2 号蒸汽发生器管板与水室封头环缝局部热处理，保证了在国产化道路上的领先地位。三门 2 号非能动余排于 2013 年 5 月发运，关键工序的顺利进行为后续相关产品积累了宝贵经验。协调各方解决了咸宁 1 号蒸汽发生器抗振条、支撑板采购、低合金钢焊材复验

及评定等技术问题，推进了咸宁合同转移至陆丰项目的进展。已解决了石岛湾高温气冷堆蒸汽发生器的大部分工艺难题，预埋件已完成制造并于 2013 年 11 月发往现场。

三门 2 号机组常规岛主设备全部完工，自主制造的首套百万千瓦级发电机通过型式试验。昌江 1 号机组高压主汽联合调节阀于 2013 年 12 月底发货，常规岛主设备全部完工。田湾项目已完成 3 号机组长周期原材料的采购工作，高压转子、2 号低压转子已开始外协加工，发电机定子机座正在焊接，转子锻件已进厂。海阳 3 号机组冷凝器中间管板钻孔完成，首根国产化汽轮机 2 号低压转子粗车进展顺利。

福清 1 号、方家山 1 号机组 6 台主泵完成交货、现场安装和冷热试车。AP1000 追加主泵屏蔽电机顺利完成全部工艺评定、模拟件试制，转子部套、定子绕组下线取得良好进展。C3/C4 核主泵关键部件独立制造取得突破，重要部件（油冷却器、油密封、高压冷却器）国产化研制与配套取得良好成果。电机支座在动装公司和电机公司的共同努力下完成制造。CAP1400 主泵电机主要材料到货，主件进入生产制造环节。CAP1000 主泵电机开始长周期材料采购。三门海水循环泵项目开工，哈电历史上吨位最大的电动机施工设计完成。高温气冷堆主氦风机施工设计完成。

4. 核能科研项目进展情况

汽水分离器制造技术与工艺设计研究是"高温气冷堆核电站重大专项"课题中的一个重要组成部分，配合国核电力设计规划院及石岛湾核电站业主就启停堆系统设计的新方案进行论证，并重新签署了技术协议。大型压水堆核电站除氧器设计制造技术研究已完成专题任务合同书中全部研究内容，并进行了自验收工作，正在准备正式验收资料。

国家科技重大专项"AP1000 核电站大型半速饱和蒸汽轮机"，正在准备验收材料。

完成了"第三代压水堆核电站半转速饱和蒸汽汽轮发电机组成套设备研制"中子课题"大型半速汽轮发电机关键技术研究"中的三项专题。

"AP1000 蒸汽发生器制造技术"已于 2013 年 6 月通过国家验收。

AP1000 屏蔽电动泵制造技术（电机部分）包含 15 项子课题，现已完成工作任务的 90%。CAP1400 屏蔽电机主泵研制（电机部分）包含 19 项子课题，基本按照节点完成任务。

获得"大型先进压水堆核电站重大专项"中"CAP1400 主蒸汽安全阀"与"CAP1400 主给水止回阀"两个课题。此项目作为科研样机，同时也是民用核承压扩证样机。

级柴油应急发电机项目为首次研制，已完成发电机装配，正在进行出厂试验现场见证工作。K1 类电机研制，目的是打破国外的技术垄断，已向国家核安全局递交扩证申请，完成了除 LOCA 试验外的全部试验。主氦风机的样机已经完成国产电磁轴承空气状态下的试验，正在进行机组试验。

1000 兆瓦等级压水堆核电站非能动余热排出热交换器的设计开发项目，依托于核 2、3 级取证，目前已完成了所有设计工作及各项报告的编制。1000 兆瓦等级压水堆核电站堆芯补水箱的设计开发，已完成了设计图纸的编制、设计输入评审、专项设计规范的编制及评审报告、尺寸计算及重心计算报告等。三代核电机组常规岛 MSR 系统管道研究，正在进行管道建模工作，为后续的 MSR 系统管道的设计工作打下坚实的基础。

（四）中国第一重型机械集团公司

1. 核设备制造方面的主要业绩

中国一重目前的制造水平和装备能力处于国际领先地位，已成为全球唯一的既具备核岛铸锻件制造能力又具备核岛成套设备制造能力的核电产品供应商，也是国内唯一能够提供全套第三代核电大型铸锻件的企业，核压力容器和核电大型铸锻件国内市场占有率在 80% 以上。

已形成年产 5 台（套）百万千瓦级核岛一回路主设备、10 套核岛一回路设备及 5 套常规岛设备所需大型铸锻件的能力。

已全面掌握了三代核电核反应堆压力容器、蒸汽发生器、稳压器等核岛关键设备所需铸锻件的制造技术，顺利实现了"二代加"核岛锻件的批量化生产，并成功研制出我国首台拥有完全自主知识产权的红沿河 1 号机组反应堆压力容器。AP1000 核电项目也取得了重大突破，已能够成套供应 AP1000 反应堆压力容器、蒸汽发生器、堆芯补水箱及稳压器等主设备所需的全部锻件。

在国际上首次创新开发出 6 包合浇技术，研制成功世界最大的 715 吨特大型钢锭。利用此钢锭锻造出一支 AP1000 低压转子锻件和一段加长锻件，模拟锻造出重量达到 CAP1400 核电转子的锻件，为核电锻件实现超大型化奠定了基础。同时，AP/CAP 蒸发器水室封头锻件，CAP1400RPV 一体化顶盖、下封头锻件，内外带法兰的一体化 RPV 接管段锻件，AP/CAP 蒸发器锥形筒体，特厚巨型管板胎模等超大型锻件的锻造技术处于国际领先水平。

2. 主要核电设备的生产情况

在国内率先开始大型核电设备主体材料国产化的研制工作。对冶炼、锻造、热处理等工艺技术进行了大量攻关和工艺试验，完全掌握了大型核电设备主体材料制造的关键技术，实现了国内首套百万千瓦级主体材料的国产化目标。首套国产化大型核电设备主体材料的冶金质量完全达到了合同技术规格书的要求，研制的技术水平国内领先，世界先进。

三门核电站项目 2 号反应堆压力容器的研制成功，标志着中国一重已经完全具备了为我国三代核电建设标准化、批量化、规模化发展提供成套装备的能力。

中国一重依托"大型石化容器及百万千瓦级核岛一回路主设备国产化项目"，结合在制的 CPR1000、ACP1000、CAP1400 等百万千瓦级反应堆压力容器等主要产品，积极开展自主创新，在整合国内现有技术、科研和生产能力的基础上，自主研发百万千瓦级核电反应堆压力容器，实现百万千瓦级核电反应堆压力容器的国产化研制，掌握了百万千瓦级反应堆压力容器核心制造技术，实现百万千瓦级核反应堆压力容器的专业化、批量化制造。

2013 年，核电产品制造进入了又一个高峰，全年完成了 6 台各种堆型反应堆压力容器的交货任务，完成了 10 台主冷却剂泵泵壳的交货。在制的核岛一回路主设备近 30 台（套）。

（五）中国第二重型机械集团公司

2013 年，二重大力开展核电科研和项目管控活动，加快核电生产能力建设步伐，在核电锻件和设备生产制造领域均取得了新的突破。

1. 2013 年度核电产品总体情况

2013 年，中国二重在以 AP1000 为代表的三代核电锻件及设备的研发上继续取得突破。AP1000 SG 上封头、水室封头性能合格、RPV 接管段、顶盖、筒身段、底封头、进出口接管、安注接管的完工等，标志着二重已具备批量供应 AP1000 RPV、SG、稳压器、补水箱全套锻件的能力。CAP1400 稳压器筒体、封头性能的完工，标志着二重已具备制造 CAP1400 锻件的能力。福清、方家山核电站反应堆冷却剂泵用含铜不锈钢锻件密封室、密封室盖的成功交货，为我国主泵国产化提供了坚实的保障。首套 CAP1400 堆芯补水箱设备制造正按计划执行中；后续项目 AP1000 主管道、支撑、CAP1400 主管道重大专项研制等项目正全力推进。

开拓市场，争取订单。2013 年的核电市场形势与 2012 年相比有所下滑，国内各核电制造厂家均面临产能过剩的问题，市场形势十分严峻。二重职工直面挑战，倡导"核为大、核优先、核严格、核发展"原则，遵循市场规律，合理配置资源，加强核电产品市场份额占有率，开发新市场。

确保运行，强化管理。2013 年，公司为提高生产管理水平，确保产品按期交货，加强核电项目管理，注重生产计划、产品计划编制的可行性和科学性，经过对各核电项目的系统分析，统筹考虑交货周期、技术准备、设备负荷，合理编排计划。提高核电锻件交货准点率，赢得市场认可。

注重科研，优化工艺。核电产品的特点是批量小，技术要求高，新技术多，交货周期短。公司实行精细化管理，克服外部文件资料严重拖期，信息不全的困难，统筹安排，用最短的时间完成各项目技术准备任务。

严格质保，加强体系。二重在核电质保工作中以"塑造品牌、提升意识、健全机制、强化考核"为工作方针，加强核电质保体系建设，从源头抓起，提高技术准备质量，加强现场质量控制与监督，完善质量考核体系。

2. 核电产品研制情况

2013 年，二重积极组织人力物力，加大科研开发投入，完成新产品开发、科研项目、新产品试制及核电新材料等年度计划任务，开展了多项国家级、省级科研课题研究。完成了"核电关键设备超大型锻件研制"子课题 AP1000 SG 水室封头锻造和 AP1000 SG 管板（双真空冶炼）的验收；四川省重大技术装备创新科研项目——AP1000 蒸汽发生器大型筒体锻件研制课题已结题；完成专利申请 5 项，包括 3 项实用新型专利及 2 项发明专利。

在总结 2012 年 AP1000 核电锻件及主管道设备成功制造经验成果的基础上，清理固化成熟工艺技术，使二重核电制造技术水平大幅提升。核电类主要科研攻关成果如下：

完成 CAP1400 堆芯补水箱封头锻件的研制、不锈钢锻件的研制等 9 项科研目标任务，掌握试验数据并指导 CAP1400 堆芯补水箱产品生产。

CAP1400 稳压器封头加工工艺研究。通过对 CAP1400 稳压器 1 号机组中的上、下封头加工工艺课题的论证分析，完全掌握 CAP1400 稳压器上、下封头的制造技术。

AP1000 反应堆压力容器支座设计技术研究。完成试验方案和质量计划编制，试板和试验件图纸绘制和制造工艺规范等文件的编制；完成试板和模拟件的制造；顺利通过上海核工程研究设计院课题验收。

CPR1000 铸造泵壳机加及水压试验工艺研究。进一步优化工艺，使各工序及工步的内容、留量更为合理，增强操作性。通过可靠的工艺方案及配套工装设备，满足铸造泵壳的制造要求，达到设计图纸各项技术指标及参数要求，有效地提高加工效率。

输变电

一、经济运行情况

（一）主要经济指标

2013 年输变电行业整体经济运行情况处于平稳运行、稳中有升，主要经济运行指标均有不同程度的增长。2013 年统计的 5983 家输变电企业全年主营业务收入达 13654.87 亿元，同比增长 16.98%，同比增幅高于整个电工行业 4.91 个百分点。实现利润 861.57 亿元，同比增长 10.73%，同比增幅与整个电工行业基本持平。

2012 年、2013 年输变电设备主要行业主营业务收入保持增长态势，输变电设备 6 个细分行业 2013 年同比增长均保持在两位数。2013 年上缴税金总额同比增幅均高于主营业务收入增幅，其中其他输配电及控制设备制造 2013 年上缴税金总额同比增幅达到 37.98%，明显高于主营业务收入 19.59% 的增幅，其他 5 个细分行业 2013 年上缴税金总额同比增幅均略高于主营业务收入增幅。

利润方面，2013 年行业盈利情况明显好于发电设备，除变压器、整流器和电感器制造利润同比出现负增长外，其他 5 个细分行业均保持正增长，其中电容器及其配套设备制造、配电开关控制设备制造、电力电子元器件制造、其他输配电及控制设备制造利润增幅保持在两位数，尤其是电容器及其配套设备制造 2013 年利润增幅高达 56.63%。2012 年、2013 年输变电设备细分行业主要经济效益指标见表 1。2013 年输变电设备细分行业主要经济效益指标见图 1。2013 年输变电设备细分行业主营业务收入情况见图 2。2013 年输变电设备细分行业利润总额情况见图 3。2013 年输变电设备细分行业税金总额情况见图 4。

表 1　2012 年、2013 年输变电设备细分行业主要经济效益指标

	年　份	企业数（个）	主营业务收入（亿元）	同比增长（%）	利润总额（亿元）	同比增长（%）	税金总额（亿元）	同比增长（%）
变压器、整流器和电感器制造	2012	1 673	3 523.04	11.71	181.90	-0.72	115.59	16.13
	2013	1 774	4 089.26	14.24	176.89	-4.68	133.11	14.52
电容器及其配套设备制造	2012	247	358.24	17.29	21.18	8.54	9.54	2.51
	2013	250	410.53	22.08	29.45	56.63	12.50	27.46
配电开关控制设备制造	2012	2 407	4 674.90	14.48	359.38	17.08	174.68	18.66
	2013	2 594	5 443.37	12.34	417.22	12.83	207.01	15.00
电力电子元器件制造	2012	1 024	1 485.90	3.40	87.53	-5.05	40.84	-5.03
	2013	1 126	1 725.51	12.43	100.72	15.50	48.96	15.57
其他输配电及控制设备制造	2012	632	1 630.80	22.46	128.06	17.40	62.64	28.48
	2013	692	1 986.20	19.59	137.29	12.10	81.57	37.98
电线、电缆制造	2012	3 714	11 458.96	9.65	597.37	17.85	251.35	14.78
	2013	3 794	12 166.95	10.66	618.72	9.51	276.07	14.85

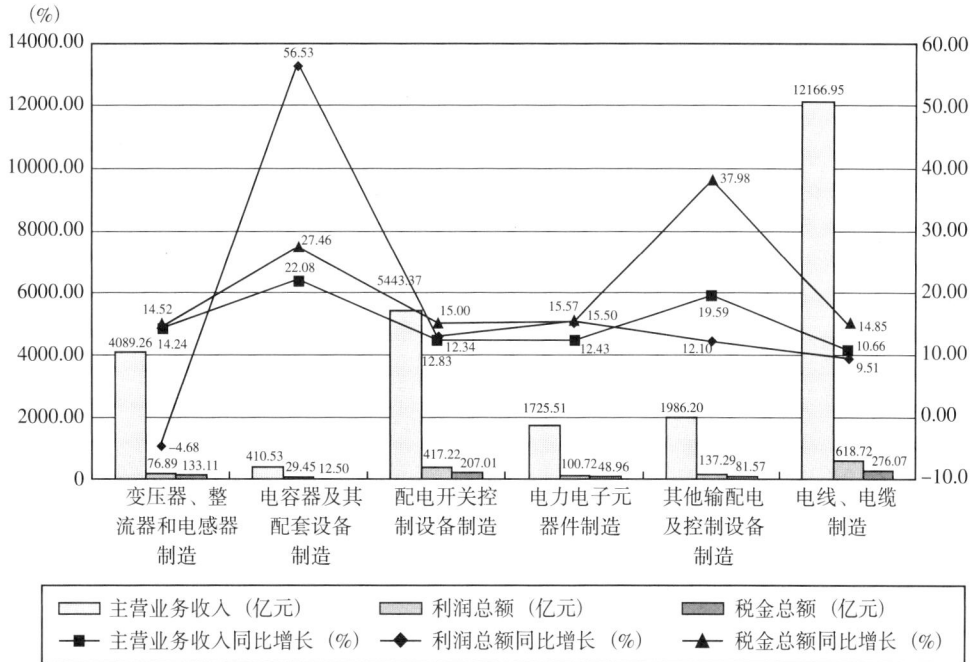

图1 2013年输变电设备细分行业主要经济效益指标

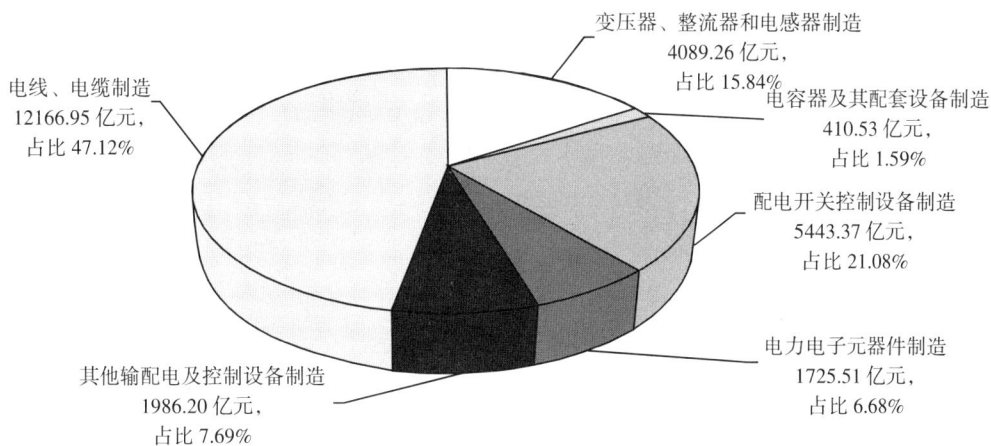

图2 2013年输变电设备细分行业主营业务收入情况

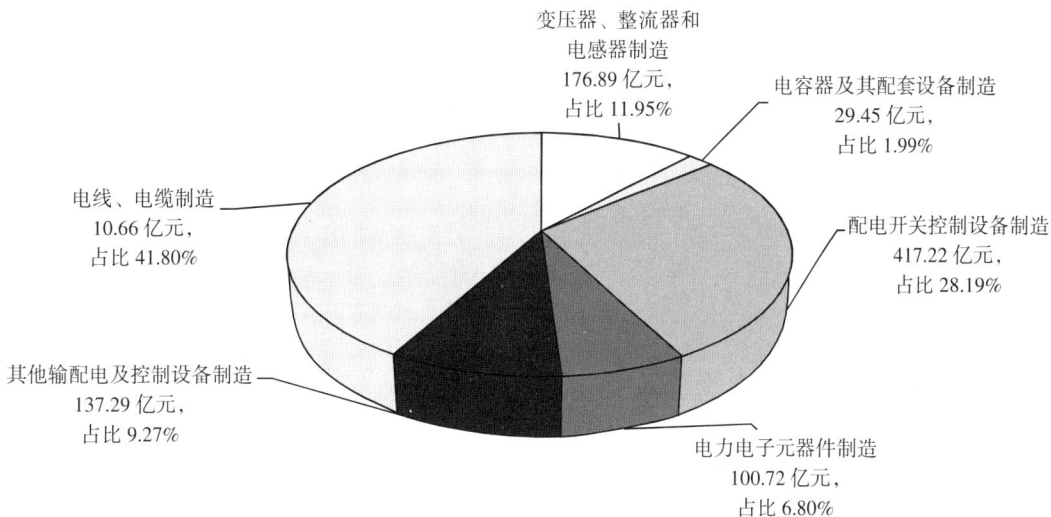

图3 2013年输变电设备细分行业利润总额情况

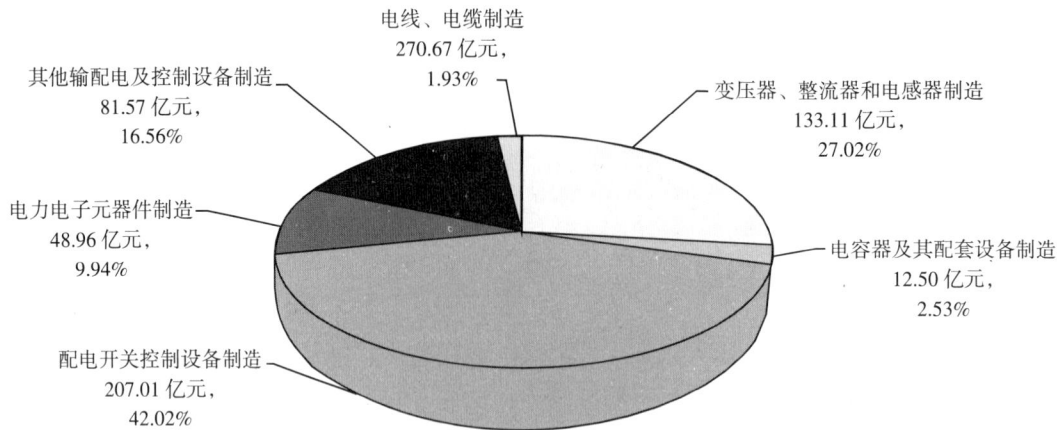

电线、电缆制造
270.67 亿元，
1.93%

其他输配电及控制设备制造
81.57 亿元，
16.56%

变压器、整流器和电感器制造
133.11 亿元，
27.02%

电力电子元器件制造
48.96 亿元，
9.94%

电容器及其配套设备制造
12.50 亿元，
2.53%

配电开关控制设备制造
207.01 亿元，
42.02%

图 4　2013 年输变电设备细分行业税金总额情况

（二）产品产量

2012 年、2013 年，输变电设备主要产品中，除个别产品保持低速以外，大多数产品产量增长缓慢，电力电缆行业产量增速回落明显，市场需求仍不乐观。变压器 2013 年产量为 152323.10 万千伏安，同比增长 6.63%。电力电缆 2013 年产量为 4194.64 万千米，增速 4.77%，从 2012 年两位数的增长回落到个位数增长。2012 年、2013 年输变电设备主要产品产量完成情况见表 2。2012 年输变电主要产品产量完成情况见图 5。

表 2　2012 年、2013 年输变电设备主要产品产量完成情况

	2012 年		2013 年	
	数　量	同比增长（%）	数　量	同比增长（%）
变压器（万千伏安）	143 132.18	0.36	152 323.10	6.63
其中：大型电力变压器（万千伏安）	19 516.90	−2.71	—	—
互感器（万台）	1 723.91	−0.75	—	—
电力电容器（万千乏）	35 616.21	14.61	—	—
高压开关板（万面）	161.98	13.12	—	—
低压开关板（万面）	3 313.85	4.48	—	—
高压开关设备（11 万伏以上）（万台）	50.61	21.23	—	—
电力电缆（万千米）	4 001.97	13.54	4 194.64	4.77

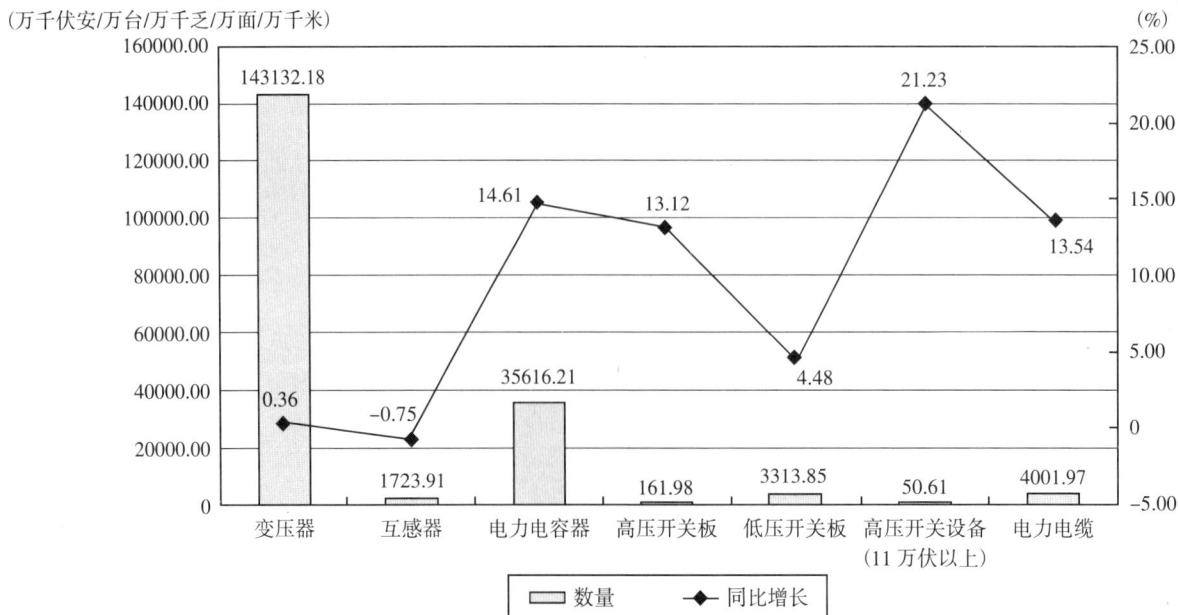

图 5　2012 年输变电主要产品产量完成情况

二、行业概况及全年重点投运项目

（一）特高压建设加速，特高压设备企业受益广泛；配变设备迎来产业升级良机，市场乱象或将破解

2012 年 5 月 13 日，哈密南—郑州±800 千伏特高压直流输电工程开工，标志着"疆电外送"战略实施迈出关键一步。7 月 28 日，溪洛渡左岸—浙江金华±800 千伏特高压直流输电工程开工。2012 年 12 月 12 日，锦屏—苏南±800 千伏特高压直流输电工程正式投入商业运行。在这一年，皖电东送特高压交流工程也顺利推进。截至 2012 年底，国家电网公司已建成投运的、在建的、国家已批准开展前期工作的特高压工程分别为三项、三项、五项。可以说，国内特高压设备制造企业正迎来更好的发展机遇。

2012 年 11 月 6 日，财政部、国家发展改革委、工业和信息化部联合发布《关于印发〈节能产品惠民工程高效节能配电变压器推广实施细则〉的通知》，就推广产品范围及条件、推广补贴标准等进行了明确规定。推广产品为三相 10 千伏电压等级、无励磁调压、能效等级 2 级及以上、额定容量 30~1600 千伏安的油浸式和额定容量 30~2500 千伏安的干式配电变压器，该范围涵盖了 S13 及以上能效标准的硅钢变压器和 SH15 非晶变压器。

截至 2013 年 12 月，已有 2 条特高压交流线路、5 条特高压直流线路在运行，2 项特高压交直流工程在建，另有 5 项特高压交直流工程取得路条。

国家电网管辖区域内已建成特高压交流工程两项（晋东南—南阳—荆门特高压交流试验示范工程、皖电东送淮南至上海特高压交流输电示范工程），特高压直流工程三项（向家坝—上海特高压直流工程、锦屏—苏南特高压直流工程、哈密—郑州特高压直流工程）；正在建设的特高压工程有二项（浙北—福州特高压交流工程、溪洛渡—浙江特高压直流工程）。南方电网管辖区域内，已建成特高压直流工程两项（云南—广东特高压直流工程、云南普洱—广东江门特高压直流工程）。

（二）新一代智能变电站建设启动

2012 年 12 月 7 日，国家电网公司在京召开新一代智能变电站示范工程建设启动会，会议通过了示范工程里程碑计划和设备研制计划，新一代智能变电站以"系统高度集成、结构布局合理、经济节能环保、支撑调控一体"为目标，推动智能变电站创新发展。这是国家电网公司继特高压技术之后的又一项革命性技术创新，将成为变电站建设与发展的重大转折点。

三、智能电网

（一）国家电网公司加快以智能电网为特征的强大电网建设

（1）显著增强电网接纳新能源能力。目前国家电网并网风电装机超过 6200 万千瓦；太阳能发电装机超过 600 万千瓦。掌握了先进的新能源发电与送出联合调控技术。建成具有 10 万千瓦风电、4 万千瓦光伏发电、2 万千瓦储能和 30 万千瓦智能输电能力的风光储输工程，二期工程正在建设，风电、光伏发电、储能和智能输电容量将分别达到 50 万千瓦、10 万千瓦、7 万千瓦和 66 万千瓦。

（2）电网智能化水平持续提高。已建成智能变电站 575 座，正在建设新一代智能变电站。实现了 3100 多条特高压及高压输电线路状态监测。在 30 个重点城市核心区建成技术领先、灵活可靠的智能配电网。2014 年智能电网建设达到一个新的阶段。

（二）南方电网公司竭力打造 3C 智能电网

（1）加强和优化电网建设。"十二五"期间投资 4005 亿元建设电网，建成投产 220 千伏及以上交流输电线路 3.5 万千米，变电容量 1.89 亿千伏安，直流线路 5150 千米，换流容量 1460 万千瓦。到 2015 年达到：500 千伏交流线路 3.6 万千米，直流输电线路 9620 千米，500 千伏交流变电容量 2.16 亿千伏安，直流换流容量 2720 万千瓦。

（2）采用智能化技术手段，建设高效、可靠的绿色电网。首先是技术创新与管理创新相结合，提

高电网资产利用效率；其次是通过标准化、一体化、全局化、实时化和共享化等实现信息的互联互通，增强系统的可测、可观、可控和自愈；再次是促进新能源接入，推广节能发电调度，降低网损，激励合理用电、高效用电，迎接大规模电动汽车接入；最后是向用户提供安全可靠、优质定制的电能。

四、科技创新获奖情况

2012 年行业继续坚持依靠技术创新驱动行业发展的方针，在科技创新中取得了丰硕成果。经中国机械工业科学技术奖评审委员会评审和中国机械工业科学技术管理委员会批准，输变电设备行业共有 40 个项目获得 2012 年度中国机械工业科学技术奖，其中一等奖 1 项，二等奖 16 项，三等奖 23 项。2012 年输变电设备行业获中国机械工业科学技术奖情况见表 3。

表 3　2012 年输变电设备行业获中国机械工业科学技术奖情况

序　号	项目名称	项目单位	奖励等级
1	10 千伏超导变电站关键技术研发及工程示范	中国科学院电工研究所、白银有色长通电线电缆有限责任公司、特变电工股份有限公司、湖南省电力公司科学研究院、中国科学院理化技术研究所、深圳市沃尔核材股份有限公司、河北新宝丰电线电缆有限公司、甘肃省电力公司白银供电公司、湖南省电力公司娄底电业局、华北电力科学研究院有限责任公司	一
2	超高压直流换流变压器瞬态电磁场特性的仿真研究	保定天威集团有限公司、河北工业大学	二
3	磁共振复杂静磁结构设计与制备工艺及系统集成技术	中国科学院电工研究所、宁波健信机械有限公司、武汉工程大学、电子科技大学、浙江大学	二
4	HJX（D22）-400 型硅钢片电动横剪生产线	西安启源机电装备股份有限公司	二
5	家用及类似场所用带选择性保护的主断路器（VB60）	上海电器科学研究所（集团）有限公司、法泰电器（江苏）股份有限公司、上海电器陶瓷厂股份有限公司	二
6	智能电网和风力发电系统中节能母线槽的开发及应用	天津电气传动设计研究所、天津天传电控配电有限公司、苏州华铜复合材料有限公司、北京华北长城母线槽有限公司、北京电器有限公司、江苏波瑞电气有限公司、江苏泰宇电气有限公司	二
7	高压直流输电换流阀控制技术的研究和推广应用	许继集团有限公司	二
8	大容量电力变压器电磁与短路强度分析系统及其工程应用	沈阳工业大学、沈阳变压器研究院股份有限公司、特变电工沈阳变压器集团有限公司、机械工业北京电工技术经济研究所	二
9	城市轨道交通车辆电气牵引系统自主研发与应用	株洲南车时代电气股份有限公司	二
10	小体积、轻量化的中压真空断路器	常熟开关制造有限公司（原常熟开关厂）	二
11	"0+3" 三层共挤橡胶电缆连续硫化生产线	南京艺工电工设备有限公司	二
12	多制式模块化绿色 UPS 电源	广东志成冠军集团有限公司、华中科技大学	二
13	中压大容量系列交流金属封闭开关设备	天水长城开关厂有限公司	二
14	JF-9955 环氧酸酐 VPI 树脂	苏州巨峰电气绝缘系统股份有限公司	二
15	126~550 千伏 GIS 三维全形态工程设计及应用	西安西电开关电气有限公司	二
16	极端条件下系留缆系统的解决方案及其典型应用	上海电缆研究所	二
17	核反应堆用高性电缆及电工材料	上海电缆研究所、上海特缆电工科技有限公司	二
18	钢芯高导电率（63%IACS）铝绞线	远东电缆有限公司	三
19	TWPD-2623 便携式局部放电巡检仪	保定天威集团有限公司、保定天威新域科技发展有限公司	三
20	ZF15-363（L）（G）/Y4000-50 型气体绝缘金属封闭开关设备	新东北电气集团高压开关有限公司	三
21	超高压三相一体可调并联电抗器	特变电工衡阳变压器有限公司	三
22	S（B）H15-（M）-30-1600/10 系列非晶合金变压器	通用电器有限公司	三

序　号	项目名称	项目单位	奖励等级
23	WKB-800A 系列微机电抗器保护装置	许继电气股份有限公司	三
24	WXH-803B 微机线路保护装置	许继电气股份有限公司	三
25	KBSGZY-T-1600~2500 矿用隔爆型移动变电站	许继变压器有限公司	三
26	WBH-810A 系列微机变压器保护装置	许继电气股份有限公司	三
27	CBZ-8000B 数字化变电站自动化系统	许继电气股份有限公司	三
28	SBH-100A 系列换流变成套保护装置	许继日立电气有限公司	三
29	旋弧高压断路器关键技术及应用	沈阳工业大学	三
30	用激光检测变压器绕组短路振动幅向模拟信号及分析	沈阳变压器研究院股份有限公司	三
31	交联聚乙烯绝缘无卤低烟阻燃中压耐火电力电缆	宝胜科技创新股份有限公司	三
32	深水舰船用无卤耐海水腐蚀纵向水密封电缆	江苏远洋东泽电缆股份有限公司、上海电缆研究所	三
33	应用于 700 兆瓦三峡机组主绝缘定子线棒的云母带	哈尔滨庆缘电工材料股份有限公司	三
34	SS70H-40A 海洋钻井平台石油钻采电传动控制系统	天水电气传动研究所有限责任公司	三
35	WK 系列大型矿山挖掘机变频调速多传动带回馈电控设备	湖南科通电气设备制造有限公司	三
36	SCB13-RL 立体卷铁心树脂绝缘干式变压器	广东海鸿变压器有限责任	三
37	额定电压 26/35 千伏及以下乙丙绝缘风能耐扭动力电缆	江苏上上电缆集团有限公司	三
38	具有多压力释放通道的双层开关设备	福州大宇电气股份有限公司	三
39	直流 800 千伏棒形悬式复合绝缘子系列	新疆新能天宇电工绝缘材料有限公司	三
40	1100 千伏 GIS 装配工艺技术研究	河南平高电气股份有限公司	三

2013 年电工行业继续坚持依靠技术创新驱动行业发展的方针，在科技创新中取得了丰硕成果。经中国机械工业科学技术奖评审委员会评审和中国机械工业科学技术管理委员会批准，输变电设备行业共有 40 个项目获得 2013 年度中国机械工业科学技术奖，其中一等奖 4 项，二等奖 13 项，三等奖 23 项。2013 年输变电设备行业获中国机械工业科学技术奖情况见表 4。

表 4　2013 年输变电设备行业获中国机械工业科学技术奖情况

序　号	项目名称	项目单位	奖励等级
1	超、特高压变压器用绝缘纸板、成型件及出现装置的研发制造和工程应用研究	中国电力科学研究院、泰州新源电工器材有限公司、保定天威保变电气股份有限公司、常州市英中电气有限公司、西电变压器有限责任公司、特变电工沈阳变压器集团有限公司	一
2	第三代核电站（AP1000 系列）LOCA 试验系统技术研究与应用	上海电缆研究所	一
3	高海拔高寒高压直流成套设备关键技术与装备研制	中国西电集团公司、特变电工沈阳变压器集团有限公司、西安西电力系统有限公司、西安西电变压器有限责任公司、西安西电开关电气有限公司、西安高压电器研究院有限责任公司、西安西电高压开关有限责任公司、西安西电电力电容器有限责任公司、西安西电避雷器有限责任公司、西安西电高压电瓷有限责任公司	一
4	冶金特种大功率电力电子变换电源拓扑与控制方法及应用	湖南大学、湖南中科电气股份有限公司、九江历源整流设备有限公司、长沙博立电气有限公司	一
5	盾构机专用电缆的研制	特变电工（德阳）电缆股份有限公司	二
6	LJL350×2 铝护套连续挤压机	合肥神马科技集团有限公司、机械工业北京电工技术经济研究所	二
7	清洁能源系统用的高压熔断器	上海电器陶瓷厂有限公司	二
8	GCL 低压成套无功补偿装置开发及应用	天津电气传动设计研究院有限公司、天津天传电控配电有限公司、宁波天安（集团）股份有限公司、天津市友鹏电器有限公司、北京电器有限公司、慈溪奇国电器有限公司、天津市百利开关设备有限公司	二

续表

序　号	项目名称	项目单位	奖励等级
9	高可靠、小型化的自动转换开关	常熟开关制造有限公司（原常熟开关厂）	二
10	±800千伏及以下高压直流输电用密闭式循环水冷却系统	广州高澜节能技术股份有限公司	二
11	高压开关设备用系列液压弹簧操动机构	西安西电开关电气股份有限公司	二
12	126千伏户外真空断路器	西安高压电器研究院有限责任公司、西安西电高压开关有限责任公司	二
13	4×1100兆瓦W超超临界空冷机组单相42万220千伏主变压器的研制与开发	特变电工股份有限公司	二
14	超高压智能电力变压器研制	西安西电变压器有限责任公司	二
15	特高压串补开关设备的研制	平高集团有限公司	二
16	ZF27-550（L)/Y6300-63型气体绝缘金属封闭开关设备	平高集团有限公司	二
17	高压输电线路除冰及巡检机器人关键技术及应用	湖南大学、长沙恒耀环保科技有限公司	二
18	双机驱动软同步下运胶带机控制系统	天水电气传动研究所有限责任公司、甘肃省变频调速系统及技术重点实验室	三
19	i—AZ3-2×31.5/T2000-31.5铁道电气化气体绝缘开关设备	天水长城开关厂有限公司	三
20	GSZ1-50/80直流接触器GSZ1-50/80Y磁保持直流接触器	天水二一三电器有限公司	三
21	SSVT-170系列25~125千伏安电磁式电压互感器	广东四会互感器厂有限公司	三
22	额定电压8.7~10千伏及以下卷筒用柔性电缆	宝胜科技创新股份有限公司	三
23	PCS-9590具有SVC功能的直流融冰系统	南京南瑞继保电气有限公司	三
24	新型混合式有源电力滤波系统关键技术的研究	江苏大学、镇江市江大科技有限责任公司	三
25	港机船舰海工用高性能多耐特软电缆	江苏远洋东泽电缆股份有限公司	三
26	220千伏特大容量变压器关键技术开发及工程应用	特变电工衡阳变压器有限公司	三
27	电气化铁路接触网用交流25千伏合成绝缘子	河北新华高压电器有限公司	三
28	发电机断路器用高导电率或高强度铸铝合金铸造技术研究与应用	西安西电开关电气有限公司	三
29	盖板类钻具通用托架的设计与应用	西安西电开关电气有限公司	三
30	西气东输20兆瓦4800轮/分高速防爆变频调速同步电动机	上海电气集团上海电机厂有限公司	三
31	SC（B）H15-30-2500/10干式非晶合金铁心配电变压器	天津市特变电工变压器有限公司	三
32	交流有级可控并联电抗器铁心及器身装配工艺及装备研究	西安西电变压器有限责任公司	三
33	矿用隔爆型无功功率补偿真空电磁起动器	山东容力达矿用电器设备有限公司	三
34	碳纤维复合芯导线研制、标准化及产业化	上海电缆研究所、远东复合技术有限公司	三
35	220千伏智能高压交联电缆	特变电工山东鲁能泰山电缆有限公司	三
36	新型环氧浇注用嵌件材料及表面处理关键技术研究	河南平高电气股份有限公司	三
37	精密内孔高效加工技术及在高压开关设备的应用	河南平高电气股份有限公司	三
38	农网营配调管理模式优化关键技术研究及试点工程建设	宁波市鄞州供电局、中国电力科学研究院	三
39	OSFPS-750000/500电力变压器	保定天威集团有限公司、保定天威保变电气股份有限公司	三
40	SFP-520000/330电力变压器	保定天威集团有限公司、保定天威保变电气股份有限公司、天威保变（合肥）变压器有限公司	三

智能电网

在 21 世纪初，美国政府提出了建设智能电网的计划。此后全球各国纷纷响应，我国在 2007 年先后有关文章和报道详细介绍和阐述了智能电网技术。2009 年国家电网公司提出了坚强智能电网发展战略，制定了电网智能化规划，截至目前，我国已成为世界范围内智能电网发展最快的地区之一，无论是智能电网相关技术研究还是工程实践均得到了较好的发展。

人均能源资源占有量少，能源资源开发利用效率低下及引起环境污染的问题，已经严重影响到我国人民生活及社会经济的发展，发展智能电网是解决相关问题的重要途径，也是不可回避的社会责任。

一、智能电网关键基础技术

智能电网是集成现代多学科科学技术发展成果的产物，涉及范围十分广泛，在这里选择与智能电网发展密切相关且影响效应强的传感器、互联网及柔性输电三方面内容加以介绍。

（一）传感器

1. 我国传感器产业发展现状

传感器（Transducer/Sensor）是一种检测装置，能感受到被测量的信息，并能将感受到的信息，按一定规律变换成为电信号或其他所需形式的信息输出，以满足信息的传输、处理、存储、显示、记录和控制等要求。它是实现自动检测和自动控制的首要环节。

我国传感器产品仅有 10 大类、42 小类、6000多个品种，尚有大量的品种短缺。在技术和生产能力上同发达国家相比，产品技术档次低，品种规格不齐全，远不能满足国内需求，特别是一些高档传感器、MEMS 传感器、汽车用传感器以及专用配套传感器等，这些仍然主要依赖进口。

我国在传感器技术研究方面，正在逐渐缩小与国外的差距，一批基于 MEMS 技术的新型传感器正在进入市场，在各领域中不断拓宽应用范围，设计技术、材料控制技术、生产技术、可靠性技术和测试技术不断发展成熟，量产能力逐步提高。在激烈的市场竞争条件下，我国生产的传统传感器，如力学量传感器、气体传感器、温度传感器、光学传感器、电压敏传感器，产销形势稳中有升，在国内市场份额逐步增长的同时满足了部分国外市场的需求。

传感器技术朝着智能化、集成化的方向发展，数字化、网络化、低成本、标准化也成为传感器产品发展的总体趋势。生产制造方面应从产品、应用市场、营销模式、基础设施等多方面综合考虑，加强传感器的可靠性设计。可靠性指标，可与产品功能、性能指标一起确定。

2. 智能电网传感器

智能电网信息化、自动化、互动化等特征，决定了电网设备需要通过高效先进的传感措施或手段与先进通信信息技术融合，形成智能电网通信信息网络。如果把整个智能电网比作人的身体，那传感器就是遍布于全身，使人感觉到酸甜苦辣、冷热饿饱、香臭麻疼等的神经末梢。

传感器、监视器、通信装置和智能电表等正是建设智能电网的最重要的组成部分。智能电网各个环节的信息采集必须通过传感器才能完成。传感器是智能电网得以建立的基础和前提。没有智能传感器就谈不上智能电网。智能电网设备工作的自然环境要求见表1。智能电网设备工作状态下形成的人工环境要求，温度、湿度、电场强度、磁场强度、振动幅度与频度、振荡摆度、环境介质。特殊要求传感器自身的工作环境要求，如防雨淋、放挤压、防暴晒、防油污等。

表1 智能电网设备工作的自然环境要求

环境项目	一般要求参数	工程中的极端参数
海拔高度	≤1000 米	高原地区≥2000 米
环境温度	−5~+45℃（户内） −40~+70℃（户外）	极高寒地区−50℃
最大日温差	25K	
最大相对湿度	95%（日平均） 90%（月平均）	
大气压力	66~110 千帕	
抗震能力	水平加速度 0.30 克 垂直加速度 0.15 克	
风速	不大于 35 米/秒	
环境污秽等级	不超过Ⅲ级	
光照强度	1000 瓦/平方米	

3. 智能电网中传感器需感知的参量

在智能电网每一个环节中除需要感知环境、气象等参量外，还需要感知一次电路电压和电流等主要电参量。在发电、输电等环节还需要监测频率，而直流输电则不存在主频率问题，主要关注谐波分量等。智能电网中传感器需感知的参量见表2。

表2 智能电网中传感器需感知的参量

监测对象		状态参数
变电站（换流站）	变压器（换流变）/电抗器（平波电抗器）	油中溶解气体、套管介损、局部放电、泄漏电流、油中微水、铁芯接地电流、油温、噪声
	断路器	局部放电、气体成分、微水、机械特性
	互感器	电容、介损、局部放电
	避雷器	阻性泄漏电流、局部放电
	高压母线	温度
输电线路	导线	覆冰、舞动、温度、拉力、远程视频/图像
	杆塔	倾斜、振动、位移、防盗、过电压、雷电流
	绝缘子	泄漏电流、风偏、拉力、倾角、污秽
新能源电力设备	风力发电机	转子电流、定子电流、定子电压、绕组温升、微弱放电、冲击负荷、局部放电
	变流器	负载电流、直流电压、瞬时温升、微弱放电、冲击负荷
	变压器等	局部放电、温度、过电压、冲击负荷
环境参数		温度、湿度、日照、风速、风向、雨量、污秽物

4. 智能电网传感器的种类

电力行业发、输、变、配、用各个环节都离不开传感器技术的应用。智能电网设备所用到的部分传感器种类如下。

从用途方面来分，主要使用的传感器有：应力传感器、角度传感器、风速传感器、光强度传感器。

振动传感器、红外传感器、图像传感器。

电流传感器、电压传感器、局部放电传感器、压力传感器、温度传感器、振动传感器、气体密度及微水传感器、湿度传感器、光电编码传感器。

变压器油色谱传感器系统、套管介质损耗传感器系统、绕组变形传感器、变压器油微水传感器、干湿度传感器、转速传感器、噪声传感器、油流量传感器、位置传感器等。

值得说明的是，多种原理和许多不同使用领域的新型传感器，如航天用传感器、汽车用传感器（如胎压传感器）、测绘测量用传感器、其他工业用传感器等，应该在智能电网设备上有很大的开发应用前景。

5. 传感器需满足智能电网主设备一体化的需要

传感器行业需详细了解主设备及辅助设备的工作情形、工作状态及工作环境（如电磁场环境，温度、振动等），充分把握主设备对传感器种类、性能、形态、接口、通信等方面的需求或要求，满足智能电网设备一体化制造、一体化检测、一体化调试的要求。具体有：

物理结构形态。自成体系的、置于主设备的传感器，要满足主设备的结构布局，实现空间占用最小，外形结构优美，风式格调统一；同时，与主设备对外接口规格一致。特别易于疏忽的如主设备的运输颠震、操作振动等要求。

网、站总体通用要求。各种传感器要满足场站信息通信交互、计量保护监测、调度控制管理等多种一致性的通用要求。

主体设备性能参数保障。不能因为各种传感器的应用，有降低主设备整体性能参数的情况。

（二）互联网

1. 互联网技术

互联网技术指在计算机技术的基础上开发建立的一种信息技术，简称 IT。一般认为 IT 由以下三部分组成：传感技术，这是人的感觉器官的延伸与拓展，最明显的例子是条码阅读器；通信技术，这是人的神经系统的延伸与拓展，承担传递信息的功能；计算机技术，这是人的大脑功能延伸与拓展，承担对信息进行处理的功能。

2. 互联网经济

互联网经济是基于互联网所产生的经济活动的总和，在当今发展阶段主要包括电子商务、即时通信、搜索引擎和网络游戏四大类型。互联网经济是信息网络化时代产生的一种崭新的经济现象。

互联网对世界经济发展的影响有两个大的方面：一方面是成为新经济发展的引擎，创造了新的经济发展模式；另一方面，对传统的经济模式和产业，起到了革新改造的作用，加速传统产业变革与融合。

互联网思维具体来说分两个阶段：第一个阶段，把互联网当作一个工具、方法，互联网对整个传统产业互相融合，才能把传统产业真正转型升级，创造价值。第二个阶段，一是从客户角度思考问题，为客户创造价值；二是互联网一定是开放、合作的，要靠资源整合合作共赢的理念来达到共赢。

面对互联网、大数据、云计算等技术快速发展，许多传统企业正在对市场、用户、产品、企业价值链乃至整个商业生态进行重新审视。

除了对经济发展产生重大影响，互联网已经从根本上改变了人们的生活方式。它将继续对人类的社会生活诸多方面，以及世界的经济发展产生深远的影响！典型应用 GPS 的使用只受限于人们的想象力。

（三）柔性输电

1. 柔性交流输电技术

柔性交流输电技术是综合电力电子技术、微处理和微电子技术、通信技术和控制技术而形成的用于灵活快速控制交流输电的新技术，它能够增强交流电网的稳定性并降低电力传输的成本。该技术通过为电网提供感应或无功功率从而提高输电质量和效率。柔性交流输电技术（Flexible Alternating Current Transmission Systems，FACTS）又称为灵活交流输电技术，定义为"除了直流输电之外所有将电力电子技术用于输电的实际应用技术"，其实质就是引入各种电力电子变换器、补偿控制器以实现灵活快速有效地控制交流输电系统。

柔性交流输电技术的主要内容有：在输电系统

的主要部位，采用具有单独或综合功能的电力电子装置，对输电系统的主要参数（如电压、相位差、电抗等）进行灵活快速的实时控制，以期实现输送功率合理分配，降低功率损耗和发电成本，大幅度提高系统稳定和可靠性。

柔性交流输电的主要功能可归纳为：①较大范围地控制潮流；②保证输电线输电容量接近热稳定极限；③在控制区域内可以传输更多的功率，减少发电机的热备用；④依靠限制短路和设备故障的影响防止线路串级跳闸；⑤阻尼电力系统振荡。

柔性交流输电主要设备分三大类。

串联补偿装置：晶闸管控制串联电容器（TCSC）、晶闸管控制串联电抗器（TCSR），静止同步串联补偿器（SSSC）等，主要作用是改变系统的有功潮流分布，提高系统的输送容量和暂态稳定性等；

并联补偿装置：静止无功补偿器（svC），晶闸管控制制动电阻器（TCBR）、静止同步补偿器（STATCOM）等，主要作用是改善系统的无功分布，进行电压调整和提高系统电压稳定性等；

综合控制装置：统一潮流控制器（UPFC）等综合了串、并联补偿的功能和特点，是实现电力网络控制潮流，阻尼振荡，提高系统稳定性等功能的得力措施。

2. 柔性直流输电技术

（1）柔性直流输电技术原理。先介绍高压直流输电技术原理易于理解柔性直流输电技术。高压直流输电系统的基本原理见图1。它包括两个换流站（ZH_1、ZH_2）和直流线路。两个换流站的直流侧分别接到直流线路的两端，交流侧分别接到两个交流系统Ⅰ和Ⅱ。换流站中主要包括换流器、换流变压器、滤波器等装置，它的功用是实现交流电和直流电之间的转换。

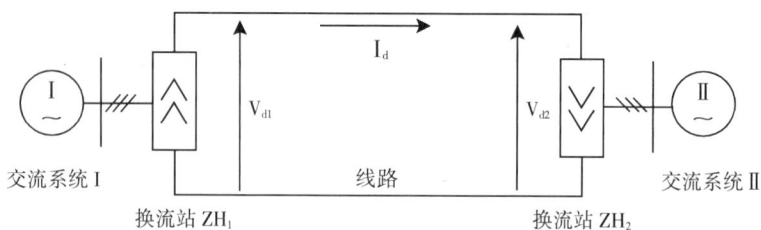

图1　高压直流输电系统的基本原理

从电力系统Ⅰ向电力系统Ⅱ输送电力时，换流站 ZH_1 把送端电力系统Ⅰ送来的三相交流电流变换成直流电流，通过直流线路把直流电流和功率输送到换流站 ZH_2，再由 ZH_2 把直流电流又变换成三相交流电流。从交流变换成直流和从直流变换成交流的过程分别称为整流和逆变。

高压直流换流器（即换流阀）通常由一个或多个换流桥串联（或并联）组成。目前用于直流输电的换流器均采用三相桥式换流电路，每一个桥有六个桥臂（即换流阀臂）。现代高压直流输电工程都是利用晶闸管作为主要部件构造换流阀。由于晶闸管单管耐压相对较低，因此一般用几十甚至几百个晶闸管串联组成换流器的桥臂。尤其是特高压直流换流阀，其所需晶闸管串联数更多。柔性直流输电技术原理见图2。

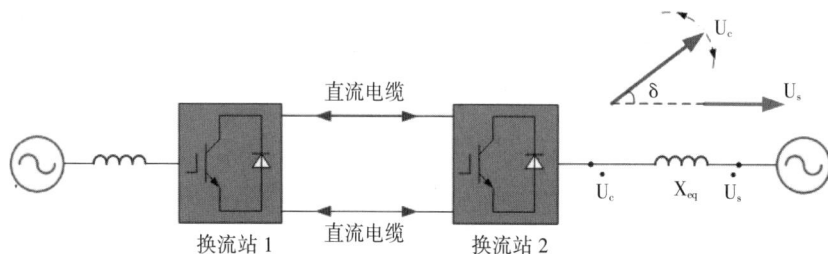

图2　柔性直流输电技术原理

柔性直流输电作为新一代直流输电技术，其在结构上与高压直流输电类似，仍是由换流站和直流输电线路（通常为直流电缆）构成，图2为双端柔性直流输电系统原理图，包括两个换流站和直流线路。

与基于相控换相技术的电流源换流器型高压直流输电不同，柔性直流输电中的换流器为电压源换流器（VSC），其最大的特点是采用了可关断器件（通常为IGBT）和高频调制技术。通过调节换流器出口电压的幅值和与系统电压之间的功角差，可以独立地控制输出的有功功率和无功功率。这样，通过对两端换流站的控制，就可以实现两个交流网络之间有功功率的相互传送，同时两端换流站还可以独立调节各自所吸收或发出的无功功率，从而对所联的交流系统给予无功支撑。

（2）柔性直流输电技术的特点。柔性直流输电在孤岛供电、城市配电网的增容改造、交流系统互联、大规模风电场并网方面具有较强的技术优势。柔性直流输电与传统采用可控硅（SCR）换流装置的高压直流输电相比，技术上的主要特点为：VSC能够自关断，工作于无源换流方式，不需要电网提供换相电压；控制方式灵活，可同时独立控制有功功率和无功功率，稳态运行时不需要交流系统提供无功；交流系统故障时，能够提供紧急有功支援和动态无功支撑，提高系统的功角、电压稳定性；采用VSC有利于构成并联多端直流输电系统；采用PWM技术，输出谐波多为高次谐波，滤波装置容量大大减小。

（四）传感器、互联网、柔性输电与智能电网

1. 互联网与智能电网

智能电网具体来说就是智能化的电网。通常把由输电、变电、配电设备及相应的辅助系统组成的联系发电与用电的统一整体称为电力网。即电网。这里电网主要包含两方面的含义，一是联络发电与用电而设的充当"一次"电流、电压载体、传递能量的"连接体系"；二是映像及保障"连接体系"安全、稳定运行的相应的辅助系统。

在电网中，构成"一次"电流、电压载体的"连接体系"自成"一次网络"，独立运行，与相应的辅助系统电气"隔离"。辅助系统为因"连接体系"而存在，也构成了一个相应的"辅助网络"暨"二次网络"。"二次网络"根据"一次网络"运行情况、人工操作指令等"综合信息"对"一次网络"实施监测、调节、控制等，是一种"互联网系统"，但其中包含了"专家诊断系统"等人工智能、现代管理思想等软件体系，非普通网络可比。从物理结构上看，"互联网系统"只涉及了"二次网络"的范畴，是整个智能电网物理结构的一个局部。

2. 传感器与互联网

互联网最引人关注的两个方面是各种电脑终端（包括固定或移动、有线或无线）的互联和各种物体的互联形成的物联网（尽管目的意义各不相同）。

传感器、RFID标签等代表或映像各种物体（无论是复杂精密的，还是简单普通的）通过和互联网IP地址等标识建立网络式互联，形成物联网。在电子生态系统中，真实世界与电脑互动，而传感器构成了该系统的边缘，提供的数据种类比键盘和鼠标输入的数据更丰富。将来更多的互联网数据不是来自键盘，而是来自传感器。传感器的应用将越来越渗透到人们社会、经济生活的各个方面、各个领域，能够方便快捷地海量地传递各种信息或数据，这将进一步促进互联网的发展。

3. 智能电网是传感器、互联网技术应用的集中反映

传感器应用在智能电网建设、安全生产管理、运行维护、信息采集、安全监控、计量及用户交换等各个方面，可以全面提高各环节的信息感知深度、广度以及密度，促进"信息流、业务流、电力流的高度融合"的实现。智能电网应用的传感器种类繁多、数量巨大，而且随着智能电网的发展，应用的传感器种类和数量将更多，技术要求也将更高。

智能电网是互联网应用于经济生产中的最为典型的案例，首先它的范围十分广大。其次由于工作环境特殊，它在通信抗扰性、安全性等诸多方面比普通互联网要求高。再次智能电网应用了大量高新

技术发展的成果，也有与之相适应的网络要求。

可以说，智能电网是传感器和互联网技术发展成果的集合或集中展示，在很大程度上反映了传感器、互联网技术的发展水平。

4. 柔性输电与智能电网

柔性直流输电与智能电网。柔性直流输电是构建智能电网的重要环节，与传统相比，柔性直流输电在孤岛供电、城市配电网的增容改造、交流系统互联、大规模风电场并网等方面具有较强的技术优势，是改变大电网发展格局的战略选择。柔性直流输电可携带来自多个站点的风能、太阳能等清洁能源，通过大容量、长距离的电力传输，到达多个负荷中心，为新能源并网、城市供电等提供了一种有效的解决方案。

柔性交流输电与智能电网。运用柔性交流输电技术，通过控制设备，可以有效地控制和调节电网运行的柔性，且把风电等新能源引入系统的运行方式，从而更好地满足电网运行的需求。随着当前电网的不断发展，电网中的负荷和自由潮流也逐渐变大，这不利于电能的经济、高效传输。此外，电力系统的稳定性及导线发热对交流远距离的输电传输有着重要的影响。柔性交流输电技术中的控制系统的运行方式是很有必要的。柔性交流输电技术集中了电力电子技术和控制技术，为发展智能电网发展提供了保障。

二、智能电网设备发展的前景

（一）智能电网设备高端发展的条件日趋成熟

发展智能电网是国家发展中长期战略。作为智能电网设备的主体，我国传统的输变电设备制造在技术参数和基本性能等方面均处于世界先进水平；智能电网建设已结束试点阶段，"智能化"已经成为电网建设的常态化要求。

（二）智能电网设备的发展水平有待提升

针对在前期试点建设中发现的产品存在的一些具体技术性问题需要进行大量工作，同时，其他的问题及满足一体化、集成化要求方面还有许多工作有待完成。国家电网公司提出了发展新一代智能电网。

国家电网公司提出了建设新一代智能变电站，以"集成化智能设备与一体化业务系统"为主要特征，将实现专业设计向整体集成设计的转变，一次设备智能化向智能一次设备的转变，是先进适用技术的集成应用。需要加快推进技术攻关及关键设备研制，如集成式智能断路器、无源（光学）电子式互感器的研制等。

传感器、信息通信等技术对智能电网设备发展的支撑需要提高。

在竭力解决以上具体问题的同时，多种共性、基础性技术问题（如试验技术、集成管理、技术标准、可靠性等）亟待解决。

（三）智能电网发展的前景

1. 我国电力工业发展前景

电力工业发展的基本方针是：以科技创新为动力，以转变电力发展方式为主线，坚持节约优先，优先开发水电，优化发展煤电，在确保安全的前提下发展核电，积极推进新能源发电，适度发展天然气集中发电，因地制宜发展分布式发电，加快推进智能电网建设，带动装备工业发展，促进绿色和谐发展。

我国社会经济快速发展，对电力能源的需求稳步持续增长。加快转变经济发展方式要求电力资源在更大范围内更加优化地进行配置。科学、低碳、绿色的发展道路决定了必须切实改善能源结构。安全可靠供电是能源安全，乃至于国家安全的重要内容。电力工业本身也需要转变发展方式，紧随着现代科学技术的发展步伐，走和谐绿色发展之路。根据预测，我国用电负荷在"十二五"期间可能达到9.94亿~10.90亿千瓦，年均增长8.6%~10.6%，在"十三五"期间可能达到13.17亿~14.36亿千瓦，年均增长4.8%~6.7%，在2021~2030年期间可能达到18.77亿~21.0亿千瓦，年均增长3.2%~4.8%。

2. 国家电网公司

国家电网公司加快智能电网建设。按照加快建设坚强智能电网的要求，国家电网公司决定建设6类智能电网创新示范工程，实现重点突破，打造国际领先的智能电网精品工程和亮点工程。

一是支持新能源开发工程，示范任务有：风光储输示范工程（二期）、海上风电检测基地建设工程、风电与城市供热联合调度运行示范工程。

二是支持分布式电源应用工程，示范任务有分布式电源多能互补示范工程、微电网协调运行示范工程。

三是促进便捷用电工程，示范任务有智能小区示范工程、智能楼宇示范工程、智能园区示范工程、智能港口示范工程。

四是推动电动汽车发展工程，示范任务有电动汽车与电网互动示范工程。

五是服务智慧城市建设工程，示范任务有智能电网创新示范区、智能电网支撑智慧城市示范工程。

六是提升电网智能化工程，示范任务有500千伏、330千伏新一代智能变电站示范工程、柔性直流输电示范工程、智能输电线路示范工程、直流配电系统研究。

国家电网公司智能电网建设规划。到2015年初步建成坚强智能电网。110（66）千伏及以上线路达到90万千米、变电（换流）容量40亿千伏安（千瓦），分别是2010年的1.5倍和1.8倍。建成"两纵两横"特高压交流和7回特高压直流，特高压和跨区输电能力达到2.1亿千瓦，保证3.5亿千瓦清洁能源送出和消纳。

到2020年全面建成坚强智能电网。110（66）千伏及以上线路达到120万千米、变电（换流）容量55亿千伏安（千瓦），分别是2010年的2倍和2.5倍，电网规模比2010年翻一番以上。"三华"特高压同步电网形成"五纵五横"主网架，特高压和跨区输电能力达到4.5亿千瓦，保证5.5亿千瓦清洁能源送出和消纳。

从2013年起的8年间，投资约1.2万亿元，投产特高压线路9.4万千米、变电容量3.2亿千伏安、换流容量4.6亿千瓦。全面提高智能化水平；安装智能电表、新型电表各3000万只。

到2015年、2017年和2020年，分别建成"两纵两横"、"三纵三横"和"五纵五横"特高压"三华"同步电网，同时到2020年建成27回特高压直流工程。

3. 南方电网公司

南方电网公司提出"电网发展向更加智能、高效、可靠、绿色方向转变"。

在建设绿色智能电网方面：一是"十二五"期末非化石能源装机比重将达到48.4%，发电量占43.3%。二是"十二五"期末对大客户的节能诊断比例达到70%。

到2015年，建成"八交八直"的西电东送输电通道，送电规模达到3980万千瓦，用电量将达到1.05万亿千瓦时，"十二五"年均增长8.3%。确保2015年1000万千瓦风电、500万千瓦太阳能发电并网。建成满足10万辆电动汽车发展需要的基础设施体系。

到2020年，再建设6~8个输电通道，满足云南、藏东南和周边国家水电向广东、广西送电要求，用电量将达到1.363万亿千瓦时，"十三五"年均增长5.3%。500千伏变电容量超过2.9亿千伏安，线路长度超过4.8万千米；220千伏变电容量超过4.6亿千伏安，线路长度超过9.2万千米；110千伏变电容量超过4.6亿千伏安，线路长度超过13万千米。确保4500万千瓦风电、1300万千瓦太阳能发电无障碍并网。建成满足100万辆电动汽车发展需要的基础设施体系。

4. 国家能源局

国家能源局"十三五"能源规划要求大幅提高可再生能源比重。

一是在做好生态环境保护和移民安置的前提下，积极发展水电，到2020年，力争常规水电装机达到3.5亿千瓦左右。二是坚持集中式与分布式并重、集中送出与就地消纳相结合，到2020年，风电和光伏发电装机分别达到2亿千瓦和1亿千瓦以上，风电价格与煤电上网电价相当，光伏发电与电网销售电价相当。三是积极发展地热能、生物质能和海洋能等其他可再生能源，到2020年，地热能利用规模达到 5000 万吨标煤。四是加强电源与电网统筹规划，积极发展智能电网，科学安排调峰、调频、储能配套能力，切实解决弃风、弃水、弃光问题。

5. 全球能源市场正朝着智能电网的方向发展

据欧洲驻中国商会的智能电网工作小组的消息，去年欧洲有 30 个国家开展了 218 个智能电网项目，总投资达到了 18 亿欧元。目前有 150 个研发项目，总的研发项目是 5 亿欧元，还有 230 个示范项目，总的预算是 4.33 亿欧元；另外，截至 2019 年底，英国政府预计将在 2600 万英国家庭安装 4300 万块智能电表。在北美地区，截至 2015 年底，估计也将有 9500 万块智能电表走入普通家庭。

三、我国智能电网设备产业宏观发展走势

国家电网提出的智能电网是以特高压为基础的坚强智能电网，相关的发展规划已经表明，中国智能电网的投资将更多地集中在输电网侧，同时还将加大对可再生能源的储能和接入、分布式能源接入的投资。国家相关政策明确要求加大新能源和分布式能源利用。智能电网设备产业主要会呈现以下的宏观发展趋势。

（一）智能电网产业将促进多种产业融合发展，推动区域产业升级

智能电网的建设将带动起一系列相关产业迅速发展。传统电网的升级换代，将最先拉动电网一次设备和二次设备的发展。其次，智能电网技术的发展促进互联网通信技术、电子信息技术与电力电子技术进一步融合，促进一次设备与二次设备的融合，作为智能电网设备发展基础的传感器产业必将飞跃发展。因此，这已经不仅仅是电力行业的一场技术升级，在金融风暴的影响尚未完全消退之时，智能电网产业的发展更是推动区域经济发展，领跑中国经济创新增长的新引擎。

（二）智能电网产业将竭力打破新能源产业化"瓶颈"

近年来，中国新能源产业发展迅速，已经成为推动世界新能源发展的重要力量。新能源产业在迅速发展的同时，也遭遇到了储能和并网接入的"瓶颈"，使其在短期内还难以展开大规模应用，产业化发展进程面临阻碍。

智能电网建设和应用将解决新能源目前最急迫的"并网难"问题，最终打破新能源产业的发展"瓶颈"，为新能源产业的大规模发展和应用找到一条出路，随着国家相关政策引导作用的日益增强和智能电网建设的推进，清洁能源、可再生能源、分布式能源的利用水平和利用程度将大幅提升。

从早前开展智能电网研究的欧美国家发展情况证明，智能电网能够有效地接纳光伏发电、风力发电等新能源并网，为全世界电力工业在实现节能减排、绿色环保方面开辟了新的发展空间。

（三）智能电网将催生新兴产业的发展

传感器在很大程度上影响着智能电网的智能化程度、智能化发展水平，它必将步入一个快速发展期。

随着智能电网产业的发展，必将催生出诸如智能家电、电动汽车及储能设备、电力运营及增值服务等一批新兴产品及相关产业；为用户提供选择更灵活、服务更多样化的新的电力产品及服务也将得到发展。

智能电网设备也将能够支持用户与电网的互动，根据用电负荷变化来自动控制运行状态，会逐步代替目前传统电器，成为未来电器设备发展的主要趋势。

四、智能电网设备基本发展思想

（一）要顺应我国产业政策的形势

围绕战略性新兴产业的展开。智能电网设备发展要充分体现战略性、前瞻性、指导性的要求，具有全面性、协调性、可持续性的特点，对行业的发展具有引领支撑作用，进而发展成为我国经济发展

的先导性、支柱性产业。具体就是要发展结构优化、技术先进、清洁安全、附加值高、吸纳就业能力强的智能电网产业体系。

突出低碳绿色环保产业位置。智能电网设备发展要对推动能源生产和利用方式变革，构建安全、稳定、经济、清洁的现代能源产业体系起促进作用。包括加快新能源开发和分布式能源的利用，推进传统能源清洁高效利用，在保护生态的前提下积极发展水电，在确保安全的基础上高效发展核电，加强电网建设，发展智能电网等。其目的就是要大幅降低能源消耗强度和二氧化碳等污染物的排放强度，有效控制温室气体排放。

智能电网设备发展要奉行环境友好的生产方式和消费模式，增强可持续发展能力。要以提高能源利用效率为目标，发展智能发电设备，加强新能源和分布式能源发电及使用。发展柔性输电、智能变、配用电设备，降低能源输送消耗，提高输送效率及用电效率，提高电力设备资源利用效率。

（二）要顺应技术发展变革的趋势

智能电网将是现代相关科学技术发展成果的集中展示，涉及学科范围广大且融合性强，要求高，在智能电网产业发展过程中，要坚持以科技创新为指导思想，依靠科技进步，提高创新能力，提高产品技术水平。同时，生产制造业的服务化及服务的技术化正日益成为制造业新的盈利增长点。

1. 必须要搭乘信息、互联网技术发展的高速列车

以信息网络、智能制造、新能源和新材料为代表的新一轮技术创新浪潮，引发全球正处于新一轮工业革命的开端。信息技术特别是互联网技术的发展和应用作用突出，正在对传统制造业的发展方式带来颠覆性、革命性的影响。信息网络技术的广泛应用，促进生产过程的无缝衔接和企业间的协同制造，实现生产系统的智能分析和决策优化，使智能制造、网络制造、柔性制造成为生产方式变革的方向。制造业互联网化、信息网络技术与制造业深度融合发展成为一种大趋势。

新业态新模式已经开始对传统生产方式带来革命性变化。信息网络技术与传统制造业相互渗透、深度融合，促使产业组织方式深刻改变，加速形成新的供需关系。首先由大规模批量生产向大规模定制生产转变，催生的众包设计、个性化定制等新模式，生产者与消费者实时互动，使得产品更具个性化。其次由集中生产向网络化异地协同生产转变，不同环节的企业间可实现信息共享，可在全球范围内调动、整合优势资源，在产业链各环节实现分散化生产。最后由企业传统制造业向跨界融合转变，从以传统的产品制造为核心转向提供具有丰富内涵的产品和服务，乃至为顾客提供与产品相关的整体解决方案及产品生命周期保养维护方案、远程服务等，"产品"概念的内涵更加丰富，外延更加拓展。

2. 创新是发展永恒的主题

在知识和信息大爆炸的当今世界，产品创新和产业变革已空前发展，科学技术从来没有像现在这样深刻地影响着经济社会发展和社会进步，科技创新从来没有像现在这样显得重要而紧迫。制造业发展必须更多依靠创新驱动，充分发挥科技的支撑引领作用。

近几年来我国制造业得到迅猛的发展，但是从小到大，从大到强，从强到行业的领军者，我们的路还很长，困难还很多，创新变革是必须要经历的发展之路。无论一个企业实力有多么的雄厚，危机意识、前瞻意识、发展意识和创新意识亏欠的话，破产注定是最终的答案，也是最终的结局。

3. 构建特色现代制造服务业务

在国际金融危机发生后，世界经济发展持续低迷，产业发展寻求变革态势正在显现，突出的就是生产制造业的服务化及服务的技术化。工业经济向服务经济转型在加快，生产型服务业正在成为产业价值链增值的主体。随着技术的发展，以人工为主导的传统服务将向通过智能化实现的技术型服务转变。

一件完整的产品应该包括三个部分：一是有形的实体产品，它是使用价值的载体；二是产品的附属部分，如设计、包装、说明以及商标和品牌等；三是产品的延伸部分，或称价值的附加部分，即产

品服务。在经济环境持续低迷、竞争激烈的今天，为寻求新的竞争优势来源，越来越多的服务活动被引入，以期在残酷的市场竞争中脱颖而出。"顾客至上"已经成为世界制造业的共识。制造企业在生产经营的过程中不断强调顾客意识，以用户为中心，切实提高服务用户的广度和深度。

智能电网设备具有高新技术高度集中、众多元素密集集成的特点，利用这一特点竭力打造智能电网设备特色制造服务业具有得天独厚的优势。高科技产品一般具有价值高、功能多、保养维修专业性强等特点。指导用户正确地使用这些产品，全面地开发产品的功能，为用户使用提供全面的、可靠的保障，对企业的产品营销有着直接的影响。产品的科技含量越高，这种影响就越大。

五、智能电网设备技术发展

（一）国家电网公司新一代智能变电站

设计和建设新一代智能变电站，高可靠性网络与信息集成技术、高智能化电气设备整合技术是变电站安全可靠和智能高效的基础，高级协调控制与预决策分析技术是变电站智能化的关键。

新一代智能变电站采用 IEC61850 通信标准、多元信息的分层与交互技术、高级协调控制与预决策分析技术，支撑各级电网安全稳定运行和各类高级应用，实现与电力调控中心进行设备信息和运维策略的全面互动，实现基于状态检修的设备全寿命周期综合优化管理。

新一代智能变电站采用 2 层设备、1 级网络的分层分布上的体系结构，智能设备与站控层设备通过高可靠性网络连接。智能设备高度集成，打破现有一、二次设备界限，智能组件完成保护测量控制、计量及监测功能，并与一次设备有机融合。站控层设备功能深度融合，采用变电站一体化监控系统实现变电站后台监控、故障录波、网络分析等功能。

1. 建设新一代智能变电站的目的

满足电网发展方式转变要求：波动性、间歇性能源接入，更加灵活可靠；多元化服务，更加友好互动；资源与环境约束，更加高效、节约、环保。

满足管理发展方式转变要求：构建调控一体运行体系，实现设备监控统一管理，提高运行效率；构建专业检修体系，实现设备运维、检修一体化；通过在线监测，提高设备利用效率和管理水平。

满足变电站技术进步要求：自动控制技术是基础；高温超导、新型绝缘等材料创造了条件；信息通信技术是支撑。

2. 新一代智能变电站的技术特征

系统高度集成、结构布局合理、装备先进适用、经济节能环保、支持调控一体。以"集成化智能设备与一体化业务系统"为主要特征，将实现"分专业设计向整体集成设计的转变，一次设备智能化向智能一次设备的转变，分散独立系统向一体化业务系统转变"，是先进适用技术的集成应用。

整个变电站采用"一次设备集装箱式模块化设计＋工厂化定制＋现场组合化拼装"的方式，多种设备的功能合为一体，把智能终端、合并单元集成到一个设备中。

3. 新一代智能变电站技术研究和设备攻关工作内容

推进变电站集成优化设计，提高结构布局合理性。开展设备模块化设计、标准化配送式设计、设备接口标准化、二次设备就近下放、优化设备配置与总平面布置。

提升变电站高级功能应用水平。合理规划数据信息类型，优化二次网络结构，构建变电站一体化监控系统，提升设备状态可视化、智能告警、辅助决策等高级功能应用水平，支撑大运行和大检修建设。

开展新型保护控制技术研究。实现间隔保护就地化和功能集成，优化集成跨间隔保护，实现保护状态在线监测和智能诊断，深化站域、广域网络安全决策保护控制等新型保护控制技术研究。

开展重大关键装备研制。智能变压器、集成式智能断路器、低压开关、无功及互感器等辅助设备、层次化保护装置、多合一、二次装置、变电站云滴系统、通信设备。

4. 新一代智能变电站核心技术

（1）核心技术。

变压器智能化技术。实现运行优化控制与负荷调节控制；冷却方式优化及采用新介质，降低损耗。

新型断路器控制技术。实现选相控制、分合闸相角控制。研究真空等环保介质。

高压开关设备与智能组件整合技术。模块化的测量、控制、保护、监测、计量传感器部件，统一电源、信号接口；设备与智能组件整合，采用内置插接方式与一次设备集成。

智能柱式断路器整合技术。断路器、隔离开关、接地开关、传感器等柱式组合。

电子式互感器深化应用技术。实现在电磁干扰、异常温度、过电压、过电流等条件下稳定可靠运行。

智能变电站自动化系统网络技术。制定快速千兆网络技术、网络化精确时间同步技术、数据安全技术应用方案。

智能站信息集成技术。整合各个独立系统信息，对外提供标准的数据及分析结果；数据描述、格式、编码统一；提高数据模型和业务流程标准程度；实现信息纵向贯通横向联通。

智能变电站分布式能源接入技术。分布式能源测控保护技术、信息建模技术、预测和控制技术。

辅助系统应用技术。视频监控、3D 技术。巡检机器人、电力滤波、无功补偿。

（2）设备技术。

隔离断路器是集成电子式互感器、具有隔离功能的断路器，满足隔离开关断口要求，集成线路侧接地刀闸，与电子互感器一体化制造。

优化电子式互感器产品设计和工艺，完善性能检测方案，有效克服了电磁兼容性能和测量稳定性等方面的难题。

多功能测控装置、保护测控集成装置、站域保护控制装置等集成化多功能二次装置，减少了二次设备数量，降低了网络负载，提升全站数据质量。

监控系统发展已经实现了一体化信息平台、一体化监控系统到一体化业务平台的发展，一体化业务平台为保护、自动化和计量等各类智能业务应用提供可靠的载体。适应业务功能快速发展、功能模块快速升级，运行维护高效便捷的需求。

层次化保护控制系统由就地级保护、站域保护控制和广域保护控制三个层面构成，综合应用电网全网数据信息，通过分布、协同的功能配置，实现空间维度、时间维度和功能维度的协调配合，提升电网继电保护性能和系统安全稳定运行的能力。

通信网络及采样同步，采用"共网共口"技术，实现"三层共网"网络架构，以及通信网络管理和自动化系统管理的一体化。

开展智能变电站模块化建设。具体有：装配式建/构筑物。预制舱式组合设备。预制光缆/电缆。工厂整体集成调试。

（二）南方电网公司"3C"绿色智能电网

南方电网公司提出在 2013 年起的未来 8 年发展六个主要目标：一是将稳步推进西电东送；二是形成适应区域发展的主网架构格局；三是统筹各级电网建设；四是提高电网服务质量；五是提升电网节能增效水平；六是推广建设智能电网。在智能电网提高信息化运用手段方面：一是在安全稳定与控制、经济运行、设备集成应用三个领域，力将运用现代信息技术加快传统电网的升级改造；二是充分发挥信息化在管理创新中的基础和支撑作用；三是全面提升信息化建设水平。

1. "3C"绿色智能电网核心技术

"3C"是指将计算机、通信、控制等现代信息技术与传统电力技术有效结合，提升电网安全稳定、经济运行、客户服务和节能水平，实现电网发展向"智能、高效、可靠、绿色"的转变。

"3C"绿色电网技术主要体现在与智能电网技术相关的"3C"前沿技术以及绿色环保技术两方面。其中"3C"前沿技术除了一次设备的智能化外，主要表现在以一体化电网运行智能系统（OS2）为载体的二次系统及设备的数字采集、网络传输、信息共享、集成应用四个方面。绿色环保技术则体现在节地、节能、节水、节材、环保等方面。

（1）数字采集。

一次设备状态在线监测。利用在线监测装置采集输变电设备状态信息，及时发现设备潜在性故障，为电网安全运行提供可靠的保障。

全光纤电子式电流互感器、罗氏线圈电子式电流互感器。通过与常规电流互感器的对比应用，探索更为成熟可靠、安全经济的电子式互感器配置方案。

电能计量比对系统。主变10千伏变低采用电子式互感器，开展常规电流互感器和电子式电流互感器计量比对，以论证数字计量的精度及其在电网中的应用情况。

（2）网络传输。

SV/GOOSE 两网合一。采用 SV/GOOSE 合并组网，为共享网络传输提供建设及运行经验。

（3）信息共享。

一体化信息支撑平台。采用标准的信息模型、通信规约、接口规范，实现变电站Ⅰ区、Ⅱ区、Ⅲ区数据的贯通。

四大智能应用中心。在一体化信息支撑平台的此基础上实现数据中心、监视中心、控制中心和管理中心等四大中心功能。

（4）集成应用。

智能远动机。集成远动、保信、PMU、计量和在线监测五大业务，基于统一建模，实现数据统一采集、处理、传输和应用。

保护测控一体化。110千伏线变组采用保护测控一体化装置，10千伏开关柜电气二次部分采用保护、测控、合并单元、智能终端四合一装置。

一体化测控装置。集成测量、控制、PMU、计量等功能。

一体化运行记录分析装置。将故障录波装置、网络记录分析仪整合，实时监视和分析网络状态，进行数据分析及记录。

一体化交直流电源系统。将站内直流系统、UPS、交流系统、通信电源整合，采用一体化管理单元进行从单纯的专业管理整合到设备与管理整合兼顾。

变电站驾驶舱。简洁、直观地展示变电站实时运行状态、设备健康状态和环境状态，为设备的状态评价、风险评估以及资产管理提供有效技术手段。

智能视频技术。视频系统与火灾报警、自动化等系统实现联动，并实现智能周界监控、智能门禁等功能，对提高视频系统智能化水平具有重要意义。

在线式五防。深化一体化五防技术应用，采用一体化五防技术监控软件，将监控系统的测控单元兼做控制器，控制闭锁继电器的分、合和专用锁具的解锁、闭锁，形成多层次、高可靠性的新型在线式五防系统。

高级应用。实现智能告警、源端维护、程序化控制、故障分析决策等高级应用功能，提高变电站智能化水平。

2. "3C" 绿色智能电网发展要求

3C 绿色技术作为南方电网公司智能电网的发展主线，在新能源、柔性直流输电、智能变电站、配电、分布式电源接入、微电网、用电及信息通信等领域将继续开展技术研究，并开展一些智能电网的顶层设计。为了实现智能电网发展路线所规划的远景目标，3C 绿色电网技术要实现以下五个方面的要求：

（1）先进技术与运行可靠性的平衡。

电子式互感器：由于供电可靠性、抗干扰等方面还存在明显不足，目前尚不具备大面积试点应用条件。需继续进行专项研究，确定互感器的智能化方案。

过程层组网方式：星形拓扑组网，SV 原则上采用点对点方式，试点 SV 组网方式，IED 间通过 GOOSE 网络交换开关量信号。

GOOSE 跳闸：推荐采用每套保护的 GOOSE 网络冗余配置的网络跳闸方案。

（2）功能多样性与系统实用性的平衡。

主站与站端采取远程调阅与源端维护的方式进行运维。区域变电站利用变电站驾驶舱系统进行协同管理，站内各子系统执行智能巡检。通过顺序控制以及告警直传，实现设备的在线监测及故障报警，并采用在线式五防技术保证系统安全可靠运行。

南网公司将继续坚持以上的总体运维思路，并根据目前方式中出现的问题以及存在的不足，进行针对性的研究与改进，在保证系统实用性的前提下，继续增强其功能的多样性。

（3）装置集约化与维护分工界面的平衡。

对于一、二次设备融合的问题，要保证装置整合的"深度"，并努力统一设备生产厂家的认识，确定统一的行动方式。

全方位统筹，兼顾设备装置集约化技术发展与生产运行单位各部门运维界面。适当调整运维界面，对一体化装置功能进行灵活裁剪。

（4）新技术应用与运维水平同步。

设计、运维手段"三化"：标准化、规范化、"傻瓜化"。包括：设计图纸、虚端子、运维界面 SCD 文件管控工具、运维工具、定检工具、标准化接线、统一屏柜配置等方面。

全过程管控：推行全生命周期和资产精细化管理。完善的检测平台和手段，完善 WHS（W 点见证点、H 点停工待检点、S 点旁站点）建设，规范化运维。

（5）规模化建设与设备水平同步的平衡。

伴随着 3C 绿色电网的快速发展，智能化设备同样需要不断地完善与提高，方可适应并满足电网建设的需要。重点在以下几个方面进行推进：

开展智能化设备前瞻性研究及标准研究，建立高效的设备信息平台，统一整体认识，促进产业交流；联合设备供应商，努力解决传统设备对新技术支持度不足的问题；解决设备运行中实际存在的问题，引导设备更新换代。确定统一的形式，努力促进一、二次设备的高效融合，实现装置集约化。

（三）智能电网新技术

1. 电站设计技术

整体集成设计。通过整体集成设计，提出设备的功能需求，引导设备研制；通过优化主接线和总平面布局，提高变电站整体设计水平，优化设备配置和总平面布置方案，实现整站设计优化。

模块化设计。制定规范的集成方式与接口规则，实现功能模块、设备模块、土建模块的"即插即用"。

2. 设备制造技术

通过一次设备与传感器、智能组件的一体化设计、一体化供货、一体化调试，实现设备功能高度整合，提高工程调试效率。

（1）变压器。

近期，研制集成式智能变压器，提高变压器智能化、集成化水平；研制节能变压器，采用纳米、无氧铜材料，提高变压器节能环保水平。

远期，研制超导变压器，降低损耗、提高过负荷能力；研制电力电子变压器，集无功补偿、电能质量控制于一体，实现电网有功、无功、电压的平滑调控。

（2）开关设备。

近期，研制集成式智能断路器，实现对隔离式断路器智能化水平的提升；研制电机驱动的断路器，实现智能灭弧，减小对系统冲击；研制智能高压开关，实现开关设备的状态维护和自我调节。

远期，研制固态开关，实现高速频繁开断、精确控制，解决电网故障的快速隔离问题。

（3）其他设备。

近期，研制集串联电抗器与并联电容器于一体的集成式无功设备。

远期，研制超导故障限流器，有效限制电网故障短路电流；研制超导储能系统为重要负载提供高质量不间断电源。

3. 控制技术

整合各分系统功能，构建一体化业务系统；深化高级功能应用，实现一键式顺序控制，提高运检效率；采用层次化保护控制，实现协调控制。

（1）保护控制技术。

近期，构建"就地—站域—广域"三级的层次化保护控制体系，实现空间/时间维度的协调控制；构建区域电网集中式保护控制体系，实现从保护元件到保护电网的变革，同时简化变电站结构。

远期，研制多原理保护集成芯片，提高保护设备通用性；研究光学保护系统，实现电网瞬时值全息测量，提高保护的可靠性、快速性。

（2）自动化技术。

近期，深化一键式顺序控制应用，同时提升高级功能应用水平；研制多功能二次装置，实现三态数据的统一采集和上送，减少装置数量；研制生产控制云滴系统，实现信息并行处理、功能统筹协调。

远期，研究自取能蓄能技术，提供多样化站内用能方式，减少常规电源配置数量。

（3）通信技术。

近期，构建站内一体化高速以太网，简化过程层网络，减少交换机数量，方便信息共享；建设大容量骨干网（光传送网、分组传送网），提高传输带宽，支撑与调控、运检中心海量数据交互。

远期，研究电力物联网在变电站系统的集成应用，组建站内传感网络，实现设备的全面感知与智能控制。

4. 近期技术方案（以 220 千伏 AIS 为例）

近期技术方案以"占地少、造价省、可靠性高"为目标，构建了以"集成化智能设备＋一体化业务系统"应用为特征的新一代智能变电站。

（1）设备配置。

一体化业务系统，集成化智能设备。设备配置见图 3。

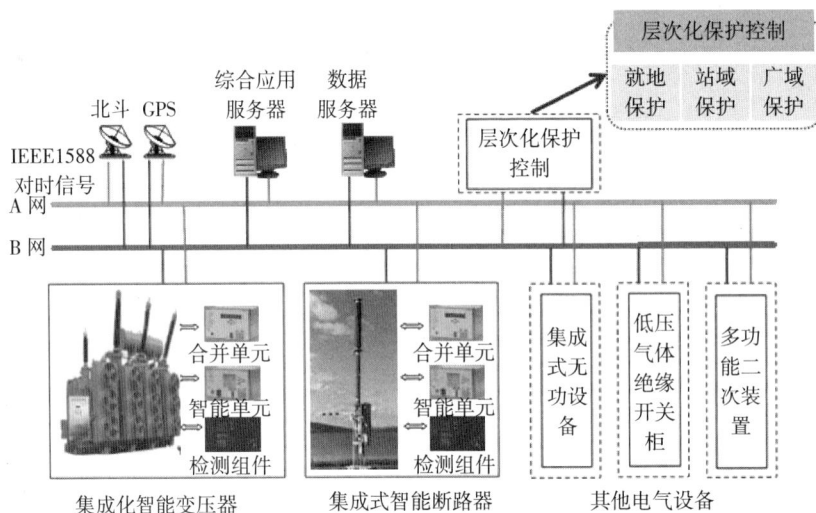

图 3　设备配置

（2）电气主接线。

110 千伏侧由双母线优化为单母线分段；采用集成式智能断路器，取消站内出线、母线侧隔离开关。220 千伏侧采用双母线接线，采用集成式智能断路器，取消站内出线侧隔离开关。110 千伏电气主接线见图 4。220 千伏电气主接线见图 5。

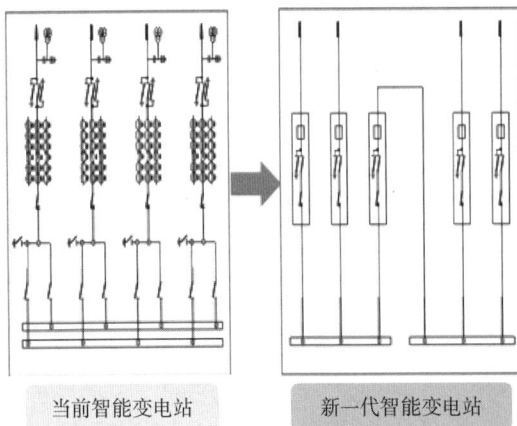

图 4　110 千伏电气主接线

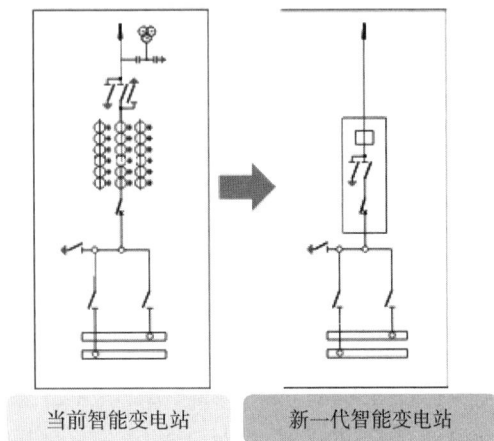

图 5　220 千伏电气主接线

（3）间隔断面图。

采用集电子式互感器、隔离开关和断路器于一体的集成式智能断路器，应用封闭母线，配电装置纵向尺寸由128.5米优化至78米。间隔断面见图6。

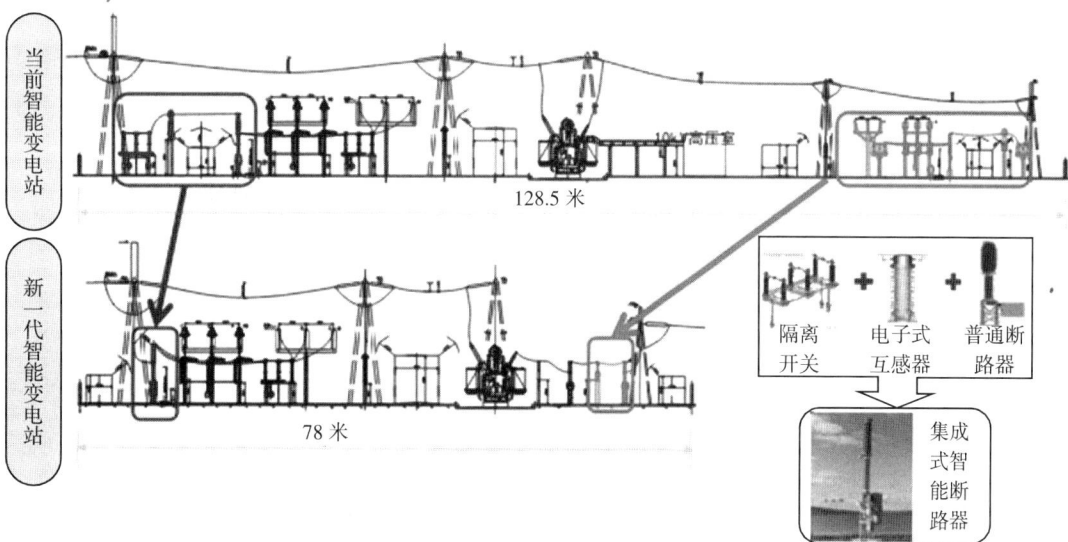

图6 间隔断面

（4）标准配送式智能变电站。

标准配送式智能变电站技术原则为：

标准化设计：通用设计、通用设备；一、二次设备标准化设计：通用设计、通用设备，二次设备标准化连接、即插即用。

工厂化加工：所有二次设备采用"预制舱式组合"，一、二次设备工厂内规模生产、集成调试，建筑物采用预置结构。

装配式建设：建筑物现场装配，设备基础统一尺寸和施工工艺，机械化施工。

5. 远期技术展望

在2030年之前电网发展形势比较明朗的情况下，需要有重点地发展相关关键技术，如在发电方面，应重点发展风力发电、太阳能发电、分布式发电、核电技术等新型能源发电技术，在输电方面应重点发展特高压交直流输电、多端直流输电、柔性交直流输电等实用技术，同时应有针对性地研究分频输电、半波长输电等新型输电技术。

远期输变电技术仍将存在大规模跨区域大容量输送电能的需求，电网发展模式将存在以超/特高压交直流混合输电模式、超导主网架模式、电源与负荷匹配模式三种可能。具体的前沿性技术需求包括高温超导输电技术、常温超导输电技术、无线输电

技术等。

（1）未来发展。

大规模间歇式能源应用：要求提升变电站运行、保护、控制的实时性、可靠性、适应性，具备"就地—站域—广域"协调处理能力。

电网调控一体化、主厂站一体化的发展：要求变电站具备更全面更可靠的基础数据、更强的分布式功能、实时信息传输和交互等支撑能力。

人工智能、新型电力电子器件及应用、储能、超导、量子通信等技术领域的新突破，将给智能变电站的发展带来革命性的影响。

（2）电力电子技术应用。

应用电力电子技术，构建"一次电、二次光"的新一代智能变电站，实现电能快速灵活控制，具备交直流混供功能。

一次设备：采用电力电子变压器和固体开关，简化接线型式，取消无功设备。

二次系统：构建纯光二次系统，实现光采集、光传输、光计算、光触发无缝驱动。

（3）超导技术应用。

应用超导技术，构建"高容量、低损耗、抗短路"的新一代智能变电站，增大传输容量、降低网损，降低电网故障短路电流。

一次设备：采用内嵌智能芯片的超导故障限流器、超导变压器，通过物联网动态感知，实现主动保护与控制。

二次系统：采用云技术实现云调度控制，支撑基于高速网络的电网广域协调、保护及控制等功能，提高电网可靠性。

（四）智能电网设备制造强国战略

1. 指导思想

围绕着国内、国际两个市场发展趋势，未来我国智能电网设备产业发展战略的指导思想为：创新驱动、质量为先、绿色发展、结构优化。

创新驱动。整合现有资源，以转制科研院所为主体，采用产、学、研、用相结合的模式，深化改革，完善基础共性技术研发体系，开展行业急需基础及共性技术研究。通过信息化手段提升产品技术性能，自主研发一批具有国际领先水平的能源装备产品，抢占未来竞争的制高点。

质量为先。推进产品可靠性提升工程，建立产品故障分析模型和数据库，建立能源装备可靠性评价体系和评价方法。进一步完善能源装备标准体系，加强合格评定工作，建立健全科学、公正、权威的第三方的检验检测和认证体系，并通过国际互认。

绿色发展。提高发电设备能源转换效率，降低变压器、电机等重点耗能产品运行能耗，研究电机系统节能技术，开发相关配套产品；推进分布式、可再生能源接入技术和在线监测技术应用；通过智能化手段实现能源装备全寿命周期资产管理。

结构优化。打造具有国际竞争优势的大型企业集团，增强企业核心竞争力。以满足客户需求为核心、实现客户利益最大化为目的，利用现代信息技术，实现主动的产品全寿命周期服务，提供成套解决方案，生产性服务制造业发展。

2. 发展路线图

（1）风电和太阳能发电设备。

风电设备：抓紧标准制订，开展质量认证。加强对齿轮箱、发电机、叶片等关键部件的可靠性研究，提高质量水平；开展风电共性技术研究，研制

适合我国国情新风电机型（包括海上风电），建立风电开发与并网的支持体系。

太阳能：开展太阳能光伏应用集成技术研究，实现太阳能热水、供暖、空调、供电在建筑中的综合利用。同时，推进太阳能热发电技术的开发研究，建立热发电示范工程。

（2）输变电设备领域。

特高压交直流成套设备：制定领先的特高压交直流设备技术标准。积极开展设备可靠性技术研究和设备全寿命周期管理技术研究。

完善和提高特高压交流 1100 千伏/63 千伏安开关设备、1000 千伏/1500 兆伏安组装式电力变压器的研制以及电容器、支柱绝缘子、避雷器和套管等研制，结合特高压工作，完善和提高特高压直流 ±800 千伏/6250 安换流阀和换流变研制以及隔离开关、接地开关等研制，达到国际领先水平。开发 ±1100 千伏/5000 安特高压直流成套设备，以及 ±1100 千伏特高压直流场设备研制（包括网侧接入柱式断路器、切滤波器组断路器、隔离开关、旁路开关、阀厅接地开关、直流转换开关、避雷器、光纤电流互感器、光纤电压互感器等），继续引领世界特高压交直流技术装备的发展。

（3）智能电网设备。

从主机到组件高度融合，实现高压设备与通信、辅助部分和站控一体化平台的统一规划设计，提高智能电网设备的技术水平；开展基于系统技术研究，研制以传感技术、信息网络技术、大数据技术为特征的新一代智能输配电设备，提升智能电网设备在线监测与远程诊断的能力；开展智能变电站及配电系统技术研究、工程成套解决方案集成设计、系列智能输配电设备及其智能组件研发；建成国际一流的智能型高压电器试验基地。

（4）电能转换与控制技术及设备。

集中力量建设 2~3 个国家级的研发中心，在系统研究技术、仿真技术、控制技术、试验技术、关键器件等基础技术方面取得突破，形成具有自主知识产权的全产业链技术体系，达到国际先进水平。

系统研究技术方面，要具备地区、城市柔性配

电网络设计能力；仿真技术方面，要具备地区、城市柔性配电网络仿真能力；控制技术方面，要开发出具有自主知识产权的控制保护软件平台，并实现控保设备的系列化、产业化；试验技术方面，要具备全系列新型电力电子装置归口检测能力，并建立相应的国家级监督认证机构；关键器件技术方面，要实现 IGBT 等全控器件的完全自主化和产业化，并研发宽禁带半导体材料及器件。

建设±1100 千伏直流输电、多端柔性直流输电、电能质量治理、新能源接入并网、储能等示范工程，开展±1100 千伏直流输电换流阀、电力电子直流断路器、故障电流限制器、动态电压恢复器、统一电能质量控制器、电力电子变压器等产业研发，通过工程应用使技术逐步走向成熟。

（5）可再生能源接入设备。

全面实现风电变流器、光伏并网逆变器的国产化。

开展新能源集群控制技术研究，突破大型风电、光伏基地集群控制策略和并网控制技术以及与电力调度、信息系统之间的无缝连接通信技术，降低新能源电能对电网扰动的敏感性。

开展多端柔性直流输电工程应用，提高新能源的接入和输送能力，系统地提出大型风电场柔性直流输电接入的系统构成和多端直流组网方式，研究并掌握柔性直流输电变流器的自主关键技术，掌握具有自主知识产权的核心装备制造技术。

（6）微网电能质量治理设备。

通过对分布式发电与储能系统、各种负载包括汽车充电的研究，掌握分布式电源中发电系统的控制技术、监控技术、并网技术和互动性技术。建立统一、规范的微网体系技术标准和规范，加大微网示范工程的建设，并结合电力电子技术和设备的研发，提升微网系统的智能化水平以及运行可靠性。

3. 重点任务

提高自主创新能力。主要任务有：重大技术开发、重大产品开发和产业化、重大创新工程、重大应用示范工程。

提升产品质量。提升产品性能、提高标准水平、新材料推广应用、做好精细化管理、落实质量管理体系，注重过程管理。

强化制造基础。加快特殊材料、关键材料及大型铸锻件、输配电控制电器芯片的国产化。推动首台套关键设备的国产化进程。带动基础配套产品的发展。

推行绿色制造。关注全寿命周期内产品与环境的关系，将最终的降解、报废处理纳入对制造商的约束。通过产品技术和制造技术的升级，开发新型节能、低资源消耗型电力设备。

结构优化。增加产品核心价值，强化产品与服务的有效结合，为客户提供更多、更好的服务。

建设优势产业集群。发电设备产业形成上海、成都、哈尔滨三大产业集聚群，形成"三足鼎立"之势。输变电产业的产业集群以西安、沈阳等地区为核心，积极布局西部产业基地的发展；配电产业的产业集群在由西部区域逐步向沿海地区辐射；电力电子这一新兴产业应将区域布局重点放在经济发达城市。

风 电

一、概况

自 2005 年《可再生能源法》颁布实施以来，在政策扶持和市场拉动的作用下，我国风电产业发展迅速，2005~2010 年，五年时间内风电新增装机容量实现翻番增长，2012 年出现回落，但 2013 年回暖。据国家可再生能源中心及联合国环境规划署统计，2013 年，我国可再生能源投资 560 亿美元，其中风电投资 284 亿美元，占比高达 50.7%。目前，我国风电行业的年产值已超过 1500 亿元，直接和间接创造了 40 万~50 万个就业岗位，帮助减排二氧化碳超过 1 亿吨。作为可再生能源，风电行业在我国经济创收、就业拉动、节能减排等方面发挥了重要作用。

2013 年，我国（台湾地区除外）新安装风电机组 9356 台，新增装机容量 16089 兆瓦，同比增长 24.14%；累计安装风电机组 63120 台，装机容量 91413 兆瓦，同比增长 21.36%。新增装机和累计装机两项数据均居世界第一位。2001~2013 年我国风电装机容量见表 1。2007~2013 年我国风电装机容量见图 1。

2013 年，我国的西北、中南、华北地区风电开发速度加快，尤其是西北和中南地区。西北地区新增装机量达到 5435.2 兆瓦，同比增长 76.7%，中南地区新增装机量 1814.8 兆瓦，为 2012 年的近一倍。此外，华北地区装机量为 3505.05 兆瓦，同比增长了 13.4%。

表 1　2001~2013 年我国风电装机容量

时间 \ 项目	新增装机（MW）	同比增长（%）	累计装机（MW）	同比增长（%）
2001	42	—	381	—
2002	66	57.14	448	17.59
2003	98	48.48	546	21.86
2004	197	101.02	743	36.08
2005	507	157.36	1 250	68.24
2006	1 288	154.04	2 537	102.96
2007	3 311	157.07	5 848	130.51
2008	6 154	85.87	12 002	105.23
2009	13 803	124.29	25 805	115.01
2010	18 929	37.14	44 734	73.35
2011	17 630	-6.86	62 364	39.41
2012	12 960	-26.49	75 324	20.78
2013	16 089	24.14	91 413	21.36

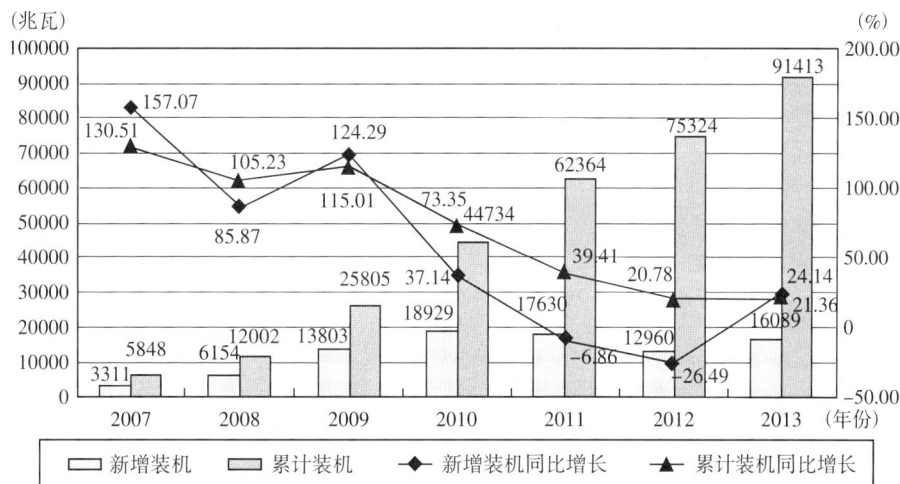

图1　2007~2013年我国风电装机容量

2013 年，东北地区及西南地区风电开发进程放缓，东北地区新增装机 1645.2 兆瓦，同比降低 22.4%，是"三北"（华北、西北、东北）地区中唯一下滑的区域，自 2010 年以来，连续 3 年装机量下滑。另外，由于西南风电装机大省云南省新增装机量由 2012 年的 1031.75 兆瓦锐减到 2013 年的 520 兆瓦，同比下降近 50%，导致西南地区新增装机只有 1307.7 兆瓦，同比下降达到 10.7%。

2013 年，得益于"三北"地区（华北、西北、东北）弃风限电问题的缓解以及低风速地区风电开发步伐加快等，风电设备制造业明显回暖。2013 年

新增风电装机，约占全球新增装机量的 44.5%，累计装机量连续三年保持世界首位，约占到全球的 28.4%。我国风电制造业在全球风电市场的优势地位也充分体现。2013 年，全球新增风电装机排名前 15 的制造企业有：Vestas、金风科技、Enercon、Siemens、GE、Gamesa、Suzlon、联合动力、明阳风电、Nordex、远景能源、湘电风能、上海电气、华锐、重庆海装，其中，我国制造企业有 8 家（注：全球数据来自 Navigant Research）。2008~2013 年我国各区域累计风电装机容量见图 2。

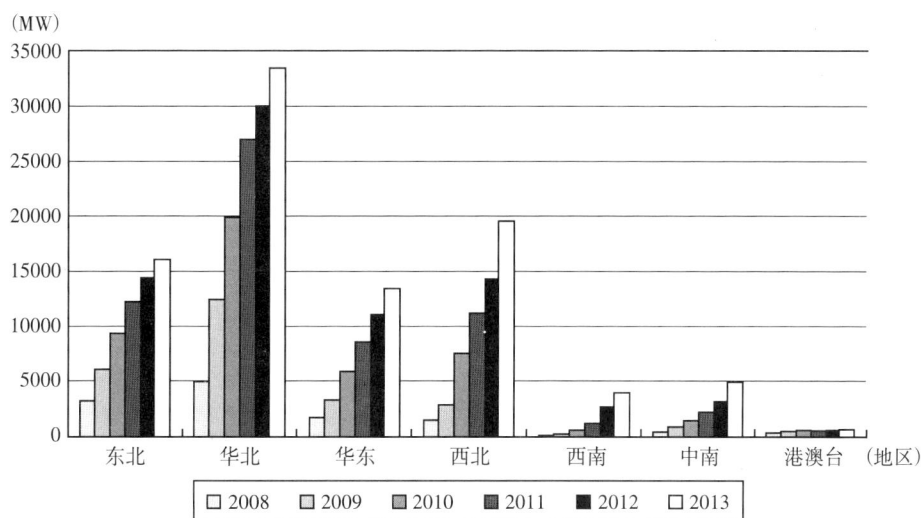

图2　2008~2013年我国各区域累计风电装机容量

注：①华东地区（包括山东、江西、江苏、安徽、浙江、福建、上海）；②华北地区（包括北京、天津、河北、山西、内蒙古）；③西北地区（包括宁夏、新疆、青海、陕西、甘肃）；④中南地区（包括湖北、湖南、河南、广东、广西、海南）；⑤西南地区（包括四川、云南、贵州、西藏、重庆）；⑥东北地区（包括辽宁、吉林、黑龙江）；⑦港澳台地区（包括香港、澳门、台湾）。

数据来源：CWEA。

从各省新增装机情况来看，2013年新增装机量排名前五的省（区）（新疆、内蒙古、山西、山东、宁夏）总装机为8275.7兆瓦，占到全国新增装机量的51.4%，其中，新疆自治区新增装机达到3146兆瓦，同比增长217%，内蒙古自治区新增装机1646.5兆瓦，同比增长47%，山西新增1308.95兆瓦，同比增长27.6%，山东新增1289.55兆瓦，同比增长14.3%。

从累计装机情况来看，内蒙古、河北、甘肃仍占据前三，累计装机量分别为20270.31兆瓦、8499.9兆瓦、7095.95兆瓦，得益于2013年的表现，山东以6980.5兆瓦的累计装机量超过了辽宁位居第四，辽宁以6758.01兆瓦位居第五。

二、海上风电发展情况

2013年，我国海上风电进展缓慢，仅有东汽、远景和联合动力3家企业在潮间带项目上有装机。新增装机21台，同比降低54%；新增容量39兆瓦，同比降低69%，截至2013年，我国已建成的海上风电项目共计428.6兆瓦。2009~2013年我国海上风电装机情况见表2。2010~2013年我国海上风电装机情况见图3。

表2 2009~2013年我国海上风电装机情况

项目 时间	新增装机（MW）	同比增长（%）	累计装机（MW）	同比增长（%）
2009	16.0	—	17.5	—
2010	135.5	746.88	153.0	774.29
2011	109.6	−191.14	262.6	71.63
2012	127.0	15.88	389.6	48.36
2013	39.0	−69.29	428.6	10.01

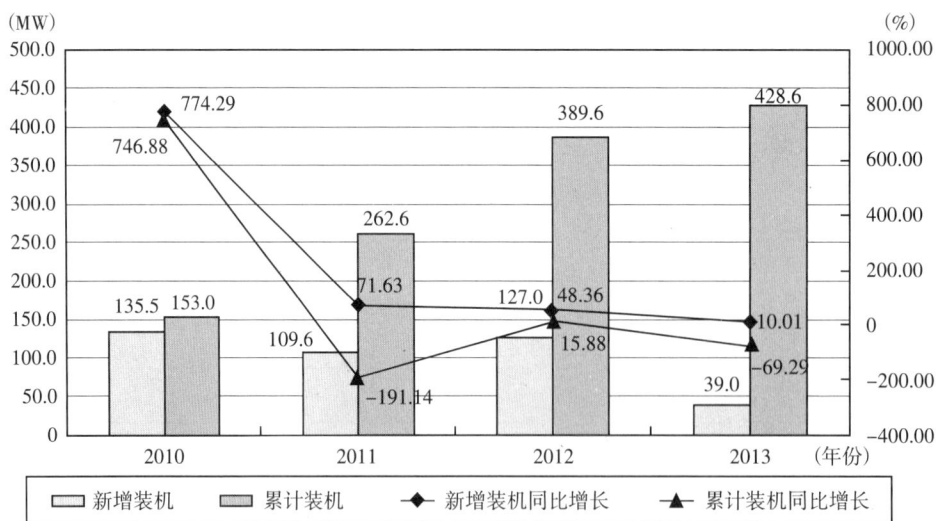

图3 2010~2013年我国海上风电装机情况

2013年新增的39兆瓦全部为潮间带项目，截至2013年，我国潮间带风电装机容量达到300.5兆瓦，近海风电装机容量为128.1兆瓦。

在我国海上风电开发提供风电机组的制造商中，华锐、金风、Siemens所占份额较大，机型主要以2兆瓦以上的风电机组为主。其中华锐和Siemens的风电机组主要安装在近海风电项目，金风的风电机组主要安装在潮间带风电项目。截至2013年底我国风电机组制造商的海上风电装机情况见表3。截至2013年底我国风电机组制造商的海上风电装机容量占比情况见图4。

表3　截至 2013 年底我国风电机组制造商的海上风电装机情况

序　号	制造商	装机台数	装机容量（MW）	容量占比（%）
1	华锐风电	56	170.0	39.7
2	金风科技	44	109.5	25.5
3	Siemens	21	50.0	11.7
4	联合动力	22	39.0	9.1
5	重庆海装	4	14.0	3.3
6	上海电气	6	13.6	3.2
7	东汽	2	8.0	1.9
8	湘电风能	2	7.5	1.7
9	远景能源	3	7.0	1.6
10	明阳风电	3	6.0	1.4
11	三一电气	2	4.0	0.9
总　计		165	428.6	100.0

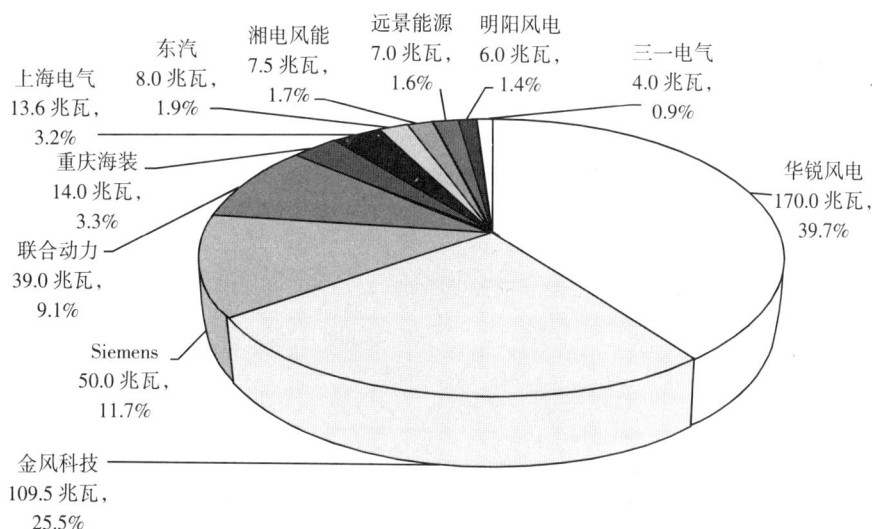

图4　截至 2013 年底我国风电机组制造商的海上风电装机容量占比情况

三、我国风电发展特点

（一）兆瓦级和多兆瓦级风电机组研发和应用取得进展

2013 年，中国新增风电机组的平均功率达到 1720 千瓦，同比增长 4.45%；累计风电机组的平均功率为 1448 千瓦，同比增长 3.37%。

2013 年，中国新增风电机组中，百千瓦级（单机功率<1000 千瓦）的风电机组仅占装机总量的 0.8%；1.5 兆瓦的风电机组仍然占据主要市场地位，占全国新增装机总量的 51%，但与 2012 年 63.7%

的市场份额相比下降近 13 个百分点；2 兆瓦的风电机组所占市场比例进一步上升，由 2012 年的 26.1%上升到 31.6%。2013 年，我国 2 兆瓦以上的多兆瓦风电机组（2.1 兆瓦、2.3 兆瓦、2.5 兆瓦、3 兆瓦、4 兆瓦、5 兆瓦）安装比例达到 13.8%，主要以 2.5 兆瓦和 2.1 兆瓦的风电机组为主，分别装了 469 台和 213 台；2.3 兆瓦的风电机组装了 79 台，3 兆瓦安装了 136 台，4 兆瓦的 1 台和 5 兆瓦的 2 台。2013 年我国各类机型风电机组装机容量占比情况见表4。2013 年我国各类机型风电机组新增装机容量占比情况见图5。2013 年我国各类机型风电机组累计装机容量占比情况见图6。

表4　2013年我国各类机型风电机组装机容量占比情况

机型（MW）	新增容量（%）	累计容量（%）
<1	0.79	9.66
≥1，<2，≠1.5	2.80	3.85
1.5	50.96	65.35
2	31.60	16.59
>2	13.82	4.55

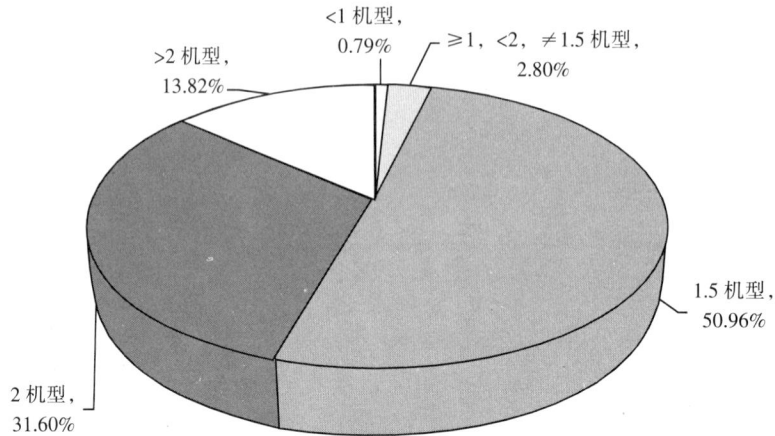

图5　2013年我国各类机型风电机组新增装机容量占比情况

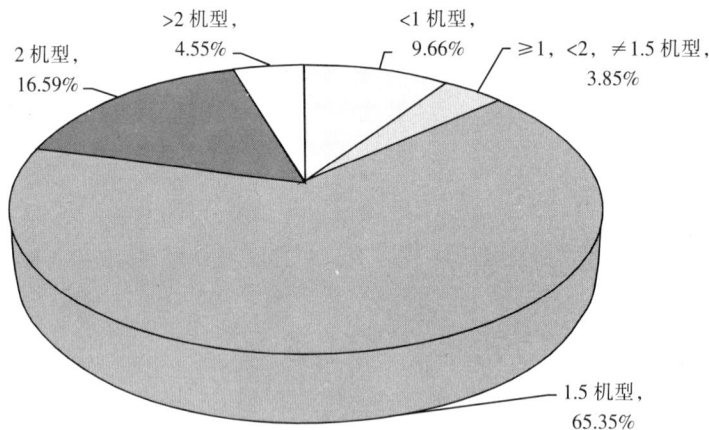

图6　2013年我国各类机型风电机组累计装机容量占比情况

表5　我国3兆瓦级以上风电机组装机情况

机型	制造商	地区	2009年	2010年	2011年	2012年	2013年	总计（MW）
3MW	东汽	盐城	0	0	0	0	3	3
	总计		0	0	0	0	3	3
	华创	烟台	0	0	3	0	0	3
	总计		0	0	3	0	0	3
	华锐	大庆	0	0	192	0	0	192
		哈密	0	0	0	0	240	240
		酒泉	0	0	27	309	0	336
		南通	0	6	51	0	0	57
		上海	63	39	0	0	0	102
		通辽	0	6	0	0	0	6
		威海	6	0	0	0	0	6
		盐城	0	0	0	0	51	51
		玉门	0	0	0	0	18	18
		张家口	0	12	99	0	0	111

续表

机型	制造商	地区	2009 年	2010 年	2011 年	2012 年	2013 年	总计（MW）
3MW		总计	69	63	369	309	309	1 119
	金风	南通	0	0	0	3	0	3
		乌鲁木齐	3	0	0	0	18	21
		张家口	0	0	6	0	0	6
		总计	3	0	6	3	18	30
	京城新能源	张家口	0	0	0	0	3	3
		总计	0	0	0	0	3	3
	联合动力	潍坊	0	0	57	30	0	87
		乌兰察布	0	0	0	0	15	15
		忻州	0	0	0	45	0	45
		张家口	0	0	3	0	0	3
		总计	0	0	60	75	15	150
	明阳	南通	0	3	0	0	0	3
		乌鲁木齐	0	3	48	0	0	51
		湛江	0	0	0	0	3	3
		张家口	0	0	3	0	0	3
		总计	0	6	51	0	3	60
	瑞其能	潍坊	0	0	0	0	9	9
	总计		0	0	0	0	9	9
	太原重工	沂州	0	0	0	0	48	48
	总计		0	0	0	0	48	48
3MW 汇总			72	69	489	387	408	1 425
3.6MW	Siemens	上海	0	3.6	0	0	0	3.6
	总计		0	3.6	0	0	0	3.6
	华创	张家口	0	0	0	3.6	0	3.6
	总计		0	0	0	3.6	0	3.6
	上海电气	上海	0	3.6	3.6	0	0	7.2
	总计		0	3.6	3.6	0	0	7.2
3.6MW 汇总			0	7.2	3.6	3.6	0	14.4
4MW	远景能源	南通	0	0	0	0	4	4
	总计		0	0	0	0	4	4
4MW 汇总			0	0	0	0	4	4
5MW	东汽	南通	0	0	0	0	5	5
	总计		0	0	0	0	5	5
	华锐	上海	0	0	5	0	0	5
		张家口	0	0	0	0	5	5
		总计	0	0	5	0	5	10
	湘电风能	福清	0	0	0	5	0	5
	总计		0	0	0	5	0	5
	重庆海装	南通	0	0	0	10	0	10
	总计		0	0	0	10	0	10
5MW 汇总			0	0	5	15	10	30
6MW	华锐	盐城	0	0	6	0	0	6
	总计		0	0	6	0	0	6
	联合动力	潍坊	0	0	0	6	0	6
	总计		0	0	0	6	0	6
6MW 汇总			0	0	6	6	0	12
总计（MW）			72	76.2	503.6	411.6	422	1 485.4

数据来源：CWEA。

2013 年，我国累计风电装机中，百千瓦级风电机组所占比例为 9.7%；1.5 兆瓦风电机组所占比例达到 65.4%，依然为市场主流机型，但同比下降 3%；2 兆瓦风电机组市场份额上升至 16.6%，2.5 兆瓦及以上风电机组所占比例上升至 3.5%。我国 3 兆瓦级以上风电机组装机情况见表 5。

（二）特殊环境条件下的风电设备技术和应用取得突破

我国风电机组制造企业在已有的风电技术成果基础上，加大了特殊环境条件下的风电设备研发力度，尤其是在高海拔地区、低风速地区、沿海潮间带和近海地区适用的风电机组设备研发。

1. 低风速地区风电设备研发和应用

2013 年，中国低风速地区风电开发进程加快，与此对应的是主流产品风轮直径设计越来越大，安装数量也越来越多。以 1.5 兆瓦的风电机组为例，风轮直径为 83 米及以上的风电机组市场份额变化最快，2013 年新增市场份额达到 49%，同比增长超过 14 个百分点。风轮直径 82 米的机组市场份额进一步下降，由 45% 降至 31%。2008~2013 年我国 1.5 兆瓦风电机组不同风轮直径市场份额（按装机容量）见表 6。2010~2013 年我国 1.5 兆瓦风电机组不同风轮直径市场份额（按装机容量）见图 7。

表 6　2008~2013 年我国 1.5 兆瓦风电机组不同风轮直径市场份额（按装机容量）

时间＼项目	83m 及以上	82m	71~81m	70m 以下
2008	—	3.19	77.08	19.73
2009	—	35.97	54.27	9.76
2010	2.42	63.03	31.99	2.55
2011	17.60	57.70	18.60	6.11
2012	37.96	44.86	13.09	4.09
2013	49.46	31.33	12.23	6.98

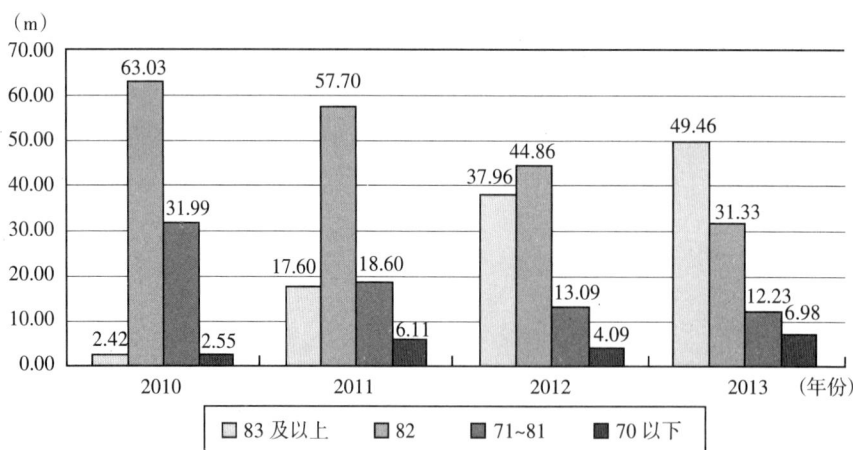

图 7　2010~2013 年我国 1.5 兆瓦风电机组不同风轮直径市场份额（按装机容量）

以 2 兆瓦的风电机组为例，2013 年，风轮直径增大的趋势愈发明显，93 米以上的机型已占据 2 兆瓦风电机组新增市场的 84%，83~91 米的机型市场份额由 2012 年的 25% 降至 14%。2008~2013 年我国 2 兆瓦风电机组不同风轮直径市场份额（按装机容量）见表 7。2009~2013 年我国 2 兆瓦风电机组不同风轮直径市场份额（按装机容量）见图 8。

表 7 2008~2013 年我国 2 兆瓦风电机组不同风轮直径市场份额（按装机容量）

时间 ＼ 项目	93m 及以上	83~91m	82m 以下
2008	—	6.05	93.95
2009	11.05	6.04	82.90
2010	39.94	28.04	32.01
2011	49.00	31.14	19.86
2012	61.70	25.07	13.23
2013	84.00	14.14	1.86

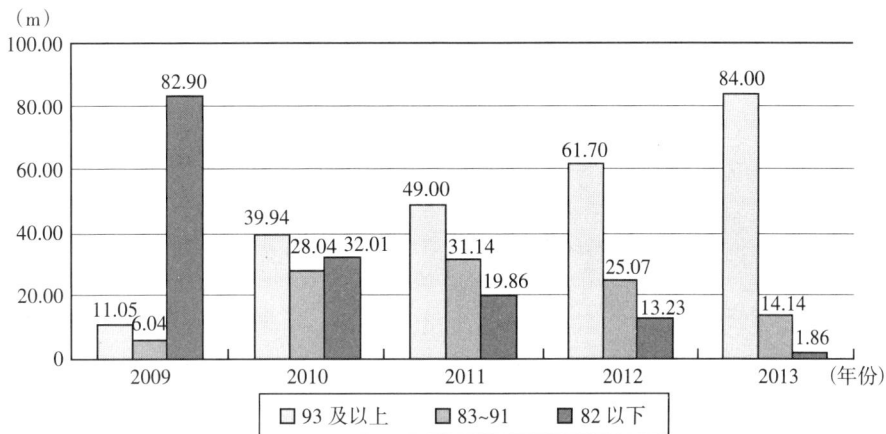

图 8 2009~2013 年我国 2 兆瓦风电机组不同风轮直径市场份额（按装机容量）

2013 年，除 Ⅱ 类风资源区之外，其他三类风资源区装机量均有提高，其中，Ⅲ、Ⅳ 类风资源区的新增装机容量达到 13615.4 兆瓦，占总装机量的 84.6%，较 2012 年上升近 5 个百分点。2008~2013 年各风资源区新增风电装机容量占比见表 8。2008~2013 年各风资源区新增风电装机容量占比见图 9。

表 8 2008~2013 年各风资源区新增风电装机容量占比

时间 ＼ 项目	Ⅰ类资源区	Ⅱ类资源区	Ⅲ类资源区	Ⅳ类资源区
2008	25	24	12	40
2009	27	30	12	31
2010	11	45	10	35
2011	12	25	18	45
2012	8	12	19	60
2013	9	7	29	56

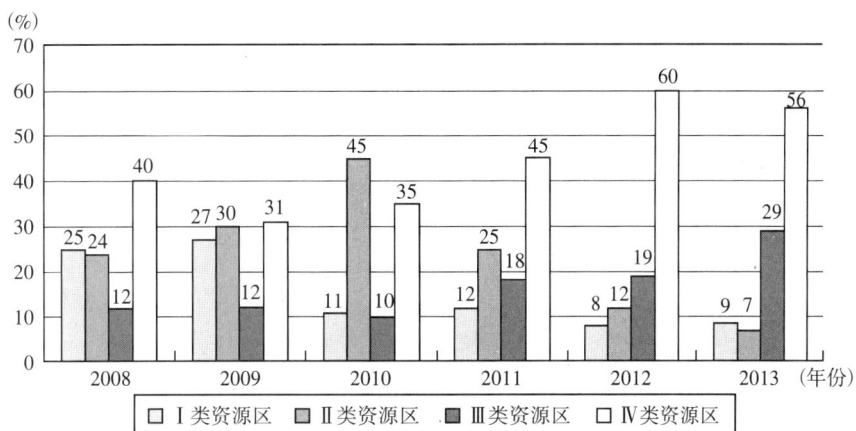

图 9 2008~2013 年各风资源区新增风电装机容量占比

2. 高海拔地区风电设备研发和应用

针对青海、云南、贵州和甘肃局部地区的风资源和环境特点，国内已有许多制造企业进行了高海拔地区的风电机组设备研制，并取得实质性成果。华锐、金风、联合动力、明阳、湘电、南车等数十家企业已经研制出针对高海拔地区的风电机组，并有小批量的投入运行。

2013年，中国高海拔地区风电新增装机1415兆瓦，占全国新增装机总量的8.8%，同比下降近3个百分点。主要是因为云南省暂停了总装机195.35万千瓦的在建风电项目，导致新增装机量大幅下降至2012年的一半左右。贵州和青海2013年则实现了新增装机量的增长，装机量分别达到683兆瓦、204.5兆瓦，同比增长118.9%和77.8%。

2013年，西藏那曲超高海拔试验风场实现了首批5台风电机组（共7.5兆瓦）全部并网，这是迄今为止世界海拔最高的风电项目。

中国高海拔地区风电开发始于2008年，当时仅有云南省不足80兆瓦的装机；在2009年出现了下降势头，仅有42兆瓦的装机量，其他高海拔地区风电开发仍旧一片空白，2010~2012年，中国高海拔地区风电开发加速，尤其是云南省，2012年新增装机达到1031兆瓦，2008~2012年，风电装机平均复合增长率达到90.25%，贵州和青海风电开发虽稍晚于云南省，但也呈现出逐年上涨趋势。进入2013年，云南省风电开发遭遇较大阻力，装机量急剧下降，而贵州和青海则保持了相对稳定的增长势头。2008~2013年我国高海拔地区风电新增及累计装机容量见图10。

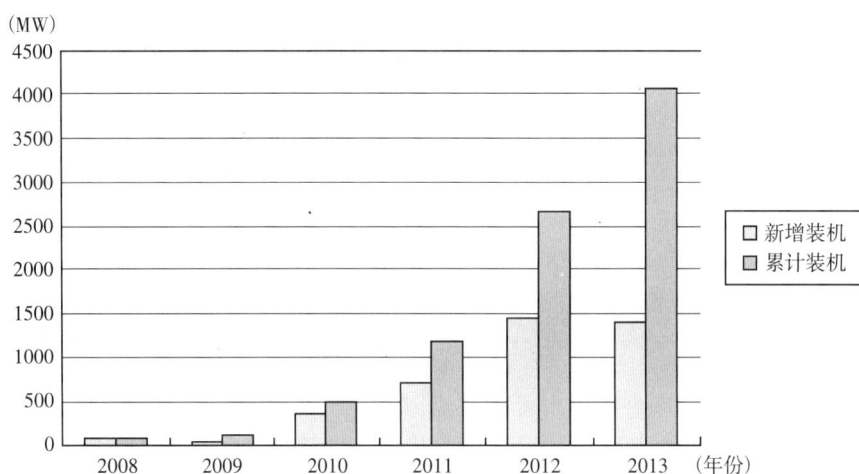

图10　2008~2013年我国高海拔地区风电新增及累计装机容量

四、风电企业发展情况

（一）风电机组制造企业

2013年，我国26个省市拥有大小风电机组生产基地119个，实现批量生产的风电机组生产基地81个，小规模生产基地16个，在建生产基地20个，筹建2个。

2013年，我国已有风电机组下线并保持运营生产的企业为30家左右，其中年产兆瓦机组1000台以上的企业仅金风1家，500台以上的企业4家，年产100~500台机组的企业共14家，100台以下10家。

2013年，中国风电新增装机容量排名前15的企业占据了国内90%的市场份额，其中金风科技新增装机容量排名保持第一，达到3750.25兆瓦，占据23.31%的市场份额。其次为联合动力、明阳风电、远景能源和湘电风能，新增装机容量分别为1487.5兆瓦、1286兆瓦、1128.1兆瓦和1052兆瓦。2013年我国风电装机排名前15机组制造商占比见表9。2013年我国风电新增装机排名前15机组制造商占比见图11。2013年我国风电累计装机排名前 15 机组制造商占比见图 12。

表 9　2013 年我国风电装机排名前 15 机组制造商占比

制造商	新增占比（%）	排　名	制造商	累计占比（%）
金风	23.31	1	金风	20.73
联合动力	9.25	2	华锐	16.49
明阳	7.99	3	联合动力	9.63
远景能源	7.01	4	东汽	8.68
湘电风能	6.54	5	明阳	6.06
上海电气	6.30	6	Vestas	4.91
华锐	5.57	7	湘电风能	4.10
重庆海装	4.89	8	上海电气	3.96
东汽	3.56	9	Gamesa	3.87
运达	3.35	10	远景能源	2.65
Vestas	3.16	11	重庆海装	2.26
华创	2.95	12	华创	2.24
南车风电	2.13	13	运达	2.19
华仪	1.95	14	GE	1.98
太原重工	1.82	15	南车风电	1.80
其他	10.22		其他	8.46

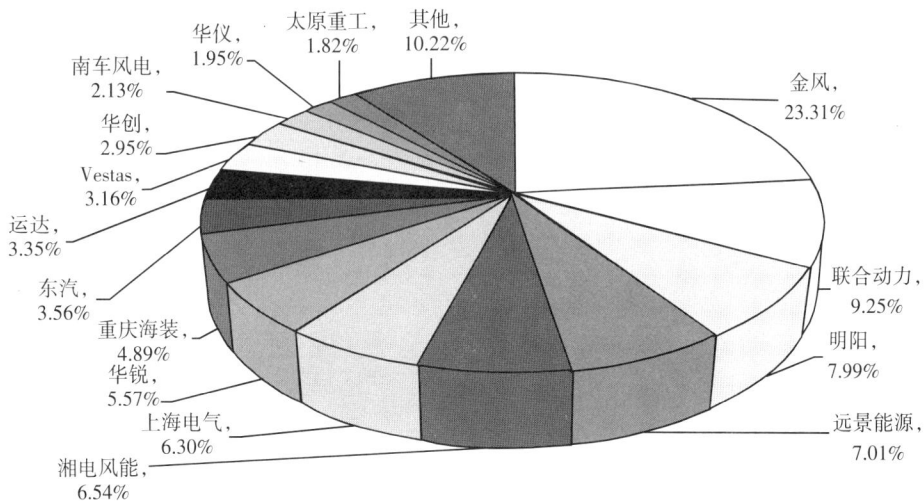

图 11　2013 年我国风电新增装机排名前 15 机组制造商占比

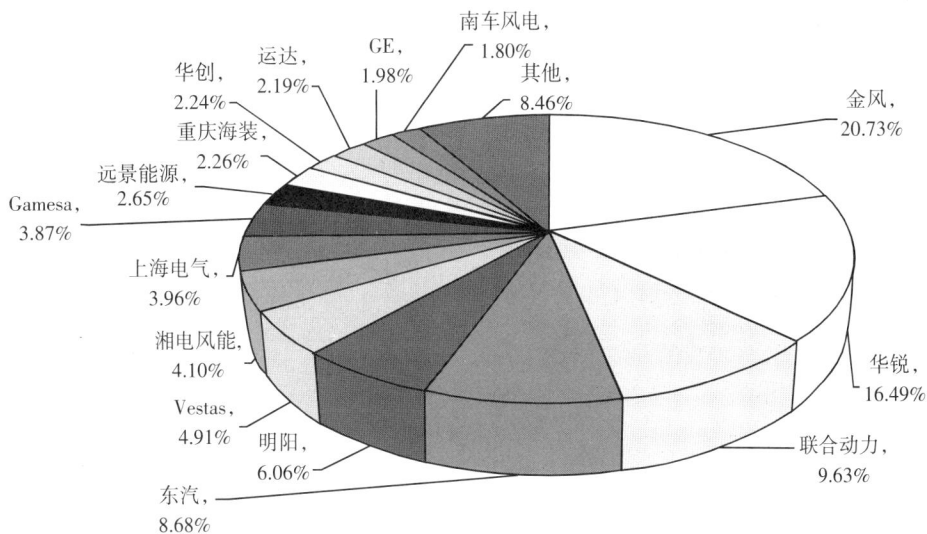

图 12　2013 年我国风电累计装机排名前 15 机组制造商占比

2007~2013 年，国内新增装机排名前 10 的风电机组制造商所占市场份额从 98.4%下降到了 77.77%，越来越多的风电机组制造商参与到这一新兴市场中来，我国风电设备制造业也经历了快速发展至鼎盛期后回归平稳发展的历程。

2013 年，新增装机排名前 5 的风电机组制造商所占市场份额由 2012 年的 60%进一步下降至 54.1%，同比下降了近 6 个百分点。排名前 5 的风电机组制造商中，除联合动力新增装机量同比下降 26.7%之外，金风科技、明阳风电、远景能源和湘电风能的新增装机容量同比均有提高，分别上升了 48.7%、13.5%、107.4% 和 17.8%。

从近 3 年新增装机容量看，金风科技连续 3 年占据第一，且市场份额保持在 20%左右，2013 年，更是达到 23.3%，进一步拉大了与其他厂家的距离。联合动力和明阳风电保持了相对稳定的市场地位。2011 年，联合动力排名第三，2012 年和 2013 年均占据了第二的位置。明阳在 2011 年和 2012 年均排在第四，2013 年上升一位，居第三位。

华锐的市场份额不断缩小，2011 年，华锐名列第二位，2012 年居第三位，2013 年下滑至第七位。东汽近几年的市场份额也逐渐降低，2011 年保持在第五的位置。但在 2012 年和 2013 年均跌出了前五。

远景能源近几年来呈现出强劲的发展势头，2011 年排名尚在十名以外，2012 年已排至第七位，2013 年则排在了第四位。由于内资风电机组制造商的快速发展，Vestas、Gamesa、GE、Suzlon 和 Nordex 等外资企业的市场份额逐年下降，目前保持在业内前十的外资企业仅剩 Vestas 和 Gamesa 两家，其他外资企业的市场订单已远远少于行业发展初期，不少企业已开始缩小中国市场的经营规模或已退出这一市场。随着装机容量的增加，国内风电机组制造企业的世界排名也逐步提高。2013 年有 3 家中国企业进入世界新增风电装机排名前 10 位，分别为金风科技、联合动力和明阳。与 2012 年不同的是，由于在国内和海外市场的强劲表现，2012 年

下滑至全球第七的金风科技重新回到第二的位置。

（二）风电场开发企业

2013 年，更多的风电企业参与到风电项目开发中来，有新风电项目动工的风电企业达到 90 多家，比 2012 年多出近 20 家。从控股企业的企业性质分类来看，大型央企有 21 家，占企业总数的 22.6%，地方国有企业有 33 家，占比为 35.5%，民营和外资企业有 39 家，占比为 41.9%。2013 年，大型央企和地方国有企业依旧扮演着风电项目开发的主导力量，民企风电开发的力度有所加大。

2013 年，风电新增装机中，国电集团（含龙源）继续保持其领先地位，装机容量达到 1751.1 兆瓦（其中龙源为 1055.1 兆瓦），占新增风电装机总量的 10.9%；中电投以 1712.2 兆瓦的装机量紧随其后，中国广核集团以 1536.65 兆瓦的装机容量排名第三。市场份额分别占到 10.6%和 9.6%。2013 年我国风电装机前 10 名开发商市场份额占比见表 10。2013 年我国风电新增装机前 10 名开发商市场份额占比见图 13。2013 年我国风电累计装机前 10 名开发商市场份额占比见图 14。

表 10 2013 年我国风电装机前 10 名开发商市场份额占比

制造商	新增占比（%）	排 名	制造商	累计占比（%）
国电集团	10.88	1	国电集团	19.15
中电投	10.64	2	华能集团	11.69
中广核	9.55	3	大唐集团	11.56
华能集团	8.26	4	华电集团	6.42
华电集团	7.23	5	中电投	5.76
天润	5.46	6	中广核	5.47
大唐集团	5.10	7	国华	5.36
国华	4.68	8	华润集团	3.37
三峡	3.89	9	天润	2.85
华润集团	3.45	10	三峡	2.11
其他	30.84		其他	26.26

注：国电集团的统计为国电（不包括龙源电力）和龙源电力的数据之和；华能集团的统计为华能新能源和北方龙源的数据之和；华电集团的统计为华电国际、华电新能源和华富的数据之和；华润集团的统计为华润电力和华润新能源的数据之和；天润的统计为天润和天源的数据之和；国家电网的统计为电科院、国家电网、国网新源、鲁能和天山电力的数据之和；三峡的统计为三峡和长江新能源的数据之和。

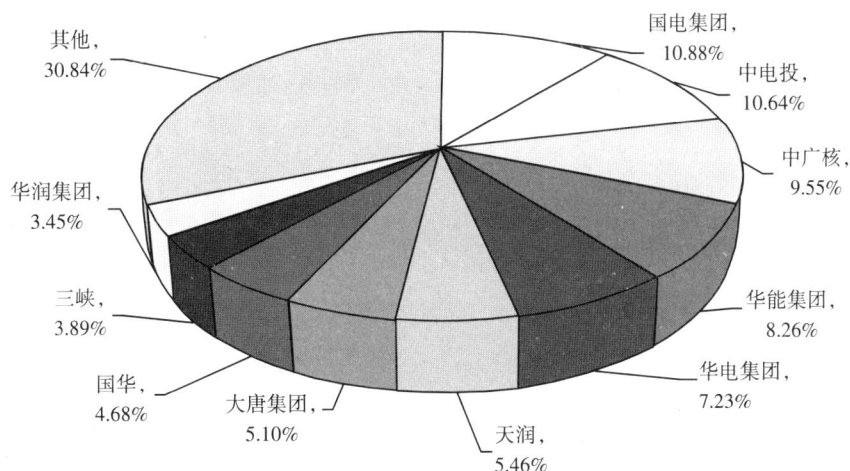

图 13　2013 年我国风电新增装机前 10 名开发商市场份额占比

2013 年，国电集团累计装机容量超过了 15000 兆瓦，达到 17508.44 兆瓦，占全国累计装机总量的 19.2%。其次分别为华能和大唐集团，装机容量达到 10686.38 兆瓦和 10569.16 兆瓦，所占市场份额分别为 11.69% 和 11.56%。其他进入中国累计风电装机容量排名前 10 的开发商还有华电集团、中电投、中广核、国华、华润集团、天润和三峡等。

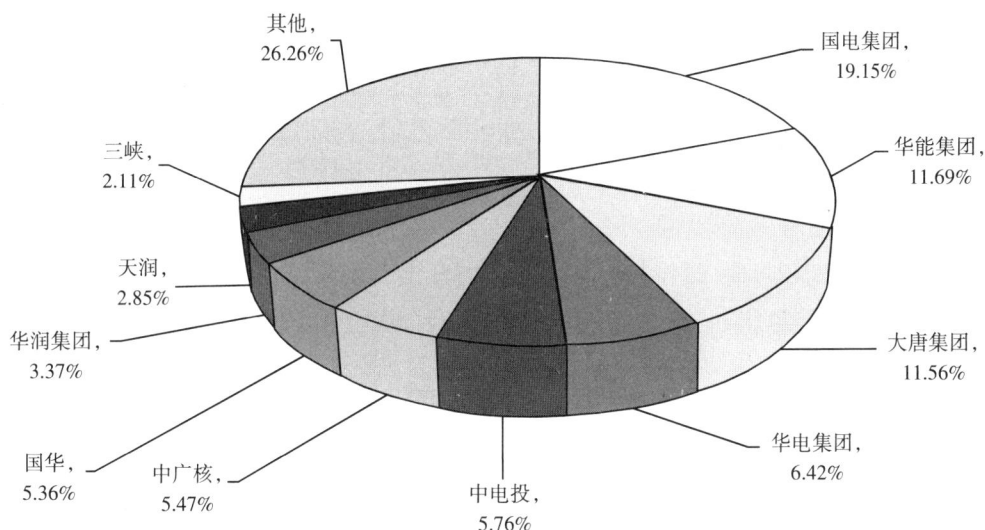

图 14　2013 年我国风电累计装机前 10 名开发商市场份额占比

五、风电海外市场拓展

（一）我国风电机组出口情况

2013 年，我国共有金风、华锐、明阳等 7 家风电机组制造商向国外出口风电机组，已发运风电机组 341 台，容量达 692.35 兆瓦，同比分别增长 51.1% 和 60.8%。截至 2013 年底，我国已累计出口风电机组 748 台，总容量达到 1392.5 兆瓦。2007~2013 年我国风电机组出口情况见表 11。2007~2013 年我国风电机组出口情况见图 15。

表 11　2007~2013 年我国风电机组出口情况

年份　　项目	新增容量（MW）	同比增长（%）	累计容量（MW）	同比增长（%）
2007	2.34	—	2.34	—
2008	14.50	519.66	16.84	593.00
2009	28.75	98.26	45.59	170.72
2010	11.05	-61.57	56.64	24.24
2011	213.06	1828.14	269.70	376.17
2012	430.45	102.03	700.15	159.60
2013	692.35	60.84	1 392.50	98.89

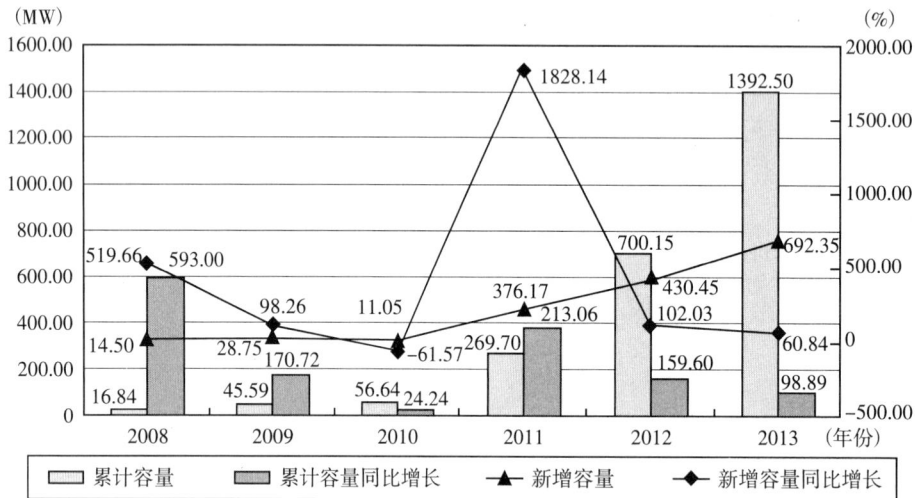

图 15　2007~2013 年我国风电机组出口情况

近两年，我国风电机组制造商加快了海外市场的拓展步伐，出口国家由 2012 年的 19 个扩展到 27 个，其中美国是最主要的风电机组出口国。截至2013 年底，我国向美国出口的风电机组容量已达到 335.75 兆瓦，占出口总量的 24.1%。截至 2013 年底我国风电机组出口国家情况见表 12。

表 12　截至 2013 年底我国风电机组出口国家情况

序　号	出口国家	企业名称	发运数（台）	容量（MW）
1	美国	金风	108	169.00
		三一电气	35	70.00
		华创	17	61.20
		中航惠德	10	10.00
		联合动力	6	9.00
		华锐	4	6.00
		重庆海装	2	4.00
		新誉重工	2	3.00
		瑞祥风能	1	2.05
		明阳	1	1.50
		小计	186	335.75
2	澳大利亚	金风	86	185.00
3	埃塞俄比亚	三一电气	56	84.00
		金风	34	51.00
		小计	90	135.00
4	意大利	华锐	35	91.50

续表

序 号	出口国家	企业名称	发运数（台）	容量（MW）
5	土耳其	华锐	48	72.00
		金风	7	5.25
		小计	55	77.25
6	巴拿马	金风	22	55.00
7	南非	华锐	18	54.00
8	保加利亚	明阳	33	49.50
		湘电风能	1	2.00
		小计	34	51.50
9	罗马尼亚	金风	20	50.00
10	巴基斯坦	金风	33	49.50
11	智利	金风	22	33.00
		远景	5	10.50
		华仪	5	5.34
		小计	32	48.84
12	伊朗	瑞其能	20	40.00
		湘电风能	2	4.00
		浙江运达	1	1.50
		小计	23	45.50
13	瑞典	华锐	12	36.00
14	西班牙	华锐	12	36.00
15	巴西	华锐	23	34.50
16	印度	华锐	10	15.00
		明阳	7	10.50
		小计	17	25.50
17	泰国	瑞其能	3	9.00
		金风	3	7.50
		新誉重工	2	3.00
		上海电气	2	2.50
		小计	10	22.00
18	塞浦路斯	瑞其能	10	20.00
19	厄瓜多尔	金风	11	16.50
20	芬兰	东方电气	3	4.50
21	古巴	金风	6	4.50
22	英国	上海电气	3	3.75
23	丹麦	远景	1	3.60
24	玻利维亚	金风	2	3.00
25	哈萨克斯坦	华仪	2	1.56
26	白俄罗斯	华仪	1	1.50
27	乌兹别克斯坦	金风	1	0.75
总 计			748	1 392.50

数据来源：CWEA。

截至 2013 年底，风电机组制造商中，以金风科技和华锐风电出口数量最多，容量分别达到 630 兆瓦和 345 兆瓦，占出口总量的 45.24% 和 24.78%。

截至 2013 年底我国风电机组制造商出口情况见表 13。截至 2013 年底我国风电机组制造商出口前 10 名占比见图 16。

表 13　截至 2013 年底我国风电机组制造商出口情况

序　号	制造商	发运数（台）	发送容量（MW）	容量占比（%）
1	金风	355	630.0	45.24
2	华锐	162	345.0	24.78
3	三一电气	91	154.0	11.06
4	瑞其能	33	69.0	4.96
5	明阳	41	61.5	4.42
6	华创	17	61.2	4.39
7	远景	6	14.1	1.01
8	中航惠德	10	10.0	0.72
9	联合动力	6	9.0	0.65
10	华仪	8	8.4	0.60
11	上海电气	5	6.25	0.45
12	湘电风能	3	6.0	0.43
13	新誉重工	4	6.0	0.43
14	东方电气	3	4.5	0.32
15	重庆海装	2	4.0	0.29
16	瑞祥风能	1	2.05	0.15
17	浙江运达	1	1.5	0.11
	总计	748	1392.5	100.00

数据来源：CWEA。

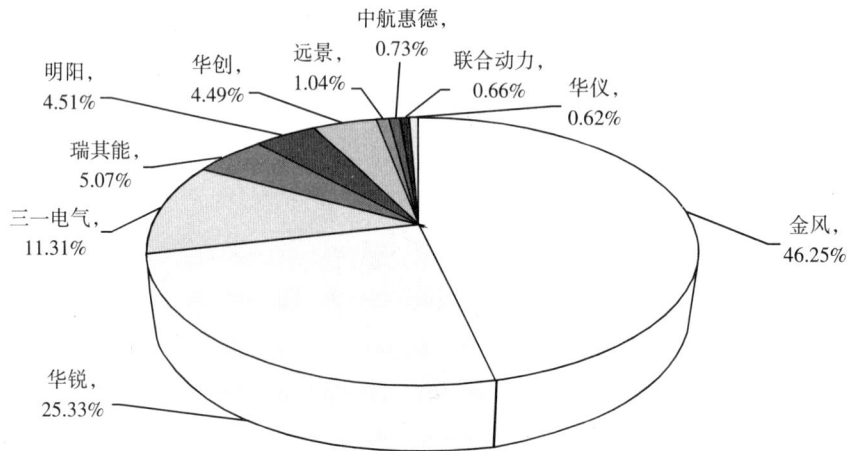

图 16　截至 2013 年底我国风电机组制造商出口前 10 名占比

（二）海外市场拓展方式多元化

通过具有规模化和代表性的案例，说明我国风电"走出去"实际的运作情况。

（1）案例一：美国 Shady Oaks 风电场项目。该项目是金风科技在美国的全资子公司 TianRun Shady Oaks, LLC 在美国市场成功中标电价并签署长期电价购买协议并负责该风电场的投资、建设。这是我国风电设备企业进入美国市场的一个重大里程碑。

Shady Oaks 风电场项目规划总装机 106.5 兆瓦，招标方为美国伊利诺伊州最大的电力公司之一 Commonwealth Edison Company，项目将全部采用金风科技 1.5 兆瓦直驱永磁风力发电机组。风电场于 2011 年开工建设，2012 年投入运营，并供应为期 20 年的电力。

Shady Oaks 风电场项目最先是由 Mainstream Renewable Power 与天润美国合作开发。但随后，金风科技收购了 Mainstream 这位开发合作伙伴此项目的所有股权。Shady Oaks 风电场项目并非金风科技在美国市场上的第一个项目。早于 2010 年，金风科技就在美国明尼苏达州立起了3台1.5兆瓦的直驱永磁风力发电机组。这个项目的成功运作，为日后金风科技进入美国市场提供了一定的可能。

这个项目由天润美国出资150万美元与Horizon、Dakota组成合资公司天润奥克有限公司。奥克有限公司负责风电项目的建设、管理、运营。金风美国作为金风科技的美国销售办公室，选址芝加哥，雇用了包括管理人员、工程师和其他人员在内的12名美国人。整个项目造价的约60%将投向美国的人力和制造业。

（2）案例二：澳大利亚Gullen Range风电场项目。该项目是澳大利亚新南威尔士州单体规模最大的风电场项目之一，总容量达165.5兆瓦，该项目也是自2011年以来首个获得TransGrid电网公司并网许可的大型风电场项目。

金风科技采用澳大利亚本地的建设承包单位进行风电场具体建设工作，并由TransGrid负责该风电场330千伏电网接入配套设施的建设。另外，金风科技还将为本项目在澳大利亚本地采购17架塔筒，公司在充分考虑风电场最佳成本收益的前提下，践行公司"以本土化推动国际化"的战略，以双赢谋求可持续的国际化发展。建设工作于2013年底前完成，并于2013年12月份实现并网运行，是金风科技在海外市场继美国Shady Oaks风电场项目后又一重要示范工程。

此风电场成功获得包括澳大利亚国家银行（National Australia Bank）、中国银行、交通银行、中国建设银行、中国工商银行在内的五家金融机构组成的银团提供的无追索权项目融资，融资总额为2.5亿澳元（约合人民币14.88亿元），澳大利亚国家银行还将作为此次融资项目的金融顾问以及债务组织者（Mandated Debt Arranger）和账簿管理人（Book Runner）。

（3）案例三：罗马尼亚200兆瓦风电场项目。在Penonome风电场，是金风科技旗下全资子公司金风美国（Goldwind USA）与InterEnergy公司（InterEnergy Holdings）签订了215兆瓦的风机供货协议，将向其提供86台2.5兆瓦直驱永磁机组，同时包括机组长期质保运维服务。

Penonome风电场位于巴拿马Coclé地区，是巴拿马的首个风电场，也是公司在中美洲市场获得的第一个风电项目。一期55兆瓦风电场成功获得国际银团提供的项目融资，融资总额为7100万美元，约合4.35亿元。金风国际和Unión Eólica Panamea（UEP）作为该项目的联合投资人。BICSA银行（Banco Internacional de Costa Rica, S.A.）和BESI银行（Banco Espirito Santo de Investimento, S.A.）作为此次融资项目的牵头银行（Mandated Lead Arrangers），联合多家国际银行及投资机构为该项目提供10年期的项目融资。

（4）案例四：2013年11月25日，明阳与罗马尼亚潘尼斯库集团在罗马尼亚总理府签订200兆瓦风电项目开发协及项目EPC与设备供货协议。该项目为风电场开发和设备采购项目。场址位于罗马尼亚东南部黑海沿岸，总投资额约4亿欧元。

该地区属于罗马尼亚风能资源丰富区域，项目风资源条件较好。现场地势开阔平坦，海运及内陆运输道路条件好，有利于施工展开。附近有400千伏欧洲电网变电站及输电线路，风场可直接接入现有变电站，电力接入传输容量可靠。另外，罗马尼亚风电电价实行基础电价加绿色证书制度，按欧元计价，具有良好的投资前景。

该项目于2014年初开工建设，2014年底竣工100兆瓦，2015年6月项目全部完成。根据协议，由明阳提供自主研发的2兆瓦大叶轮直径风机、主要部件、工程技术和运维服务支持。项目合作成功将对中、东欧及独联体国家地区产生强有力的辐射作用，助推明阳的国际化发展步伐。

（5）案例五：明阳和印度信实能源签订的2500兆瓦新能源合作项目。在2012年11月26日，明阳和印度信实能源签订的第一个订单——涉及金额30亿美元的2500兆瓦新能源合作项目，并获得了中国国家开发银行的金融支持。2000兆瓦风能项目产品在明阳信实合资公司生产，原材料及关键部件由广东明阳出口，出口额约60亿元；500兆瓦太阳能项目采用EPC工程，由明阳承建，项目设备出口及技术服务总额 80 亿元。由中国国家开发银行、中国明阳风电集团、印度信实能源 Ashwani Kumar 三方签署协议。

印度信实集团成立于 1959 年，是印度最有影响力的私营家族财团之一，是印度最大的电力开发商，统领着印度能源、通信、零售、金融等领域。明阳选择了与信实集团合作共同投资开发印度新能源市场，并于 2012 年 7 月 2 日签订了战略合作协议，明阳风电集团共投资 2500 万美元，建立合资公司，成为控股股东，股权占比 55%。

未来三年，将借助这一合作平台拓展印度市场，由明阳提供各型号的大型风机技术、品牌、主要部件、工程和服务支持，以及 EPC 整体解决方案，以定制化产品和创新的商业模式、金融解决方案。运用明阳在设备制造、技术创新、金融支持以及商业模式创新方面的独特优势，为印度地区提供风能和太阳能整体解决方案。

以上的案例均是在海外市场成规模化的项目，在美国、巴拿马、澳大利亚的风电场项目，是金风科技通过海外子公司，并且通过投资、融资的方式在海外市场的业务拓展。而明阳集团则是通过合作、成立合资公司的方式拓展海外业务。

六、中小型风能产业发展情况

2012~2013 年，中小型风能产业进入了一个弱势增长期，由于受困于国家政策补贴措施影响以及光伏产品的成本降低，新能源产品市场应用转向，中小风电消费进入下降通道；在市场转化过程中，生产集中度开始向批量大、技术先进、质量有保障的企业收拢；产品研发正在按照国际标准不断改进；国家标准、行业标准开始有计划地进行修订和完善；在国家科委的支持下，中小型风电机组野外测试设施建设速度加快，企业在产品认证方面的认识和要求在有所加强。产业发展形势虽失去前几年的强劲走势，但正在向健康的发展道路上迈进。

（一）整体情况

1. 产业基本数据

2012 年，行业内有 31 家主要生产制造企业上报的统计资料显示，中小型风电行业全年总生产量接近 12.3 万台，总销售量达到 10.65 万台，总产值 9.85 亿元，总销售额近 8.13 亿元，生产机组容量 97.1 兆瓦，销售机组容量近 84.6 兆瓦，利税总额 2.15 亿元。2012 年有 17 家企业上报的总出口量近 3.03 万台，出口机组容量 3.56 万千瓦，出口额为 4500 多万美元。

2013 年，这 22 家中小型风电企业全年总生产量 7.79 万台，总销售量达到 7.19 万台，总产值 8.79 亿元，总销售额 8 亿元，生产机组容量 6.72 万千瓦，销售机组容量 6.1 万千瓦，利税总额 1.96 亿元；其中有 15 家企业上报的中小风电机组出口量 1.97 万台，出口机组容量 2.75 万千瓦，出口额 4100 多万美元。

2013 年中小型风电行业上报企业数量比 2012 年有所减少，整体数据与 2012 年无法比较。根据中国农机工业协会风能设备分会综合 15 家骨干生产企业连续上报的数据分析，2013 年中小型风电产品的生产数量比 2012 年下降 21%，生产机组容量下降 22.5%，销售量下降 15.7%，销售机组容量下降 19%，出口数量减少 14%，出口机组容量减少 18.9%。另外，从中国海关总署获取的产品出口数据看，其产品出口同样呈下降趋势。2012 年、2013 年中小型风电机组出口情况见表 14。

表 14　2012 年、2013 年中小型风电机组出口情况

年　份	国家/地区数	出口数（台）	出口额（万美元）	平均价格（美元/台）	同比增长（%）
2012	111	18 900	2 645.87	1 400	6.18
2013	113	13 400	2 395.00	1 700	−9.50

2. 中小型风能行业企业基本构成

在 40 年的发展过程中，中小型风能行业企业基本构成一直是一种自生自灭状态，除一家企业为全民所有制外，其余全部为民营企业。截至 2012

年末，行业有企业 30 多家，注册资金达到 5.16 亿元，固定资产原值 40 亿元，净值达 21 亿元；职工总数3100 多人，其中技术人员 842 人，占总人数的 27.2%；工程师以上技术人员 406 人，占技术人员的 48.2%；生产能力达 38 万余台；拥有发明专利 127 项，新型实用专利 252 项，外观专利 89 项；拥有国际 PTC 发明专利 7 项，新型实用专利 5 项。

3. 产品构成及应用领域

中小型风电产品从 100 瓦到 100 千瓦共有 20 个型号，其中销售量最大的产品为 300 瓦，占整个销售总量的 34.49%，400 瓦占 17.75%，600 瓦占 12.55%，1 千瓦占 14.95%，2~5 千瓦占 5.10%，10~100 千瓦占 1%。

产品的应用规模较大的领域包括城乡道路及公共园林照明、移动通信基站离网供电、边远无电地区农牧民用电、农村集中离网供电、边防连队离网供电、海岛离网居民供电及海水淡化、森林防火及公路安全监控、水上渔船供电，少部分应用在城镇屋顶发电。

尤其在内蒙古东西部无电地区农牧民"送电工程"项目的应用，是一项持续了多年的、对小风电唯一的以政策支持的地方项目，它促进了小型风电产业的发展，对小风电的推广应用起到示范推广作用。2013 年此项工程已经实现内蒙古无电地区农牧民的用电需求的全覆盖。

根据内蒙古电力集团公司的统计表明，内蒙古西部地区自 2007 年以来共计投资 93067 万元，解决无电户 125 个村，57436 个无电户每户安装一套风光互补设备，解决了 20 多万人口的用电问题。其中 2012 年延迟到 2013 年招标的项目完成 20519 套设备，以 500 瓦风光互补设备为主，投资金额达到 2.8 亿元；2013 年该项目完成 2266 套，投资金额达到 2300 多万元；东部地区 2013 年完成招标 2361 套（金额约 3220 万元）。内蒙古在"送电工程"采用的风电设备至少能占整个中小风电行业机组销售量的 20% 以上，投资金额至少能占整个中小风能制造行业销售额的 30% 左右。

4. 产品生产向品牌企业集中

从近两年市场发展格局来看，中小风电机组生产正在向品质优良的品牌企业集中。在中小型风电市场销售旺盛的时候，一些劣质低价产品充斥市场，给消费者使用和行业声誉带来负面影响。在市场出现理性的状态下，消费者开始审视产品质量在经济发展中的作用。2012 年和 2013 年，一些掌握先进技术、质量优良的品牌企业生产量和销售量有较大幅度的增加。如广州红鹰、华鹰风电、欧陆电传动、安华新元、深圳泰玛、致远绿色等企业；而有些生产企业则产量下降，销售遇到障碍，有个别企业甚至退出了本行业。从这一角度进行分析，在这两年出现了优胜劣汰发展形势，成全了行业的健康与进步。

（二）中小型风电产业走势分析

在国内，近年来我国在中小型风电产品应用上缺乏扶持政策，尤其在中小型风电并网领域缺乏上网电价补贴政策。由于光伏产业的技术进步，制造水平和技术水平不断提高，质量稳定可靠，又经过市场激烈竞争，其产品价格已由原来的每瓦 8~9 元，降至现在的每瓦 4~5 元。中小型风电由于批量小，成本下降不明显，再加上国家对光伏产业的明确扶持和补贴政策，使得国内可再生能源发电项目建设投资转向光伏，这样就冲击了中小型风电产品的原有市场，使得中小型风电失去与光伏的竞争能力。原来在新疆、西藏等地"送电下乡"项目也失去了它的生存活力。

在国际市场，由于经济危机持续发酵，北美市场仍然没有复苏迹象。欧洲市场虽保持原有扶持风电的政策不变，但也受到光伏冲击的影响。其次，美欧等发达国家近年来对中小风电产品实施测试和认证制度，无形中为中小风电在这些国家的应用设置了一道技术壁垒。尽管我国生产的中小型风电技术水平具备与世界强国进行博弈条件，但我国中小风电产品除浙江华鹰风电设备有限公司经过了英国的 MCS 国际认证之外，大部分产品未经认证，对我国产品出口到国际发达国家的地位产生较大影响。

（三）我国中小风电行业技术研究动态

1. "分布式中小型风电机组设计制造关键技术"项目启动

由科技部支持，内蒙古工业大学、内蒙古华德新技术有限公司等七个单位承担的国家科技支撑计划"分布式中小型风电机组设计制造关键技术"项目，2013 年已经正式启动研究工作，项目以研制四种小型风力发电机组并创建"北方型"和"南方型"两个中小型风力发电机组野外测试站为背景。其中：四种小型风力发电机组为两种 5 千瓦、一种 10 千瓦和一种 50 千瓦；两个野外测试站，一个位于内蒙古锡盟，一个位于山东东营黄河入海口。四种新产品要求其技术水平高于现有国内所有机型，两个野外测试场的建成，意味着我国将具备对中小型风力发电系统进行野外实地测试能力，将对中小型风力发电系统的技术研究、标准执行、产品检测认证等提供技术支持；对质量监控和市场准入形成法律依据。

2. 中小风电行业标准动态

全行业关注的中小型风力发电机行业标准有些已经颁布实施，有些正在起草。其中：《GB/T17646-2013 小型风力发电机组设计要求》和《GB/T 29494-2013 小型垂直轴风力发电机组》（与台湾共通标准）已经于 2013 年 10 月 1 日正式颁布实施；由农业部提出、中国农业机械工业协会风能设备分会承担和 15 家企业共同参与的《小型风力发电机组运行和安全规范》农业行业标准正在起草当中。

特别是小风电设计要求标准的实施，再加上《GB/T18451-2003 风力发电机组 功率特性试验》，在行业内会加速产品特性的规范设计和计量统一，产品可以在国家统一尺度下来衡量其技术性能，为建立产品认证制度也将得到有力推动，对推进产业发展会产生积极作用。

（四）小型风电产品质量得到国际同行业认同

近年来，我国积极参加位于德国胡苏姆新能源展览会，参与国际小型风能论坛。我国的产品一改以往低质低价的产品形象，我国企业推出的高品质高档次小型风力发电产品引起全球与会者的关注。展会上展示了我国小型风力发电机产业的技术进步和产品品质，赢得了国外同行和用户的认同，为我国高品质中小型风力发电产品赢得国际市场开创了新的局面。

2012 年 11 月 5 日，浙江华鹰风电设备有限公司获得 TüV SUD 为国内中小型风力发电企业颁发的首张英国 MCS HY5-AD5.6 变桨距风电机组的认证证书。由此，HY5-AD5.6 型风电机组取得了销往英国市场的通行证，同时也扩大了该产品在欧美其他市场的影响力，增加了未来浙江华鹰风电在欧美市场的布局与销售。该公司获得 MCS 证书更具有特殊的意义，它向世界证明了中国小型风电产品的技术水平和品质保证，也为国内低迷的中小风电行业带来了极大的鼓舞。

我国部分企业生产的中小型风电产品也同时通过了欧洲的相关认证，目前在欧洲占据着大部分市场份额。丹麦、德国、法国、意大利、英国、西班牙、美国等风电发源地和风电大国都看好我国产品。除技术优势外，就风电机组本身比，我国产品的价格更有优势。

（五）中小型风能产业发展忧虑犹在

1. 中小风能产业在国家经济建设中未能形成支柱

由于多年来国家对中小风能产业发展缺乏大力支持，中小风能行业一直处于自生自灭状态，在国家产业经济建设中未能形成支柱，地位不稳固，很难在国家计划中被重视。得不到国家政策支持，资源配置不公平，行业很难做大做强。中小风能产业必须联合相关行业，共同为产业发展做出更大努力，需要与国际机构合作，创新产业地位，研究如何推动我国中小风能产业的发展出路。

2. 中小风电的技术基础不牢靠，检测认证还未形成制度

近些年来，我国中小型风能产业虽然取得不俗的成绩，产品技术、研究水平、加工能力、产品质量、抗大风能力都有了很大提高，产品在全球市场所占份额很高，但由于整个行业技术基础差、底子

薄，加工水平参差不齐，标准陈旧，检测和认证能力尚待完善，制度尚未建立，企业以整体解决方案处理发电站的设计能力缺乏技术储备。在多领域应用的设计水平与世界发达国家的先进水平仍存在差距，我们需要赶超世界先进水平。

3. 技术与市场服务值得关注

（1）由于技术标准的陈旧，在各应用领域缺乏完整的解决方案，系统方案五花八门，用户对产品技术要素得不到领悟，如内蒙古有关人士提出的应用标准和统型设计问题直到2013年都没能得到解决，消费者或陷入选择性的迷惘。

（2）应用领域与制造领域结合不密切，对话不多，特别宣传不深入，应用和制造相互脱节，对产品的研究开发、标准制定、质量监控也没有一个相互认可的规范。

（3）中小风电产品的应用基本都在偏远地区，交通不便，产品服务、配件供应难以到达现场，用户在安装设备之后就任其命运，能运转就使用，不运转就废弃，维护人员得不到技术培训，服务领域存在短板，对直接用户形成伤害。技术与市场服务值得全行业关注。

光　伏

一、概况

2012 年是我国光伏业极为艰难的一年，在内外压力下快速发展势头受到遏制，产业恢复理性发展。尽管我国多晶硅、硅片、电池组件仍然居首位，但增长幅度明显下滑，甚至出现负增长。多晶硅产量约为 7.1 万吨，同比下降 15.5%；多晶硅进口量 8.3 万吨，同比增长 27.4%。进口额达到 21 亿美元。硅片产能超过 40 吉瓦，产量达到 28 吉瓦，同比增长 16.7%，世界占比达 77.8%。太阳能电池组件产量 23 吉瓦，同比增长 9.5%，增幅比 2011 年下降 90.5 个点。2012 年全年太阳能电池出口额 127.9 亿美元，同比下降 43.6%。2012 年我国光伏行业总产值超过 3000 亿元。

2013 年我国光伏行业否极泰来的一年，行业在经历 2011 年和 2012 年的持续亏损后，终于在 2013 年迎来逆袭，龙头企业实现扭亏，经营状况得到了较大改善。这一年我国相继出台了多项激励政策，国内光伏应用市场大幅启动，主要产品价格稳中有升，我国企业克服欧洲"双反影响"，产业规模迅速增加。多晶硅产量达到 8.46 万吨。同比增长 19.2%，占全球比重为 34%，比 2012 年的 30% 提高 4 个百分点。硅片方面，2013 年产量达到 29.5 吉瓦，同比增长 13.5%，全球占比从 2012 年的 72% 提高至 76%。电池组件方面，2013 年产量 27.4 吉瓦，同比增长 19.1%，全球占比从 2012 年的 62% 上升至 65%。

（一）技术水平不断提高，成本不断下降

2012~2013 年我国光伏产业技术水平得到进一步提升，产品成本也保持着持续下降，光伏产品国际竞争力不断增强。我国光伏行业在核心技术环节不断获得突破，生产工艺水平不断进步。2012 年单晶硅和多晶电池产业转化率已经分别达到 18.5% 和 17.2%，2013 年单晶硅和多晶电池产业转化率已经分别达到 17.8% 和 19.3%，处于全球领先水平。电池组件企业成本不断下降，2012 年部分企业生产成本降至 0.6 美元/瓦。多晶硅生产已掌握改良西门子法千吨级规模化生产关键技术，有的多晶硅企业生产成本已经达到近 19 美元/千克的国际先进水平。2013 年主流组建产品功率达到 250~255 瓦，同比提高近 6%。多晶硅生产成本降至 14 美元/千克，部分企业研发的光伏系统装机成本下降至 8~9 元/瓦，同比下降幅度近 20%。

（二）光伏产业增长情况

2012 年我国光伏行业在内外压力下快速发展势头受到遏制，产业规模增长缓慢，产业恢复理性发展。尽管我国多晶硅、硅片、电池组件的产量仍居世界首位，但增长幅度明显下滑，甚至出现负增长。2012 年我国多晶硅的产量约为 7.1 万吨，同比下降 15.5%，进口量约 8.3 万吨，同比增长 27.4%，进口额达 21 亿美元。硅片产量超过 40 吉瓦，产量达 28 吉瓦，同比增长 16.7%，世界占比达到 77.8%。太阳能电池组件产量 23 吉瓦，同比增长 9.5%。全年太阳能电池出口额 127.9 亿美元，同比下降 43.6%。2012 年我国光伏行业总产值超过 3000

亿元。

2013年我国出台了多项激励政策，国内应用光伏市场大幅启动，主要价格稳中有升。我国光伏产业克服了欧洲"双反"调查的影响，产业规模实现加速增长。多晶硅方面，产量达8.46万吨，同比增长19.2%。占全球比重为34%，硅片方面产量达到29.5吉瓦，同比增长13.5%，电池组件产量27.4吉瓦，同比增长19.1%。

（三）光伏应用市场增长迅猛

一方面随着光伏产品价格的大幅下滑，光伏系统安装成本逐步下降，运营光伏电站的投资回报率有所提升；另一方面，受国际贸易保护主义的影响，我国光伏组件产品出口大受影响，为此国家有关部门在原有光伏发电的上网电价补贴政策上，大力推动分布式光伏发电建设，同时将2012年初公布的光伏"十二五"规划中2015年光伏装机目标上调至20吉瓦。尤其是2013年"国发24号文"等多个政策的相继出台从上网电价、补贴资金、并网管理等多个层面破解国内应用市场发展的"瓶颈"。光伏电站在现有补贴水平和上网无限制的情况下利润高，电站投资受到各路资本追捧。为赶在年底前并网获得1元/瓦的电价掀起了新一轮大型电站建设高潮。据统计，2012年我国新增光伏装机量已达到4.5吉瓦，同比上涨66.7%，成为全球第二大光伏市场。2013年我国新增光伏装机量已达到12.9吉瓦，同比增长187%，我国已成为全球第一大光伏市场，累计装机量近20吉瓦。

（四）龙头企业相继转亏为盈

2012年我国光伏产业遭遇严寒，境外上市的9家光伏公司全线亏损，并且大全新能源、尚德、晶澳和赛维LDK四家美国上市光伏龙头都遭到退市警告，国内上市企业境况也相差无几。但随着光伏产业逐步好转，我国龙头企业经营状况向好，2013年下半年以来纷纷实现扭亏为盈。在美国上市企业中，2013年四季度，晶科能源实现净利润1.6亿元，在三季度盈利1亿元基础上进一步扩大；阿特斯实现净利润近2100万美元，在第三季度扭亏为盈基础上持续盈利；常州天合实现净利润1000万

美元，基本与第三季度相当；晶澳实现净利润1.4亿元，东方日升全年实现净利润超过8000万元，海润光伏2013年第四季度实现净利润8000万元，均实现扭亏为盈。

（五）国际贸易持续下滑

受欧盟对我国展开"双反"调查影响，2012~2013年我国光伏组件出口连续两年出现显著下滑；2013年我国光伏组件出口量约为16.7吉瓦，出口额约100亿美元，同比下降20%。其中，作为"双反"调查的直接后果，我国对欧出口份额由2012年的近67%下降至2013年的30%；而受日本国内装机量大幅上涨带动，日本跃居首位，成为我国光伏组件最大的出口国，2013年我国光伏组件对日本的出口额约为22亿美元，占出口总额的22%；而在新兴国家加快光伏发电系统建设拉动下，我国光伏组件出口多元化发展态势明显增长，2013年对美国、印度和南非的出口份额分别占10%、5.2%和4.5%。

二、光伏产业分行业发展现状及未来趋势

（一）多晶硅

1. 经济运行情况

主要多晶硅企业产能扩大，产业集中度进一步提高。2013年，产能万吨级以上的企业已达到6家，分别是江苏中能（6.5万吨）、特变电工（1.7万吨）、赛维LDK（1.65万吨）、洛阳中硅（1万吨）、四川瑞能（1万吨）和大全新能源（1万吨），产能总和达到12.85万吨，约占我国总产能的65%。此外，我国有4家多晶硅企业（江苏中能、特变电工、大全新能源、亚洲硅业）产量在2013年跻身全球前十，江苏中能产量位居全球第一，而这4家多晶硅企业年产量约占据全国总产量的80%，同比提高11个百分点。2008~2013年我国多晶硅产能/产量情况见表1、图1。我国主要多晶硅企业2012~2013年产量情况见表2、图2。我国主要多晶硅企业2013年产量占比情况见图3。近年我国多晶硅进出口情况见表3。

表 1　2008~2013 年我国多晶硅产能/产量情况

年　份	我国产能（t）	增长率（%）	我国产量（t）	增长率（%）	全球产量（t）	我国占比（%）
2008	15 000	200.00	4 685	328.64	60 137	7.79
2009	40 000	166.67	20 071	328.41	116 560	17.22
2010	85 000	112.50	45 000	124.20	160 000	28.13
2011	160 000	88.24	84 000	86.67	240 000	35.00
2012	190 000	18.75	71 000	−15.48	235 000	30.21
2013	144 000	−24.21	84 600	19.15	246 000	34.39

数据来源：CPIA。

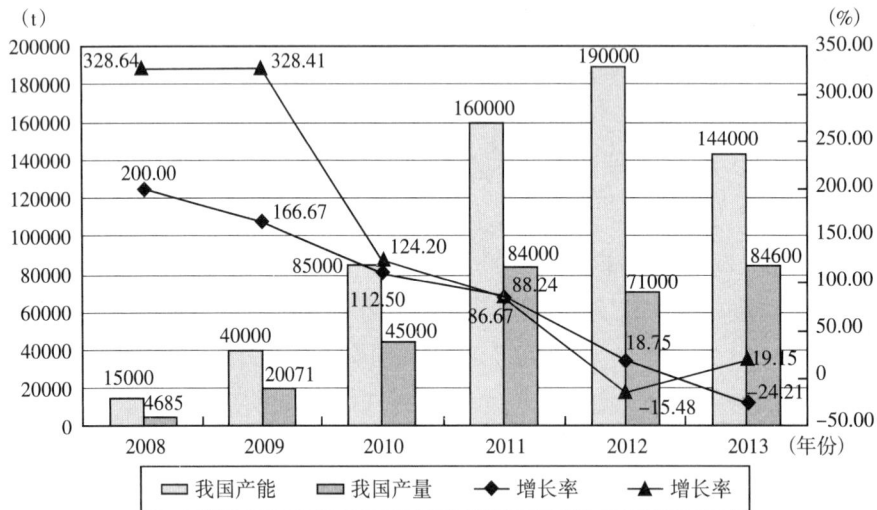

图 1　2008~2013 年我国多晶硅产能/产量情况

表 2　我国主要多晶硅企业 2012~2013 年产量情况

企业名称	2012 年（t）	2013 年（t）	2012/2013 增长（%）	2013 年占比（%）
江苏中能	37 055	50 440	36.12	61.90
特变电工	3 300	7 900	139.39	9.69
大全新能源	4 300	4 800	11.63	5.89
亚洲硅业	4 100	4 050	−1.22	4.97
神州硅业	1 200	3 500	191.67	4.30
四川瑞能	3 500	3 050	−12.86	3.74
洛阳中硅	4 000	2 300	−42.5	2.82
内蒙盾安	1 685	1 900	12.76	2.33
四川永祥	2 300	2 000	−13.04	2.45
黄河上游	803	1 550	93.03	1.90
合计	62 243	82 490	32.53	100.00

数据来源：CPIA。

生产能耗和物耗不断下降，生产成本不断降低。多晶硅生产成本主要由能耗、物耗和折旧三方面构成。在能耗方面，我国平均综合能耗已从 2009 年的近 200 千瓦时/千克，下降到目前的 95~105 千瓦时/千克，部分先进企业的综合电耗已低于 70 千瓦时/千克。在物耗方面，我国多晶硅企业耗硅量已达到 1.3 千克的水平，部分氢化技术运用较好的企业，耗硅量已达到 1.2 千克的水平。而在投资方面，部分先进多晶硅企业千吨的投资成本已从过去的 7 亿元下降至 2.5 亿元，有效降低折旧成本。在此三种因素作用下，我国部分先进多晶硅企业的生产成本已达到近 14 美元/千克的国际先进水平，大多数

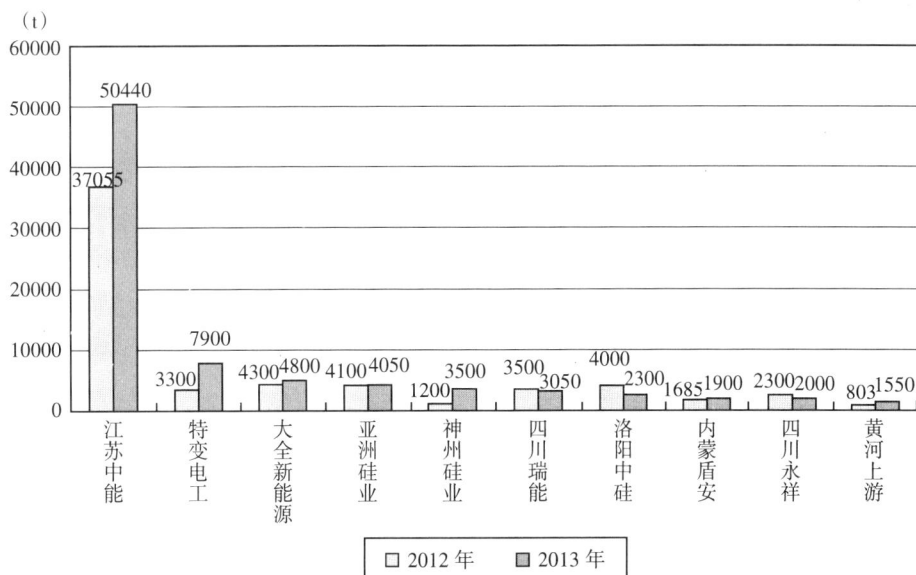

图2　我国主要多晶硅企业 2012~2013 年产量情况

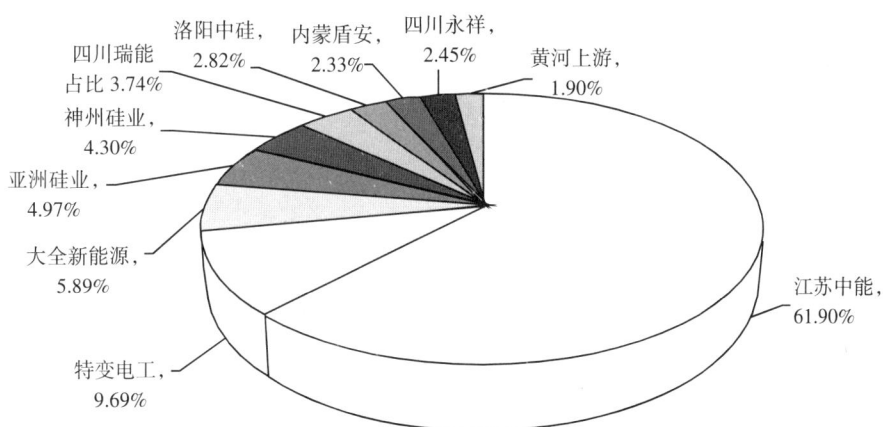

图3　我国主要多晶硅企业 2013 年产量占比情况

表3　近年我国多晶硅进出口情况

年　份	进口量（t）	增长率（%）	出口量（t）	增长率（%）
2009	21 000	—	1 500	—
2010	47 500	126.19	2 200	46.67
2011	64 600	36.00	1 200	−45.45
2012	82 800	28.17	1 700	−41.67
2013	80 600	−2.66	4 720	177.65

数据来源：海关，CPIA。

多晶硅企业生产成本在 25 美元/千克以上，特别是停产的多晶硅企业，并且这些企业受限于生产规模、生产设备以及当地的能耗价格，成本进一步下降的空间非常有限，与国外先进企业相比仍有一定距离。在甲烷硫化床方面，我国江苏中能已经中试成功，预计多晶硅成本将下降至 10 美元/千克以下。

2. 产业发展特点

生产技术持续进步，设备国产化水平不断提高。在生产方面主要体现在：一是系统集成水平显著提高，已成功地将还原、回收、蒸馏、氢化等系统化整合，现已基本掌握单线万吨级多晶硅生产技术；二是停复产技术运用自如；三是单体技术不断取得突破，如冷氢化技术在引进消化吸收的基础上再创新，单体装置运行稳定性不断提高，处置能力不断增强；四是生产设备国产化水平的提升，目前我国多晶硅生产线设备基本上可实现95%以上的国产化覆盖率。

停产企业面临重重困难，潜在风险高。截至2013年底，我国停产的多晶硅企业仍有30家左右，这些企业面临的境况愈加困难。

多晶硅技术将向高纯度、低成本硅料方向迈进。在高纯度方面，主要是多晶硅料，高硅料纯度在有效降低电池组件衰减的同时，也可适应未来高效电池发展需求，有效提高电池组件转换效率。在低成本方面，主要是硅烷硫化床法，硫化床法耗能低，仅有改良西门子法的1/3左右。

多晶硅进口仍处于高位水平。2013年，全年多晶硅进口量达到8.1万吨，同比大抵持平。2013年，多晶硅进口均价约为18.75美元/千克，同比下降26%。但2013年12月，多晶硅进口均价已上升至19.1美元/千克。

（二）硅片

1. 经济运行情况

产业规模持续扩大。根据光伏规范条件企业上报数据，截至2013年底，全国93家硅锭/硅片企业多晶铸锭炉数量达到4403台，总产能达到25.3万吨，总产量约13.14万吨，2012年总产量为12.54万吨，同比增长5%，单晶炉总数达到6500台，硅棒年产能达近7.4万吨，总产量达4.1万吨，2012年总产量约为3.2万吨，同比增长28%。硅片总产能达到103亿片，总产能达72亿片，考虑到部分125毫米×125毫米的硅片，按每片4.1瓦计算，2013年全国硅片总产能约为29.5吉瓦，与2012年同期的26吉瓦相比，增长13%，全球占比达到75.64%。2008~2013年我国硅片产能/产量情况见表4、图4。

表4 2008~2013年我国硅片产能/产量情况

年 份	我国产能（GW）	增长率（%）	我国产量（GW）	增长率（%）	全球产量（MW）	我国占比（%）
2008	4.5	150.00	2.4	200.00	8.0	30.00
2009	6.8	51.11	4.4	83.33	11.0	40.00
2010	23.0	238.24	11.0	150.00	23.0	47.83
2011	36.0	56.52	20.0	81.82	36.0	55.56
2012	40.0	11.11	26.0	30.00	36.0	72.22
2013	41.0	2.50	29.5	13.46	39.0	75.64

数据来源：CPIA。

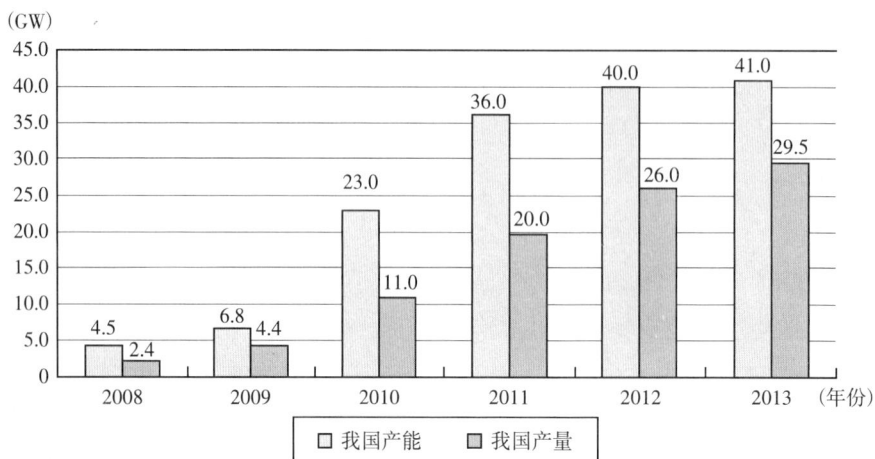

图4 2008~2013年我国硅片产能/产量情况

产业集中度不断提高。从企业发展角度看，全国前十大硅片企业产能达到26.4吉瓦，约占全国总产能的 64%，产量约为 21.5 吉瓦，约占全国总产量的 73%，产能集中度远高于电池和组件环节。其中保利协鑫的产能达到了 10 吉瓦，产能达到 8.6 吉瓦，约占全国总产量的 29%，位居全国首位；保定英利的硅片产能达到 2.8 吉瓦，产量达 2.3 吉瓦，位居全国第二；浙江煜辉产能达到 2.2 吉瓦，产量达到 2.1 吉瓦，位居第三，这三家企业也是全球排名前三位的硅片生产企业，2013 年我国主要光伏企业硅片产能情况见表 5。2013 年我国主要光伏企业硅片产能占比情况见图 5。

表 5　2013 年我国主要光伏企业硅片产能情况

企业名称	硅片产能（GW）	占比（%）
保利协鑫	10.0	37.88
英利	2.8	10.61
昱辉	2.2	8.33
旭阳雷迪	1.8	6.82
赛维 LDK	3.3	12.50
晶科	1.5	5.68
隆基	1.3	4.92
天合	1.4	5.30
环太	1.1	4.17
中环	1.0	3.79
总计	26.4	100.00

数据来源：CPIA。

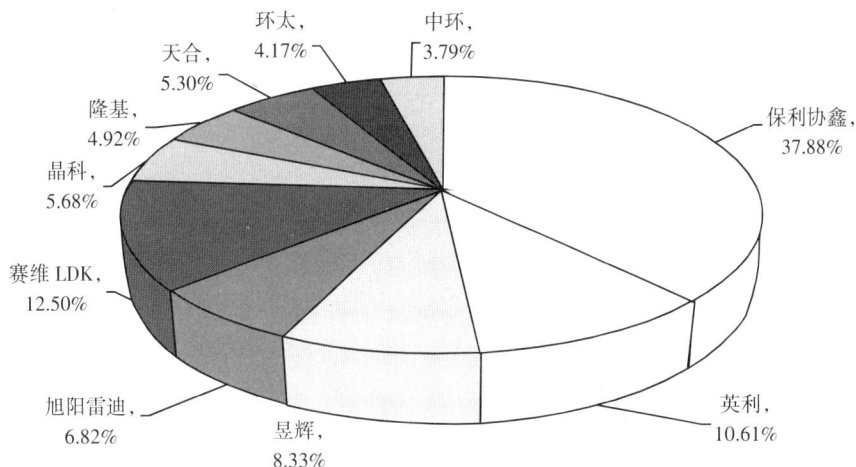

图 5　2013 年我国主要光伏企业硅片产能占比情况

硅片加工技术不断进步，生产成本不断降低。随着原辅材配套水平的提高、铸锭和切片技术的进步，硅片的加工成本不断下降。目前主流企业的硅片生产成本已经下降至 0.1 美元/千克以下。

2. 产业发展特点

金刚石线切割备受关注，预计将很快得到推广应用。目前硅片厚度普遍在 180~200 微米。硅片厚度的下降无疑是降低光伏组件乃至光伏发电成本的出路之一，预计到 2020 年，硅片厚度将下降到 140 微米。当前，硅片加工企业广泛使用砂浆切工艺，但这种方式降本潜力几乎达到极限，因此部分企业开始开发新的切割技术，金刚线切割即为其中之一。与砂浆相比，金刚线切割与传统的碳化硅磨料切割相比，效率高、寿命长、切割精度高、硅片质量好、更容易回收废渣中的多晶硅等。

多晶硅片占比逐年增多，高效硅片愈受重视。近几年来，随着市场的逐步增大，多晶硅片占据的份额也逐年增多。与此同时，今后几年晶硅电池的投资将重点集中在高效电池方面，这对单晶硅片提出更高的要求，部分硅片提供商正在进行技术升级，以便能提供更高质量的单晶硅片。

高效多晶硅已引领市场，准单晶技术备受关注。高效多晶硅片在延续原有多晶硅片生产技术基础上，通过对热场方面的改进，可得到大颗粒多晶或晶格更有序的小颗粒多晶，使用普通的电池制作工艺，高效多晶硅片可达到 18% 以上的转换率，目前产业化生产的多晶硅电池转换率已达到 17.8%。而准单晶硅片由于兼具"潜在"的多晶生产成本和单晶硅的性能在 2011 年曾备受关注，虽然该技术在 2012 年受到高效多晶硅影响，但在 2013 年高效多晶技术开始遭遇临界点的时候，又有部分硅片企业开始研究准单晶技术。

辅料进口替代能力加强，硅片加工成本不断降低。铸锭/切片环节的光伏设备和配套辅料国产化程度不断提高。此外，大型硅片生产企业开始研发硅粉回收技术，这将进一步降低硅片耗硅量和生产成本。

（三）晶硅电池/组件

1. 经济运行情况

我国太阳能电池片产能规模进一步增大。据CPIA对全国95家太阳能电池企业的不完全统计数据显示，2013年，全国电池片产能42吉瓦，产能达到25.1吉瓦，与2012年的21吉瓦相比，增长率约为20%，产量约占全球产量的62%，位居全球首位。虽然2013年我国多数电池片企业都面临亏损，

新建或扩产的企业较少，但产能的增加主要源于技术进步使得电池转化率不断提高，其次是良率的提高，使得单线产出不断增大，产能也得到提高。在电池类型方面，仍以多晶硅电池为主，占比约达到78%。2008~2013年我国太阳能电池组件产量情况见表6。2013年我国主要电池片企业产能/产量情况见表7、图6。2013年我国主要电池片企业产量占比情况见图7。

表6 2008~2013年我国太阳能电池组件产量情况

年 份	我国产量（GW）	我国产能（GW）
2008	2.6	4.5
2009	4.1	6.6
2010	10.8	21
2011	19.8	36
2012	21	40
2013	25.1	41

数据来源：CPIA。

表7 2013年我国主要电池片企业产能/产量情况

企业名称	产能（MW）	占比（%）	产量（MW）	占比（%）
英 利	2 800	17.17	2 316	17.70
天 合	2 450	15.02	2 100	16.05
晶 澳	2 500	15.33	2 061	15.75
晶 科	1 800	11.04	1 683	12.86
阿特斯	1 500	9.20	1 215	9.28
海 润	1 560	9.56	1 013	7.74
韩 华	1 100	6.74	886	6.77
中利腾晖	1 000	6.13	640	4.89
亿 晶	1 000	6.13	630	4.81
正 泰	600	3.68	544	4.16
合 计	16 310	100.00	13 088	100.01

数据来源：CPIA。

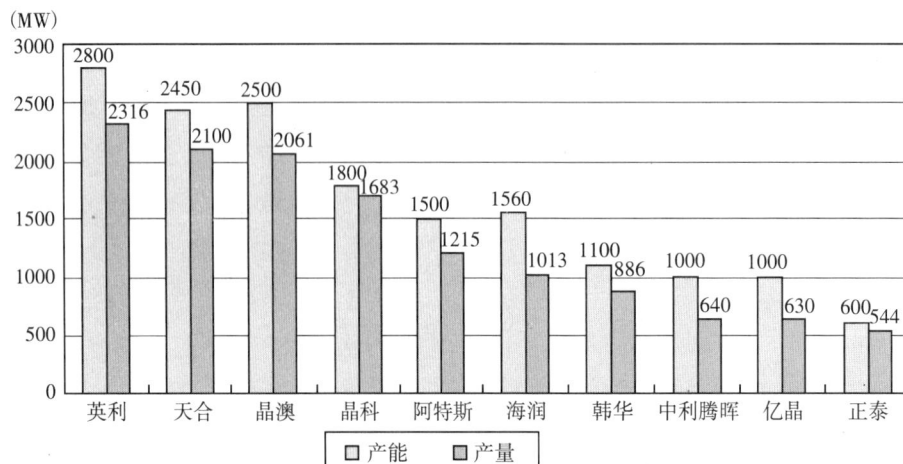

图6 2013年我国主要电池片企业产能/产量情况

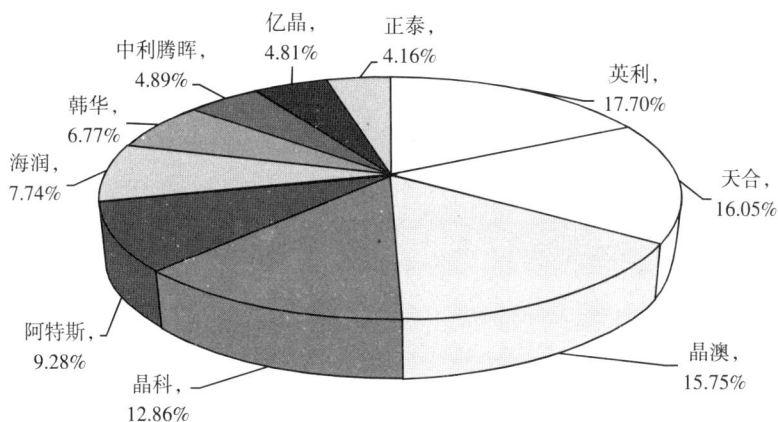

图 7 2013 年我国主要电池片企业产量占比情况

组件规模进一步增大。据不完全统计数据显示，全国组件总产能约为 42 吉瓦，组件产量达到 27.4 吉瓦，同比增长 19.1%，约占全球总量的 98.9%。组件产能的增加，一方面由于电池片转化率的提高，另一方面由于组件加工技术的进步，降低电池组件的效率。在产业集中度方面，我国前 10 家组件企业产量达 14.5 吉瓦，约占全国总产量的 53%。2013 年我国主要组件企业产能/产量情况见表 8、图 8。2013 年我国主要电池片企业产量占比情况见图 9。

表 8 2013 年我国主要组件企业产能/产量情况

企业名称	产能（MW）	占比（%）	产量（MW）	占比（%）
英 利	2 800	16.52	3 100	21.37
天 合	2 450	14.45	2 471	17.04
阿特斯	2 600	15.34	1 800	12.41
晶 科	2 000	11.80	1 700	11.72
晶 澳	1 800	10.62	1 218	8.40
韩 华	1 300	7.67	1 082	7.46
昱 辉	1 200	7.08	900	6.20
海 润	1 000	5.90	800	5.52
中利腾晖	1 000	5.90	742	5.12
正 泰	800	4.72	692	4.77
合 计	16 950	100.00	14 505	100.01

数据来源：CPIA。

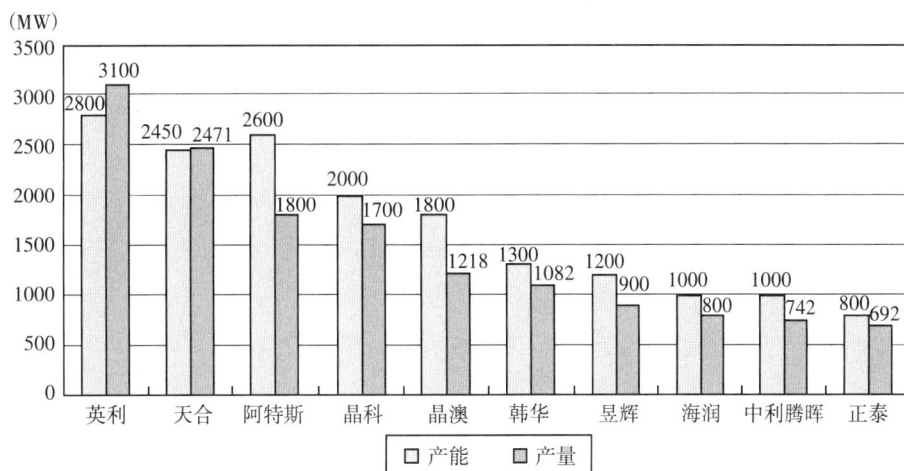

图 8 2013 年我国主要组件企业产能/产量情况

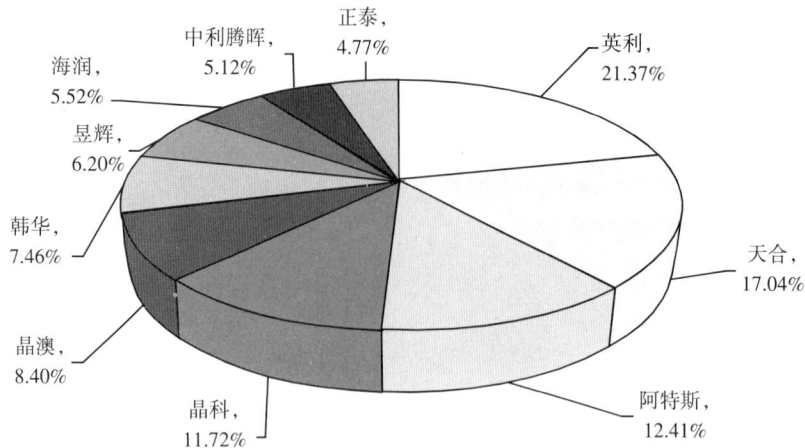

图9 2013年我国主要电池片企业产量占比情况

我国光伏组件生产成本将进一步下降，产品质量进一步提高。根据各上市企业发布的财报，截至2013年底，我国主要晶硅电池组件企业生产成本已降至0.53美元/千克。产品质量愈加稳定，多数企业产品质保达到10年，功率线性质保达到25年，部分企业已经打出了27年质保。产业的国际化程度进一步增强，受国内市场消纳能力有限和国外贸易壁垒影响，我国光伏企业正在加快国际化进程，通过在海外建厂或并购方式，加快在海外的本土化发展，以增强企业竞争力和国际化水平，成长为跨国企业。

太阳能电池技术持续进步，电池效率稳步提升。提高组件转换效率、降低制造成本仍将是业界当前的共识。目前，我国单晶硅和多晶硅电池产业化转化效率已分别达到19.3%和17.86%。部分先进企业，如尚德所研制的"Pluto"（冥王星）单晶硅电池效率已达到20.3%，中电光伏推出的产品效率达到20.26%，天合研发的异质结电池效率达到20.54%，阿特斯研发的PERC电池效率达到20.12%，英利公司的"熊猫"电池效率则超过21%，赛昂研发的N型电池中试生产则超过21%，晶澳、昱辉、赛维LDK等企业公司采用准单晶技术生产多晶硅电池效率已达到19%以上，而晶澳量产的多晶硅电池效率则达到18.5%，处于全球领先水平。目前，高效多晶硅电池产量已占据全部电池产量的15%左右，预计到2015年，高效电池产量占比将达到30%甚至更多。

2. 产业发展特点

产业兼并重组正在推进，重构产业竞争格局。在政府产业政策引导和金融机构支持下，光伏产业兼并重组正在有序进行。2013年已经发生多起兼并重组，产业竞争格局逐步发生变化，兼并重组主要体现在以下几个方面：一是优势企业兼并小企业，扩大生产规模；二是通过资本运作等手段，盘活优质资产；三是上下游产业链延伸并购；四是全球范围内的并购。

产业发展出现转移趋势，生产布局不断优化。受国际贸易壁垒影响，我国光伏企业正在实施产业全球布局计划，通过海外建厂等方式规避潜在的贸易风险。一是到终端市场建厂贴近市场；二是到成本洼地新建工厂以降低成本；三是给国外工厂配套；四是通过签订协议，绕道全球。

企业向下游延伸，产业结构不断优化。我国对全球市场的开拓也正朝着多方位、多元化和多样化方向发展，而不再局限于以往的欧洲市场。此外，一些光伏企业的业务范围逐渐由以往单纯电池组件制造向西游系统集成甚至电站运营方向拓展。2014年主要光伏企业系统集成业务收入占据其总收入的20%以上，至2015年占比将提高至40%。

贸易保护主义虎视眈眈，产品出口仍面临难题。虽然美国和欧盟的"双反"已告一段落，但2013年底又相继传出美国将重启"双反"调查、日本和澳大利亚也传出欲对中国产品实施"双反"等消息。据统计，2013年我国光伏产品出口量为16.7

吉瓦，比 2012 年略有下降，2014 年估计出口量为 17.6 吉瓦，出口总量渐趋平稳。靠大规模出口带动产业高速发展的局面将很难再现。

（四）薄膜电池

1. 经济运行情况

目前，我国产业化薄膜电池仍然以硅基为主，其他技术路线有所涉及但产量非常有限。2013 年我国硅基薄膜电池产能几乎与 2012 年持平，为 4 吉瓦左右。受国内市场快速增长的拉动，我国硅基薄膜电池企业也在国内市场中颇有斩获，部分企业也开始 EPC 业务。包括天威薄膜公司的山东高密 6 兆瓦屋顶电站订单，旭双太阳能薄膜 BIPV 组件订单等，汉能在南海州共和的二、三期 100 兆瓦光伏电站开工建设，共创光伏在湖南白沙洲建设 20 兆瓦屋顶电站。但总体来看，硅基薄膜在晶硅电池组件性价比逐步提升的情况下产量持续下滑，2013 年降至 260 兆瓦，同比下降 35%。2006~2013 年我国非晶硅薄膜电池产量情况见表 9。

表 9　2006~2013 年我国非晶硅薄膜电池产量情况

年　份	我国产量（MW）	增长率（%）	全球产量（MW）	我国占比（%）
2006	12.0	—	119	10.08
2007	28.3	135.83	222	12.75
2008	46.0	62.54	403	11.41
2009	128.0	178.26	560	22.86
2010	300.0	134.38	850	35.29
2011	450.0	50.00	1 300	34.62
2012	400.0	−12.50	950	42.11
2013	260.0	−35.00	500	52.00

数据来源：CPIA。

2. 产业发展特点

国内企业通过收购获得国外先进薄膜电池技术。由于国外诸多薄膜电池企业破产，国内企业有机会通过直接收购获得国际先进薄膜电池生产经验。

薄膜电池生产线投资力度回升。投资力度回升主要表现在：硅基薄膜电池方面、CIGS 薄膜电池方面和 CdTe 薄膜电池方面。

（五）光伏设备

1. 经济运行情况

2013 年我国光伏设备产业规模略显低迷，继续呈现大幅下滑态势，总体来看，2013 年我国光伏设备行业营收约为 21 亿元，同比下滑 60%，其中多晶硅环节约为 8 亿元，约占总金额的 40%，其次为硅锭/硅片，约为 5 亿元，电池片和组件环节分别为 3 亿元与 5 亿元。我国从事光伏设备制造与生产的企业有 80 家以上，从业人数超过 8000 人，在主要设备企业中，捷佳创位居第一，营业收入约为 2 亿元，该企业主要生产清洗、扩散等光伏设备。其他企业光伏设备营收都集中在 1 亿~2 亿元。前 10 家企业总营收 13.7 亿元，约占光伏设备总营收的 65.2%。

2013 年我国主要光伏设备厂商销售收入完成情况见表 10。2013 年我国主要光伏设备厂商销售收入占比情况见图 10。

表 10　2013 年我国主要光伏设备厂商销售收入完成情况

企业名称	收入（亿元）	占比（%）
捷佳创	2.00	14.61
无锡先导	1.80	13.15
晶盛机电	1.75	12.78
上海森松	1.50	10.96
中电 48 所	1.50	10.96
京运通	1.34	9.79
南京德邦	1.10	8.04
宁夏小牛	1.00	7.30
博硕	0.90	6.57
大族光伏	0.80	5.84
合计	13.69	100.00

数据来源：CPIA。

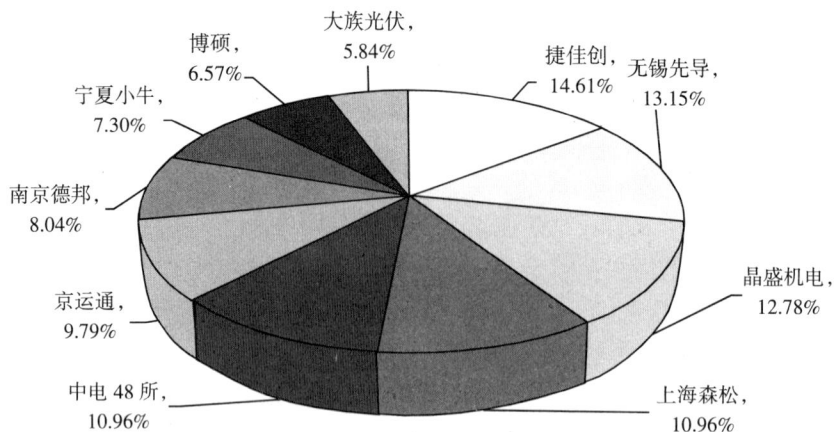

图10 2013年我国主要光伏设备厂商销售收入占比情况

2. 产业发展特点

国内光伏设备企业经营情况继续下滑。光伏设备企业在2013年仍旧在低位运行，但下滑幅度较2012年有所收窄，行业开始显现回暖势头。

光伏设备制造商遭遇违约窘境。由于光伏生产企业亏损严重，现金流萎缩，投资进度放缓，光伏工程项目延期，使设备企业的部分订单不能按照合同约定及时发货、安装、验收，并且一部分设备企业客户结构单一，导致设备商出现客户违约及付款不到位、大额应收账款集中于个别客户等问题。

行业创新能力稳步提升。用晶盛机电的多晶硅铸锭熔炉生产的硅锭，已经能够制造出光电转换效率突破17.75%的高效多晶电池片，且铸锭单位能耗仅为7.5千瓦时/千克。其研发的区熔单晶炉在天津环欧成功高效拉制出总长约为1000毫米，直径约为202.5毫米，总重量50.8千克的8英寸区熔硅单晶棒，填补了我国相关技术空白。中国电子科技集团公司第二研究所成功研制全自动太阳能电池分检测试设备。深圳捷佳研发的电池设备，生产的电池片平均转化效率已经超过17.95%，最高效率为18.15%。京运通生产的铸锭炉一次装料量已经达到1200千克。

（六）光伏辅料

光伏辅料主要是在太阳能电池加工过程中所需要的一些辅助性原材料。

1. EVA胶膜

EVA胶膜是光伏组件封装的关键材料。因为光伏电池的封装过程具有不可逆性，加之电池组件的运营寿命要求在25年以上，一旦电池组件的胶膜、背板开始黄变、龟裂，电池即告报废，所以尽管EVA胶膜等膜材的绝对价值不高，却是决定光伏组件产品质量、寿命的关键性因素。2013年，我国太阳能电池组件产量27.1吉瓦，对应的EVA需求约为3.8亿平方米，其中国内最大的EVA胶膜生产厂家福斯特产出约为2.1亿平方米。

2. 光伏背板

同EVA胶膜一样，作为光伏组件的封装关键材料，背板的主要作用是保护太阳能电池，使其能够在恶劣的环境下长时间正常工作。目前主流背板产品有复膜型背板和涂覆型背板。其中TPT和TPE结构的背板应用最广泛。

3. 光伏玻璃

光伏玻璃分为超白压延玻璃原片、镀膜玻璃和钢化玻璃三种。

根据1吉瓦组件约使用710万平方米太阳能玻璃，且玻璃在运输、钢化、镀膜等环节有约7%的耗损测算，2013年全球及我国光伏组件产量约为41.6吉瓦与27.4吉瓦，超白压延玻璃的需求量分别为3.16亿平方米与2.08亿平方米。

4. 切割线、切割刃料和切割液

我国已基本实现国产化生产，在切割线方面主要有贝卡尔特、恒星科技等企业，在切割刃料方面主要有新大新材、平顶山易成等企业，切割液方面主要有奥克股份、无锡佳宇等企业。但由于硅片价格大跌，价格压力已传导至切割辅料环节。同时，由于部分硅片企业开始自行生产切割线，切割液的回收也得到了较好的利用等原因，使得市场需求进一步降低，价格 11 万元/吨的切割钢丝，原本利润丰厚，近期直降至 4 万元/吨，盈利空间大大压缩。由于现在的切割线会引入铁等杂质，耗硅量也较大，而切割后切割液和硅粉混合在一起，使得硅粉回收技术难度大，不利于硅片耗硅量的进一步下降。现在已有一些企业尝试使用金刚石切割线，但由于目前技术尚不成熟，存在碎片率较高、硅片表面损伤较大等问题，还没有规模化使用，但相信未来金刚石切割可能将成为主流。

5. 浆料

太阳能电池电极由 3 种浆料：背面铝浆、正面银浆、背面银浆（或银铝浆）印烧而成。在光伏界，太阳电池效率每年的提高点 0.3%~0.4%，其中主要来源之一在于金属导电浆料，它每年协助电池效率提升 0.2% 左右。然而近两年，太阳电池的效率提升变得越来越困难。

储　能

储能是指通过特定介质将能量存储起来并在需要时释放的能量转换过程，储能实现能源生产和消费在时间和空间上的变换，对应的是新能源汽车和电力储能两大应用。环境压力以及新能源快速发展，使储能产业孕育着数万亿级的潜在市场。

储能技术路线众多，但是距离广泛应用都还有差距。锂离子电池的技术仍有快速提升的潜力，成本也有巨大下降空间，预计 5~7 年后储能技术将达到广泛应用的适用性和经济性条件。未来，燃料电池和电容器技术在演进变化中，电驱动的时代必然到来。

惯性思维容易认为电力储能和电动车的应用是不同的市场，实际上，两个应用的要求并没有本质的差异，尤其是大规模的电力调峰储能应用和电动车的要求非常类似。这两类应用存在融合的可能性，实际上也存在这种必要性。

更本质的理解，储能是能量转移介质，储能技术的高度进步将促使各个能源部门之间的要素更通畅地流动。在新能源车经济性评价中，能源价格套利是比效率提升更重要的经济性来源。

储能将成为基石产业，包括广义的能源产业在内的诸多行业将随之改变。

一、储能两大应用：电力存储和移动电源

储能应用在今天非常多样化，从抽象的概念来看，储能技术在电能的消耗模式实现了两个重要的变化：一个是电能生产和消耗的时间变换；二是电能在移动状态的使用。这对应的正是最重要的两类储能应用：电力存储和移动电源。

（一）电力存储市场

储能在电力系统早有广泛应用，涉及发电、传输、分配乃至终端用户各个环节。

在发电端，储能系统可以用于快速响应的调频服务及可再生能源如风能、太阳能对于终端用户的持续供电，这样扬长避短地利用了可再生能源清洁发电的特点，并且有效地规避了其间断性、不确定性等缺点；在传输端，储能系统可以有效地提高传输系统的可靠性；在分配端，储能系统可以提高电能的质量；在终端用户端，储能系统可以优化使用电价，并且保持电能的高质量。

电力存储的具体应用包括：季节储能；套利、存储贸易（包括依靠白天和夜晚电价差或者两地能源市场的价差进行套利）；频率调节（在不断变化的供需市场调节平衡）；负荷跟踪/电压支持；黑启动（当电网发生全网失压事故时，电网必须依靠黑启动来恢复系统供电）；输电和配电拥塞缓解，需求变化和峰值减少，离网需求；变量供应资源整合；废热利用和热电联供 CHP 等。

不同的应用在工作频次、响应时间、放电时间有各自特点，对储能也有不同要求。各类电力储能应用的主要特征见表 1。

表 1 各类电力储能应用的主要特征

应用	规模（MW）	放电持续时间	循环周期	响应时间
季节存储	500~2000 日	月	每年 1~5 次	天
套利	100~2000	8~24 小时	每天 0.25~1 次	大于 1 小时
调频	1~2000	1~15 分钟	每天 20~40 次	1 分钟
负荷跟踪	1~2000	15 分钟~一天	每天 1~29 次	小于 1 分钟
电压支持	1~40	1 分钟以内	每天 10~100 次	1 秒以下
黑启动	0.1~400	1~4 小时	每天 1 次以下	1 小时以内
输电和配电拥塞缓解	10~500	2~4 小时	每天 0.14~1.25 次	大于 1 小时
需求调节和削峰	0.001~1	1 分钟~1 小时	每天 0.75~1.25 次	小于 15 分钟
离网需求	0.001~0.01	3~5 时	每天 0.75~1.5 次	小于 1 小时
变量供应资源整合	1~400	1 分钟~1 小时	每天 0.2~2 次	小于 15 分钟
废热利用和热电联供 CHP	1~10	1 分钟~1 小时	每天 1~20 次	小于 15 分钟

电力存储应用采用了非常多的技术路线。常用电力储能技术包括抽水蓄能、压缩空气、蓄热蓄冷、飞轮、电池等。电力储能应用关注的指标是经济性指标、响应时间、输入输出的功率特性，但是对于能量密度特性则没有过高要求。

2014 年 6 月，一则新闻引发业界的震动，欧洲能源交易所显示，6 月 9 日中午，德国首次出现超 50% 的电能来自太阳能发电。这是在不采用储能或后备电源的情况下，太阳能发电适合占据的最大比例。这引发了市场对于分布式太阳能发电进入储能时代的预期。通过研究分析后，当日德国的太阳能发电几乎完全承担了白天的负荷的增加，最大负荷比例为 43%。

（二）移动电源市场：电动工具、消费电子、电动车

移动电源应用主要包括电动工具，便携消费电子以及电动交通工具等方面的应用。移动电源是离网工作的模式，对能量密度和功率密度有特殊要求。对于续航时间（或待机时间）的要求，是移动电源与电力储能应用的一个根本差异，这也是电动车和智能手机仍需突破的重要"瓶颈"之一。

重点说一下电动汽车。电动汽车是指采用新型动力系统，完全或主要依靠新型能源驱动的汽车，包括纯电动汽车、插电式混合动力汽车及燃料电池汽车，其共同特点是电驱动。

电动汽车利用电驱动替代或部分替代燃油驱动，以其更高效的整体运转效率，减少能耗费用，节约成本。实际上，汽油车效率低的原因在于：一是燃油系统不能像发电厂那样有效率（这个可能被电力传输过程的损耗所对冲）；二是机械传动和控制方式存在比较大的能量损失，后者是电动车真正在效率上高于汽油车的地方。不同类型的新能源汽车的整车效率提升估计在 50%~100%，但是，这其实并不是新能源汽车经济性唯一重要的来源。能源产品套利甚至是新能源汽车的更重要的经济驱动力。

根据 IEA 发布的 2013 年的全球主要国家的能源价格数据，同样热值为基础，测算了主要能源的相对价格。如果家庭电价为基准 100%，则动力煤是最低廉的能源产品，其相对价格为 10%；汽油最贵，其相对价格为 60%~120%；柴油的相对价格 40%~80%。有趣的是，相对价格为 0.1 的动力煤是最大宗的电力原料，2011 年动力煤占全球基础能源供应的 41.3%，这是低电价的解释之一。

电能具有最高的可利用性，所以，实际上电价相对汽油的价格被明显低估了，这是为什么电池电动车的电费通常仅是汽油费用 10%~20% 的根本原因。10% 大致是采用谷电价的结果，如果采用峰电价则在 20% 左右，而如果采用柴油车对比为 15%~30%。电动汽车构成见图 1。

电动汽车将争抢石油的奶酪。电动车的经济本质是能源套利，如果电动车的比例大幅度上升，可能导致能源产品价格体系的再调整。据 IEA 的统计，2011 年全球能源消费比重最大的是石油，占比 49%，而石油消费中的 62% 应用在交通运输领域。

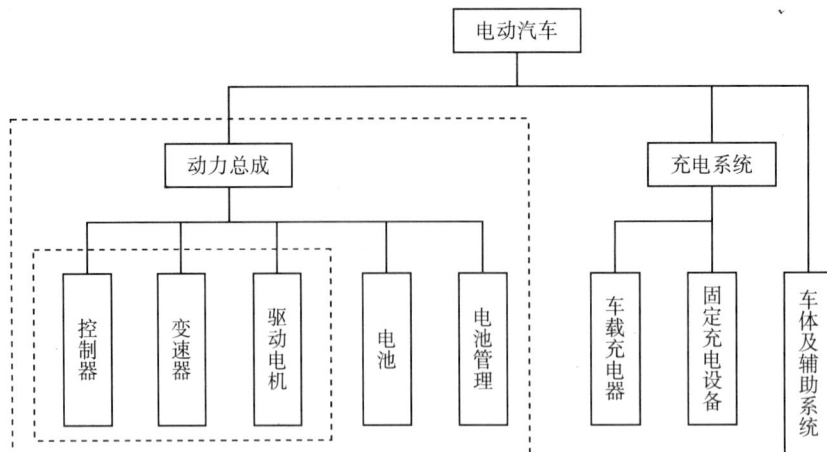

图 1　电动汽车构成

注：内虚线框为电驱动系统，外虚线框为动力总成。

在中国，由于日益严重的城市雾霾天气，导致政府部门对于减少城市 PM2.5 的排放高度重视，而燃油车的尾气是 PM2.5 的重要来源。

电动汽车的社会意义在于可能适当减少排放，关键是把燃油车分散式的排放改变成为集中式的排放。需要重视的争论是，尽管在使用环节电动汽车的效率均高于燃油车，但是，如果考虑储能单元的制造环节在总成本中的占比很高，则其总排放量未必更低。集中排放，更容易实现碳捕捉和其他排放的控制，但是，前提是加大对于生产环节的排放处理。这是一个巨大的挑战，也是一个巨大的商机。

锂离子电池价格的快速降低，为电动汽车的大规模应用提供了可能。电动汽车的经济性正处于一个临界水平。

二、储能技术众多

储能装置按技术类别可划分为物理储能（抽水蓄能、压缩空气储能、飞轮储能）、电磁储能（超导储能、超级电容储能、高密度电容储能）、电化学储能（铅酸、镍氢、镍镉、锂离子、液流）、相变储能（冰蓄冷储能）等。

储能技术路径众多，并处于不同的发展阶段。其中，最成熟的是抽水蓄能；正在示范推广阶段的是压缩空气、钠硫、低速飞轮、锂离子电池；研发阶段的技术则有液流电池、高速飞轮、超级电容

器、超导电磁储能、氢、合成天然气等。实际上，实验室阶段的储能技术还有很多，这里不多说。

电力储能技术在功率特性、能量特性以及单体规模等方面各有特色，以适应不同的应用场景。功率特性方面，超级电容领先；单体规模方面，则是抽水蓄能和压缩空气技术领先，也是目前被应用得最大量的技术；化学电池可以通过工艺调整参数，所以其技术指标的分布宽广。

产业调研中发现，储能系统在从厂商到个人用户端有较大幅度加价。实际中，居民用户最终支付的价格可能比产品本身的成本高出 30%~50%。这个是技术创新类产品在初期的正常现象，但是，如果储能应用快速扩展后，这个加价的幅度可能明显下降。

抽水蓄能电站反映的是大规模的储能市场的成本门槛，实际上抽水蓄能电站采用的电价应采用接近发电端的电价，我们以 0.40 元/千瓦时计算，则抽水蓄能的成本在 0.24 元/千瓦时。用发电端的峰谷电价，套利的门槛基本上就是峰谷电价差，国内为 0.60 元/千瓦时。如果其他储能技术要在电力储能市场大范围替代抽水蓄能的作用，则可能需要成本降低到 0.4~0.5 元/千瓦时内。

以磷酸铁锂电池技术为例，要达到 0.6 元/千瓦时的成本，则电池储能系统成本投资为 900 元/千瓦时，达到 0.5 元/千瓦时则对应的系统成本在 700 元/千瓦时，目前的磷酸铁锂电池的成本在 2500 元/

千瓦时,仍需要有巨大的下降幅度(或者商业模式创新)。磷酸铁锂成本是否有潜力继续下降到 700 元/千瓦时,目前仍看不清楚,这是一项极具挑战性的指标。

电池储能系统的成本构成中,电池储能单元和控制电路部分的占比均较高。一般而言,储能装置目前的电力电子控制部分的成本在 3 元/瓦,这个未来仍有较大下降空间,此外,如果储能单元长时间充放电工作,则控制部分的成本也可以因被分摊而下降,目前的系统中储能时间通常在 1~2 小时,所以其成本占比与电池单元相当。我们认为无论是电池单元还是控制系统的成本均有大幅度下降空间。

业界在讨论的另一个变通方式,是用电动车淘汰下来的电池做电力储能系统单元,则成本可能大幅度下降,国际上已经有这种项目在试验运行。但是,这种应用模式需要电池技术的电动车运用,并有大量电池进入淘汰阶段。如果电池电动车未来能成为主流,其退役电池应该能够大规模满足储能的需要。

电动汽车和储能应用还存在直接融合使用的可能,融合将使储能系统成本更快速地回收,加快这两个应用的启动时点。如果假定电动车已经在使用,当磷酸铁锂电池储能系统成本在 1.5 元/千瓦时,边际储能成本为 0.6 元/千瓦时时,这个条件远低于独立应用模式下要求的 0.9 元/千瓦时。以磷酸铁锂电池的价格来看,2015 年这个模式就具备启动条件,但是,前提是家用电动车市场的大规模启动。

磷酸铁锂电池最有希望在分布式储能中被广泛应用,最主要的原因是磷酸铁锂电池的循环寿命在锂离子电池技术当中是比较高的,另外,在安全性方面和价格方面也有优势。铅酸电池目前的性价比好于磷酸铁锂电池,但是长期来看其成本潜力有限,寿命仍有差距(改良后的铅酸寿命可以达到 2000 次左右,与磷酸铁锂电池 4000 次也有差距),并面临一些国家的环保限制。

重点介绍锂离子电池、超级电容器和燃料电池这 3 种储能技术。在可以预见的时间内,这 3 种技术代表着储能技术的发展方向。因为它们都适合电力储能市场和移动电源市场,能够两者通吃的话,就存在成本大幅降低的可能。这也是储能产业崛起的重要的前提条件。

三、锂离子电池

(一)锂离子电池在电动汽车上的应用

特斯拉推出的 Model S 揭开了电动车大发展的序幕,越来越多的车厂跟进,汽车业的电动时代正在逐步来临。

电动汽车经济性的关键在于储能系统。纯电动汽车与传统燃油车的差异主要在于储能单元、电机驱动系统以及充电装置。目前电动汽车价格远高于传统汽车,固然有储能单元导致的成本增加,但实际上也因为规模偏小导致的制造成本高企(目前还没有任何一款纯电动汽车达到过主流车型的销量)。电驱动系统的技术比较成熟,其成本应该不会高于同配置的燃油动力体系,充电装置的投资主要是外部完成,车辆本身这方面的成本比较低。

对 Model S 和 E6 的储能部分进行了经济性分析,结论是:在充分使用电池的前提下,电动车的动力成本低于汽油车。所谓的充分使用是指电池消耗达到其使用寿命,也就是电池容量衰减到只有初始容量 80%的时候。对于运营性质的车辆而言,充分使用是可以实现的,但是对于家庭用车则并非如此,这是为什么率先应用电动车的是出租车和公交大巴的原因之一。

以 Model S 和 E6 参考计算,未考虑时间成本并假设充分使用对于私家车而言,是一个非常困扰的问题,仍以 Model S 为例,如果预计的总行驶里程为 12 万英里(1 英里≈1.6 千米),则其电池装载量为 20 千瓦时的时候将获得最优的动力成本(电池寿命和总里程匹配),而这个配置下的续驶里程仅 116 千米。这是初始投资过大的新能源系统面临的普遍问题,其理论上的经济性,依赖于长期的使用。目前,Model S 的电池系统的静态回收里程 30 万千米,E6 的电池系统则为 25 万千米,都超过了通常家庭乘用车的预计总里程。

电动车要大规模普及需要满足两个条件：①续航里程达到与燃油车接近的程度，即续航里程需要在 Model S 的基础上提高 30%左右，而在 E6 的基础上则需要提升 1 倍以上；②在用户行驶的总里程内，成本可以被有效回收，我们认为对于家庭乘用车而言，这个里程在 10 万~15 万千米（10 年日均 30 千米对应 10 万千米里程，日均 50 千米则略超过 15 万千米）。我们认为这两个条件如果同时满足，则电动车将快速地普及。

对 15 万千米的回收里程测算表明，电池系统成本需要在现在的基础上下降 40%~50%，这对于当今的技术而言，并非不可及，估计在 3 年左右的时间内可能达到这一水准。如果在提升续航里程的同时仍需要 15 万千米回收，则需要 5~7 年的时间才能达到。值得注意的是如果电池装载量加大，则电池成本需要下降更多以回收更大容量的电池，估计需要较目前成本下降 2/3 才能达到这个要求。但是，电动汽车市场如果高速发展，依靠规模性进一步降低成本，2/3 的目标也是有可能达到的。无论怎样，基本上可以认定，电动汽车的经济性已经到了一个临界水平。两款主流电动车储能单元理论上的经济性情况见表 2。

表 2　两款主流电动车储能单元理论上的经济性情况

	NCA	磷酸铁锂
储能系统成本（元/千瓦时）	2 600.00	2 300.00
循环寿命	1 500.00	2 000.00
设备相关成本（元/千瓦时）	2.55	1.69
电价（元/千瓦时）	0.30	0.30
实际度电成本（元/千瓦时）	2.85	1.99
每公里电耗（度/千米）	0.18	0.19
燃油效率（升/千米）	0.10	0.08
燃油价格（元/升）	8.00	7.50
经济性（元/千米）	-0.30	-0.22

其实不仅仅是汽车，包括自行车、三轮车、低速四轮车等在内的整个交通工具市场均已进入了一个电动化时代，因此，对锂离子电池而言，从两轮到四轮，未来较长时期内交通工具的各个细分市场都值得重点关注。电动自行车的市场容量已基本饱和，未来几年是锂离子电池大规模替代铅酸电池的时间，预计这个替代过程到 2016 年或 2017 年会基本完成。我们预计，困扰电动汽车发展的电池问题将会在 2017 年前后得到很大程度的解决，此后数年，电动汽车、低速电动汽车、电动三轮车等细分市场对锂离子电池的需求，将会以每年翻番甚至更高的速度增长。全球交通工具用锂离子电池市场发展预测见图 2。

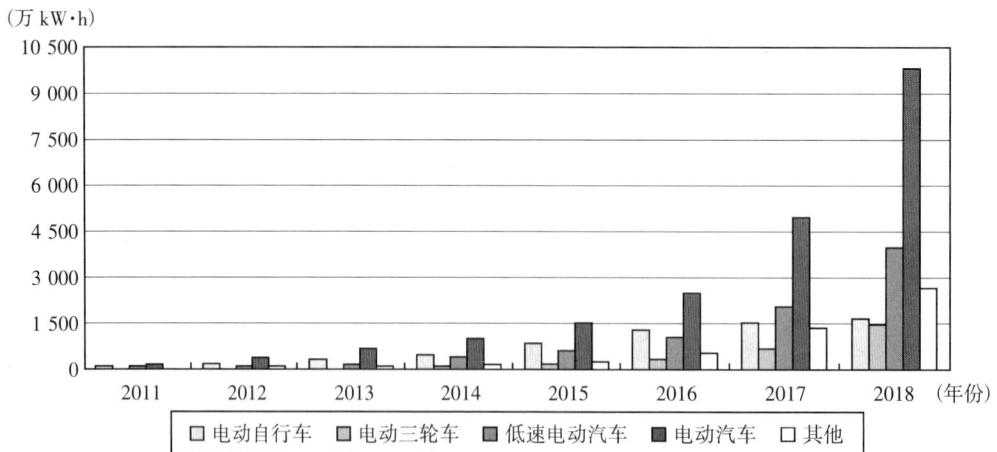

（万 kW·h）

图 2　全球交通工具用锂离子电池市场发展预测

图例：□ 电动自行车　▨ 电动三轮车　▩ 低速电动汽车　■ 电动汽车　□ 其他

（二）锂离子电池在电力储能市场的应用

移动基站电源市场的快速崛起。移动基站主要分为宏站和微站，其中宏站主要是满足 2G 和 3G 移动通信的需要，使用的电源基本上都是铅酸电池，近两年锂离子电池价格的快速下降刺激了应用，但总体占比仍微不足道（以 2013 年中国市场为例，在 200 多万座宏站中，使用锂离子电池的不足 1%）；微站主要是满足 4G 移动通信发展需要的，主要建在楼宇间和人群密集处，狭小的空间使得能量密度最高的锂离子电池几乎成了唯一选择，

2013 年仅中国 4G 微站市场的需求量就超过了 50 万千瓦时。2011~2013 年全球工业和储能市场锂离子电池需求情况见表 3。

表 3　2011~2013 年全球工业和储能市场锂离子电池需求情况

单位：万千瓦时

类　别	2011 年累计需求值（万 kW·h）	2012 年		2013 年		附注
		累计需求值（万 kW·h）	年增速（%）	累计需求值（万 kW·h）	年增速（%）	
合计	238.47	467.36	96	773.19	65	—
电动工具	198.47	332.59	68	476.68	43	—
工业器械	—	—	—	4.20		起重机、产叉车、搬运车等
移动基站电源	8.00	30.24	278	162.43	437	—
电网储能	30.00	76.88	156	49.89	-35	—
家庭储能	—	—		38.52		—
其他 UPS 电源	2.00	27.65	1282	41.47	50	数据中心、金融机构等应急电源

储能市场未来几年的重心在移动基站电源市场，由于 4G 用小微基站的快速发展以及宏站锂离子电池替代铅酸电池速度的加快，该市场未来几年将会以 90% 以上的年均复合增长率高速发展，到 2018 年市场规模将会超过 4300 万千瓦时。电网储能市场，预计 2017 年前后锂离子电池技术可以在性能和价格方面寻找到一个较为合适的平衡点，从而实现商业化应用，2018 年之后将会进入超常规发展阶段。全球工业和储能市场预测见图 3。

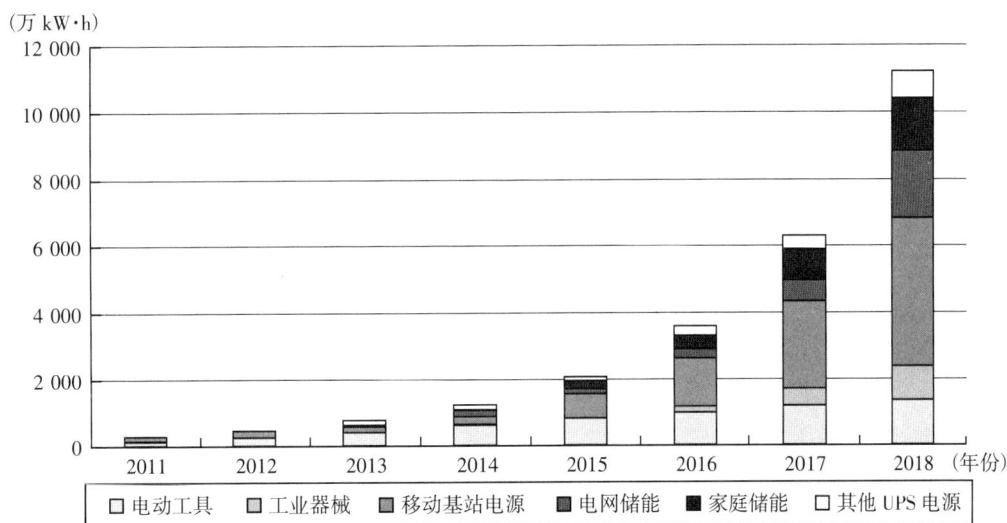

图 3　全球工业和储能市场预测

至于锂离子电池在电网储能中的应用，目前总体还处于初级的试验阶段，因此类似“国家电网张北风光输出示范项目”的大规模储能电站每年的新建数量屈指可数，锂离子电池用量并不大。倒是处于用户端的家庭储能市场呈现出蓬勃的发展势头。以日本、德国、美国为代表的西方国家于 20 世纪末期纷纷推出“百万太阳能屋顶计划”，强力推广分布式光伏发电，大力发展新能源电力。在 21 世纪前 10 年，这些计划大都顺利完成。

2011 年之前，分散安装在居民住宅屋顶的太阳能电池白天所发电力基本上都是按政府指定的高价卖给电网，晚上用电时从电网低价购电。2011 年日本“3·11 大地震”之后，为分布式光伏发电配套储能电池、打造“微电网”以保证用电安全的想法逐渐占据主流，家庭储能市场开始兴起。到 2013 年底，日本家庭储能市场上锂离子电池用量已经达到

30万千瓦时左右，储能产品单价也从2011年底的100万日元/千瓦时以上快速降到了2013年底的20万日元/千瓦时以下。日本研究机构普遍认为，当单价在15万日元/千瓦时左右的时候，日本家庭储能市场会迎来它发展的黄金时期。真锂研究认为，日本家庭储能市场的蓬勃发展，意味着全球家庭储能市场已处于爆发的前夜，以德国为代表的欧盟、美国乃至中国市场将随后跟进。

电网储能市场的前景到底有多大，目前尚无机构能够准确预计，只能用"潜力无限"来描述。目前，全球年发电量大概20万亿千瓦时左右，全球人口有一半居住在城市，大部分工业集中在城市，如果在城市兴建储能电站具备经济性，即便按总发电量的二十万分之一的比例配备，对电池的需求量也高达1亿千瓦时。如果这1亿千瓦时全部采用锂离子电池的话，是2014年全球锂离子电池6600万千瓦时市场需求总量的1.5倍。

（三）应用的瓶颈：能量密度还不够、成本依然偏高

凭心而论，锂离子电池技术进步是非常快的。在20世纪90年代锂离子电池诞生之初，很多人认为其理论能量密度为250瓦时/千克。目前，苹果iPhone手机用的锂离子电池的能量密度就已经达到了这个理论值；而通过新技术的使用，松下为特斯拉下一代电动汽车准备的NCA电池技术，能量密度已经超过了当时250瓦时/千克的理论值。在锂离子电池循环寿命方面，不断投放市场的新产品，循环寿命在不断提高，目前最高已达1万次甚至更多（如钛酸锂电池）。

锂离子电池市场需求的持续快速增长实际上与这种技术进步是密不可分的，但是，这种进步现在看来还不够。以手机为例，在传统的功能手机时代，0.7安时的锂离子电池能让手机续航一周时间，但到了智能手机时代，1.5安时电池可能续航不了一天。手机屏幕的大型化、手机系统的智能化、手机功能的复杂化等，使得手机耗电的增长速度远高于锂离子电池能量密度的增速。电池技术已成为智能手机进一步发展的主要瓶颈。

电动汽车亦是如此，锂离子电池能量密度和循环寿命的不足已经开始影响到了电动汽车市场的发展。真锂研究通过研究发现，2011年以来电动汽车市场销量的增长与锂离子电池价格的下降呈现出明显的对应关系：锂离子电池价格下降10%，电动汽车销量的增幅就会达到20%~30%。具体来看，2011~2013年汽车锂离子电池价格分别为4.52元/瓦时、2.53元/瓦时和1.86元/瓦时，年降幅分别为44.17%和26.42%；对应的电动汽车年销量分别为6.8万辆、12.96万辆和22.55万辆，年增幅分别为90.59%和74%。

依照这个规律，如果2014年锂离子电池价格降幅在15%以内，那么电动汽车的销量增长将很难超过45%。事实上也大抵如此。我们的统计结果显示，2014年全球电动汽车销量35.35万辆，同比增长56.77%。这主要是因为中国政府采取了强力刺激的举措，使得中国市场的电动汽车销量同比增长了545.92%。如果去除中国市场，那么其他地区的市场增幅仅为25.38%，远远不到45%。

从上述分析可以看到，性能的提升和价格的下降是支撑锂离子电池在电力储能和移动电源这两大市场持续快速增长的两大基本因素，只要有一个因素起作用，市场增长就会有保证。目前，锂离子电池成本继续下探的空间有限，但同时，经过多年持续不断的努力，技术跨越性进步的时代即将到来。能量密度提升30%的同时成本却维持现有水平的技术，有望在未来一两年内实现规模化应用，这实际上也大幅降低了电池成本。在实现了这一步突破之后，能量密度还有可能进一步提升50%以上。

锂离子电池能量密度的提升，关键是材料技术的进步。在正极材料方面，主要的技术开发工作是高电压化和高容量化。目前，高容量的NCA材料已在特斯拉电动汽车上实现了大规模应用；而高电压的镍锰酸锂材料即将在日产的电动汽车上实现大规模应用。日产宣布2015年其Leaf电池组可存储电量将提升30%，主要就是将电池的锰酸锂材料换成了镍锰酸锂材料。目前日产Leaf电池单元的能量密度是157瓦时/千克。

锂离子电池的电解质形态目前以液态为主，电解液技术的开发重心是与5伏级正极材料配套的技术。目前，基于六氟磷酸锂溶质的电解液会在4.5伏的状况下分解，无法用于即将商业化应用的5伏级镍锰酸锂材料。日本已有企业开发出与镍锰酸锂配套的氟类电解液量产技术并已投入生产。中长期来看，电解液技术存在"液态→凝胶态→固态"的发展趋势，使用凝胶态电解质的聚合物电池大行其道正是暗合了这一发展规律。使用固态电解质的全固态锂离子电池是锂离子电池技术发展的终极方向，丰田已计划2015年试制出全固态锂离子电池产品，开展相关实证试验。全固态锂离子电池的能量密度可以轻松突破300瓦时/千克，理论上可高达700瓦时/千克。

四、超级电容器

电容器靠电子迁移携带能量，比化学电池依靠原子迁移携带能量有理论的优势。但是，目前的各种电容器都只是表面参与储能的缺点，所以，能量密度低于化学电池技术。正因如此，在更微小的结构上实现电容的结构是研究的方向。超级电容是在电极上实现了更有效的比表面积，所以，其能量密度特性较传统电容器有巨大的提升。

由于超级电容器的充电和放电都是物理过程，也就是电子的迁移导致的，所以，具有超大电流充放电的能力，同时也具有超长寿命，此外还有效率高、使用温度范围宽、安全性高和寿命超长等优点；缺点则主要是能量密度较低，成本较高。当然，超级电容器的量产技术仍在快速进步中，性能和经济性指标仍有大幅提升空间。

（一）超级电容器市场发展简况及其主要应用市场

根据IDTechEx Research的研究观点，2012年全球超级电容器市场规模为6亿美元，2012年全球的超级电容器产业分布，东亚占比最高，达到55%；北美其次，为28%；欧洲再次，约7%；其他地区共约10%。IDTechEx Research预计2015年产业规模接近15亿美元，2025年产业规模则将达到110亿美元，增长的主要动力来自超级电容器对钽电容、铝电解电容，尤其是对部分化学电池的替代。全球最大的超级电容器公司Maxwell在2013年的收入规模达到1.36亿美元，除了2012年有一次小幅度负增长以外，2010年、2011年和2013年的收入增速都超过40%。全球超级电容器市场规模情况见图4。

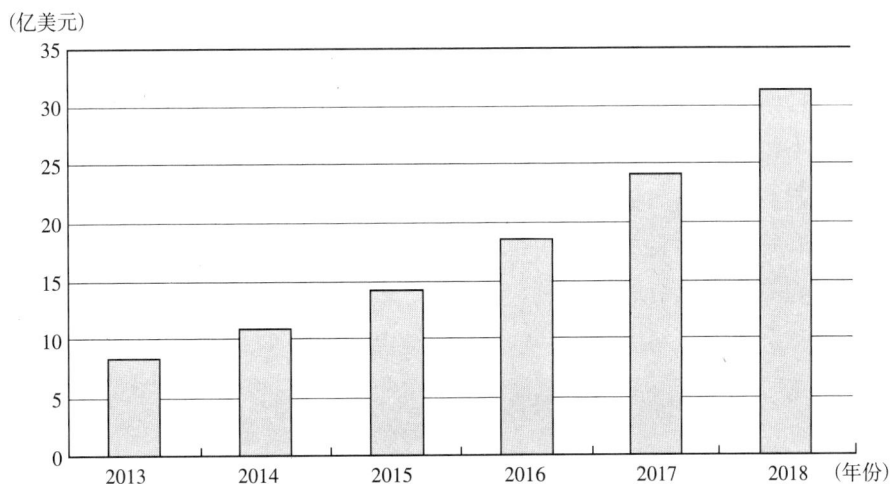

图4　全球超级电容器市场规模情况

中国市场超级电容2013年则达到了19.2亿元，预计到2016年将超过33.8亿元，增长76.04%。未来随着电容器在新能源领域、交通运输领域渗透率进一步提高，超级电容的市场规模将得到进一步扩大。我国超级电容器市场规模及增速见表4。我国超级电容器市场规模及增速见图5。

表 4 我国超级电容器市场规模及增速

年　份	市场规模（亿元）	增长率（%）
2009	7.0	—
2010	8.5	21.43
2011	10.9	28.24
2012	14.5	33.03
2013	19.2	32.41
2016	33.8	76.04

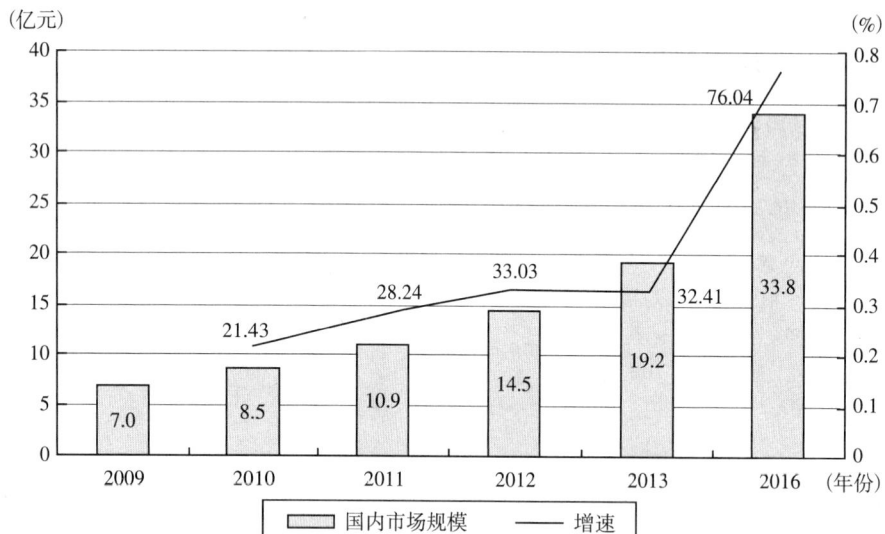

图 5　我国超级电容器市场规模及增速

超级电容器在储能市场大有用武之地。新能源发电领域，太阳能、风能等能源具有时间上的不均匀性，在昼夜和不同季节的分布上变化较大，超级电容与由于充电快、寿命长、可靠性强、耐大电流能力强等优势，可以在太阳能、风力发电等领域广泛应用。在太阳能、风能输出不稳定时，使用蓄电池频繁充电会大大缩减电池的寿命，而由超级电容器作为缓冲器存储过剩能量，在电能输出不足时则将级电容器中存储能量在短时间内释放，不存在缩减寿命的问题。此外，在有瞬间强负载系统中，利用双电层超级电容器可以起到稳定系统电压，减少系统电源容量配制的作用。"超级容＋铅酸和超级电容＋锂电"的组合都在推进当中。

风电运转中，需要实时调整叶片稳定功率，由于工作具有间歇性和瞬间强度大等特点，并不适合采用电池，目前超级电容器由于充放电快，寿命长，特别适合这种应用场景，更可以减少频繁更换电池带来的人工和维护成本。

UPS 不间断供电电源系统中，超级电容器作为变频器或逆变器的直流储能组件，要优于蓄电池或电解电容器。当市电断开时，由超级电容器短时供电，为逆变器提供直流电压，供给负载，同时为发电机启动提供足够的启动电流。当发电机启动后，超级电容器在逆变器的直流回路又可以作为一个超级滤波器，消除发电机在负载波动的条件下电压的波动，起到稳压作用。

超级电容器在电动汽车也大有用武之地。超级电容在电动汽车领域的应用分为两类，一是应用于纯电或混合动力电动车，作为能量存储缓冲单元，在汽车减速或停车时制动系统产生的热能转化为电能储存在超级电容模组中，在启动过程中利用超级电容的瞬间大功率特性，带动发动机工作。二是作为主力的储能单元提供动力。

超级电容作为主要动力源时，因为能量密度小，续航里程相对较短，仅适用于可以反复快速充电的场景。具有稳定行进路线的短途交通应用时，由于站点间距离有限，可以利用停站上下车的时间快速充电，恰好符合超级电容的性能特点，国内有多个公交路线示范超级电容汽车。上海的试运行显示，超级电容器公交车的续航里程延长到了10千米，行车速度提高到80千米/时，每千米耗电降低到1.4千瓦时，仅为燃油车费用的1/3。

不过，更多的尝试是将超级电容器与高能量存储的电池联合起来一起使用，作为电动汽车（EV、PHEV）和混合动力汽车（HEV）的动力电源。上千法拉级的双电层电容器用作电动汽车的短时驱动电源，可以在汽车启动和爬坡时快速提供大电流从而获得大功率以提供强大的动力；在正常行驶时由蓄电池快速充电；在刹车时快速存储发电机产生的瞬时大电流，回收能量。这可以减少电动汽车对蓄电池大电流放电的限制，极大地延长蓄电池的循环使用寿命，提高电动汽车的综合性能。类似的其他应用还包括电梯和港机等频繁启停的能量回收系统。

（二）超级电容器技术发展趋势

化学电池和超级电容器的技术融合是最近产业发展趋势，代表这一趋势的技术就是锂离子电容器。锂离子电容器将锂离子电池正极材料与活性炭材料的混合物作为正极，石墨材料作为负极，盐作为电解质，形成一种新型的准电化学电容器。

它的功率特性完全取决于$Li+$在正极材料中的电化学行为，大大提高了电容器的比能量。另外，充电时$Li+$从正极材料中脱出，回到本体电解液中，弥补了双电层导致的本体电解液的贫乏，从而降低了超级电容器的内阻。这种结构产品是超级电容和化学电池的混搭，可能兼顾两者功率特性和能量特性的各自优点，不过，可能在内阻性能上有所损失。

据真理研究显示，锂离子电容器的能量密度较普通的双电层超级电容器提高了3~5倍，甚至已经超越铅酸电池；且自放电很小，试验结果显示，2500小时后电压仍维持在95%左右。

国内公司中江海股份正在推进这一技术的产业化。江海股份在收购日本ACT公司之后，建立碳锂离子电池领域的技术储备，其研发的锂离子电容器经过多轮测试，目前正在与下游客户共同开发相关产品，将具备量产能力。如果是追求能量密度，则这种结合体称为"超级电池"。日本Eamex公司开发的功率密度达到7000瓦/千克、能量密度达到80~100瓦时/千克、可反复充电一万次的锂离子容器，该公司称之为"电容器电池"。显然这种产品更多继承了电池的特点。

锂离子超级电容器材料消耗其实并不增加很多，但是能量密度却大幅度提高，所以就长期而言，这种技术可能导致超级电容器的价格有比较大幅度的下降。从业内公司的价格目标来看，初期的价格可能比传统超级电容的价格下降50%左右（下降到40万元/千瓦时），但是，长期而言，成本应该可以下降到之前的1/3左右，而如果超级电容器的关键材料可以充分地国产化和本地化生产，成本下降的幅度可以更高。

超级电容器的缺点在于能量密度偏低，因此，它的技术发展主导方向就是如何提高能量密度。上面的与化学电池技术相结合是一个办法，另外，采用石墨烯也是一个办法。采用单层石墨烯薄膜制备电极，可以大大提高能量密度，保持电极的多孔性特征，从而极大改变超级电容器性能上的不足。目前的主要"瓶颈"在于，石墨烯的制备技术尚不成熟，很难生成足够薄的石墨烯材料。

五、燃料电池

燃料电池是以氢或富氢气体为燃料，以空气中的氧为氧化剂，等温地按电化学方式直接将化学能转化为电能，而并非是一种燃烧过程。按照电解质种类，燃料电池可分为碱性燃料电池、磷酸盐型燃料电池、熔融碳酸盐型燃料电池、固体氧化物型燃料电池和质子交换膜燃料电池。

氢燃料电池工作原理：氢气在阳极催化剂的作用下被氧化成氢离子，并且释放电子，而氢离子穿过质子交换膜到达阴极，释放的电子则通过外电路达到阴极，最终和氧气在阴极催化剂的作用下生成水。燃料电池的最大特点是其可以实现现场零排放；此外，它的性能和内燃机基本相当，用在电动汽车上的话，续航里程是目前电动汽车的 3~5 倍。

燃料电池的技术其实已经比较成熟，阻碍它商业化应用的最大问题是催化剂中铂（Pt，俗称白金）的使用。且不说铂本来就很昂贵，就是它的储量和产量也不足以支撑其大规模商业化。在难以寻找到合适的替代材料之前，最现实的办法是尽可能减少铂的用量。很多公司在这方面积极努力。Platinum 集团的铂用量已经降低了 1/5，目前少于 0.2克/千瓦，接近美国能源部的目标 0.125 克/千瓦。日产（Nissan）推出的 Terra 燃料电池汽车所用的燃料电池成本仅为 2005 年的 1/6，主要是因为对铂需求的显著降低。

据美国能源部数据显示，2012 年交通运输用燃料电池系统的成本为 47 美元/千瓦，不足 2007 年的一半，取得了巨大进步，但与美国能源部设定的 2017 年 30 美元/千瓦的成本目标还有一定差距。不过，按照最近 10 年来的进步速度，2017 年实现成本目标的难度不大。2002~2017 年交通运输用燃料电池系统成本变化见图 6。

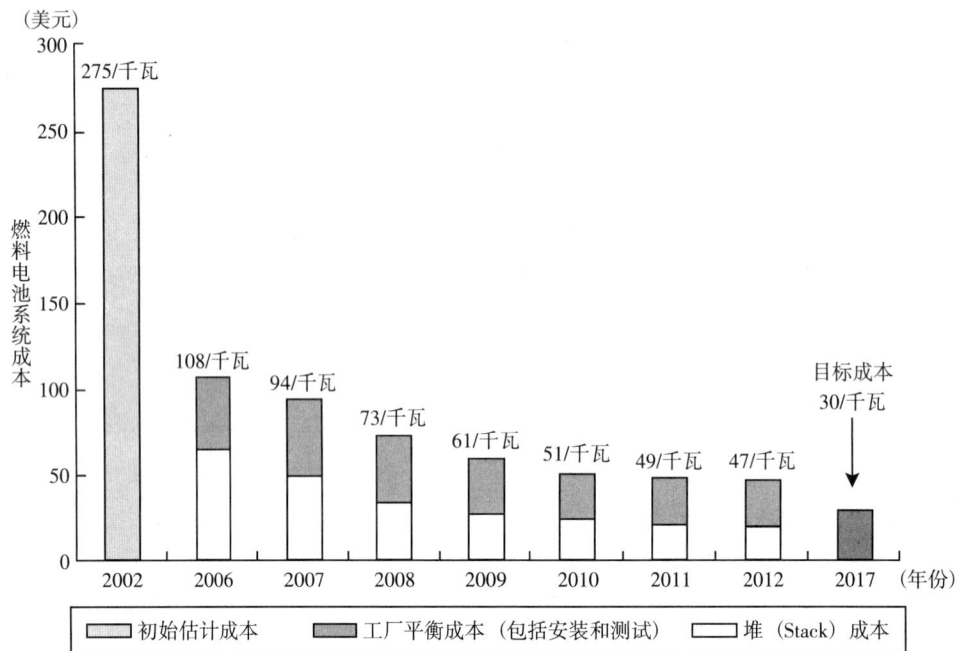

图 6　2002~2017 年交通运输用燃料电池系统成本变化

燃料电池汽车的主要消耗成本是氢气。目前市场上有很多种制氢方式，采用水电解的方式制氢的成本为 3~4 元/立方米；而采用煤气化的方式则相对便宜，约为 0.6~1.2 元/立方米，但是氢气中会掺杂碳等杂质。此外，还可以采用甲醇裂解的方式制氢，成本约为 1.8~2.5 元/立方米。

燃料电池赚的是效率的钱，这个可以从燃料消耗的对比分析看出。如果我们以 3 元/立方米的电解氢来看，从等热值价格来看汽油和电解法氢气比较接近，但燃料电池因为化学能转电能的效率更高，包括电驱动的效率优势，而导致燃料电池驱动下的燃料成本较汽油车更低，在行驶相同里程下，氢气

燃料电池车所耗成本是汽油车成本的 58%。这反映出来，单纯依靠效率优势带来的成本节约，节省的幅度并不惊人。

不过，如果考虑能源产品套利，采用煤气化氢气计算，则消耗成本将下降到以前的 30%（甚至更低），采用甲烷裂解则在 40%~50%。准确回答这个问题，需要详细研究煤气化氢气和甲烷裂解氢气如果提纯到符合燃料电池使用的水平，是否会出现成本的大幅度上升，这是一个重要的问题（通常的理解，氢气密度比较轻，提纯可能相对较容易）。

氢气的成本取决于其最终的能源产品来源的热值价格以及生产过程中的效率，以及副产品（如果

有的话）是否能够顺利销售。如果采用廉价的煤炭或天然气为制氢原料，氢气成本仍有大幅度下降的空间。

燃料电池发电的工业应用已经在成本上显著降低。2012 年，美国 Plug Power 公司宣布其燃料电池（1.8~10 千瓦系列）的生产成本已经从 2008 年的 1.8 万美元下降到 1 万~1.1 万美元。在美国的某些州市，燃料电池的发电成本甚至可以与电网电价竞争。Bloom Energy 公司的燃料电池系统发电成本约为 8~10 美分/千瓦时（这个水平与美国的居民销售电价相当）。

应用领域：关注丰田计划推出的首款燃料电池车。

燃料电池既可应用于军事、空间、发电厂领域，也可应用于机动车、移动设备、居民家庭等领域。目前，燃料电池主要应用于三个方面：燃料电池电站、家用热电联产（CHP）、不间断电源设备等固定式领域；军工应用、手电，笔记本、个人电子产品等便携式领域；燃料电池汽车、叉车等交通运输领域。

根据 Fuel Cell Today 的数据，2012 年燃料电池系统的出货量为 166 兆瓦，2013 年在燃料电池电站的带动下，出货量将增长至 215 兆瓦。而固定领域出货量占比最大，2012 年固定领域出货量为 124.9 兆瓦，占 2012 年总出货量的 75%。固定式应用领域主要包括热电联产设备，不间断电源设备与基础发电机设备。据 Fuel Cell Toady 介绍，热电联产设备的规模为 0.5~10 千瓦，它主要利用了燃料电池的发电同时产生的热量，这样提高了整个过程中的系统效率，高达 80%~95%。未来随着家庭热电联产的普及，它将是固定式应用领域中最主要的应用。基础发电设施则主要是为"输电线路无法达到的地区提供电力"而存在的兆瓦级电力的基础发电站等设施。

交通运输领域主要包括公交车和物料搬运设备，其中主要燃料电池类型为质子交换膜类型。现阶段，物料搬运设备领域燃料电池已经实现商业化，叉车是运输相关的燃料电池市场的领导者。物料搬运设备的制造商，如 Crown 公司、Raymond 公司、Yale 公司等推出燃料电池产品。零排放和快速加注能力使其在封闭场景应用较其他技术有明显的优势。

燃料电池汽车是产业界和资本市场关注的重点。2015 年将是燃料电池汽车的市场化元年，其中，丰田未来将推出的新一代氢燃料电池系统造价大约为 500 万日元，约合 51000 美元。

脱硫脱硝

一、2013 年行业发展现状及分析

（一）行业整体发展环境分析

2013 年全国性雾霾天气创 52 年之最，这表明我国大气污染状况仍十分严重。工业总量的持续增长也给环保领域带来前所未有的压力，如今大气污染物总量早已超越环境容量阈值，具体表现为城市大气环境总悬浮颗粒物普遍超标，二氧化硫污染保持在较高水平，氮氧化物型酸雨呈加重趋势。

煤烟型污染仍是我国二氧化硫、氮氧化物和粉尘排放的第一大污染源，而我国又是世界第一大煤炭消费国，煤炭消费量约占全球 50.2%。电力行业作为我国的燃煤主体，节能减排责任重大，近年其在环保领域付出的努力有目共睹，脱硫脱硝除尘工程数量逐渐与火电厂机组容量同步。而燃煤工业锅炉排放的烟尘和二氧化硫占全国总排放量的比例逐渐增长，其他各种工业窑炉的环保举措较为滞后，其中钢铁和水泥行业的污染效应较为突出。

受国内外经济形势的影响，2013 年我国国民经济增长趋于平稳，全年国内生产总值达到 568845.21 亿元，增速保持在 7.7%，与 2012 年持平。GDP "保 7" 表明国内经济形势依然严峻，三大产业增速均放缓，尤其是与脱硫脱硝行业关系密切的第二产业中的工业生产，全年全国规模以上工业增加值 210689.42 亿元，比 2012 年增长 7.6%，单季度增速最高比 2012 年回落 1.3 个百分点，而建筑业增加值有所好转，全年同比增长 9.5%。

2013 年全年固定资产投资额 436527.7 亿元，第二产业固定资产投资额达 184804.36 亿元，较 2012 年的比重有所下降。第二产业中所涉及的大气污染物排放量较高的行业主要有电力热力生产业、黑色金属冶炼加工业和建筑业。2012~2013 年各行业固定资产投资情况见图 1。

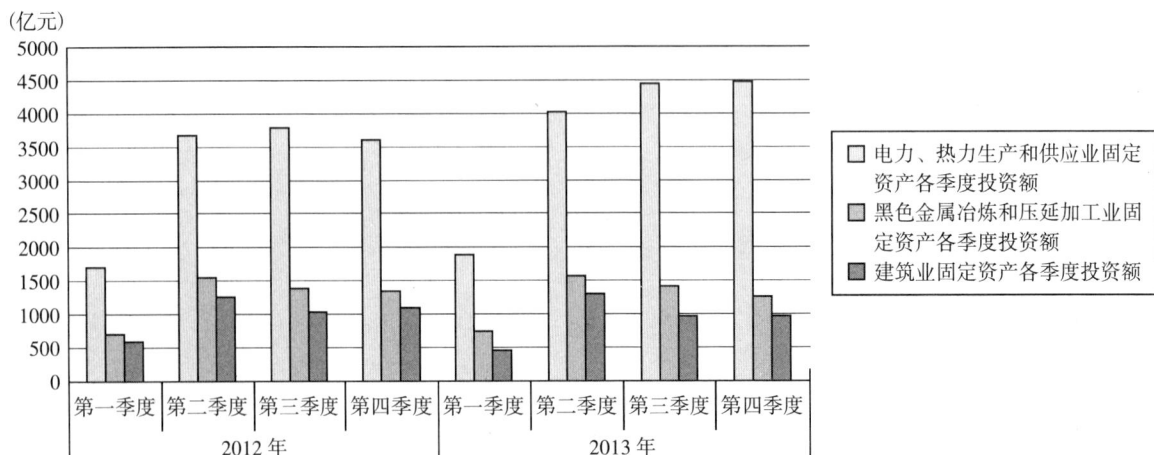

图 1　2012~2013 年各行业固定资产投资情况

据国家统计局公布数据显示，仅电力行业固定资产投资额占总投资的比重有所增加，黑色金属和建筑业投资情况不容乐观，这将直接影响到钢铁和水泥行业的发展，虽然钢铁和水泥行业利润下滑的趋势有所好转，但资金紧张的状况仍然存在。

1. 电力行业脱硫脱硝发展环境分析

2013 年工业生产稳定增长，电力、热力生产和供应业增长 6.2%，据国家统计局公布数据显示，截至 2013 年底，全国发电装机容量 124738 万千瓦，比 2012 年末增长 9.3%。其中，火电装机容量 86238 万千瓦，增长 5.7%，占全国发电装机容量的 69.1%，水电占全国装机容量的 22.45%，其他部分机组容量不到 10%，由核电、并网风电及太阳能发电构成。我国不断增强的经济与环境协调发展意识推动着清洁能源发电的快速增长，水电、核电、风电发电装机容量增长率均在 10% 以上，太阳能发电装机容量增长了 3.4 倍，虽然清洁能源发电投资比重不断增加，但通过比较近几年火电与清洁能源的实际发电量和装机容量，可以发现国内对火电发电的依赖性依然很明显。

例如，2013 年全年发电量 53975.9 亿千瓦时，火电发电量占 78.4%，达 42358.7 亿千瓦时，装机容量已达 30% 的清洁能源发电实际提供的社会用电量并未达到预期；比较近三年的全年发电量与全社会用电量的供需关系发现，2012 年，在水电发电量上较 2011 年增长 23.2%，而火电发电仅增长了 0.6% 的情况下，全社会用电量 49591 亿千瓦时超过了全年发电量，导致部分地区用电紧张，这与 2012 年火电投资较 2011 年减少 10.5% 有很大的关系。因此，考虑到清洁能源应用不成熟，电力供应不稳的状况，2013 年火电投资较 2012 年有所改善。2011~2013 年全年发电量情况见表 1。

表 1　2011~2013 年全年发电量情况

	2011 年		2012 年		2013 年	
	发电量（kW·h）	增长率（%）	发电量（kW·h）	增长率（%）	发电量（kW·h）	增长率（%）
全年	47 000.7	11.70	49 377.7	4.80	53 975.9	7.50
火电	38 253.2	14.80	38 554.5	0.60	42 358.7	7.00
水电	6 940.4	-3.90	8 608.5	23.20	9 116.4	5.60
核电	863.5	16.90	973.9	12.80	1 106.3	13.60

与此同时，对火电发电的依赖性也使得火电行业的环保压力逐渐增大，据发改委和国家统计局公布的数据显示，2013 年全国煤炭消费总量约 36.2 亿吨，同比增长 0.7 亿吨，增长 1.97%。其中，燃煤电厂煤炭使用份额约占 49%，冶金行业约占 15%，工业炉窑和工业锅炉约占 14%，建材水泥约占 12%，化工行业约占 9%。燃煤的含硫率以 1% 测算，燃煤发电 2013 年产生的原烟气约含有 2000 万吨 SO_2，面对污染物基数逐年增加，污染物排放标准的日益严格，电力行业按照国家要求，一直致力于燃煤污染物的全面治理，因此脱硫脱硝产业的主要收入来源是在电站锅炉领域。

预计未来随着清洁能源技术的成熟化运用，火电装机增幅将逐渐降低，清洁能源比重不断增加，尤其是核电。这将使燃煤污染物基数增长趋势放缓，但由于火电装机容量较大，其作为第一大污染源的局面还不会改变，燃煤污染物的全面脱除将成为工作重点，因此，电站锅炉领域仍是脱硫脱硝产业收入的主体。

2. 工业锅炉行业脱硫脱硝发展环境分析

我国是当今世界生产和使用锅炉最多的国家，"十一五"期间，工业锅炉行业迎来了规模化发展的契机，并呼应了巨大的市场需求，无论产量、销售量还是利润，每年都稳中有升，企业自身的科研投入进一步加大，产品的种类和数量也不断增加。但是总体来看，由于行业发展的关键技术并没有真正意义上的突破，加之中国制造业同时面临的汇率问题、用工短缺、外企转移等外部环境的挑战和国内宏观经济增长放缓等问题，也使得其在"十二五"期间的发展受到影响，已连续两年出现工业锅炉产量同比增长率出现负值。

近年，工业锅炉总数变化不大，但在国家"上大压小"的节能减排政策推动下，总蒸发量和单台平均蒸发量增长较快，总蒸发量和单台平均蒸发量增长幅度远高于台数的增幅。统计数据显示：截至2013年底，全国工业锅炉的新增产量达51.3万吨/时，工业锅炉总数约61万台，其中85%以上为各类燃煤锅炉，总数约48万多台，总蒸发量约320万吨/时。

虽然工业锅炉正向着大容量、高参数、高能效、低排放的方向发展，逐步淘汰10吨/小时以下小型锅炉，但在广大的农村和城镇范围仍有相当大的市场，这部分燃煤锅炉不具备清洁用煤的能力，是影响城市空气质量的重要原因之一，可以认为，燃煤工业锅炉造成的环境污染一定程度上抵消了其他行业在环境质量改善方面作出的努力。如工业锅炉无论在燃煤总量上还是污染排放方面，均仅次于火电燃煤，其燃煤能源消耗约占全国煤产量的四分之一，远远高于钢铁、建材、石化等高能耗行业；锅炉平均运行效率约65%，实际效率低于设计效率，且各类锅炉已安装的脱硫脱硝除尘工艺仅能保证满足旧标准中二类地区的排放限值规定，据估算，2013年工业锅炉排放 SO_2 可达900万立方米/年。

因此，继续将脱硫工作重点放在火电行业可能也很难实现"十二五"时期二氧化硫排放8%的目标，应将燃煤脱硫控制重点转向工业锅炉。随着环境友好型经济的发展和生态友好型社会的建设，针对工业锅炉的相关政策也会更加严格，国家在完善政策的同时，工业锅炉行业也应合理利用节能减排政策的支持，从而进一步推进工业锅炉整体行业的系统化规范化工作。综上所述，未来工业锅炉脱硫脱硝行业市场前景广阔，潜力巨大。

（二）行业发展政策环境分析

自"十二五"初，国家出台一系列的环境保护总体规划措施，如《国家环境保护"十二五"规划》、《节能减排"十二五"规划》，《规划》对全国总体二氧化硫和氮氧化物等大气污染物提出减排指标，要求二氧化硫排放总量要比2010年下降8%，

氮氧化物排放总量下降10%；提高新建项目环保准入门槛，重点淘汰小火电2000万千瓦、炼铁产能4800万吨、炼钢产能4800万吨、水泥产能3.7亿吨；区域性联防联控规划相应出台，国家发改委等部委联合印发《重点区域大气污染防治"十二五"规划》，要求重点控制区内新建火电、钢铁、水泥、化工等重污染项目与工业锅炉必须满足大气污染物排放标准中特别排放限值要求，到2015年，重点区域内燃煤机组全部安装脱硫设施，确保燃煤电厂综合脱硫效率达到90%以上，所有烧结机和位于城市建成区的球团生产设备配套建设脱硫设施，综合脱硫效率达到70%以上，新、改、扩建水泥生产线综合脱硝效率不低于60%；鼓励各项环保工程的实施，对环保示范工程投资达1.5万亿元，其中将电力行业脱硫脱硝、钢铁烧结机脱硫脱硝、其他非电力重点行业脱硫、水泥行业与工业锅炉脱硝等8项重点工程中列为主要的污染物减排工程。"十二五"时期重点行业主要污染物减排目标见表2。

表2 "十二五"时期重点行业主要污染物减排指标

指　标	2010 年	2015 年	变化幅度/变化率
火电行业二氧化硫排放量（万吨）	956	800	[-16%]
火电行业氮氧化物排放量（万吨）	1 055	750	[-29%]

总体减排规划的出台加快了各重点污染行业的排放标准的实施，2012年1月1日国家颁布执行《火电厂大气污染物排放标准》（GB 13223-2011），对火电厂排放的粉尘、二氧化硫、氮氧化物和汞污染物提高了限值：新建火电项二氧化硫排放限值为100毫克/立方米，氮氧化物排放限值100毫克/立方米，烟尘排放限值为30毫克/立方米。

2012年10月1日国家颁布执行《钢铁烧结、球团工业大气污染物排放标准》（GB 28662-2012），对钢铁厂烧结工序排放的颗粒物、二氧化硫、氮氧化物等主要污染物提高了限值：新建企业自2012年10月1日起颗粒物排放限值为50毫克/每立方米，二氧化硫排放限值为200毫克/立方米，氮氧化物排放限值为300毫克/立方米；除在烧结烟气

部分严格限制排放标准外，环境保护部针对炼钢过程分别颁布《炼铁工业大气污染物排放标准》（GB 28663-2012）、《轧钢工业大气污染物排放标准》（GB 28664-2012）和《炼钢工业大气污染物排放标准》（GB 28665-2012），在炼铁、炼钢和轧钢等环节也对二氧化硫、氮氧化物及颗粒物进行了严格的控制。最为显著的是轧钢工序产生的二氧化硫排放限值从 250 毫克/立方米更改为 150 毫克/立方米。

2013 年 9 月 10 日，国务院印发了《大气污染防治行动计划》，再次对京津冀、长三角、珠三角地区和全国地级及以上的市提出指标，到 2017 年，全国地级及以上城市可吸入颗粒物浓度比 2012 年下降 10% 以上，优良天数逐年提高；京津冀、长三角、珠三角等区域细颗粒物浓度分别下降 25%、20%、15% 左右，其中北京市细颗粒物年均浓度控制在 60 微克/立方米左右。

2013 年 12 月 27 日，环保部发布《水泥工业大气污染物排放标准》（GB 4915-2013），取代原有标准（GB 4915-2004），严格控制水泥制造业氮氧化物排放限值：现有企业至 2015 年 6 月 30 日仍执行 800 毫克/立方米的排放标准，新建企业自 2014 年 3 月 1 日执行 400 毫克/立方米的排放标准，针对重点地区将执行 300 毫克/立方米的排放限值，新标准于 2014 年 3 月 1 日正式执行。

各行业实行新标准后，国内燃煤锅炉部分原有环保设施将面临升级改造，大部分钢铁烧结和球团设备需要安装脱硫脱硝设施，全国水泥生产线面对新修订的标准将全面升级改造脱硝设备。保守估计，实施新标准将带动相关的环保技术和产业市场的发展，形成脱硝、脱硫和除尘等环保治理和设备制造行业约 3000 亿元的市场规模。

总体来看，"十二五"中后期，我国环保行业管理体制改革的方向是：在国家层面，完善环境保护综合决策和议事协调机制，进一步加强行业规范化引导措施，鼓励战略性新兴节能环保产业的发展，加大环境保护统筹协调力度，以全方位、多元化的手段解决环境与发展的重大问题；在地方层面，地方各级政府应对本辖区环境质量负总责，落实国家有关规定的同时，因地制宜地完善地方性法规，加强环保监督体系的建设和环保事业的透明性，切实把环境保护放在突出位置，并且不应以牺牲环境质量为代价来提高 GDP。

（三）脱硫脱硝产业发展现状

火电脱硫脱硝产业发展现状

2013 年，火电厂新投运烟气脱硫机组容量约 3600 万千瓦；截至 2013 年底，已投运火电厂烟气脱硫机组容量约 7.2 亿千瓦，占全国现役燃煤机组容量的 91%，如果考虑具有脱硫作用的循环流化床锅炉和减去计划关停的机组，全国脱硫机组占煤电机组比例接近 100%。目前，主要脱硫公司的火电脱硫机组投运状况见表 3。

表 3　主要脱硫公司的火电脱硫机组投运状况

序号	脱硫公司名称	2013 年底前累计投运容量（MW）	采用的脱硫方法及所占比例（%）
1	北京国电龙源环保工程有限公司	99 930	石灰石—石膏湿法 88.32 海水法 10.69 有机胺脱硫 0.60 氨法 0.27 烟气循环流化床 0.12
2	北京博奇电力科技有限公司	52 446	石灰石—石膏湿法 100
3	福建龙净环保股份有限公司	50 784	石灰石—石膏湿法 81.90 烟气循环流化床 18.10
4	中电投远达环保工程有限公司	46 388	石灰石—石膏湿法 97.63 干法 1.38 烟气循环流化床 0.99
5	武汉凯迪电力环保有限公司	43 970	石灰石—石膏湿法 90.36 烟气循环流化床 7.76 氨法 0.94、NID 0.94

续表

序号	脱硫公司名称	2013年底前累计投运容量（MW）	采用的脱硫方法及所占比例（%）
6	浙江浙大网新机电工程有限公司	40 345	石灰石—石膏湿法 100
7	中国华电工程（集团）有限公司	36 152	石灰石—石膏湿法 100
8	山东三融环保工程有限公司	27 450	石灰石—石膏湿法 96.56 烟气循环流化床 3.44
9	浙江天地环保工程有限公司	25 010	石灰石—石膏湿法 99.35 海水法 0.65
10	同方环境股份有限公司	24 227	石灰石—石膏湿法 100
11	中环（中国）工程有限公司	17 155	石灰石—石膏湿法 100
12	大唐科技产业有限公司	17 060	石灰石—石膏湿法 100
13	北京国电清新环保技术股份有限公司	13 330	石灰石—石膏湿法 100
14	浙江菲达环保科技股份有限公司	9 498	石灰石—石膏湿法 71.62 循环半干法 28.38
15	浙江蓝天求是环保集团有限公司	7 905	石灰石—石膏湿法 85.82 烟气循环流化床 14.18
16	湖南永清环保股份有限公司	7 485	石灰石—石膏湿法 100
17	广州市天赐三和环保工程有限公司	5 228	石灰石—石膏湿法 47.93 喷雾干燥法 22.36 氧化镁法 3.31
18	国电环境保护研究院	4 100	石灰石—石膏湿法 100
19	蓝天环保设备工程有限公司	3 102	烟气循环流化床 67.69 石灰石—石膏湿法 5.37
20	江苏新世纪江南环保股份有限公司	2 776	氨法 100

2013年中电联参加产业登记的脱硫公司达27家，排名前20的脱硫企业合同容量占全行业投运总量的73.4%，其他脱硫公司（包括未参与统计的脱硫公司）投运脱硫机组容量约1.9亿千瓦。由于火电行业大气污染排放标准的不断提高，火电脱硫方法以脱硫效率最高的石灰石—石膏湿法为主，占全行业现役脱硫机组的91.94%，比2012年提高近2个百分点。其中烟气循环流化床3.86%，海水脱硫法2.61%，其他方法占1.59%。

随着火电脱硫市场空间的逐步缩小，原脱硫公司业务拓展向火电脱硝市场，形成激烈的竞争格局，大大提高了脱硝工程量，仅2013年新投运火电厂烟气脱硝机组容量就达1.9亿千瓦，较2012年增加了1倍；截至2013年底，已投运火电厂烟气脱硝机组容量超过4.2亿千瓦，占全国现役火电机组容量的49%，预计2014~2015年也将迎来火电脱硝市场的高峰。目前，主要脱硝公司的火电脱硝机组投运状况见表4。

表4　主要脱硝公司的火电脱硝机组投运状况

序号	脱硝公司名称	累计投运容量（MW）	采用的脱硝方法及所占比例（%）
1	北京国电龙源环保工程有限公司	88 972.5	SCR 96.29 SNCR 3.37 SNCR +SCR 0.34
2	中国华电工程（集团）有限公司	36 080	SCR 98.89 SNCR 1.11
3	大唐科技产业有限公司	30 150	SCR 96.02 SNCR 3.98
4	东方电气集团东方锅炉股份有限公司	25 608	SCR 97.66 SNCR 2.34
5	浙江天地环保工程有限公司	21 305	SCR 100
6	中电投远达环保工程有限公司	20 050	SCR 100

续表

序号	脱硝公司名称	累计投运容量（MW）	采用的脱硝方法及所占比例（%）
7	福建龙净环保股份有限公司	18 230	SCR 100
8	同方环境股份有限公司	14 706	SCR 96.98 SNCR 2.86 SNCR+SCR 0.16
9	江苏科行环保科技有限公司	13 420	SCR 91.73 SNCR 5.03 SNCR+SCR 3.24
10	神华国华（北京）电力研究院有限公司	9 180	SCR 100
11	北京博奇电力科技有限公司	7 830	SCR 100
12	浙江浙大网新机电工程有限公司	6 475	SCR 100
13	山东三融环保工程有限公司	5 430	SCR 100
14	浙江蓝天求是环保股份有限公司	4 300	SCR 100
15	中环（中国）工程有限公司	3 830	SCR 100
16	中国能源建设集团广东省电力设计研究院	3 600	SCR 100
17	北京国电清新环保技术股份有限公司	3 300	SCR 69.70 SNCR 30.27
18	浙江天蓝环保技术股份有限公司	2 642	SNCR 100
19	浙江菲达环保科技股份有限公司	1 133	SCR 91.35 SNCR 8.65
20	北京龙电宏泰环保科技有限公司	1 030	SCR 61.17 SNCR 38.83

由于 SCR 工艺对氮氧化物有高效的去除效果，适用于高标准排放限值的火电行业，一直以来，该技术相关的工艺和设备方法建设备受火电行业的重视，国内脱硝技术发展初期全部依靠引进国外 SCR 关键技术和设备的建设方法。近年来，随着我国烟气脱硝技术的国产化及产业化自主创新发展全面提速，适应于中国燃煤复杂多变的 SCR 技术在全火电行业迅速推广，据统计，2013 年全行业火电 SCR 脱硝机组容量达 3.26 亿千瓦，约占现役机组容量的 96.18%，较 2012 年增加了 1.65 亿千瓦。

SNCR 脱硝技术具有系统简单、投资少、阻力小、系统占地面积小等优点。但其脱硝效率较低，火电厂采用该技术很难达到《火电厂大气污染物排放标准》（GB13223–2011）的 100 毫克/立方米标准限值要求。2012 年底，全国投运的火电机组脱硝项目中，采用 SNCR 技术的占 6.28%，截至 2013 年底，SNCR 技术只占火电脱硝机组总容量的 3.29%，SCR+SNCR 技术市场占有率也由 2012 年的 0.41% 下降到 0.24%。

二、2013 年行业技术发展进展

（一）新技术开发应用

1. 湿法双循环脱硫技术

石灰石—石膏湿法单塔双循环技术是在成熟的石灰石—石膏湿法脱硫技术基础上，经技术攻关掌握的脱硫工艺新技术。湿法双循环技术是在一座吸收塔内完成了两次脱硫，适用于脱硫效率要求较高的 FGD 系统。其主要特点是：烟气分两级脱硫，一级循环 pH 值控制在 4.5~5.3 之间，有利于石灰石的溶解和石膏的结晶，能够得到品质很高的石膏；二级循环 pH 值控制在 5.8~6.4 之间，能够在较低液气比的工况下得到较高的脱硫效率，从而降低能耗；一级循环还可减少烟气中尘、HCL、HF 的含量，有利于二级循环达到高脱硫效率；每个循环独立控制，易于优化和快速调整，能适应含硫量和负荷的大幅变化；独立的一级循环浆池和二级循环浆池能够减小事故浆罐的储存容积；锥形收集碗能够均布烟气流场，提高除雾器除雾效果。双循环技术使得脱硫系统装置的脱硫效率达到98%甚至99%以上，突破了脱硫效率只能到97%左右的技术瓶颈，解决了重点区域电厂二氧化硫排放标准不超过50毫克/立方米的行业难题。

2. 可再生胺法脱硫制酸工艺技术

可再生胺法脱硫制酸工艺技术是国家"863"计划研发的脱硫工艺项目。可再生胺法脱硫工艺可高效地脱除烟气中高浓度的二氧化硫，脱硫效率达到99%以上，相对于传统石灰石—石膏湿法烟气脱硫工艺，脱硫效率与经济效益都有极大提高，同时避免了脱硫石膏的二次污染，减少了二氧化碳的排放。目前，已经成功应用在国电都匀发电有限公司福泉电厂两台600兆瓦级发电机组的有机胺法脱硫—制酸示范工程。

（二）脱硝技术进展

1. 低氮燃烧技术

在炉内低氮燃烧技术的研究方面，通过不断的技术创新，技术水平逐渐提升，使锅炉炉膛出口NO_x排放浓度逐渐降低，与SCR等烟气脱硝装置结合，可在达标排放的前提下，尽量降低机组环保运行成本。超低氮燃烧技术项目已在宁海电厂取得成功，热态调试阶段中，在300~600兆瓦的各负荷段，NO_x都能达到100毫克/立方纳米以下的指标，排放指标达到国际先进水平。经过多年的研发，双尺度低氮燃烧技术实现了从烟煤、褐煤到贫煤等多煤种低氮工程的技术突破，使应用范围扩展到了目前国内的大部分燃用煤种。双尺度低氮燃烧技术具有较高的技术水平，被列为国家重点环境保护实用技术。

2. 废弃脱硝催化剂再生与回收技术

针对脱硝催化剂大量使用的环保状况和催化剂寿命的预期，我国将面临废弃脱硝催化剂的合理处置问题，为此国家鼓励了一系列的废弃脱硝催化剂再生及回收技术研发项目。目前，国电集团已完成了脱硝催化剂再生关键技术研究：形成了一套可靠、稳定的再生工艺路线，再生后催化剂性能符合重新使用的要求；根据废弃脱硝催化剂中毒程度和失活原因的不同，对废弃脱硝催化剂实施了不同的再生处理手段，再生后催化剂的脱硝活性为新催化剂的90%以上；磨损强度和机械强度分别为新催化剂的87.95%和88.90%；SO_2氧化率等性能指标与新催化剂接近。

脱硝催化剂回收技术也有了一定的进展，国内部分环保骨干企业已经形成了湿法回收催化剂中金属元素的工艺路线：针对不具有可再生价值的废弃脱硝催化剂，研究了从其中提取钒、钨、钛氧化物的资源化利用技术；形成了一条成熟的脱硝催化剂回收工艺路线，按照回收工艺可以回收废弃催化剂中90%的钨，产物以钨酸钙形式计算纯度在90%以上，其中三氧化钨含量在76%以上；两次提取后钒的分离率可以达到75%，提取液可以多次重复使用；钛以钛酸钠形式收集，回收率可达95%。废弃脱硝催化剂再生与回收技术是具有创新性和巨大的市场应用前景的技术，该项技术也成为各催化剂生产厂的研究热点。

三、2013年市场特点分析及重要动态

（一）废弃脱硝催化剂的处理备受关注

随着氮氧化物减排工作的推进，SCR脱硝工艺在我国火电行业迅速推广，脱硝催化剂又是SCR工艺的核心，其需求量应与脱硝工艺同步发展，就目前形势来看，存在一定的问题：一方面，催化剂短期供不应求引发国产化脱硝催化剂生产线不断增加，但未来长期产能过剩将不利于行业市场平衡发展；另一方面，在氮氧化物大幅削减的同时，产生了有毒有害的废弃脱硝催化剂，预计2016年前后我国将产生大量的废烟气脱硝催化剂。

因此，废脱硝催化剂的回收处置和再生利用的研究引起了相关部委的重视，脱硫脱硝骨干企业也积极采取了一系列的措施。据了解，目前全国现有5家企业拥有废烟气脱硝催化剂再生能力20000立方米/年，其中，江苏龙源催化剂公司引进日本触媒化成公司的生产线，形成了稳定的脱硝催化剂再生生产工艺，设计并建成了600立方米/年废弃脱硝催

化剂再生生产。借鉴火电脱硫普遍存在的"石膏雨"问题的经验，废脱硝催化剂的处理问题应该作为可预见性的问题加以妥善解决。

（二）脱硫脱硝特许经营状况

为了有效解决我国烟气脱硫产业快速发展暴露出的建设质量不过关、运行维护专业化水平等问题，我国在 2007 年就提出火电厂脱硫特许经营试点，而且自项目实施以来，能够带来持续性收入的脱硫特许经营业务逐渐被业内看好。根据中电联统计数据，截至 2013 年底，我国共有 13 个脱硫公司参与了脱硫特许经营项目，已签订火电厂烟气脱硫特许经营合同的机组容量 94205 兆瓦，其中 86915 兆瓦已经按照特许经营模式运行，较 2012 年增长了 13.68%。火电厂脱硫特许经营市场结构见图 2。

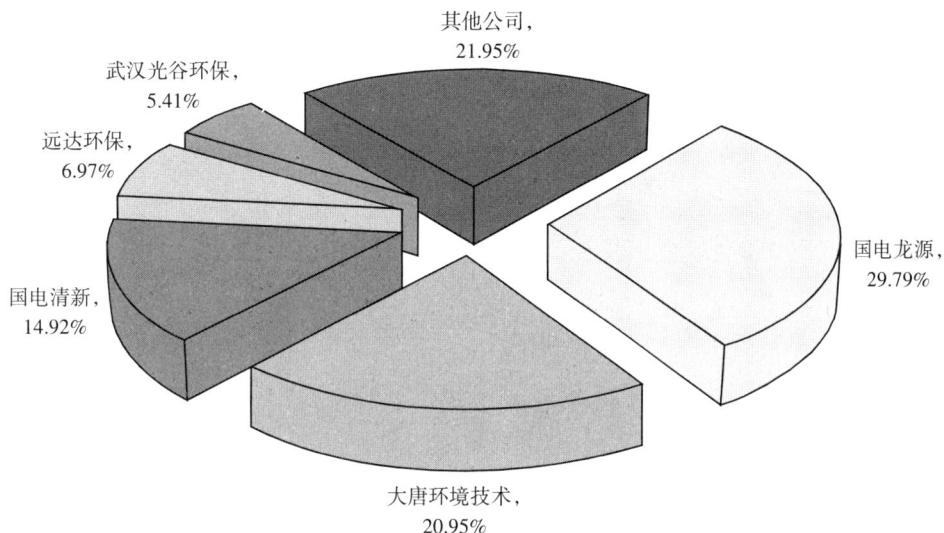

图 2　火电厂脱硫特许经营市场结构

我国面临巨大的氮氧化物减排压力，这也推动着脱硝市场的快速发展，未来几年将成为各行业脱硝改造的高峰期。脱硝建设虽然刚刚开启，部分脱硝特许经营项目已经随着脱硝建设同步实施，这也是为了更好地提高脱硝效率，完成脱硝任务，同时带来可观的经济效益。据中电联统计数据，截至 2013 年底，签订火电厂烟气脱硝特许经营合同的机组容量比 2012 年增长了 1 倍，达到 13420 兆瓦，其中 7920 兆瓦已按特许经营模式投入运行。火电厂脱硝特许经营市场结构见图 3。

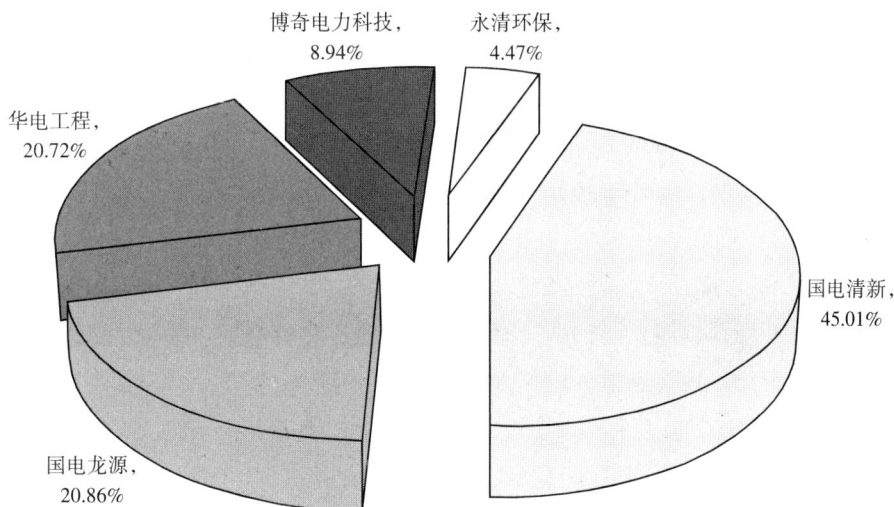

图 3　火电厂脱硝特许经营市场结构

四、主要（骨干）企业发展情况

（一）北京国电龙源环保工程有限公司

北京国电龙源环保工程有限公司（以下简称龙源环保）成立于1993年，隶属于中国国电集团国电科技环保集团有限公司，主营业务为：环境污染防治专项工程设计；专业承包；环保工艺、环保设备及综合利用设备技术开发、技术转让；销售、安装、调试、化工轻工材料、计算机软硬件；设备租赁（汽车除外）；信息咨询（中介除外）；工程咨询；货物、技术进出口等。

公司目前拥有5家工程和制造类控股子公司，31家特许经营分（子）公司，公司技术上从零起步，从以技贸结合的方式完成示范项目，积累经验，到步入"引进—消化—吸收—创新"的技术发展道路，已拥有授权专利100余项，所拥有的烟气脱硫技术居国际一流水平，是国内环保领域在大型燃煤锅炉脱硫、脱硝的龙头企业。

2013年该公司投运火电厂烟气脱硫机组412.3万千瓦，签订脱硝机组合同容量2501万千瓦。截至2013年底，公司累计投运火电厂脱硫机组9993万千瓦，2013年签订累计脱硝机组8897.2万千瓦，签订火电厂烟气脱硫特许经营合同的机组容量2806万千瓦，签订火电厂烟气脱硝特许经营合同的机组容量280万千瓦，投运的火电厂袋式除尘机组容量达1045万千瓦，催化剂产能达到24000立方米/年。

（二）大唐科技产业有限公司

大唐科技产业有限公司（原大唐集团科技工程有限公司），成立于2004年5月，注册资金1.37亿元。公司是中国大唐集团公司的专业子公司，业务范围涵盖脱硫（脱硝）特许运营、产品装备制造、电力工程、能源管理、水处理等领域，已形成"环保设施专业化运营、高新产品研发与制造、电站及子系统总承包"三大核心业务，通过科学的管理、先进的技术、高素质的人才队伍、优质的项目执行和全方位的服务，成为国内电力与环保领域的重要竞争主体，主要产业均跻身国内前列。

2013年签订脱硝合同的机组容量达1570万千瓦，截至2013年底，公司累计投运的火电厂烟气脱硫机组容量1706万千瓦，累计投运脱硝机组容量3015万千瓦，签订脱硫特许经营合同的装机容量1974万千瓦，脱硫资产总额24.60亿元，规模位居国内第二位；公司已建成技术领先、世界产能最大的平板式脱硝催化剂生产线基地，设计最大年产能达到40000立方米，脱硝工程累计业务量位居国内第二位，已取得泰国、印度多个海外总承包项目。

（三）中电投远达环保工程有限公司

中电投远达环保工程有限公司成立于2000年，注册资本金7500万元。主要股东为中国电力投资集团公司、重庆九龙电力股份有限公司和重庆钢铁设计研究总院。主要从事火电厂烟气脱硫脱硝EPC、脱硫特许经营、脱硝催化剂制造、除尘产业、节能环保、水务产业、核电环保等业务。目前，远达公司在全国各地拥有控股、参股子公司7家，设立有分公司3家。基本形成了以环保工程、产品制造与技术服务三大价值链为核心，以技术进步和科技创新为支撑，业务范围覆盖了全国大部分地区和印度、土耳其等海外市场。

公司是国家级创新型企业，并荣获"中国环保科技创新最具影响力十大品牌"。建有国内最大的原烟气综合试验基地、国内领先的脱硝催化剂生产线、国内首套万吨级的烟气二氧化碳捕集装置、国内最大的活性焦干法脱硫脱硝实验平台和国内首个燃煤电厂PM2.5控制技术中试系统，建成的催化剂检测中心是目前国内首家获得全球实验室认可的催化剂检测机构。

截至2013年底，公司总资产约60亿元，年销售收入约35亿元，拥有14家下属企业，完成工程装机容量超1亿千瓦，催化剂年产能1.2万立方米，脱硫脱硝特许经营规模超1600万千瓦。

（四）福建龙净环保股份有限公司

福建龙净环保股份有限公司是我国环保产业的领军企业之一，为全球最大的大气环保装备研发制造商，龙净环保于2000年12月在上海证券交易所成功上市，是我国环保除尘行业的首家上市公司。

公司现有资产总额 74 亿元，净资产 25.5 亿元，公司专业致力于大气污染控制领域环保产品的研究、开发、设计、制造、安装、调试、运营，公司开发生产除尘、脱硫、脱硝、物料环保输送、电控设备等五大系列产品，可以提供工业烟气多污染物治理的一揽子解决方案和 BOT 模式的运营，截至 2013 年底，公司累计投运的火电厂烟气脱硫机组容量达5078.4 万千瓦，累计投运脱硝机组容量 1823，除应用于电力行业外，公司产品还在冶金、建材、轻工和化工等行业得到广泛应用，产销量连续八年名列全国同行业第一，产品遍销全国 34 个省、市、自治区，并出口欧洲、亚洲、南美洲等 30 多个国家和地区，为节能减排和保护环境做出了突出的贡献。

（五）中钢集团天澄环保科技股份有限公司

中钢集团天澄环保科技股份有限公司是国家经贸委批准设立的高科技股份有限公司，注册资本5400 万元，由中国中钢股份有限公司控股。

中钢天澄是中国环境保护产业协会骨干企业，是国家科技部、国务院国资委、全国总工会认定的第二批创新型试点企业，中钢天澄主要从事环保技术及产品的开发、研制、设备制造及相关技术咨询、技术服务；环保工程设计、施工；环保设备零售兼批发；自营和代理各类商品和技术的进出口。公司在钢铁、电力、石化、建材、有色、市政等行业建成了数十项环境保护及清洁能源示范工程。

（六）江苏科行环保科技有限公司

江苏科行环保科技有限公司是一家专业从事电力、化工、建材等行业烟气除尘除灰、脱硫脱硝等环保技术装备研制、工程设计、设施运营与总承包业务的国家重点高新技术企业。公司业务范围包括电力、化工、建材等行业环保技术装备的研发、销售、生产、制造及工程总承包，并提供相关信息咨询服务，尤其是在水泥行业烟气脱硝的方面有着广泛的客户群，是水泥行业脱硝的领军企业。

（七）北京西山新干线除尘脱硫设备有限公司

北京西山新干线除尘脱硫设备有限公司，1989年成立于北京西郊，是国家认证的高新技术企业、环保装备专精特新企业、海淀区创新企业、中关村高新技术企业、全国环保百强企业；中国环保产业协会、北京环保科学学会、北京节能环保促进会理事单位。

公司主营大气污染气体及燃烧设备烟气净化及垃圾处理除异味等高新技术研究，二十余年来，公司专业从事烟气除尘、脱硫、脱硝以及除臭等领域技术成果转化及专利成果应用的研究与开发，适时创新推出上述领域的各类技术装备并率先将多项大气污染治理设备应用于工业锅炉和工业炉窑烟气净化领域。

（八）北京利德衡环保工程有限公司

北京利德衡环保工程有限公司成立于 1997 年，注册资金 8000 万元。公司是集烟气净化和废水治理工程总承包、工程设计、设备制造、安装调试和运营管理为一体的高科技术环保实体企业，是中国环保产业协会理事单位和中国环保产业协会锅炉炉窑脱硫除尘委员会常委单位，公司针对钢铁企业烧结机烟气量大、烟气量和二氧化硫值波动大、脱硫浆液对设备磨损腐蚀严重等特点，开发出了适合钢铁企业烧结机特点的 XP-Ⅱ型脱硫除尘技术，该技术已在全国近百家企业的 300 多台烧结机、电站锅炉、工业锅炉及炉窑烟气治理项目中得到了很好的应用。其中，在烧结机脱硫领域，已应用在鄂钢、包钢及河北迁安、武安两个钢都等 20 多个钢铁企业，并能够持续、稳定、达标运行，带动了钢铁企业烧结机脱硫的技术进步。工业锅炉脱硫工程占据了北京地区 30% 的市场份额，居同行业之首，为绿色北京做出了重要的贡献；在西安、内蒙古、东三省、新疆等地区也得到了广泛应用。

（九）其他骨干企业

其他环保行业骨干企业还有永清环保股份有限公司、浙江天蓝环保技术股份有限公司、浙江德创环保科技有限公司、无锡华光锅炉厂、东方锅炉股份有限公司、同方环境股份有限公司、江苏亿金环保科技股份有限公司、浙江百能科技有限公司、无锡华尚环保科技有限公司、无锡雪浪环境科技股份有限公司、山东环能设计院咨询有限公司、蓝天环保设备工程股份有限公司、南京龙玖环境工程有限公司、潍坊科达环境工程有限公司、江苏新中环保科技股份有限公司、浙江浙大海元环境科技有限公司、江苏新世纪江南环保股份有限公司、六合天融环保科技有限公司、福建鑫泽环保设备工程有限公司、湖南麓南脱硫脱硝科技有限公司等。

五、2013 年行业发展存在的主要问题及分析

（一）火电厂烟气脱硫脱硝发展问题

1. 火电厂烟气脱硫问题

（1）"石膏雨"问题。"石膏雨"问题仍然是火电行业脱硫机组的普遍性问题，由于我国 90% 现役 300 兆瓦机组采用的是石灰石—石膏湿法烟气脱硫技术，但该技术自取消 GGH 装置后便引发了"石膏雨"问题，据现场观测，在烟囱下风向 800 米的范围内可明显察觉到"石膏雨"沉降。当机组运行负荷高、环境温度降低时，"石膏雨"现象尤为严重。沉降的小液滴呈酸性，含有一定量未脱除完全的 SO_2、SO_3 及石膏浆液等，对电厂及周边环境造成二次污染，影响了周边居民的生活质量。

除了对外部环境产生二次污染外，"石膏雨"问题对脱硫系统的影响也引起了电力行业的重视。主要是对除雾器的影响，"石膏雨"问题严重时会引发除雾器的堵塞停运，并增大烟道腐蚀事件的概率，更有甚者将可能造成除雾器的坍塌。

除雾器是湿法脱硫系统中的关键设备，其性能直接影响到湿法洗涤烟气脱硫系统能否连续可靠运行。一旦除雾器出现故障，就可能会使脱硫系统被迫停止运行，更换除雾器，这将严重影响脱硫设施的运行稳定性，也不利于电厂发电机组的达标排放运行。

（2）煤种变更问题。部分燃煤电站为节约发电成本，私自变更煤炭品种，以高硫煤、中硫煤替代低硫煤，使脱硫系统一直处于超负荷运行状态，系统内部烟气含硫量远高于设计标准，不仅烟气排放不达标，还可能导致系统严重结垢堵塞。而且，设备高负荷运行会增加运行维护费用，可能这部分费用要高出变更煤种节约的成本，对于燃煤电站也是得不偿失的。

（3）最严标准与经济性的协调问题。自新标准实施以来，电力行业面临前所未有的压力，进入 2014 年后电力行业所有现役机组将执行二氧化硫 100 毫克/立方米，氮氧化物 100 毫克/立方米的排放标准，部分省份还鼓励推行超低排放甚至近零排放的大气污染物排放。以脱除效率最高、运行最为稳定的石灰石—石膏湿法为例，目前脱硫效率最高能够达到 99%，燃煤烟气中二氧化硫浓度按 5000 毫克/立方米计，最优化稳定运行时才能够将二氧化硫排放限制在 100 毫克/立方米，如果运行状况稍有变动，都有可能超标排放，这一点对以燃用高硫煤为主的火电厂尤为困难。如果为了实现全年稳定达标排放，仍以技术为突破口可能会成倍增加系统的运行费用，将会影响到电力企业的健康发展。

（4）脱硫废水面临零排放的压力。现有燃煤电厂脱硫工艺以石灰石—石膏法为主，第一大燃煤大户脱硫产生脱硫废水同样备受外界关注，主要由于其处理量和难度都比较大，重金属离子种类复杂。随着电厂的烟气和水排放限值的收紧，脱硫废水将不可避免地面临零排放的压力。

2. 火电厂烟气脱硝问题

（1）催化剂的磨损问题。催化剂的磨损问题与脱硝成本关系紧密，一直以来，延长其使用寿命和再生能力都是脱硝催化剂行业热点问题。一方面，由于催化剂孔内流速过高，普遍在 7 米/秒以上，个别超过 8 米/秒，高浓度烟气粉尘与催化剂摩擦剧烈，大大降低了使用寿命；另一方面，部分厂家为降低成本，制备的催化剂质量较差，不耐磨，达不到 3 年的平均使用寿命，不仅不利于废弃催化剂的再生，还需频繁更换新催化剂。此外，人为原因也是造成催化剂磨损严重的原因之一，流场模拟技术人员水平低。

（2）机组负荷过低时基本不脱硝。当发电机组不能满负荷运行或处于低负荷运行时，烟气温度不

能够达到最佳喷氨温度，也就不能够使 SCR 脱硝催化剂达到最佳 NO_x 转化率，为保证全烟气脱硫脱硝的要求，脱硝系统持续低效率运行造成了氨的浪费。因此，该问题也是完善火电脱硫脱硝系统化的问题之一。

（3）SCR 催化剂产能过剩。至 2013 年底，参加中电联脱硝催化剂产业登记的厂家共 10 家，见表 5。

表5　2013 年脱硝催化剂产业登记信息

序号	催化剂生产厂家名称	催化剂产能（m³/a）	催化剂类型
1	大唐南京环保科技有限责任公司	40 000	平板式
2	浙江海亮环境材料有限公司	28 000	蜂窝式
3	江苏龙源催化剂有限公司	24 000	蜂窝式
4	江苏万德环保科技有限公司	20 000	蜂窝式
5	东方电气集团东方锅炉股份有限公司	12 000	蜂窝式
6	山东天璨环保科技有限公司	12 000	蜂窝式
7	重庆远达催化剂制造有限公司	12 000	蜂窝式
8	北京迪诺斯环保科技有限公司	10 000	平板式
9	中国华电工程（集团）有限公司	6 000	蜂窝式
10	山东冠通催化剂有限公司	4 000	蜂窝式

2013 年底国内脱硝催化剂形成约 171 000 立方米/年总产能，与国内同期的需求基本能够保持平衡，在不考虑国外供应商、国内不再增加新的催化剂生产线的情况下，"十二五"期间，国内脱硝催化剂供需总量基本平衡，但是在脱硝建设投产的高峰时段，脱硝催化剂将出现供不应求的状态，由于各厂家的品牌、业绩和市场能力不同，催化剂行业局部已呈现两极分化的局面，一些优质厂家生产的产品供不应求。在"十二五"以后，国内脱硝改造基本完成，届时国内催化剂将面临供过于求的局面。

（4）氨逃逸问题。氨逃逸问题一直是脱硝的关键性问题，氨逃逸率的准确测定不仅有利于增大催化剂脱硝效率，还有利于降低电站的运行成本。但现有在线监测设备的效果均不理想，使技术人员无法掌握烟道内的喷氨量，造成喷氨过量、逃逸率增加等问题，严重时还会产生黏性的硫酸氢铵，粘结飞灰附着于空气预热器造成腐蚀和堵塞。

（二）电力脱硫脱硝行业

进一步加强解决当前脱硫脱硝技术问题的手段，完善现有技术漏洞，鼓励开发以长远目标和利益为出发点的火电脱硫脱硝技术。

淘汰落后产能，加强对电厂用煤标准的监管力度。

加强对催化剂行业的正确引导，建议主管部门不断关注催化剂行业的发展，以便有效控制行业的发展速度和规模。

（三）工业锅炉脱硫脱硝行业的问题

稳定运行能力差，且工业锅炉自控水平较低，给其脱硫脱硝系统的运行带来很大影响。燃煤工业锅炉仍以链条炉排锅炉为主，往复炉排锅炉次之，成熟的循环流化床锅炉比例有限；另外，中小型锅炉的数量多，不集中，投资脱硫脱硝的费用和后期的运行费用往往要高于原先的锅炉费用，锅炉企业脱硫脱硝改造积极性不高。

工业锅炉脱硫脱硝行业准入门槛较低，部分不具备应有脱硫能力的环保公司误导工业锅炉企业，以低价诱导锅炉企业误判锅炉环保改造的难度。中标后，以降低的设计标准应对严格的设计要求，通过降低设计采购标准来解决成本，严重影响锅炉的安全生产和脱硫脱硝装置的长期稳定运行。

工业锅炉企业不能够按照现行规定严格要求自己，为了降低成本，燃烧高硫煤，使脱硫装置负荷超出原设计负荷，另外，操作管理人员素质不高，系统运行维护不周，导致脱硫设施停运，偷排现象严重。

脱硫副产物处置能力有限，脱硫渣的资源化利用效率不高，对矿产资源造成极大的浪费。

（四）工业锅炉脱硫脱硝行业

加快工业锅炉改造，提高工业锅炉自动化控制水平并配备配套的污染物在线监测装置，各级环保部门加强对锅炉企业脱硫工程的监测数据和脱硫工程生产记录的日常监督管理，完善锅炉企业废气减排工程的评价机制和奖惩机制。

加强市场准入门槛，完善脱硫脱硝行业的监督机制，对于不负责任的环保企业要作出处罚，避免低价竞争带来的不利于行业发展的因素。

加强对锅炉企业燃煤情况的监督管理，提高锅炉的燃煤利用率和热效率，使锅炉处于最佳运行状态；提高司炉人员和脱硫脱硝系统控制人员的素质，注重操作人员的专业知识水平和节能意识，进行必要的技能培训，从人员管理方面提高锅炉安全运行，增强节能减排综合能力。

切实落实节能减排的鼓励政策，促进高效环保燃煤工业锅炉技术及产品的研发，研究针对不具备清洁用煤能力的中小锅炉的燃排规程，如实施集中燃烧集中排放集中处理，以便于监督和管理的有效实施。

地方篇

华北地区

一、北京

北京市军民结合产业基地

北京市军民结合产业基地是为了落实《北京市人民政府关于加快推进军民结合产业发展的指导意见》中提出的"在大兴建设军民结合产业基地"的要求，推进军民结合产业发展的具体举措，是唯一一个获北京市经信委批复，挂牌北京市军民结合产业基地的市级产业园。

北京市军民结合产业规划面积 20 平方千米，分为建成区和规划区两部分。建成区面积 4 平方千米。重点发展总部经济、高端研发，已经有航天长征火箭、中国航空科技工业、兵器工业、中核（北京）仪器厂等军工集团所属企业以及嘉捷恒信等民参军企业入驻。

基地是首都高新技术制造业和战略性新兴产业发展的主要聚集地，东部发展带的前沿，京津唐发展带的起点，环渤海经济圈的核心。基地交通便利周边有京沪高速、京台、五环路、六环路等公路，有首都国际机场、南苑机场以及即将建成的首都新机场，同时拥有京东、京南两个物流枢纽，从基地可以快速到达机场、港口、物流枢纽及通往各方向的主要高速路。

2012 年，基地实现工业总产值 102.5 亿元，其中示范产业 76 亿元；实现工业增加值 83 亿元，其中示范产业 44 亿元；2013 年，基地实现工业总产值 107 亿元，同比增长 4.21%，其中示范产业 81 亿元，同比增长 6.17%，实现工业增加值 88 亿元，同比增长 5.68%，其中示范产业 47 亿元，同比增长 6.38%；2013 年工业总产值占全行业比重为 0.8%，占地区比重为 2.0%。2012 年、2013 年北京市军民结合产业基地工业总产值及增加值见表 1、图 1。2013 年北京市军民结合产业基地工业总产值占比情况见表 2。

表 1 2012 年、2013 年北京市军民结合产业基地工业总产值及增加值

	2012 年	2013 年	同比增长（%）
工业总产值（亿元）	102.5	107	4.21
其中：示范产业（亿元）	76.0	81	6.17
工业增加值（亿元）	83.0	88	5.68
其中：示范产业（亿元）	44.0	47	6.38

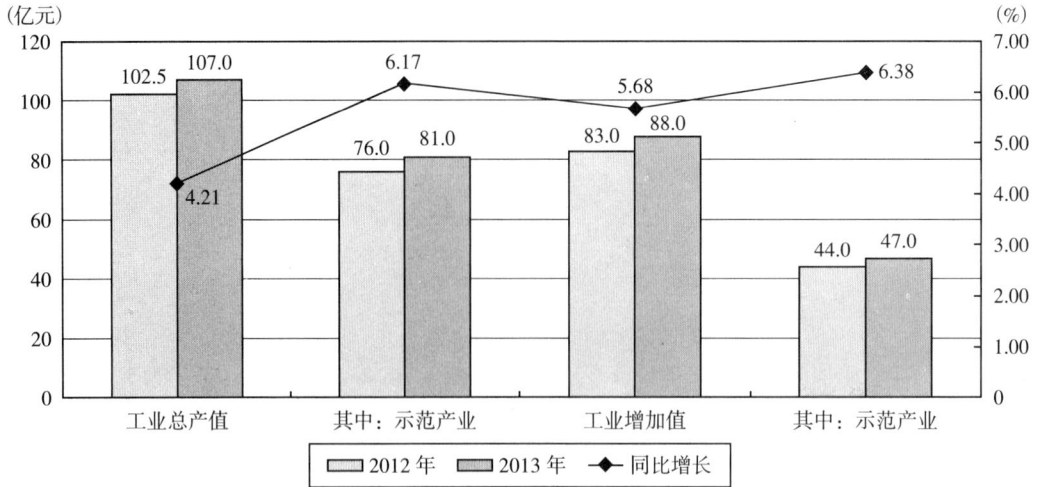

图1 2012年、2013年北京市军民结合产业基地工业总产值及增加值

表2 2013年北京市军民结合产业基地工业总产值占比情况

	2013年	基地占比（%）	其他占比（%）
全行业（亿元）	13 507	0.8	99.2
本地区（亿元）	5 307	2.0	98.0

二、天津

（一）天津临港经济区装备制造产业示范基地

天津临港经济区装备制造产业示范基地是天津市滨海新区的九大功能区之一，是滨海新区的核心区域之一，被列入天津市和滨海新区"十二五"期间重点发展的装备制造产业基地，由原临港工业区和临港产业区共同组成。

通过招商引资和原有企业的创新发展，天津临港经济区装备制造产业示范基地形成了一批实力较强的龙头企业。2011年实现销售收入500亿元，同比增长133%，已成为天津市重要的产业集聚区。装备制造业初具规模，产值达到176亿元，占全区的35.2%。

示范基地注重产业集群的培育和建设，大力推进产业链的延伸与拓展，园区围绕装备制造、造修船及海洋工程等主导产业形成了华北地区基础厚重、颇具影响的装备制造业产业集群。示范基地依托中国船舶重工集团、新港船厂、博迈科海工、龙净环保设备、太原重工滨海集团、天津电力汽车、

新河船厂等龙头骨干企业，引进、聚集了多家装备制造企及上下游配套企业，企业间相互依存程度高，配套协作能力强，协同发展态势明显。

临港经济区的海陆运输设备制造、海上工程设备制造、矿山机械和起重吊装设备制造方面具有较高市场占有率，市场影响力进一步得到提升。为进一步支撑装备制造产业集群发展，临港经济区逐步形成了港口物流和新能源设备制造两大配套产业体系，打造临港经济区绿色配套环境。目前，已有荷兰皇家孚宝、思多尔特、新加坡普洛斯、华能IGCC、华锐风电、龙源电力、龙净环保等一批国内外先进的新能源设备制造企业，围绕风能、太阳能、核能等新能源产业，形成了港口物流和新能源设备产业集群。

示范基地的创建，有利于促进基地装备制造业进一步发展壮大，全面提高临港经济区的社会影响力和辐射带动力；有利于促进天津市产业结构优化升级，使天津成为我国重要的重大装备制造业产业基地。通过示范基地的创建，以先进装备制造业为核心，着力发展高技术船舶造修、海洋工程装备、交通运输装备、工程机械设备、新能源装备、节能环保装备六大装备制造产业集群，延伸横向和纵向

产业链，培育龙头、发展配套、完善服务，形成和谐共生的装备产业体系，打造具有临港特色的国家重要的重型装备制造产业基地。

2012 年，基地实现工业总产值 400.3 亿元，其中示范产业 78 亿元；实现工业增加值 136.54 亿元，其中示范产业 86.26 亿元；2013 年，基地实现工业总产值 800.4 亿元，同比增长 99.95%，其中示范产

业 317 亿元，同比增长 306.41%，实现工业增加值 172.09 亿元，同比增长 26.04%，其中示范产业 122.9 亿元，同比增长 42.48%；2013 年工业总产值占全行业比重为 1.0%，占地区比重为 5.0%。2012 年、2013 年临港经济区装备制造产业示范基地工业总产值及增加值见表3、图2。2013 年临港经济区装备制造产业示范基地工业总产值占比情况见表4。

表3 2012 年、2013 年临港经济区装备制造产业示范基地工业总产值及增加值

	2012 年	2013 年	同比增长（%）
工业总产值（亿元）	400.30	800.40	99.95
其中：示范产业（亿元）	78.00	317.00	306.41
工业增加值（亿元）	136.54	172.09	26.04
其中：示范产业（亿元）	86.26	122.90	42.48

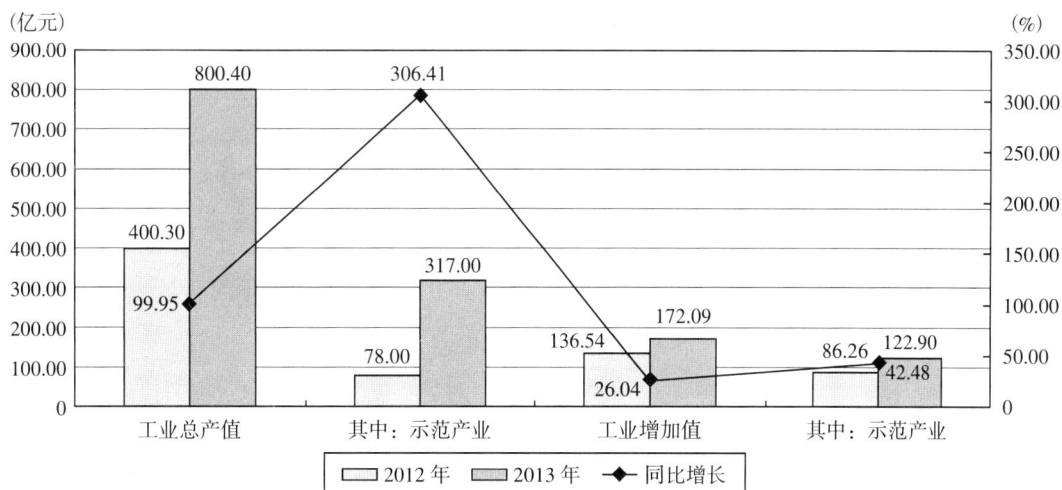

图2 2012 年、2013 年临港经济区装备制造产业示范基地工业总产值及增加值

表4 2013 年临港经济区装备制造产业示范基地工业总产值占比情况

	2013 年	基地占比（%）	其他占比（%）
全行业（亿元）	80 700	1.0	99.0
本地区（亿元）	16 100	5.0	95.0

（二）北辰经济技术开发区装备制造产业示范基地

北辰经济技术开发区装备制造产业示范基地位于天津中心城区北部，是京津黄金走廊的重要节点，区位优势明显，物流配套体系完善，自主创新能力突出。

示范基地将装备制造业打造成水泥和印刷等高端专用设备，传动设备及零部件、液压机、建筑机械等高端通用设备的国内知名研发中心、制造和服

务基地；水力发电成套设备、电线电缆等高端电气机械器材设备的研发制造和出口基地，形成 3 个规模超百亿元特色产业集群。在产业发展环境、政策扶持体系、特色产业、人才培养和引进、基地品牌建设方面着手，推动装备制造业的发展。

2012 年，基地实现工业总产值 1012 亿元，其中示范产业 769 亿元；实现工业增加值 157 亿元，其中示范产业 135 亿元；2013 年，基地实现工业总产值 1168 亿元，同比增长 15.42%，其中示范产业

867 亿元，同比增长 12.74%，实现工业增加值 191 亿元，同比增长 21.66%，其中示范产业 168 亿元，同比增长 24.44%；2013 年工业总产值占全行业比重为 1.4%，占地区比重为 7.3%。2012 年、2013 年

北辰经济技术开发区装备制造产业示范基地工业总产值及增加值见表 5、图 3。2013 年北辰经济技术开发区装备制造产业示范基地工业总产值占比情况见表 6。

表 5 2012 年、2013 年北辰经济技术开发区装备制造产业示范基地工业总产值及增加值

	2012 年	2013 年	同比增长（%）
工业总产值（亿元）	1 012	1 168	15.42
其中：示范产业（亿元）	769	867	12.74
工业增加值（亿元）	157	191	21.66
其中：示范产业（亿元）	135	168	24.44

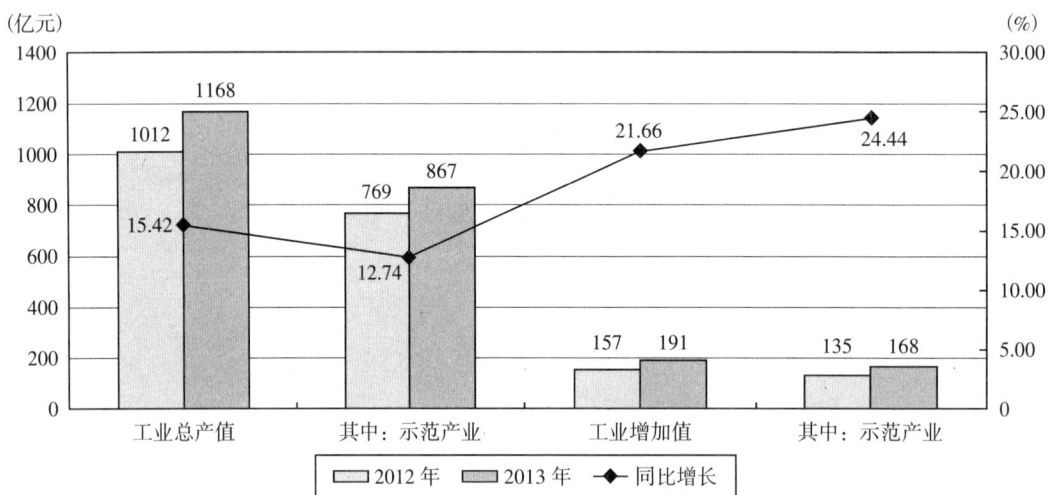

图 3 2012 年、2013 年北辰经济技术开发区装备制造产业示范基地工业总产值及增加值

表 6 2013 年北辰经济技术开发区装备制造产业示范基地工业总产值占比情况

	2013 年	基地占比（%）	其他占比（%）
全行业（亿元）	80 768	1.4	98.6
本地区（亿元）	16 068	7.3	92.7

三、河北

（一）保定高新技术产业开发区

保定能源装备产业示范基地，是保定国家高新技术产业开发区打造的能源装备产业基地。基地当前已建立风力发电装备、光伏发电装备、输变电装备、新型储能装备、高效节能装备及电力自动化装备为核心的新型产业体系，已成为国内外重要的新能源与能源装备的制造基地和要素集聚区。

保定高新区是国内最早涉足新能源与能源装备产业领域的国家级开发区，拥有英利集团、中航惠

腾公司、天威集团、风帆集团、国电联和动力等多个龙头骨干企业，同时吸引了兵装集团、国电集团、中航集团、中船重工等一批重量级战略伙伴的加盟进驻。近 3 年工业总产值、利税总额和出口总额年均增速分别达到 50%、89% 和 125%，2009 年，基地实现工业总产值 320.6 亿元，同比增长 25.9%，出口总额 12.4 亿美元，同比增长 26.1%。

保定高新区能源装备产业体系健全，涵盖了风力发电装备、光伏发电装备、输变电装备、新型储能装备、高效节能装备与电力自动化六大产业，围绕电力装备的"输、变、配、储、节电"等环节形成了最为完善的产业体系。产业创新能力突出。基

地拥有 3 个国家级企业技术中心，4 个省级企业技术中心，25 个高新区级企业技术中心，另有国家级质量检测中心、国家级重点实验室、各级专业研究所等一批新型科研机构，对新能源与能源装备技术创新起到重要的作用。保定高新区能源装备产业具有较强的市场竞争力。基地以其强大的产业基础、突出的产品技术在市场竞争中占据了有利地位，尤其是光伏发电装备和风力发电装备，由于掌握了先进的生产技术，生产成本大幅降低，以其低廉的价格、优质的产品赢得了市场的认可。

保定高新技术产业开发区创建国家新型工业化示范基地，在全国具有典型示范意义。一是能源装备产业发展方向符合国家重大战略部署，在政策导向方面具有示范意义；二是以自主创新提高核心竞争力，在技术创新方面具有示范意义；三是通过扶持龙头企业带动主导产业规模化发展，在发展模式方面具有示范意义；四是坚持差异化发展，在突出区域特色方面具有示范意义；五是以集聚化推进产业发展，在产业集聚方面具有示范意义。

2012 年，基地实现工业总产值 815 亿元，其中示范产业 388 亿元；实现工业增加值 190 亿元，其中示范产业 162 亿元；2013 年，基地实现工业总产值 898 亿元，同比增长 10.18%，其中示范产业 353 亿元，同比下降 9.02%，实现工业增加值 205 亿元，同比增长 7.89%，其中示范产业 188 亿元，同比增长 16.05%；2013 年工业总产值占全行业比重为 1.1%，占地区比重为 14.0%。2012 年、2013 年保定能源装备产业示范基地工业总产值及增加值见表 7、图 4。2013 年保定能源装备产业示范基地工业总产值占比情况见表 8。

表 7　2012 年、2013 年保定能源装备产业示范基地工业总产值及增加值

	2012 年	2013 年	同比增长（%）
工业总产值（亿元）	815	898	10.18
其中：示范产业（亿元）	388	353	−9.02
工业增加值（亿元）	190	205	7.89
其中：示范产业（亿元）	162	188	16.05

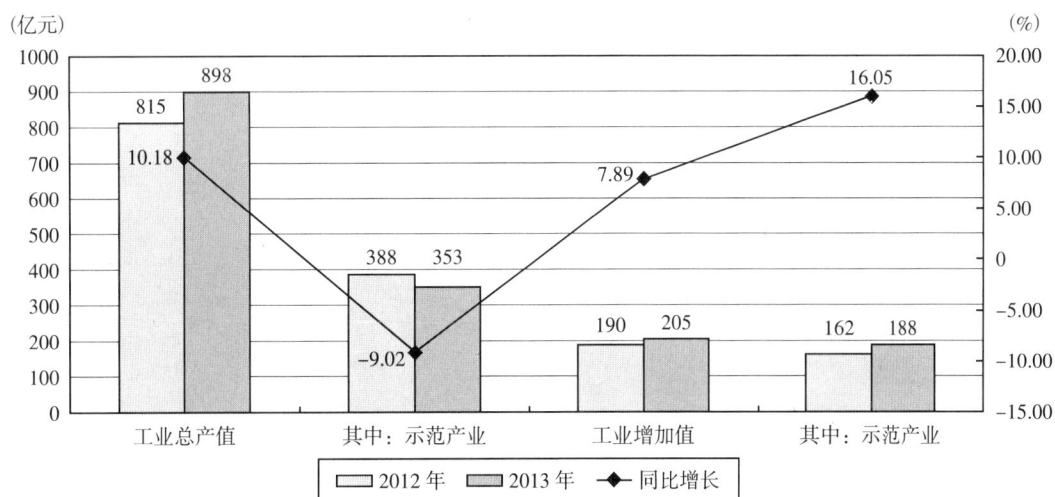

图 4　2012 年、2013 年保定能源装备产业示范基地工业总产值及增加值

表 8　2013 年保定能源装备产业示范基地工业总产值占比情况

	2013 年	基地占比（%）	其他占比（%）
全行业（亿元）	80 698	1.1	98.9
本地区（亿元）	6 398	14.0	86.0

（二）邯郸冀南新区

冀南新区位于邯郸市中心城区南部，地处京津冀一体化战略和老工业基地改造两大国家级战略的交汇区域，是河北省政府继冀东曹妃甸新区、冀中渤海新区之后建设的第三个战略发展新区。冀南新区已打造装备制造产业基地为发展定位，重点建设车辆装备基地、装备材料基地、重型装备基地、成套设备基地、机电装备基地五大专业装备基地。经过几年来的发展，目前已经形成"管、件、机、车、罐"五大类拳头产品。其中，新兴铸管产能亚洲第一，标准件占全国市场份额的40%；中国恒天邯郸纺机特种纤维设备项目打包机械、纳米涂层特种板材制造基地项目镀镍版等产品达到了国际先进水平；棉机、煤机、矿机和专用车等也形成了一定的规模实力。

根据规划，到2020年，冀南新区核心区将累计投资1600亿元以上，聚集10家左右销售收入超100亿元的全国行业领军企业，规模以上装备制造业销售收入达到3200亿元左右，初步建成主导产业突出、配套体系完备、全国先进的装备制造业基地。

2012年，基地实现工业总产值398.1亿元，其中示范产业155.0亿元；实现工业增加值262.7亿元，其中示范产业137.5亿元；2013年，基地实现工业总产值427.2亿元，同比增长7.31%，其中示范产业176.0亿元，同比增长13.55%，实现工业增加值303.6亿元，同比增长15.57%，其中示范产业157.5亿元，同比增长14.55%；2013年工业总产值占全行业比重为0.5%，占地区比重为6.6%。2012年、2013年邯郸冀南新区制造产业基地工业总产值及增加值见表9、图5。2013年邯郸冀南新区制造产业基地工业总产值占比情况见表10。

表9　2012年、2013年邯郸冀南新区制造产业基地工业总产值及增加值

	2012年	2013年	同比增长（%）
工业总产值（亿元）	398.1	427.2	7.31
其中：示范产业（亿元）	155.0	176.0	13.55
工业增加值（亿元）	262.7	303.6	15.57
其中：示范产业（亿元）	137.5	157.5	14.55

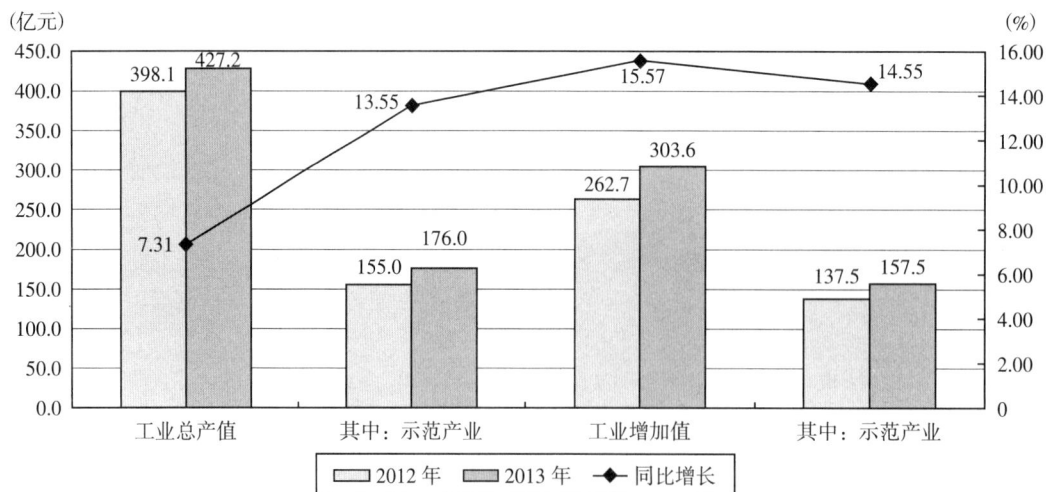

图5　2012年、2013年邯郸冀南新区制造产业基地工业总产值及增加值

表10　2013年邯郸冀南新区制造产业基地工业总产值占比情况

	2013年	基地占比（%）	其他占比（%）
全行业（亿元）	80 727	0.5	99.5
本地区（亿元）	6 427	6.6	93.4

（三）邯郸经济开发区

邯郸经济开发区创建于 2000 年，规划面积 38.1 平方千米，建成区面积 12 平方千米。经过多年的发展，开发区依托中船重工集团、新兴铸管集团两大军工集团的技术、人才优势，逐步发展形成了以新材料、高端装备制造和白色家电为代表的主导产业集群，主要经济指标连续多年增幅均在 40% 以上。

先后被授予国家火炬计划邯郸新材料基地、国家高新技术创业服务中心、国家科技兴茂新材料产业出口基地、国家及大学生科技创业见习基地称号。2011 年，全区实现地区生产总值 679 亿元，工业总产值 901 亿元，财政收入 102 亿元，进出口总额 19.7 亿美元。

2012 年，基地实现工业总产值 228.0 亿元，其中示范产业 170.1 亿元；实现工业增加值 152.0 亿元，其中示范产业 82.1 亿元；2013 年，基地实现工业总产值 279.0 亿元，同比增长 22.37%，其中示范产业 210.8 亿元，同比增长 23.93%，实现工业增加值 186.0 亿元，同比增长 22.37%，其中示范产业 100.4 亿元，同比增长 22.29%；2013 年工业总产值占全行业比重为 2.1%，占地区比重为 4.4%。2012 年、2013 年邯郸经济开发区工业总产值及增加值见表 11、图 6。2013 年邯郸经济开发区工业总产值占比情况见表 12。

表 11　2012 年、2013 年邯郸经济开发区工业总产值及增加值

	2012 年	2013 年	同比增长（%）
工业总产值（亿元）	228.0	279.0	22.37
其中：示范产业（亿元）	170.1	210.8	23.93
工业增加值（亿元）	152.0	186.0	22.37
其中：示范产业（亿元）	82.1	100.4	22.29

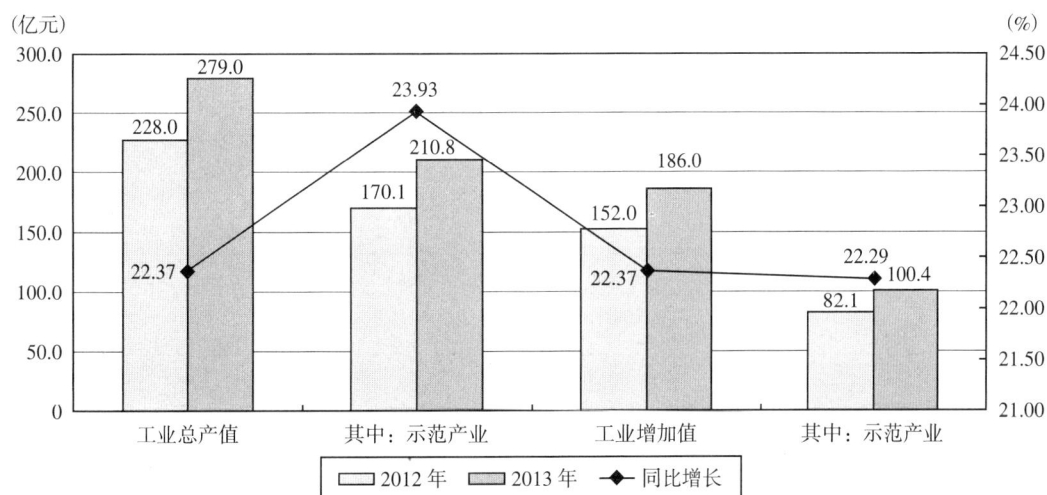

图 6　2012 年、2013 年邯郸经济开发区工业总产值及增加值

表 12　2013 年邯郸经济开发区工业总产值占比情况

	2013 年	基地占比（%）	其他占比（%）
全行业（亿元）	13 579	2.1	97.9
本地区（亿元）	6 379	4.4	95.6

（四）邢台经济开发区

经过近年来的快速发展，邢台经济开发区已初步形成了以晶龙集团为龙头，以光伏产业为核心，以光伏设备及新型储能电池为配套，以产业发展和示范应用紧密结合为特色，涵盖光伏、光热、光热发电太阳能利用全领域较为完备的产业链条，形成

了晶龙、工大、河北三环、纳科诺尔等一系列国内外知名品牌。

邢台经济开发区为省级开发区，2009年完成生产总值107.5亿元，同比增长70.4%，工业总产值400.5亿元，财政收入11.1亿元，税收总额10.9亿元。目前，园区内拥有4个国家级企业技术中心，5个省级企业技术中心，取得各种重大科研成果200多项，专利近90项，多项已经达到国际、国内领先水平。以晶龙为首的规模以上企业通过自主研发或引进方式，全部装备了国内领先的技术装备，晶龙、纳科诺尔等企业自主研发的技术装备已达到了世界领先水平。

创建太阳能光伏产业示范基地，有利于进一步集聚上下游企业，做强做大产业规模，增强集聚化程度，增强产业综合实力；有利于带动相关产业发展，增加就业机会，改善人文、经济及环境，满足人们的物质、文化生活的需求；有利于加快示范应用工程建设，提高光伏产品的使用比重，解决经济快速发展与能源短缺和环境有效保护之间的矛盾，实现可持续发展。

通过示范基地创建工作，力争到2012年太阳能光伏产业销售收入达到600亿元，增加值达到180亿元；产业结构得到明显优化，骨干企业竞争力显著增强，年销售收入过100亿元的3家，过10亿元的8家；整体技术水平达到世界先进，企业研发经费占到销售收入的2.06%，有效发明专利年增量达到30%以上。

2012年，基地实现工业总产值432.6亿元，其中示范产业388.8亿元；实现工业增加值252.9亿元，其中示范产业163.2亿元；2013年，基地实现工业总产值459.9亿元，同比增长6.31%，其中示范产业404.7亿元，同比增长4.09%，实现工业增加值274.9亿元，同比增长8.70%，其中示范产业176.4亿元，同比增长8.09%；2013年工业总产值占全行业比重为0.7%，占地区比重为7.1%。2012年、2013年邢台经济开发区工业总产值及增加值见表13、图7。2013年邢台经济开发区工业总产值占比情况见表14。

表13 2012年、2013年邢台经济开发区工业总产值及增加值

	2012年	2013年	同比增长（%）
工业总产值（亿元）	432.6	459.9	6.31
其中：示范产业（亿元）	388.8	404.7	4.09
工业增加值（亿元）	252.9	274.9	8.70
其中：示范产业（亿元）	163.2	176.4	8.09

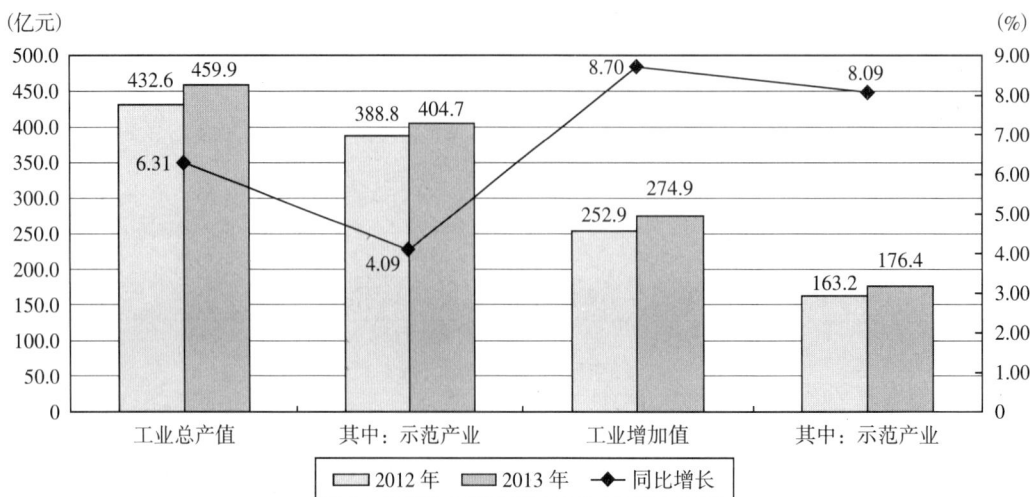

图7 2012年、2013年邢台经济开发区工业总产值及增加值

表 14　2013 年邢台经济开发区工业总产值占比情况

	2013 年	基地占比（%）	其他占比（%）
全行业（亿元）	65 460	0.7	99.3
本地区（亿元）	6 460	7.1	92.9

四、山西

（一）太原经济技术开发区

太原经济技术开发区装备制造（能源装备）国家新型工业化产业示范基地聚集了太重煤机、煤科总院山西煤机装备、山西煤矿机械、维达机械、向明机械等 20 余家煤机装备制造企业及长安重汽、鸿富晋、通泽重工、智奇铁路设备、青特汽车等一批能源交通装备制造企业，拥有 3 个国家级煤机装备研究检测机构和五个省级技术中心，已初步建成国内规模最大、技术水平一流的以煤矿成套设备研发制造为特色的能源装备制造业基地。

该基地具有以下特点：

（1）研发能力强。有煤矿采掘装备国家工程实验室、国家煤矿安全计量器具产品监督检验中心和国家煤矿掘进机械质量监督检验中心 3 个国家级煤机装备研究检测机构，有山西省矿山机械 CAE 工程技术研究中心、山西煤机行业技术中心、山西省煤矿机械技术研发中心、山西省矿山流体控制工程技术中心、山西省煤矿采掘设备工程技术中心 5 个省级技术中心，具有很强的研发能力。

（2）技术水平高。有达到国内或国际领先水平的科研成果近 460 项，获得全国科学大会奖、国家发明奖、国家科技进步奖等国家和省部级成果奖 200 余项，批准授权专利 100 余项，煤科总院山西煤机装备的 EBJ-120TP 型、EBJ-160 型掘进机先后荣获国家科学技术进步二等奖。市场份额大。煤机综采设备产量约占全国总量的 1/3；采煤机约占 30%的市场份额，规模居全国第一，其中大功率电牵引采煤机占全国的 60%；刮板输送机和皮带输送机市场国内占有率达 20%左右，部分产品还远销国外；掘进机占国内市场的 30%以上；短壁机械化开采设备国内市场占有率达 80%以上；无轨胶轮车约占国内市场的 2/3；无缝钢管成套设备占国内市场份额 60%以上。

（3）产业链完整。示范基地内企业产品涵盖了煤矿机械从井下掘进、开采、支护设备、巷道输送设备、辅助运输设备、电控设备、井下安全救护、井外公路、铁路、管道运输设备、洗选设备、安全救护设备、煤炭转化等各个领域，并形成了煤矿机械从研发、制造到销售的上下游相互协作配套的完整产业链。

2012 年，基地实现工业总产值 432.0 亿元，其中示范产业 366.8 亿元；实现工业增加值 211.0 亿元，其中示范产业 177.9 亿元；2013 年，基地实现工业总产值 521.0 亿元，同比增长 20.60%，其中示范产业 475.7 亿元，同比增长 29.69%，实现工业增加值 252.0 亿元，同比增长 19.43%，其中示范产业 212.5 亿元，同比增长 19.45%；2013 年工业总产值占全行业比重为 0.6%，占地区比重为 60.3%。2012 年、2013 年太原经济技术开发区装备制造示范基地工业总产值及增加值见表 15、图 8。2013 年太原经济技术开发区装备制造示范基地工业总产值占比情况见表 16。

表 15　2012 年、2013 年太原经济技术开发区装备制造示范基地工业总产值及增加值

	2012 年	2013 年	同比增长（%）
工业总产值（亿元）	432.0	521.0	20.60
其中：示范产业（亿元）	366.8	475.7	29.69
工业增加值（亿元）	211.0	252.0	19.43
其中：示范产业（亿元）	177.9	212.5	19.45

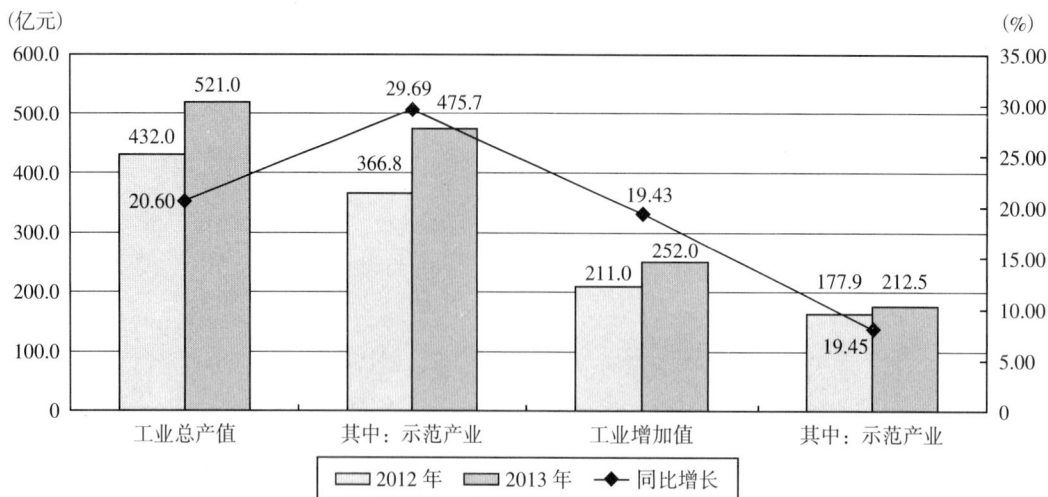

图8 2012年、2013年太原经济技术开发区装备制造示范基地工业总产值及增加值

表16 2013年太原经济技术开发区装备制造示范基地工业总产值占比情况

	2013年	基地占比（%）	其他占比（%）
全行业（亿元）	80 721	0.6	99.4
本地区（亿元）	864	60.3	39.7

（二）长治高新技术开发区

长治高新技术开发区装备制造（矿山装备）产业示范基地位于长治市区北部，规划面积9.3平方千米。示范基地现设德式工业园、科技工业园、星星标准工业园3个特色园区，形成了以装备制造业为主的产业体系，集聚了一批大企业大集团，呈现出集中连片区域化发展的态势，取得了良好的经济效益和社会效益，为创建国家新型工业化产业示范基地奠定了坚实基础。

截至2011年底，示范基地完成科工贸总收入201亿元，同比增长10%；工业总产值175亿元，同比增长11%；工业增加值98亿元，同比增长15%；生产总值107亿元，同比增长14.5%；财政总收入28.2亿元，增长13.9%；一般预算收入1.7亿元，增长27.1%；固定资产投资15亿元，同比增长88%，增幅超过全市平均水平52个百分点。长治高新区现有各类工商企业1200家，其中工业企业127家，高新技术企业6家，三资企业7家，投资上亿元企业20家。

创建国家新型工业产业化示范基地，将进一步提升长治高新区装备制造产业的行业影响力和环境优势。通过示范基地的创建，大力发展装备制造产业链，用垂直整合的方式建设直接服务于煤炭生产的产业链集群、间接服务于煤炭生产高端智能设备制造产业集群、改善煤炭生产环境、提升井下安全、节约能源、资源方面的产业集群、电子信息设备制造产业集群，全面提升产业规模和质量效应，切实转变经济增长方式和调整产业结构，不断提高核心企业竞争力和园区综合经济实力，把长治高新技术产业开发区打造成高新技术集聚区、高端人才汇集区、新兴产业引领区和经济发展示范区，成为山西省乃至全国领先的装备制造业产业基地。

2012年，基地实现工业总产值197亿元，其中示范产业88亿元；实现工业增加值119亿元，其中示范产业109亿元；2013年，基地实现工业总产值193亿元，同比增长-2.03%，其中示范产业85亿元，同比增长-3.41%，实现工业增加值108亿元，同比增长-9.24%，其中示范产业97亿元，同比增长-11.01%；2013年工业总产值占全行业比重为0.2%，占地区比重为22.3%。2012年、2013年长治高新技术开发区装备制造示范基地工业总产值及增加值见表17、图9。2013年长治高新技术开发区装备制造示范基地工业总产值占比情况见表18。

表17　2012年、2013年长治高新技术开发区装备制造示范基地工业总产值及增加值

	2012年	2013年	同比增长（%）
工业总产值（亿元）	197	193	−2.03
其中：示范产业（亿元）	88	85	−3.41
工业增加值（亿元）	119	108	−9.24
其中：示范产业（亿元）	109	97	−11.01

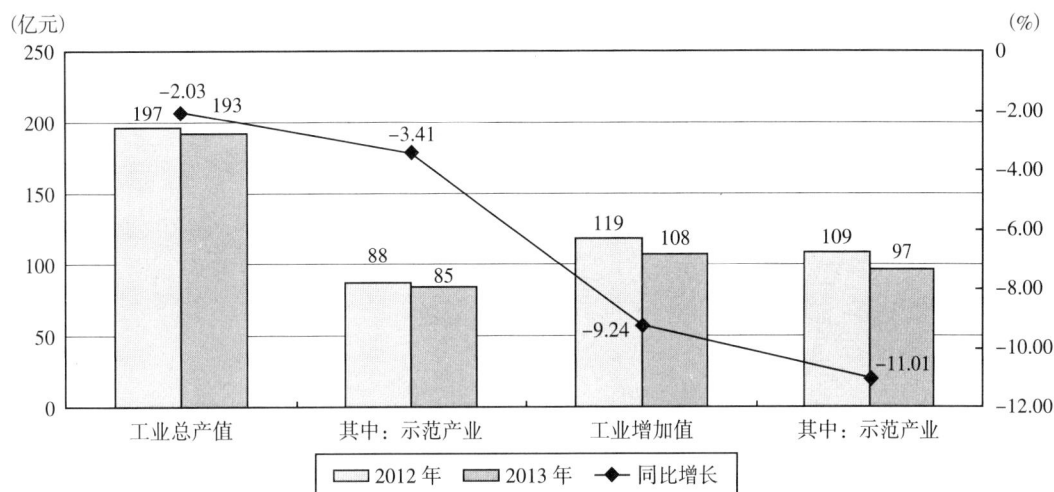

图9　2012年、2013年长治高新技术开发区装备制造示范基地工业总产值及增加值

表18　2013年长治高新技术开发区装备制造示范基地工业总产值占比情况

	2013年	基地占比（%）	其他占比（%）
全行业（亿元）	80 693	0.2	99.8
本地区（亿元）	864	22.3	77.7

五、内蒙古

包头青山区

包头作为国家西北部的重工业基地和国防科研生产基地，装备制造业在全市经济中占有十分重要的地位。目前，已有240多个军民结合装备制造项目（企业）入驻，初步形成了重车装备、风电装备、铁路装备、机电装备、石油装备、工程装备、通用装备、专用装备等八大产业。

经过近年来的发展，包头青山区培育发展了一批具有较强竞争力的龙头企业。其中，北方奔驰重型汽车市场占有率在全国重车行业中位列第七，销量由2001年的不到800台上升到2013年预计销售50000台以上，是全行业规模增长速度最快的企业；北方创业股份公司的铁路车辆能生产30多个车型，已成为原铁道部外批量最大、生产能力最强的定点

生产企业。此外，在石油机械、发动机部件、工程机械、矿山机械领域拥有一批名牌产品，在国内具有较高的知名度。

创建军民结合产业示范基地，既有利于发挥包头市的产业基础优势，特别是发挥军工资源优势，促进地方经济发展；又有利于调整产业结构，促进产业优化升级、提高装备制造业自主创新能力的建设。

通过示范基地创建工作，力争形成10个以上发展前沿、布局集中、潜力巨大、特色鲜明、具有影响和辐射带动作用的产业集群，成为中西部地区重要的装备制造产业基地。

2012年，基地实现工业总产值639.6亿元，其中示范产业625.6亿元；实现工业增加值323.3亿元，其中示范产业243.0亿元；2013年，基地实现工业总产值770.1亿元，同比增长20.40%，其中示范产业758.0亿元，同比增长21.16%，实现工业增

加值 379.4 亿元，同比增长 17.35%，其中示范产业 292.6 亿元，同比增长 20.41%；2013 年工业总产值占全行业比重为 5.7%，占地区比重为 23.55%。

2012 年、2013 年包头青山区工业总产值及增加值见表 19、图 10。2013 年包头青山区工业总产值占比情况见表 20。

表 19　2012 年、2013 年包头青山区工业总产值及增加值

	2012 年	2013 年	同比增长（%）
工业总产值（亿元）	639.6	770.1	20.40
其中：示范产业（亿元）	625.6	758.0	21.16
工业增加值（亿元）	323.3	379.4	17.35
其中：示范产业（亿元）	243.0	292.6	20.41

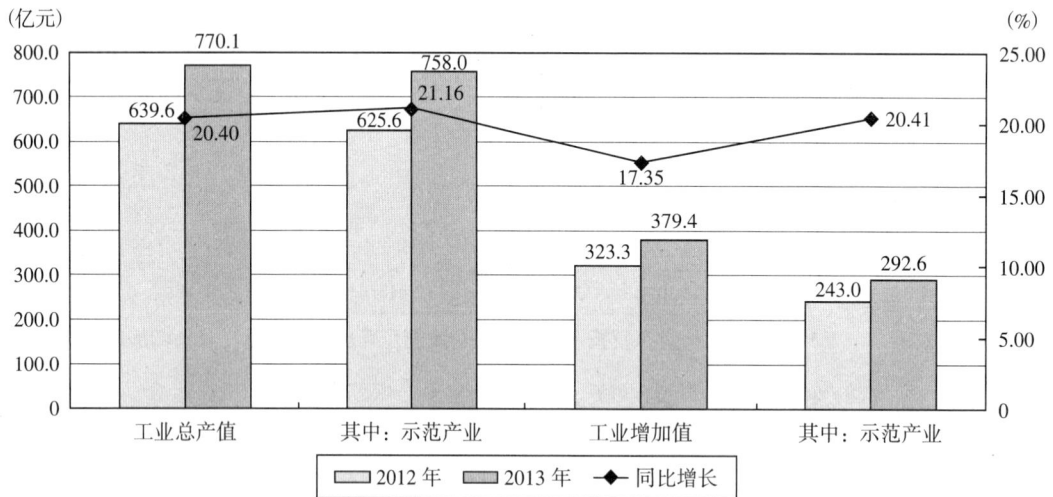

图 10　2012 年、2013 年包头青山区工业总产值及增加值

表 20　2013 年包头青山区工业总产值占比情况

	2013 年	基地占比（%）	其他占比（%）
全行业（亿元）	13 570	5.7	94.3
本地区（亿元）	3 270	23.55	76.45

东北地区

一、辽宁

（一）辽宁沈阳经济技术开发区

2002年6月18日，沈阳市委、市政府决定铁西区与沈阳经济技术开发区合署办公，组建了铁西新区。实施东搬西建战略，在沈阳经济技术开发区建设沈阳铁西装备制造业聚集区。聚集区批准面积38.1平方千米，规划面积100平方千米。

经过几年来的调整改造，沈阳铁西装备制造业聚集区形成了较好的发展基础：

一是行业引领优势。聚集区内拥有沈阳鼓风机集团、沈阳机床集团、北方重工集团、特变电工沈变集团、三一重装公司、沈阳远大集团、新东北电气集团等一批国内行业领军企业。在国家重点支持发展的16个装备制造业领域中，聚集区内企业在大型石化装备、大型盾构机、特高压输变电装备、数控机床等10个行业具有举足轻重的地位。

二是产业聚集优势。聚集区内聚集了规模以上装备制造企业480户，形成了数控机床、通用石化装备、输变电装备、重矿机械、工程机械、汽车零部件等主导产业和铸锻、仪器仪表、模具及压铸件、机床功能部件等基础产业集群。产品覆盖装备制造业的多个领域，共有近100大类，1000余个系列，近万个品种，产业体系比较完备。

三是研发创新优势。聚集区内汇集了2所理工科大学、5个国家级科研院所；拥有3个国家工程技术研究中心、2个国家重点实验室、5个国家企业技术中心、16个省级工程技术研究中心、10个省级重点实验室、11个省级企业技术中心、9个博士后流动站，拥有各类工程技术人员5万余人，技术工人20万余人。

2009年完成地区生产总值701.6亿元，同比增长15%；规模以上工业总产值1874.6亿元，同比增长15.8%，其中装备制造业1230亿元，同比增长17.9%；规模以上工业增加值491.2亿元，同比增长15.5%，其中装备制造业330亿元，同比增长17.5%；固定资产投资464.5亿元，同比增长17.1%；财政一般预算收入105亿元，同比增长18.3%；实际利用外资9.1亿美元，同比增长10.3%。

2012年，基地实现工业总产值2849.0亿元，其中示范产业2849.0亿元；实现工业增加值867.3亿元，其中示范产业722.0亿元；2013年，基地实现工业总产值3080.0亿元，同比增长8.11%，其中示范产业3080.0亿元，同比增长8.11%，实现工业增加值954.9亿元，同比增长10.10%，其中示范产业740亿元，同比增长2.49%；2013年工业总产值占全行业比重为3.8%，占地区比重为18.6%。2012年、2013年辽宁沈阳经济技术开发区工业总产值及增加值见表1、图1。2013年辽宁沈阳经济技术开发区工业总产值占比情况见表2。

表1　2012年、2013年辽宁沈阳经济技术开发区工业总产值及增加值

	2012年	2013年	同比增长（%）
工业总产值（亿元）	2 849.0	3 080.0	8.11
其中：示范产业（亿元）	2 849.0	3 080.0	8.11
工业增加值（亿元）	867.3	954.9	10.10
其中：示范产业（亿元）	722.0	740.0	2.49

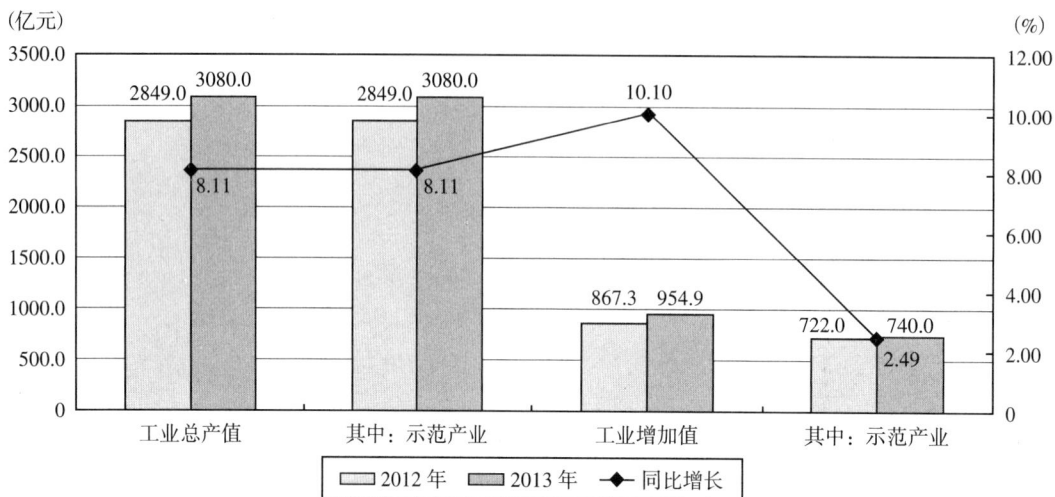

图1　2012年、2013年辽宁沈阳经济技术开发区工业总产值及增加值

表2　2013年辽宁沈阳经济技术开发区工业总产值占比情况

	2013年	基地占比（%）	其他占比（%）
全行业（亿元）	80 780	3.8	96.2
本地区（亿元）	16 580	18.6	81.4

（二）辽宁大连市大连湾临海装备制造业聚集区

基地位于大连甘井子区大连湾地区，是辽宁沿海经济带重点支持区域和大连市"两区一带"中重要区域。总体面积为2500公顷，主导园区核准面积850公顷，工业建筑容积率达到0.62，单位土地平均投资强度3330万元/公顷，单位土地平均产出5600万元/公顷。

迄今为止，集聚区内入驻企业达322家，其中规模以上企业137家，职工总数近6万人，固定资产近200亿元，主要为核电、风电、石化设备、海洋工程及船舶的修造等装备的制造及相关配套产业。园区实现高速发展，已与世界20多个国家和地区建立了密切联系，累计引进德国、日本、美国、韩国、中国香港等国家和地区的三资企业152家，世界500强企业在园区投资成立企业共4家。

2009年共实现销售收入586亿元，税收23亿元。基地具有较好的重型制造产业基础，集中了大连重大装备行业80%以上的生产能力，有国内重大装备行业具有较大知名度、较强影响力和竞争力的骨干、行业排头兵企业。目前，重大装备制造行业主要有：船舶与海洋工程制造业、核电设备制造业、风电设备制造业、冶金矿山设备制造业、起重运输设备制造业、大型石化通用设备制造业等。产业基地内有大连船舶重工有限责任公司技术中心和大连重工·起重集团公司技术中心两个国家级企业技术中心。

目前，大连已初步形成由装备制造业、高新技术产业及现代服务业为支撑的新的产业结构。其中装备制造业产值以年均29%的增长速度超过了石化产业，跃居全市第一位。加快园区重大装备产业基地建设，就是要提高生产要素空间配置的密度与效

率，在特定地区形成装备制造业的密集集中地带，这是强化大连装备制造业优势的需要，也是大连整体经济持续发展的需要。

通过体制创新，实行相对独立的特殊优惠政策，将加速园区重大装备产业的发展，培育和形成新的经济增长极，以此带动辽宁、大连乃至东北经济，提升北方沿海地区发展水平。重大装备产业示范基地建设，将进一步增强大连、辽宁省和东北地区总体经济实力，促进东北老工业基地振兴。重大装备产业示范基地建设，有利于区域发展总体战略的实施，完善辽宁沿海经济布局，提升辽宁乃至整个东北地区对外开放水平，进一步增强综合实力和国际竞争力。2012 年，基地实现工业总产值 985.0 亿元，其中示范产业 841.7 亿元；实现工业增加值 294.0 亿元，其中示范产业 207.7 亿元；2013 年，基地实现工业总产值 990.6 亿元，同比增长 0.57%，其中示范产业 858.1 亿元，同比增长 1.95%，实现工业增加值 297.2 亿元，同比增长 1.09%，其中示范产业 210.1 亿元，同比增长 1.16%；2013 年工业总产值占全行业比重为 1.2%，占地区比重为 6.0%。2012 年、2013 年辽宁大连市大连湾临海装备制造业聚集区工业总产值及增加值见表 3、图 2。2013 年辽宁大连市大连湾临海装备制造业聚集区工业总产值占比情况见表 4。

表 3　2012 年、2013 年辽宁大连市大连湾临海装备制造业聚集区工业总产值及增加值

	2012 年	2013 年	同比增长（%）
工业总产值（亿元）	985.0	990.6	0.57
其中：示范产业（亿元）	841.7	858.1	1.95
工业增加值（亿元）	294.0	297.2	1.09
其中：示范产业（亿元）	207.7	210.1	1.16

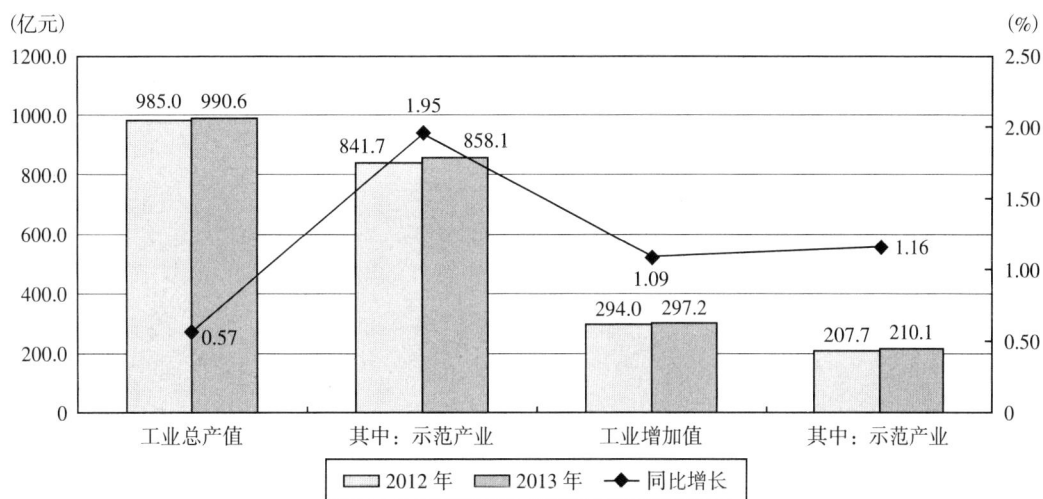

图 2　2012 年、2013 年辽宁大连市大连湾临海装备制造业聚集区工业总产值及增加值

表 4　2013 年辽宁大连市大连湾临海装备制造业聚集区工业总产值占比情况

	2013 年	基地占比（%）	其他占比（%）
全行业（亿元）	80 691	1.2	98.8
本地区（亿元）	16 591	6.0	94.0

（三）大连瓦房店市装备制造（轴承）产业示范基地

瓦房店市装备制造（轴承）产业示范基地位于辽东半岛中西部，连接长兴岛经济技术开发区的城八线公路横贯东西，辽宁沿海经济带重要纽带，拥有长兴岛港、松木岛港、将军石港和在建的太平湾港，是东北亚航运中心的重要组成部分，距大连周水子机场 90 千米。

示范基地经过多年的发展，现已形成生产布局合理、产业门类齐全、大中小企业并存的轴承产业集群。瓦房店轴承产业特色明显，主导产品是中大型、特大型风力发电机组轴承、冶金轧机轴承、军工轴承、航空航天轴承、轨道交通轴承、汽车轴承、石油机械轴承、精密机床轴承、矿山机械轴承、工程机械轴承、港口机械轴承和为重大装备和重点主机配套的轴承等。现有轴承生产企业605家，其中规模以上企业达277家。示范基地内拥有全国最大的轴承试验检测中心、国家级的企业轴承技术中心、国家级的轴承实验室和以"ZWZ"为代表的世界著名品牌，轴承产业拥有国家高新技术企业9家、省市级企业技术中心8家，技术创新能力强。产品涵盖9大类型，畅销海内外80多个国家和地区。2011年，轴承产业实现销售收入286亿元，占全国轴承销售收入总量的20.6%，规模居全国首位。目前，轴承产业销售收入超过亿元的企业28家，其中，超过50亿元的1家，瓦轴集团、大冶轴集团、瓦房店冶金轴承集团、瓦房店光阳轴承集团、瓦房店冶矿轴承制造有限公司居前五名。瓦轴集团精密技术与制造工业园（新区）项目正在建设中，项目投产后，年新增产值100亿元。

示范基地已成为我国最大的轴承产业集聚区，以瓦轴集团为龙头企业的瓦房店轴承产业在我国重大装备制造业和战略性新兴产业中都具有举足轻重的地位。大力发展轴承产业，有利于提高自主创新能力；有利于带动相关产业的发展，推进新型工业化进程；有利于推动经济发展方式的转变，调整优化经济结构；有利于提升国民经济和国防装备的现代化水平，加快构建和谐社会。

通过示范极大地创建，以领军企业和重大项目为基地核心优势，以培育自主创新能力和建设高水平公共服务平台为基地建设重点任务，以政府政策推动和资源整合为基地建设重要手段，以产业规模跨越增长、技术水平持续提高为基地发展目标，努力建设全国规模最大、功能最全、科工贸一体化的世界级的轴承产业基地。

2012年，基地实现工业总产值516亿元，其中示范产业355亿元；实现工业增加值160亿元，其中示范产业110亿元；2013年，基地实现工业总产值630亿元，同比增长22.09%，其中示范产业420亿元，同比增长18.31%，实现工业增加值195亿元，同比增长21.88%，其中示范产业130亿元，同比增长18.18%；2013年工业总产值占全行业比重为0.8%，占地区比重为3.8%。2012年、2013年大连瓦房店市装备制造（轴承）产业示范基地工业总产值及增加值见表5、图3。2013年大连瓦房店市装备制造（轴承）产业示范基地工业总产值占比情况见表6。

（四）辽宁盘锦经济技术开发区

盘锦石油装备制造产业示范基地是盘锦经济开发区重点建设的产业园区，被纳入辽宁沿海经济带重点支持区域。示范基地坚持以产业集聚与产业链延伸为核心竞争力，集聚了国内外162家石油装备制造和石油工程技术服务企业，产品涵盖勘探开发设备、钻井设备、采油设备、修井设备、测井、录井装备、井下工具、油田环保设备、石油管材、油气生产技术服务、海洋工程装备等十几大类上百个品种，形成了从陆地到海洋、从地上到地下的完整产品体系，石油装备产业集群已经具备相当规模。

截至2011年底，示范基地注册企业428户，规模以上企业户数82户。2011年主要经济指标完成情况：区域增加值完成98亿元，同比增长39.8%；工业总产值完成280亿元，同比增长

表5 2012年、2013年大连瓦房店市装备制造（轴承）产业示范基地工业总产值及增加值

	2012年	2013年	同比增长（%）
工业总产值（亿元）	516	630	22.09
其中：示范产业（亿元）	355	420	18.31
工业增加值（亿元）	160	195	21.88
其中：示范产业（亿元）	110	130	18.18

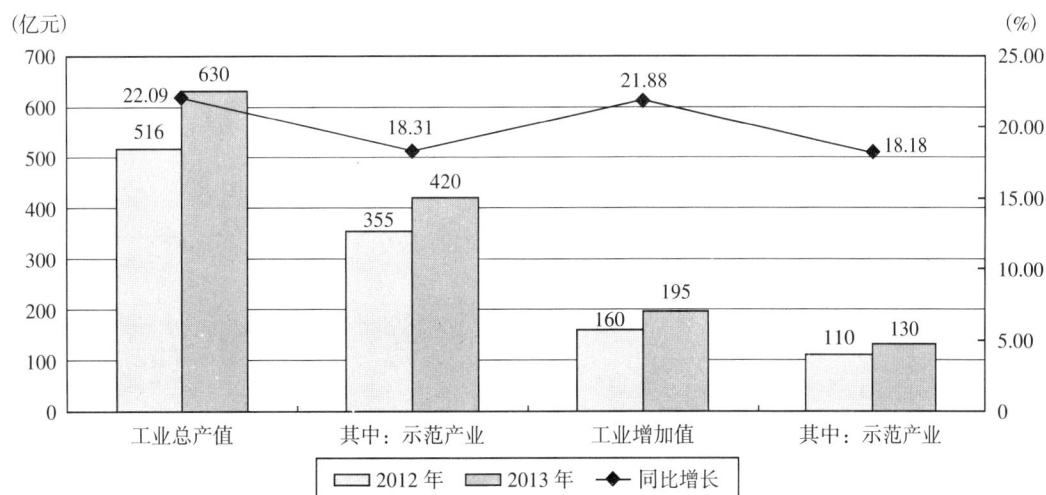

图 3 2012 年、2013 年大连瓦房店市装备制造（轴承）产业示范基地工业总产值及增加值

表 6 2013 年大连瓦房店市装备制造（轴承）产业示范基地工业总产值占比情况

	2013 年	基地占比（%）	其他占比（%）
全行业（亿元）	80 730	0.8	99.2
本地区（亿元）	16 530	3.8	96.2

40.5%，其中石油装备制造和石油工程技术服务产值 212 亿元，占园区工业总值的 76%；固定资产投资完成 100 亿元，同比增长 54%；全口径税收实现 13.2 亿元，同比增长 76.9%；就业人员 3.6 万余人。项目引进工作取得显著成效，2011 年开发区新入区项目 137 个，计划投资总额 317.7 亿元；新开工项目 71 个，计划投资总额 219 亿元；拟入区项目 39 个，计划投资总额 176.4 亿元。

通过多年的发展，示范基地初步形成了"研发—制造—服务"全产业链覆盖的竞争优势，具备了技术服务带动装备制造升级、装备制造加速技术服务发展的产业发展基础，在国内外享有较高的知名度。钻机、顶驱、钻杆、钻铤、随钻测井仪等钻井装备达到国内一流、国际先进的水平；稠油开发技术和热采装备国际领先；与国内其他石油装备产业集聚区相比，海洋石油工程装备先行一步。基地内企业生产的部分产品和技术达到国际先进水平或填补国内空白，畅销全国各大油田，部分产品出口到欧美、中东、中亚和非洲等世界主要油气生产地。

通过示范基地的创建，依托盘锦市及盘锦经济开发区已有的产业基础、技术基础和市场基础，构建全产业链竞争优势，建立外资密集、内外结合、带动力强的产业集聚区，建设具有国际影响力的世界级石油装备制造基地。

2012 年，基地实现工业总产值 298.0 亿元，其中示范产业 227.0 亿元；实现工业增加值 108.0 亿元，其中示范产业 64.0 亿元；2013 年，基地实现工业总产值 341.0 亿元，同比增长 14.43%，其中示范产业 260.0 亿元，同比增长 14.54%，实现工业增加值 116.0 亿元，同比增长 7.41%，其中示范产业 73.4 亿元，同比增长 14.69%；2013 年工业总产值占全行业比重为 0.4%，占地区比重为 2.1%。2012 年、2013 年辽宁盘锦经济技术开发区工业总产值及增加值见表 7、图 4。2013 年辽宁盘锦经济技术开发区工业总产值占比情况见表 8。

表 7 2012 年、2013 年辽宁盘锦经济技术开发区工业总产值及增加值

	2012 年	2013 年	同比增长（%）
工业总产值（亿元）	298.0	341.0	14.43
其中：示范产业（亿元）	227.0	260.0	14.54
工业增加值（亿元）	108.0	116.0	7.41
其中：示范产业（亿元）	64.0	73.4	14.69

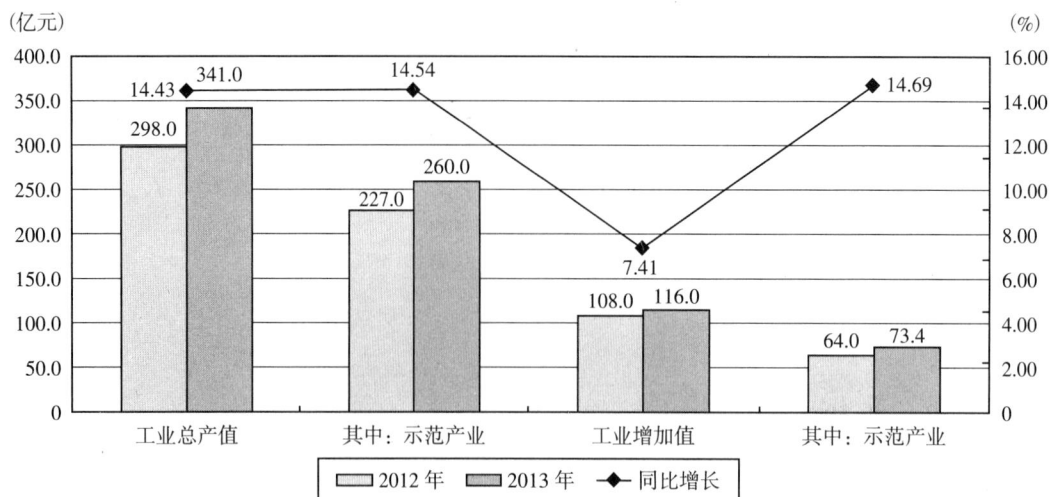

图 4　2012 年、2013 年辽宁盘锦经济技术开发区工业总产值及增加值

表 8　2013 年辽宁盘锦经济技术开发区工业总产值占比情况

	2013 年	基地占比（%）	其他占比（%）
全行业（亿元）	80 741	0.4	99.6
本地区（亿元）	16 541	2.1	97.9

（五）辽宁铁岭经济技术开发区

铁岭经济开发区军民结合产业示范基地位于铁岭市东南，处于京沈城市发展轴与京哈城市发展轴交汇处，是东北振兴哈大一级轴线中心节点，是沈阳经济区和辽西北的结合点。

经过多年建设，示范基地基本形成了工业园区化发展、企业规模化经营，结构优化、布局合理的军民结合产业体系。2011 年，基地实现业务总收入355 亿元，同比增长 31.5%；军民特色产品销售收入 258 亿元，同比增长 36%；工业增加值 89.2 亿元，同比增长 26%；工业总产值 373 亿元，同比增长 37.1%，经济增速位于我省省级开发区前列。目前，示范基地已经形成了以军民两用特种车及配套产业、机电装备制造产业、橡塑制品产业为主体的三大主导产业集群，产值达到 355 亿元。其中，特种车辆及配套产业 178 亿元，占工业总产值的50%；橡塑制品产业 78.1 亿元，占工业总产值的22%；机电装备制造产业 99.4 亿元，占工业总产值的 28%。

目前，示范基地拥有各类企业 295 家，其中外商投资企业 12 家，已吸引美国、韩国、德国、加拿大、新西兰、中国香港、中国台湾等国家和地区

的企业在此投资，形成了以中航工业集团陆平机器、际华集团为代表的军民两用特种车研发生产，以铁岭长天机电有限公司、北重机床、方向电子集团为代表的军民结合机电设备制造，以航天（铁岭）万源橡胶密封有限公司、铁岭机械橡胶密封有限公司为代表的军民结合橡塑制品三大主导产业集群，形成了较完备的军民结合产业体系。

示范基地的创建将进一步优化军工产业结构，加快推进军民成果共享。通过示范基地创建，加快军转民技术转化，加快东北军工重省辽宁的振兴步伐，促进区域经济协调发展。大力发展军民结合产业，以军民结合产业基地为载体，加快产业集群，提高军工的可持续发展能力。

2012 年，基地实现工业总产值 475.4 亿元，其中示范产业 381.6 亿元；实现工业增加值 90.5 亿元，其中示范产业 89.2 亿元；2013 年，基地实现工业总产值 491.3 亿元，同比增长 3.34%，其中示范产业 409.5 亿元，同比增长 7.31%，实现工业增加值 95.4 亿元，同比增长 5.41%，其中示范产业93.1 亿元，同比增长 4.37%；2013 年工业总产值占全行业比重为 3.6%，占地区比重为 3.0%。2012年、2013 年辽宁铁岭经济技术开发区工业总产值及

增加值见表9、图5。2013 年辽宁铁岭经济技术开发区工业总产值占比情况见表10。

表9　2012 年、2013 年辽宁铁岭经济技术开发区工业总产值及增加值

	2012 年	2013 年	同比增长（%）
工业总产值（亿元）	475.4	491.3	3.34
其中：示范产业（亿元）	381.6	409.5	7.31
工业增加值（亿元）	90.5	95.4	5.41
其中：示范产业（亿元）	89.2	93.1	4.37

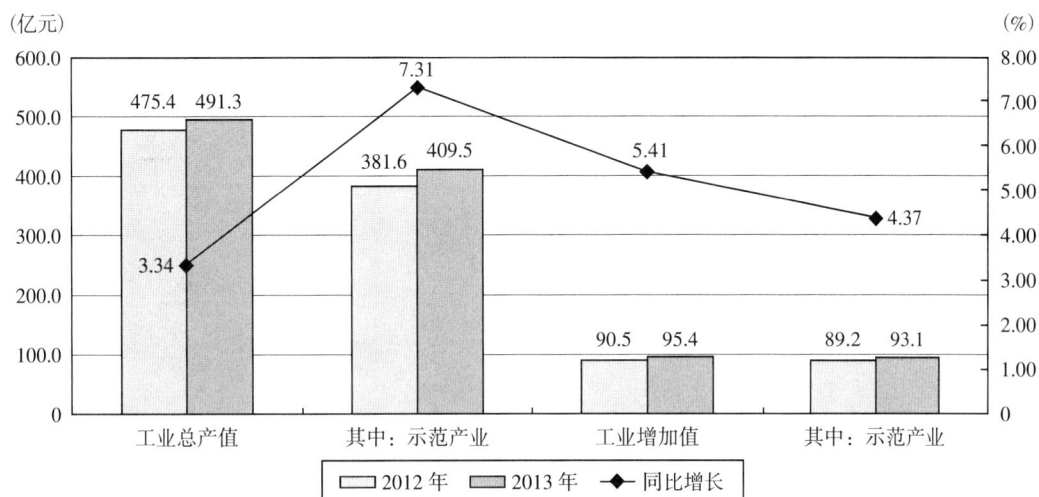

图5　2012 年、2013 年辽宁铁岭经济技术开发区工业总产值及增加值

表10　2013 年辽宁铁岭经济技术开发区工业总产值占比情况

	2013 年	基地占比（%）	其他占比（%）
全行业（亿元）	13 591	3.6	96.4
本地区（亿元）	16 591	3.0	97.0

（六）辽宁抚顺经济开发区

随着一批上下游带动能力强的行业龙头企业的引进，辽宁抚顺经济开发区装备制造产业示范基地配套产业也得到了充分发展。围绕山推抚起、抚挖重工、隆基电磁、中煤科工沈阳研究院等主机企业，一批从事机加工、结构件、铸件、零配件生产的配套企业得到了充分发展。产业链在区内不断延长，产业的丰厚度不断提高，集群化效益日益凸显。

在促进区内协作配套的措施上，示范基地搭建了公共服务平台，建立了公共服务平台网站，通过网站发布信息和政府牵线的方式，帮助企业互通信息，建立上下游配套关系。示范基地已开发了总占地5平方千米的太平洋标准厂房，一期已经建成，

为集聚与区内企业有配套关系的中小企业提供载体。

2012 年，基地实现工业总产值573.6 亿元，其中示范产业370.2 亿元；实现工业增加值225.0 亿元，其中示范产业134.1 亿元；2013 年，基地实现工业总产值673.3 亿元，同比增长17.38%，其中示范产业434.0 亿元，同比增长17.23%，实现工业增加值247.4 亿元，同比增长9.96%，其中示范产业145.7 亿元，同比增长8.65%；2013 年工业总产值占全行业比重为0.8%，占地区比重为4.1%。2012 年、2013 年辽宁抚顺经济开发区工业总产值及增加值见表11、图6。2013 年辽宁抚顺经济开发区工业总产值占比情况见表12。

表 11　2012 年、2013 年辽宁抚顺经济开发区工业总产值及增加值

	2012 年	2013 年	同比增长（%）
工业总产值（亿元）	573.6	673.3	17.38
其中：示范产业（亿元）	370.2	434.0	17.23
工业增加值（亿元）	225.0	247.4	9.96
其中：示范产业（亿元）	134.1	145.7	8.65

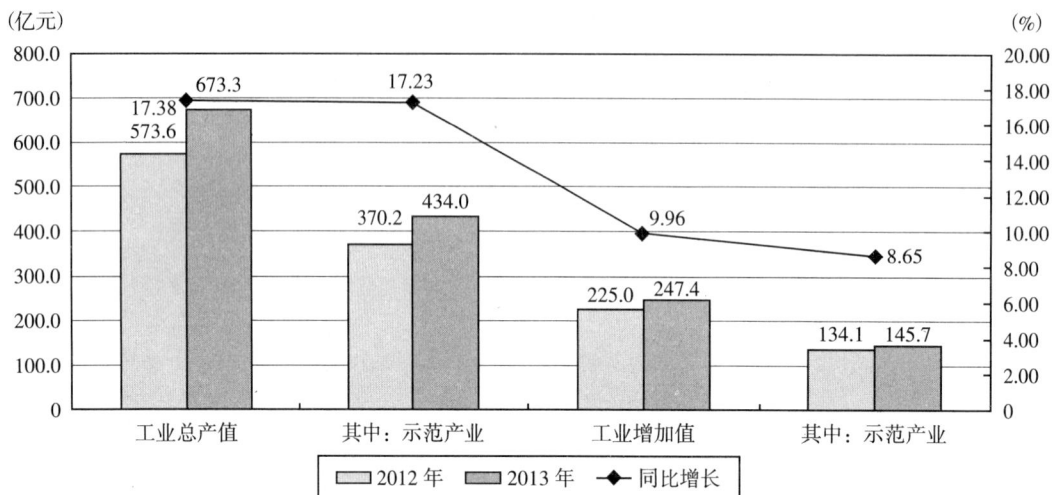

图 6　2012 年、2013 年辽宁抚顺经济开发区工业总产值及增加值

表 12　2013 年辽宁抚顺经济开发区工业总产值占比情况

	2013 年	基地占比（%）	其他占比（%）
全行业（亿元）	80 773	0.8	99.2
本地区（亿元）	16 573	4.1	95.9

（七）大连金州新区装备制造产业示范基地

大连金州新区装备制造产业示范基地已有装备制造企业 277 家，其中规模以上企业达 212 家，是大连市装备制造业最重要的产业转移承接区和大连市战略性新兴产业发展核心区。依托大连百年形成门类齐全的完善工业体系，金州新区装备制造业呈现出技术水平高、装备力量强、集聚程度高的产业特征，逐步形成了以高端数控机床、交通装备、制冷设备、大型电梯、风力发电机、大型化工设备、冶金装备、船舶装备、轴承、液压、泵阀等基础部件为核心的装备制造产业集群。尤其在现代交通装备领域，金州新区已成为大连市发展汽车产业的重要承载区域之一。

目前，新区汽车零部件产业已落户企业 120 余家，拥有汽车发动机及配件、汽车轴承、制动器、减震器、转向系统等 48 类、千余个品种。2012 年中国汽车工业协会正式批准金州新区成为"中国汽车零部件制造基地"。30 年来，金州新区汽车及零部件产业已形成以汽车发动机、变速器等汽车零部件产业为牵动，与专用车、新能源汽车为主的汽车整车产业同步发展、上中下游产业链条齐备的发展态势。

2012 年，基地实现工业总产值 2916.0 亿元，其中示范产业 762.0 亿元；实现工业增加值 1472.0 亿元，其中示范产业 738.0 亿元；2013 年，基地实现工业总产值 3192.0 亿元，同比增长 9.47%，其中示范产业 861.0 亿元，同比增长 12.99%，实现工业增加值 1616.8 亿元，同比增长 9.84%，其中示范产业 796.4 亿元，同比增长 7.91%；2013 年工业总产值占全行业比重为 4.0%，占地区比重为 19.3%。2012 年、2013 年大连金州新区装备制造产业示范

基地工业总产值及增加值见表13、图7。2013年大连金州新区装备制造产业示范基地工业总产值占比

情况见表14。

表13　2012年、2013年大连金州新区装备制造产业示范基地工业总产值及增加值

	2012年	2013年	同比增长（%）
工业总产值（亿元）	2 916.0	3 192.0	9.47
其中：示范产业（亿元）	762.0	861.0	12.99
工业增加值（亿元）	1 472.0	1 616.8	9.84
其中：示范产业（亿元）	738.0	796.4	7.91

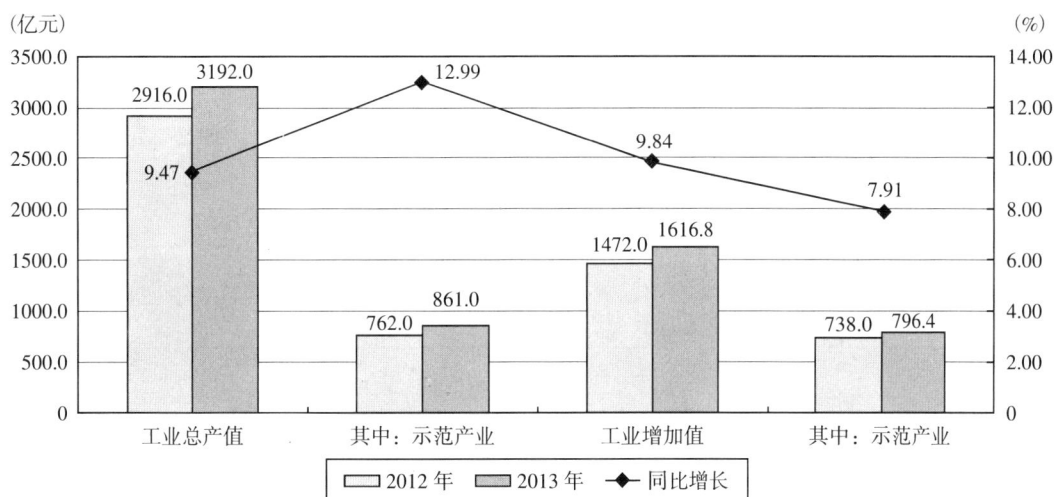

图7　2012年、2013年大连金州新区装备制造产业示范基地工业总产值及增加值

表14　2013年大连金州新区装备制造产业示范基地工业总产值占比情况

	2013年	基地占比（%）	其他占比（%）
全行业（亿元）	80 692	4.0	96.0
本地区（亿元）	16 592	19.3	80.7

二、吉林

吉林四平装备制造换热器产业示范基地

吉林四平装备制造换热器产业示范基地聚焦以先进热交换装备为代表的特色支柱产业（全国知名的换热器产业集群），以专用车和农业机械为代表的资源优势产业（利用毗邻全国重要的一汽生产基地和位于全国农业大省的资源优势），以通用机械、工程机械、新能源装备为代表的选择性发展产业等三大重点领域，分别采取重点发展、大力培育、选择性发展的策略，将四平市建成"中国先进装备制造业重点示范基地"、"吉林省先进装备制造业基地"、"中国换热器城"，促进四平市装备制造业高端

化、特色化、精细化发展。

截至2017年，四平先进装备制造业年产值达到500亿元左右，其中换热器产业达到300亿元。到2020年，四平先进装备制造业年产值达到1000亿元左右，其中换热器产业达到650亿元。

2012年，基地实现工业总产值248.0亿元，其中示范产业130.0亿元；实现工业增加值102.8亿元，其中示范产业72.9亿元；2013年，基地实现工业总产值301.0亿元，同比增长21.37%，其中示范产业152.0亿元，同比增长16.92%，实现工业增加值121.5亿元，同比增长18.19%，其中示范产业87.1亿元，同比增长19.48%；2013年工业总产值占全行业比重为0.4%，占地区比重为6.6%。2012年、2013年吉林四平装备制造换热器产业示范基地工业总产值

及增加值见表 15、图 8。2013 年吉林四平装备制造

换热器产业示范基地工业总产值占比情况见表 16。

表 15　2012 年、2013 年吉林四平装备制造换热器产业示范基地工业总产值及增加值

	2012 年	2013 年	同比增长（%）
工业总产值（亿元）	248.0	301.0	21.37
其中：示范产业（亿元）	130.0	152.0	16.92
工业增加值（亿元）	102.8	121.5	18.19
其中：示范产业（亿元）	72.9	87.1	19.48

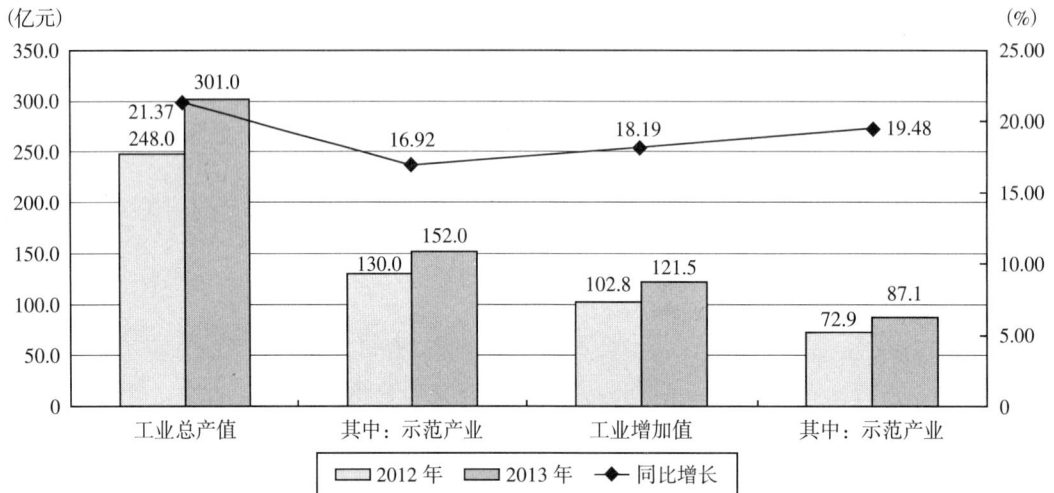

图 8　2012 年、2013 年吉林四平装备制造换热器产业示范基地工业总产值及增加值

表 16　2013 年吉林四平装备制造换热器产业示范基地工业总产值占比情况

	2013 年	基地占比（%）	其他占比（%）
全行业（亿元）	80 701	0.4	99.6
本地区（亿元）	4 601	6.6	93.4

三、黑龙江

（一）黑龙江齐齐哈尔数控重型装备产业示范基地

齐齐哈尔市创建的以中国一重、齐重数控、齐二机床为龙头，以齐车公司、三大军工为支柱，以80 余户规模装备企业为骨干的齐齐哈尔数控重型装备产业示范基地，目前已入驻企业 181 家，其中规模以上装备制造企业 87 家，2008 年完成工业总产值 269.2 亿元，占开发区全部工业总产值的 92%。

基地内企业技术力量雄厚，拥有国家级企业工程、研发、技术中心 10 个，省级企业技术中心及省级重点实验室 10 个。企业研发费用逐年增加，2008 年，全市装备制造业投入研发费用 12.37 亿

元，占工业销售收入的 4.45%，先后有多项产品获得国家、省科技进步一等奖，拥有发明专利 25 项、实用新型 250 项。基地重型数控装备特色尤为突出，拥有亚洲最大的 1.5 万吨级自由锻造水压机、600 吨真空铸锭室、16 米单柱数控立车、3.5 米×24 米龙门导轨磨床、直径 2000 毫米×14000 毫米数控轧辊磨床、6 米×18 米五轴联动数控龙门铣镗床、柔性机械加工生产线、美国等国家引进的多条铁路货车车轴车轮生产线、日本引进的铸造树脂砂生产线等设备设施，具备生产载重 450 吨钳夹车等特种长大货车技术生产能力，能够生产诸如千吨级热壁加氢反应器、多轴控制五轴联动重型卧式车床、工业 CT、数控重型落地铣镗床、16 米重型数控立车、高速立车、重型数控卧车等设备，都代表着我国装备制造业的最高水平，并使得我国机械制

造业跻身于世界先进行列。已掌握了锻焊结构热壁加氢反应器、大型船用半组合式曲轴锻件等制造技术，冷轧方面已具备自主集成设计制造国际先进水平的大型冷连轧机组的能力，具备设计生产各种重型数控卧式、立式车床、镗床、铣床等机床的能力。形成了能够一次提供钢水 700 吨、一次提供最大钢锭 600 吨、最大铸件 500 吨、最大锻件 400 吨的生产能力。

数控重型装备产业示范基地的创建，对加速推进新型工业化进程，加快转变经济发展方式，促进信息化与工业化融合，调整优化产业结构，引导产业集聚发展、集约发展，推进我国装备制造产业现代化进程将起到积极的促进作用。产业示范基地建成之后，无论是产业规模、技术水平还是装备能力，都将有一个质和量的飞跃，将有力地推进产业集聚发展，构建出更加完备的高端数控重型装备产业体系，对完成我国装备制造业调整振兴任务将起

到关键作用，在自主研发、替代进口方面将起到典型示范带头作用，在产业升级、提升企业效率效益方面起到典型示范带头作用，在"两化融合"、实现装备制造业数控技术本地化方面起到典型示范带头作用，将有力地促进区域经济平稳较快增长。

2012 年，基地实现工业总产值 381 亿元，其中示范产业 373 亿元；实现工业增加值 163 亿元，其中示范产业 102 亿元；2013 年，基地实现工业总产值 394 亿元，同比增长 3.41%，其中示范产业 387 亿元，同比增长 3.75%，实现工业增加值 180 亿元，同比增长 10.43%，其中示范产业 107 亿元，同比增长 4.90%；2013 年工业总产值占全行业比重为 0.5%，占地区比重为 7.6%。2012 年、2013 年黑龙江齐齐哈尔数控重型装备产业示范基地工业总产值及增加值见表 17、图 9。2013 年黑龙江数控重型装备产业示范基地工业总产值占比情况见表 18。

表 17　2012 年、2013 年黑龙江齐齐哈尔数控重型装备产业示范基地工业总产值及增加值

	2012 年	2013 年	同比增长（%）
工业总产值（亿元）	381	394	3.41
其中：示范产业（亿元）	373	387	3.75
工业增加值（亿元）	163	180	10.43
其中：示范产业（亿元）	102	107	4.90

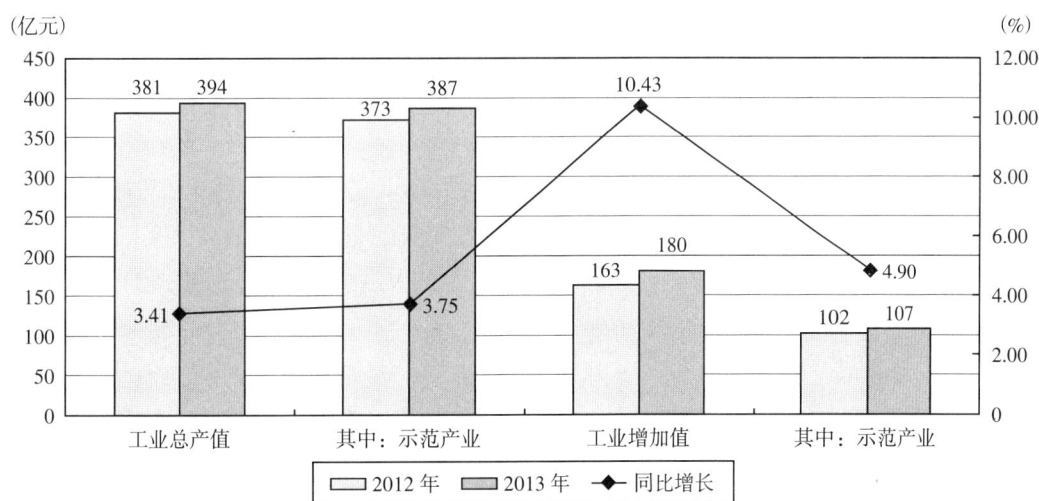

图 9　2012 年、2013 年黑龙江齐齐哈尔数控重型装备产业示范基地工业总产值及增加值

表 18　2013 年黑龙江齐齐哈尔数控重型装备产业示范基地工业总产值占比情况

	2013 年	基地占比（%）	其他占比（%）
全行业（亿元）	80 694	0.5	99.5
本地区（亿元）	5 194	7.6	92.4

（二）哈尔滨经济技术开发区

哈尔滨经济技术开发区位于哈尔滨市南部，是黑龙江省"八大经济区"的重要组成部分，也是哈尔滨市五个功能增长区之一。截至 2009 年末，开发区内有工业企业 260 家，职工人数 4 万人，聚集着以哈飞集团、东安集团、安博威等龙头企业为代表的航空产业，以哈飞汽车、东安汽车发动机、变速箱、万都、万向、万宇等龙头企业为代表的汽车产业及以东北轻合金为代表的新材料产业。

航空产业方面，是国家确立的 5 个航空产业基地之一（成都、安顺、沈阳、西安、阎良）。其中，哈飞集团是我国"大飞机"项目五大主制造商之一，是我国直升机、轻型多用途飞机、支线客机和航空复合材料构件研制生产基地，安博威公司是我国两个支线飞机制造企业之一，东安发动机集团是国内中小型航空发动机和附件传动系统的研发制造基地，是国内唯一直升机传动系统研发生产基地。汽车产业方面，哈汽集团是我国具有完全自主知识产权的微型车研发生产基地，哈东安汽车发动机制造有限公司是国内重要的汽车发动机及变速器专业化生产企业。新材料产业方面，东北轻合金有限责任公司是中国最大的铝镁合金加工基地，在行业内以产品规格最多、品种最全著称，铝镁合金铸造居国内领先水平。

创建装备制造产业示范基地，有利于将哈尔滨经济技术开发区建成成为民用航空国家高新技术产业基地，全国重要的微型车、商务车、中小型轿车、汽车发动机制造基地，全国重要的铝镁合金和新材料产业研发基地，机械、电子信息产业、新能源产业高端装备制造业产业族群基地；同时，还有利于提升国家航空工业和哈尔滨市汽车产业的整体水平和核心竞争力，对于打造国际国内品牌、提升哈尔滨知名度具有极大的推动作用。

2012 年，基地示范产业实现工业总产值 580 亿元；2013 年，基地示范产业实现工业总产值 638 亿元，同比增长 0.1%。

（三）哈尔滨经济技术开发区军民结合产业基地

哈尔滨经济技术开发区军民结合产业基地位于哈尔滨市南部，坐落于哈南工业新城，区域内截至 2011 年末，地区生产总值达到 660 亿元，工业总产值达到 1605 亿元，包含国家民用航空高技术产业基地、国家汽车火炬特色产业基地、国家新型工业化食品产业示范基地、国家新型工业化装备制造业示范基地等 15 个国家级产业基地。

通过这些产业基地的集聚和带动作用，形成以哈飞集团、东安集团等为主的航空及零部件产业；以哈飞汽车、一汽轻型车、建成北车等为主的汽车及零部件产业；以九三集团、北大荒、益海嘉里、麦肯等为主的食品产业；以东轻公司、空客复合材料等为主的新材料产业；以哈电核电为主的新能源装备产业。正在建设以云计算为主导的中国云谷。哈尔滨经开区在全国国家级开发区投资环境综合评价排名第 17 位，成为全国发展较快的开发区之一。

哈尔滨经开区军民结合产业基地，规划面积 20 平方千米，已建成面积 12 平方千米，主要产业有航空、汽车、新材料、新能源装备等，现有工业企业 56 家，2011 年实现销售收入 363 亿元，利税 37 亿元。

2012 年，基地实现工业总产值 2157 亿元，其中示范产业 410 亿元；实现工业增加值 769 亿元，其中示范产业 563 亿元；2013 年，基地实现工业总产值 2786 亿元，同比增长 29.16%，其中示范产业 451 亿元，同比增长 10%，实现工业增加值 909 亿元，同比增长 18.21%，其中示范产业 658 亿元，同比增长 16.87%；2013 年工业总产值占全行业比重为 20.5%，占地区比重为 53.7%。2012 年、2013 年哈尔滨经济技术开发区军民结合产业基地总产值及增加值见表 19、图 10。2013 年哈尔滨经济技术开发区军民结合产业基地工业总产值占比情况见表 20。

表 19　2012 年、2013 年哈尔滨经济技术开发区军民结合产业基地工业总产值及增加值

	2012 年	2013 年	同比增长（%）
工业总产值（亿元）	2 157	2 786	29.16
其中：示范产业（亿元）	410	451	10.00
工业增加值（亿元）	769	909	18.21
其中：示范产业（亿元）	563	658	16.87

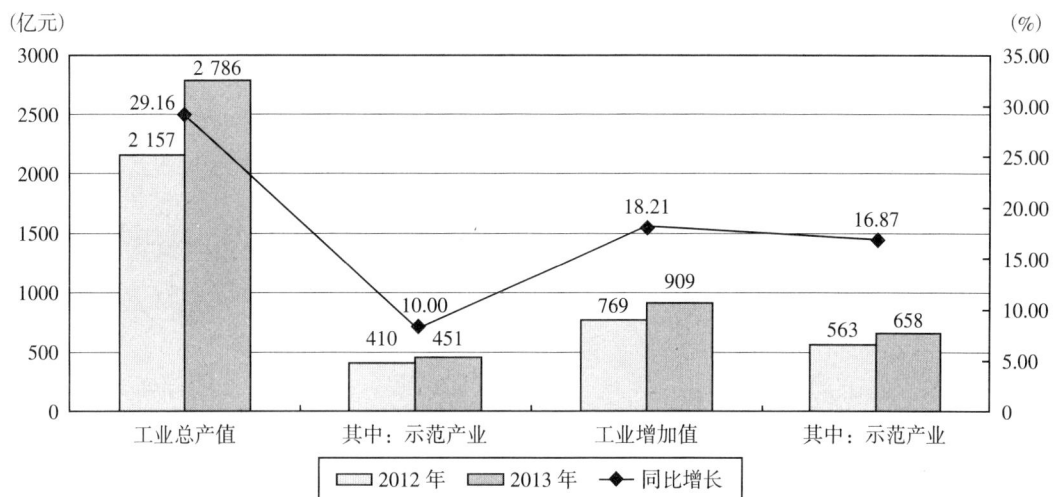

图 10　2012 年、2013 年哈尔滨经济技术开发区军民结合产业基地工业总产值及增加值

表 20　2013 年哈尔滨经济技术开发区军民结合产业基地工业总产值占比情况

	2013 年	基地占比（%）	其他占比（%）
全行业（亿元）	13 586	20.5	79.5
本地区（亿元）	5 186	53.7	46.3

华东地区

一、上海

（一）上海临港装备产业区

上海临港装备产业区位于长江口和杭州湾的交汇处，坐落在洋山国际深水港和浦东国际机场两大枢纽港之间，规划面积3598公顷。目前，已经形成了一定的产业基础和规模，清洁高效发电及输变电设备、大型船舶关键件、海洋工程设备、自主品牌汽车整车及零部件、航空装备产业、大型工程机械六大装备产业发展的框架基本形成，并呈现出"又好又快"、"和谐发展"的良好势头。

截至目前，上海临港装备产业区已引进装备制造产业项目62个，规模以上的企业数量达到48个；产业项目总投资额达500亿元，2012年预计实现工业产值1000亿元。

上海临港装备产业区坚持高起点、高标准、高质量开发建设，已经初步集聚形成了清洁高效发电及输变电设备、大型船舶关键件、海洋工程设备、自主品牌汽车整车及零部件、航空装备产业、大型工程机械六大装备产业集群；大力推进和优先支持的许多具有知识产权、自主品牌的大型装备项目已达到国际先进水平；注重推动国企、民企和外企的融合发展，积极引进中船集团、中船重工集团、中国商用飞机公司、中航工业集团等央企及上汽集团、上海电气集团等地方大型国有企业向临港扩张，重视引进中集集团、三一重工、华仪电气、开山集团、振中桩机等国内民企来临港发展，并为其海外扩张提供战略平台，与卡尔玛、瓦锡兰、科尼、西门子、蒂森克虏伯、伦茨、卡特彼勒等国际领先的装备制造企业集团确立战略合作伙伴关系；注重走集约化发展道路，积极转变经济增长方式，提升产业能级，全力打造装备制造高端化、高新技术产业化、土地集约化基地。

上海临港装备产业区是上海国际金融中心和航运中心建设的重要组成部分，是上海大力发展先进制造业的主战场之一。上海临港装备产业区产业发展规划，服务服从国家战略，适应了我国装备制造产业增长、产业集聚、产业国际化的发展趋势，对于振兴中国装备制造业，引领国家装备制造产业高端发展，带动长三角加快形成先进装备制造产业群，实现中国"制造大国"、"制造强国"之梦起到示范作用。

2012年，基地实现工业总产值417.88亿元，其中示范产业372.48亿元；实现工业增加值93.18亿元，其中示范产业93.18亿元；2013年，基地实现工业总产值460.01亿元，同比增长10.08%，其中示范产业401.29亿元，同比增长7.73%，实现工业增加值102.57亿元，同比增长10.08%，其中示范产业102.57亿元，同比增长10.08%；2013年工业总产值占全行业比重为0.6%，占地区比重为4.1%。2012年、2013年上海临港装备产业区工业总产值及增加值见表1、图1。2013年上海临港装备产业区工业总产值占比情况见表2。

表1 2012年、2013年上海临港装备产业区工业总产值及增加值

	2012年	2013年	同比增长（%）
工业总产值（亿元）	417.88	460.01	10.08
其中：示范产业（亿元）	372.48	401.29	7.73
工业增加值（亿元）	93.18	102.57	10.08
其中：示范产业（亿元）	93.18	102.57	10.08

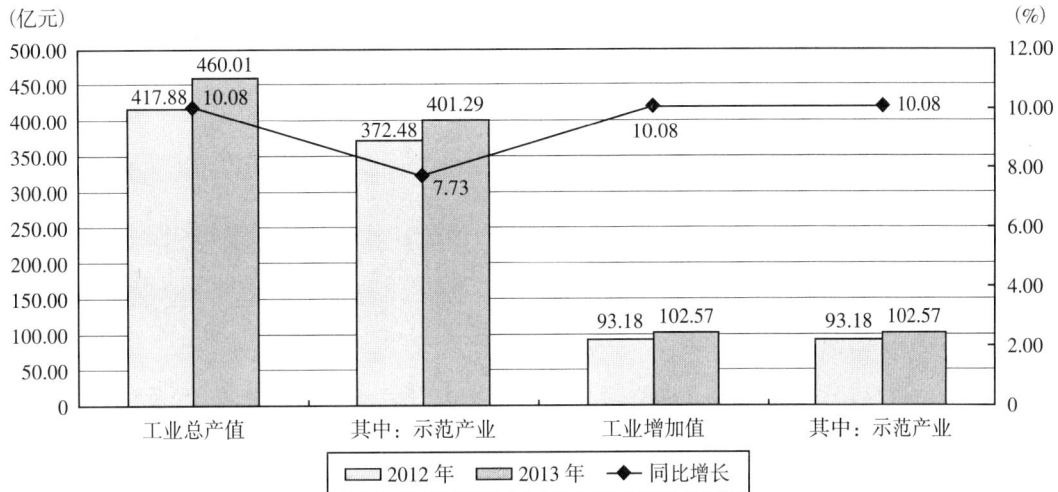

图1 2012年、2013年上海临港装备产业区工业总产值及增加值

表2 2013年上海临港装备产业区工业总产值占比情况

	2013年	基地占比（%）	其他占比（%）
全行业（亿元）	80 760	0.6	99.4
本地区（亿元）	11 160	4.1	95.9

（二）上海长兴岛"国家新型工业化产业示范基地"

上海长兴岛"国家新型工业化产业示范基地"位于上海市长兴岛。该岛三面临江，一面临海，东西长31千米，南北宽2~4千米，岛域总面积约160.6平方千米，其中陆域面积约93.3平方千米，青草沙水库库区面积约67.3平方千米。长兴岛与浦东外高桥相距仅7.5千米，新建成的长江隧桥工程使长兴岛成为崇明三岛接受上海陆域辐射的最前端，成为连接上海和江苏的重要枢纽点。

长兴岛的南岸拥有极为宝贵稀缺的深水岸线，水深-12~-16米，最深处达-22米，可停靠30万吨级轮船。这些深水岸线成为长兴岛海洋装备产业发展的重要基础。

长兴岛海洋装备产业基地目前主要以中船集团长兴基地、中海长兴修造船基地和振华重工长兴基地为主构筑了产业发展态势，三家央企的技术装备和产品质量均在国内处于领先的地位。截至2008年已建成投产的生产基地占地面积达882公顷，2008年实现销售收入411.8亿元。基地企业研发实力雄厚，拥有4所国家级企业技术中心以及"ZMPC"和"JN"等国际和国内知名品牌，多次获得国家科技进步奖，先后申请了共125项专利。主导产业为船舶制造、海洋工程、港口机械、船舶修理等，产品包括：双40英尺集装箱、大型钢结构、海洋钻井平台以及30万吨级的VICC、17.7万吨散货轮及军品船舶的制造和修理。

上海是目前国内既能自主设计又能成功建造大型FPSO的地区，是第一个取得LNG船建造资质，并且实现批量建造的地区，是全球最大的港口机械制造地区，拥有国内具有海洋平台设计能力的院所，这些优势均为长兴岛海洋装备产业基地所拥有或者利用，为发展海洋工程示范基地奠定了扎实的基础。同时，基地内的江南造船集团又是为海军国防事业做出杰

出贡献的传统骨干企业，军品制造技术国内领先，军民结合，寓军于民也是本产业基地的一大特色。

国务院2009年审议并原则通过了《船舶工业调整和振兴规划》，相关细则逐步落实。《规划》提出了稳定船舶企业生产、扩大船舶市场需求、发展海洋工程装备、支持企业兼并重组、提高自主创新能力、加强企业技术改造、积极发展修船业务、努力开拓国际市场、加强船舶企业管理等九项重点任务，成为今后三年我国船舶工业调整和振兴的行动方案。而在这个时期将长兴岛建设成为海洋工程产业示范基地是对国务院《规划》的强烈呼应，为应对国际金融危机，加快船舶工业结构调整，增强自主开发能力，推动产业升级，促进我国船舶工业持

续、健康、稳定发展具有深远的意义。

2012年，基地实现工业总产值448.68亿元，其中示范产业448.68亿元；实现工业增加值40.70亿元，其中示范产业40.70亿元；2013年，基地实现工业总产值452.89亿元，同比增长0.94%，其中示范产业452.89亿元，同比增长0.94%，实现工业增加值35.40亿元，同比增长-13.02%，其中示范产业35.40亿元，同比增长-13.02%；2013年工业总产值占全行业比重为0.6%，占地区比重为4.1%。2012年、2013年上海长兴岛"国家新型工业化产业示范基地"工业总产值及增加值见表3、图2。2013年上海长兴岛"国家新型工业化产业示范基地"工业总产值占比情况见表4。

表3　2012年、2013年上海长兴岛"国家新型工业化产业示范基地"工业总产值及增加值

	2012年	2013年	同比增长（%）
工业总产值（亿元）	448.68	452.89	0.94
其中：示范产业（亿元）	448.68	452.89	0.94
工业增加值（亿元）	40.70	35.40	-13.02
其中：示范产业（亿元）	40.70	35.40	-13.02

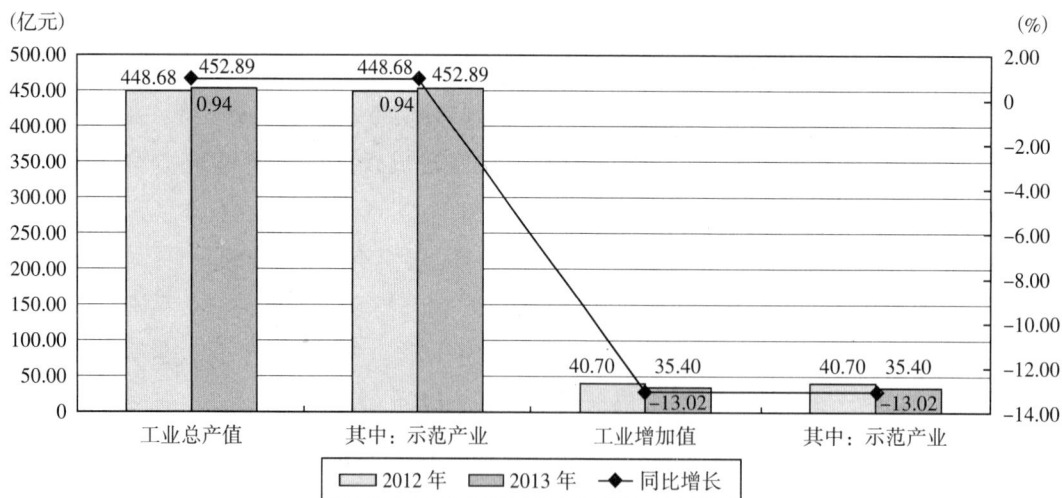

图2　2012年、2013年上海长兴岛"国家新型工业化产业示范基地"工业总产值及增加值

表4　2013年上海长兴岛"国家新型工业化产业示范基地"工业总产值占比情况

	2013年	基地占比（%）	其他占比（%）
全行业（亿元）	80 753	0.6	99.4
本地区（亿元）	11 153	4.1	95.9

（三）上海莘庄工业区装备制造产业示范基地

上海莘庄工业区装备制造产业示范基地位于闵行

区西南部，主体园区规划面积15.42平方千米，已建成面积13.70平方千米，企业净用地8.7平方千米。

示范基地已形成清洁高效发电及输变电设备、

大型船舶关键件、新能源汽车及零部件、航天装备、电子信息装备五大产业为主导的装备产业集群，并拥有为装备制造配套的新材料、电子零部件等配套产业。截至 2011 年底，工业区落户企业达 3496 家，完成工业销售收入 1386.3 亿元，比 2010 年同期增长 14.7%；完成财政总收入 72.9 亿元。采用国际质量管理体系认证的企业所占比重为 52%。

示范基地持续推进装备制造业结构调整和能级提升，推进"两化融合"，优先支持具有自主知识产权和自主品牌的大型装备产业发展。如今，很多装备项目已达到国际先进水平。如电站设备制造方面，上海汽轮机厂产品在国内市场份额占有率达到 35% 以上，汽轮机机组出口到东南亚多国。2006 年汽轮机产量 3600 万千瓦，达到了全球第一。上海重型机器厂大型船用曲轴项目年产 160 根曲轴，未来可达 360 根，打破了日本、韩国、捷克、西班牙等少数国家对该领域的垄断，改变了我国船舶制造"中国壳、外国心"、"船等机、机等轴"的旧局面。同时，示范基地聚焦国家级大型装备项目，战略产业布局基本实现。在国发 22〔2006〕8 号文要求我国重点突破的 16 个装备制造业发展领域中，莘庄

工业区的产业项目涉及 8 个。

莘庄工业区创建国家新型工业化装备制造产业示范基地符合国家大力发展战略性新兴产业的发展导向。园区清洁高效发电及输变电设备、大型船舶关键件、新能源汽车整车及零部件、航天装备、电子信息装备制造产业五大装备产业集群的发展格局已经形成，并且在五大装备产业大力推进和优先支持的许多具有自主知识产权、自主品牌的大型装备项目已达到国际先进水平。

2012 年，基地实现工业总产值 850.80 亿元，其中示范产业 735.40 亿元；实现工业增加值 247.60 亿元，其中示范产业 193.30 亿元；2013 年，基地实现工业总产值 894.61 亿元，同比增长 5.15%，其中示范产业 757.40 亿元，同比增长 2.99%，实现工业增加值 267.42 亿元，同比增长 8.00%，其中示范产业 207.42 亿元，同比增长 7.30%；2013 年工业总产值占全行业比重为 1.1%，占地区比重为 8.0%。2012 年、2013 年上海莘庄工业区装备制造产业示范基地工业总产值及增加值见表 5、图 3。2013 年上海莘庄工业区装备制造产业示范基地工业总产值占比情况见表 6。

表 5　2012 年、2013 年上海莘庄工业区装备制造产业示范基地工业总产值及增加值

	2012 年	2013 年	同比增长（%）
工业总产值（亿元）	850.80	894.61	5.15
其中：示范产业（亿元）	735.40	757.40	2.99
工业增加值（亿元）	247.60	267.42	8.00
其中：示范产业（亿元）	193.30	207.42	7.30

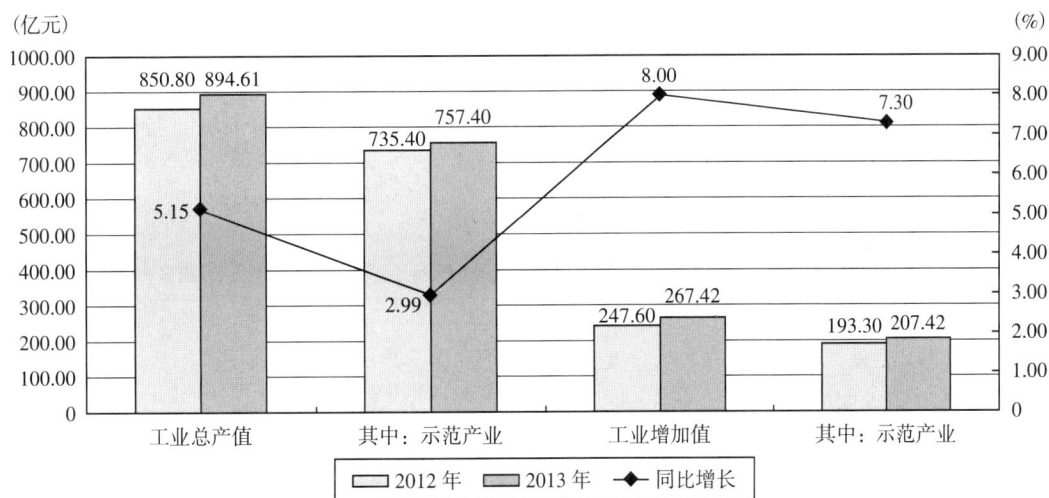

图 3　2012 年、2013 年上海莘庄工业区装备制造产业示范基地工业总产值及增加值

表6　2013年上海莘庄工业区装备制造产业示范基地工业总产值占比情况

	2013年	基地占比（%）	其他占比（%）
全行业（亿元）	80 695	1.1	98.9
本地区（亿元）	11 195	8.0	92.0

二、江苏

（一）南通海工装备与船舶产业园区

南通市依托"靠江靠海靠上海"的独特区位优势，已经形成船舶修造、海洋工程装备等特色优势产业。经过近30年的发展，已经形成了一定的产业基础。2009年，南通市有规模以上海工装备与船舶工业企业494家，完成总产值921.9亿元，同比增长25.7%，增速列全市工业各行业之首，造船完工量566.9万载重吨，占全省37%、全国13%；新接船舶订单365.7万载重吨，占全省50%、全国14%；手持订单超过3000万载重吨，占全省44%、全国16%。全市船舶配套产品涉及六大类200多个品种。多数企业订单任务饱满，生产计划排至2012年或更后。

南通已形成以中远川崎、中远船务、江苏熔盛重工、韩通重工、振华重型装备等为龙头，以吉宝（南通）船厂、惠生重工海工及特种船舶为特色的船舶企业群体和集船舶工程、海洋工程、游艇和配套业为一体的海洋工程船舶产业体系。南通海工装备与船舶产业载体和园区建设具有较强的综合竞争优势，船舶配套能力不断增强，船舶配套企业超过300家，产品涉及六大类200多个品种，已在甲板机械、舱口盖及船用中间产品、热交换器等方面，形成本地上下游产业配套产业链。

南通作为国家船舶工业中长期发展规划重点建设的3个现代化大型造船基地之一，生产船型技术水平已经处于国内领先，部分领域已达世界先进水平，将南通打造成为国际先进、国内一流的海洋工程、船舶及重装备的先进制造业基地，对全国船舶及海洋工程产业升级具有较强的示范和带动作用，对推动我国船舶工业和对外贸易持续、健康、稳定发展具有积极意义。

通过示范基地创建工作，力争到2012年，南通市造船能力达到1200万载重吨，海工及船舶产业主营业务收入达到1200亿元。建成具有国际先进水平的船舶配套产业集中区，形成一批具有较强国际竞争力的船用设备专业化生产企业，船舶造修技术和配套能力达到国际先进水平，建成世界级海洋工程与船舶工业基地。

2012年，基地实现工业总产值2089.30亿元，其中示范产业1483.40亿元；实现工业增加值480.50亿元，其中示范产业480.50亿元；2013年，基地实现工业总产值2160.60亿元，同比增长3.41%，其中示范产业1555.60亿元，同比增长4.87%，实现工业增加值496.90亿元，同比增长3.41%，其中示范产业496.90亿元，同比增长3.41%；2013年工业总产值占全行业比重为2.7%，占地区比重为8.2%。2012年、2013年南通海工装备与船舶产业园区工业总产值及增加值见表7、图4。2013年南通海工装备与船舶产业园区工业总产值占比情况见表8。

表7　2012年、2013年南通海工装备与船舶产业园区工业总产值及增加值

	2012年	2013年	同比增长（%）
工业总产值（亿元）	2 089.30	2 160.60	3.41
其中：示范产业（亿元）	1 483.40	1 555.60	4.87
工业增加值（亿元）	480.50	496.90	3.41
其中：示范产业（亿元）	480.50	496.90	3.41

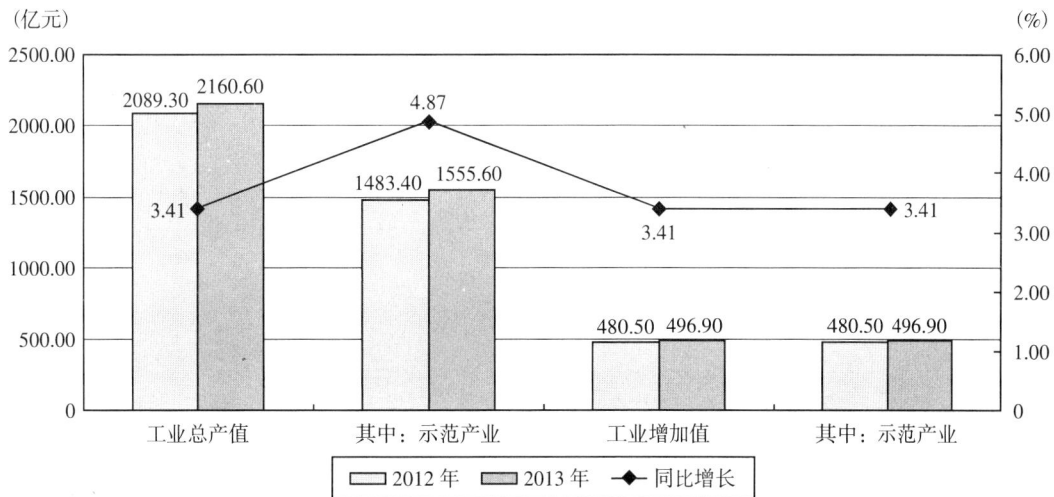

图4　2012年、2013年南通海工装备与船舶产业园区工业总产值及增加值

表8　2013年南通海工装备与船舶产业园区工业总产值占比情况

	2013年	基地占比（%）	其他占比（%）
全行业（亿元）	80 761	2.7	97.3
本地区（亿元）	26 461	8.2	91.8

（二）宜兴环保装备产业示范基地

宜兴环保装备产业起步早、产业集聚程度高。经过近四十年的发展，宜兴环保装备产业已形成了以环保工程承包为龙头，以环保设备制造为重点，以原辅材料及零部件配套为支撑的完整的产业链条。环保产品涉及水、声、气、固、仪及配套产品六大类、200多个系列、2000多个品种，其中以给水、排水、循环水、污水处理等为主的多系列、多品种水处理设备和技术，已达国内领先水平。

宜兴环保装备产业规模、水平、集聚程度和配套体系均居国内同行前列。宜兴水处理设备分别占国内、省内市场份额的1/6左右和1/2以上，被誉为"中国环保之乡"。水处理设备的自我配套率高达98%，市场占有率达40%。整个环保装备制造基地集研发设计、装备制造、物流仓储、销售与服务等多种功能为一体，先后被江苏省列为重点培育的产业集群、首批特色产业基地、首批"信息化和工业化融合"试验区、首批新型工业化产业示范基地等。

建设宜兴环保装备产业示范基地，对于推进环保装备高端化、高质化和高新化发展，发挥"中国（宜兴）环保装备基地"的品牌效应、示范效应，在全国范围内加速促进循环经济发展，加快建设资源节约型社会具有较强示范带动作用。

通过示范基地创建工作，进一步做大产业规模，做强产业实力，做优产业结构，力争到2020年，全市环保产业总收入达到2000亿元，成为具有较强国际影响力的环保产业高地。

2012年，基地实现工业总产值486.3亿元，其中示范产业413.2亿元；实现工业增加值147.2亿元，其中示范产业86.1亿元；2013年，基地实现工业总产值528.2亿元，同比增长8.62%，其中示范产业451.7亿元，同比增长9.32%，实现工业增加值165.6亿元，同比增长12.50%，其中示范产业101.3亿元，同比增长17.65%；2013年工业总产值占全行业比重为0.7%，占地区比重为2.0%。2012年、2013年江苏宜兴环保装备产业示范基地工业总产值及增加值见表9、图5。2013年江苏宜兴环保装备产业示范基地工业总产值占比情况见表10。

表9 2012年、2013年江苏宜兴环保装备产业示范基地工业总产值及增加值

	2012年	2013年	同比增长（%）
工业总产值（亿元）	486.3	528.2	8.62
其中：示范产业（亿元）	413.2	451.7	9.32
工业增加值（亿元）	147.2	165.6	12.50
其中：示范产业（亿元）	86.1	101.3	17.65

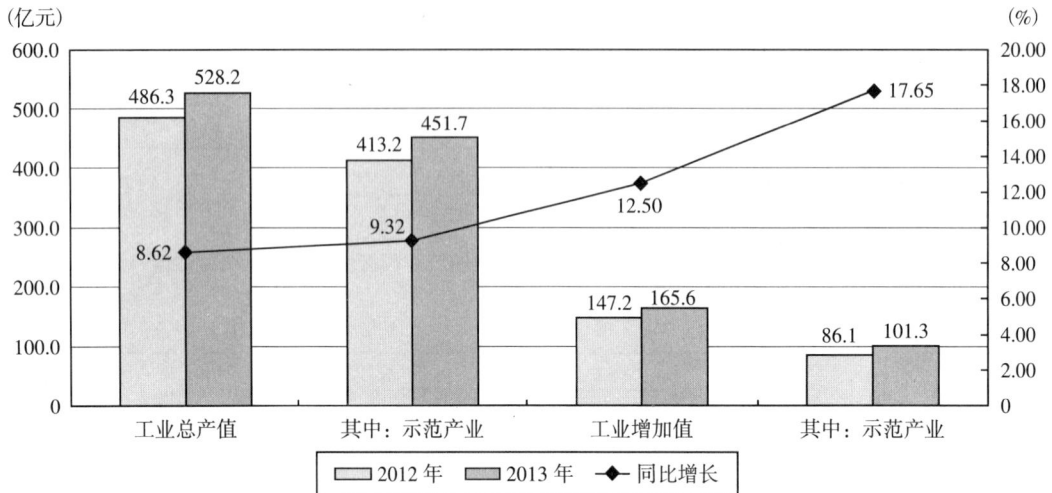

图5 2012年、2013年江苏宜兴环保装备产业示范基地工业总产值及增加值

表10 2013年江苏宜兴环保装备产业示范基地工业总产值占比情况

	2013年	基地占比（%）	其他占比（%）
全行业（亿元）	80 728	0.7	99.3
本地区（亿元）	26 428	2.0	98.0

（三）江苏江阴临港经济开发区

江苏江阴临港经济开发区是2006年8月经江苏省政府批复、9月通过国家发改委审核公告的省级开发区。开发区位于连续九年荣获全国县域经济基本竞争力百强县（市）第一名的江苏省江阴市西部，北枕长江，东与江阴中心城区相接，南面和西面毗邻江苏省常州市，行政管辖面积188平方千米，人口约30万人。

近几年，开发区依托港口优势，大力发展高端机械装备制造业，装备制造业已占制造业总量的一半以上，形成了鲜明的装备制造产业特色。作为江阴市产业特色鲜明、发展速度最快、比较优势突出、发展潜力最大的重要板块，临港经济开发区正在成为江阴全市转型发展的示范区、创新创优的示范区、幸福建设的示范区和管理高效的示范区。2011年，临港经济开发区实现业务总收入2846亿元，比上年增长41.1%，财政总收入69.9亿元，比2010年增长29.6%。全港货物吞吐量1.29亿吨，集装箱运量111.6万标箱，总吞吐量在全国内河港口中排名第四。

2012年，基地实现工业总产值862.639亿元，其中示范产业438.439亿元；实现工业增加值237.200亿元，其中示范产业162.216亿元；2013年，基地实现工业总产值896.240亿元，同比增长3.90%，其中示范产业468.730亿元，同比增长6.91%，实现工业增加值251.010亿元，同比增长5.82%，其中示范产业171.540亿元，同比增长5.75%；2013年工业总产值占全行业比重为1.1%，占地区比重为3.4%。2012年、2013年江苏江阴临港经济开发区工业总产值及增加值见表11、图6。2013年江苏江阴临港经济开发区工业总产值占比情况见表12。

表11　2012年、2013年江苏江阴临港经济开发区工业总产值及增加值

	2012年	2013年	同比增长（%）
工业总产值（亿元）	862.639	896.240	3.90
其中：示范产业（亿元）	438.439	468.730	6.91
工业增加值（亿元）	237.200	251.010	5.82
其中：示范产业（亿元）	162.216	171.540	5.75

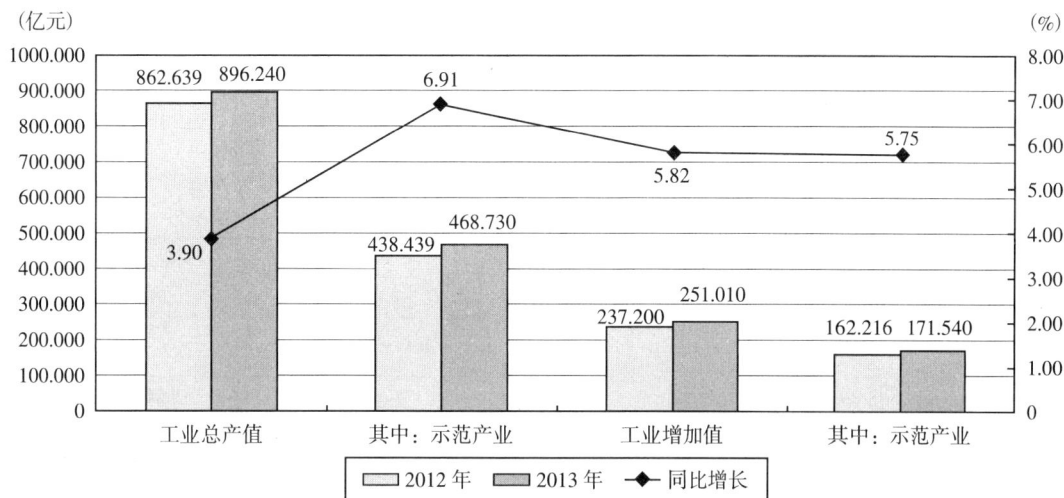

图6　2012年、2013年江苏江阴临港经济开发区工业总产值及增加值

表12　2013年江苏江阴临港经济开发区工业总产值占比情况

	2013年	基地占比（%）	其他占比（%）
全行业（亿元）	80 696	1.1	98.9
本地区（亿元）	26 396	3.4	96.6

（四）南京江宁经济开发区

南京江宁开发区作为长三角地区对外开放的示范区、利用外资的集聚区和高新技术产业的密集区，积极抢抓电子信息产业发展机遇，把发展电子信息产业作为新形势下园区加快转变发展方式、推动产业结构优化升级的重要举措，将电子信息产业明确定位为开发区优先扶持和重点发展的主导产业。2009年，江宁开发区电子信息产业实现销售收入700亿元、增加值170亿元、利税130亿元，分别占开发区经济总量的62.3%、59.5%和71%。经过多年发展，初步形成了通信设备制造、平板显示、智能电网和软件产业四大产业集群。

江宁开发区通信设备制造产业形成了从手机基站到通信设备终端产品的较为完整的链条，拥有尖端技术和良好市场，已成为全世界最重要、产能最大、效率最高的手机制造中心之一。平板显示产业独拥全球小尺寸面板产能第二的统宝光电。智能电网产业集聚了国网电科院、南瑞继保、国电南自、西门子电力自动化等60多家智能电网相关企业，产品产能、市场占有、技术水平保持全国同行业领先位置。江宁开发区电子信息产业集聚度高，自主创新能力强，税收贡献大，具备产业示范带动作用。

创建电子信息产业示范基地，对于南京江宁经济开发区进一步优化产业结构、转变经济增长方式、提升自主创新能力、建设创新型、节约型开发区以及构建和谐社会，都具有十分重要的意义。

通过示范基地创建工作，力争到2012年电子信息产业规模达到1200亿元，增加值300亿元，年均增长速度超过20%，无线基站140万信道，手机15000万部，LED液晶面板3亿片。新引进知名通信企业研发中心10家，科技创业中心引进通信研发企业30家，申报国家级科研成果20项，建成通信博士后流动站2家。

2012年，基地实现工业总产值2133.50亿元，

其中示范产业 800.40 亿元；实现工业增加值 574.00 亿元，其中示范产业 433.00 亿元；2013 年，基地实现工业总产值 2551.60 亿元，同比增长 19.60%，其中示范产业 802.00 亿元，同比增长 0.25%，实现工业增加值 684.00 亿元，同比增长 19.16%，其中

示范产业 511.00 亿元，同比增长 18.01%；2013 年工业总产值占全行业比重为 3.9%，占地区比重为 9.6%。2012 年、2013 年南京江宁经济开发区工业总产值及增加值见表 13、图 7。2013 年南京江宁经济开发区工业总产值占比情况见表 14。

表 13　2012 年、2013 年南京江宁经济开发区工业总产值及增加值

	2012 年	2013 年	同比增长（%）
工业总产值（亿元）	2 133.50	2 551.60	19.60
其中：示范产业（亿元）	800.40	802.00	0.25
工业增加值（亿元）	574.00	684.00	19.16
其中：示范产业（亿元）	433.00	511.00	18.01

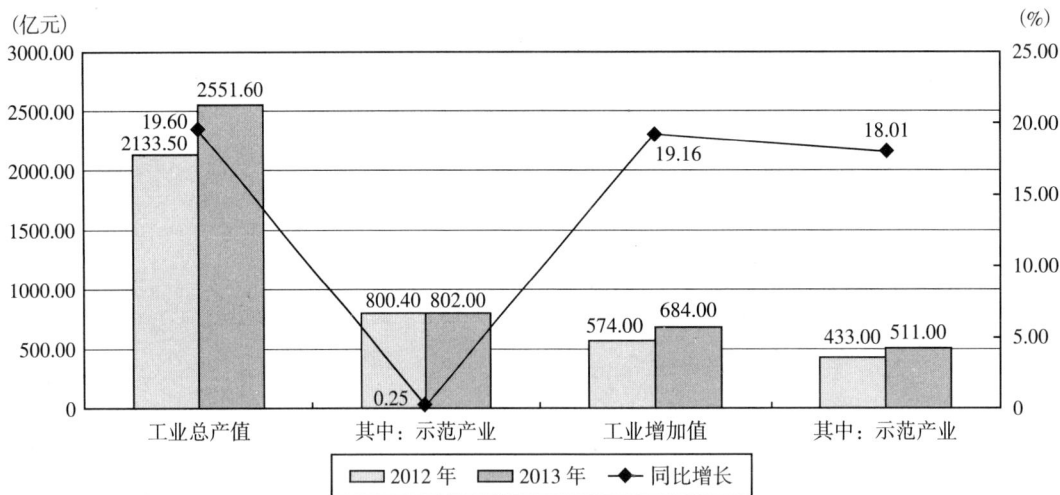

图 7　2012 年、2013 年南京江宁经济开发区工业总产值及增加值

表 14　2013 年南京江宁经济开发区工业总产值占比情况

	2013 年	基地占比（%）	其他占比（%）
全行业（亿元）	65 552	3.9	96.1
本地区（亿元）	26 452	9.6	90.4

（五）南京江宁区智能电网装备产业示范基地

南京江宁区装备制造（智能电网装备）产业示范基地拥有国家级经济技术开发区一家，省级以上开发区两家。示范基地先后引进了国网电科院、南瑞继保、国电南自、西门子电力自动化等 249 家关联企业，其中，高新技术企业近 40 家，规模以上企业 126 家，销售亿元以上企业 62 家。

2011 年，示范基地实现智能电网产业工业总产值 594 亿元，增长近 20%。目前，示范基地内智能电网企业涵盖电力系统的发电、输电、变电、配

电、用电和调度六大环节，集聚了国电南自、金智科技、科远股份等一批上市公司，在证券市场上初步形成了江宁板块的智能电网上市企业。一批智能电网产业重大项目正在落实，除国网电科院项目外，示范基地列入 2011 年市工业产业转型升级的重点项目有 10 个，总投资 114.2 亿元。

经过多年的培育和建设，智能电网产业已成为汇集人才资源的重要平台。到目前为止，江宁区智能电网企业拥有中高级职称人员近千人，智能电网领域内院士 4 人。同时，智能电网产业也已成为技术创新的集聚地。截至目前，区内智能电网企业拥

有授权发明专利 480 件，培育了中国名牌 3 项、中国驰名商标 3 项，江苏省名牌或著名商标 9 项，获得省部级重大科技成果转化项目 200 多项。示范基地内智能电网产业还聚集了一大批专业技术人员，其中本科以上科技人员占企业总人数 70% 以上。

江宁区装备制造产业示范基地的创建将有效推动江宁区在高技术前沿领域实现突破，进一步优化智能电网产业创新环境，形成产业优势，增强生产能力和高水平研究与开发能力，完善智能电网产业链，开创智能电网产业发展的新局面。示范基地的建立将促使国内外智能电网产业向基地内汇聚，进一步促进区域上下游相关产业的快速发展，推动"智能电网科研产业基地"建设，带动江宁经济快

速发展，同时将智能电网品牌效应辐射到南京周边地区，推动江苏省经济强劲发展。

2012 年，基地实现工业总产值 1305 亿元，其中示范产业 718 亿元；实现工业增加值 441 亿元，其中示范产业 302 亿元；2013 年，基地实现工业总产值 1502 亿元，同比增长 15.10%，其中示范产业 930 亿元，同比增长 29.53%，实现工业增加值 515 亿元，同比增长 16.78%，其中示范产业 352 亿元，同比增长 16.56%；2013 年工业总产值占全行业比重为 1.9%，占地区比重为 5.7%。2012 年、2013 年南京江宁区智能电网装备产业示范基地工业总产值及增加值见表 15、图 8。2013 年南京江宁区智能电网装备产业示范基地工业总产值占比情况见表 16。

表 15 2012 年、2013 年南京江宁区智能电网装备产业示范基地工业总产值及增加值

	2012 年	2013 年	同比增长（%）
工业总产值（亿元）	1 305	1 502	15.10
其中：示范产业（亿元）	718	930	29.53
工业增加值（亿元）	441	515	16.78
其中：示范产业（亿元）	302	352	16.56

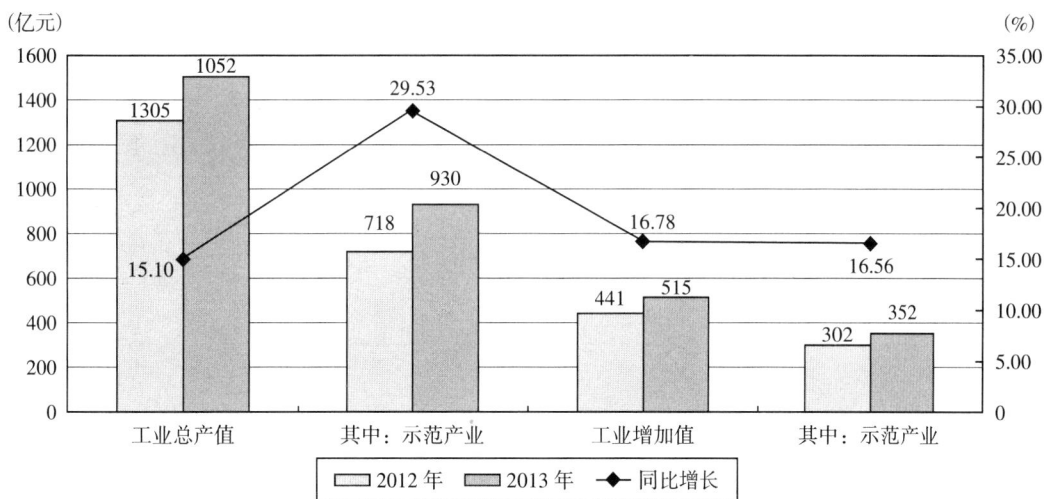

图 8 2012 年、2013 年南京江宁区智能电网装备产业示范基地工业总产值及增加值

表 16 2013 年南京江宁区智能电网装备产业示范基地工业总产值占比情况

	2013 年	基地占比（%）	其他占比（%）
全行业（亿元）	80 702	1.9	98.1
本地区（亿元）	26 402	5.7	94.3

三、浙江

（一）杭州萧山经济技术开发区

近年来，杭州装备制造业发展取得了显著的成效，市场竞争力不断增强，并在电气机械及器材制造业、交通运输设备制造业、通用设备制造业、金属制品业等产业领域培育形成一批龙头骨干企业和品牌。

电气机械及器材制造业是杭州装备制造业的第一大产业，主要集中在电线、电缆、光缆及电工器材制造和家用电力器具制造等领域，产值约占杭州装备制造业总量的1/3。已初步形成以汽车整车及零部件产业为主的交通运输设备业规模优势和集聚优势，发展势头强劲，在全国处于领先地位。杭州通用设备制造业的企业技术水平较强，产品特色明显，细分市场的占有率较高，在同行业中均处于前列。杭州金属制品业经过多年的快速发展，目前已经形成了比较完善的产业体系，具备进一步发展的基础，在技术水平、综合实力等方面均处于国内领先地位。

杭州市装备制造业已经在电气机械及器材制造业、交通运输设备制造业、通用设备、金属制品业等领域完成了产业初次集聚，形成市场覆盖全国的

产业格局，并为装备制造业今后的发展奠定了坚实的基础。杭州市将以江东区域为重点，通过杭州江东装备制造业产业园区的建设，促进装备制造业的产业集聚和优化升级，着力将江东区域打造成为国内一流的装备制造业产业基地和发展高地。

通过示范基地创建工作，力争到2012年，装备制造业规模稳步增长，基本实现较为合理的空间布局，由大到强的产业变革初见成效，自主创新机制初步建成，公共服务体系建设实现突破，使装备制造业成为杭州的战略支撑产业，把杭州打造成为长三角重要的装备制造业基地之一。

2012年，基地实现工业总产值641.00亿元，其中示范产业210.50亿元；实现工业增加值152.35亿元，其中示范产业109.98亿元；2013年，基地实现工业总产值700.00亿元，同比增长9.20%，其中示范产业217.70亿元，同比增长3.42%，实现工业增加值195.26亿元，同比增长28.17%，其中示范产业136.50亿元，同比增长24.11%；2013年工业总产值占全行业比重为0.9%，占地区比重为5.8%。2012年、2013年杭州萧山经济技术开发区工业总产值及增加值见表17、图9。2013年杭州萧山经济技术开发区工业总产值占比情况见表18。

表17 2012年、2013年杭州萧山经济技术开发区工业总产值及增加值

	2012年	2013年	同比增长（%）
工业总产值（亿元）	641.00	700.00	9.20
其中：示范产业（亿元）	210.50	217.70	3.42
工业增加值（亿元）	152.35	195.26	28.17
其中：示范产业（亿元）	109.98	136.50	24.11

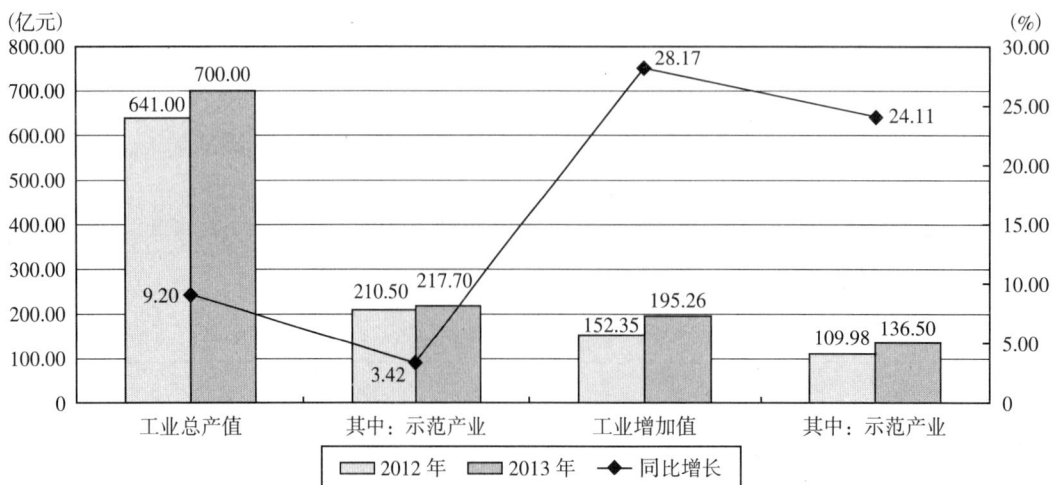

图9 2012年、2013年杭州萧山经济技术开发区工业总产值及增加值

表 18　2013 年杭州萧山经济技术开发区工业总产值占比情况

	2013 年	基地占比（%）	其他占比（%）
全行业（亿元）	80 700	0.9	99.1
本地区（亿元）	12 100	5.8	94.2

（二）浙江乐清电器电工装备产业示范基地

工业电气产业是乐清市的主导产业，产值占全市工业产值的 50% 以上，成长起正泰、德力西、天正、人民等一大批电气行业龙头企业集团。2009 年乐清电气产业共实现产值 540 多亿元，从业人员达 16 万多人，是全国最大的县级电气产业基地，荣获了"国家火炬计划智能电器产业基地"、"中国电器之都"、"中国断路器产业基地"、"中国防爆电器生产基地"等称号。

目前，乐清电气产业正在从简单低压领域加快向成套设备、智能电气等领域升级，产品结构以中低压为主，向高压、特高压、智能电器和新能源领域拓展的趋势十分明显。创建装备制造产业示范基地，对促进乐清装备制造业转型升级和高端发展具有重大推动作用，对引导全国装备制造产业健康快速发展有积极示范作用。

通过产业示范基地创建工作，力争到 2012 年，主导产业总产值达到 1000 亿元，出口达 20 亿美元；培育 1~3 家超 100 亿元集团，4~8 家超 50 亿元企业。到 2012 年，规模以上电气企业研发投入达到生产总值 3% 以上；国家级技术中心或研发中心达到 3~4 家。

2012 年，基地实现工业总产值 1434.20 亿元，其中示范产业 831.40 亿元；实现工业增加值 599.08 亿元，其中示范产业 319.74 亿元；2013 年，基地实现工业总产值 1533.64 亿元，同比增长 6.93%，其中示范产业 900.00 亿元，同比增长 8.25%，实现工业增加值 657.92 亿元，同比增长 9.82%，其中示范产业 388.35 亿元，同比增长 21.46%；2013 年工业总产值占全行业比重为 1.9%，占地区比重为 12.7%。2012 年、2013 年浙江乐清电器电工装备产业示范基地工业总产值及增加值见表 19、图 10。2013 年浙江乐清电器电工装备产业示范基地工业总产值占比情况见表 20。

表 19　2012 年、2013 年浙江乐清电器电工装备产业示范基地工业总产值及增加值

	2012 年	2013 年	同比增长（%）
工业总产值（亿元）	1 434.20	1 533.64	6.93
其中：示范产业（亿元）	831.40	900.00	8.25
工业增加值（亿元）	599.08	657.92	9.82
其中：示范产业（亿元）	319.74	388.35	21.46

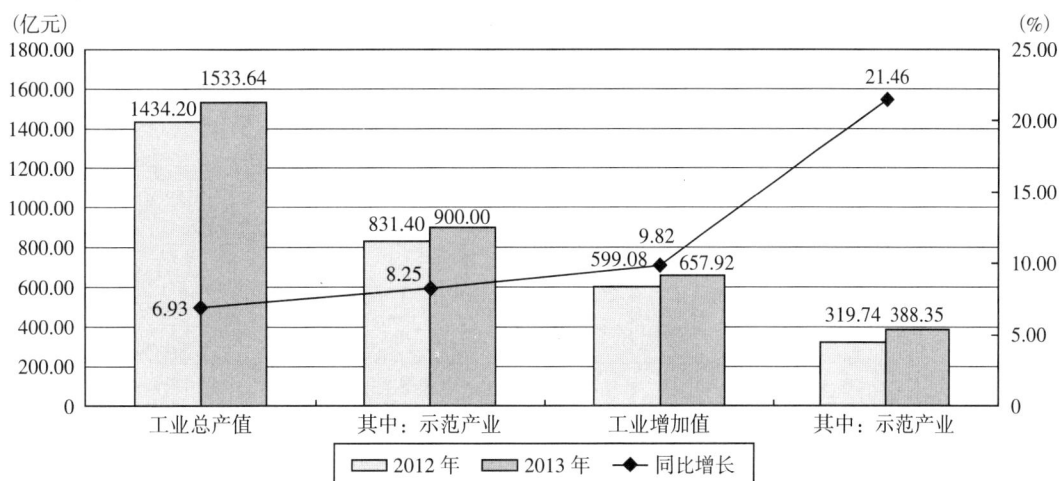

图 10　2012 年、2013 年浙江乐清电器电工装备产业示范基地工业总产值及增加值

表 20　2013 年浙江乐清电器电工装备产业示范基地工业总产值占比情况

	2013 年	基地占比（%）	其他占比（%）
全行业（亿元）	80 734	1.9	98.1
本地区（亿元）	12 034	12.7	87.3

（三）舟山船舶产业集聚区

舟山船舶产业集聚区由舟山本岛北部、定海南部、普陀小干区块、六横岛区块和岱山区块等五大区块组成，规划面积 4100 公顷，已出让的批准面积 3141 公顷，企业已投产的建成面积 1963 公顷。主体园区内有三个相对集中的省级工业园区，分别是舟山经济开发区新港工业园区、定海工业园区和岱山经济开发区。整个船舶产业集聚区总体规划发展为以船舶修造、海洋工程装备制造和船配制造为主，同时发展与船舶工业相配套的制造业和服务业。

舟山船舶产业集聚区内共有规模以上船舶及配套工业企业 115 家，从业人员 5 万余人。舟山船舶产业集聚区具备建造、修理和改装 30 万吨级以下的各类船舶和部分海洋工程装备的能力，已经形成了集船舶设计、建造、修理、拆解、配套、服务于一体的产业体系。2010 年，集聚区船舶修造企业造船完工量 708 万载重吨，新承接订单 995 万载重吨，手持订单 2361 万载重吨，三大指标分别占全国的 10.8%、13.2% 和 12%；修理和改装各类船舶 2922 艘，占全国份额的 18%。

2012 年，基地实现工业总产值 617.962 亿元，其中示范产业 617.962 亿元；实现工业增加值 156.600 亿元，其中示范产业 141.112 亿元；2013 年，基地实现工业总产值 832.000 亿元，同比增长 34.64%，其中示范产业 749.000 亿元，同比增长 21.20%，实现工业增加值 169.900 亿元，同比增长 8.49%，其中示范产业 155.100 亿元，同比增长 9.91%；2013 年工业总产值占全行业比重为 1.0%，占地区比重为 6.9%。2012 年、2013 年舟山船舶产业集聚区工业总产值及增加值见表 21、图 11。2013 年舟山船舶产业集聚区工业总产值占比情况见表 22。

表 21　2012 年、2013 年舟山船舶产业集聚区工业总产值及增加值

	2012 年	2013 年	同比增长（%）
工业总产值（亿元）	617.962	832.000	34.64
其中：示范产业（亿元）	617.962	749.000	21.20
工业增加值（亿元）	156.600	169.900	8.49
其中：示范产业（亿元）	141.112	155.100	9.91

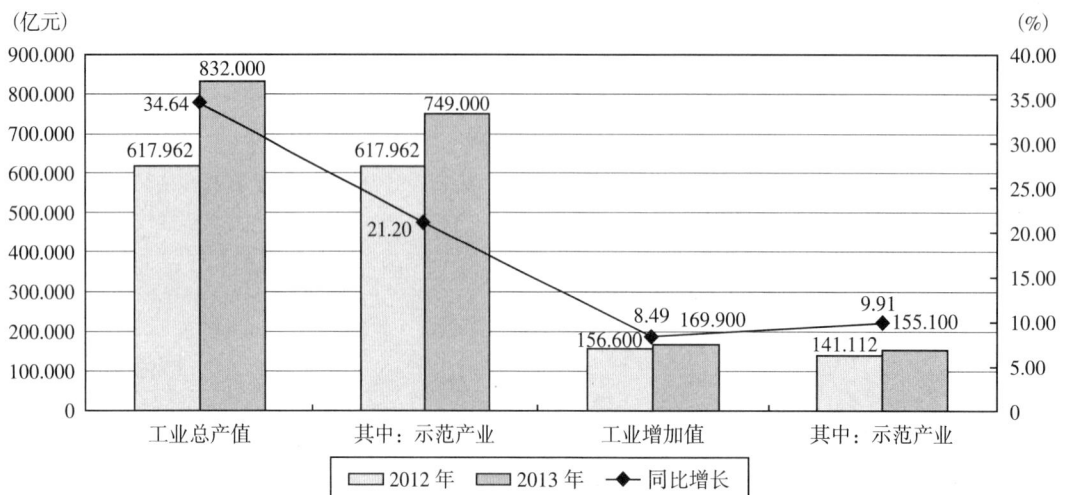

图 11　2012 年、2013 年舟山船舶产业集聚区工业总产值及增加值

表22　2013年舟山船舶产业集聚区工业总产值占比情况

	2013年	基地占比（%）	其他占比（%）
全行业（亿元）	80 732	1.0	99
本地区（亿元）	12 032	6.9	93.1

（四）浙江新昌轴承与高端装备产业园区

经过多年的发展，轴承与高端装备产业已成为新昌县域经济的支柱产业、优势产业和民生产业。新昌现已形成以新昌省级高新技术产业园区和浙江新昌工业园为依托，具有一定规模和水平的轴承与高端装备产业体系，并涌现出了一批具有竞争力的优势龙头企业和优势产品。新昌已成为"浙江省机电产品出口基地"和"中国轴承之乡"，"新昌轴承"已成为"浙江区域名牌"。

截至2010年底，新昌共有轴承与高端装备企业1000多家，从业人员4.1万人，实现销售收入252亿元，上缴税金17亿元。目前，全县轴承与高端装备产业中已有中国名牌产品2件、中国出口名牌2件、浙江名牌产品13件、浙江出口名牌2件、绍兴名牌产品16件，累计有21家企业的产品获得三级名牌称号；中国驰名商标3件、浙江省著名商标13件、绍兴市著名商标13件；国内首台（套）产品1只、省内首台（套）产品11只；发明专利1000余项；国家级企业技术中心2家、22家企业建立了省级企业技术（研发）中心；参与制订国家、行业标准19项；国家重点扶持的高新技术企业19家，国家级企业博士后科研工作站3个，万丰奥特和三花股份先后获全国质量大奖。

2012年，基地实现工业总产值559.33亿元，其中示范产业337.26亿元；实现工业增加值181.31亿元，其中示范产业113.75亿元；2013年，基地实现工业总产值617.24亿元，同比增长10.35%，其中示范产业402.81亿元，同比增长19.44%，实现工业增加值200.17亿元，同比增长10.40%，其中示范产业126.83亿元，同比增长11.50%；2013年工业总产值占全行业比重为0.8%，占地区比重为5.1%。2012年、2013年浙江新昌轴承与高端装备产业园区工业总产值及增加值见表23、图12。2013年浙江新昌轴承与高端装备产业园区工业总产值占比情况见表24。

表23　2012年、2013年浙江新昌轴承与高端装备产业园区工业总产值及增加值

	2012年	2013年	同比增长（%）
工业总产值（亿元）	559.33	617.24	10.35
其中：示范产业（亿元）	337.26	402.81	19.44
工业增加值（亿元）	181.31	200.17	10.40
其中：示范产业（亿元）	113.75	126.83	11.50

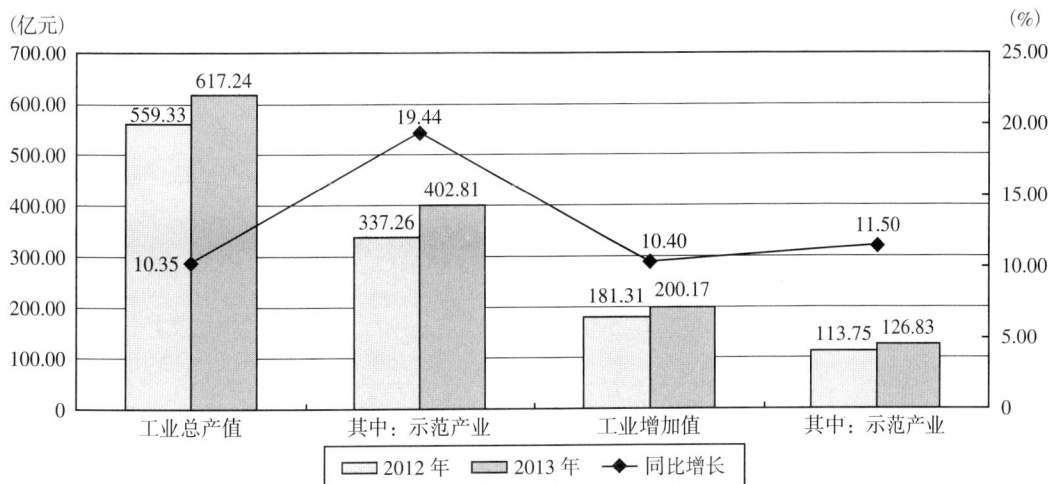

图12　2012年、2013年浙江新昌轴承与高端装备产业园区工业总产值及增加值

表 24　2013 年浙江新昌轴承与高端装备产业园区工业总产值占比情况

	2013 年	基地占比（%）	其他占比（%）
全行业（亿元）	80 717	0.8	99.2
本地区（亿元）	12 117	5.1	94.9

（五）宁波鄞州工业园区

鄞州滨海创业中心位于宁波市鄞州区东部的象山港畔，是宁波市临港先进制造业基地。鄞州投创中心位于宁波东部新城、鄞州新城区和东钱湖旅游度假区交汇中心，规划建设成为新兴产业和高新产业示范基地。

鄞州工业园区位于鄞州新城区南面，规划建成以机械电气、通信、电子、新材料等产业为主体的产业园区。望春工业园区位于鄞州新城区西面，是国家新材料高新技术产业基地宁波分中心、省级生态化建设与改造示范园区、省创新型工业园区，规划建设成为"四高"、"四一流"的科技型生态环保园区。

主体园区分别建成了新型金属材料、汽车电子及零部件两大国家级火炬计划特色产业基地，新型计量仪表成为省级高新技术特色产业基地，高档纺织服装、汽车零部件制造、家用电器、工业设计、新能源等产业挂牌为市级新兴产业和特色示范产业基地。

2012 年，基地实现工业总产值 919 亿元，其中示范产业 695 亿元；实现工业增加值 312 亿元，其中示范产业 187 亿元；2013 年，基地实现工业总产值 980 亿元，同比增长 6.64%，其中示范产业 743 亿元，同比增长 6.91%，实现工业增加值 342 亿元，同比增长 9.62%，其中示范产业 203 亿元，同比增长 8.56%；2013 年工业总产值占全行业比重为 7.2%，占地区比重为 8.1%。2012 年、2013 年宁波鄞州工业园区工业总产值及增加值见表 25、图 13。2013 年宁波鄞州工业园区工业总产值占比情况见表 26。

表 25　2012 年、2013 年宁波鄞州工业园区工业总产值及增加值

	2012 年	2013 年	同比增长（%）
工业总产值（亿元）	919	980	6.64
其中：示范产业（亿元）	695	743	6.91
工业增加值（亿元）	312	342	9.62
其中：示范产业（亿元）	187	203	8.56

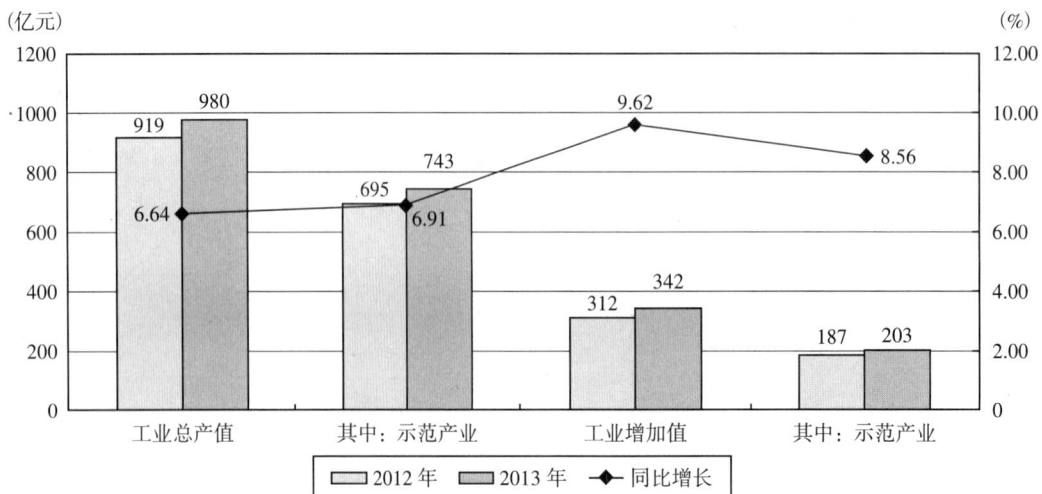

图 13　2012 年、2013 年宁波鄞州工业园区工业总产值及增加值

表 26 2013 年宁波鄞州工业园区工业总产值占比情况

	2013 年	基地占比（%）	其他占比（%）
全行业（亿元）	13 580	7.2	92.8
本地区（亿元）	12 080	8.1	91.9

（六）浙江衢州高新技术产业开发区

随着一批具有国际先进水平的项目建成投产（如四氟乙烷、六氟乙烷、全氟乙丙烯等），浙江衢州高新技术产业开发区新材料（氟硅）产业示范基地逐步构建了以氟硅新材料为核心，特色工程材料、新能源材料、石化材料、公共工程等为基础的循环共生产业网。

目前，园区已形成"一主三特色"的循环经济主导产业链网，"一主"即"氢氟酸→新型氟制冷剂→含氟单体→含氟聚合物"主导产业链；"三特色"即由主导产业链衍生形成"盐→电解→甲烷氯化物→氯乙烯→偏氯乙烯→聚偏氯乙烯"、"苯→加氢→环己烷→环己酮→己内酰胺"和"硅→甲基二氯硅烷→硅橡胶"三条极具特色的高端循环经济产业链。各主要产业链间相互交织、互有"共生"，其纵向自体产品衍生成链状伸长，横向产品链间又相互交织和衔接，共同构成园区循环经济产业的核心部分，使氯、碳、硫、氢等元素在其中得到充分的循环利用。

2012 年，基地实现工业总产值 446.0 亿元，其中示范产业 268.0 亿元；实现工业增加值 165.2 亿元，其中示范产业 145.0 亿元；2013 年，基地实现工业总产值 472.0 亿元，同比增长 5.83%，其中示范产业 297.0 亿元，同比增长 10.82%，实现工业增加值 180.2 亿元，同比增长 9.08%，其中示范产业 156.0 亿元，同比增长 6.90%；2013 年工业总产值占全行业比重为 1.1%，占地区比重为 3.9%。2012 年、2013 年浙江衢州高新技术产业开发区工业总产值及增加值见表 27、图 14。2013 年浙江衢州高新技术产业开发区工业总产值占比情况见表 28。

表 27 2012 年、2013 年浙江衢州高新技术产业开发区工业总产值及增加值

	2012 年	2013 年	同比增长（%）
工业总产值（亿元）	446.0	472.0	5.83
其中：示范产业（亿元）	268.0	297.0	10.82
工业增加值（亿元）	165.2	180.2	9.08
其中：示范产业（亿元）	145.0	156.0	6.90

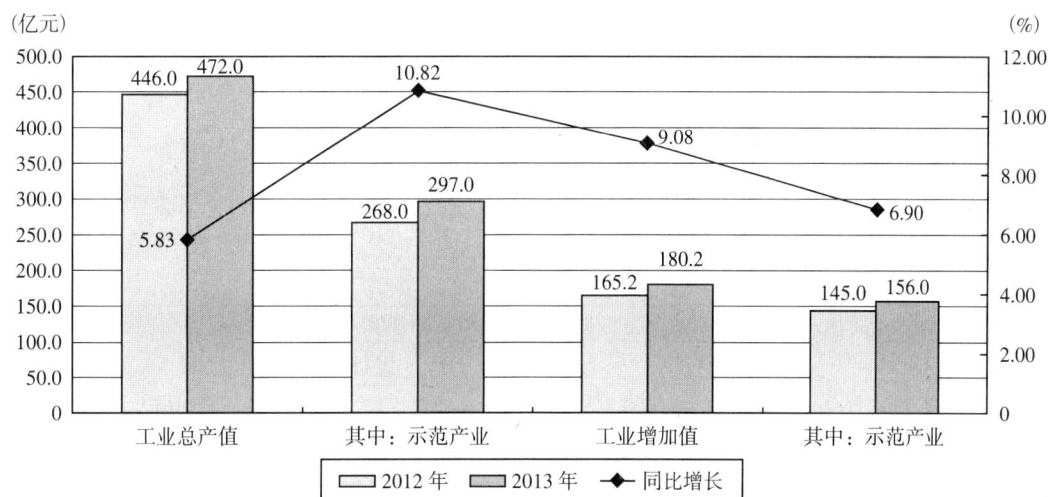

图 14 2012 年、2013 年浙江衢州高新技术产业开发区工业总产值及增加值

表 28　2013 年浙江衢州高新技术产业开发区工业总产值占比情况

	2013 年	基地占比（%）	其他占比（%）
全行业（亿元）	43 272	1.1	98.9
本地区（亿元）	12 072	3.9	96.1

四、安徽

（一）安徽芜湖高新技术产业开发区

芜湖高新技术产业开发区位于安徽省芜湖市中南部，规划总面积 178 平方千米，自 2001 年开始建设，于 2006 年由省政府批准并经国家发改委核准为省级高新区，建成区面积 6.5 平方千米。2010 年 9 月 26 日国务院批准升格为国家级高新技术产业开发区。

高新区以军民结合产业为特色的装备制造业，近年来发展迅速。高新技术产业开发区充分利用国防科技技术和潜力，探索军民结合体制机制创新，形成电子信息、航空设备制造及维修、船舶制造、大型装备基础件等产业链条较长的军民结合产业集群。

2012 年，基地实现工业总产值 429 亿元，其中示范产业 311 亿元；实现工业增加值 154 亿元，其中示范产业 146 亿元；2013 年，基地实现工业总产值 493 亿元，同比增长 14.92%，其中示范产业 357 亿元，同比增长 14.79%，实现工业增加值 191 亿元，同比增长 24.03%，其中示范产业 182 亿元，同比增长 24.66%；2013 年工业总产值占全行业比重为 3.6%，占地区比重为 5.0%。2012 年、2013 年安徽芜湖高新技术产业开发区工业总产值及增加值见表 29、图 15。2013 年安徽芜湖高新技术产业开发区工业总产值占比情况见表 30。

表 29　2012 年、2013 年安徽芜湖高新技术产业开发区工业总产值及增加值

	2012 年	2013 年	同比增长（%）
工业总产值（亿元）	429	493	14.92
其中：示范产业（亿元）	311	357	14.79
工业增加值（亿元）	154	191	24.03
其中：示范产业（亿元）	146	182	24.66

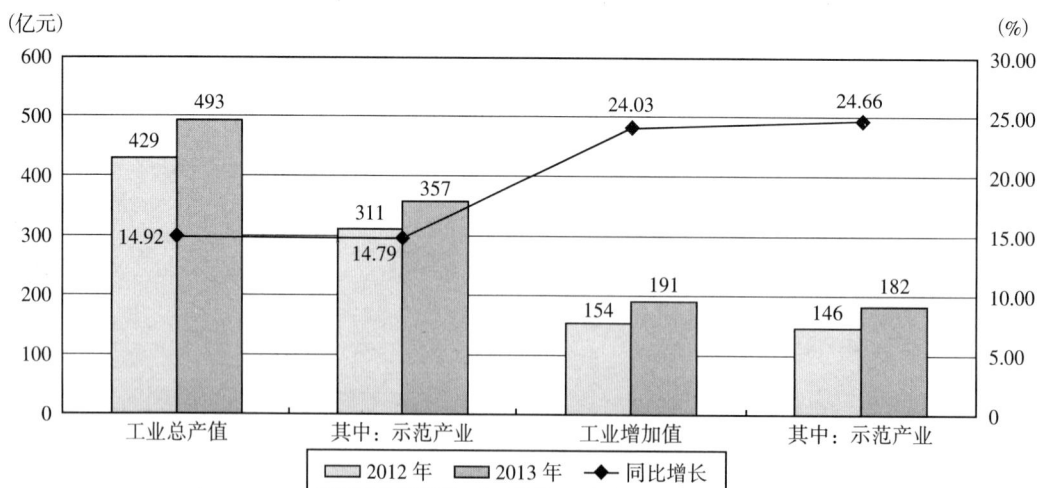

图 15　2012 年、2013 年安徽芜湖高新技术产业开发区工业总产值及增加值

表 30　2013 年安徽芜湖高新技术产业开发区工业总产值占比情况

	2013 年	基地占比（%）	其他占比（%）
全行业（亿元）	13 593	3.6	96.4
本地区（亿元）	9 793	5.0	95.0

（二）合肥高新技术产业开发区

合肥高新区是首批国家级高新技术产业开发区，区域面积 128 平方千米，是合肥市"141 城市空间发展战略"西部组团的核心区域，是首批"中国亚太经济合作组织科技工业园区"、全国首批光伏发电集中应用示范区。两度荣获全国"先进国家高新技术产业开发区"、"全国精神文明建设先进单位"和"全国模范劳动关系和谐工业园区"荣誉称号，在国家高新区综合评价中位居第 12 位。

作为安徽省最大的高新技术产业化基地，合肥高新区已形成电子信息、光机电一体化、新能源、公共安全、文化创意、生物医药、新材料等高新技术产业集群。高新区现有入区企业 3000 多家，外商投资企业 400 多家，世界 500 强投资企业 10 余家，境内外上市公司投资企业 50 余家，其中园区孵化培育上市公司 13 家。

2012 年，基地实现工业总产值 1087.0 亿元，其中示范产业 410.0 亿元；实现工业增加值 238.7 亿元，其中示范产业 119.0 亿元；2013 年，基地实现工业总产值 1233.0 亿元，同比增长 13.43%，其中示范产业 520.0 亿元，同比增长 26.83%，实现工业增加值 397.8 亿元，同比增长 66.65%，其中示范产业 272.8 亿元，同比增长 14.29%；2013 年工业总产值占全行业比重为 9.1%，占地区比重为 12.5%。2012 年、2013 年合肥高新技术产业开发区工业总产值及增加值见表 31、图 16。2013 年合肥高新技术产业开发区工业总产值占比情况见表 32。

表 31　2012 年、2013 年合肥高新技术产业开发区工业总产值及增加值

	2012 年	2013 年	同比增长（%）
工业总产值（亿元）	1 087.0	1 233.0	13.43
其中：示范产业（亿元）	410.0	520.0	26.83
工业增加值（亿元）	238.7	397.8	66.65
其中：示范产业（亿元）	119.0	272.8	14.29

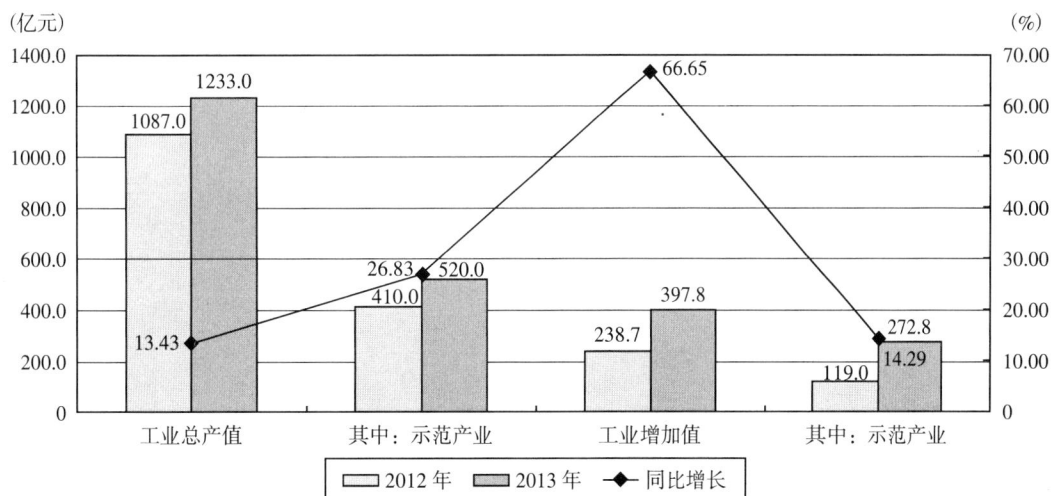

图 16　2012 年、2013 年合肥高新技术产业开发区工业总产值及增加值

表 32　2013 年合肥高新技术产业开发区工业总产值占比情况

	2013 年	基地占比（%）	其他占比（%）
全行业（亿元）	13 533	9.1	90.0
本地区（亿元）	9 833	12.5	87.5

五、江西

江西新余高新技术产业园区

江西新余高新技术产业园区前身为成立于 2001 年 11 月的新余市高新技术经济开发区。多年来，新余高新区在省委省政府"以工业化为主线，以大开放为主战略"的正确发展思路指引下，全区经济实现健康快速发展，主要经济指标年均增幅 80%以上，连续 5 年荣获省级工业园区六大指标综合评比先进单位。

截至 2009 年，全区已投产工业企业 152 家，特别是赛维 LDK 等一批产能规模大、创新能力强的高新技术企业落户后，以新能源光伏产业为主导的高新技术产业迅猛发展，新余高新区快速崛起为国内外知名的新能源光伏产业基地，先后被授予"全国先进科技产业园"、"国家科技兴贸创新基地"、"江西省光伏产业特色工业园"、"国家硅材料及产业应用化基地"、"国家螺杆膨胀动力机高新技术产业化基地"等称号。

通过调整产业结构，江西新余高新技术产业园区已形成以光伏产业为核心、以循环经济节能产业、风力发电产业和动力与储能产业为补充的新能源装备产业，形成了一批龙头骨干企业，开发了一批以多晶硅料提纯、多晶硅铸锭和切片、多晶硅铸锭用石英陶瓷干锅、光伏电池及组件、螺杆膨胀动力机、风力发电机和碳酸锂、电池级氟化锂等为主的国际先进技术。多晶硅片产能居世界第一，余热开发利用、风电装备逐步加快，动力与储能电池产业具有一定的基础，开始跨入快速成长期。

通过示范基地创建工作，围绕建设"新型工业城、科技创新城、文明生态城"目标，高新区将集成整合新能源装备产业现有资源和技术优势，形成分工协作、共生互补的新能源装备产业集群，大力发展低碳经济，增强产业整体竞争力。

2012 年，基地实现工业总产值 488.20 亿元，其中示范产业 223.60 亿元；实现工业增加值 172.24 亿元，其中示范产业 114.60 亿元；2013 年，基地实现工业总产值 531.80 亿元，同比增长 8.93%，其中示范产业 229.80 亿元，同比增长 2.77%，实现工业增加值 206.78 亿元，同比增长 20.05%，其中示范产业 124.65 亿元，同比增长 8.77%；2013 年工业总产值占全行业比重为 0.8%，占地区比重为 9.6%。2012 年、2013 年江西新余高新技术产业园区工业总产值及增加值见表 33、图 17。2013 年江西新余高新技术产业园区工业总产值占比情况见表 34。

表 33　2012 年、2013 年江西新余高新技术产业园区工业总产值及增加值

	2012 年	2013 年	同比增长（%）
工业总产值（亿元）	488.20	531.80	8.93
其中：示范产业（亿元）	223.60	229.80	2.77
工业增加值（亿元）	172.24	206.78	20.05
其中：示范产业（亿元）	114.60	124.65	8.77

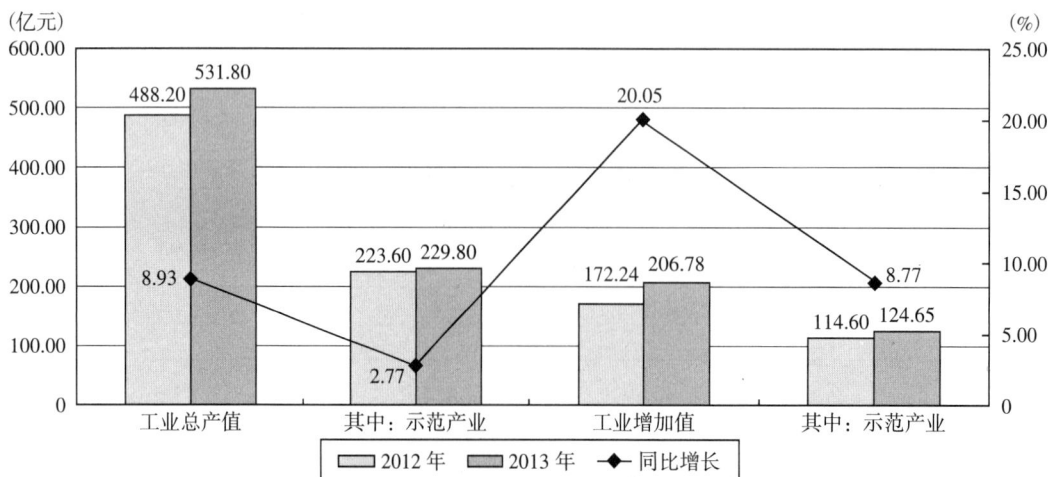

图 17　2012 年、2013 年江西新余高新技术产业园区工业总产值及增加值

表34 2013年江西新余高新技术产业园区工业总产值占比情况

	2013年	基地占比（%）	其他占比（%）
全行业（亿元）	65 532	0.8	99.2
本地区（亿元）	5 532	9.6	90.4

六、山东

（一）淄博高新技术产业开发区

淄博高新技术产业开发区位于山东省淄博市张店区北部，于1992年11月经国务院批准设立，是53家国家级高新区之一。2009年实现销售收入1162亿元，税金总额85亿元。

有机高分子新材料和有色金属新材料为高新区的特色主导产业，主要产品有微晶耐磨氧化铝、高压电瓷、精细石英陶瓷等。目前，淄博高新区拥有年营业收入10亿元以上的企业12家，其中包括多家行业龙头企业，如齐鲁石油化学工业公司、山东铝业公司、山东金诚石化集团有限公司、山东博汇集团有限公司、山东汇丰石化有限公司等。

创建国家新型工业化新材料产业示范基地，对于淄博高新区提高技术创新能力，改造提升传统产业，培育新的增长点，促进工业结构调整和经济发展方式转变具有积极意义，对于提升全省，乃至全国新材料产业整体竞争力具有积极的推动作用。

2012年，基地实现工业总产值1950亿元，其中示范产业1345亿元；实现工业增加值660亿元，其中示范产业551亿元；2013年，基地实现工业总产值2153亿元，同比增长10.41%，其中示范产业1511亿元，同比增长12.34%，实现工业增加值698亿元，同比增长5.76%，其中示范产业577亿元，同比增长4.72%；2013年工业总产值占全行业比重为5.0%，占地区比重为9.1%。2012年、2013年淄博高新技术产业开发区工业总产值及增加值见表35、图18。2013年淄博高新技术产业开发区工业总产值占比情况见表36。

表35 2012年、2013年淄博高新技术产业开发区工业总产值及增加值

	2012年	2013年	同比增长（%）
工业总产值（亿元）	1 950	2 153	10.41
其中：示范产业（亿元）	1 345	1 511	12.34
工业增加值（亿元）	660	698	5.76
其中：示范产业（亿元）	551	577	4.72

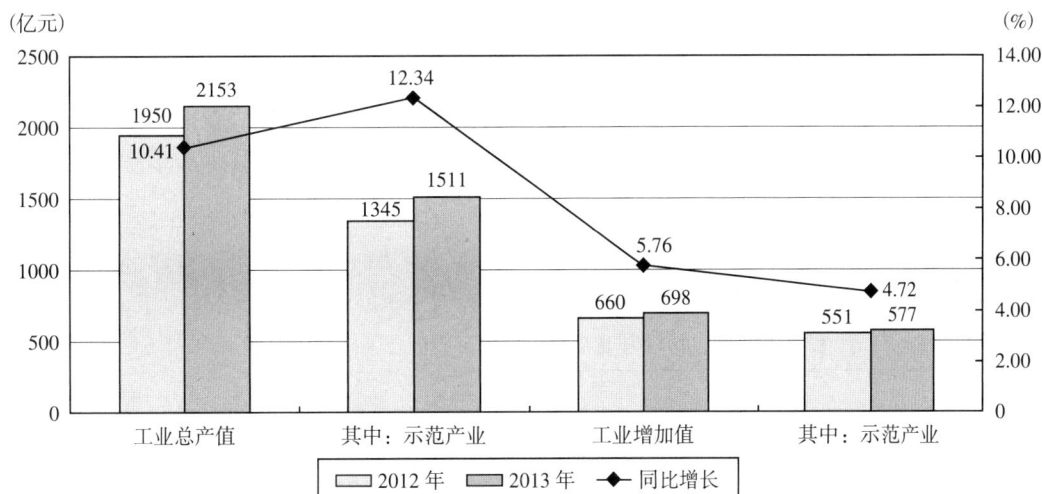

图18 2012年、2013年淄博高新技术产业开发区工业总产值及增加值

表36　2013年淄博高新技术产业开发区工业总产值占比情况

	2013 年	基地占比（%）	其他占比（%）
全行业（亿元）	43 253	5.0	95.0
本地区（亿元）	23 753	9.1	90.9

（二）青岛经济技术开发区

青岛开发区1984年10月经国务院批准，规划面积20.02平方千米。建区多年来，开发区已成长为投资环境良好、开放型经济健康协调发展、社会事业日益繁荣、最适宜居住创业的现代化新城区。

2009年，实现地区生产总值814.2亿元，工业总产值2430亿元，以占青岛不足3%的国土面积向全市贡献了1/6的地区生产总值、1/5强的实际利用外资、1/4强的工业总产值，青岛重要经济增长极的地位进一步巩固，被评为"中国最具投资潜力十强开发区"和"山东最佳投资城市"。

示范基地主体园区占地面积8平方千米，其中由中国船舶重工集团公司投资的船舶产业区规划投资约230亿元，占地面积6平方千米，在建或投产项目主要包括北船重工造修船基地、港口及船用机械、大型船用柴油机曲轴、武船重工特种船舶、武船麦克德莫特海洋工程、大型低速船用柴油机、船舶电力推进系统研发及产业化基地等项目；由中国石油天然气集团和中国海洋石油总公司投资的海洋工程区规划占地面积2平方千米，目前建设的造修船坞有7座，其中50万吨级船坞1座，30万吨级船坞4座，15万吨级船坞1座，10万吨级浮船坞1座。

示范基地的建设和发展，将有助于带动区域整体发展水平，延伸船舶与海洋工程装备制造产业链条，不断完善创新服务体系，推动山东半岛蓝色经济区建设进程。

通过示范基地创建，力争到2013年，基本实

现造船能力468万载重吨，修船200余艘，海洋工程钢材加工能力突破50万吨，示范基地实现产值500亿元。

2012年，基地实现工业总产值3211亿元，其中示范产业250亿元；实现工业增加值1365亿元，其中示范产业798亿元；2013年，基地实现工业总产值3577亿元，同比增长11.40%，其中示范产业278亿元，同比增长11.20%，实现工业增加值1537亿元，同比增长12.60%，其中示范产业934亿元，同比增长17.04%；2013年工业总产值占全行业比重为4.4%，占地区比重为15.1%。2012年、2013年青岛经济技术开发区工业总产值及增加值见表37、图19。2013年青岛经济技术开发区工业总产值占比情况见表38。

（三）山东德州经济开发区

德州经济开发区是经山东省人民政府批准设立的省级经济开发区。截至2009年，规模以上工业213家，产业发展涉及太阳能综合利用（光伏、光热）、风力发电设备制造、地源热泵等20多个行业领域。山东皇明等一大批国内外知名企业落户开发区。2009年，开发区被评为全省"科学发展示范区"、"全省对外开放先进园区"、"山东省首批节能环保产业基地"、"山东省科技兴贸出口创新基地"，省商务厅批准设立新能源产业园，并提出要将该产业园建设成为国际知名的新能源产业技术中心、制造中心和国内领先的新能源产业技术创新基地。

为促进新能源产业的发展，德州经济开发区以企业为主体，依托济南和京津的人才技术优势，通

表37　2012年、2013年青岛经济技术开发区工业总产值及增加值

	2012 年	2013 年	同比增长（%）
工业总产值（亿元）	3 211	3 577	11.40
其中：示范产业（亿元）	250	278	11.20
工业增加值（亿元）	1 365	1 537	12.60
其中：示范产业（亿元）	798	934	17.04

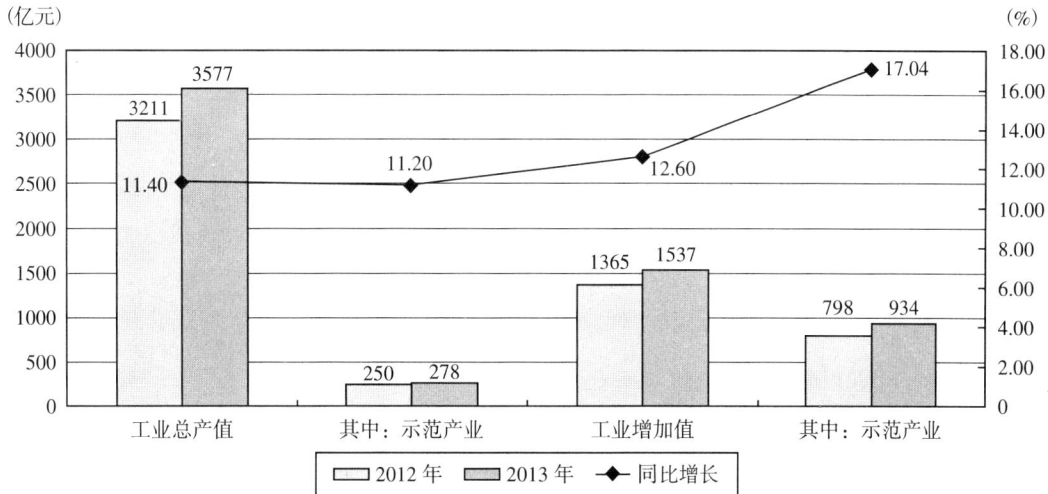

图 19 2012 年、2013 年青岛经济技术开发区工业总产值及增加值

表 38 2013 年青岛经济技术开发区工业总产值占比情况

	2013 年	基地占比（%）	其他占比（%）
全行业（亿元）	80 777	4.4	95.6
本地区（亿元）	23 677	15.1	84.9

过自建或合建等方式组建了 20 余个新能源技术创新平台，初步形成了较为完整的新能源技术工程研究体系，有力地提升了工程化研究和产业化能力。

创建示范基地有利于提升产业层次和产业集聚能力，提升德州经济开发区管理水平和配套水平，带动开发区工业在更高起点上迅速发展，促进工业化向集约型增长模式转变。有利于进一步优化经济结构，有利于国外先进技术的引进、消化吸收和再创新。通过示范基地创建工作，加快发展太阳能开发利用、风电设备制造、地源热泵和新能源汽车产业，力争使区域自主创新能力显著增强，建设成为国内"新能源之都"与国际知名的"中国太阳城"。

2012 年，基地实现工业总产值 526.300 亿元，其中示范产业 419.400 亿元；实现工业增加值 276.300 亿元，其中示范产业 266.700 亿元；2013 年，基地实现工业总产值 636.297 亿元，同比增长 20.90%，其中示范产业 508.732 亿元，同比增长 21.30%，实现工业增加值 333.770 亿元，同比增长 20.80%，其中示范产业 319.773 亿元，同比增长 19.90%；2013 年工业总产值占全行业比重为 0.8%，占地区比重为 2.7%。2012 年、2013 年山东德州经济开发区工业总产值及增加值见表 39、图 20。2013 年山东德州经济开发区工业总产值占比情况见表 40。

表 39 2012 年、2013 年山东德州经济开发区工业总产值及增加值

	2012 年	2013 年	同比增长（%）
工业总产值（亿元）	526.300	636.297	20.90
其中：示范产业（亿元）	419.400	508.732	21.30
工业增加值（亿元）	276.300	333.770	20.80
其中：示范产业（亿元）	266.700	319.773	19.90

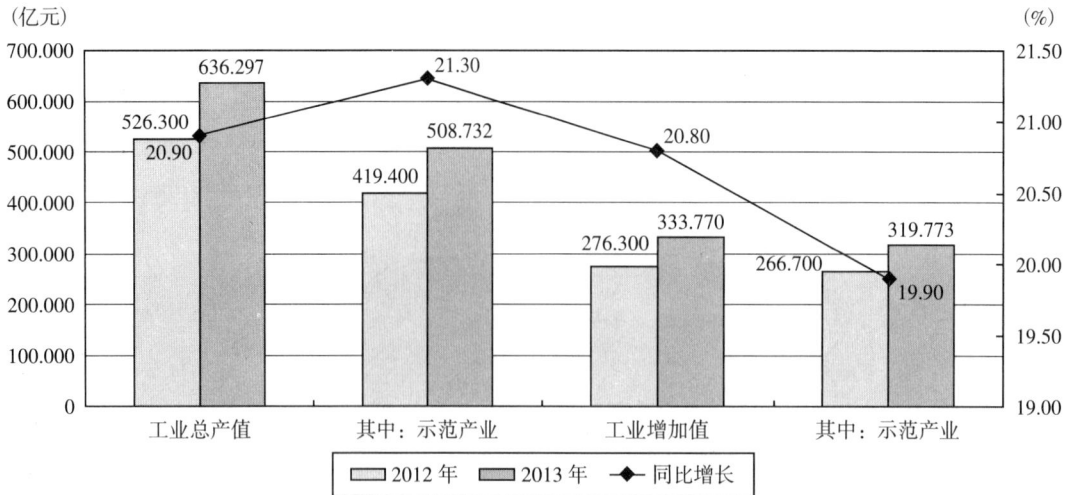

图 20　2012 年、2013 年山东德州经济开发区工业总产值及增加值

表 40　2013 年山东德州经济开发区工业总产值占比情况

	2013 年	基地占比（%）	其他占比（%）
全行业（亿元）	80 763	0.8	99.2
本地区（亿元）	23 736	2.7	97.3

（四）山东东营胜利经济开发区

山东东营胜利经济开发区装备制造（石油装备）产业示范基地坐落于东营市西城西南部。以服务于胜利油田和中国石油工业发展为主的石油装备产业开发区。控制规划面积 33.69 平方千米，按照功能划分为加工制造区、石油化工区、物流仓储区、科技孵化区、商住区五大功能分区。

示范基地已形成大型成套钻采设备、钻杆、抽油机、抽油杆、抽油泵、油气集输管道及油田特种车辆为重点，涵盖物探、测井、钻井、固井、油气开发、采油、井下作业、地面工程、管道运输等油田生产各领域的产品体系。目前，石油装备产品涵盖 37 个系列 1500 多个品种，形成了集研发、制造、服务及贸易于一体的完整产业体系，成为中国最大的石油装备产业制造基地及专用配件集散地。陆地石油钻机、抽油机、石油专用管、抽油（电）泵、抽油杆、燃气发电机组、油田特种车辆等主导

产品产能位居全国前列，其中抽油机、抽油杆、重油开发专用管产能国内排名第一，潜油泵国内排名第二，皮带抽油机、连续抽油杆国内独家生产，拥有名牌产品 15 个（其中，中国名牌 1 个），著名商标 1 个。

2012 年，基地实现工业总产值 673.5 亿元，其中示范产业 538.8 亿元；实现工业增加值 165.8 亿元，其中示范产业 131.0 亿元；2013 年，基地实现工业总产值 873.1 亿元，同比增长 29.64%，其中示范产业 706.3 亿元，同比增长 31.09%，实现工业增加值 197.5 亿元，同比增长 19.12%，其中示范产业 158.0 亿元，同比增长 20.61%；2013 年工业总产值占全行业比重为 1.1%，占地区比重为 3.7%。2012 年、2013 年山东东营胜利经济开发区工业总产值及增加值见表 41、图 21。2013 年山东东营胜利经济开发区工业总产值占比情况见表 42。

表 41　2012 年、2013 年山东东营胜利经济开发区工业总产值及增加值

	2012 年	2013 年	同比增长（%）
工业总产值（亿元）	673.5	873.1	29.64
其中：示范产业（亿元）	538.8	706.3	31.09
工业增加值（亿元）	165.8	197.5	19.12
其中：示范产业（亿元）	131.0	158.0	20.61

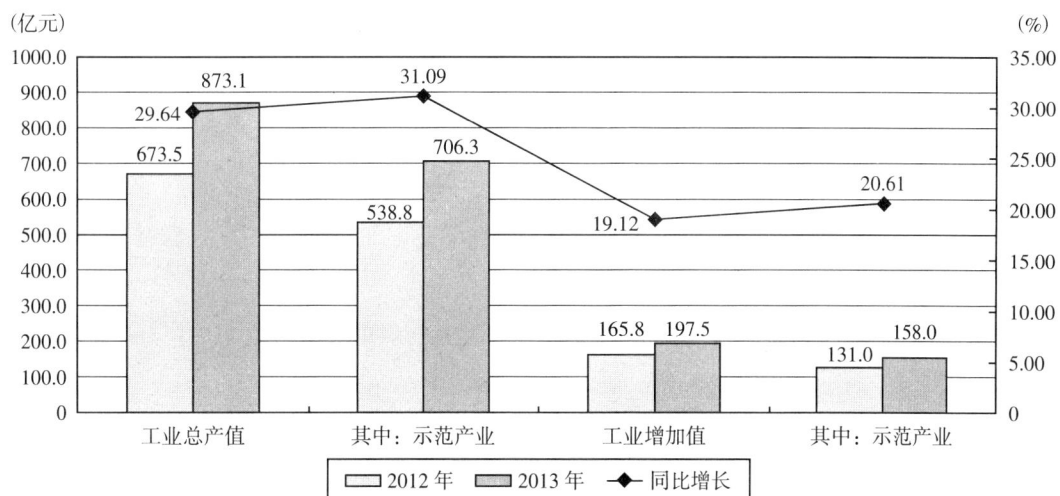

图 21　2012 年、2013 年山东东营胜利经济开发区工业总产值及增加值

表 42　2013 年山东东营胜利经济开发区工业总产值占比情况

	2013 年	基地占比（%）	其他占比（%）
全行业（亿元）	80 773	1.1	98.9
本地区（亿元）	23 673	3.7	96.3

中南地区

一、河南

（一）河南洛阳高新技术产业开发区

洛阳节能环保装备产业示范基地由产业核心区（高新区）、产业提升区（传统装备制造区）和基地拓展区（洛阳新区规划区）三个功能区组成。作为产业核心区的洛阳高新区是1992年经国务院批准的国家级高新区，管辖面积110平方千米，建设规划面积25.27平方千米，其中建成区14.27平方千米。

开发区2003年在洛阳市率先通过了ISO14001环境管理体系认证，2009年完成技工贸总收入750亿元，实现利税70亿元，出口创汇5亿美元。2003年以来，洛阳通过自主研发和技术引进，成功发展了一大批具有国际先进、国内领先的节能环保装备，节能环保装备产业基地已初具规模，2008年实现销售收入285亿元，占全市规模以上工业主营收入的10.6%，规模位居河南省之首。目前，已形成由五大领域和十二类应用技术组成的相对完整的产业结构，产业内部建立了以产品为核心、以技术为纽带、以服务为保障、以节能减排为目标的协作关系，在技术研发、原材料生产、机械加工、零部件配套、控制电器配套、检测安装服务等方面，形成了以骨干企业为龙头，以能源替代、能耗减量、

资源化再利用、系统优化、工业环保等五大产业组群为载体的较为完整的产业配套体系。

经过多年的发展，洛阳节能环保装备产业已形成一个优秀的企业集群，一大批节能环保装备，技术水平已经达到国内领先或国际先进，市场占有率居全国前列。建设节能环保装备产业基地对河南省发展战略性新兴产业具有引领作用，对装备制造业转型升级和发展方式发展转变具有巨大的示范和带动作用。同时洛阳创造性地提出了以能源替代、能耗减量、资源化再利用、系统优化、工业环保五大技术领域为支撑的节能环保装备产业技术体系，系统构建节能环保装备整体产业形态，综合发展节能环保装备，具有积极的示范意义。

2012年，基地实现工业总产值508亿元，其中示范产业446亿元；实现工业增加值160亿元，其中示范产业152亿元；2013年，基地实现工业总产值515亿元，同比增长1.38%，其中示范产业460亿元，同比增长3.14%，实现工业增加值178亿元，同比增长11.25%，其中示范产业169亿元，同比增长11.18%；2013年工业总产值占全行业比重为0.6%，占地区比重为10.3%。2012年、2013年河南洛阳高新技术产业开发区工业总产值及增加值见表1、图1。2013年河南洛阳高新技术产业开发区工业总产值占比情况见表2。

表1　2012年、2013年河南洛阳高新技术产业开发区工业总产值及增加值

	2012年	2013年	同比增长（%）
工业总产值（亿元）	508	515	1.38
其中：示范产业（亿元）	446	460	3.14
工业增加值（亿元）	160	178	11.25
其中：示范产业（亿元）	152	169	11.18

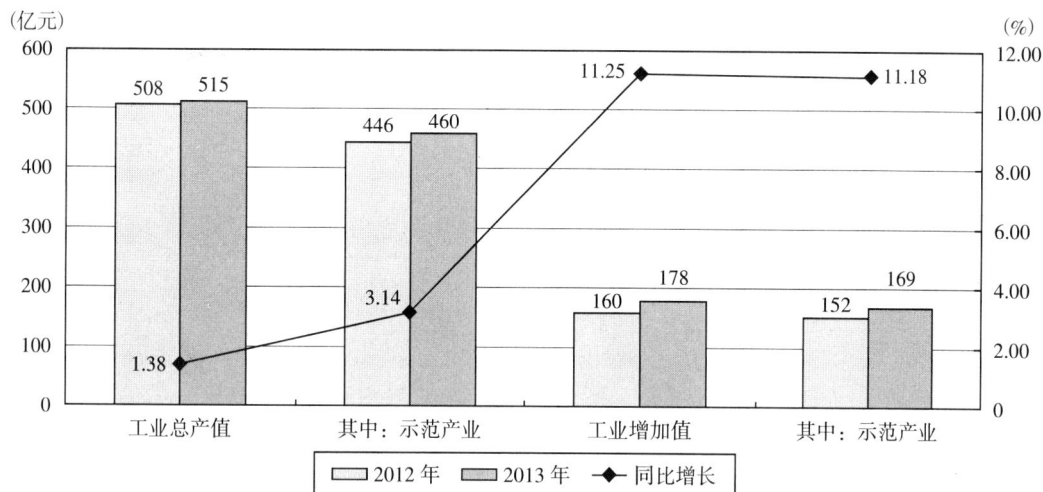

图1　2012年、2013年河南洛阳高新技术产业开发区工业总产值及增加值

表2　2013年河南洛阳高新技术产业开发区工业总产值占比情况

	2013年	基地占比（%）	其他占比（%）
全行业（亿元）	80 715	0.6	99.4
本地区（亿元）	5 015	10.3	89.7

（二）郑州经济技术开发区

郑州经济技术开发区成立于1993年4月，2000年2月被国务院批准为国家级经济技术开发区。目前，园区基础设施覆盖面积50平方千米，累计完成固定资产投资380亿元。全区聚集各类项目1656个，世界500强企业中已有16家投资建厂，规模以上工业企业101家，各级技术中心、研发中心、工程中心77个，已经初步建成了一个具备产业聚集功能的工业新城区。

郑州经济技术开发区区位优越，交通便捷，配套设施完善，产业承载力强，商业物流顺畅、人力资源丰富、能源供应充足、生活环境优美。郑州经济技术开发区具有河南郑州出口加工区、河南省留学人员创业园、郑州市高新技术创业中心、河南省公共保税中心等国家级政策平台。

通过示范基地创建工作，以提升产业能级、优

化产业结构、构建现代产业体系为总体目标，力争到2013年，经济技术开发区装备制造业实现销售收入达到750亿元，重点骨干企业的研发投入占营业收入的比重达到3%以上，营业收入超百亿元的企业达到3家，加快开放型经济发展。

2012年，基地实现工业总产值608.31亿元，其中示范产业495.58亿元；实现工业增加值251.34亿元，其中示范产业163.49亿元；2013年，基地实现工业总产值794.00亿元，同比增长30.53%，其中示范产业635.20亿元，同比增长28.17%，实现工业增加值263.10亿元，同比增长4.68%，其中示范产业175.00亿元，同比增长7.04%；2013年工业总产值占全行业比重为1.0%，占地区比重为15.9%。2012年、2013年郑州经济技术开发区工业总产值及增加值见表3、图2。2013年郑州经济技术开发区工业总产值占比情况见表4。

表3　2012年、2013年郑州经济技术开发区工业总产值及增加值

	2012年	2013年	同比增长（%）
工业总产值（亿元）	608.31	794.00	30.53
其中：示范产业（亿元）	495.58	635.20	28.17
工业增加值（亿元）	251.34	263.10	4.68
其中：示范产业（亿元）	163.49	175.00	7.04

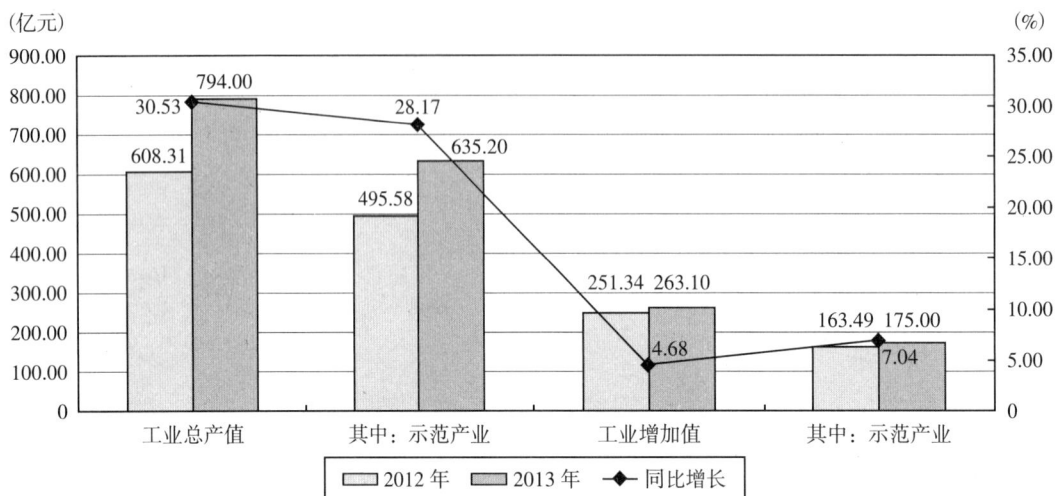

图2　2012年、2013年郑州经济技术开发区工业总产值及增加值

表4　2013年郑州经济技术开发区工业总产值占比情况

	2013年	基地占比（%）	其他占比（%）
全行业（亿元）	80 694	1.0	99.0
本地区（亿元）	4 994	15.9	84.1

（三）河南洛阳涧西区军民结合产业示范基地

河南洛阳涧西区军民结合产业示范基地位于洛阳市西部，是洛阳市的工业大区、科技大区和军事大区，是全国重工业基地。

示范基地以国防科技工业最为集中的区域洛阳市为依托，经过多年的发展，初步形成了军民融合、军地互动、协调发展的产业格局。基地立足大企业、科研院所及高校密集的区位优势，依托区内中船重工第七二五研究所、中航光电科技股份有限公司、中国空空导弹研究院等骨干军工企业，加快推进军用技术向民用领域辐射，引导和带动民用先进技术产品进入军用领域，培育了中航锂电有限公司、凯迈（洛阳）电子有限公司等一大批军民结合企业，形成了锂离子动力电池、大功率柴油机等一批知名军民两用产品，实现了军工行业由比较单一的军品结构向军民品复合结构的战略性转变。

截至2011年底，示范基地内各类企业2420多家，实现工业总产值2300多亿元，利税28.96亿元；其中军民结合特色产品产值达573亿元，占基地工业总产值的比重达到24.9%。示范基地不断加大科技投入，持续加强以重点实验室、工程技术研究中心、博士后流动站等为载体的研发体系建设，积极打造产学研军结合平台，大力推进军地资源开放共享和军民两用技术相互转移，已形成国家级研发中心13个，省级研发中心18个；2011年，涧西区高新技术产业增加值占工业增加值的比重达到41%，有效专利数量达到3437项，科技成果转化活动日益活跃，自主创新能力提升明显。

示范基地的创建有助于促进我国国防事业和经济建设协调发展，有助于促进军、民技术相互转化，加速推进新型工业化建设，有助于促进区域经济快速发展，有助于深化军工企业改革、促进企业快速发展。对我国军工企业深化改革具有很强的示

范作用，有利于探索军民产业结合新模式，提高自主创新能力，有利于对军民结合科技成果转化形成示范效应。

2012年，基地实现工业总产值648亿元，其中示范产业604亿元；实现工业增加值298亿元，其中示范产业143亿元；2013年，基地实现工业总产值745亿元，同比增长14.97%，其中示范产业695

亿元，同比增长15.07%，实现工业增加值354亿元，同比增长18.79%，其中示范产业164亿元，同比增长14.69%；2013年工业总产值占全行业比重为5.5%，占地区比重为15.1%。2012年、2013年河南洛阳涧西区军民结合产业示范基地工业总产值及增加值见表5、图3。2013年河南洛阳涧西区军民结合产业示范基地工业总产值占比情况见表6。

表5　2012年、2013年河南洛阳涧西区军民结合产业示范基地工业总产值及增加值

	2012年	2013年	同比增长（%）
工业总产值（亿元）	648	745	14.97
其中：示范产业（亿元）	604	695	15.07
工业增加值（亿元）	298	354	18.79
其中：示范产业（亿元）	143	164	14.69

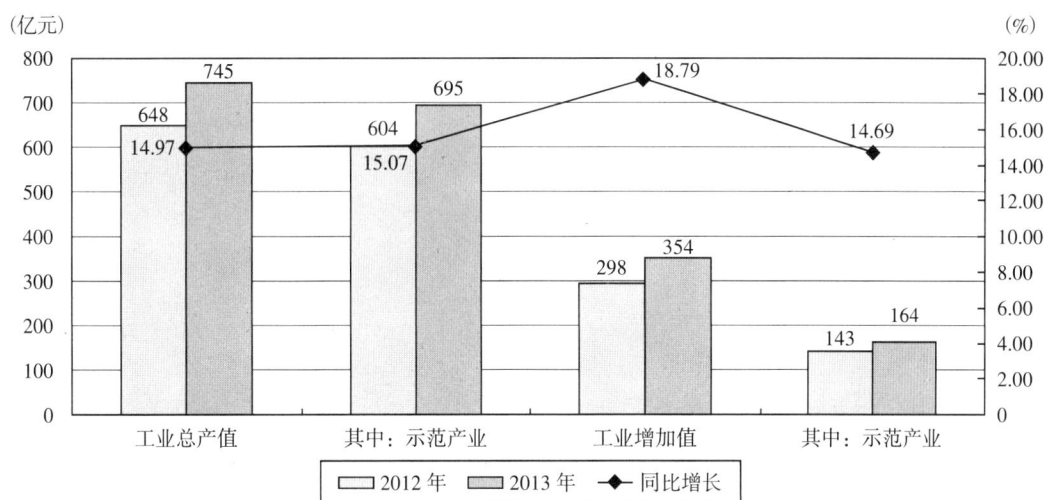

图3　2012年、2013年河南洛阳涧西区军民结合产业示范基地工业总产值及增加值

表6　2013年河南洛阳涧西区军民结合产业示范基地工业总产值占比情况

	2013年	基地占比（%）	其他占比（%）
全行业（亿元）	13 545	5.5	94.5
本地区（亿元）	4 945	15.1	84.9

（四）焦作高新技术产业开发区

焦作高新技术产业开发区位于焦作中心城区南部，是1999年2月经河南省人民政府批准设立的省级开发区，2000年5月正式开工建设。近年来，高新区依托骨干龙头企业，按照"建设先进矿山装备制造产业基地、完善产业链条、壮大核心企业"的思路，重点发展矿山采掘装备、矿山提升运输装备、矿山安全与救护装备、矿山机电通风设备、矿物加工冶炼设备等五大产业，先后引进了中

国兵装集团、中国兵器工业集团、厦工机械、上海骏利集团、焦作博瑞克液压机械有限公司、焦作森格高新材料有限公司等装备制造龙头企业入驻，在装备制造产业科技研发方面积累了雄厚的实力，几年来突破了多项具有国内领先水平的关键技术和共性技术，行业影响力得到显著提升。现拥有国家级研发机构4家，国家级高新技术企业11家，省级企业技术中心和工程技术研究中心15家；承担国家、省级各类科技计划项目168项，取得省级以上

科技成果 132 项；主持或参与制定国家行业标准的企业有 21 家。

2013 年，装备制造产业规上工业总产值达 149 亿元，占示范基地工业总产值比重为 56.6%。预计到"十二五"末，装备制造产业产值将达到 500 亿元，占到基地工业总产值的大半壁江山。

2012 年，基地实现工业总产值 413.2 亿元，其中示范产业 281.6 亿元；实现工业增加值 137.9 亿元，其中示范产业 97.5 亿元；2013 年，基地实现

工业总产值 484.1 亿元，同比增长 17.16%，其中示范产业 331.1 亿元，同比增长 17.58%，实现工业增加值 164.1 亿元，同比增长 19.00%，其中示范产业 117.6 亿元，同比增长 20.62%；2013 年工业总产值占全行业比重为 0.6%，占地区比重为 9.7%。2012 年、2013 年焦作高新技术产业开发区工业总产值及增加值见表 7、图 4。2013 年焦作高新技术产业开发区工业总产值占比情况见表 8。

表 7 2012 年、2013 年焦作高新技术产业开发区工业总产值及增加值

	2012 年	2013 年	同比增长（%）
工业总产值（亿元）	413.2	484.1	17.16
其中：示范产业（亿元）	281.6	331.1	17.58
工业增加值（亿元）	137.9	164.1	19.00
其中：示范产业（亿元）	97.5	117.6	20.62

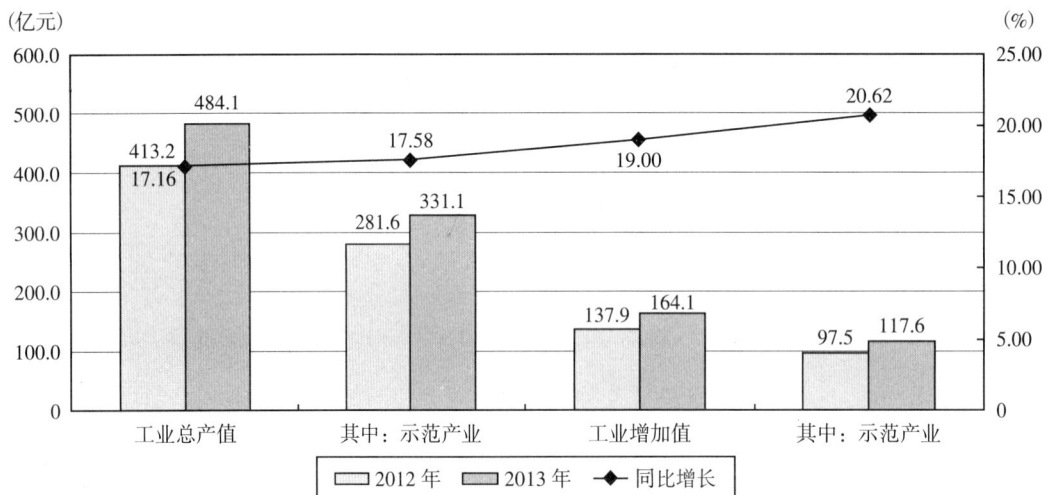

图 4 2012 年、2013 年焦作高新技术产业开发区工业总产值及增加值

表 8 2013 年焦作高新技术产业开发区工业总产值占比情况

	2013 年	基地占比（%）	其他占比（%）
全行业（亿元）	80 784	0.6	99.4
本地区（亿元）	4 984	9.7	90.3

二、湖北

湖北武汉船舶与海洋工程装备产业示范基地

经过多年的发展，湖北武汉船舶与海洋工程装备产业示范基地已形成了船舶和海洋工程装备研发设计、船舶制造、船舶配套、海洋工程装备制造完

整的产业体系。船舶与海洋工程装备产业链中的总体、系统和配套的各个环节，武汉都有国家级的研发和制造企业、大专院校和研究单位作为领头骨干，地方研发、制造企业为配套的产业化体系，产品对象涉及海洋工程的水上、水下，门类齐全。在地域分布上，以武汉为中心，连接华中地区，辐射全国各地。

2012 年武汉船舶建造企业实现产值 165 亿元，

占武汉船舶和海洋工程装备产业实现总产值的40%。骨干船厂有武船、青山船厂、武汉南华高速船舶工程股份有限公司等。其中武船是我国一流的高技术船舶、海洋工程辅助船舶建造企业。青山船厂在双相不锈钢化学品船等特种建造领域处于国内领先地位，武汉南华高速船舶工程股份有限公司在豪华游艇建造领域处于国内领先水平。

2012 年，基地实现工业总产值 411.50 亿元，其中示范产业 411.50 亿元；实现工业增加值 0.00 亿元，其中示范产业 0.00 亿元；2013 年，基地实现工业总产值 442.97 亿元，同比增长 7.65%，其中示范产业 442.97 亿元，同比增长 7.65%，实现工业增加值 0.00 亿元，同比增长 0.00%，其中示范产业 0.00 亿元，同比增长 0.00%；2013 年工业总产值占全行业比重为 0.5%，占地区比重为 3.3%。2012 年、2013 年湖北武汉船舶与海洋工程装备产业示范基地工业总产值及增加值见表 9、图 5。2013 年湖北武汉船舶与海洋工程装备产业示范基地工业总产值占比情况见表 10。

表 9　2012 年、2013 年湖北武汉船舶与海洋工程装备产业示范基地工业总产值及增加值

	2012 年	2013 年	同比增长（%）
工业总产值（亿元）	411.50	442.97	7.65
其中：示范产业（亿元）	411.50	442.97	7.65
工业增加值（亿元）	0.00	0.00	0.00
其中：示范产业（亿元）	0.00	0.00	0.00

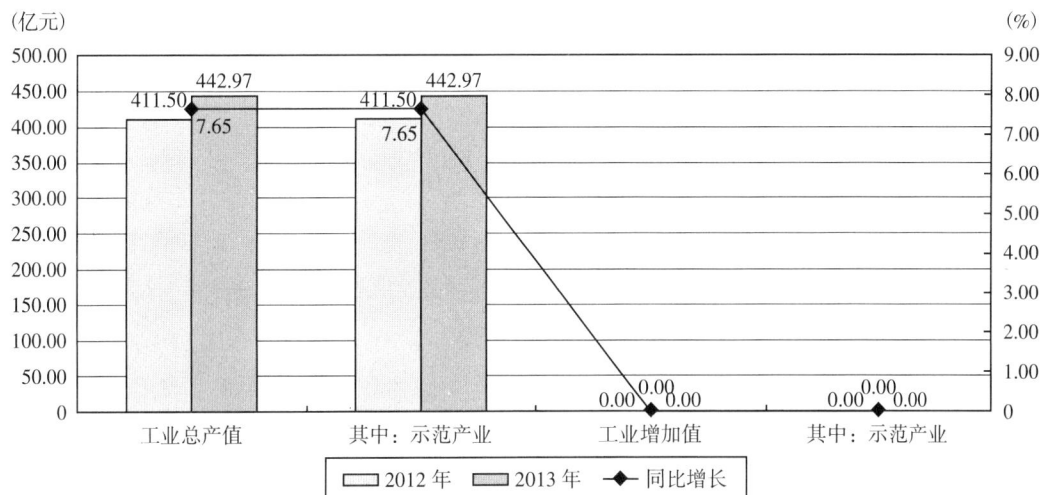

图 5　2012 年、2013 年湖北武汉船舶与海洋工程装备产业示范基地工业总产值及增加值

表 10　2013 年湖北武汉船舶与海洋工程装备产业示范基地工业总产值占比情况

	2013 年	基地占比（%）	其他占比（%）
全行业（亿元）	80 743	0.5	99.5
本地区（亿元）	13 443	3.3	96.7

三、湖南

（一）衡阳市高新技术产业园区

衡阳市高新技术产业园区有无缝钢管及深加工产业规模企业 30 多家，上下游配套企业超过 60家，其中特大型企业 1 家，大型企业 1 家，中型企业 15 家，热轧、冷拔无缝钢管规格 4000 多个，几乎可以生产除不锈钢以外的所有牌号。其中华菱衡钢是中国南方最大、全国第二大专业化无缝钢管生产企业。园区无缝钢管及深加工产值、产量均居世界第二位，出口国内第一位。

2009 年，园区实现工业总产值 296.6 亿元，同比增长 24.6%；完成工业增加值 101.3 亿元，首次突破 100 亿元大关，增长 29.6%；完成税收 23.12 亿元，增长 24.5%；实现进出口 9.16 亿美元，增长 16.1%，其中出口 7.35 亿美元，增长 19.7%。园区现有高新技术认证企业 19 家，实现高新技术产值 258.1 亿元，增长 26.3%，主导产业无缝钢管及深加工发展迅猛，初步建立了横向主导集中、纵向配套成链的产业集群。

衡阳高新技术产业园区创建国家新型工业化产业示范基地，将加快园区无缝钢管及深加工产业"两化"进程，带动全省以高新技术为代表的新型工业化联动，加快发展方式的转变。

通过示范基地建设，力争到 2013 年，实现工业总产值 530 亿元，年均增长 25%；税收 60.5 亿元，年均递增 27.2%；完成固定资产投资 180 亿元，其中基础设施投资 55 亿元；人均生产总值达 15 万元。无缝钢管及深加工实现销售收入 530 亿元，年均增长 25%。

（二）株洲军民结合产业基地

株洲军民结合产业基地以株洲航空城为主体建设，位于株洲市芦淞区范围内，规划面积 14.72 平方千米，从业人员 8.64 万人。2009 年，实现工业总产值 221.35 亿元，同比增长 22.2%。通过大力发展通用飞机整机制造、燃气轮机、航空材料、航空电子等产业，形成了形成了整机制造与电子、电机、电器等零配件产品配套发展的较为完善的航空产业链。

株洲军民结合产业示范基地在航空、电子、机械传动、电动汽车及零部件等领域在全国占有重要地位，基地龙头企业规模较大，在国内外享有较高的知名度和信誉度。骨干企业辐射能力强，航空、电子、机械传动等产业优势明显，规模和水平居国内同行业前列。其中，中国航空动力机械研究所和中国南方航空工业有限公司是国防科工委确定的中国唯一中小微型航空发动机研制生产基地、直升机减速传动系统研究中心及轻型燃气轮机研究基地、中国唯一的直升机动力和活塞式航空发动机的生产基地。

株洲是我国军事工业布局的重点地区之一，是我国重要的航空工业基地，通过示范基地建设，探索构建体系化的军民融合式发展模式，充分释放军工企业人才、技术、制造能力、管理等优势，为促进军民结合产业发展及军工企业深化改革产生引领与示范效应。

2012 年，基地实现工业总产值 389.0 亿元，其中示范产业 239.0 亿元；实现工业增加值 141.0 亿元，其中示范产业 141.0 亿元；2013 年，基地实现工业总产值 457.9 亿元，同比增长 17.71%，其中示范产业 279.1 亿元，同比增长 16.78%，实现工业增加值 164.0 亿元，同比增长 16.31%，其中示范产业 164.0 亿元，同比增长 16.31%；2013 年工业总产值占全行业比重为 3.4%，占地区比重为 9.4%。2012 年、2013 年株洲军民结合产业基地工业总产值及增加值见表 11、图 6。2013 年株洲军民结合产业基地工业总产值占比情况见表 12。

表 11 2012 年、2013 年株洲军民结合产业基地工业总产值及增加值

	2012 年	2013 年	同比增长（%）
工业总产值（亿元）	389.0	457.9	17.71
其中：示范产业（亿元）	239.0	279.1	16.78
工业增加值（亿元）	141.0	164.0	16.31
其中：示范产业（亿元）	141.0	164.0	16.31

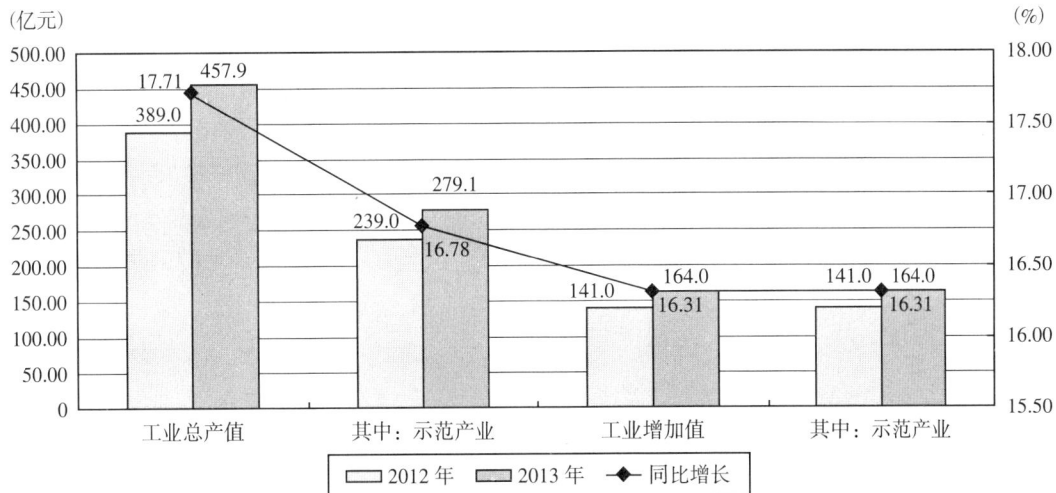

图6　2012年、2013年株洲军民结合产业基地工业总产值及增加值

表12　2013年株洲军民结合产业基地工业总产值占比情况

	2013年	基地占比（%）	其他占比（%）
全行业（亿元）	13 558	3.4	96.6
本地区（亿元）	4 858	9.4	90.6

（三）湘潭高新技术产业开发区

湘潭高新技术产业开发区成立于1992年，先后获得国家基地一体化特色产业基地、国家科技兴贸特色产业基地、国家新能源高技术产业基地、国家知识产业试点园区，在国家、省、市领导和部门的大力支持下，湘潭高新区已经规划17.5平方千米全力打造以风电装备为主体，太阳能、生物质能、层地能等为支撑的新能源装备产业示范基地。

该基地南起吉安路，北止向红村，东接高速连接线，西止湘江，目前已完成园区基础投资30余亿元，5平方千米园区已实现了七通一平，并先后有湘电风能有限公司风电主机、铁姆肯湘电有限公司风店主轴承等新能源装备知名企业和项目落户，这些企业和项目在新能源装备的设计、研发和生产等方面均代表国内同类产品的领先水平。

（四）平江工业园区

平江工业园区位于湖南省东北部，湘鄂赣三省交界处。全县总人口106万人，总面积4125平方千米，辖27个乡镇。平江是一块红色土地、将军之乡。平江生态良好，资源丰富，森林覆盖率达61.5%；矿产丰富，现已探明的矿藏有63种，其中有工业开采价值的20多种，新材料、机电制造等

产业需要的稀有原材料钾长石、云母、石膏等储量丰富。平江文化厚重，屈原、杜甫两位世界文化名人把平江作为归宿之地，被台湾著名诗人余光中誉为"蓝墨水的上游"，先后被命名为"全国文化先进县"、"中国诗书画之乡"。

平江工业园区于2002年2月经湖南省人民政府批准成立，经国家发改委核准为省级工业园。2010年，湖南省经信委和国防科工局又批准为军民融合产业园。园区规划总面积31平方千米，下辖伍市工业区、寺前工业区和天岳工业区；目前，入园企业116家，正式投产企业108家，2010年完成工业总产值156亿元，创税1.9亿元。园区先后评为"全国农产品加工创业示范基地"、"中国最具发展潜力工业园区"、"中国最佳投资环境工业园区"。

2012年，基地实现工业总产值197.0亿元，其中示范产业115.8亿元；实现工业增加值23.5亿元，其中示范产业15.5亿元；2013年，基地实现工业总产值211.0亿元，同比增长7.11%，其中示范产业121.0亿元，同比增长4.49%，实现工业增加值25.0亿元，同比增长6.38%，其中示范产业16.8亿元，同比增长8.39%；2013年工业总产值占全行业比重为1.6%，占地区比重为4.3%。2012

年、2013 年平江工业园区工业总产值及增加值见　　　　情况见表 14。
表 13、图 7。2013 年平江工业园区工业总产值占比

表 13　2012 年、2013 年平江工业园区工业总产值及增加值

	2012 年	2013 年	同比增长（%）
工业总产值（亿元）	197.0	211.0	7.11
其中：示范产业（亿元）	115.8	121.0	4.49
工业增加值（亿元）	23.5	25.0	6.38
其中：示范产业（亿元）	15.5	16.8	8.39

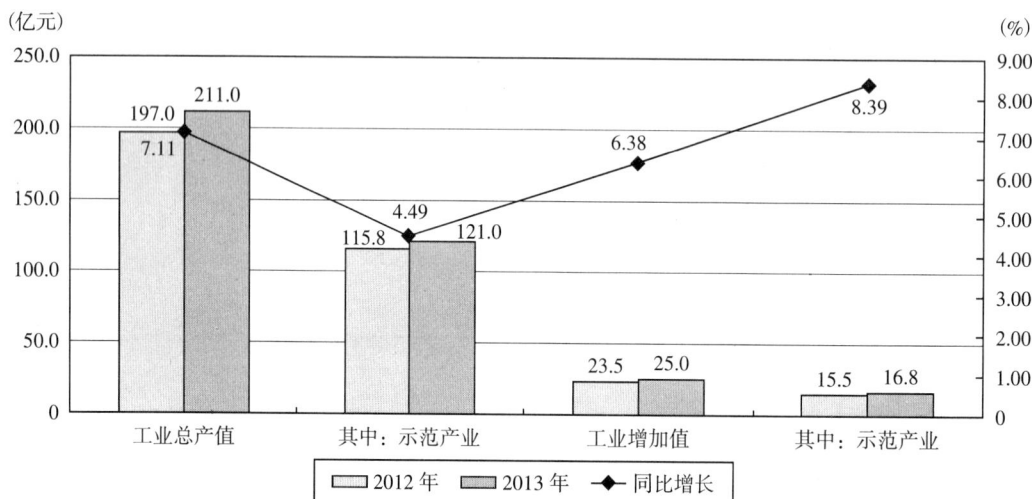

图 7　2012 年、2013 年平江工业园区工业总产值及增加值

表 14　2013 年平江工业园区工业总产值占比情况

	2013 年	基地占比（%）	其他占比（%）
全行业（亿元）	13 511	1.6	98.4
本地区（亿元）	4 911	4.3	95.7

（五）湖南湘潭雨湖区军民结合产业示范基地

湖南湘潭雨湖区军民结合产业示范基地的主体园区为湘潭经济技术开发区和先锋工业经济园。其中，湘潭经济技术开发区由国务院批准为国家级经济技术开发区，先锋工业经济园以先锋企业集团为基础和起步区，重点发展以矿山装备为主导的先进装备制造产业。两个园区形成一个十字结构，交相呼应，实现联动互补效应。

湖南湘潭雨湖区军民结合产业示范基地龙头企业通过"军转民"、"民参军"等形式进入军工、民品生产领域，承担起军品民用、民品军用配套生产任务，配套产业快速发展，有力促进湘潭新型工业化的提质提速、湘潭工业核心竞争力的集结加强和军工经济与地方经济的高度融合。2011 年，军民结合特色产品销售额 190.1 亿元，同比增长 27%。示范基地被评为中国机电一体化特色产业基地、中国汽车及零部件产业集群品牌 50 强和湖南省先进装备制造产业示范基地。其中，以江麓机电、江南工业、湘电重装、崇德科技、三峰数控、中冶京诚、平安电气、牵引机车为龙头的先进装备制造产业，已具备参与国际产业分工的能力，正在打造成国内行业主导者之一，占有绝对市场影响力；以江南汽车、湘电集团、江滨机器为龙头的汽车及汽车零部件产业，已成为全国汽车行业 50 强，正在打造成国内行业集中区之一和集中供应商；以湘潭无线、开启时代、全创科技为龙头的电子信息产业具备高端电子技术研发水平，正在打造成国内行业的领航

者。目前，示范基地军民两用产品品种达 20 大系列 300 多个品种，涉及矿产、冶金、交通、能源、新材料、水利、船泊、特种装备、通信、建筑等多个领域，军民结合的产业优势十分明显，在国内领先。基地军民结合产业的企业、产品研发能力强，科研力量雄厚，拥有自主知识产权的技术多达 300 多项，拥有国家级企业技术中心 5 家，国家级重点实验室 1 个，省级企业技术中心和工程技术研究中心 17 家，总数排名全省第 2 名，许多高校在基地企业设立实习基地。

湘潭雨湖区军民结合发展模式的构建对我国军工企业深化改革具有很强示范作用，基地的建设有利于探索军民产业结合新模式，提高自主创新能力，有利于促进湘潭产业结构的调整，加快区域经济的增长。

（六）湖南益阳高新技术产业开发区

湖南益阳高新技术产业开发区装备制造产业示范基地位于湖南省长株潭城市群益阳市的核心区，是国务院批准的国家级高新技术产业开发区，先后被国家科技部、湖南省人民政府和国家发改委授予"国家火炬计划益阳先进制造技术产业基地"、"湖南省高等院校科研院所科技成果转化及产业开发基地"、"国家高技术产业基地益阳信息产业园"。

示范基地内积聚了益阳橡机、益橡传动、三一中阳、中科恒源、宇晶机械、康益机械、瑞能动力等骨干企业，初步形成了以装备制造为主，以新材料、新能源、电子信息为补充的新型产业体系。2011 年，示范基地实现工业总产值 348.93 亿元，同比增长 35.98%；完成工业增加值 118.63 亿元，

增长 32.64%；税收收入 24.43 亿元。现有各类企业 291 家，其中，规模以上工业企业 158 家，装备制造产业规模以上企业 86 家。基地在推进科技自主创新、加快科技成果产业化方面取得显著成效。示范基地已建成国家级企业技术中心、工程研究中心 5 家，省级企业技术中心、工程技术研究中心 17 家，各种公共服务平台 82 家，并与国内外 40 余所高等院校和科研机构建立了产学研一体化长期合作机制，逐步形成了具有自身特色创新体系，已有多项产品相继填补国内空白或处于国际先进水平。

示范基地的建设，通过进一步培育自主创新能力，加快推进装备制造业工业化和信息化进程，带动园区的新型工业化联动，促进示范基地的影响力和凝聚力进一步提升。示范基地内产业选择、产业发展及基地创建带来的发展模式转变，将对全省乃至全国产业发展起引导示范作用。

2012 年，基地实现工业总产值 433.640 亿元，其中示范产业 310.790 亿元；实现工业增加值 183.210 亿元，其中示范产业 154.630 亿元；2013 年，基地实现工业总产值 524.227 亿元，同比增长 20.89%，其中示范产业 383.670 亿元，同比增长 23.45%，实现工业增加值 215.235 亿元，同比增长 17.48%，其中示范产业 183.468 亿元，同比增长 18.65%；2013 年工业总产值占全行业比重为 0.6%，占地区比重为 10.6%。2012 年、2013 年湖南益阳高新技术产业开发区工业总产值及增加值见表 15、图 8。2013 年湖南益阳高新技术产业开发区工业总产值占比情况见表 16。

表 15　2012 年、2013 年湖南益阳高新技术产业开发区工业总产值及增加值

	2012 年	2013 年	同比增长（%）
工业总产值（亿元）	433.640	524.227	20.89
其中：示范产业（亿元）	310.790	383.670	23.45
工业增加值（亿元）	183.210	215.235	17.48
其中：示范产业（亿元）	154.630	183.468	18.65

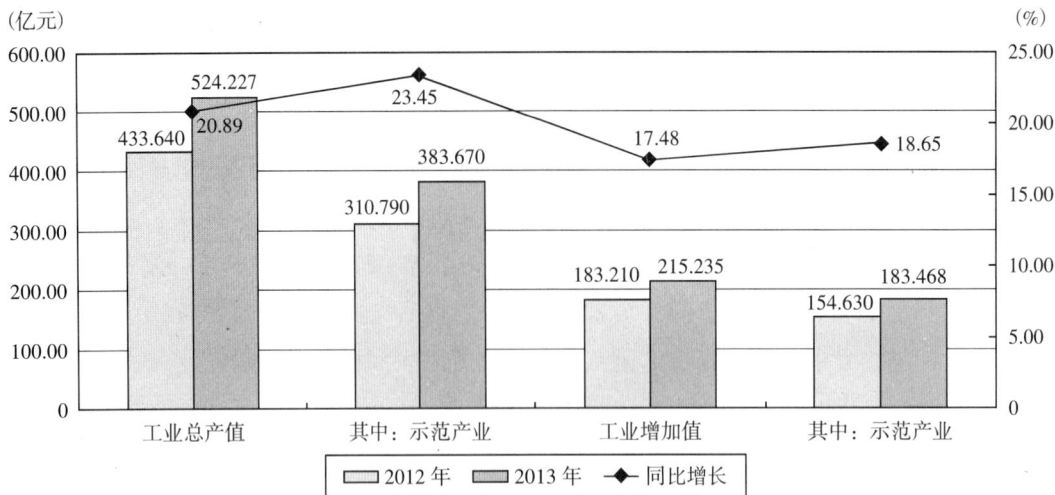

图 8　2012 年、2013 年湖南益阳高新技术产业开发区工业总产值及增加值

表 16　2013 年湖南益阳高新技术产业开发区工业总产值占比情况

	2013 年	基地占比（%）	其他占比（%）
全行业（亿元）	80 724	0.6	99.4
本地区（亿元）	4 924	10.6	89.4

四、广东

广东广州经济技术开发区

广州开发区（广州经济技术开发区、广州高新技术产业开发区、广州保税区、广州出口加工区简称为"广州开发区"）2009 年实现地区生产总值 1320 亿元，增长 17%，工业总产值 3437.8 亿元，增长 18.89%，财政总收入 311.41 亿元，增长 23.13%，主要经济指标位居全国开发区前列。

广州开发区工业设计产业化园区于 2006 年规划，核心区位于广州科学城南部，面积 7.8 平方千米，由 3 个功能区组成：工业设计企业聚集区、公共平台服务区、工业设计与产业融合发展区。

自 2007 年以来，区内工业设计及产业融合发展企业快速发展，涌现了一批在国内具有较高知名度的设计企业，形成了行业门类齐全、服务业态多样、具有相当规模的工业设计产业体系。初步形成了工业设计企业聚集区，区内拥有广州毅昌科技有限公司、广东省电器科学研究院、广东省电力设计研究院等多 10 多家专业设计企业，累计获得了工业设计国际大奖红点、IF、IDEA 等奖项 32 项，国

内权威工业设计奖项红星奖、红棉奖等 100 余项。在工业设计产业化园区周边聚集 14 家较大型和较出色的工业设计企业，包括广州市大业工业设计有限公司、广州易用工业设计有限公司、广州市英诺威设计有限公司、广州原子设计有限公司、广州极至设计有限公司、法国米罗设计（millot.design）公司广州办事处、广州市绮日工业设计有限公司、广东省工业设计中心等。

公共服务平台的集聚也已初步显现。目前，园区已有广州国际企业孵化器、广东软件园、广东科技创新基地等 10 个孵化器建成运作，总面积达 100 万平方米；建立了包括中科院生命与健康研究院、广东软件评测中心、低温实验室、广东省软件共性技术重点实验室在内的 12 家开放实验室；投资 10 亿元组建多家风险投资公司，积极引进美国 IDG 等国际著名风险投资公司，成立担保公司，为工业设计产业提供全方位的金融支撑；建立了完善的技术测评服务机构、技术创新和专利机构、商标申报服务机构，引进了中国电器科学院、SGS、莱茵、天祥、日本岛津、UL 华美认证、广东省化妆品检测中心、广州市计量所等国内外权威专业检测认定机构，成为国内测试项目最多、涉及行业最广、认证

资格和水平最高、检测能力最强的地区之一。

2012 年，基地实现工业总产值 5004.0 亿元，其中示范产业 365.9 亿元；实现工业增加值 2008.0 亿元，其中示范产业 1360.0 亿元；2013 年，基地实现工业总产值 5180.9 亿元，同比增长 3.54%，其中示范产业 372.5 亿元，同比增长 1.82%，实现工业增加值 2110.0 亿元，同比增长 5.08%，其中示范产业 1397.6 亿元，同比增长 2.77%；2013 年工业总产值占全行业比重为 81.2%，占地区比重为 25.7%。2012 年、2013 年广东广州经济技术开发区工业总产值及增加值见表 17、图 9。2013 年广东广州经济技术开发区工业总产值占比情况见表 18。

表 17　2012 年、2013 年广东广州经济技术开发区工业总产值及增加值

	2012 年	2013 年	同比增长（%）
工业总产值（亿元）	5 004.0	5 180.9	3.54
其中：示范产业（亿元）	365.9	372.5	1.82
工业增加值（亿元）	2 008.0	2 110.0	5.08
其中：示范产业（亿元）	1 360.0	1 397.6	2.77

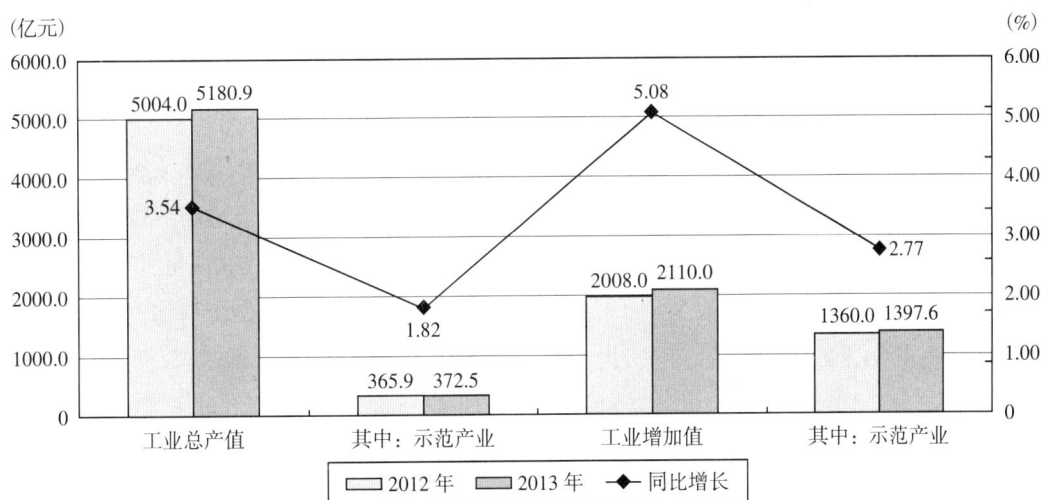

图 9　2012 年、2013 年广东广州经济技术开发区工业总产值及增加值

表 18　2013 年广东广州经济技术开发区工业总产值占比情况

	2013 年	基地占比（%）	其他占比（%）
全行业（亿元）	6 381	81.2	18.8
本地区（亿元）	20 181	25.7	74.3

西南地区

一、重庆

重庆江津工业园区

重庆江津工业园区是重庆市首批确立的 16 家省级工业园区之一，是重庆装备制造产业较为发达和集中的工业园区之一。规划总面积 31.83 平方千米，从业人员 3.76 万人。装备制造业是园区的支柱产业，2009 年完成工业总产值 156.8 亿元，占主体园区工业总产值比重 51.9%。园区内有重庆齿轮箱公司、江津增压器厂、中冶赛迪等一批装备制造龙头企业，内燃机、增压器、齿轮箱、冶金装备等重点产品在国内具有较高知名度和市场占有率。拥有国家技术中心 1 家，省级技术中心 4 家，中国名牌 2 个，重庆名牌 6 个，重庆著名商标 5 件。

通过示范基地创建工作，至 2012 年，工业总产值将达到 600 亿元，工业增加值达到 180 亿元。培育壮大一批装备制造领域的大企业、大集团，促进产业优化升级，增强装备制造产业的核心竞争力，将江津工业园区打造成重庆市乃至国家重要的机械装备制造基地。

2012 年，基地实现工业总产值 712.2 亿元，其中示范产业 470.1 亿元；实现工业增加值 209.5 亿元，其中示范产业 192.2 亿元；2013 年，基地实现工业总产值 916.4 亿元，同比增长 28.67%，其中示范产业 549.8 亿元，同比增长 16.95%，实现工业增加值 251.5 亿元，同比增长 20.05%，其中示范产业 247.4 亿元，同比增长 28.72%；2013 年工业总产值占全行业比重为 1.1%，占地区比重为 15.5%。2012 年、2013 年重庆江津工业园区工业总产值及增加值见表 1、图 1。2013 年重庆江津工业园区工业总产值占比情况见表 2。

表 1 2012 年、2013 年重庆江津工业园区工业总产值及增加值

	2012 年	2013 年	同比增长（%）
工业总产值（亿元）	712.2	916.4	28.67
其中：示范产业（亿元）	470.1	549.8	16.95
工业增加值（亿元）	209.5	251.5	20.05
其中：示范产业（亿元）	192.2	247.4	28.72

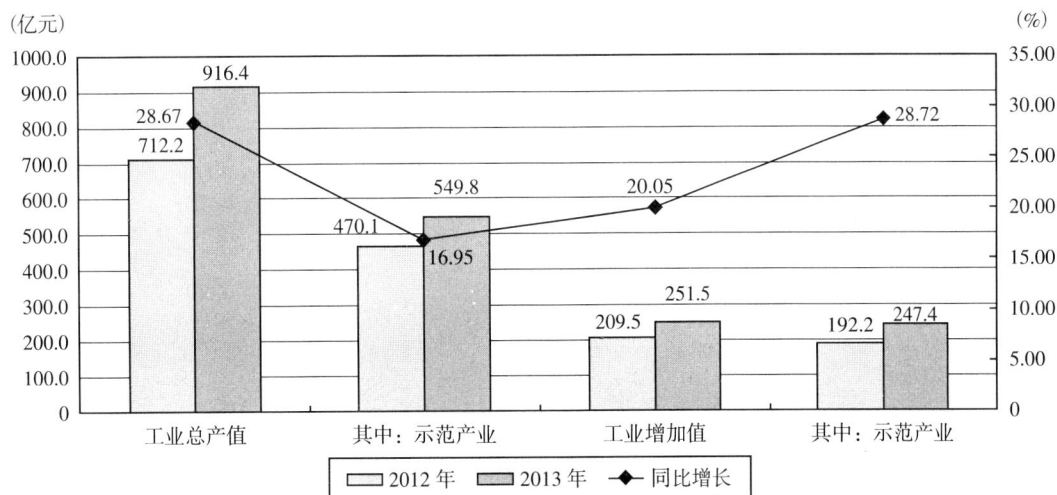

图 1　2012 年、2013 年重庆江津工业园区工业总产值及增加值

表 2　2013 年重庆江津工业园区工业总产值占比情况

	2013 年	基地占比（%）	其他占比（%）
全行业（亿元）	80 716	1.1	98.9
本地区（亿元）	5 916	15.5	84.5

二、四川

（一）德阳重大技术装备制造业示范基地

德阳重大技术装备制造业示范基地（以下简称"示范基地"）规划面积为 114 平方千米，主要企业始建于"三线"建设时期，为全国三大装备制造业基地之一。经过 40 年来的发展，累计生产的水轮发电机组占全国总产量的 1/3，汽轮发电机占 1/4，电站铸锻件占 1/2 以上，大型连铸连轧设备占 1/3，重型锻压设备占 1/5，大型船用锻件占 1/5；石油钻机成套出口能力居全国第一。

依托二重、东电、东汽、东锅、宏华石油等骨干企业，以德阳经济开发区、广汉经济开发区、旌阳区工业集中发展区、小汉机械加工集中区为载体，整合延伸大型发电成套设备、大型冶金成套设备、大型化工成套设备、大型石油钻采设备产业链，实施水电、火电、核电、气电、风电等多电并举，着力推进产业集聚集约集群发展，重大技术装备产业集群初步显现。2009 年，实现工业增加值 199 亿元，增长 17.8%；主营业务收入 556.36 亿元，增长 18.8%；利润总额 35.82 亿元，增长 64%；利税总额 50.37 亿元，增长 42.4%。装备制造业增加值、主营收入、利润、利税分别占全市规模以上工业的比重达到 47.6%、48.6%、45.9%、37.2%。目前，示范基地集中了 1470 余家装备制造企业。其中，规模以上企业 330 户，销售收入上 1 亿元的企业 44 户，为龙头企业配套的中小企业多达 607 家。

目前，基地已初步具备了重大技术装备科研、设计、试验、制造、安装、原材料供应、管理和技术服务的综合产业比较优势，积极构建了以产业链提升产业园区、以产业园区构建产业集群、以产业集群催生特色产业基地的布局模式，形成了骨干企业与配套中小企业关联协作发展格局。

通过示范基地创建，以产业园区为载体，围绕龙头企业的快速发展，加快培育一批配套中小企业，形成以大带小、以小促大的大中小企业协同发展格局。发挥龙头企业的辐射带动作用，引导配套企业按产业链上、下游延伸，通过市场化、专业化的协作，带动配套企业及零部件生产的中小企业向"高、精、特、新、配"方向发展，努力构建产业关联、成链、集聚、集约、合作发展格局，推进工业运行方式集群化、布局方式集聚化、发展方式集约化。坚持以工业化带动信息化，以信息化促进工业化，通过优化资源配置和加大技术创新和技术改造力度，加强产学研用结合，促进原始创新、集成创新和引进消化再创新，突破一批产业关键、共性、平台技术，提升区域产业自主创新水平，提升我国重大技术装备制造业的整体水平和全球市场竞争力，保障国民经济安全。

2012 年，基地实现工业总产值 490.2 亿元，其中示范产业 358.4 亿元；实现工业增加值 124.1 亿元，其中示范产业 124.1 亿元；2013 年，基地实现工业总产值 504.4 亿元，同比增长 2.90%，其中示范产业 390.6 亿元，同比增长 8.98%，实现工业增加值 115.2 亿元，同比下降 7.17%，其中示范产业 115.2 亿元，同比下降 7.17%；2013 年工业总产值占全行业比重为 0.6%，占地区比重为 4.9%。2012 年、2013 年德阳重大技术装备制造业示范基地工业总产值及增加值见表 3、图 2。2013 年德阳重大技术装备制造业示范基地工业总产值占比情况见表 4。

表 3　2012 年、2013 年德阳重大技术装备制造业示范基地工业总产值及增加值

	2012 年	2013 年	同比增长（%）
工业总产值（亿元）	490.2	504.4	2.90
其中：示范产业（亿元）	358.4	390.6	8.98
工业增加值（亿元）	124.1	115.2	−7.17
其中：示范产业（亿元）	124.1	115.2	−7.17

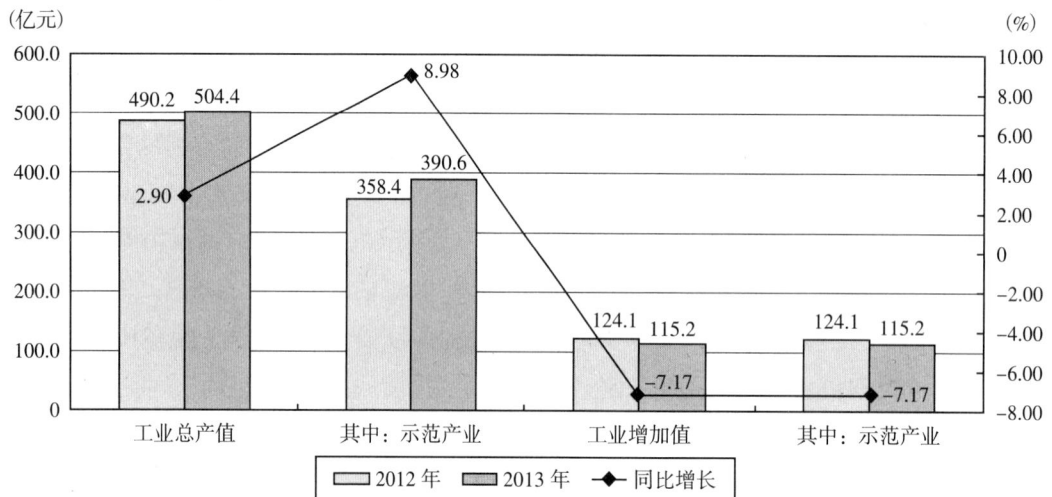

图 2　2012 年、2013 年德阳重大技术装备制造业示范基地工业总产值及增加值

表 4　2013 年德阳重大技术装备制造业示范基地工业总产值占比情况

	2013 年	基地占比（%）	其他占比（%）
全行业（亿元）	80 704	0.6	99.4
本地区（亿元）	10 204	4.9	95.1

（二）绵阳科技城

绵阳科技城位于四川省西北部，建成城区面积 80 平方千米，城市人口 80 万人。拥有中国工程物理研究院、中国空气动力研究与发展中心、中国燃气涡轮研究院等为代表的国防科研院所 18 家，西南科技大学、绵阳师范学院等高等院校 12 所，两院院士 26 名，各类专业技术人才 17 万人，享受政府特殊津贴有突出贡献专家 800 多名，是中国重要的国防军工、科研生产和人才基地。

绵阳科技城的军民结合产业始于 1975 年，起步早，总量大。2009 年，绵阳科技城军民融合企业实现销售收入近 600 亿元，有军民融合式企业 100 余家，在数字视听、空气动力学、航空发动机、核物理与放射化学、控制爆破、雷达、航管、通信技术、传感技术、计算机技术、遥测遥控机电一体化、特种和新型材料、专用设备及生产线设计制造

等众多领域都代表了我国的最高技术水平，军转民企业蓬勃发展，军民两用高新技术产业链正逐步形成。其中电子信息产业地位突出，2009 年全市电子信息产业规模以上企业主营业务收入 400.2 亿元，占全市规模以上工业总产值的 38%。绵阳的军民结合产业在数字化家用电器技术、核应用技术、空气动力学、应用磁学、PDP 平面显示技术、有线电视技术与设备、特种探测技术与装备、激光应用技术、电工绝缘材料等近百项高新技术处于国内领先地位，代表着我国乃至世界先进水平。

绵阳科技城创建国家新型工业化示范基地，推进以军民融合为特色、以自主创新为核心的军民两用高新技术产业发展，在军民融合路径模式探索、产业发展、科技成果转化、两化融合、灾后重建等方面具有非常突出的示范意义。

（三）四川自贡高新区

自贡市地处我国西南，有着两千多年的制盐历史，成为"井盐之都"。到近现代工业崛起，已经逐步形成了以盐化工、新材料、机械装备研发制造为特色的新型工业体系。自贡生产的井矿盐占全国的 1/3；生产的硼、钾、溴、碘、两碱等产品曾填补了我国化工产品的空白；生产的盐深加工产品占

全国总量的 50%；生产的发电锅炉、数控机床、高分子材料、硬质合金、焊接材料等享誉国内外的知名产品，为民族工业发展提供了重要基础。

自贡市机械工业依靠维修制盐设备起步，通过国家"三线"建设不断壮大产业规模，已经成为四川省重大技术装备研发生产基地。目前，自贡已形成以城市固体废弃物治理、工业和生活污水治理、大气污染治理、新能源及清洁能源四大门类为主体的节能环保装备产品。2011 年，全市节能环保重点产品为主的重大技术装备产业实现主营业务收入580 亿元。

2012 年，基地实现工业总产值 351.70 亿元，其中示范产业 205.10 亿元；实现工业增加值 145.12 亿元，其中示范产业 110.80 亿元；2013 年，基地实现工业总产值 425.70 亿元，同比增长 21.04%，其中示范产业 290.50 亿元，同比增长 41.64%，实现工业增加值 207.70 亿元，同比增长 43.12%，其中示范产业 144.40 亿元，同比增长 30.32%；2013年工业总产值占全行业比重为 0.5%，占地区比重为 4.2%。2012 年、2013 年四川自贡高新区工业总产值及增加值见表 5、图 3。2013 年四川自贡高新区工业总产值占比情况见表 6。

表 5　2012 年、2013 年四川自贡高新区工业总产值及增加值

	2012 年	2013 年	同比增长（%）
工业总产值（亿元）	351.70	425.70	21.04
其中：示范产业（亿元）	205.10	290.50	41.64
工业增加值（亿元）	145.12	207.70	43.12
其中：示范产业（亿元）	110.80	144.40	30.32

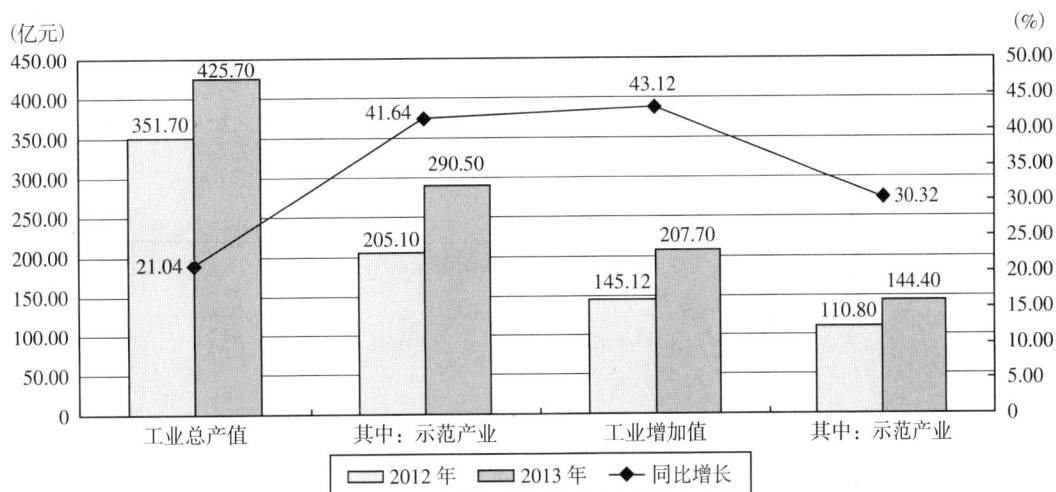

图 3　2012 年、2013 年四川自贡高新区工业总产值及增加值

表6　2013年四川自贡高新区工业总产值占比情况

	2013年	基地占比（%）	其他占比（%）
全行业（亿元）	80 726	0.5	99.5
本地区（亿元）	10 226	4.2	95.8

三、贵州

贵阳高新技术产业开发区

贵阳高新区位于贵州省贵阳市城区北部，是黔中经济区的核心区域，交通物流条件较为完善，是1992年经国务院批准为国家级高新技术产业开发区，是全国89个国家级高新区及工业园区之一，也是贵州省唯一的国家级高新区，现已初步形成"一区三园"的发展格局，形成了新材料、新能源、先进制造、生物医药、电子信息等主导产业。

贵阳高新区共拥有工程中心和企业技术中心67家，其中国家级中心4家，省级中心35家；2011年实现工业总产值500亿元，比上年增长31.6%，固定资产投资105亿元，比2010年增长34.6%；为就业创业人员提供就业岗位11.3万个。

新材料产业基地位于贵阳高新区沙文生态科技产业园南部，规划面积2.31平方千米，该基地将以锂离子动力电池及储能电池关键材料为产业核心，配套发展电子信息材料产业和高性能轻质合金材料产业。以锂电电池足、锂电管理系统、驱动电机、双电源系统为核心的电动汽车技术领域已有4项关键技术为辖区企业掌握，还集聚了一批高强度铝合金材料、功能性材料及高分子材料的生产企业，基本具备了整合以锂离子电池为核心的产业配套能力。目前，投资30亿元中航工业贵阳产业基地、投资40亿元的中国电子工业集团振华新材料基地已落户贵阳高新区沙文生态科技产业园，为发展新材料产业打下了坚实基础。

2012年，基地实现工业总产值1 200.0亿元，其中示范产业220.0亿元；实现工业增加值350.0亿元，其中示范产业330.0亿元；2013年，基地实现工业总产值1 400.0亿元，同比增长16.67%，其中示范产业254.8亿元，同比增长15.82%，实现工业增加值480.0亿元，同比增长37.14%，其中示范产业364.0亿元，同比增长10.30%；2013年工业总产值占全行业比重为3.2%，占地区比重为46.7%。2012年、2013年贵阳高新技术产业开发区工业总产值及增加值见表7、图4。2013年贵阳高新技术产业开发区工业总产值占比情况见表8。

表7　2012年、2013年贵阳高新技术产业开发区工业总产值及增加值

	2012年	2013年	同比增长（%）
工业总产值（亿元）	1 200.0	1 400.0	16.67
其中：示范产业（亿元）	220.0	254.8	15.82
工业增加值（亿元）	350.0	480.0	37.14
其中：示范产业（亿元）	330.0	364.0	10.30

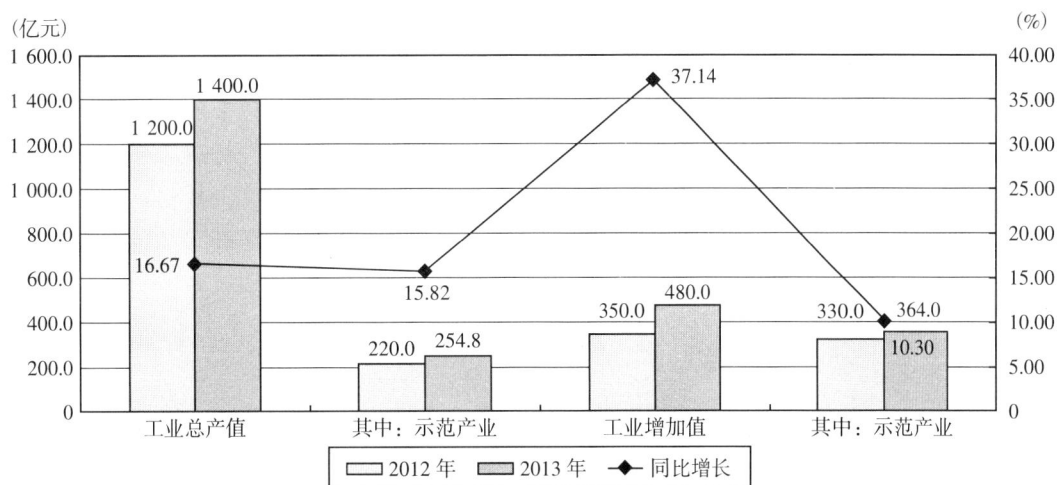

图4　2012年、2013年贵阳高新技术产业开发区工业总产值及增加值

表8　2013年贵阳高新技术产业开发区工业总产值占比情况

	2013年	基地占比（%）	其他占比（%）
全行业（亿元）	43 200	3.2	96.8
本地区（亿元）	3 000	46.7	53.3

四、云南

昆明经济技术开发区

昆明经开区军民结合国家新型工业化产业示范基地以已建成的光电子产业基地、昆船工业园、航天工业园为核心区，以昆明海口、民爆集团下属各基地为辐射区，基地总规划面积5平方千米。

示范基地内现有工业企业56户，其中，军民结合及其产业链关联企业22户，占现有工业企业总数的39.27%；规模以上工业企业28户，其中规模以上军民企业17户，占现有规模以上工业企业总数的60.71%。到2010年，示范基地总产值、民品产值、工业增加值、利税分别为128.98亿元、97.25亿元、45.2亿元、5.26亿元，与2005年相比，平均增长18.3%、15.6%、22.4%、23.8%，增速明显高于其他产业。

2012年，基地实现工业总产值356.00亿元，其中示范产业128.76亿元；实现工业增加值178.51亿元，其中示范产业102.84亿元；2013年，基地实现工业总产值519.44亿元，同比增长45.91%，其中示范产业177.00亿元，同比增长37.47%，实现工业增加值256.63亿元，同比增长43.76%，其中示范产业157.94亿元，同比增长53.58%；2013年工业总产值占全行业比重为3.8%，占地区比重为15.6%。2012年、2013年昆明经济技术开发区工业总产值及增加值见表9、图5。2013年昆明经济技术开发区工业总产值占比情况见表10。

表9　2012年、2013年昆明经济技术开发区工业总产值及增加值

	2012年	2013年	同比增长（%）
工业总产值（亿元）	356.00	519.44	45.91
其中：示范产业（亿元）	128.76	177.00	37.47
工业增加值（亿元）	178.51	256.63	43.76
其中：示范产业（亿元）	102.84	157.94	53.58

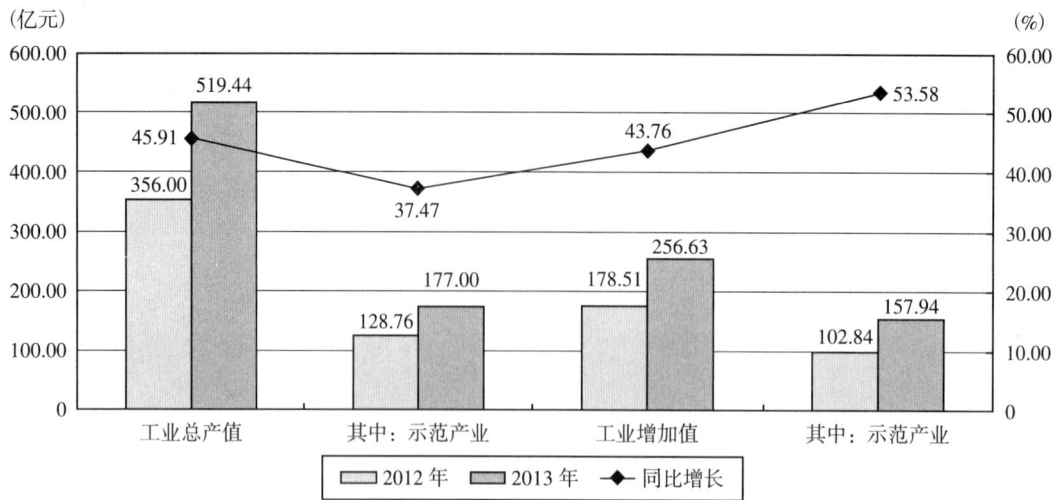

图5　2012年、2013年昆明经济技术开发区工业总产值及增加值

表10　2013年昆明经济技术开发区工业总产值占比情况

	2013年	基地占比（%）	其他占比（%）
全行业（亿元）	13 519	3.8	96.2
本地区（亿元）	3 319	15.6	84.4

西北地区

一、宁夏

（一）宁夏石嘴山市

石嘴山经济开发区规划面积 40.6 平方千米，分南、北两个区域。主要依托开发区内中色（宁夏）东方集团公司、天地奔牛集团、天地西北煤机制造有限公司、三一骏马煤矿电机制造有限公司等大中型企业重点发展新材料、机械制造、特种汽车制造和太阳能光伏产业等两大产业。

石嘴山经济开发区内新材料产业发展逐步形成规模和重要影响力。辖区新材料产业规模以上企业 10 家。2009 年国家科技部授予中色（宁夏）东方集团国家"国际科技合作基地"称号。同时，该集团集中了国内一大批钽、铌、铍冶炼、加工领域里的技术专家，拥有很强的研究、开发、设计与施工能力，有很强的持续性开发和创新能力，始终保持在行业中的技术领先地位。主要产品包括钽粉、钽丝、钽板、带材及制品、钽铌电容器等 34 个系列产品，其中 23 个系列产品属新材料或用于高新技术产品领域，已成为我国国防、核能、宇航、电子、冶金和化工等高新技术领域极为重要的新材料生产供应基地。产品品牌优势明显，产品 95% 以上出口国外。该厂利用技术、资金及原材料优势，引进开发和扩大钽系列下游产品，产品质量居国际先进水平。电容器级钽粉、钽丝产销量国内排名第一，市场占有率近 70%；铍材料占据国内垄断地位。其主导产品钽粉、钽丝分别占世界市场份额的

40%、60%。宁夏华亿镁业有限公司年产镁合金 5 万吨建成达产后，正常年产品生产成本 78750 万元，年实现不含税销售收入 105000 万元，应交增值税 3911 万元，税后年利润 6300 万元。

金属新材料"示范基地"的建成具有重要的示范意义。一是进一步强化了高技术产业链薄弱环节，促进产业链及产业集群的形成和发展。二是有效地推动产业链向上下游延伸和壮大。开发国外稀有金属矿产资源作为产业链起点，有效利用国内稀有矿产资源，保证原料及时供应；加强太西煤原材料开采限制，强化镁合金及其制品研发。三是以冶炼、精深加工为主线，发展高比容钽粉细直径钽丝，高档汽车用发动机镁合金外壳、家用饰物活性炭、航天航空用炭素、碳化硅产品。使新材料加工达到国际领先水平，实现技术经济双赢战略目标。四是开发国家科学超导腔用铌材、铌钛超导材料、电光源用铌材、化工防腐装备用铌基合金材、火箭发动机用铌基合金材等新材料。五是培育新的经济增长点，对西部欠发达地区产业结构调整和优化升级具有重要示范作用。

（二）银川经济技术开发区

银川经济技术开发区经国务院批准于 2001 年 7 月 27 日成立，与银川高新技术产业开发区实行"一套机构、两块牌子"的运行模式，享有省级经济管理权限，规划面积 35 平方千米，远期控制面积 150.86 平方千米。

截至 2011 年底，银川开发区共有各类企业 2810 家，其中工业企业 391 家，规模以上企业 51

家，高新技术企业 20 家，占全区高新技术企业总数的 54%。拥有宁夏装备制造院士专家工作站、宁夏装备制造业技术服务与质量检验检测服务平台、宁夏风电设备工程技术研究中心、宁夏硅材料工程技术研发中心、宁夏新能源研究院等一批创新平台。2011 年实现工业总产值 206 亿元，工业增加值

64 亿元，比 2010 年同期相比均增长 22%，成为带动宁夏经济快速发展的示范区。2012 年、2013 年银川经济技术开发区工业总产值及增加值见表 1、图 1。2013 年银川经济技术开发区工业总产值占比情况见表 2。

表 1　2012 年、2013 年银川经济技术开发区工业总产值及增加值

	2012 年	2013 年	同比增长（%）
工业总产值（亿元）	235.0	275.0	17.02
其中：示范产业（亿元）	55.5	51.0	−8.11
工业增加值（亿元）	108.0	124.0	14.81
其中：示范产业（亿元）	67.0	77.7	15.97

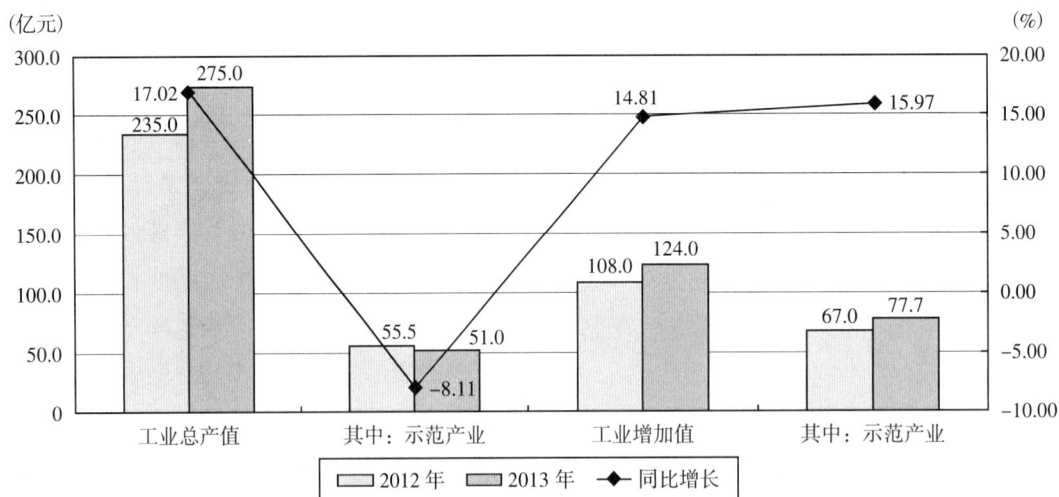

图 1　2012 年、2013 年银川经济技术开发区工业总产值及增加值

表 2　2013 年银川经济技术开发区工业总产值占比情况

	2013 年	基地占比（%）	其他占比（%）
全行业（亿元）	80 500.0	0.30	99.7
本地区（亿元）	472.7	36.8	63.2

二、新疆

（一）新疆乌鲁木齐经济技术开发区

乌鲁木齐国家装备制造（能源装备）新型工业化产业示范基地的定位是以乌鲁木齐经济技术开发区风电产业园为支点，以新疆金风科技股份有限公司（以下简称"金风科技"）风机制造为龙头，完善与提升乌鲁木齐风机配套制造业，形成风电装备制造业技术创新活动的集聚区，建设成为"立足

新疆、面向国内、辐射中亚"的高水平现代化能源装备制造业基地、科技研发与科技成果转化基地、风电设备应用试验基地，成为推动新疆区域经济发展的重要力量。

目前，风电产业园规划使用面积 1733 亩，其中，已投入使用面积 873 亩。相继引进了丹麦艾尔姆、羲之翔风电设备、汇通风能、鑫风安装、金达坂、新能钢构、天运物流等一批风电配套企业进驻园区。初步形成了集聚新疆大学、新疆农业大学等科研机构，新疆生产力促进中心等科技中介服务机

构，国家风力发电工程技术研究中心等研发平台，新疆上海科技合作基地、新疆国家大学科技园等科技企业孵化器与以金风科技为龙头的风电装备制造企业、风电装备运输企业、风力发电企业紧密结合的风电领域区域创新体系。

2009 年，风电产业园实现工业总产值 142 亿元，比 2008 年增长 87%；工业增加值 39 亿元，增长 154%。

新型工业化基地的建设将高起点推动风电装备制造业快速发展，带动区域经济产业结构调整优化，在零部件配套生产及风电服务业领域带来拉动效应，特别将对新疆钢铁、信息技术、运输等产业结构升级改造产生推动优化作用。

在加快风电产业园开发建设的同时，开发区与

乌鲁木齐市达坂城区签订了战略合作框架协议，全力打造"中国风谷"。新型工业化基地建设将有利于整合发挥金风科技制造业龙头企业优势与达坂城区独特风资源优势，在推进振兴新疆风电产业全面发展方面起到重要作用。

金风科技连续十年实现持续高速超常规发展，带动了国内风电设备制造业发展，改变了国外厂商占据中国风电设备市场主导地位的局面，为发展民族风电设备制造业，也为新疆装备制造业发展做出了重大贡献。2012 年、2013 年新疆乌鲁木齐经济技术开发区工业总产值及增加值见表 3、图 2。2013 年新疆乌鲁木齐经济技术开发区工业总产值占比情况见表 4。

表 3　2012 年、2013 年新疆乌鲁木齐经济技术开发区工业总产值及增加值

	2012 年	2013 年	同比增长（%）
工业总产值（亿元）	813.3	1 002.7	23.29
其中：示范产业（亿元）	109.8	146.1	33.06
工业增加值（亿元）	62.1	156.5	152.05
其中：示范产业（亿元）	47.1	71.1	50.74

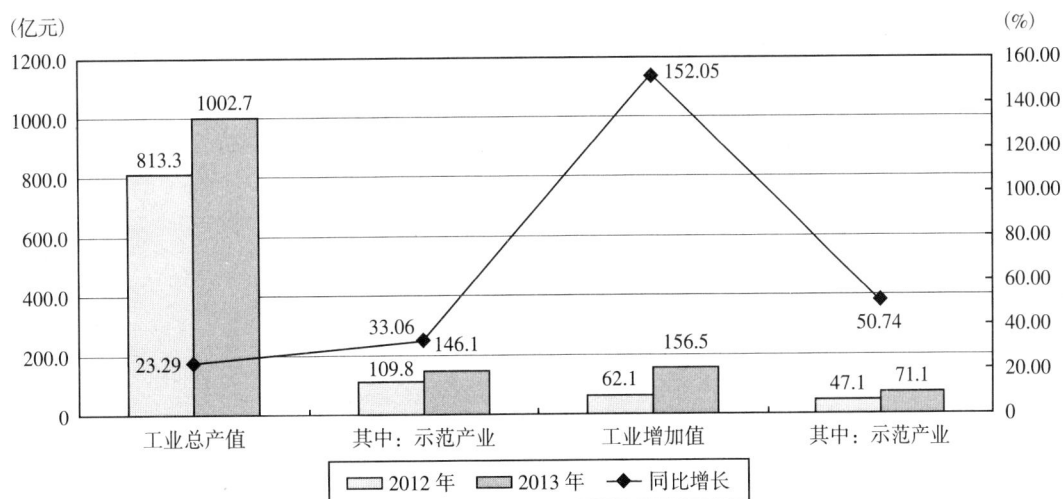

图 2　2012 年、2013 年新疆乌鲁木齐经济技术开发区工业总产值及增加值

表 4　2013 年新疆乌鲁木齐经济技术开发区工业总产值占比情况

	2013 年	基地占比（%）	其他占比（%）
全行业（亿元）	79 700	1.2	98.8
本地区（亿元）	1 700	37.1	62.9

（二）乌鲁木齐高新技术产业开发区

乌鲁木齐高新区在发展太阳能光伏产业方面拥

有资源、能源、科技、人才和产业等多方面的优势。新疆的煤炭、硅矿产、太阳能等资源丰富，同

时靠近电力线路和负荷中心的荒漠，是建设大型荒漠光伏并网电站、建立绿色太阳能电力输出基地的优选区域。

目前新疆已建成工业硅加工基地和煤电煤化工产业带，这些能源产业的发展为光伏产业的快速发展奠定了基础。近年来，新疆光伏产业发展迅速，在一些关键领域取得突破，研发和自主创新能力不断提高，培养出了一批具备自主知识产权和自主品牌的骨干龙头企业。乌鲁木齐高新区的高新技术企业拥有量占整个自治区的52.1%，占乌鲁木齐市的

80%以上。新疆光伏产业的大规模建设、产业化生产、应用技术已日趋成熟，可实现整个光伏产业链和系统内部的封闭运行，光伏产业已发展成为新疆的优势产业。

建设乌鲁木齐电子信息（太阳能光伏）产业示范基地，有利于新疆产业结构调整和优势资源转化，带动新疆加快实现跨越式发展和长治久安。2012年、2013年乌鲁木齐高新技术产业开发区工业总产值及增加值见表5、图3。2013年乌鲁木齐高新技术产业开发区工业总产值占比情况见表6。

表5 2012年、2013年乌鲁木齐高新技术产业开发区工业总产值及增加值

	2012年	2013年	同比增长（%）
工业总产值（亿元）	338.0	437.0	29.29
其中：示范产业（亿元）	63.0	70.0	11.11
工业增加值（亿元）	53.7	57.5	7.18
其中：示范产业（亿元）	20.3	36.0	77.08

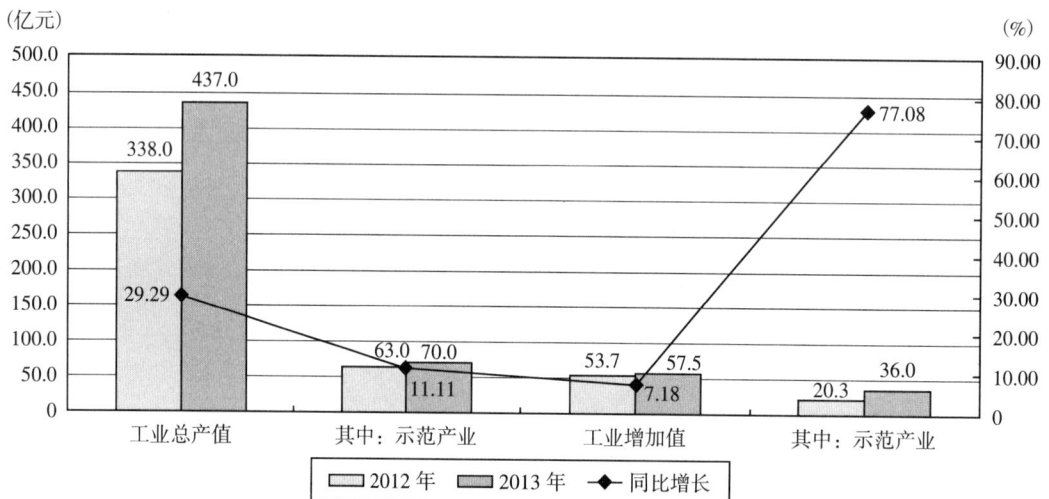

图3 2012年、2013年乌鲁木齐高新技术产业开发区工业总产值及增加值

表6 2013年乌鲁木齐高新技术产业开发区工业总产值占比情况

	2013年	基地占比（%）	其他占比（%）
全行业（亿元）	65 100	0.7	99.3
本地区（亿元）	2 200	16.8	83.4

（三）新疆昌吉高新区

昌吉国家高新区于2001年经自治区人民政府批准为省级高新区，2010年9月经国务院批准为国家级高新区，全区远景规划面积126平方千米，分建成区、扩建区和规划区三大区域。经过多年持续不断的大投入、大建设、大发展，能源装备制造、

新能源新材料、生物科技三大主导产业迅速呈现集聚发展态势，成为昌吉州乃至新疆行业发展的中流砥柱，昌吉国家高新区已成为昌吉州实现跨越发展战略的主阵地、对外开放的大窗口、高新技术产业兴起的新舞台。

2011年实现工业总产值170.17亿元，工业增

加值 47.33 亿元，工业固定资产投资 45.71 亿元。辖区现有各类企业 127 家，其中世界和中国 500 强企业 5 家、上市公司 10 家，高新技术企业 10 家。近几年先后获得国家输变装备高新技术产业化基地、国家现代节水材料高新技术产业化基地、国家农副产品加工示范基地、新疆"循环经济试点园区"、新疆十佳工业园区等荣誉称号。2012 年、2013 年新疆昌吉高新区工业总产值及增加值见表 7、图 4。2013 年乌鲁木齐高新技术产业开发区工业总产值占比情况见表 8。

表 7　2012 年、2013 年新疆昌吉高新区工业总产值及增加值

	2012 年	2013 年	同比增长（%）
工业总产值（亿元）	150.4	172.3	14.59
其中：示范产业（亿元）	67.6	83.0	22.78
工业增加值（亿元）	37.6	39.6	5.51
其中：示范产业（亿元）	35.9	39.6	5.51

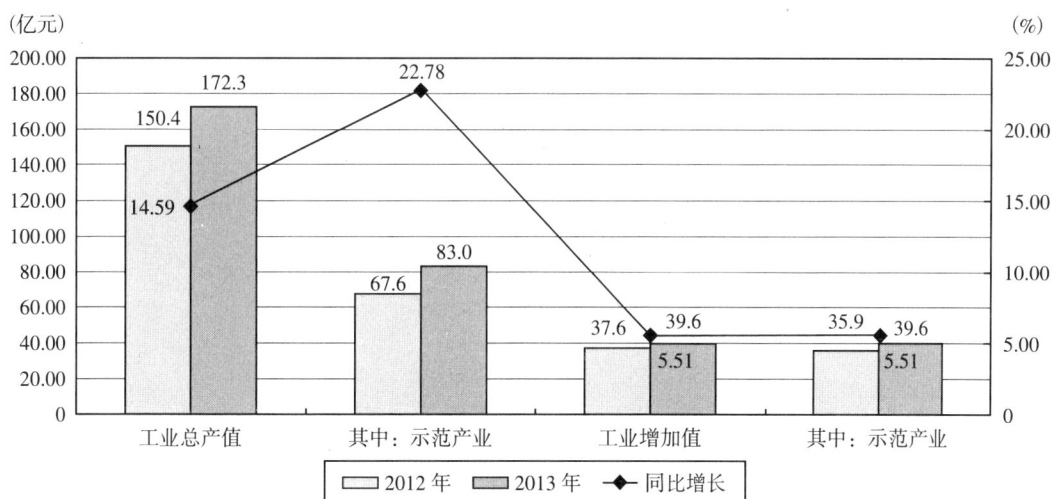

图 4　2012 年、2013 年新疆昌吉高新区工业总产值及增加值

表 8　2013 年乌鲁木齐高新技术产业开发区工业总产值占比情况

	2013 年	基地占比（%）	其他占比（%）
全行业（亿元）	80 600	0.2	99.8
本地区（亿元）	2 500	6.4	93.6

成就篇

中国能源装备
优秀人物/企业

第二届(2014)
领军人物

王计

中国东方电气集团公司董事长、党委书记

中国能源装备

终身成就人物

陆燕荪
原机械工业部副部长

隋永滨
中国机械工业联合会原总工程师

孙昌基
原国家机械工业局副局长

第二届(2014)

十大优秀

焦承尧

郑州煤矿机械集团股份
有限公司董事长

张克斌

太重煤机有限公司
总经理

宫晶堃

哈尔滨电气
集团公司董事长

郭忠万

大庆油田装备
制造公司总经理

任洪斌

中国机械工业集团
有限公司董事长

中国能源装备

管理者

黄迪南
上海电气（集团）
总公司董事长

印建安
陕西鼓风机（集团）
有限公司董事长

肖世杰
南瑞集团公司
总经理

杨汉立
南阳二机石油装备(集团)
有限公司董事长

南存辉
正泰集团股份有限公司
董事长

中国能源装备

优秀 人物
优秀 企业
优秀 产品

第二届(2014)

杰出贡献企业

国家电网公司
STATE GRID
CORPORATION OF CHINA

中广核 CGN
核能 中广核工程有限公司
Nuclear Power China Nuclear Power Engineering Co.,Ltd.

中国寰球工程公司
CHINA HUANQIU CONTRACTING & ENGINEERING CORP.

中国能源装备

十强产业园区

- ● 德阳重大技术装备制造业示范基地
- ● 上海临港装备产业区
- ● 中煤张家口煤机装备产业园
- ● 天津临港经济区
- ● 扬子江装备制造产业园
- ● 齐齐哈尔装备制造产业园
- ● 沈阳经济技术开发区
- ● 南京江宁经济技术开发区
- ● 酒泉经济技术开发区
- ● 盘锦高新技术产业开发区

第二届(2014)

十大自主创新企业

江苏银环精密钢管股份有限公司
JIANGSU YINHUAN PRECISION STEEL PIPE CO., LTD.

哈电集团
哈尔滨汽轮机厂有限责任公司
HARBIN TURBINE COMPANY LIMITED

DEC
东方电气
DONGFANG ELECTRIC
东方锅炉股份有限公司
DONGFANG BOILER GROUP CO., LTD.

兰州兰石重型装备股份有限公司

国家电网
STATE GRID
平高集团有限公司
PINGGAO GROUP CO.,LTD.

中国一重
CFHI
中国第一重型机械股份公司

沈阳鼓风机集团股份有限公司

杭氧
HangYang
杭州杭氧股份有限公司

CME
中国煤矿机械装备有限责任公司

JHM
大连金州重型机器有限公司
DALIAN JINZHOU HEAVY MACHINERY COMPANY LIMITED

中国能源装备

十佳民企

SANYI

三一重装国际控股有限公司

杰瑞集团

烟台杰瑞石油服务集团股份有限公司

KERUI
科瑞控股集团

山东科瑞控股集团有限公司

上上

江苏上上电缆集团有限公司

天能集团
TIANNENG GROUP

凯泉集团

上海凯泉泵业(集团)有限公司

中国·晶龙

晶龙实业集团有限公司

TBEA 特变电工
Always Reliable 全球信赖

特变电工股份有限公司

Sieyuan® 思源电气

思源电气股份有限公司

浙江菲达环保科技股份有限公司

国家能源科技进步奖

2012 年国家能源科学技术进步奖

2012 年国家科学技术进步奖终审评审结果（能源项目）

序号	项目名称	主要完成单位	主要完成人
		一等奖（28 项）	
1	±800 千伏超大容量特高压直流输电关键技术研发、成套设备研制和工程应用	国家电网公司、中国电力科学研究院、国网北京经济技术研究院、中国电力工程顾问集团公司、西安西电电力系统有限公司、特变电工沈阳变压器集团有限公司、保定天威保变电气股份有限公司、许继集团有限公司、北京电力设备总厂、南京南瑞继保电气有限公司	刘振亚、舒印彪、郑宝森、刘泽洪、印永华、马为民、高理迎、宿志一、陆家榆、汪建平、肖安全、冷勇、宓传龙、张喜乐、张望
2	交直流电力系统多时间尺度全过程仿真建模、软件开发及工程应用	中国电力科学研究院	汤涌、宋新立、刘文焯、侯俊贤、马世英、卜广全、濮钧、陶向红、仲悟之、吴国旸、陶向宇、李文峰、王毅、刘涛、叶小晖
3	直流融冰技术研发与应用	南方电网科学研究院有限责任公司、南京南瑞继保电气有限公司、贵州电力试验研究院、中国电力工程顾问集团西南电力设计院	傅闯、饶宏、李立涅、黎小林、田杰、赵立进、陈松林、吴怡敏、许楷楷、马晓红、张翔、陈赤汉、余波、赵森林、张迅
4	农村电网智能化关键技术研究及示范工程建设	中国电力科学研究院、陕西省电力公司、浙江省电力公司、天津市电力公司、安徽省电力公司、辽宁省电力有限公司、山东电力集团公司	盛万兴、王金宇、孙军平、杨红磊、王金丽、范闻博、梁英、宋祺鹏、李二霞、姜建钊、樊明华、李宁、许保平、史常凯、王利
5	超大型冷却塔整合设计研究	中国电力工程顾问集团公司、电力规划设计总院、中国电力工程顾问集团西北电力设计院、中国电力工程顾问集团华北电力设计院工程有限公司、中国电力工程顾问集团西南电力设计院	陆国栋、姚友成、王宝福、唐勇、徐海云、杨平正、刘志刚、李绍仲、侯宪安、王欣刚、廖内平、薛莉、石诚、杨迎哲、刘楠
6	600℃超超临界锅炉关键材料特性研究及工程应用	西安热工研究院有限公司、华能沁北电厂、华能国际电力有限公司玉环电厂	周荣灿、唐丽英、张红军、于在松、郭岩、范长信、刘鸿国、周亮、颜廷学、李法众
7	600 兆瓦超临界高水分褐煤配中速磨新型锅炉自主研发与应用	北京国华电力有限责任公司、内蒙古国华呼伦贝尔发电有限公司、哈尔滨锅炉厂有限责任公司、中国电力工程顾问集团西北电力设计院、神华国华（北京）电力研究院有限公司、内蒙古自治区电力科学研究院、长春发电设备总厂、黑龙江省电力科学研究院	陈寅彪、袁丁、陈福春、郭征、张彦军、黄立、李健、孙新峰、孟宪彬、耿群、任世杰、廖海燕、钟晓春、束继伟、李战国
8	岭澳核电二期工程堆芯核设计创新与实践	中国核动力研究设计院	周金满、吴磊、王丹、李庆、卢宗健、张文其、张廷祥、李冬生、咸春宇、刘晓黎、陈亮、李向阳、刘启伟、强胜龙、于颖锐
9	中国实验快堆役前检查技术研究	核动力运行研究所、中核武汉核电运行技术股份有限公司、中国原子能科学研究院	周大禹、吴水金、聂勇、廖述圣、万欣、桂正、左畅、崔坤亮、高谊、张忠虎、李生、何虹
10	高混凝土面板堆石坝施工关键技术研究与应用	中国水利水电第七工程局有限公司、中国水利水电第十二工程局有限公司、中国水利水电第十五工程局有限公司、中国水利水电建设股份有限公司	宗敦峰、向建、李秋生、何小雄、刘经彪、常焕生、严大顺、张胜利、鲁电、范亦农、李中方、伍夕国、王建峰、劳俭翁、赵海洋

续表

序号	项目名称	主要完成单位	主要完成人
11	深埋高水头水工隧洞围岩稳定控制关键技术	中国水电顾问集团华东勘测设计研究院、雅砻江流域水电开发有限公司、浙江中科依泰斯卡岩石工程研发有限公司、中国科学院武汉岩土力学研究所	张春生、曾雄辉、冯夏庭、侯靖、陈祥荣、王坚、吴旭敏、刘宁、褚卫江、张忠伟、潘益斌、朱焕春、周辉、张传庆、张洋
12	电网友好型光伏并网逆变技术及产业化	阳光电源股份有限公司（原合肥阳光电源有限公司）、合肥工业大学	曹仁贤、赵为、张兴、陶磊、陶高周、杨淑英、谢震、倪华、梅晓东、孙龙林、王付胜、李浩源、胡兵、张彦虎、刘芳
13	6兆瓦双馈海上风力发电机组设计开发与工程实践	国电联合动力技术有限公司、国电潍坊风力发电有限公司	张滨泉、刘东远、孙黎翔、冯健、张启应、苏相河、代海涛、蔡安民、潘磊、韩锐、王海龙、杨怀宇、李强、梁超、王明全
14	大型风电并网运行与试验检测关键技术及应用	中国电力科学研究院、中电普瑞张北风电研究检测有限公司、中电普瑞科技有限公司、吉林省电力有限公司	王伟胜、刘纯、秦世耀、迟永宁、李庆、冯双磊、黄越辉、王瑞明、王勃、郑太一、李琰、薛扬、沈宗岩、雷晰、李金元
15	西气东输二线工程用X80高钢级大口径焊管开发	宝鸡石油钢管有限责任公司	白功利、杨忠文、毕宗岳、苏琦、牛辉、牛虎乾、刘耀民
16	第三代核电AP1000主管道成套设备研制	二重集团（德阳）重型装备股份有限公司	刘志颖、宋树康、杨建辉、邓林涛、王涛、程巩固、陈红宇、郑建能、陈刚、杜军毅、刘红梅、周旭
17	±1100千伏特高压直流工程用设备关键试验技术研究及试验能力建设	西安高压电器研究院有限责任公司	张小勇、姚斯立、许钣、刘朴、李强、胡治龙、刘平、党原、张长春、李博、黄嘉东
18	新型多功能深水半潜式支持平台关键设计与建造技术研究及应用	烟台中集来福士海洋工程有限公司	滕瑶、赵晖、李磊、贺昌海、闫永军、韩华伟、王寿军、张工、韩荣贵、王媛媛、王波、李平、汤建锋、张辉、于长江
19	大采高综放开采工艺技术研究	大同煤矿集团有限责任公司、天地科技股份有限公司、中国矿业大学（北京）、安徽理工大学	于斌、闫少宏、吴永平、王家臣、谢广祥、毛德兵、张有喜、杨智文、郭金刚、金智新、宋金旺、王爱国、徐刚、周建峰、刘锦荣
20	深厚表土层高地应力条件地面钻井卸压瓦斯抽采成套技术及工程应用	淮南矿业（集团）有限责任公司、安徽理工大学	李平、刘泽功、方良才、汪敏华、张士环、黄晖、秦永洋、曹承平、童碧、白国基
21	立井冻结温度场发展规律研究与应用	中国矿业大学、中煤邯郸特殊凿井有限公司、中煤第五建设有限公司第三工程处、中煤特殊凿井（集团）有限责任公司、兖矿新陆建设发展有限公司	宋雷、王永友、任彦龙、张健、韩涛、曹化春、张驰、王继全、李锐志、孙佳燕
22	千米埋深高效综放开采技术及设备配置的研究	山东新巨龙能源有限责任公司、中国矿业大学（北京）	王乃国、王家臣、董升平、孙广京、杨胜利、李杨、李爱民、张治高、卢诗祥、孔庆宏
23	晋城矿区石灰岩顶板直覆条件下无煤柱沿空留巷围岩控制理论与关键技术	山西晋城无烟煤矿业集团有限责任公司、晋城蓝焰煤业股份有限公司凤凰山矿、煤矿瓦斯治理国家工程研究中心、中国矿业大学、山西晋煤集团技术研究院有限责任公司	李永浍、张农、姜铁明、刘冠学、李鸿双、薛俊华、赵学斌、都海龙、张广云、韩昌良
24	第三系含水层下白垩系特厚煤层综放安全采煤技术	中国矿业大学（北京）、内蒙古多伦协鑫矿业有限责任公司	许延春、王汉峰、王永信、曹光明、张冰、李志刚、李江华、宋贺东、周涛垠、王潇、刘世奇、丁鑫品、张坤、尤舜武、罗亚麒
25	延长油田特低渗透油藏提高采收率技术研究与应用	陕西延长石油（集团）有限责任公司研究院、中国石油大学（华东）、中国石油大学（北京）	王香增、蒲春生、高瑞民、刘同敬、王书宝、侯吉瑞、洪玲、倪军、江绍静、王成俊、曲建山、王前荣、杨永超、黄春霞、李世强

续表

序号	项目名称	主要完成单位	主要完成人
26	多功能化系列重油催化裂化催化剂的研制与国际市场开拓	中国石油天然气股份有限公司石油化工研究院、中国石油天然气股份有限公司兰州石化公司、中国石油天然气股份有限公司大连石化分公司、中国石油天然气股份有限公司锦西石化分公司、广西东油沥青有限公司	高雄厚、李家民、谭争国、李强、吴宇、李雪礼、孙宴明、曹万银、汪毅、蔡进军、王宝杰、钱勇、尹九冬、马燕青、侯凯军
27	阿姆河右岸盐下碳酸盐岩天然气勘探技术与重大发现	中石油阿姆河天然气勘探开发（北京）有限公司、中国石油天然气勘探开发公司、中国石油勘探开发研究院、中国石油集团川庆钻探工程有限公司、中国石油集团东方地球物理勘探有限责任公司	吕功训、刘合年、邓民敏、吴蕾、张本全、薛良清、张兴阳、费怀义、刘廷富、邓常念、史卜庆、杨福忠、李虹、何新贞、郭同翠
28	油气杆管柱与井下工具力学行为研究及应用	西南石油大学、清华大学、燕山大学、中国石油天然气股份有限公司冀东油田分公司钻采工艺研究院、中海油研究总院	刘清友、刘应华、祝效华、李子丰、练章华、王国荣、杨雁、李良川、邹正伟、何玉发、谢冲、钟原、黄本生、柳军、马欣
二等奖（96 项）			
1	集中式信息系统灾备中心建设及关键技术研究与应用	国家电网公司、国网信息通信有限公司、上海市电力公司、陕西省电力公司、中国电力科学研究院、国网电力科学研究院、国网信通亿力科技有限责任公司	程志华、李宏发、吴杏平、吕俊峰、沈丽菁、勾新鹏、沈亮、何晓英、顾中坚、汪峰
2	提高火电厂汽轮机组性能综合技术研究及应用	西安热工研究院有限公司、国投钦州发电有限公司、西安交通大学、靖远第二发电有限公司、北京龙威发电技术有限公司、国投曲靖发电有限公司、太仓港协鑫发电有限公司	朱小令、苗承刚、刘安、程代京、马斌、高登攀、朱基伟、梁志宏、张平、张凯年
3	全息雷电智能监测系统	国网电力科学研究院、国网电力科学研究院武汉南瑞有限责任公司、浙江省电力公司、江苏省电力公司电力科学研究院、湖南省电力公司	陈家宏、冯万兴、方玉河、王海涛、谷山强、吴彪、陈诚、田浩、汪俊雄、卢恩泽
4	提升交直流混联大电网安全稳定水平和输电能力的关键技术研究及应用	中国电力科学研究院、国家电网公司国家电力调度控制中心、国家电网公司华中分部、华北电网有限公司、华东电网有限公司	印永华、卜广全、孙华东、张文朝、赵兵、易俊、朱艺颖、张艳萍、高磊、常勇
5	输电线路钢管塔关键技术研究和应用	中国电力科学研究院、中国电力工程顾问集团公司、国网北京经济技术研究院、江苏省电力公司、福建省电力有限公司、甘肃省电力公司、浙江省电力设计院	孙竹森、张强、杨靖波、李喜来、徐德录、李明、刘学军、王虎长、董建尧、叶尹
6	变电站高压电气设备隔震减震系统及装置的研究和工程应用	四川省电力公司、中国电力科学研究院、四川电力设计咨询有限责任公司	范荣全、曹枚根、代泽兵、张建明、李正、肖红、吴家林、程永锋、王景朝、卓越
7	大截面导线关键技术及其在直流工程中的应用研究	中国电力科学研究院、北京送变电公司、中国能源建设集团南京线路器材厂、甘肃送变电工程公司、北京国网富达科技发展有限责任公司	李正、万建成、朱宽军、牛海军、刘臻、李军辉、周立宪、齐翼、刘胜春、李庆峰
8	电动汽车充换电智能化关键技术、成套设备及工程应用	山东电力集团公司、许继集团有限公司、国网浙江省电力公司、国网电力科学研究院、北京市电力公司	王相勤、李富生、武斌、魏琦、贾俊国、王志伟、聂亮、倪峰、迟忠君、张东江
9	大电网设备智能化广域监测诊断关键技术研究与应用	广东电网公司电力科学研究院、广东电网公司佛山供电局、南京南瑞继保工程技术有限公司、武汉三相电力科技有限公司、快威科技集团有限公司、清华大学	钟清、谢善益、王红斌、彭向阳、钟连宏、范颖、陈勉、孟源源、梁文进、周刚
10	宁东—山东±660 千伏直流输电工程	国家电网公司、国家电网公司直流建设分公司、中国电力科学研究院、国家电网公司运行分公司、国网信息通信有限公司、中国电力工程顾问集团公司西北电力设计院、中国电力工程顾问集团公司中南电力设计院	刘振亚、郑宝森、李文毅、马为民、王祖力、喻新强、丁永福、丁燕生、白光亚、曾静
11	电网规划和工程设计平台研究与建设	国网北京经济技术研究院	刘开俊、韩丰、李晖、李隽、张琳、黄平、冯建雷、李东亮、周学文、罗金山
12	国家电网公司信息系统调度运行综合监控关键技术研究与应用	国网电力科学研究院、国家电网公司、国网信息通信有限公司、河南省电力公司、浙江省电力公司、福建省电力有限公司	王继业、陈玉慧、崔丙锋、魏晓菁、刘冬梅、唐汗青、洪建光、潘磊、周凤珍、王国强
13	高海拔±800 千伏特高压直流外绝缘特性研究及应用	南方电网科学研究院有限责任公司、清华大学	李锐海、关志成、梁曦东、张福增、王国利、廖永力、刘智宏、王黎明、高超、罗兵

续表

序号	项目名称	主要完成单位	主要完成人
14	基于全景数据平台的智能变电站自动化系统关键技术研究与工程应用	国网电力科学研究院、中国电力科学研究院、国电南瑞科技股份有限公司、华北电力科学研究院有限责任公司、江苏省电力公司、浙江省电力公司、山东电力集团公司	黄强、郑玉平、徐石明、孙竹森、沈江、黄国方、葛兆军、周斌、张强、周春霞
15	大规模风电送出能力提升关键技术研究与应用	华北电网有限公司、中国电力科学研究院、华北电力科学研究院有限责任公司、清华大学、冀北电力有限公司	贾琳、刘纯、郭庆来、吴涛、江长明、黄越辉、许晓菲、许晓艳、孙宏斌、金海峰
16	智能变电站断路器智能化关键技术研究	南京南瑞继保电气有限公司、山东电力集团公司、辽宁省电力有限公司	须雷、罗苏南、吴正伟、朱继红、董隽、胡桂平、李海涛、熊慕文、刘彬、王耀
17	大电网安全稳定协调控制体系与关键技术研究与应用	中国电力科学研究院、清华大学、山东大学、北京交通大学、国家电网公司国家电力调度控制中心	汤涌、孙华东、张润彤、卜广全、易俊、何剑、张健、孙元章、刘明松、张恒旭
18	交流输电线路对金属管线影响及防护的研究	中国电力科学研究院、华北电力大学、沈阳龙昌管道检测中心、中国电力工程顾问集团中南电力设计院、铁道第三勘察设计院集团有限公司、中国石油化工股份有限公司油品销售事业部成品油管道管理处	蒋俊、杨晓洪、郭剑、齐磊、胡士信、陆家榆、陈敬和、崔翔、李勇伟、卜文平
19	中新天津生态城智能电网技术研究及示范应用	天津市电力公司、中国电力科学研究院、国网电力科学研究院、天津电力设计院、国网信息通信有限公司	张宁、杨华、徐剑、屠强、闫卫国、王迎秋、林昌年、季侃、王继业、杨磊
20	光缆故障自动监测及预警技术的研究	国网电力科学研究院、中国电力科学研究院、国网湖北省电力公司信息通信公司、重庆市电力公司电力科学研究院	吴维宁、奚后玮、张刚、吴军民、郭经红、黄在朝、张增华、黄辉、喻强、吴鹏
21	广东省网备用调度自动化系统若干关键技术研究与实现	广东电网公司电力调度控制中心、南京南瑞继保电气有限公司	温柏坚、卢建刚、曾坚永、刘洋、徐展强、向德军、谢善益、陈家桐、邓大为、苏扬
22	特高压直流孤岛运行实时仿真研究平台开发及应用	南方电网科学研究院有限责任公司、中国南方电网电力调度控制中心	郭琦、李伟、苏寅生、韩伟强、曾勇刚、刘洪涛、王向朋、黄立滨、傅闯、李鹏
23	电能质量复合控制技术研究及示范应用	中国电力科学研究院、上海市电力公司、国网智能电网研究院、华北电力大学、中电普瑞科技有限公司、四川电力科学研究院、陕西电力科学研究院	于坤山、何维国、邓占锋、赵国亮、周胜军、蒋晓春、肖湘宁、胡为进、乔尔敏、周飞
24	特高压继电保护关键技术研究及应用	南京南瑞继保电气有限公司、浙江省电力公司	陈松林、李力、文继锋、朱晓彤、吕航、冯亚东、李九虎、沈全荣、赵青春、沈军
25	超（超）临界电站锅炉机组性能分析软件系统	烟台龙源电力技术股份有限公司、浙江大学	喻玫、童水光、钟崴、吕霞、李志、石书雨、周懿、张巍、吴燕玲、谢金芳
26	国内首套自主研发的 FCS165 现场总线控制系统及其工程示范	西安热工研究院有限公司	杨新民、景效国、高海东、叶智、崔逸群、高龙军、马乐、王宾、张博威、胡博
27	电站高压主给水管道 WB36 钢焊接性及国产焊材 KJ36 的应用研究	武汉大学、河南第一火电建设公司、中国电力科学研究院	王学、黄关政、邱明林、陈玉成、常建伟、郑凯、于满洪、霍国良、陈东旭、丛相州
28	钒钛系 SCR 烟气脱硝催化剂再生技术的研究及实践	北京国华电力有限责任公司、国华太仓发电有限公司、江苏肯创环境科技股份有限公司、华南理工大学	陈寅彪、李树田、李宏伟、吴凡、夏启斌、方忠华、顾庆华、陈璟、方海峰、史俊伟
29	混合式凝汽器间接空冷排烟冷却塔（内置脱硫塔）技术研究及应用	陕西宝鸡第二发电有限责任公司、中国电力顾问集团西北电力设计院、北京国电龙源环保工程有限公司、西北电力建设集团公司	潘升全、朱军、刘慧英、胡文森、刘彤、丁瑞琪、孙海峰、赵平路、王红跃、马晓峰
30	超超临界机组用 T/P92 钢和 HR3C 钢焊接接头组织性能及应用	山东电力集团公司电力科学研究院、华电邹县发电有限公司	李新梅、张忠文、杜宝帅、肖世荣、魏玉忠、彭宪友、邓化凌、张丙法、周爱生
31	S30432 内壁喷丸钢管蒸汽氧化特性试验研究	神华国华（北京）电力研究院有限公司、西安热工研究院有限公司、国华绥中发电有限责任公司、江苏武进不锈股份有限公司	赵慧传、贾建民、唐丽英、梁军、孙标、王彩侠、艾忠岩、徐龙、杜晋峰、宋建新

续表

序号	项目名称	主要完成单位	主要完成人
32	高烈度区大型火力发电厂主厂房新型结构体系研究	中国电力工程顾问集团西北电力设计院	朱军、李红星、赵春莲、钟晓春、刘明秋、蔡建平、史宏伟、杜晓巍
33	电站锅炉燃烧状态检测及综合优化控制系统	北京华电天仁电力控制技术有限公司、华北电力大学、国电电力股份有限公司、国电大同第二发电厂	刘吉臻、冯树臣、黄振江、黄孝彬、吉云、许琦、李文学、王志成、陈忠、祝敬伟
34	250兆瓦级IGCC系统控制技术的研发和工程应用	中国华能集团清洁能源技术研究院有限公司	许世森、王剑钊、徐越、姚国鹏、李明亮、任永强
35	集中协同的发电设备数据库平台研发与应用	北京国华电力有限责任公司、神华国华（北京）电力研究院有限公司、广东国华粤电台山发电有限公司、浙江国华浙能发电有限公司、河北国华沧东发电有限责任公司、西安热工研究院有限公司、北京北斗兴业信息技术有限公司	许定峰、石朝夕、孟炜、何宁、王德军、王曦钊、张佑、李绍卓、赵书君、陈程
36	核电站主管道安装窄间隙自动焊工程技术研发	中国核电工程有限公司、中广核工程有限公司、中国核工业二三建设有限公司、中国核动力研究设计院、中核武汉核电运行技术股份有限公司	束国刚、刘巍、李靖、黄思伟、韩乃山、张富源、郭利峰、曾浩、黄敏、马立民
37	秦山二期扩建和岭澳二期核电工程燃料贮存格架研制	中国核电工程有限公司	谢亮、王燕、刘慧芳、姚琳、李建奇、王庆、唐兴贵、吴明、李占全、杨林民
38	百万千瓦级压水堆核电厂严重事故缓解若干关键技术研究	中科华核电技术研究院有限公司、中广核工程有限公司	张世顺、林继铭、孙吉良、张会勇、陈鹏、刘鹏亮、廖业宏、陈星、展德奎、李瑜
39	严重事故预防和缓解措施技术研究及在恰希玛核电厂二号机组的实施	上海核工程研究设计院	郑明光、严锦泉、史国宝、陈松、刘鑫、夏栓、陶金、王晓雯、蒋李君、朱鑫官
40	提高主泵径向止推轴承运行可靠性自主化创新与应用	江苏核电有限公司	顾颖宾、张毅、武杰、张福海、徐霞军、高顺龙、屈凡玉、欧阳钦、祁勋、孟安军
41	EPR核电站牺牲混凝土技术开发与应用	中国核工业华兴建设有限公司	黄权、周博、陈宝智、李军、王德桂、龚振斌、王龙、陶玉平、孙美娟、文孟胜
42	金沙江溪洛渡水电站导截流工程关键技术与实践	中国水电顾问集团成都勘测设计研究院、中国长江三峡集团公司、中国水利水电第八工程局有限公司、武汉大学、四川大学、清华大学、中国葛洲坝集团股份有限公司	王仁坤、樊启祥、郑家祥、朱素华、黎昀、贺昌海、肖白云、戴光清、章建跃、吴质斌
43	大坝安全监测新型传感仪器设备及分析评估系统的研发及应用	国网电力科学研究院、南京南瑞集团公司	刘观标、吕刚、王卫列、刘广林、邓检华、卢欣春、潘琳、蓝彦、刘果、李载达
44	向家坝水电站导流工程关键技术研究	中国水电顾问集团中南勘测设计研究院	盛乐民、李建军、张朝金、何志勇、陈伟、王忠耀、冯树荣、文杰、潘江洋、曾祥喜
45	巨型水电机组国产化励磁系统在龙滩水电站的研制应用	龙滩水电开发有限公司、广州擎天实业有限公司	张强、孙君光、谌德清、王鹏宇、熊巍、曹成军、张明、程抱贵、解建伟、秦茂
46	700兆瓦巨型水电机组调速系统研制及其工程应用	国网电力科学研究院、南京南瑞集团公司	蔡卫江、蔡晓峰、李建华、邵宜祥、余纪伟、朱祥、陈晓勇、张太祥、荣红、何林波
47	300米级拱坝蓄水安全运行研究及工程应用	华能澜沧江水电有限公司、中国水电顾问集团昆明勘测设计研究院、河海大学、中国水利水电科学研究院、清华大学、武汉大学	袁湘华、邹丽春、郑爱武、喻建清、易魁、张国新、陈胜宏、刘耀儒、王国进、黄淑萍
48	混凝土坝抗震安全评价体系研究	水电水利规划设计总院、中国水利水电科学研究院、大连理工大学、清华大学、中国地震局地球物理研究所	周建平、党林才、杜小凯、严永璞、陈厚群、林皋、张楚汉、陈观福、李德玉、钟红
49	海上风电新型单桩基础及配套安装设备研究与应用	江苏海上龙源风力发电有限公司、中国水电顾问集团华东勘测设计研究院、江苏龙源振华海洋工程有限公司	张钢、高宏飙、孙杏建、李泽、陈强、范子超、赵生校、李晓强、张乐平、姜贞强

续表

序号	项目名称	主要完成单位	主要完成人
50	生物质热解气化关键技术研究及产业化	山东大学、山东百川同创能源有限公司	董玉平、董磊、景元琢、闫永秀、强宁、李景东、张兆玲、刘艳涛、刘桂才
51	风力发电机组梁板式预应力锚栓基础开发及应用	北京能源投资（集团）有限公司新能源公司、同济大学建筑设计研究院（集团）有限公司、内蒙古金海新能源科技股份有限公司	樊立云、马人乐、季万勇、杨州、沈卫明、张家文、黄冬平、杨骞
52	3.0兆瓦（H）半直驱永磁风力发电机组	新疆金风科技股份有限公司	曹志刚、庞云亭、王斌、李会勋、俞黎萍、颜卫兵、张才盛、邓刚、刘登峰、田雪竹
53	兆瓦及以上大功率风力发电机组主控系统的研发及产业化	成都阜特科技股份有限公司	苗强、付小林、费许华、贺洪磊
54	"多孔态"聚合物锂离子动力电池研究和应用	山东威高东生新能源科技有限公司	王庆生
55	大长度高电压光电复合海底电缆关键技术研发与产业化	宁波东方电缆股份有限公司、哈尔滨理工大学、宁波诺可电子科技发展有限公司	叶信红、阮武、王暄、夏峰、蒋伟平、赵洪、丰如男、周则威、任尚今、钟科星
56	面向节能环保的锅炉性能设计技术及工程应用	太原锅炉集团有限公司、浙江大学、杭州锅炉集团股份有限公司、安徽金鼎锅炉股份有限公司、陕西鼓风机（集团）有限公司	钟崴、段晋兰、任宪红、从飞云、张建春、刘爱成、颜飞龙、周永刚、王东风、畅燕
57	X80高钢级管线钢管应用关键技术	中国石油集团石油管工程技术研究院	冯耀荣、霍春勇、吉玲康、赵新伟、熊庆人、陈宏远、李洋、宫少涛、巨西民、张鸿博
58	百万千瓦级核电站一回路主管道	烟台台海玛努尔核电设备股份有限公司、中广核工程有限公司	李政军、王根启、赵天明、刘昕炜、李元太、林洪宁、刘仲礼、盖仁涛、张翔、陆波
59	超（超）临界火电机组关键阀门国产化	株洲南方阀门股份有限公司	黄靖、苏大明、桂新春、唐金鹏、罗建群
60	可用于反应堆临界安全监督和外推的新型反应性仪	中国核动力研究设计院	熊彦、吕渝川、青先国、沈峰、曾少立、朱宏亮、李松岭
61	水轮发电机用优质不锈钢铸件制造技术及产品	沈阳铸造研究所	陈瑞、娄延春、姜云飞、李宝东、宋照伟、田雨、熊云龙、李旭东、弭尚林、赵岭
62	浓缩铀生产关键阀门	中核苏阀科技实业股份有限公司、中核新能核工业工程有限公司	吴辉、吴刚、王志敏、罗玉英、田静萍、徐咏斌、周晨光、祁崇可、陈刚、李军业
63	15千伏/80千安真空发电机断路器研制	西安高压电器研究院有限责任公司	元复兴、赵力楠、颜莉萍、李鹏、刘壮、刘广义、于文瑛、侯建新
64	VBE200高压直流输电换流阀控制设备	许继集团有限公司	姚为正、张建、胡四全、景兆杰、董朝阳、马俊民、常忠廷
65	±800千伏系列特高压直流隔离开关、接地开关和阀厅接地开关	西安西电高压开关有限责任公司	王宇驰、梁静林、杨国胜、司小伟、雷虎、刘红利、宋跃军、崔雁萍
66	新疆三塘湖煤田煤炭资源赋煤规律及勘查实践	新疆煤田地质局一六一煤田地质勘探队	韦波、吴斌、李万军、单彬、赵正威、潘晓飞、魏聚瑞、黄伟、许莉、安庆
67	神华神东煤炭集团神东矿区涌水量预测模型研究	神华神东煤炭集团有限责任公司、煤炭科学研究总院	顾大钊、杨俊哲、张俊英、贺安民、张彬、李鹏、李宏杰、王振荣、李健、李文
68	低阶煤高浓度级配制浆成套技术及大型工业化应用	煤炭科学研究总院	何国锋、段清兵、尚庆雨、王国房、孙庆彬、张胜局、范韶刚、孙海勇、郭志新、贾传凯
69	煤矿低浓度瓦斯气水二相流安全输送技术	煤矿瓦斯治理国家工程研究中心、淮南矿业（集团）有限责任公司	袁亮、方良才、王勇、李平、刘冠学、金学玉、曹承平、王永保、高山、郭之宝
70	煤矿井下瓦斯治理的智能型压裂泵组及关键技术研究	河南省煤层气开发利用有限公司、河南矿山抢险救灾中心、郑州大学	赵振渠、王东、于顺德、冯奕程、赵健、翟连矿、郭启文、张立坡、王光明、蒋猛

续表

序号	项目名称	主要完成单位	主要完成人
71	复合顶板大倾角超长综采面安全高效开采关键技术	宁夏王洼煤业有限公司、中国矿业大学	张志荣、马立强、岳太刚、李志杰、李应文、薛光明、张益东、王彦林、赵克俭、张进忠
72	翟镇矿生态开采关键技术及研究应用	新汶矿业集团有限责任公司翟镇煤矿、中国矿业大学	佟强、何希霖、杨国梁、张志利、崔树彬、杨仁树、王广顺、卢鑫、华兴斌、刘峰
73	矿用蓄电池机车关键技术研究与应用	安徽理工大学、淮北矿业股份有限公司、上海申传电气有限公司	黄友锐、刘继平、郑昌陆、曲立国、唐超礼、肖大伦、韩晓东、许帮贵、黄晓吾
74	煤矿隐蔽火源预警决策及定位分析技术	开滦（集团）有限责任公司、中国矿业大学（北京）	张瑞玺、朱红青、周凤增、郭达、宋福海、齐茂功、张瑞江、谭波、武建国、张文明
75	矿井提升机机械设备状态监测与智能故障诊断系统	枣庄矿业（集团）有限责任公司柴里煤矿	王义、赵恒国、何伟、徐永和、张晓光、宋勇、李华兴、徐桂云、刘晓燕、刘瑞存
76	深井覆岩体内浆体高压充填控制地表塌陷研究与实践	山东科技大学、新汶矿业集团有限责任公司华丰煤矿	陈绍杰、唐军、安伯义、李功强、胡兆锋、郭惟嘉、李敬发、崔克杰、张晨、冀联合
77	大采高综放工作面安全保障关键技术研究	大同煤矿集团有限责任公司、煤炭科学研究总院沈阳研究院	于斌、梁运涛、王立兵、杨智文、李铁良、孟凡龙、丁大同、赵君、李渊、郭万忠
78	三软煤层大采高工作面穿巷道开采与快速搬家技术研究	中国矿业大学（北京）	潘卫东、温明明、王蕾、刘新杰、杨敬虎、孔德中、王兆会、王闯、王颜亮、刘辙
79	大功率瓦斯气发电技术开发与应用	淄博淄柴新能源有限公司	李宗立、李冬梅、高绪伟、梁杰辉、赵见祥、张伟、吴立功、董玉振、陈茂松、王田纲
80	地面瓦斯抽采的全液压顶驱车载钻及关键技术研究	河南省煤层气开发利用有限公司，郑州大学，河南矿山抢险救灾中心	冯立杰、赵振渠、王东、于顺德、赵健、王思鹏、张建奇、何传星、王光明、蒋猛
81	大同两硬近距离多层采空条件综合灌浆防灭火	大同煤矿集团有限责任公司、山西大同大学	刘建高、李兴、陈连城、赵军、吕祥、丁录仕、王宏、马红立、师永国、朱润生
82	煤矿井下用可遥控湿式喷浆成套设备研制	山西晋城无烟煤矿业集团有限责任公司、山西晋煤集团金鼎煤机矿业有限公司、山西晋煤集团技术研究院有限责任公司、中国矿业大学（北京）	闫振东、王星、杨栋、李鸿双、程建祯、刘波、赵光明、赵旭东、赵喜增、张成成
83	海外大型超重油油藏水平井规模上产和稳产开发技术	中国石油勘探开发研究院、中国石油天然气集团公司拉美公司	穆龙新、陈和平、李星民、吕斌昌、黄文松、李方明、黄继新、徐宝军、陈长春、刘大平
84	准噶尔盆地深层复杂岩性气藏有效开发技术及工业化应用	中国石油天然气股份有限公司勘探开发研究、中国石油新疆油田分公司	宋新民、钱根宝、冉启全、王延杰、王彬、胡永乐、王拥军、姚玉萍、孙圆辉、潘竟军
85	化学驱渗流理论与开发技术及其在高含水油田的工业化应用	中国石油大学（华东）、中国石油化工股份有限公司胜利油田分公司地质科学研究院	侯健、李振泉、陈月明、王建勇、宋新旺、李良川、郑家朋、郭兰磊、曹刚、周康
86	渤海石臼坨地区隐蔽油气藏勘探技术与重大发现	中海石油（中国）有限公司天津分公司	夏庆龙、王德英、杨波、杜晓峰、史浩、杨海风、揣媛媛、于海波、郭军、李瑞娟
87	侧钻井、水平井防砂完井关键技术研究	中国石油化工股份有限公司胜利油田分公司	吴建平、谢金川、智勤功、高雪峰、仲如冰、王登庆、陈刚、吴琼、周忠亚、尚朝辉
88	超深缝洞型稠油油藏高效采油技术集成与应用	中国石油化工股份有限公司西北油田分公司	王世洁、梁尚斌、林涛、赵海洋、王雷、李子甲、吴文明、任波、刘玉国、曾文广

续表

序号	项目名称	主要完成单位	主要完成人
89	特高含水油田集输系统节能降耗关键技术	中国石化集团中原石油勘探局、中国石油大学（华东）	郭晓明、银永明、梁法春、王海琴、李德选、龚金海、李用和、张国华、张秀丽、王勇
90	普光气田井筒硫沉积预测及腐蚀防护技术	中国石油化工股份有限公司石油勘探开发研究院、中国石油大学（北京）	石在虹、陈长风、苏建政、郑树启、王步娥、杨立红、黄雪松、史爱萍、于浩波、李孟涛
91	南海北部珠江口盆地富烃凹陷评价理论、技术与实践	中海石油（中国）有限公司深圳分公司、中国地质大学（武汉）	施和生、梅廉夫、舒誉、杜家元、王庆如、叶加仁、朱俊章、徐思煌、邱华宁、刘丽华
92	老油田精细油藏描述技术及规模化应用	中国石油大庆油田有限责任公司、中国石油天然气股份有限公司勘探与生产分公司、中国石油勘探开发研究院、中国石油辽河油田分公司、中国石油新疆油田分公司、中国石油大港油田分公司	李松泉、王渝明、李洁、宋新民、王凤兰、梁文福、胡海燕、吴洪彪、宋保全、刘顺生
93	成都气田天然气富集规律及高效勘探	中国石油化工股份有限公司西南油气分公司、中国石油化工股份有限公司西南油气分公司勘探开发研究院、中国石油化工股份有限公司西南油气分公司工程技术研究院、成都理工大学、西南石油大学、中国石油大学（北京）、中国石化西南石油工程有限公司测井分公司	杨克明、叶素娟、朱宏权、谢刚平、唐宇、杨宇、顾战宇、赵爽、张庄、黄禹忠
94	基于塔板和规整填料耦合的大通量高效高弹性系列立体复合塔板技术	中国石油大学（华东）、山东科技大学	乔英云、田原宇、王立英、史伟伟、高传成、盖希坤、王俊元、柳迎才、刘会娥、姜少华
95	催化-吸附双功能催化剂的开发及在清洁汽油生产中的应用	中国石油化工股份有限公司石油化工科学研究院、中国石油化工股份有限公司北京燕山分公司、中国石油化工股份有限公司上海高桥分公司、中国石油化工股份有限公司催化剂分公司	林伟、龙军、徐莉、华炜、侯晓明、谈文芳、周健、王明哲、施昌智、刘学
96	中/低温煤焦油全馏分加氢多产中间馏分油成套工业化技术 FTH	神木富油能源科技有限公司	杨占彪、华炜、任沛建、王树宽、马忠印
三等奖（189项）			
1	山东矿区地表移动参数变化机理及移动盆地特征规律	山东能源集团有限公司、山东科技大学	卜昌森、翟明华、李伟、范建国、郭信山、王慧涛、王兆喜
2	淮南矿区冲击地压机理与监测系统研究	淮南矿业（集团）有限责任公司、中国矿业大学（北京）	童云飞、宋俊生、张锤金、郭东明、李贵和、杨仁树、雷成祥
3	综放面预掘巷道群掘矸助采快速过断层及其矸石井下处理技术	枣庄矿业集团高庄煤业有限公司、中国矿业大学	李永升、苗传靠、高化军、王宜海、刘中胜、李益盈、马勇
4	高泥化煤泥水特性及治理关键技术研究	安徽理工大学	闵凡飞、葛涛、刘令云、张明旭、朱金波、陆芳琴、王庆平
5	小窑影响区煤自燃火灾高效防控技术研究与应用	开滦（集团）蔚州矿业有限责任公司、中国矿业大学、徐州工程学院	彭余生、张连海、李建龙、张复盛、程健维、吕志强、马龙云
6	矿井通风网络综合管理与智能分析系统研究	煤炭科学研究总院	张浪、王翰锋、李伟、汪东、赵晶、邓志刚、孙晓军
7	近河下特厚煤层分层综放开采技术研究与应用	甘肃华亭煤电股份有限公司陈家沟煤矿、煤炭科学研究总院唐山研究院、西安科技大学	卢熹、杨世杰、李广成、刘远康、丁隆端、王永申、余学义
8	平庄西露天矿露井协调开采控制技术研究	内蒙古平庄能源股份有限公司西露天煤矿、辽宁工程技术大学	薛应东、张志、张学、陈凤阳、苗国、贾相生、田宇
9	构造区域关键岩层运动矿震致灾机理与应用研究	辽宁工程技术大学、兖州煤业股份有限公司东滩煤矿	潘一山、李伟清、李国臻、邓小林、王春耀、陈学华、闫宪洋
10	急倾斜、严重突出薄煤层井工导控气化开采研究	重庆中梁山煤电气有限公司	王作棠、张邦安、庞光荣
11	煤矸石综合利用电厂入炉燃料远程在线监测系统	中国煤炭加工利用协会、北京全动力能源技术有限公司	张绍强、郭荣玉、杨方亮、陈洁、焦文静、仲为磊、衣宏昌
12	感知矿山物联网技术研发与工程应用	中国矿业大学、徐州矿务集团有限公司夹河煤矿、兖州煤业股份有限公司兴隆庄煤矿	丁恩杰、张申、王刚、李佃平、朱新能、孟磊、许云良

续表

序号	项目名称	主要完成单位	主要完成人
13	液压支架自动化焊接工艺研究及装备研制	山西晋城无烟煤矿业集团有限责任公司、山西晋煤集团金鼎煤机矿业有限责任公司、山西晋煤集团技术研究院有限责任公司、中国矿业大学（北京）	闫振东、王星、杨栋、王宽太、周全胜、赵旭东、赵喜增
14	千米埋深大断面软岩巷道变形破坏机理及控制技术研究	淮北矿业（集团）有限责任公司、中国矿业大学、淮北矿业股份有限公司海孜煤矿	李伟、王连国、聂政、田建胜、郑世豪、王凤、陆银龙
15	城郊煤矿老城下超高水材料充填开采技术研究与应用	河南省正龙煤业有限公司、中国矿业大学	上官书民、侯世宁、李乃梁、曾朝辰、姚喆、王瑞海、丁玉
16	赵固矿区厚冲积层薄基岩大采高巷道支护技术研究	焦作煤业（集团）新乡能源有限公司、中国矿业大学（北京）	贾明魁、刘洪涛、魏世义、杨建增、冯利民、赵志强、杜云宽
17	高瓦斯自燃煤层综放孤岛工作面自然发火特征及防灭火技术	兖州煤业股份有限公司、山西和顺天池能源有限责任公司、辽宁工程技术大学	张华、刘振岭、周西华、姚飞、洪林、许光海、崔俊奎
18	煤矿复杂断裂带巷道支护技术	开滦（集团）有限责任公司东欢坨矿业分公司、河北联合大学	张瑞玺、张显峰、马亚杰、刘义生、张春明、苑承波、李瑛
19	基于卯榫结构法快速沿空留巷技术	兖州煤业股份有限公司、山东科技大学	孟祥军、林东才、邓小林、李伟清、李国锋、李磊、李洪
20	石门及井筒揭煤突出危险性快速预测技术研究	中国矿业大学、河南神火煤电股份有限公司薛湖煤矿、山西潞安余吾煤业有限责任公司、淮南矿业集团有限责任公司潘一煤矿、平顶山天安煤业股份有限公司十矿	蒋承林、李晓伟、唐俊、陈裕佳、张福旺、高艳忠、谢文强
21	浅埋深老空区精细探测与综合治理技术研究	煤炭科学研究总院、鄂尔多斯市煤炭局、内蒙古伊泰集团有限公司、内蒙古汇能煤电集团有限公司、内蒙古满世煤炭集团有限责任公司	张俊英、王翰锋、赵光荣、张彬、李宏杰、张东海、乔俊峰
22	掘进临时支护系列化研究与应用	新汶矿业集团有限责任公司翟镇煤矿、中国矿业大学	李伟、穆华、张吉雄、王广顺、刘帅、李善飞、巨峰
23	神东矿区综采面回风隅角 CO 治理技术研究	神华集团有限责任公司、神华神东煤炭集团有限责任公司、山西先导科技开发有限公司	翟桂武、杨俊哲、邬剑明、徐会军、贺安民、吴玉国、薛夏民
24	煤巷锚网支护系统安全评价理论与技术实践	兖州煤业股份有限公司、中国矿业大学	魏忠民、韩立军、张震、张强、赵永亮、孙昌兴、王顺新
25	王家岭煤矿高精度地质模型及重大危险源预警系统	山西中煤华晋能源有限责任公司	王昌傲、武建军、李贤志、杨仲如、于兴建、申庆涛、杨光
26	复杂多样性煤矿巷道围岩类别划分与协同强化控制对策	淮北矿业股份有限公司、中国矿业大学	倪建明、李桂臣、程新明、张农、刘伟、任印法、李宝玉
27	富水复杂条件千米深井冻结、注浆与大硐室复合支护研究与应用	济宁矿业集团有限公司安居煤矿、中国矿业大学	殷然、张学生、王世华、赵光思、郝敬尧、王建州、刘向强
28	"两硬"薄煤层采空区煤柱下沿空留巷技术研究及应用	大同煤矿集团有限责任公司、山东科技大学	于斌、宁建国、邢彦文、许殿晟、王成、韩焕胜、谭云亮
29	矿井采煤工作面综采设备快速安装与撤除工艺	山东新巨龙能源有限责任公司、山东科技大学	刘玉果、陈培国、王乃国、曹连民、董兆科、李志深、荣现宝
30	矿井封闭火灾区内气体变化规律与应用研究	大同煤矿集团有限责任公司、辽宁工程技术大学	王立兵、邓存宝、王存权、丁大同、王爱国、王子邦、韩焕胜
31	赵官井田地质构造发育特征及其对矿井突水影响	山东新矿赵官能源有限责任公司	刘永禄、刘端举、施龙青、于放、宋召谦、尹延平、张继鹏
32	城郊煤矿深部高应力软岩巷道稳定性控制技术研究	河南省正龙煤业有限公司	上官书民、刘刚、姚喆、龙景奎、曾朝辰、田建胜、宋来武
33	煤矿直流架线供电系统综合保护技术及装置研究	山西晋城无烟煤矿业集团有限责任公司、晋城蓝焰煤业股份有限公司凤凰山矿、中国矿业大学	李永治、程红、耿德玉、曹建平、卢其威、邹甲、黄志德
34	平朔井工三矿浅埋深近水体下综放开采覆岩破坏规律研究	中煤平朔集团有限公司、天地科技股份有限公司	张忠温、徐刚、吴吉南、张学亮、郭生、毛德兵、季玉亮
35	峰峰矿区大工作面坑透探测技术的研究与应用	冀中能源峰峰集团有限公司、中煤科工集团重庆研究院	王铁记、吴燕清、解振伟、赵小峰、胡运兵、任明环、赵志军
36	继电保护定值在线校核预警系统	冀北电力有限公司、国家电网公司华北分部、南京南瑞继保电气有限公司	徐彭亮、王宁、刘蔚、毕兆东、高旭、刘一民、杨慧敏
37	变电站噪声分析及优化控制研究	重庆市电力公司电力科学研究院	徐禄文、侯兴哲、伏进、吴彬、邹岸新、杨滔、吴高林

续表

序号	项目名称	主要完成单位	主要完成人
38	复合材料输电杆塔技术研究及工程示范	中国电力科学研究院、国网智能电网研究院、国家电网公司、浙江省电力设计院、北京市电力公司	陈新、张强、李正、张卓、刘辉、潘峰、胡俊鹏
39	智能变电站集成试验技术及工程应用	江苏省电力公司电力科学研究院	许扬、袁宇波、郭雅娟、陈久林、卜强生、高磊、黄伟
40	架空输电线路杆塔基础设计理论优化、软件开发与应用	中国电力科学研究院	鲁先龙、程永锋、丁士君、崔强、张琰、侯晓燕、童瑞铭
41	500千伏输电线路同塔四回路（含大跨越）关键技术研究	中国能源建设集团广东省电力设计研究院	黄志秋、潘春平、金晓华、廖毅、汪晶毅、何天胜、龚有军
42	智能变电站设计技术研究	福建省电力勘测设计院	郑瑞忠、方勇灵、林传伟、黄皖生、周健、陈旭海、陈晓捷
43	多直流落点系统动态行为的综合分析技术及其应用研究	南方电网科学研究院有限责任公司、华南理工大学	洪潮、赵勇、周保荣、陈建斌、夏成军、樊丽娟、杜斌
44	基于"1+X"多级联动数据报送机制和多维对标分析的调度信息披露平台研究与开发	中国南方电网电力调度控制中心、广东电网电力调度控制中心、广西电网电力调度控制中心、云南电力调度控制中心、贵州电力调度通信局	梁寿愚、汪皓、顾慧杰、龙云、何超林、麦绍辉、周鹏
45	南方电网跨省跨流域大规模复杂水电优化调度技术研究及开发	中国南方电网电力调度控制中心、大连理工大学	唐红兵、程春田、李崇浩、申建建、王景亮、卢鹏、张立飞
46	电力系统电压调节器的研究和工程应用	浙江省电力公司电力科学研究院、浙江电力调度控制中心、中国电器科学研究院有限公司	陈新琪、李继红、俞鸿飞、卢嘉华、孙维真、曹成军、吴夏军
47	特高压交流变压器及套管特殊试验技术	国网电力科学研究院、中国电力科学研究院	陈江波、伍志荣、尹晶、蔡胜伟、郭慧浩、张曦、邵茋峰
48	盐湖地区铁塔基础及地基处理技术研究	青海省电力设计院、中国电力科学研究院	童武、郑卫锋、高伟斌、鲁先龙、谭青海、满银、张卫红
49	保障低碳、高可靠供电的智能电网综合示范工程	上海市电力公司、国网电力科学研究院、中国电力科学研究院、上海交通大学	滕乐天、胥传普、沈兆新、谢伟、何维国、张弛、王锐
50	交/直流超、特高压工程检修技术及系列装置	国网电力科学研究院、中国电力科学研究院、山西省电力公司、湖北省电力公司	邵瑰玮、文志科、闵绚、蔡焕青、陈怡、曾云飞、胡霁
51	典型电力冲击负荷电能质量一体化多维分析和治理关键技术研究与应用	山西省电力公司电力科学研究院	王金浩、穆广祺、王康宁、杨超颖、徐龙、雷达、齐月文
52	超长横担输电塔的风荷载研究	国网浙江省电力公司、浙江省电力设计院	邢月龙、傅剑鸣、郭勇、高志林、沈建国、姚耀明、王轶文
53	高海拔地区750千伏输变电工程关键施工技术研究	青海送变电工程公司	何恩家、刘清培、刘文革、余孝勇、曾光昌、吴建平、王成辉
54	大电网安全稳定紧急控制关键技术研究、系统开发及工程应用	国网电力科学研究院、南京南瑞集团公司	罗剑波、李雪明、颜云松、任建锋、董希建、沈严、何哲
55	大规模高铁牵引负荷友好接入电网技术及应用	江苏省电力公司电力科学研究院、西南交通大学、东南大学、江苏省电力公司、南京灿能电力自动化有限公司	袁晓冬、许扬、李群湛、李群、郑爱霞、顾伟、徐青山
56	输变电设备智能化传感技术研究及应用	华北电网有限公司、冀北电力有限公司、中国电力科学研究院、国网电力科学研究院、中科院上海微系统与信息技术研究所	牛晓民、郭经红、刘亚新、王萍、张浩、梁云、吴利文
57	±500千伏同塔双回直流输电线路设计技术研究	中国电力工程顾问集团中南电力设计院、清华大学、中国电力工程顾问集团华东电力设计院	曾连生、吴庆华、江卫华、汪雄、王沛、谢帮华、袁建生
58	110千伏~500千伏系列GIS用电磁式电压互感器	西安西电高压开关有限责任公司	杨育京、郭仙莉、张永涛、陈永、曾庆忠、白琳、王秀凤
59	变电站智能化及运行驾驶舱技术研究与工程示范	云南电网公司普洱供电局、云南电力试验研究院（集团）有限公司电力研究院、云南电网公司技术分公司	何炎、晋伟平、曹敏、谭旻、杨晴、李卫、白彪
60	变电站智能化设计新技术及工程应用研究	浙江省电力设计院	徐建国、况骄庭、陈建华、丁腾波、陈晴、杨卫星、李慧
61	电能计量器具智能检定关键技术及成套装备	江苏省电力公司电力科学研究院、南京航空航天大学、江苏方天电力技术有限公司、南京电力自动化设备三厂有限公司	王忠东、蔡奇新、刘建、李新家、范洁、杨世海、卢树峰

续表

序号	项目名称	主要完成单位	主要完成人
62	输电线路抵御低温冰冻灾害新设备研制及融冰装置性能诊断试验方法研究	贵州电力试验研究院	马晓红、赵立进、许逵、班国邦、张迅、李魏、吴湘黔
63	高海拔紧凑型500千伏线路带电作业技术研究及应用	云南电网公司带电作业分公司、南方电网科学研究院有限责任公司、昆明理工大学、云南电网公司大理供电局、云南省送变电工程公司	邹立峰、邓华、周海、钱晶、陈鹏、肖庆初、龚明义
64	电力设备带电检测技术体系应用研究	北京市电力公司	程序、段大鹏、陶诗洋、任志刚、刘弘景、陆宇航、刘庆时
65	智能变电站二次系统设计平台研发及应用	山东电力工程咨询院有限公司、山东电力集团公司、济南容弗科技有限公司	王东伟、信珂、黄德斌、唐毅、孙中尉、殷博超、张凡
66	大型变压器现场干燥和局放试验技术及应用研究	中国电力科学研究院	李光范、高克利、李金忠、李博、张书琦、刘锐、李鹏
67	大容量电炉变压器差动保护解决方案研究	宁夏回族自治区电力公司、许继电气股份有限公司、武汉和沐电气有限公司	刘志远、温靖华、王小立、刘星、王辉、罗美玲、寿海宁
68	交直流并联大电网安全稳定综合防御系统研究与开发	中国南方电网电力调度控制中心、南京南瑞集团公司、南方电网科学研究院有限责任公司	汪际锋、苏寅生、薛禹胜、刘洪涛、李建设、黄河、曾勇刚
69	移动式风电机组高低压穿越能力一体化测试系统的研制与应用	华北电力科学研究院有限责任公司、冀北电力有限公司、荣信电力电子股份有限公司	白恺、赵彩宏、宋鹏、刘辉、吴宇辉、宁文元、吴林林
70	设备国产化背靠背直流输电工程系统试验研究和工程实践	中国电力科学研究院	印永华、杨万开、曾南超、王华伟、王明新、蒋卫平、吴娅妮
71	基于可关断器件的移动式直流融冰装置研制及应用	中国电力科学研究院、江西省电力公司、株洲变流技术国家工程研究中心有限公司	贺之渊、喻新强、王小方、梁旭明、丁燕生、杨坚、汤广福
72	智能变电站继电保护的配置原则和应用技术研究	浙江省电力公司、国家电网公司国家电力调度控制中心、中国电力科学研究院、杭州市电力局、南京南瑞集团公司	朱炳铨、程道、裴愉涛、周春霞、刘宇、陈水耀、姜健宁
73	基于网厂两级经济运行的优化协调控制研究与开发应用	云南电力调度控制中心、云南电力试验研究院（集团）有限公司电力研究院	刘和森、翟伟翔、李文云、苏适、刘友宽、卢勇、高明
74	变电站接地网结构探测与缺陷诊断系统的开发及应用	华北电力大学	刘洋、崔翔、赵志斌、李琳、周象贤
75	变电站继电保护及二次回路现场危险点分析与维护方法研究	深圳供电局有限公司	王世祥、王玮、吴海涛、詹勤辉、杨振宝、宋华、高永强
76	输电线路无人等电位检修自动装置的研制	福建省电力有限公司泉州电业局	吴志成、郭建钊、陈茂新、蔡晓游、陈永红、姚青煌
77	电力需求侧能效测评技术和体系研究及应用	中国电力科学研究院	郭炳庆、王鹤、闫华光、钟鸣、李德智、周昭茂、许高杰
78	交互式可视化高压直流输电生产培训模拟系统	国家电网公司运行分公司、中国电力科学研究院科东公司	娄殿强、常勇、林昌年、陈国平、陈秋安、余克武、王庆平
79	可移动式静止无功补偿器技术研究和示范	福建省电力有限公司电力科学研究院、中电普瑞科技有限公司、福建省电力有限公司泉州电业局	林韩、吴文宣、陈金祥、郑建辉、张明龙、赵刚、陈庆红
80	基于EMS的区域变电站实时智能自愈控制技术研究与应用	广东电网公司电力科学研究院、广东电网公司佛山供电局、广东省电力调度中心、广东电网公司惠州供电局、广东电网公司河源供电局	周伊琳、孙建伟、刘玮、钟连宏、钟清、刘之尧、黄红远
81	超特高压输电线路绝缘子串采用并联间隙的综合性能分析及应用研究	南方电网科学研究院有限责任公司、重庆大学	罗兵、司马文霞、廖永力、杨庆、高超、袁涛
82	贵州电网广域保护预防及控制系统研究与应用	贵州电网公司电力调度控制中心、贵州电力设计研究院、都匀供电局、贵州电网公司六盘水供电局、北京四方继保自动化股份有限公司	王宇恩、高昌培、齐岳、康天科、杨立、邱相群、樊非之
83	六氟化硫气体分解产物检测体系研究	重庆市电力公司电力科学研究院、国网重庆市电力公司	姚强、伏进、苗玉龙、王谦、邱妮、吴彬、吴高林
84	山东电网应急体系建设与应用	山东电力集团公司、山东电力集团公司电力科学研究院、山东鲁能软件技术有限公司、山东电力集团公司青岛供电公司、山东电力集团公司泰安供电公司	张方正、郭跃进、孙为民、杜军、王肃、许永刚、宋晓东

续表

序号	项目名称	主要完成单位	主要完成人
85	国内首台350兆瓦超临界双抽供热机组关键技术研究与示范	大唐林州热电有限责任公司、国家电力工程顾问集团中南电力设计院、大唐河南发电有限公司、上海电气电站集团	刘群力、刘小村、程永红、闫小栓、邓志峰、李宇奇、王纪宏
86	直接空冷机组冷端性能诊断及优化关键技术研究与应用	山西省电力公司电力科学研究院	马庆中、王康宁、王雪峰、于天群、石红晖、白志刚、李庆华
87	火力发电厂入炉煤实时热值软测量的研究及应用	山西大唐国际运城发电有限责任公司、大唐国际发电股份有限公司、北京博望华科科技有限公司	李海永、祝宪、段南、赵亚维、王英、乔红勇、冯海军
88	燃煤机组调频调峰性能优化关键技术研究	华北电力科学研究院有限责任公司、大唐国际发电股份有限公司、同煤大唐塔山发电有限责任公司、华北电力大学	李卫华、杨振勇、康静秋、骆意、高爱国、鲁学农、尚勇
89	国内首台高寒地区大容量循环流化床机组关键技术研究与示范	大唐鸡西第二热电有限公司	田晓东、江承刚、郝金玉、沈琪、康云志、胡永盛、董玉辉
90	发电机内冷却水智能净化装置的研发与应用	西安热工研究院有限公司	孙本达、刘涛、曹杰玉、张瑞
91	大型空冷系统选型设计技术研究	中国电力工程顾问集团华北电力设计院工程有限公司、电力规划设计总院、中国电力工程顾问集团公司、华北电力大学	雷平和、冯璟、柴靖宇、马安、杨勇平、陈保华、杨立军
92	1000兆瓦超超临界机组给水加氧转换及水质控制研究及应用	广东大唐国际潮州发电有限责任公司	曹洪宇、王文欣、侯红星、王英华、唐东、李顺、刘兴久
93	1000兆瓦超超临界机组直接空冷装置配置研究	中国电力工程顾问集团西北电力设计院	陈祖茂、李红星、朱云涛、宋江文、赵春莲、钟晓春、唐燕萍
94	极寒地区600兆瓦机组直接空冷系统自主研发和应用	内蒙古国华呼伦贝尔发电有限公司、神华国华（北京）电力研究院有限公司、中国电力工程顾问集团西北电力设计院、内蒙古自治区电力科学研究院、双良节能系统股份有限公司	袁丁、黄立、陈祖茂、耿群、薛海君、焦晓峰、侯建鹏
95	电站锅炉多煤种混煤掺烧技术与管理研究	大唐华银电力股份有限公司、湖南省电力公司科学研究院	朱光明、唐斌、段学农、焦庆丰、姚斌、曾恒胜、黎利佳
96	大型电站轴流风机变频运行安全高效关键技术研究及应用	山东电力研究院、华电青岛发电有限公司	王家新、国钦光、姜波、王长普、孔凡义、周新刚、赵贤民
97	火力发电厂锅炉用SA-213T91材料的组织性能演化研究	广东电网公司电力科学研究院、武汉大学	钟万里、王伟、阚伟民、李正刚、林介团、姜慧、黄炳贺
98	贫煤锅炉扩烧烟煤燃烧系统研发及工程应用	西安热工研究院有限公司	周虹光、闵宏斌、严响林、汪华剑、徐党旗、梁法光、房凡
99	基于吸收式热泵的火电厂余热回收利用技术研究	华电电力科学研究院、华电新疆发电有限公司苇湖梁电厂	庄荣、孙士恩、常浩、应光伟、彭桂云、王宝玉、郑立军
100	燃气轮机IGV及温控线控制技术研究	浙江国华余姚燃气发电有限责任公司、浙江省电力公司电力科学研究院	蔡国利、毛志伟、潘夏清、顾正皓、王建伟、徐仁虎、韩建清
101	集团级火电厂远程集中式仿真系统	中国华能集团公司、西安热工研究院有限公司	薛建中、王喆、李丹、蔡宝玲、蒋宝平、李飞、魏湘
102	水处理用粉末离子交换树脂技术规范及测试方法的制订和应用	西安热工研究院有限公司、北京中电加美环保科技股份有限公司、河北省电力公司电力科学研究院	王广珠、彭章华、樊少斌、孙心利、汪德良、崔焕芳、田利
103	火力发电厂数字化水处理岛综合技术的研究和应用	中国华电工程（集团）有限公司、华电新疆发电有限公司昌吉热电厂、华电水务工程有限公司	吴志勇、水海波、韩买良、秦树篷、许强、李鸿燕、李宏秀
104	超（超）临界火电机组GJ767-50DN450型高加三通阀研制	上海电力修造总厂有限公司	梁卫兵、潘根来、费民、孙强、张军、李俊、苏舒
105	电站热工优化控制平台（TOP）自主研发与应用	浙江省电力公司电力科学研究院、华北电力大学、杭州意能电力技术有限公司、河北省发电过程仿真与优化控制工程技术研究中心	朱北恒、孙耘、尹峰、陈波、李泉、陈卫、罗志浩
106	1000兆瓦机组自主化DCS系统的研发与应用	北京国华电力有限责任公司、杭州和利时自动化有限公司、广东国华粤电台山发电有限公司、神华国华（北京）电力研究院有限公司、中国能源建设集团广东省电力设计研究院	宋畅、孙月、徐蓬勃、方垒、周医、范永胜、曹文荪

续表

序号	项目名称	主要完成单位	主要完成人
107	哈汽–东芝超超临界1000兆瓦汽轮机高温部件冷却系统优化研究	中电投河南电力有限公司平顶山发电分公司、中电投河南电力有限公司技术信息中心、哈尔滨汽轮机厂有限责任公司研究院	许金莹、白炎武、黄瑜、李国新、尹金亮、陈长利、王洪鹏
108	百万千瓦级核电模块化控制技术	中国能源建设集团广东省电力设计研究院	唐红键、杨莉、刘宇穗、陈倩茵、汪少勇、罗必雄、陈澜
109	核电厂工程初可、可研内容深度设计研究及应用	电力规划设计总院、中国电力工程顾问集团公司	赵锦洋、朱京兴、李武全、杨建祥、王中平、魏桓、张力
110	秦山二期扩建工程调试实践与创新	中核核电运行管理有限公司、核电秦山联营有限公司	张涛、洪源平、于涛、尹峰、袁旭、昌正科、尚宪和
111	AFA3G核燃料组件骨架检查装置的研发	中核北方核燃料元件有限公司	王二平、张毅、赵锐、崔振波、常艳君、李万普、孟小全
112	压水堆核电厂稳压器波动管及三通老化管理及寿命评估研究	上海核工程研究设计院	梁兵兵、蔡坤、李岗、施伟、花羽超、窦一康、祁涛
113	百万千瓦级压水堆核电站状态导向法事故处理规程的开发与首次应用	中广核工程有限公司、大亚湾核电运营管理有限责任公司	钟成仓、舒亮、李燕、史觇、魏艳辉、李红林、吴广君
114	核电站设备冷却热交换器失效分析及纠正措施	中核核电运行管理有限公司、复旦大学、秦山第三核电有限公司	郑永祥、杨振国、袁建中、陈明军、杨敏、龚毅、商俊敏
115	低空气比释动能率和窄谱系列过滤X射线参考辐射能谱测量和分析	中国辐射防护研究院	韦应靖、牛强、金成赫、冯梅、李强、杨慧梅、王勇
116	核电厂电缆老化评估与寿命管理技术研究	苏州热工研究院有限公司	刘韬、韩飞、施海宁、金心明、涂丰盛、麻芳义、王俊
117	压水堆核电厂承压热冲击确定性分析评定术研究	上海核工程研究设计院、华东理工大学、浙江工业大学	贺寅彪、曹明、张万平、惠虎、李辉、卢炎麟、张明
118	改进调节阀模件抗干扰能力	江苏核电有限公司	徐霞军、李铁柱、王环宇、刘佳奇、乔馨、张金凤
119	核电站数字化控制系统调试创新与实践	中广核工程有限公司	冯光宇、刘航、张国军、刘洋、于航、杨宗伟、刘朝鹏
120	高水头链轮闸门、弧形闸门结构设计研究	中国水电顾问集团昆明勘测设计研究院、中国水利水电科学研究院、河海大学	曹以南、罗文强、余俊阳、李自冲、马仁超、易春、曹慧颖
121	国产500千伏交联聚乙烯绝缘电力电缆研制及应用	龙滩水电开发有限公司、河北新宝丰电线电缆有限公司	初曰亭、郑保忠、杨振先、胡镇良、郑玉朋、张强、程炳松
122	溪洛渡水电站高拱坝防裂混凝土研究及应用	中国水利水电第八工程局有限公司	田承宇、梁力平、李桃凡、徐勇、曹广雄、韩红祥、邱凯
123	高寒地区高拱坝冬季施工综合技术研究与应用	中国水利水电第四工程局有限公司	席浩、王裕彪、李琪、杨晓伟、舒仁轩、吴涛、雷永红
124	软弱破碎带高压对穿冲洗混凝土回填加固技术研究	中国水利水电第七工程局有限公司	夏中伏、杨富平、向建、李正兵、廖军、张壮丽、焦瑞锋
125	机载激光扫描技术在高山区大型水电工程勘测设计中的研究与应用	中国水电顾问集团成都勘测设计研究院、二滩水电开发有限责任公司(雅砻江流域水电开发有限公司)、四川中水成勘院测绘工程有限责任公司	王仁坤、吴世勇、陈万涛、王渊、申满斌、杨洪、杨卫
126	碾压混凝土高薄拱坝施工关键技术	中国水利水电建设股份有限公司第十五工程局有限公司、西安理工大学	李鹏、齐宏文、刘斌、党少英、张天亮、肖飞、司政
127	大空隙地层动水堵漏灌浆关键技术研究及应用	中国水利水电科学研究院、四川拓展建设工程有限公司	杨晓东、张金接、李乔斌、符平、赵卫全、陈益、万晓红
128	陡倾层状围岩巨型地下洞室群稳定控制关键技术研究与实践	中国水电顾问集团中南勘测设计研究院、龙滩水电开发有限公司、河海大学、同济大学、中国科学院武汉岩土力学研究所	冯树荣、罗俊军、赵海斌、龙件开、刘路平、李建平、苏超
129	大坝加高混凝土结合材料、施工工艺发明与应用	中国葛洲坝集团股份有限公司、葛洲坝集团试验检测有限公司、葛洲坝集团第二工程有限公司、葛洲坝集团第五工程有限公司	周厚贵、谭恺炎、马江权、程雪军、程润喜、马金刚、王章忠
130	大渡河梯级中小洪水实时预报预泄及水沙协调调度技术研究与应用	国电大渡河流域水电开发有限公司、长江水利委员会水文局、四川大学、中国水电顾问集团成都勘测设计研究院	付兴友、贺玉彬、熊明、马光文、周新春、叶发明、李攀光

续表

序号	项目名称	主要完成单位	主要完成人
131	抽水蓄能电站井式进/出水口体形及水力特性研究	中国水电顾问集团北京勘测设计研究院、天津大学、山西西龙池抽水蓄能电站有限责任公司	邱彬如、王建华、张沁成、杜英奎、高学平、严旭东、王志国
132	铅炭电池	浙江南都电源动力股份有限公司、中国人民解放军防化研究院第一研究所	吴贤章、杨裕生、陈建、曹高萍、相佳媛、张浩、丁平
133	北京市电动汽车电能供给智能服务网络建设	北京市电力公司、北京交通大学	迟忠君、竺懋渝、刘秀兰、徐绍军、李香龙、李景新、张宝群
134	风电机组关键设备状态监测创新模式与应用	龙源（北京）风电工程技术有限公司	岳俊红、吴涌、孙玉彬、陈铁、胥佳、金声超、张进
135	风电运营监管一体化平台的开发与应用	中国大唐集团新能源股份有限公司、湖南大唐先一科技有限公司	胡永生、孙利群、邢德海、刘元议、邹光球、张成煜、向春波
136	甘肃电网实时监测及风电功率超短期预测预报系统	甘肃省电力公司风电技术中心、甘肃省电力公司调度控制中心、中国电力科学研究院、天津理工大学、中国科学院寒区旱区环境与工程研究所	汪宁渤、黄强、马彦宏、刘纯、曹银利、张宝峰、高晓清
137	高品质多晶硅锭铸造工艺的研究	天津英利新能源有限公司	王秀香、王丙宽、刘华、屈涛、王辉、张小建、王悦
138	风电机组润滑与磨损状态诊断预警平台	沈阳奥吉娜化工有限公司、中国人民解放军军械工程学院、中国人民解放军65521部队装备部	魏国平、任国全、李平、李红坡
139	生物质气化发电与热电联供技术开发及应用	淄博淄柴新能源有限公司	李宗立、李冬梅、高绪伟、梁杰辉、吕道章、王俊兴、董玉振
140	沿海大规模风电接入电网技术及工程应用研究	江苏省电力公司电力科学研究院、中国电力科学研究院、东南大学、中电普瑞科技有限公司、华能国际电力股份有限公司江苏风电分公司	李群、迟永宁、李强、袁晓冬、刘建坤、毕胜、孙蓉
141	含多类型分布式电源的供电系统优化运行研究及工程实践	浙江省电力公司电力科学研究院、天津大学、北京四方继保自动化股份有限公司	杨勇、赵波、王成山、李鹏、周丹、周金辉、汪科
142	高精度日光定位方式研究及成套设备开发	皇明洁能控股有限公司（原名皇明太阳能集团公司）	王杰、赵玉磊、张喜良、张长江、闫忠、倪伟跃、李胜涛
143	光伏/储能微网系统电磁兼容关键技术研究	中国矿业大学、南京师范大学、南京邮电大学、东南大学、江苏省计量科学研究院	陈昊、赵阳、邱晓晖、徐阳、颜伟、褚家美、王星
144	NEWS 地震综合解释系统	中国石油化工股份有限公司石油物探技术研究院	赵改善、魏嘉、岳承琪、徐雷鸣、刘永宁、庞世明、宋志翔
145	老探区二次勘探地质理论创新、关键技术方法与持续规模增储	中国天然气股份有限公司华北油田分公司、中国石油大学（北京）、中国石油集团东方地球物理勘探有限责任公司、北京诺克斯达石油科技有限公司、中国科学院地质与地球物理研究所	赵贤正、金凤鸣、张以明、王权、王海潮、刘井旺、侯凤香
146	3.5D 地震勘探技术	中国石油集团东方地球物理勘探有限责任公司	凌云、高军、孙德胜、林吉祥、郭向宇、张胜、郭建明
147	渤海东部复杂构造区物探技术创新应用研究	中海石油（中国）有限公司天津分公司	李文湘、夏庆龙、薛永安、周滨、周东红、王志亮、张建峰
148	非凝析气体与蒸汽多元复合流体在稠油热采中的应用	中国石油大学（北京）、中国石油化工股份有限公司胜利油田分公司、中国石油化工股份有限公司河南油田分公司、中国石油天然气股份有限公司辽河油田分公司	刘慧卿、庞占喜、张红玲、王增林、王敬、吴柏志、郝立军
149	中海油非洲区块油气勘探评价技术创新与重大突破	中海油研究总院	邓运华、李绪宣、杜向东、于水、张金森、胡孝林、韩文明
150	螺杆泵高效采油关键技术及应用	中国石油大学（华东）、中国石油化工股份有限公司胜利油田分公司胜利采油厂、胜利油田高原石油装备有限责任公司	王海文、谢文献、苏庆欣、吕玉兴、崔洁、李林祥、郭立谦
151	裂缝—孔隙型碳酸盐岩稠油油藏开发关键技术	中国石油化工股份有限公司石油勘探开发研究院	袁向春、刘传喜、夏东领、邬兴威、宋传真、魏荷花、徐婷
152	海上低渗油气田开发和增产技术研究及应用	中海油研究总院	刘书杰、周建良、张金庆、何保生、王平双、彭成勇、曹砚锋
153	浅海油田提高采收率关键开发技术	中国石油化工股份有限公司胜利油田分公司	杜玉山、孟阳、姜书荣、李健、胡渤、唐晓红、张海娜

续表

序号	项目名称	主要完成单位	主要完成人
154	化学复合驱用表面活性剂研制与应用	中国石油勘探开发研究院（提高石油采收率国家重点实验室）	王红庄、王强、朱友益、宋杰、王家禄、蔡红岩、张帆
155	油气井复杂地层井壁稳定控制技术研究与应用	中国石油化工股份有限公司石油工程技术研究院	刘贵传、石秉忠、林永学、王悦坚、郭才轩、欧彪、张国
156	油气勘探目标评价优选与勘探技术方法研究应用	中国石油化工股份有限公司石油勘探开发研究院	闫相宾、宁俊瑞、程喆、高山林、李丽娜、刘超英、金晓辉
157	稠油水平井多元高效开采技术	中国石油大学（北京）、中国石油天然气股份公司辽河油田分公司、东北石油大学	钟立国、张守军、于镭、董朝霞、陆福刚、陈永恒、林军
158	随钻测量技术研究及应用	中石化胜利石油工程有限公司	杨锦舟、韩来聚、李作会、张海花、肖红兵、刘庆龙、李闪
159	富油气凹陷阶状断裂斜坡精细勘探与规模增储	中国石油大港油田勘探开发研究院	刘国全、韩国猛、滑双君、司维柳、刘计超、刘艳芬、张绍辉
160	电测井数值模拟方法及在复杂油气藏评价中的应用	中国石油大学（华东）	范宜仁、邓少贵、李虎、葛新民、陈华、李智强、杨震
161	套管钻井管柱优化设计及其配套技术	中国石油天然气集团公司石油管工程技术研究院	宋生印、韩新利、上官丰收、李磊、王力、冯春、王鹏
162	延长油田低产低效井机械采油工艺技术研究	西安石油大学	徐建宁、朱端银、魏航信、陶红胜、赵亚杰、黄华、席文奎
163	高效聚丙烯催化剂应用与新产品开发	中国石油天然气股份有限公司石油化工研究院	义建军、胡徐腾、李志飞、王莉、赵旭涛、袁苑、祖凤华
164	羰基合成醋酐大型工业化技术开发及应用	兖矿鲁南化肥厂、中石化南京工程有限公司、兖矿煤化工程有限公司	吴永国、蒋小川、宋宪稳、叶盛芳、贺伟、梁雪梅、张雷
165	EO/EG装置节碳减排及产品结构优化技术开发与应用	中国石油天然气股份有限公司吉林石化分公司乙二醇厂	孙继卫、吕晶、李兴民、于德侠、徐炳二、秦喜友、丁国敏
166	42万吨/年丙烯腈工业化技术开发与应用	吉林石化公司丙烯腈厂	罗文龙、田原、夏立松、俞昌吉、张子轩、刘彦平、王振华
167	FCC汽油选择性加氢脱硫技术（DSO）的开发与工业应用	中国石油天然气股份有限公司石油化工研究院、中国石油天然气股份有限公司玉门油田公司、中国石油天然气股份有限公司润滑油分公司、中国石油天然气股份有限公司乌鲁木齐石化公司、中国石油工程建设公司	兰玲、段天平、吴冠京、张学军、鞠雅娜、王兹尧、付兴国
168	纳米催化发光检测汽油的传感器	辽宁出入境检验检疫局、深圳出入境检验检疫局、龙口出入境检验检疫局、中国检验检疫科学技术研究院、吉林出入境检验检疫局	刘名扬、赵景红、张其芳、赵守成、任玉伟、李纯钢、庞艳华
169	冶金行业水电共生集成技术	首钢京唐钢铁联合有限责任公司、北京首钢国际工程技术有限公司	李杨、王毅、邵文策、吴礼云、张岩岗、王涛、王森林
170	大型发电电动机通风冷却系统研究	东方电气集团东方电机有限公司	廖毅刚、郑小康、王超、张海波、骆林、杜国斌、钱锋
171	改质燃烧与热综合利用节能技术开发与应用	中南大学	邓胜祥、廖胜明、涂福炳、周子民、唐文武、金立叶、杨敬飚
172	全钒液流电池核心材料、部件及系统集成关键技术开发及产业化	大连融科储能技术发展有限公司、中国科学院大连化学物理研究所	张华民、李先锋、王晓丽、刘宗浩、高素军、张宇、马相坤
173	大型风电机组电网适应性移动式检测装置	深圳市禾望电气有限公司	周党生、韩玉、张志春、盛小军、夏泉波、吕一航、曾建友
174	青藏交直流格尔木工程技术研究及应用	西安西电开关电气有限公司	胡旭辉、唐先明、杨伟刚、郑新、左瑾、姚宁、赵红卫
175	大采高电牵引采煤机及其关键技术	太重煤机有限公司（原太原矿山机器集团有限公司）、西山煤电集团有限责任公司、山西西山晋兴能源有限责任公司、太原理工大学	张克斌、郭生龙、雷引民、牛如意、刘浩宇、谢贵君、宁维泉
176	AP1000核电主管道用超低碳控氮不锈钢316LN大型电渣重熔锭	通裕重工股份有限公司	司兴奎、王世镇、杨兴旭、温培建、曹智勇、梁吉勇、杨清
177	基于应变设计地区用X70抗大变形钢管	国家石油天然气管材工程技术研究中心（宝鸡石油钢管有限责任公司）	杨忠文、毕宗岳、牛辉、刘耀民、徐学利、张锦刚、张君

续表

序号	项目名称	主要完成单位	主要完成人
178	330千伏AT供电方式牵引变压器关键技术研究	特变电工股份有限公司新疆变压器厂	孙健、孟杰、李佩福、杨守辉、孙建新、蒋立金、刘文山
179	矿用可移动式救生舱	西安东风仪表厂、中船重工（西安）东仪矿用安全装备有限公司	马建华、张海军、杨晓精、白建成、刘洪光、李天和、刘生宏
180	农林生物质直燃发电锅炉及专用上料系统技术与装备	国能生物发电集团有限公司、北京德普新源科技发展有限公司、中国农业机械化科学研究院	庄会永、李树君、孟祥文、张雁茹、李明奎、刘建国、王春礼
181	高性能厚壁管淬火成套设备核心技术研究	中国重型机械研究院股份公司、衡阳华菱钢管有限公司	杜学斌、徐能惠、毛成斌、王宏亮、韩炳涛、王殿楹、李波
182	高强度感应加热弯管和管件开发及质量控制	中国石油集团石油管工程技术研究院、北京隆盛泰科石油管科技有限公司	刘迎来、池强、李为卫、王鹏、马秋荣、杨红兵、李云龙
183	压水堆核电站安全壳过滤排放装置	中国船舶重工集团公司第七一八研究所、中广核工程有限公司	付嫚、覃亮、郭建辉、徐月、董强、赵宁、林继铭
184	700兆瓦水轮发电机组蒸发冷却系统安装调试技术研究	葛洲坝集团机电建设有限公司	江小兵、刘灿学、周晖、徐广涛、吴建洪、徐海林、杨军
185	百万机组大容量发电机变压器技术开发与工程应用	西安西电变压器有限责任公司	宓传龙、韩晓东、王新颖、孟丽坤、王运强、孙战库、王众
186	水剂氢氧源气体燃热器多用机	中氢联合能源科技（北京）有限公司	白玉林
187	42CrMo钢制特大型轴承套圈锻后热处理技术研究	洛阳LYC轴承有限公司	王明礼、董汉杰、于芸、李昭昆、端木培兰、李博伟、王云广
188	300兆瓦等级核电全速三缸四排汽凝汽式汽轮机开发	上海电气电站设备有限公司	将浦宁、刘晓强、葛春新、王伟、余炎、黄海跃、华文祥
189	矿用在线监控瓦斯抽放系统研发	淄博水环真空泵厂有限公司	荆延波、鞠国强、孟凡瑞、孙海波、齐晓明、侯启金、尹光志

2013 年国家能源科学技术进步奖

2013 年国家科学技术进步奖获奖项目目录
（能源项目）

一等奖

序号	编号	项目名称	主要完成人	主要完成单位	推荐单位
1	J-217-1-01	上海光源国家重大科学工程		中国科学院上海应用物理研究所、中国科学院高能物理研究所、中国科学技术大学、中国科学院长春光学精密机械与物理研究所、中国科学院沈阳科学仪器股份有限公司、中国科学院理化技术研究所、中国科学院近代物理研究所、中国科学院西安光学精密机械研究所、中国科学院合肥物质科学研究院、上海现代建筑设计（集团）有限公司	上海市、中国科学院
5	J-213-1-01	罗布泊盐湖 120 万吨/年硫酸钾成套技术开发	李浩、唐中凡、尹新斌、雷光元、刘小力、汤建良、李守江、黎礼、李红星、谭昌晶、郭兴寿、颜辉、湛留意、刘成林、侯悦民	国投新疆罗布泊钾盐有限责任公司、化工部长沙设计研究院、中蓝连海设计研究院、中国地质科学院矿产资源研究所、清华大学	中国石油和化学工业联合会
9	J-217-1-02	电网大范围冰冻灾害预防与治理关键技术及成套装备	陆佳政、蒋兴良、鲁先龙、吴维宁、方针、李海翔、胡建林、黎祖贤、荆平、李波、曾祥君、罗兴赤、王浩、张红先、蒋正龙	湖南省电力公司、中国电力科学研究院、重庆大学、国网电力科学研究院、湖南省气象台、浙江省电力公司、长沙理工大学、特变电工衡阳变压器有限公司、北京中星微电子有限公司、湖南省汇粹电力科技有限公司	湖南省

二等奖

序号	编号	项目名称	主要完成人	主要完成单位	推荐单位/推荐专家
18	J-206-2-01	兖矿集团煤炭安全高效开采与洁净利用技术创新工程		兖矿集团有限公司	山东省
21	J-206-2-04	中国石油科技创新体系建设工程		中国石油天然气集团公司	国有资产监督管理委员会
22	J-206-2-05	输变电装备技术创新平台建设		特变电工股份有限公司	新疆维吾尔自治区
23	J-210-2-01	油藏地球物理技术突破及老油田高效开发应用	李阳、王延光、张永刚、孟宪军、毕义泉、夏吉庄、单联瑜、束青林、杨宏伟、孔庆丰	中国石油化工股份有限公司胜利油田分公司	中国石油化工集团公司
24	J-210-2-02	海上油田超大型平台浮托技术创建及应用	金晓剑、周守为、李新仲、朱江、黄业华、孔令海、杜夏英、陈宝洁、李玉田、李达	中海石油（中国）有限公司、中海油研究总院、海洋石油工程股份有限公司	中国造船工程学会

续表

二等奖					
序号	编号	项目名称	主要完成人	主要完成单位	推荐单位
25	J-210-2-03	油气煤铀同盆共存富集成藏理论技术创新与多种能源矿产协同勘探	刘池阳、任战利、李子颖、王震亮、王毅、吴柏林、徐高中、赵红格、李文厚、陈荷立	西北大学、中国石油化工股份有限公司石油勘探开发研究院、核工业北京地质研究院、核工业二〇三研究所、西安石油大学	陕西省
26	J-210-2-04	超大型复杂油气地质目标地震资料处理解释系统及重大成效	刘超颖、赵波、张玮、詹仕凡、文佳敏、罗国安、冉贤华、陈继红、王成祥、白雪莲	中国石油集团东方地球物理勘探有限责任公司	中国石油天然气集团公司
27	J-210-2-05	鄂尔多斯盆地中部延长组下组合找油突破的勘探理论与关键技术	王香增、赵金洲、罗晓容、曹金舟、张丽霞、高瑞民、任来义、张小莉、申峰、郭小阳	陕西延长石油（集团）有限责任公司、西南石油大学、中国科学院地质与地球物理研究所、西北大学	中国石油和化学工业联合会
52	J-216-2-06	高端控制阀关键技术自主创新和产业化	马玉山、高强、常占东、李虎生、郭伟、周永兴、岳玲、刘少波、石月娟、王学朋	吴忠仪表有限责任公司	宁夏回族自治区
54	J-217-2-01	特大电网一体化调度控制系统关键技术及规模化应用	辛耀中、翟明玉、周京阳、于军、尚学伟、高宗和、石俊杰、严剑峰、陶洪铸、王民昆	国家电网公司、国网电力科学研究院、中国电力科学研究院、四川省电力公司、华中电网有限公司、华北电网有限公司、华东电网有限公司	中国电机工程学会
55	J-217-2-02	大型风电并网运行与试验检测关键技术及应用	郭剑波、王伟胜、刘纯、秦世耀、迟永宁、李庆、冯双磊、黄越辉、王瑞明、王勃	中国电力科学研究院、中电普瑞张北风电科技检测有限公司、中电普瑞科技有限公司、吉林省电力有限公司	中国电机工程学会
56	J-217-2-03	高效低耗流化床燃煤工业设备关键技术及应用	陈汉平、张世红、刘德昌、陆继东、杨文、石虹、任鲁军、黄琳、吕雪峰、赖育华	华中科技大学、华南理工大学、武汉天元锅炉有限责任公司、黄石市建材节能设备总厂、江联重工股份有限公司、黄石市天达热能设备有限公司、广西华电节能工程设计有限公司	湖北省
70	J-222-2-01	巨型机组水电站建筑结构关键技术	钮新强、杨清、伍鹤皋、周述达、陈文斌、邹爱清、王小毛、陈又华、林绍忠、冯树荣	长江勘测规划设计研究有限责任公司、中国长江三峡集团公司、武汉大学、长江水利委员会长江科学院、中国水利水电顾问集团中南勘测设计研究院、大连理工大学、中国水利水电科学研究院	水利部
109	J-25202-2-01	煤矿岩巷全断面高效掘进关键技术与装备	杨仁树、闫振东、李清、李贵生、白忠胜、卜昌森、章立清、孙强、郭东明、岳中文	中国矿业大学（北京）、山西晋城无烟煤矿业集团有限责任公司、冀中能源股份有限公司、山西汾西矿业（集团）有限责任公司、山东能源集团有限公司、淮南矿业（集团）有限责任公司、霍州煤电集团有限责任公司	中国煤炭工业协会
110	J-25202-2-02	煤与瓦斯突出矿井深部动力灾害一体化预测与防治关键技术	潘一山、梁铁山、张宏伟、王魁军、齐庆新、张建国、梁冰、窦林名、吕有厂、宋卫华	辽宁工程技术大学、中国平煤神马能源化工集团有限责任公司、煤炭科学研究总院沈阳研究院、煤炭科学研究总院、中国矿业大学	中国煤炭工业协会
113	J-25202-2-05	0.6米~1.3米复杂薄煤层自动化综采成套技术与装备	王国法、陈亚杰、张步勤、朱真才、成光星、李首滨、赵兵文、杜长龙、徐亚军、邵太升	冀中能源峰峰集团有限公司、天地科技股份有限公司、中国矿业大学、北京天地玛珂电液控制系统有限公司、宁夏天地奔牛实业集团有限公司、江苏中机矿山设备有限公司、河北天择重型机械有限公司	中国煤炭工业协会

2014 年国家能源科学技术进步奖

2014 年国家科学技术进步奖获奖项目目录
（能源项目）

特等奖

序号	编号	项目名称	主要完成单位	推荐单位
1	J-210-0-01	超深水半潜式钻井平台研发与应用	中海石油（中国）有限公司、中海油研究总院、上海外高桥造船有限公司、中国船舶工业集团公司第七○八研究所、西南石油大学、上海交通大学、中海油田服务股份有限公司、海洋石油工程股份有限公司、中海石油深海开发有限公司、中国科学院力学研究所、中国船级社、大连理工大学、哈尔滨工程大学、江苏亚星锚链股份有限公司、山东悦龙橡塑科技有限公司、无锡市东舟船舶附件有限公司、江苏科技大学、重庆科技学院	中国海洋石油总公司

一等奖

序号	编号	项目名称	主要完成人	主要完成单位	推荐单位
2	J-210-1-01	我国油气战略通道建设与运行关键技术	廖永远、黄维和、吴宏、黄泽俊、高泽涛、艾慕阳、冯庆善、冯耀荣、张劲军、杨忠文、王旭、王国丽、高顺华、伍奕	中国石油天然气股份有限公司管道建设项目经理部、中国石油天然气管道局、中国石油集团石油管工程技术研究院、中国石油天然气股份有限公司管道技术研究中心、中国石油天然气股份有限公司西气东输管道分公司、中国石油天然气股份有限公司西部管道分公司、中国石油天然气股份有限公司管道分公司、中石油中亚天然气管道有限公司、中国石油天然气股份有限公司北京油气调控中心、中国石油大学（北京）	中国石油天然气集团公司
4	J-215-1-01	600℃超超临界火电机组钢管创新研制与应用	刘正东、王起江、程世长、陈晓丹、包汉生、徐海澄、杨钢、薛建国、张怀德、郭元蓉、王鹏展、谭舒平、周荣灿、徐松乾、王立民	宝山钢铁股份有限公司、中国钢研科技集团有限公司、扬州诚德钢管有限公司、攀钢集团成都钢钒有限公司、哈尔滨锅炉厂有限责任公司、西安热工研究院有限公司、山西太钢不锈钢股份有限公司	中国钢铁工业协会
6	J-25202-1-01	特厚煤层大采高综放开采关键技术及装备	王金华、于斌、康红普、王国法、吴兴利、王家臣、杨智文、刘峰、李国平、毛德兵、雷煌、梁运涛、宋金旺、王晓东	中国煤炭科工集团有限公司、大同煤矿集团有限责任公司、煤炭科学研究总院、天地科技股份有限公司、中煤科工集团上海研究院、中煤张家口煤矿机械有限责任公司、煤科集团沈阳研究院有限公司、中国矿业大学（北京）、中国矿业大学、中煤北京煤矿机械有限责任公司	中国煤炭工业协会

续表

一等奖

序号	编号	项目名称	主要完成单位	推荐单位	序号
8	J-216-1-01	极端条件下重要压力容器的设计、制造与维护	陈学东、涂善东、郑津洋、范志超、轩福贞、寿比南、陈永东、谷文、王冰、陈志平、韩冰、杨国义、崔军、章小浒、李秀杰	合肥通用机械研究院、华东理工大学、浙江大学、中国特种设备检测研究院、中国第一重型机械集团大连加氢反应器制造有限公司、中国石化集团南京化学工业有限公司、浙江工业大学、中石化洛阳工程有限公司、中国石化工程建设有限公司、中国寰球工程公司	安徽省、中国机械工业联合会
10	J-210-1-02	元坝超深层生物礁大气田高效勘探及关键技术	郭旭升、郭彤楼、蔡希源、王志刚、马永生、李真祥、蔡勋育、胡东风、陈祖庆、瞿佳、唐瑞江、丁士东、凡睿、雷鸣、黄仁春	中国石油化工股份有限公司勘探南方分公司、中国石油化工股份有限公司石油工程技术研究院	中国石油化工集团公司
13	J-213-1-01	超深井超稠油高效化学降粘技术研发与工业应用	刘中云、秦冰、林涛、王世洁、郭继香、梁尚斌、韩革华、罗咏涛、肖贤明、李本高、赵海洋、李子甲、任波、杨祖国、雷斌	中国石油化工股份有限公司西北油田分公司、中国石油化工股份有限公司石油化工科学研究院、中国石油大学（北京）、中国科学院广州地球化学研究所	中国石油化工集团公司
14	J-206-1-01	国家电网智能电网创新工程		国家电网公司	国有资产监督管理委员会

二等奖

序号	编号	项目名称	主要完成人	主要完成单位	推荐单位
17	J-205-2-01	±660千伏直流架空输电线路带电作业技术和工器具创新及应用	王进	国网山东省电力公司检修公司	中华全国总工会
18	J-205-2-02	试油测试技术的创新与应用	田明	中国石油化工股份有限公司江苏油田分公司	中华全国总工会
20	J-206-2-01	无线通信终端核心芯片关键技术及产业化平台		展讯通信（上海）有限公司	上海市
21	J-206-2-02	中国石化科技创新体系建设工程		中国石油化工集团公司	国有资产监督管理委员会
25	J-206-2-06	中国一重大型铸锻件制造技术创新工程		中国第一重型机械集团公司	黑龙江省
26	J-210-2-01	大型复杂储层高精度测井处理解释系统CIFLog及其工业化应用	李宁、王才志、刘乃震、赵路子、王宏建、杨景海、伍东、武宏亮、石玉江、伍丽红	中国石油天然气股份有限公司勘探开发研究院、中国石油集团长城钻探工程有限公司、中国石油天然气股份有限公司西南油气田分公司、大庆石油管理局、大庆油田有限责任公司、东北石油大学、西南石油大学	中国石油天然气集团公司
27	J-210-2-02	复杂油气储层裂缝定量识别与评价关键技术及工业化应用	曾联波、雍学善、乔文孝、李跃纲、狄帮让、苏惠、陶果、安勇、张峰、车小花	中国石油大学（北京）、中国石油集团西北地质研究所、中国石油天然气股份有限公司西南油气田分公司、中国石油化工股份有限公司中原油田分公司	北京市
28	J-210-2-03	阿姆河右岸盐下碳酸盐岩大型气田勘探开发关键技术与应用	吕功训、刘合年、邓民敏、吴蕾、程绪彬、张兴阳、刘廷富、刘有超、李万军、郭春秋	中石油阿姆河天然气勘探开发（北京）有限公司、中国石油天然气勘探开发公司、中国石油天然气股份有限公司勘探开发研究院、中国石油集团川庆钻探工程有限公司、中国石油集团钻井工程技术研究院、中国石油集团工程设计有限责任公司、中国石油集团东方地球物理勘探有限责任公司	中国石油天然气集团公司
35	J-213-2-01	新一代高性能苯乙烯类热塑性弹性体成套技术	梁红文、张红星、张爱民、李望明、周立新、夏金魁、戴立平、高正明、韩丙勇、邹智勇	中国石化集团资产经营管理有限公司巴陵石化分公司、四川大学、北京化工大学、湖南百利工程科技股份有限公司	中国石油化工集团公司

			二等奖		
序号	编号	项目名称	主要完成单位	推荐单位	序号
36	J-213-2-02	高酸重质原油全额高效加工的技术创新及工业应用	董孝利、吴青、王少飞、陈淳、袁忠勋、黄梓友、苑少军、郑明光、尤德华、王仲华	中海石油炼化有限责任公司、中海石油炼化有限责任公司惠州炼化分公司、中国石化工程建设有限公司、中海油天津化工研究设计院	中国石油和化学工业联合会
37	J-213-2-03	百万吨级精对苯二甲酸（PTA）装置成套技术开发与应用	周华堂、罗文德、姚瑞奎、许贤文、李利军、汪英枝、马海洪、王丽军、肖海峰、郑宝山	中国昆仑工程公司、重庆市蓬威石化有限责任公司、浙江大学、天津大学、西安陕鼓动力股份有限公司、南京宝色股份公司	中国石油天然气集团公司
45	J-215-2-05	先进短流程高品质特殊钢制造关键技术及其产业化	毛新平、张超、韩斌、柴毅忠、高吉祥、赵刚、孙新军、吴健鹏、谭文、汪水泽	武汉钢铁（集团）公司、武汉科技大学、钢铁研究总院、广州珠江钢铁有限责任公司	湖北省
46	J-216-2-01	半导体器件后封装核心装备关键技术与应用	陈新、吴宏、高健、高云峰、杨志军、刘冠峰、吴小洪、李克天、陈克胜、程逸良	广东工业大学、固高科技（深圳）有限公司、深圳市大族激光科技股份有限公司、广州半导体器件有限公司	广东省
47	J-216-2-02	高效离心泵理论与关键技术研究及工程应用	袁寿其、刘厚林、袁建平、孔繁余、谈明高、张金凤、汤跃、王洋、董亮、曾培	江苏大学、江苏振华泵业制造有限公司、利欧集团股份有限公司、新界泵业集团股份有限公司、重庆水泵厂有限责任公司、山东博泵科技股份有限公司、陕西航天动力高科技股份有限公司	教育部
51	J-217-2-01	超大电流短路发电机自主研制与工程应用	王国海、苗立杰、焦晓霞、石晏珍、王彦滨、梁洪涛、郑龙泰、孙玉田、邱希亮、富立新	哈尔滨电机厂有限责任公司	黑龙江省
52	J-217-2-02	混流式水轮机水力优化设计的关键技术及应用	罗兴锜、吴玉林、覃大清、郭鹏程、张乐福、刘树红、郑小波、廖伟丽、魏显著、高忠信	西安理工大学、清华大学、哈尔滨大电机研究所、中国水利水电科学研究院	陕西省
53	J-217-2-03	大型电站锅炉混煤燃烧理论方法及全过程优化技术	陈刚、向军、张洪刚、沈跃良、张成、胡平凡、袁洪涛、陈前明、高伟、夏季	华中科技大学、广东电网公司电力科学研究院、广东红海湾发电有限公司、广东省粤电集团有限公司沙角 C 电厂、广东省粤电集团有限公司珠海发电厂、中国国电集团公司谏壁发电厂、安徽华电芜湖发电有限公司	工业和信息化部
54	J-217-2-04	大型超超临界机组自动化成套控制系统关键技术及应用	刘吉臻、夏明、朱永芃、潘钢、马骏驰、牛玉广、曾德良、刘长良、陆家铭、周海东	华北电力大学、中国国电集团公司、北京国电智深控制技术有限公司、中国国电集团公司谏壁发电厂、中国电力工程顾问集团华东电力设计院、北京华电天仁电力控制技术有限公司	教育部
71	J-223-2-02	基于路感跟踪的高性能电动助力转向系统关键技术及应用	季学武、刘亚辉、姜殿鑫、陆海峰、吕荣华、卢琼波、艾涛、肖凌云、高家兵、石建伟	清华大学、荆州恒隆汽车零部件制造有限公司、中国标准化研究院、奇瑞汽车股份有限公司	北京市
72	J-223-2-03	国家高速公路网运行监管与服务关键技术及应用	王笑京、杨琪、李爱民、秦勇、张可、董雷宏、李丁、沈鸿飞、周正兵、张明月	交通运输部公路科学研究所、北京交通大学、中山大学、北京市首都公路发展集团有限公司、安徽省交通运输联网管理中心、北京公科飞达交通工程发展有限公司、北京宏德信智源信息技术有限公司	交通运输部

二等奖					
序号	编号	项目名称	主要完成单位	推荐单位	序号
73	J-223-2-04	隧道与地下工程重大突涌水灾害治理关键技术及工程应用	李术才、张庆松、李利平、孙亮、张春生、俞文生、路为、仇文革、张霄、崔金声	山东大学、交通运输部公路科学研究所、山东高速集团有限公司、中国水电顾问集团华东勘测设计研究院有限公司、西南交通大学、江西省高速公路投资集团有限责任公司、济宁浩珂矿业工程设备有限公司	山东省
80	J-231-2-04	电袋复合除尘技术及产业化	黄炜、修海明、林宏、宋蔷、吴江华、陈奎续、邓晓东、朱召平、郑奎照、阙昶兴	福建龙净环保股份有限公司、清华大学	福建省
124	J-25202-2-02	宁东特大型整装煤田高效开发利用及深加工关键技术	王俭、李玉民、周光华、樊永宁、关清安、郭菊娥、李光明、张忠富、赵林、刘洪涛	神华宁夏煤业集团有限责任公司、中国矿业大学、西安科技大学、煤炭科学研究总院、西安交通大学	中国煤炭工业协会

企业篇

六电并举 绿色动力驱动
——中国东方电气集团有限公司

中国东方电气集团有限公司（以下简称东方电气集团）是中央确定的涉及国家安全和国民经济命脉的53户国有重要骨干企业之一，是全球最大的发电设备制造和电站工程总承包企业集团之一，属国务院国资委监管企业。

东方电气集团以大型发电成套设备、工程承包及服务为主业，积极发展高效清洁能源，依托持续不断的技术创新获得了长足发展，可批量制造1000兆瓦等级超超临界火电机组、1000兆瓦等级水轮发电机组、1000~1750兆瓦等级核电机组、重型燃气轮机设备、风电设备、太阳能电站设备以及大型环保设备、水处理设备、电力电子与控制系统等产品，形成了"六电并举"的产品格局。

东方电气集团积极拓展海外业务，大型成套设备出口65个国家和地区，从1994年起连年入选ENR全球250家最大国际工程承包商之列，是中国大型成套设备出口的骨干企业。

展望未来，东方电气集团将秉承"共创价值、共享成功"的宗旨，以创建具有国际竞争力的世界一流重大装备集团为宏愿，以绿色动力驱动中国和世界经济发展。

一、自主创新

1.2012年科技工作情况

2012年，围绕火电、水电、核电、燃机、风电、太阳能光伏发电等产品开发，开展了涉及材料、工艺、设计技术等多方面的科研。新立科研项目316项，完成科研项目239项。共有10个项目获得省部级以上科技奖励，其中中国机械工业科学技术一等奖1项、三等奖1项，核能行业协会科技进步二等奖1项，三等奖1项，绿色制造科学技术进步奖（中国机械工程学会）二等奖1项，广东省科技进步特等奖1项，四川省科技进步奖一等奖1项、二等奖2项、三等奖1项。

（1）自主创新能力。

2012年，在600兆瓦超临界火电机组、50兆瓦F级燃机、5.5兆瓦海上风机、高效太阳能电池、电动汽车驱动装置等方面持续投入研发力量，并在大型抽水蓄能机组关键技术、超超临界机组新机型和二次再热项目上取得突破。

（2）主导产品成果。

完成了仙游300兆瓦抽水蓄能机组研制、1000兆瓦等级混流式水轮发电机组关键核心技术及仙居375兆瓦抽水蓄能发电电动机开发。完成600兆瓦火电机组提质增效技术方案的确定；600兆瓦超临界循环流化床锅炉、大型电站锅炉SCR烟气脱硝装置位列国家重点新产品。超超临界机组新机型和二次再热项目取得突破；50兆瓦F级燃机自主研发按计划推进；5.5兆瓦海上风电机组交付业主。完成多项光伏晶硅电池片开发和新技术研发，电池片转化效率由18.2%提升至18.7%以上，成本大幅降低。

2012年，成功签订国家重大科技专项项目——大型先进压水堆CAP1400示范工程的汽轮发电机组研制供货合同与蒸汽发生器供货合同；世界单机容量最大的台山核电 1750 兆瓦级核能发电机顺利通过型式试验；由东方电气提供核岛及常规岛主设备的宁德 1 号机组于 2012 年 12 月 28 日并网成功。

高碑店二带一新型改进型 F 级热电联供天然气联合循环机组投入运行，创造了国内燃气发电单机出力最大、效率最高、NO_x 排放最低的好业绩，2012 年，戚墅堰 E 型机组设备投入连续运行，大唐绍兴热电首台 F 级机组热电联供天然气联合循环机组点火成功。东方电气制造的 M701F4 型燃机，按"一拖一"多轴机组考虑，采用洁净、环保的天然气作为燃料，SO_2 排放量基本为零，无灰尘排放，氮氧化物和 NO_2 排放量约为常规燃煤机组的 6% 和 42%。

已形成单机最大 5.5 兆瓦等级系列风电机组的研发和制造能力。截至 2012 年底，已累计制造各类风机 6000 台，累计完成机组安装、投运超过5200 余台，投运风电场超过 110 个。

完全具备了 480 兆瓦的电池片规模化制造能力和 48 兆瓦的组件制造能力。电池片平均转化效率超过 19%，在国内外处于技术领先水平。新型抗PID（无电势诱发衰减）超高效 P 型选择性发射极单晶硅太阳能电池项目被列为江苏省重点新产品计划项目。

东方电气提供锅炉设备和脱硝 EPC 项目——平顶山 2×1000 兆瓦机组工程获国家优质工程金奖。大型电站锅炉 SCR 烟气脱硝装置被列入国家重点新产品。

（3）新技术研发成果。

燃料电池 3.5 千瓦 UPS 电源系统实现满负荷发电；完成小批量 20 安时磷酸铁锂电池试制；完成爬行式焊接机器人应用测试，基本达成样机功能和技术指标；核电空心叶片自动化焊接应用项目实现工业化目标，即将投入应用。

完成了太阳能光煤互补、生物质发电厂、太阳能光热发电厂、兆瓦级光伏电站工程等项目预研和设计工作；承担设计的孟加拉 S 厂、K 厂项目完成168 小时连续运行。

2. 2013 年科技工作情况

（1）科研基础设施建设取得成效。

作为国家大型清洁高效发电设备研发中心，东方电气瞄准国际国内先进水平，建设了一大批科研基础设施并投入使用，极大地提升了自主创新能力。

在新能源新技术研究领域，已建成清洁燃烧基础实验室、燃料电池实验室、钒电池实验室、智能装备实验室、电力电子实验室、电驱动实验室等 10个国际一流水平的研发实验室，正在建设中央研究院综合实验大楼。

（2）自主创新能力。

2013 年，集团公司获得省部级以上科技进步奖励 13 项，其中中国机械工业科学技术一等奖 2 项，中国电力科学技术二等奖 1 项，四川省科技进步三等奖 5 项；中国核能行业协会科学技术一等奖 1项，二等奖 1 项，三等奖 1 项。

2013 年新申报的国家科技计划项目"储能用锂离子电池系统安全性及评测方法研究"入选国家"863"项目库，"大型电站汽轮机叶片制造数字化车间关键技术应用示范项目"入选国家科技支撑计划项目库。目前，国家级科技攻关项目集团均有承担，其中正在执行的项目有国家科技重大专项 1项，"863"项目 4 项，"973 项目"1 项，国家科技支撑计划项目 3 项。

（3）主导产品创新成果。

水电方面，自主研制的世界第三大水电站溪洛渡 770 兆瓦混流式机组、世界单机容量最大的灯泡贯流机组——巴西杰瑞 75 兆瓦水电机组成功投入商业运行，机组运行平稳，各项技术指标达到国际先进水平。自主研制的仙游 300 兆瓦大型抽水蓄能机组 4 台机全部成功投运，机组稳定、性能优异，标志着集团公司初步具备了自主设计、制造和调试大型抽水蓄能机组的能力。

火电方面，世界首台单机容量最大的 600 兆瓦超临界循环流化床锅炉在四川白马电厂成功投入商业运行。600 兆瓦亚临界、超临界火电汽轮机提质增效改造方案针对用户需求进行了多次优化，并完成集团评审；六横项目优化型超超临界 1000 兆瓦汽轮机已完成设计制造并交付用户；瞄准国际先进水平的新一代高效超超临界汽轮机，万州项目 1000 兆瓦汽轮机、焦作项目 660 兆瓦汽轮机、安源项目二次再热 660 兆瓦汽轮机均完成相关阶段设计进入研制。

燃机方面，50 兆瓦燃机自主研发平台建设和关键部件试验件设计制造取得阶段性进展，整机设计及试验研究全面启动；代表更高技术水平的 300 兆瓦等级 F4 型燃机已实现批量制造，并在高碑店和绍兴电厂投入运行，实现了 F 级燃机升级换代，巩固了市场竞争优势。

核电方面，世界最大单机功率的台山 EPR1750 兆瓦核电汽轮机、发电机、汽水分离再热器及蒸汽发生器完成研制并开始电站安装，获得国家和行业的高度关注和评价；红沿河 1 号、2 号和宁德 1 号核电机组成功投运；三代核电自主技术的 CAP1400 机组、福清 ACP1000 机组及引进型徐大堡 AP1000 机组均进入研制阶段。东方电气已全面进入三代核电技术装备领域。

风电方面，2.5 兆瓦永磁直驱、2.0 兆瓦电励磁直驱风力发电机组进入批量制造阶段，首台 5.5 兆瓦海上风电机组样机实现满负荷运行，风电产品性能和可靠性正在逐步改进提高。

太阳能发电方面，太阳能光伏单晶电池片转化效率由 18.8% 提升至 19.1%；完成平均综合效率 19.75% 的 P 型双面电池和平均综合效率 19.21% 的 N 型双面电池研发工作。

（4）新产品新技术研发。

500 千瓦光伏并网逆变器通过"金太阳"产品认证；完成武汉理工 80 千瓦纯电动驱动电机研制并形成了小批量生产，与成都客车联合开发的 4 款电动大巴如期完成并进行了路面测试；3.5 千瓦燃料电池 UPS 备用电源完成第二代工程样机研制并累计进行了 900 小时运行性能测试；5 千瓦燃料电池动力系统完成第一代样机研发并满负荷运行；千瓦级钒电池具备工程示范应用条件；自主研发的高效木质素系水煤浆分散剂完成公斤级合成试验，性能优于国内主流分散剂性能水平，基本具备产业化条件；智能装备和机器人应用关键技术研究取得新成果，核与辐射环境机器人装备系统研发取得突破，获得市场订单。

自主设计开发的爬行式焊接机器人 I 型、600 兆瓦机组海水烟气脱硫装置、多功能车用燃料电池测试平台等多项成果通过了四川省科技厅组织的专家鉴定，为科技成果的转化和市场推广应用奠定了基础。

3. 2014 年科技工作情况

（1）知识产权和承担国家项目方面。

2014 年，东方电气集团获得省部级以上科技进步奖励 13 项，其中特等奖 1 项，一等奖 3 项，国家专利优秀奖 2 项。获得国家、省部级以上科研项目 28 项，其中国家科技计划"863"项目 1 项，科技支撑项目 1 项。

在承担国家和省部级重大科研任务方面，2014 年新承担省部级以上科研项目任务 20 余项，其中国家科技支撑计划项目"大型电站汽轮机叶片制造数字化车间关键技术应用示范"、国家科技计划"863"项目"储能用锂离子电池系统安全性及评测方法研究"正式出库执行。目前，国家重大科技专项、国家科技计划"863"、"973"项目、国家科技支撑计划等重大科技攻关项目集团均有承担并按计划推进。

拥有世界最大回转直径的 350 吨高速动平衡实验台、燃气轮机压气机实验台、煤气化热态试验台、低阶煤双床试验台。"新能源与智能电网自动化技术工程实验室"已获省发改委审批通过；"清洁燃烧与烟气净化四川省重点实验室"通过了四川省科技厅评审，即将成为集团第二个省级重点实验室；集团"长寿命高温材料四川省重点实验室"已正式向科技部递交了国家企业重点实验室的申请材料。

（2）主导产品创新成果。

水电方面，大型水电机组密集投运，全年共投运水电机组 31 台（套）/551.21 万千瓦。溪洛渡、糯扎渡、鲁地拉、锦屏等大型水电项目圆满收官，巴西杰瑞 12 台、呼蓄 2 台、安谷、葛洲坝改造、桐子林等重点项目机组成功投运，性能优良。其中，溪洛渡机组被专家评为运行最稳定的机组，呼蓄机组被认为是近期抽水蓄能投运最成功的机组，溪洛渡、巴西杰瑞两项目先后被业主评为优质供应商，锦屏项目被业主评为工程建设功勋单位，水电产品美誉度进一步提升。白鹤滩百万千瓦级巨型水电机组项目技术方案获得业主认可，进入合同谈判阶段；深圳 300 兆瓦抽水蓄能水泵水轮机转轮完成第三方验证试验，效率及稳定性达到行业先进水平；绩溪、敦化超高水头抽水蓄能机组水力开发取得跨越性进步，模型转轮第三方同台对比拔得头筹，抽水蓄能自主创新能力取得新突破。

火电方面，提质增效和性能优化取得重大进展，新一代高参数火电机组开发全面完成，一批重点项目陆续成功投运，大幅提升了火电产品技术竞争力。六横优化型超超临界 1000 兆瓦机组实现双投，性能优化显著。首次采用自主研发的高压筒形缸的华润焦作超超临界 660 兆瓦机组投入运行；神华万州 1000 兆瓦机组 1 号机已顺利一次性通过 168 小时满负荷试运行，华能安源二次再热 660 兆瓦机组完成研制即将投入商业运行；上都亚临界 600 兆瓦机组改造完成，投运效果良好，性能进步显著；恒运电厂 9 号机组超净排放改造项目，以远低于燃气发电机组的排放实现了煤电机组超洁净燃烧，集团公司新一代高效清洁发电技术初步获得了市场认可。

燃机方面，50 兆瓦燃机自主研发实验平台建设和关键部件研制取得突破，压气机后级段试验圆满完成，试验效果良好；压气机前级段、燃烧器试验即将展开，关键部件研制及试验研究进展顺利；面向市场更加先进的 300 兆瓦等级 F4 型燃机已实现批量制造产出，完成主力机型升级换代，巩固了市场竞争优势。

核电方面，以国家重大科技专项 CAP1400 示范工程石岛湾项目、自主技术华龙一号福清项目以及徐大堡 AP1000 项目为代表的第三代核电机组自主研发取得新进展，技术研究、攻关研制和施工设计按计划稳步推进；台山 EPR1750 兆瓦核电主设备成功交付；集团第一套民用核电堆内构件克服重重困难完成研制并正式发运，标志着集团公司已全面具备百万千瓦级核电核岛和常规岛主设备成套供货能力，核电技术水平不断提高。

风电方面，产品系列进一步完善。自主技术的 2.5 兆瓦永磁直驱低风速型、抗结冰型风机完成设计认证并出口瑞典市场，获得高端市场认可；在不断优化已有的双馈风电技术的同时，2.0 兆瓦电励磁直驱、2.3 兆瓦高速永磁风力发电机完成技术优化并实现批量制造；3.2 兆瓦永磁直驱风力发电机样机研制进展顺利；进一步优化 5.5 兆瓦等级大型海上风力发电机组设计。

太阳能发电方面，通过工艺优化，转化效率进一步提高。P 型单晶电池量产平均效率达到 19.2% 以上，P 型多晶电池片量产效率达 18% 并实现产业化。开展高效低成本 PID-Free 电池产品研发，通过工艺研究进一步提高了电池性能水平和可靠性。

电力电子方面，10 兆瓦级高动态、高性能、高可靠性高压变频器一次投运成功，填补了国内百万千瓦火电机组引风机变频技术应用的空白。完成新一代电站级光伏逆变器样机测试，光伏电站系统组件衰减抑制技术成果在宁夏天得光伏发电有限公司得到应用，获得用户认可。

新技术研究方面，燃料电池备用电源示范项目在中国移动、中国联通三个通讯基站建成投用，自主研发的第三代样机主要性能和寿命指标达到国际先进水平。钒液电池备用电源示范项目在四川工程职业技术学院完成建设。100 千瓦电动大巴车电驱动系统在成都客车厂示范运行，并获得知名整车企业苏州金龙批量合同，形成规模化产出。完成电动车用交流异步和直流永磁电机控制器系列化研发、25 千瓦、35 千瓦、100 千瓦控制器分别在川汽、海马、成客等整车厂完成装车试验。自主研制的超导风力发电机原理样机成功实现带负载发电，为后续工程样机设计研发奠定了基础。完成 4 个规格的高效电机样机研制，电机效率经权威机构检测达到国家特一级水平。

二、实践案例

1. 溪洛渡水电

东方电气提供的溪洛渡水轮发电机组已成功投入商业运行，机组运行稳定、性能参数优异，各项技术经济指标均满足合同要求，达到并部分优于三峡集团的"精品"目标要求。

已投运的溪洛渡水轮发电机组均一次性投运成功，一次性成功投运率100%，并创造了一月两投的成功典范，在行业内赢得了极高的赞誉。

因溪洛渡机组优异的表现，东方电气又获得了向家坝扩机合同，并在2014年3月被三峡集团评为溪洛渡、向家坝工程建设唯一的主机优秀供货商。在溪洛渡项目上的一系列创新技术的成功应用，充分证明了东方电气已经完全能够自行设计和开发800兆瓦级大型混流式水轮发电机组，为我国即将投建的1000兆瓦巨型水轮发电机组的研制奠定了坚实的基础。

溪洛渡水轮发电机组开发研制成功，将带来巨大的社会经济效益和环保效益。溪洛渡机组是金沙江"西电东送"距离最近的骨干电源之一，其多年平均发电量为572亿千瓦时，主要供电华东、华中地区，将有效缓解华东、华中的用电紧张，推动当地经济发展。据测算，溪洛渡的优质电能每年可以减少标准煤燃烧约2000万吨，减少二氧化碳排放量约5500万吨，减少二氧化氮排放量近85万吨，减少二氧化硫排放量近170万吨。

2. 仙游水电项目

福建仙游抽水蓄能电站是福建省第一座抽水蓄能电站，福建省"十一五"规划的重点项目，也是东方电气自主研制的首个抽水蓄能电站项目，总装机容量1200兆瓦，设计年抽水用电量25.28亿千瓦时，年发电量18.96亿千瓦时，年发电利用小时数为1580小时，具有周调节能力。安装的4台立轴单级可逆式水泵水轮机组全部由东方电气自主设计、制造，单机容量300兆瓦，具有容量大、水头高、转速高等特点。首台机组于2012年12月8日首次启动成功，至2013年12月19日四台机组全面投产，共历时376天。

仙游电站建成后，将作为福建电网重要的调峰填谷、调频调相、紧急事故备用电源接入，既可满足调峰容量需要，还可以最大限度满足智能电网的要求，有利于优化福建电源结构，对于保障电网安全稳定运行、提高电能质量、助推经济发展具有重要意义。

按仙游抽水蓄能电站建成装机1200兆瓦计算，每年可节约标准煤12万吨，减少二氧化碳排放约24万吨，可具备消纳风电、太阳能等可再生能源3600兆瓦的能力，为节能减排、改善生态环境发挥了不可替代的作用。

3. 跻身核电堆内构件领域

2014年12月8日，东方电气集团旗下的东方电气（武汉）核设备有限公司首台民用核电堆内构件——防城港一期1号机组制造完工并正式发运，此举标志着东方武核已经掌握了百万千瓦级核电站堆内构件制造的核心技术，也标志着东方电气集团真正具备了核电站核蒸汽供应系统成套供货能力。

东方武核从事反应堆堆内构件制造有50多年历史，曾多次获得国家嘉奖。2008年底，为了打造整体的民用核电设备产业链，东方电气集团收购武汉锅炉集团相关资产，成立了东方武核。在短短5年里，完成基建投资建设，获取了民用核设备制造资格。依托中广核工程项目，东方武核取得了防城港一期1号、2号机组CPR1000和陆丰一期1号、2号机组AP1000堆内构件的制造任务，与此同时，还参与了CAP1400部分科研课题。

4. 华能北京热电项目

华能北京热电项目在国内首次使用东方电气改进型F级燃气轮机，为F级重型燃机市场产生了极好的示范作用。该项目发电能力923兆瓦，供热能650兆瓦，供热面积1200万平方米。机组最终性能试验测得的出力和效率分别优于合同保证值3.15%和1.01%。

高出力高效率：汽轮机可高低压缸切换，在冬季时，蒸汽不用进入低压缸，全部进入高压缸保证供热。在夏季，可以适应频繁开停机的需要，保证高峰期用电需求。

低排放：NOx 排放在 75% 以上的负荷区间值都小于 25ppmvd。一氧化碳和挥发物排放远低于保证值。项目首次为燃气联合循环的余热锅炉加装脱硝装置，减排 85%，逼近"零排放"。

技术创新：在华能北京热电项目中，东方电气和业主共同实现十几项创新，比如：采用 3S 离合器和二拖一配置（2 台燃气轮机+2 台余热锅炉+1 台蒸汽轮机），汽轮机可高低压缸切换。华能北京热电项目已成为燃机电厂的标杆。

该项目获得 2012~2013 年度国家优质工程金质奖，是电力工程能够取得的最高荣誉。继华能北京热电项目之后，东方电气陆续取得了 36 台 M701F4 机组订单。在已完成性能试验的项目中，M701F4 机组各项技术指标均达到并超过合同保证值。

5. 上都火电改造项目

内蒙古上都发电有限责任公司 3 号机组为东方电气制造的 600 兆瓦亚临界空冷机组，于 2007 年 8 月投入商业运行。该机组设计于 20 世纪 90 年代，与当前最新的通流设计技术存在代差，为响应国家节能减排政策并解决机组能耗较高的问题，电厂委托东方电气对 3 号机组实施通流部分提效节能改造。东方电气采用了调节级级段气动优化、最新的叶型、高效 3D 叶片流道、边界层抽吸、末级叶片设计和优化、进排汽缸优化、先进汽封、密封结构优化、低压内缸结构优化等多项优化措施，对汽轮机实施了通流改造。

项目从合同签订到改造完成，整个工期控制在 8 个月内，于 2014 年 11 月 14 日冲转，并实现一次启动成功。2014 年 12 月，西安热工研究院有限公司完成了 3 号机组改造后性能试验。试验结果表明：与改造前相比，机组高压缸效率大幅度提高 5% 以上，中压缸效率提高 1% 以上，热耗下降 400 千焦/千瓦时以上，改造后机组热耗达到世界先进水平。

该机组通流改造工程创造了改造工期最短、改造后收益巨大，节能环保效果显著的示范性优质工程。

试验结果表明：与改造前相比，机组高压缸效率大幅度提高 5% 以上，中压缸效率提高 1% 以上，热耗下降 400 千焦/千瓦时以上，改造后机组热耗达到世界先进水平。

6. 广东恒运 300 兆瓦机组改造："超洁净排放"典范

地处广州市城乡结合部的恒运电厂现有 2 台 300 兆瓦、2 台 200 兆瓦共 4 台燃煤热电联产机组，三大主机均为东方电气制造，总装机容量 1000 兆瓦，年发电能力 80 亿千瓦时，节能环保压力巨大。

为进一步提高燃煤电厂污染物治理水平，恒运电厂针对 2 台 300 兆瓦燃煤机组"超洁净排放"改造进行了积极探索，使燃煤电厂三项主要大气污染物，氮氧化物、二氧化硫、烟尘的排放浓度达到天然气机组的排放标准，分别为 50 毫克/立方米、35 毫克/立方米、5 毫克/立方米（即"50355"工程）。东方电气利用深度高效的环保治理和高效节能技术，对恒运电厂 9 号机组实施了"超洁净排放"改造。

据独立第三方检测机构广州市建研环境监测有限公司现场取样数据，9 号机组实施上述"超洁净排放"改造后，二氧化硫、氮氧化物、烟尘三项主要污染物排放值分别为 4 毫克/立方米、25 毫克/立方米、1.94 毫克/立方米，均达到设计要求，优于或达到燃气机组污染物排放标准。按天然气机组排放标准测算，9 号机组三项主要污染物将在国家对珠三角严控标准的基础上再下降 71.5%、72%、79.5%，对比原始值降比分别达 97.8%、93.1%、99.97%。

在运行中，恒运电厂曾经探测到二氧化硫最小值接近"0"毫克/立方米，氮氧化物最小可到 15 毫克/立方米、烟尘最小 1.5 毫克/立方米。

9 号机组"超洁净排放"环保技术改造运行测试结果表明，通过技术改造，燃煤电厂二氧化硫、氮氧化物、烟尘三项主要污染物的排放水平完全能达到甚至优于天然气机组污染物排放标准的要求。从投资和运行成本方面来看，燃煤机组"超洁净排放"改造投资费用可控，运行成本与天然气机组相比具有明显的优势。

三、荣誉

1. 2012 年

集团公司入选"2011 年中国国有上市企业社会责任榜"，名列第 53 位。

美国《福布斯》杂志公布了一年一度的全球 2000 强公司榜单，集团公司排名第 1222 位。

集团公司总经理、股份公司董事长斯泽夫获"2012 中国企业最具创新力十大领军人物"荣誉称号。

《中国 500 最具价值品牌》排行榜揭晓，集团公司以 119.25 亿元的品牌价值居榜单第 120 位。

集团公司以 490 亿元营业收入位列 2012 年中国企业 500 强第 204 位，中国制造业企业 500 强第 101 位。

集团公司被中国机械工业联合会授予"机械工业第一批现代制造服务业示范企业"称号。

集团公司入选由《工程新闻记录》（ENR）和 ASAPP 传媒信息集团共同评选的 2011 年度印度市场最大国际工程承包商二十五强，是唯一获此殊荣的中国公司。

集团公司荣列全球最大 225 家国际承包商第 83 名。

2. 2013 年

在"科学之夜——2013 中国科学报社年度盛典"活动中，"世界最大单机容量核能发电机制造成功"与神舟十号飞船发射成功等九大项目被评为"2013 中国十大科技进展新闻"。

由经济日报社主办的"第三届中国自主创新年会"在北京人民大会堂举行，东方电气集团荣获第三届"中国十大创新型企业"奖。

东方电气东方锅炉股份有限公司自主研制的世界首台最大容量的 600 兆瓦超临界循环流化床锅炉成功投运，标志着我国在大容量、高参数循环流化床洁净煤燃烧技术方面走在了世界前列。

东方电气集团中央研究院燃料电池与钒电池创新团队入选四川省第二批"顶尖团队"。集团公司位列 2013 年度 ENR 全球最大 250 家国际承包商排行榜第 92 名。集团公司列中国装备制造业 100 强排行榜第 35 位。股份公司再次登上"全球上市公司 2000 强"榜单。股份公司再登《财富》中国 500 强榜单，排名第 131 位。

3. 2014 年

东方电气集团位列中国机械工业 2013 年百强企业第 7 位，并获"十年发展突出贡献奖"。东方电气集团位列 2014 年《中国 500 最具价值品牌》第 119 位。东方电气集团入围福布斯 2014 全球企业 2000 强。东方电气集团在 2014 年中国企业 500 强中名列第 263 位。东方电气集团在 2014 国有企业 100 强社会责任发展指数排名榜上位列第 23 位。东方电气集团位列"2014 中国能源集团 500 强榜单"第 53 位。东方电气集团教授级高工杨志忠、王拯元分获"杰出工程师奖"与"杰出工程师奖鼓励奖"。东方电气集团被授予"国家技术创新示范企业"称号。东方电气集团入围 2014 年中国对外贸易 500 强位列第 156 位。东方电气股份有限公司荣获"2014 年度最受投资者尊重的百强上市公司"奖。东方电气股份有限公司获中国核能行业协会科学技术一等奖。

科技专家队伍：2014 年底，国家"千人计划"专家 3 名、国家百千万人才工程专家 1 名、国家突出贡献专家 1 名、享受国务院特殊津贴专家 106 名、四川省突出贡献专家 33 名、四川省学术带头人 9 人、四川省"百人计划"专家 4 名。

专利情况：全集团有效专利数量快速增长，截至 2014 年底，集团公司共拥有有效专利 1095 件，其中发明专利 332 件。

以重大技术装备国产化为己任

——沈阳鼓风机集团股份有限公司

一、概况

沈阳鼓风机集团股份有限公司（以下简称沈鼓集团）是我国重大技术装备行业的自主性、战略型领军企业，是以重大技术装备国产化为己任的国家高新技术企业、国家创新型企业，中国机械工业100强企业。沈鼓集团是国内唯一一家集压缩机、往复机、泵三大类通用机械产品研发、设计、制造和服务于一体的专业化生产企业。凭借雄厚的技术实力、精良的工艺装备、过硬的产品质量和优质的服务，稳居国内同行业领军地位，部分技术领域已经接近或达到国际同行业先进水平，跻身为具有较强国际竞争力的装备制造企业。

2004年5月，根据国家振兴东北老工业基地的发展战略，按照省市区各级政府的统一部署，原沈鼓集团凭借品牌和管理优势对原来同样处于其行业龙头地位的沈阳水泵股份有限公司、沈阳气体压缩机股份有限公司进行了战略重组和重大技术改造，投资18.6亿元在沈阳经济技术开发区建设了70万平方米的新型工业园区，形成了现在的新沈鼓集团，成为国内最大的通用机械研发、制造基地。2011年，企业进行了股份制改造，注册资本15.85亿元，引进机构投资者和企业核心层及重要技术管理人员作为股东，其中，法人股东15家，持股比例95.78%；自然人股东136人，持股比例4.22%。第一大股东沈阳市铁西国有资产经营有限公司持股比例为76.03%。

2014年，沈鼓集团依据企业改革和转型升级的需要，进行了新一轮组织机构调整，形成了集团公司下设7个职能管理中心，下辖23个独立子公司的组织体系。

截至2014年末，企业在岗员工6917人，其中工程技术人员1891人，管理人员1333人，生产一线员工3229人、辅助部门员工457人。

二、改革情况

根据28号文件进一步深化国有企业改革的指示，沈鼓集团大力推进企业改革工作，去年制订了改革发展规划，将资本化运作和转型升级确定为企业改革的主线。已取得成果和下一步重点任务包括：

1. 进一步深化体制机制改革，科学规范实现企业治理

沈鼓集团不断完善法人治理结构。先后设立了董事会和监事会，成立了发展与战略委员会等7个委员会，并积极执行三会一层议事规则，企业基本实现了股东治理。同时，积极推进各项准备工作，力争在2015年实现挂牌上市。并做好上市后的期股期权及并购工作，全面提升产业竞争力。我们正在研究探索政府股权部分退出可行性方案。同时，探讨扩大职工持股比例范围，实行股权激励机制等方案，待时机成熟时进行操作。

2. 继续坚定不移地研发高附加值的高端装备产品，实现企业产品升级转型

技术创新沈鼓集团始终能保持平稳较快发展，

逐步实现做大做强的核心驱动力。过去十几年间，企业在技术创新方面做了大量卓有成效的工作：一是建立了"两站三院四中心"的技术创新体系；二是不断加大研发投入力度，近三年企业研发经费投入分别占主导产品销售收入的 5.58%、5.77% 和 5.94%；三是持续进行重大技术改造，提升研发、制造和试验能力。

多管齐下的技术创新，使沈鼓集团的国产重大技术装备呈井喷式爆发：研发出国内首台百万吨乙烯压缩机组，并实现了三机成套供货；研制出首台 10 万空分压缩机组，实现了中国超大型空分压缩机组零的突破；研制出西气东输长输管线用增压机组，为我国能源动脉和五亿人口的用气安全提供了"中国心"的有力保障。此外，还研制出 MTO 装置用压缩机组、180 万吨甲醇制烯烃压缩机组、大型 PTA 用离心压缩机组、全系列核二级泵、单级循环气压缩机、大型 LNG 压缩机组、大推力往复机、工业汽轮机等一大批重大国产装备。

2014 年，集团全力攻关重点科研项目，结合国家重大技术装备需求，组织开展了一系列的新产品、新技术研究，在多个领域取得了历史性突破。完成了以十万空分压缩机组为代表的科研开发项目 165 项；累计完成以 120 万吨/年乙烯装置为代表的新产品开发 363 种 276 台；获得市级以上科技奖励 27 项；获得发明专利授权 23 项，实用新型专利授权 19 项，软件专利授权 1 项。

在对外技术合作方面，继续面向国内外技术资源，借助外力提升企业技术能力和水平。先后与 GE、三井造船、CFE 等公司进行了交流并签署了深度合作研制意向。与西安交通大学、大连理工大学、中科院金属所等国内大学和科技单位联合开展科研合作 30 多项。

今年，沈鼓集团根据《中国制造 2025 规划》及相关领域"十三五"发展方向，再一次明确了技术创新转型三大方向，即向高端装备转型、向新兴市场领域转型、向智能化装备转型。

目前，沈鼓集团正在研发储备包括 150 万吨乙烯压缩机组在内的一批具有世界尖端水平的透平装备。规划在 2020 年完成 50 多种新产品 200 多项重大技术成果研制和研发。在做强做精现有产品的同时，通过技术研发、技术合作和合资并购等多种途径逐步进军节能减排、分布式能源、海洋工程等新市场领域。沈鼓集团将在未来 10 年和更长的时期内，继续成为中国高端透平装备的领跑者和领军人。

3. 继续坚持向生产性服务业转型，不断扩充服务功能和领域

基于世界先进经验和企业发展需求，在各级主管部门的指导下，沈鼓集团从 2008 年开始探索经营模式改革的道路，出台了相关规划，大力发展生产性服务业。今年，在 28 号文件以及《中国制造 2025 规划》的指导下，重新修订了集团公司生产性服务业发展规划，拟建立 12 个服务中心并立的生产性服务业群，计划在 2020 年实现 35 亿元服务业收入。

去年，集团注册成立了工程成套公司和香港分公司。截至 2014 年底，沈鼓集团在原有服务产业基础上完成了 8 个服务中心的建设工作，即客户服务中心、自控服务中心、测控服务中心、工程成套服务中心、工程技术服务中心、北方电脑服务公司、香港崔蒂尼国际贸易公司以及运输服务中心。8 个分中心在 2014 年实现总收入 16.6 亿元，实现利润 2.9 亿元，占集团全年利润的 78%。

4. 落实"走出去"战略，不断扩大海外市场

海外业务是企业发展蓝图的重要组成部分，经过多年的持续努力，沈鼓逐步突破了东南亚、南亚、西亚和非洲等市场。2014 年初在集团层面成立了国际事业部，对集团进口和出口业务进行了整合，建立起了适应国际市场的组织构架，为开辟国际业务打造了良好的平台。同时着手规范海外市场工作流程和设计标准对接，配备外经贸人员，提升了国际市场的应对能力。积极参加国际相关行业展会，并在几个海外关键市场取得了相应突破。首次与欧美国际工程公司在工艺气领域开展合作，赢得全部离心机组订单。将机组仿真控制系统成功推销到国外市场。实现了海外服务市场订货突破，完成

出口交货值同比增长 2.7 倍，出产产品同比增长 48.3%，创历史新高。今年 1~5 月实现出口交货值同比增长 79.3%。

5. 提升工程成套能力，实现单机制造向工程成套转型

2014 年底，沈鼓集团与沈阳创投集团合资注册成立了工程成套有限公司，依托沈鼓集团核心产品的行业地位和品牌优势，充分拓展内部现有能力、整合外部资源，从单一设备制造、供货延伸到工艺流程装置的单元工程，以多种服务模式为客户提供系统解决方案，实现工程总承包突破，以此带动相关设备的销售和进入上下游相关产业，推动沈鼓集团产业结构的转型升级。

三、大事记

1. 2012 年

1 月 12 日，举行 1000 兆瓦核电站核二级安全壳喷淋泵和低压安注泵首台首套出厂仪式。这两种产品发往阳江核电站，是国内首台自主研制的百万千瓦级核电站用泵，核泵国产化由首台套突破转向批量化生产的质量与进度控制阶段。

3 月 7 日，往复机事业部与中化泉州签订了提供首台 4M150 大型往复式压缩机的合同，完成了从引进设计到自我创新设计的跨越，实现了机组气体推力跃升至世界最大级。

5 月 18 日，与宁波中金石化公司正式签约提供芳烃项目 4 套（5 台）离心压缩机组的订货合同，其中的 BCL1407 重整循环氢压缩机为目前世界最大的筒形离心压缩机。

5 月 22 日，中国石油集团工程设计有限责任公司与沈阳鼓风机集团股份有限公司，举行国内最大的（液化天然气）湖北 500 万方/天 LNG 工厂国产化示范工程压缩机组签约仪式，携手结成战略联盟。

5 月 29 日，中国石化物装部组织召开重大装备国产化项目——扬子石化 PTA 装置空气压缩机组出厂验收会，并形成验收通过结论。

6 月 28 日，我集团 AP1000 核主泵试验回路管道系统打压测试一次合格，发展核电事业喜添"水平世界级，国内开先河"的利器。

7 月，中国机械工业联合会组织召开鉴定会，对由沈鼓水泵研究所研制的《泵四象限试验台》给予验收通过，并作出填补国内空白、技术水平行业领先的结论。

7 月，由辽宁省科技厅组织实施、沈鼓集团承担的"十一五"国家科技支撑计划"1000 兆瓦核电机组核二级泵研制"项目，通过了国家科技部验收，标志着我国核二级泵重大技术装备实现了自主化。

7 月 10 日，我集团为中石油西气东输甘肃省永昌站研制的首台国产化西气东输机组（H1156），顺利通过 24 小时机械运转测试，各项测试参数符合设计要求，优于压气站内几台国外机组；8 月 10 日，H1156 顺利通过 72 小时性能测试。

8 月 14 日，辽宁省发改委在我集团主持召开 AP1000 核主泵自主化研发试验基地建设项目验收会认定：沈鼓集团 AP1000 核主泵自主化研发试验基地建设项目，设备生产能力达到设计生产纲领要求，所有设备及设施运行正常，生产工艺先进可靠，一致同意通过验收。

9 月 19 日，我集团 AP1000 核主泵试验回路正式悬挂 ASME PP 铭牌（即 Pressure Piping，压力管道），国内第一套符合 ASME PP 标准的三代核主泵试验装置诞生。

10 月，我集团首个一体化、专业化、地区化的四川石化保运项目全面启动；10 月 25 日，我集团完成天津石化百万吨乙烯解气压缩机组（H858）全面体检，并顺利投产。

全年，我集团一批首台套重大机组接连试车成功，一笔笔巨额大单相继签约，一系列新产品重大攻关宣告突破，彰显沈鼓创造业绩。

10 月 17 日，在营口市经济技术开发区隆重举行盛大的营口基地建设项目奠基典礼，打造通往深蓝出海口，迈上战略发展新征程。营口基地总投资 25 亿元，占地面积 87.3 万平方米，预计 2014 年竣工投产。项目全面达产后，预计可实现年销售收入

26 亿元，利润总额 3.15 亿元。

10 月 28 日，为中石油抚顺石化公司 80 万吨/年乙烯装置提供的乙烯压缩机实现一次开车成功，国产化百万吨乙烯"三机"研制实现真正意义上的满堂红。

11 月 7 日，自主研制的中石油高陵站首套整站国产化天然气长输管线 20 兆瓦电驱压缩机组（H1294），通过 24 小时机械运转测试；中国石油发来贺信，称赞这是国家机械制造业又一新的里程碑。

11 月 13 日，《科技日报》展示沈阳十年来自主研发、自主创新七大成果，百万吨乙烯装置机组摆脱进口历史列为一项内容。

11 月 15 日，高陵站电驱机组成功完成 72 个小时带负荷工业性试验，用户盛赞中国"心脏"跳得很健康、很有力；11 月 26 日，机组进入 4000 小时的工业性应用考核。

西气东输二线高陵站 20 兆瓦级电驱压缩机整站成套国产化喜获成功，迅速引发"雪球效应"——中国石油决定西三线段乌鲁木齐站、永昌站、瓜州站、乌苏站四个站的 12 台 20 兆瓦级电驱 PCL804 压缩机组交由沈鼓成套供货。

2. 2013 年

1 月 17 日，辽宁省发展和改革委员会在沈鼓主持召开国家高技术产业化专项"百万千瓦核二级泵研发试验基地建设"项目验收会，并作出一致同意该项目通过验收的结论。

3 月 4 日，为齐鲁分公司提供的 25 万吨/年 HDPE 装置提供的"心脏"设备——首台国产化聚烯烃循环气压缩机组在用户现场平稳运行 40 天，产出预期定量的合格产品。机组的性能参数完全符合设计值，效率达到进口同类机组水平。

在此之前，世界上只有美国、德国、日本等厂商垄断控制着聚烯烃循环气压缩机组这一领域。

该机组的研制成功，标志着沈鼓改写了同类型设备依赖国外进口的历史，填补了国内空白，满足了国内聚烯烃装置压缩机大型化发展的需要。

3 月 28 日，受国家能源局委托，中国机械工业联合会主持召开 60 万吨/年 LNG 装置压缩机组产品

鉴定会。与会领导和专家听取了沈鼓集团汇报项目研制情况，见证了全压全功率试验过程，高度评价该机组研制成功让中国制造业跃上一个新高度，总体技术达到国际同类产品先进水平。

4 月 2 日，国家发改委、中国机械工业联合会在杭州召开"神华宁煤 400 万吨/年煤炭间接液化项目 10 万空分装置国产化技术协调会"，决定组建 10 万空分装置国产化研制联合攻关团队，由沈鼓集团牵头、杭氧和杭汽参加，三家企业通力合作，确保首套 10 万空分装置达到国际先进水平。同时决定聘请中国机械工业联合会原总工程师隋永滨为该项目总协调人。

4 月 9 日，沈鼓集团与中国石油天然气集团、哈电机公司、上海电气集团、荣信电力电子公司、上海广电电气（集团）携手合作，举行了"西气东输三线国产电驱压缩机组签字仪式"。

5 月 5 日，辽宁省科技厅、财政厅组织专家对沈鼓申报的辽宁省科技创新重大专项《10 万等级空分装置用压缩机组研制》进行了全面、客观、精确的论证评审，一致认为项目实施方案总体可行。

5 月 22 日，沈鼓"百万千瓦级核电站轴封型反应堆冷却剂泵总体技术方案"，通过了中国机械工业联合会组织的国内行业评审。

6 月，沈鼓研制的大型管道输油泵样机通过国家能源局、中国机械工业联合会、中国石油集团公司组成的专家鉴定委员会评审鉴定。专家鉴定委员会一致认为，机组的总体技术指标达到了国际同类产品先进水平。

这一成果不仅打破了国外垄断、填补了国内空白，更为满足我国日益增长的原油管道输送能力需求提供了强力支持，并将形成具有自主知识产权的管道输油泵系列化优势。尤为关键的是，国产与进口相比，每台泵可节省金额约 90 万元。

7 月 8 日，省发改委在沈鼓主持召开"核泵国产化研发生产基地建设项目验收会"，由省、市发改委和开发区管委会、发改局领导及聘请的相关行业专家联合组成项目验收组，一致同意核泵国产化研发生产基地建设项目通过评审验收。

7月11日，中石油与沈鼓进出口公司正式签订离心压缩机采购合同。这是中石油与沈鼓首次在中东油气市场上开展合作，合同的签订具有开拓性的战略意义。

8月13日，武汉80万吨乙烯三机投入商业运行产出合格产品。武汉80万吨乙烯项目，第一次选用整套国产化"乙烯三机"，沈鼓第一次成为国产化"乙烯三机"总成套商，独自承担全部设计制造任务，其现实意义和长远影响不亚于百万吨乙烯机组研制成功，为民族装备制造业再次树立起一座里程碑。

8月下旬，2000万吨/年重质原油加工工程项目的首台600系列B级压缩机（H1877-BCL608/B循环氢压缩机）设计工作按用户要求完成交档，可进入生产制造流程。该项目是目前国内一次性建设加工能力最大的炼油装置，填补了国内空白。

11月中旬，集团党委下发文件做出决定，将十万空分压缩机项目设立为集团"重大党员工程"。

集团党委强调，此项工程是一项重大政治任务，各级党组织必须高度重视。要织积极配合行政，挑选党员骨干担负产品制造任务；要精心组织、统筹规划、攻坚克难，实现"三个确保"——确保产品质量，确保交货期，确保将十万空分压缩机项目打造成精品工程。

12月25日，沈鼓集团"CAP1400屏蔽电机主泵试验台建设"项目，通过了国家核电技术公司重大专项办公室组织的8位国家核电专家的科研课题项目审查会评审。

科技创新打造"第三极"驱动

——中科华核电技术研究院有限公司

2006 年成立的中科华核电技术研究院，在 2011 年经历了重大组织结构优化调整和核心业务转型后，完成了"科研为主、市场为辅"的华丽转身，并以卓越的执行力跻身成为同行业中的科研"排头兵"。在这四年里，中科华研究院从科研平台建设到科研项目完成，从设备产品研发到技术服务推广，从设计资质申请到知识产权保护，诸多方面无不展示出中科华研究院作为驱动中国广核集团核电战略发展第三极、国家级企业技术中心和研发平台所具有的能力和素质。

一、科研平台

科研平台是科技研发的基础和研发水平的重要表征，是中科华研究院不断推陈出新的生命线。中科华研究院充分重视科研平台建设，投入资源重点进行多项科研平台的建设，累计投资已超过 11 亿元。在最近的四年里，中科华研究院的科研平台，在规模、数量和先进性上都走在了同行的前列。主要包括：

国家能源核级设备研发中心，安全壳内不可接近设备研发中心一期建设项目，建设竣工并通过国家能源局验收、交付使用，成为国内领先、国际一流的安全壳内 1:1 环境下，重大不可接近设备操作及维修技术模拟培训和换料操作培训平台，及在线事故模拟和处理方案模拟验证平台。安全壳内不可接近设备研发中心二期工程，也将于近期完成建设。

获得"国家能源先进核燃料元件研发中心"授牌，为我国先进自主核燃料研发工作提供了强有力的平台保证，该中心已建成一批核燃料研发试验验证平台并投入使用。

获得"国家能源海洋核动力平台技术研发中心"授牌，为集团自主海上小型堆项目的研发和市场推广提供了重要的平台支撑，一批海上小型堆研发的系统、设备和整体性关键验证试验平台逐步按照规划开展建设，部分接近投用。

建成了中国广核集团综合热工水力与安全实验室一期工程，占地 19000 平方米，涉及反应堆热工水力、反应堆流体力学、反应堆结构力学、反应堆安全系统和设备鉴定试验等 5 大方向、4 大类、21 台套试验装置，包含整体水力学比例模拟实验装置、大型热工水力综合实验装置等。规划中的二期工程，占地 33800 平方米，计划于 2018 年底建成。

二、科研项目

中科华研究院将科研项目视为立足和成长的根本。科研项目对中科华研究院而言具有重要的意义，既是中科华研究院不断增强科研实力，提升业界影响力的"壮骨粉"，又是中科华研究院发现人才、培养人才、锻炼人才的"试金石"，且科研项目经费成为中科华研究院主要经费来源。截至 2014 年，中科华研究院承担省部级以上科研项目 55 项，其中包括：

国家能源局重大专项科研项目 2 项："事故容

错燃料关键技术研究"、"核电厂气载碳 14 处理关键技术研究"落户中科华研究院，特别是"事故容错燃料关键技术研究"确立了集团在未来事故容错燃料研发方面的国内牵头地位。

作为项目牵头单位，承担科技部"863"计划课题 2 项："核反应堆专用机器人技术与应用"项目，完成了换料机器人、反应堆整体螺栓拉伸机等六个机器人的研发工作，通过了科技部和中国机械工业联合会组织的行业验收，填补了国内空白，达到了国际同类产品先进水平，且部分产品已成功应用于防城港压水堆核电厂；"压水堆核电站安全级冷却链改进研究"项目，完成了国内首次压水堆核电厂全范围事故分析研究并成功应用于阳江压水堆核电厂执照申请，受到环保部核安全审查中心肯定，达到国内领先水平，而部分自主先进非能动安全系统和设备研发，强有力地支撑了集团华龙一号、ACPR1000 型号研发和红沿河压水堆核电厂执照申请工作。

承担科技部"973"计划项目："核电站紧急救灾机器人的基础科学问题"项目已获验收，该项目研究成果将极大提升我国核电站重大事故预防和快速响应与应急救援能力。并成功获批项目二期"核电站紧急救灾机器人适用性评估与鉴定"。

承担科技部科技支撑计划项目 2 项："百万千瓦级压水堆核电站控制棒驱动系统研发"，完成二代加核电站控制棒驱动机构研制，并通过集团和能源局的验收，实现了压水堆核电站核心部件之一的控制棒驱动系统关键技术自主国产化。项目已获科技部验收；"海洋小型核电站运行保障技术研究"，已完成集团自主知识产权的 ACPR50S 海洋小型反应堆的方案设计。

牵头承担国家能源应用技术研究和工程示范项目 4 项："严重事故仿真平台及氢气控制装置研发"、"严重事故救援设备研制"、"严重事故应急救援用机器人研制"和"严重事故条件下设备可用性鉴定技术研究"。

牵头承担国防科工局核能开发项目 2 项和中欧合作项目 1 项："反应堆系统应对严重事故能力提升关键技术研究"、"压水堆燃料原件设计制造技术研究（第二阶段）"和"福岛后严重事故机理与处置大型实验研究"。

集团科技创新计划科研项目方面，4 项战略专项中，中科华研究院牵头承担 3 项、参与 1 项；此外，还承担了尖峰计划和预研项目多项。研究成果在支撑集团科技战略和解决多基地核电现场问题的同时，也获得了包括核能行业协会等行业内高度认可，部分成果达到国内领先水平。

三、设备产品

"不做只停留在理论而没有市场的原理样机"是中科华研究院在产品研发方面的要求。中科华研究院充分依托市场，瞄准市场，以市场需求为导向，加快推动研发成果的应用和推广。至今有 60 余项较大型的核电设备及专用工具研发，其中 43 项成果已经实现了工程应用，累计合同金额达到 16 亿元。研发的产品不仅在集团内部得到广泛应用，还走向了集团外部核电和非核市场，得到同行业的充分认可。

核电站应急柴油发电机组、棒控棒位系统等核电站重要核级系统设备研发成功并顺利实现工程供货，核级设备产业化供货站上新台阶。

地坑过滤器、反应堆 LOCA 裕度监视系统供货在集团内外部核电市场实现全面突破。

中科华研究院供货的环保部核与辐射安全中心全范围验证模拟机顺利投运，首次在全范围模拟机上实现了核电严重事故实时仿真，此外还供货国家能源重大专项石岛湾高温气冷堆全范围模拟机、厦门大学通用模拟机以及集团内多台 CPR1000 核电机组工程全范围模拟机项目。

自主研发的整体螺栓拉伸机在防城港核电站 2 号机冷试中顺利完成工程试用，实现专用工具研发的重大突破。

拥有完全自主知识产权的"核电站等离子体熔融减容系统"工程样机研发成功，填补了国内空白。

核电站三废系统蒸发器、脱气塔样机研制成功并通过鉴定，打破了国外多年的技术垄断。

自主研发的换料机、核岛应急水就地控制系统、应急柴油发电机组、蒸汽发生器模拟体、超声波清洗机等专用工具签订多项供货合同。

多项具有完全自主知识产权的产品研发工作取得重大突破，整体水平达到国际领先。

四、技术服务

中科华研究院以提升核电运营的安全性、可靠性、经济性，提升工程建设的关键设备自主化率和国产化率为己任，着力打造共用技术服务平台，为运营、工程提供优质的技术服务。

自主设计的 18 个月换料项目在宁德核电取得成功。

完成岭澳核电第一个十年安全审查项目并通过国家核安全局验收，为国内其他核电机组的安全评审提供了重要的参考。

依托集团尖峰计划项目，完成集团首个批改造包策略和规划初稿，为集团打破对国外批改进技术的依赖、自主实现各电厂改造设计集约化、标准化奠定基础。

帮助佳木斯电机厂，顺利完成大型余热排出泵 K1 类电机全尺寸满载 LOCA 试验，填补了国际大型电机全尺寸满载 LOCA 试验的空白。同时，也为世界核电余热排除的可靠性立下了一个新的标杆。中科华研究院由此成为目前世界上唯一具备大型 K1 类电机满载 LOCA 试验能力的科研机构。

五、科技成果

在中科华研究院成立短短的九年时间里，科技成果方面收获颇丰，获得多项国家级和省市级奖项，在砥砺前行的道路上品尝到了胜利的果实。获得的奖项主要包括：

中国核能行业协会科学技术二等奖 3 项；中国电力科技进步二等奖 1 项；国家能源科技进步三等奖 1 项；广东省科技进步二等奖 1 项；北京市科学技术奖三等奖 1 项；以及其他行业科技成果奖若干项。

六、知识产权

中科华研究院充分重视对研发成果的保护，申请并获得的专利达数百项。

专利申请共计 455 件，其中发明专利 249 件，获得授权 188 件，其中发明专利 37 件；获得中国专利金奖。

中科华研究院作为中国广核集团的国家级企业技术中心和研发平台，不辱使命，不惧困难，在转型过程中稳扎稳打，在市场机遇到来时敏锐嗅探，迅速出击，在市场竞争中不仅赢得席位，而且站在了同行前列，成为行业内部的排头兵。在成立九周年之际，中科华研究院又将以"中广核研究院"的崭新面貌，开启新的征程。

立足技术创新　引领核电装备发展新路径

——国家能源核电站核级设备研发中心

国家能源核电站核级设备研发中心（以下简称研发中心）于 2010 年 1 月 6 日正式授牌成立，依托中国广核集团中科华核电技术研究院组建。作为国家能源局首批设立的 16 个国家能源研发（实验）中心之一，研发中心以搭建核级设备研发平台和核级设备鉴定平台为目标，不断创新，引领我国核电设备研发技术和鉴定技术发展，并为我国核电设备制造企业提供设备供应方案和设备鉴定方案。

一、基本情况

研发中心在编员工 150 多人，其中硕博士学历员工占比达 90%以上，涵盖机械设计与制造、过程装备与控制、力学、核动力工程、核物理、电子工程、电气自动化、计算机等专业。研发中心设电仪所、主设备所、智能装备所、系统所和市场与项目管理所，并成立专家委员会指导全中心技术活动，开展机械、仪控、电气和环境工程设备研发和产业化。研发中心获国家"863"计划、科技支撑、"973"计划项目支持多项，也获得能源局、科工局等项目支持，还获得广东省、深圳市科研项目支持。中心已获得国防科技等省部级以上奖励多项，拥有授权专利 50 多项，完成 20 余项核级产品研发和应用，员工获得国家五一劳动奖章一次。

二、实验平台简介

研发中心从成立至今，秉承建设开放式设备研发和鉴定平台的理念，在深圳大亚湾核电基地建设了安全壳内不可接近设备研发与试验中心（以下简称"不可接近中心"）。不可接近中心是我国唯一可以模拟核电站反应堆厂房水池真实环境的试验平台。该中心提供：核燃料组件模拟体、换料装置、压力容器模拟体、蒸汽发生器模拟体、控制棒驱动机构工程样机、反应堆整体螺栓拉伸机工程样机、控制棒驱动系统工程样机等重大不可接近设备。该中心可模拟在高放射性环境下设备的检修并提供培训指导，并为不可接近设备的专用维修工具研发和一回路重大设备的研制提供有力支撑。同时，研发中心还建设了大量的核级设备鉴定试验设施，为设备制造企业提供鉴定服务，包含：国内在运最大 LOCA 环境鉴定试验台，反应堆再循环杂质试验台、CRDM 冷、热态考验试验台、地坑滤网化学效应和下游试验台、主泵运维技术试验验证平台、核电机器人湿热鉴定试验台，并与国内其他单位联合建设了反应堆 C 环热态综合台、主泵轴封综合试验台、大型设备辐照试验装置等。研发搭建集核主泵关键部件研发和日常修复的试验验证平台，包括核主泵轴封系统研发和试验平台、核主泵部件修复技术研发和试验平台、核主泵废弃物处理技术研发试验平台，建成后的平台将具备国内自主维修核主泵的能力。

三、科研实力

依托已建成的试验平台，研发中心成功开发出近 30 种核电站重要设备，包括：燃料操作设备、燃料在线和离线检查装置、反应堆大盖螺栓拉伸机、地坑过滤器、LSS 裕度监测装置、控制棒驱动机构、棒控棒位系统、反应堆大盖 C 型密封环工程样机、反应堆压力容器法兰面清洗装置等。并实现产业化供货合同总额达 9 亿元，供货范围覆盖中核、中广核在役和新建核电站。研发中心在中低排放废物处理领域，成功研制出水泥固化线，开发出等离子焚烧减容技术和成套蒸发器与脱气塔等关键设备，为核电站中低放废物处理提供安全、环保的解决方案，同时可为城市生活垃圾处理、医疗垃圾处理提供技术指导。

研发中心在设备鉴定方面重点开展三大业务：设备鉴定基础技术研究、设备鉴定体系及标准规范建立、国产化设备研发的鉴定指导。通过消化法国和美国鉴定标准，结合国内实践，完成 50 多份核级设备鉴定标准规范编制，承担 28 项能源局核电行业标准编制工作。这些工作极大推动了核电设备国产化进程。

研发中心以国家能源发展规划为方向，利用国家核电事业发展契机，借助新堆型研发阵地，将在"十三五"期间开展一批核电关键鉴定技术研究，启动新一批核电重大设备研发，实施一批重要试验平台建设，为国家核电"走出去"提供核心技术支撑。

创新核电智能装备　发展打造产业联盟

——核电智能装备与机器人技术创新联盟

机器人技术是智能制造产业的核心技术，是国家高端智能装备战略的集中体现。机器人技术综合自动化、人工智能、机械传动、运动控制、智能视觉、物联网和互联网通信技术等，处于智能制造产业的高端位置，习近平总书记也在2013年科技大会上指出"机器人是制造业皇冠上的明珠"。

能源行业是国家的战略领域，过多地依赖石化类一次能源将会压缩国家的战略空间，同时，石化能源的碳排放已经严重影响到国民经济发展的各个方面，节能减排与缓解环境压力已经成为国家可持续发展的衡量标准。核能发电在减少碳排放，保护国家能源安全方面具有积极意义，提高核能发电在能源结构中的占比已是国家战略。2014年底和2015年初，国家发改委连续启动福建福清核电厂5/6号机组，广西防城港核电厂3/4号机组的建设，并批准这两个电厂采用国产三代核电技术华龙一号。近期，福建宁德核电厂又宣布其5/6号机组也将采用华龙一号技术。华龙一号作为核能技术领域国之重器在国际舞台多次受到国家领导人的推介，并将借助"一带一路"大战略走出国门参与全球核能开发市场竞争。国际、国内民用核能开发市场巨大，华龙一号的对外输出必将带来国内核电装备制造集体出海，这将极大推动国内核电装备制造业整体升级，作为反映核电装备高技术水平的核电站智能服务机器人也会得到大力发展。

2015年5月29日，核电智能装备与机器人技术创新联盟成立大会在广西防城港举行。国家科技部、深圳市科技创新委相关领导、国内核电机器人领域著名专家及多家联盟单位代表等共70多人出席大会。联盟由中科华核电技术研究院、哈尔滨工业大学、上海交通大学、北京航空航天大学、北京理工大学、河北工业大学、中广核工程有限公司、中广核核电运营有限公司、防城港核电有限公司九家单位发起，联盟邀请了核电装备研发制造"产学研用"产业链上共计31家单位共同成立。

当前，国内大多数的核电智能装备企业在各自领域都有一定的技术优势，但几乎都是与国外公司联合研发或成为国外公司在国内的加工制造中心，并在国内核电市场进行所谓的联合投标而占领国内市场，其实质是国外核电巨头通过国内代理对国内核电重要主设备的技术及市场垄断，其核心技术仍然在国外公司掌控之中。这些技术和其营销模式的垄断在核电智能专用工具方面表现尤为突出。作为核电厂使用时间最长、对经济性最为制约的运维重要智能专用工具，国外公司的技术垄断显得格外突出。鉴于此，国内诸多核电厂设备制造企业曾经努力想打破这一垄断局面，但由于国外核电巨头明显的技术优势和技术封锁，以及核电企业严格的质保系统和鉴定要求使得起步较晚、核研发生产体系并不健全的国内核电智能装备业最终在竞争中落败。随着国内核电市场的蓬勃发展，政府对核电智能装备企业的支持，在国家核电技术走出去战略大背景下，相应核电运维技术产品也必将与国外巨头同台竞争。国内核电企业在产品功能、设计与制造标准、质量保证、鉴定要求等方面在国内核电站的逐步培养下日趋成熟，相对国外进口核电产品，无论从技术上还是质量上，都具备了一定竞争能力，但需要进一步进行系统性整合，完善核心技术研发及实现体系，提升行业整体竞争力。

为了打破国外核电巨头在国内核电智能装备和专用工具方面的技术垄断，科技部在"十二五"期间启动了核电机器人专用技术与应用课题，课题由中科华核电技术研究院、中广核检测技术有限公司、北京航空航天大学、北京理工大学、河北工业大学五家单位共同承担。课题主要研发六套核电重大运维智能机器人装备，同时也是核电十分紧迫的技术需求。这些研发内容涵盖核电厂非常重要的核燃料组件操作、反应堆压力容器操作及在役检查、蒸汽发生器维修操作、一回路水环境下异物打捞和多功能作业等高风险活动。该课题在2015年3月已结题，课题不但成功研制出六款重要功能的机器人，部分成果实现了工程应用，还突破了一大批核电环境下机器人技术的共性问题，为后续核电机器人研发奠定坚实的基础。

基于这样的现状以及核电形势的发展要求，根据已有核电专用机器人研发组织机构，在上级主管单位的大力支持与指导下，中科华核电技术研究院联合国内多家与核电装备制造业相关联的高校、核电厂、科研院所和生产制造企业，打造系统的核电智能装备产业联盟，完善核电智能装备制造产业链上的组织布局。

核电智能装备与机器人技术创新联盟以各企业的科研机构和工程技术中心、相关大学、独立科研院所为技术依托，建立企业、高校、研发单位间的信息与技术共享平台，通过建立技术创新联盟，创新产学研结合机制，提升技术创新能力，加速科技成果向生产力转化，实现核电智能装备与机器人产学研紧密结合，提高自主创新能力，加快高科技成果的培育和转化，提高我国核电智能装备的自主创新能力。联盟将瞄准国家核电战略目标，以核电智能装备与机器人行业共性、关键技术为重点，大力提高核电智能装备与机器人产业的自主创新，解决核电站特殊作业环境下智能装备与机器人的可靠性、自适应性，并考虑解决常规智能装备在核电站的应用推广和集成技术等"瓶颈"问题，攻克对核电行业有重大影响的共性技术难题，研发具有自主知识产权的核电智能装备，保障核电智能装备与机器人产业的持续、快速、健康发展。联盟将促进核电智能装备与机器人领域重点企业、科研院所、大专院校的科技资源共享，形成建立在产业技术创新价值链基础上的合作机制，建立以企业为主体的多元投融资机制和促进成果转化的有效机制，并将形成面向行业的、开放的、具有国内领先、国际先进水平的行业共性技术平台，探索提升核电智能装备与机器人行业自主创新能力的有效方式。

核电智能装备与机器人技术创新联盟的成立标志机器人技术将正式进入传统核能装备领域，这将极大提升核能装备的智能化水平，加速国内核电智能装备占领国内民用核能市场并助推华龙一号出海。

自主创新立时代潮头

——北京广利核系统工程有限公司

一、企业简介

北京广利核系统工程有限公司（以下简称"广利核公司"）是中广核工程有限公司与北京和利时系统工程有限公司共同出资成立的从事核电数字化仪控系统（DCS）设计、制造和工程服务的专业化企业，面向核电站提供端到端、全生命周期的数字化仪控系统解决方案。

广利核公司自成立以来一直以"自主创新、提升核电站数字化控制系统核心能力"为宗旨，致力于实现核电站数字化控制系统的自主化和国产化，是国家科技部认定的高新技术企业，科技部火炬中心认定的"国家火炬计划重点高新技术企业"，也是北京科委授权的"核电站数字化仪控系统—北京市国际科技合作示范基地"，公司拥有我国能源领域首批国家级研发中心之一——国家能源核电站数字化仪控系统研发中心。

广利核公司先后通过了 ISO9001 质量管理体系认证、ISO14001 环境管理体系认证、OHSAS18001 职业健康安全管理体系认证、软件能力成熟度模型集成（CMMI）IV 级评估；建立了符合 IAEA GS-R-3、HAF 003 要求的核安全体系，获得了由国家核安全局针对核电数字化仪控领域颁发的国内首张民用核安全电气设备设计/制造许可证。2014 年 11 月，广利核公司自主核安全级 DCS 产品 FirmSys（中文名称"和睦系统"）的软件获得了由功能安全领域权威认证机构——德国莱茵 TüV 集团 ISTec 公司颁发的国内首张第三方核电 DCS 软件验证与确认（IV&V）证书。

二、主要产品

公司以推进核电站仪控系统国产化、自主化进程为使命，立足专业化、自主化、国际化的发展战略，面向核电站提供基于自主技术的数字化仪控一体化解决方案，业务涵盖技术研发、工程设计、产品制造、系统集成、定制开发、技术支持和服务外包等多个领域。

公司依靠自主研发和技术创新，已经研制出多个具有完全自主知识产权的核电站数字化仪控系统平台产品，并在此基础上积极推进科技成果的转化，增强自身核心竞争力，开拓国内外核电仪控市场。

目前，公司的主营产品有核安全级数字化控制保护系统（英文名"FirmSys®"、中文名"和睦系统"）、核电站非安全级数字化仪控系统（HOL-LiAS-N）、核电站数字化专用仪控系统（Speedy Hold®）、基于 FPGA 技术的多样性系统（FitRel®）、核事故应急辅助决策系统（EmInfoSys®）五大系统产品，并且都已取得核心自主知识产权。

三、知识产权获得情况

公司十分注重知识产权的保护，截至 2014 年底，已拥有知识产权 193 项，其中专利 73 项，计算机软件著作权 117 项，作品著作权 3 项，另外还有 39 项专利申请已获国家知识产权局受理；公司自主开发研制的核安全级数字化控制保护系统（FirmSys）、核电站数字化专用仪控系统（Speedy-Hold）等 17 项商标已获得国家工商总局商标局授权；公司还积极参与国家核电标准体系建设，目前已牵头完成国家标准 1 项、行业标准 5 项，参与完成行业标准 2 项，正在牵头或参与编制的行业标准 9 项。

四、市场情况

基于完全自主知识产权的核电站数字化仪控系统研发成果，广利核公司在国内核电数字化仪控市场上占据了有利地位，市场占有率始终保持第一。目前，广利核公司正不断加强与国外核电及其他清洁能源公司的交流与合作，为中国自主核电仪控设备真正"走出去"而努力。

五、年度新技术新产品收录

1. 核安全级数字化控制保护系统

核安全级数字化控制保护系统（英文名"Firm-Sys®"，中文名"和睦系统"）是由广利核公司自主研发的核安全级核电站控制保护系统通用平台，可应用于多种类型的核反应堆安全级仪控系统，包括反应堆保护系统（RPS）、专设安全设施驱动系统（ESFAS）、事故后监视系统（PAMS），也可降级应用于安全相关级和非安全级控制系统。

和睦系统是我国首个具有完全自主知识产权的核安全级数字化控制保护系统平台，它的工程应用标志着我国核电站"神经中枢"实现中国制造。目前，和睦系统已广泛应用于广东阳江核电站 5 号、6 号机组一体化 DCS 项目、山东石岛湾高温气冷堆核电站示范工程一体化 DCS 项目、大亚湾核电站和岭澳核电站一期 RIC 控制柜堆芯冷却监视系统升级改造项目、清华大学核研院高温气冷堆核电站数字化保护系统工程样机等项目。随着和睦系统产业化应用步伐的迈出，广利核公司成为了继美国西屋、法国阿海珐、日本三菱等之后全球少数几家具备基于自主产品提供核电站仪控系统整体解决方案能力的企业之一。

2. 核电站数字化专用仪控系统（Speedy-Hold®）

核电站数字化专用仪控系统（SpeedyHold®）是广利核公司自主研发的通用核电专用仪控系统平台，旨在为核电站安全稳定运行提供高精度、高速度、高稳定性的完整系统解决方案，可用于如试验数据采集系统 KDO、试验仪表系统 KME、安全壳泄漏率在线监测系统 EPP、LOCA 监测系统 LSS、瞬态数据记录分析系统 TRA、核岛三废处理控制系统 KSN 等各类核电站专用采集和控制系统，以及在役核电站的仪控系统改造，如 KIT/KPS 系统。目前广利核公司的核电站数字化专用仪控系统已经在多个核电站得到广泛应用，产品质量得到了客户的普遍认可。

引领能源装备产业　制造高端国产装备

——江苏银环精密钢管股份有限公司

江苏银环精密钢管股份有限公司（以下简称"江苏银环"）是银环控股集团的子公司于1992年成立在江苏省宜兴市，是国家级重点高新技术企业。公司在行业率先通过了ISO9001质量管理体系、ISO14001环境管理体系、ISO18001职业健康安全管理体系、核质量保证体系认证，主要研发生产石油石化、火电核电、航空航天、轨道交通和军工装备等领域用高端精密钢管，分别与中石油、中石化、宝钢、东方电气、中核总、国家核电、中广核、上海电气、哈尔滨电气等数十家大型国有企业建立了战略合作关系，是国家重大装备用关键管材国产化基地。目前，江苏银环拥有四个独资工厂、一个合资工厂、一个国家级工程技术中心和一个博士后科研工作站，先后承担了20多项国家重大科技专项和国家重大工程项目关键管材研制任务，拥有专利24项，被授权起草了5项国家标准、6项行业标准，获得了中国机械工业科技一等奖、国家能源科技进步二等奖、中国"产、学、研"合作创新成果奖、无锡市腾飞奖、国家核安全局《核1、2、3级管道制造许可证》，先后被授予了中国能源装备杰出贡献单位、中国自主创新年度先进企业、中国改革杰出单位等。

江苏银环自成立以来长期坚持技术创新与产学研合作相结合，多次承担国家重大科技专项及其子课题关键材料的技术研发和产业化生产。2002年与东方电气合作完成了"863"超临界、超超临界火电机组高加U形管、TP347HFG、Super304、HR3C高压锅炉管关键材料的国产化；2006年江苏银环与清华大学、华能集团、中核能源及哈电集团合作建立"产、学、研、用"研发团队承担具有世界领先意义的高温气冷堆核电重大科技专项，江苏银环先后攻克蒸发器Incoloy 800H、T22超长螺旋盘管、多头旋向螺旋管成型等10多项技术难题，完成了石岛湾高温堆核电站示范工程中具有世界首创的材料研制技术，其中：双层多头螺旋盘管管束单支长度达60米，实现了世界首创。2010年11月，江苏银环在完成了中国原子能科学研究院实验快堆的基础上，积极参与国家"863"能源领域的重大项目——"中国实验快堆"工程，并建议由原子能院牵头联合18家拥有快堆技术的高校、科研单位、装备制造和安装企业成立了"快堆产业化技术创新战略联盟"，江苏银环作为快堆核能项目用特殊管材制造企业加入该联盟。2012年9月，由宝银公司自主研发生产的国产首台百万千瓦核电蒸发器用Inconel 690U形管，在防城港1号机组成功安装，使中国成为继法国、日本和瑞典之后第四个有能力制造核电站蒸发器用Inconel 690U形管的国家。2014年4月，国家重大专项示范工程——国产首套CAP1400核电蒸汽发生器用690合金U形管束由江苏银环与宝钢集团合资企业宝银公司研制完成并成功发货，标志着我国第三代核电关键设备的制造技术领先于国际水平。

图1　核电蒸发器用690U形管/高温气冷堆螺旋盘管

图2　国家重大专项示范工程CAP1400蒸汽发生器690合金U形管束首批发货仪式

"引领能源装备产业、制造高端国产装备"。中国能源装备制造水平的提高受关键材料的制约,实现高端材料国产化是江苏银环长期坚持的发展目标。2002年以来,公司先后完成了超临界、超(超)临界火电机组用高压给水加热器用U形管、TP347HFG、Super304、HR3C高压锅炉管国产化、燕山石化聚乙烯超高压中冷器用覆铜管国产化、岭澳二期百万千瓦核电站用安全喷淋换热器核级传热管国产化、宁德CPR1000、海阳AP1000核电站堆内构件及控制棒驱动机构用管国产化、首台CPR1000核电蒸发器用690U形管国产化、高速机车用高强度液压精密管国产化、高温气冷堆蒸汽发生器用螺旋管束研发国产化、AP1000核电机组蒸汽发生器用690U形管国产化、CAP1400核电蒸发器用690合金U形管束研制等10项替代进口实现国产化的重大研发成果,打破国外公司对我国关键

材料的长期垄断,提升了民族工业的国际地位和话语权,更重要的是保障了我国核领域的战略安全,使得中国作为能源装备大国在世界范围内的影响力得到大幅度提升。

发展中的江苏银环,将一如既往地坚持自主创新研制高端国产化能源装备,以振兴民族工业为己任,瞄准高端市场、服务高端客户、生产高端产品,自觉将企业生产技术和核心竞争力的提升与国家发展战略对接,着力打造国内领先、国际一流的具有核心竞争力的钢管制造企业,为实现"中国装备,装备世界"的目标努力奋斗。

发展大事记

2014年8月,国务院参事室、国家能源局、中国核能行业协会、国家开发银行联合组织核电"走

出去"调研组考察公司。

2014 年 7 月，与 728 院合作完成了 CAP1400 蒸汽发生器传热管动态特性试验装置可用性评估

2014 年 7 月，获无锡市人民政府科技最高奖"无锡市腾飞奖"。

2014 年 6 月，江苏省科技成果转化项目——核电装备关键管材制造研发及产业化通过验收

2014 年 4 月，国家重大专项示范工程——国产首套 CAP1400 核电蒸汽发生器用 690 合金 U 形管束成功发货

2014 年 2 月，获 ALSTOM 全球优质合格供方证书

2013 年 9 月，核动力蒸汽发生器用传热管预制批研制审查会召开并顺利通过评审

2013 年 9 月，ACP1000 核电蒸汽发生器用 690U 形管成果鉴定顺利通过

2013 年 7 月，获日立公司"年度优秀供应商"称号

2012 年 10 月，自主研制 18×2×50700 超长高分气冷混合进料换热器用管成功应用于镇海石化项目

2012 年 9 月，国产首台百万千瓦核电蒸发器用 Inconel 690U 形管成功安装于防城港 1 号机组

2012 年 4 月，成功研发 2507 超级双相钢换热器用换热管

2012 年 3 月，成功研发硫酸余热交换器用 904L U 形换热管，替代进口

2011 年 6 月，成功研发（上海石化）渣油加氢装置用大口径厚壁 TP347H 炉管（Φ219.1×22.23），成功替代进口

2010 年 11 月签约承担国家"863"能源领域的重大项目——"中国实验快堆"工程，成为"快堆产业化技术创新战略联盟"核心成员企业

2010 年 4 月完成了中国原子能科学研究院实验快堆的特殊钢管的研制

2009 年 12 月，核电用蒸汽发生器用 690U 形管顺利投产

2009 年 11 月，批量承接的城市地铁车辆用卡套式刹车制动管，完全替代了原德国进口产品，实现国内独家首创

2009 年 10 月，国家科技重大专项（国内研发的第四代核电—高温气冷堆）、总长度超过 60 米的世界最长无缝钢管在公司核电钢管厂下线

2009 年 9 月，获得国家核安全局颁发的《中华人民共和国民用核安全设备制造许可证》

2009 年 5 月，成功研发核 2 级、3 级热交换器系列用直管、π 形管、U 形管，替代进口

2008 年 12 月，受全国钢标准化技术委员会委托编制《高压给水加热器用 U 形无缝钢管》国家标准和《给水加热器用不锈钢无缝钢管》行业标准

2008 年 10 月，成功研发超（超）临界锅炉 Super304H、HR3C 高压锅炉管，填补国内空白替代进口

2008 年 7 月，获"日本东芝 2007 年度最优秀供应商"称号，是日本东芝全球原材料供应商唯一一家

2008 年 5 月，成功研发高速列车用卡套式气动管，替代进口

2008 年 3 月，成功研发核反应堆压力容器用堆内构件用管，替代进口，实现了核反应堆用材料的国产化

2007 年 11 月，"高压给水加热器用冷轧无缝 U 形管"顺利通过机械工业联合会主持的新产品鉴定，填补国内空白，替代进口

2007 年 6 月，自主研制国家首批 RCCM-2 级安喷热交换器不锈传热管预制批鉴定通过

2006 年 8 月，公司生产替代进口供中石化镇海炼化加氢裂化装置的高压绕式换热器

2006 年 6 月，自主制定的"高压给水加热器用冷轧无缝碳锰钢 U 形管"和"给水加热器用 U 形无缝奥氏体不锈钢管"产品标准被国家标准化委员会评为"国际先进水平"，并于 2007 年被中国钢铁工业协会推荐为国家标准和行业标准

2005 年 12 月，批量制造 SA-213T91 高压锅炉管并出口日本日立公司

2005 年 9 月，公司被国家科技部评为"国家级

高新技术企业"

2003 年 8 月，研制成功符合欧Ⅳ排放标准的汽车发动机增压用精密钢管，出口欧洲市场，取得实用新型专利

2003 年 7 月，公司研发成功了大型电站锅炉用高、低加 U 形管，填补了两项国内空白，取得了两项发明专利

2001 年 9 月，为燕山石化 LDPE 项目研制成功乙烯工程 3500 千克/平方厘米高压反应器外复铜管，经专家鉴定可替代德国进口的同类产品

2000 年 12 月，为燕山石化研制大型加氢装置"超高压反应器用 40CrNiMo 高强度合金钢管复铜管"，并形成批量生产，属国内首创的重大科技成果

1999 年 5 月，国内首家成功研发扬子石化扬巴 60 万吨乙烯项目所需直槽高效换热器合金钢无缝管

1998 年 6 月，燕山石化进口的 E11 热交换器突然损坏，公司按要求紧急研制生产超长、薄壁、小口径无缝钢管，替代了进口，为燕山石化避免了巨大的经济损失

坚持创新与时俱进　用阀门开启美好世界

——上海弘盛特种阀门制造有限公司

上海弘盛特种阀门制造有限公司集结了一批国内知名专家为技术骨干，拥有一支具有丰富理论和实践经验的高新技术研究开发队伍。以产品开发更新，不断适应市场需求，填补市场空白为目标；主要致力于大口径、高压力、耐高温及耐磨煤化工阀门的开发生产，并承揽进口特种阀门的维修改装，取得了较好的社会效益。

2003年参与山东德州华鲁恒升化工股份有限公司国产化大化肥改造项目，承担了国家发改委的煤化工关键阀门国产化的专项课题，近十年来为我国煤化工行业的发展做出了积极的贡献。2008年公司在山东德州成功举办"煤气化装置关键阀门国产化技术交流会"，得到了行业专家的一致好评。

在生产硬件的配制上，公司投入了大量的资源，以"专"而"精"为目标。配备了数控加工中心、表面硬化层喷涂中心、数控机床、立式车床、立式升降铣床、卧式镗床、合金粉末等离子弧堆焊机等专业设备。同时公司还设有检测中心，配备了光谱仪、液压万能测验机、机械式支梁冲击测验机、智能碳硫分析仪、测厚仪、阀门深冷测验装置、数控阀的性能试验装置等，设备保证了产品质量。严格按照设计、采购、生产、检测等各个流程规范操作，使生产的每一道工艺都尽善尽美，保证了成品的优良率。

公司生产的大口径高压力防爆、防烧耐磨球阀已得到行业专家的论证及用户的肯定。尤其是大口径高压力阀门，在输油输气行业有了较好市场。成功参与了中济天然气管线、鲁宁输油管线改造、中油公司黄岛油库和上海天然气输配等工程，为今后更好地参与石油、石化及天然气建设积累了经验。公司通过努力研制、开发煤气化阀门，形成了锁斗阀、手动开关阀、分子筛切断球阀、黑灰水手动切断球阀、氧气切断阀及止回阀、合成气出口切断阀、煤浆卸料阀、气动切断球阀、旋塞阀、角阀及加氢装置专用阀、低温球阀等十几个品种，几十个系列，几百个规格的产品。

自1998年开始公司生产的阀门批量使用在鲁南化肥厂、上海焦化、淮南化肥厂、南京金陵石化、南化一二期；惠生（中国）化工、安徽华谊、安徽淮化、重庆万盛、贵州金赤化工、山东兖矿国泰、山东兖矿国宏、山东齐鲁石化、河南心连心化工、陕西神木化工、陕西咸阳化工、陕西延长兴化、陕西延长榆林化工、陕西奥维乾元、内蒙古伊泰化工、内蒙古玖泰化工、内蒙古三维化工、内蒙古世林化工、内蒙古东华、黑龙江浩良河、山西丰喜、大连大化、宁夏捷美丰、国电赤峰、兖矿新疆煤化等德士古项目中。2006年起，批量使用在安徽临泉、山东瑞星化工、河南濮阳化工、河南中新化工等航天炉项目中。2008年开始使用在安庆石化、湖北枝江化工、湖南洞旦化工、河南龙宇煤化工、贵州天福、湖北双环等壳牌气化炉项目。目前全国有四五十家煤气化厂家的各种炉型装置上有公司的各种阀门在使用。

目前，公司有近两万台阀门投入重大项目的使用中，根据我们对客户的回访，客户均表示阀门使用情况良好。我们将秉承"卓越的品质、精湛的技术、完善的服务"宗旨，不断提高企业素质，努力做强做精企业，以振兴民族工业为己任，努力实现可持续发展，为国家的煤化工和社会的进步作更大的贡献，尽更大的责任！

面向世界争创一流

——苏州电器科学研究院股份有限公司

苏州地区乃至整个华东地区是我国电器产业的重要聚集地，随着我国国民经济的持续、快速发展，电网和电力设备的投资规模不断扩大，有力地带动了这一地区的电力工业和机械工业的快速发展。与此同时，社会和公众对电器设备的安全、可靠、环保要求的关注达到了前所未有的高度，对独立的第三方电器检测需求和依赖度越来越高，整个电器检测行业已成为增长最快、前景最好的现代技术服务业之一。在这样的背景下，一家业内的优秀品牌机构依靠自身综合竞争优势，正快速发展成为行业的领跑者，这就是 EETI-苏州电器科学研究院股份有限公司，公司于 2011 年 5 月电科院在深交所上市。

一、技术创新能力

50 年来，在原国家机械工业部、国家工业和信息化部、国家能源局、国家质量监督检验检疫总局、国家认证认可监督管理委员会、中国机械工业联合会、中国电器工业协会、中国检验认证集团、江苏省、苏州市委市政府的领导和支持下，在电科院领导的正确领导下，依靠自主创新战略的实施，取得了全面发展。现已成为国内规模最大、试验能力最强、试验条件最完善的输变电领域独立第三方检测机构之一，专业从事各类高低压电器元件、高低压成套开关设备、电力变压器、互感器、电抗器、电容器、避雷器、绝缘子、风力发电设备、太阳能光伏发电设备及系统、核电设备、船用电器、机床电器、防爆电器、汽车电子电气、照明设备、信息技术设备、音视频设备、电磁兼容、环境、抗震、有毒有害物质和职业卫生等领域的检测、校准、标准情报及检测装备研制。

实验室现占地面积 300 多亩，实验面积 25 万平方米，检测设备 5500 多台（套），总资产 28 亿元，员工 1200 余名。其中研究员级高工 12 名，博士 8 名、硕士 95 余名、海外归国人才 7 名，国家标准化技术委员会委员 8 名，国家实验室主任评审员和评审员 5 名，"CCC"工厂检查员 18 名，国家计量检定员 20 名，国内知名专家 12 名，国外专家 3 名。专业技术人员占 85% 以上。

院内机构设置齐全，设施完备，建有先进的计算机数据采集和计算机管理系统及计算机现场监视系统，拥有各类电器设备方面的性能、安全、可靠性等专业检测室 45 个。

在低压检测领域：拥有 500 兆伏安冲击发电机和 35 千伏电源网络试验联合调节系统，4 台 90 兆伏安及 2 台 50 兆伏安冲击变压器组成的低压短路试验系统，具有 1800 安功率补偿成套装置谐波试验系统，120 千安对称波及温升特性大容量试验系统，3200 安滑触式母线槽测试系统，并建有核老化试验和性能试验室，10000 安工况条件电磁兼容实验室，交流 60 赫兹及直流 440 伏 220 千安大容量试验系统。

在高压检测领域：拥有 550 千伏高压合成回路试验系统和 450 千安动热稳定试验系统、模拟工况试验参数调节系统及 252 千伏/2000 安容性电流开合试验系统，可进行高压开关设备的短路关合和开断能力试验、引弧试验等全项目试验，拥有总容量达 500 万千瓦的发电机组，建有 220 千伏、110 千伏电源网络试验专线，由 5 台 3500 兆伏安冲击发电机、4 台 1200 兆伏安升压变压器和 15 台 780 兆伏安冲击变压器组成了世界上最大短路能力 550 千伏/1000 兆伏安变压器突发短路试验系统，填补了国内空白，建有 10 米法、40 吉赫兹、16000 瓦国内电工领域技术指标最先进最完备电磁兼容实验室，拥有国内最先进组合 20 米×4.1 米、承重 80 吨的电器工况条件下抗震性能试验系统、12 千伏/175 千安直流试验系统，填补了国内空白，建有世界上最大的直径 30 米、高 40 米可模拟海拔 8000 米的极端环境气候下的短路试验系统和户内 7200 千伏冲击耐压、2400 千伏工频耐压绝缘试验系统。正在建设 5 台 6500 兆伏安冲击发电机 15 台 2400 兆伏安发电机组成的直流 1100 千伏/100 千安、交流 1200 千伏/150 千安三相合成系统和 1100 千伏/1500 兆伏安变压器突发短路系统。

除此之外电科院还建有 35 千伏、110 千伏、363 千伏、1200 千伏绝缘试验室，避雷器试验室、互感器试验室、电容器试验室、有毒有害检测室、防爆试验室、高低温试验室、防尘防水试验室、污秽试验室、油化试验室、燃烧试验室、拉力试验室、可靠性试验室、新能源试验室等。

从美国、德国、英国、瑞士、荷兰、意大利、日本等引进了 21 套数据采集系统，3 套变压器测量系统，36 套温升测试仪，17 套选相合闸和关合装置，10 米法电波暗室和测试仪器，抗震试验设备，100 千安分流器，使得测试精度与国外实验室一致。

建有户内 12000 平方米、户外 25000 平方米大型样品库，配备了 450 吨、400 吨、125 吨、60 吨、32 吨五部行车来装卸样品，所有试验室均配备了安装试品的起吊工具，并进口了 41 米、18 米、9 米登高车和 33 吨、60 吨、200 吨、400 吨平板车来方便试品安装。

长期以来，电科院与国际、国内同行技术机构交流工作十分频繁，与国际电流零点俱乐部、亚洲电商联盟（FEMA）、美国高中压领域、俄罗斯电科院、国网电科院、南网科研院、尼日利亚电力公司、新加坡电力公司、印度尼西亚电力公司、罗马尼亚国家实验室、意大利 CESI、荷兰 KEMA、德国 VDE、清华大学、上海交通大学、西安交通大学等国际国内知名科研机构和院校进行技术交流。

二、优质服务

依靠优质的服务和强大的检测能力优势，电科院在行业内树立了良好的品牌形象。电科院拥有超过 5500 家庞大客户群，其中输变电设备客户 3100 家，主要客户服务包括了 ABB、西门子、阿海珐、施耐德、库柏、通用电气、阿尔斯通、现代重工、平高集团、许继电气、华鹏集团、思源电气、罗克韦尔、富士电机、保定天威、浙江正泰、人民电器、德力西、常熟开关厂等国内外著名输变电设备制造商的研发试验以及一大批国内企业的产品型式试验。

经过多年的运行实践，电科院的试验能力和技术水平已经得到了越来越多客户的信赖和认可，目前已为美国 UL、英国 ASTA、法国 BV、TüV 莱茵、TüV 南德等提供检测分包服务，为国家电网公司、南方电网公司、环境保护部核与辐射安全中心的高压开关设备、电容器、避雷器、绝缘子、电力变压器、互感器、电抗器、智能控制设备、智能成套设备等产品提供检验服务。

从 2009 年至 2014 年连续六年承担国家质检总局组织的电力变压器和避雷器产品质量国家监督抽查任务，为我国输变电行业的产品质量控制与监督做出了一定的工作。

三、发展目标

电科院将继续坚持"质量第一，用户第一，信誉第一，管理科学，测试公正，数据准确"的质量方针，在各级政府部门的正确领导和支持下，与时俱进，致力于提高我国电器产品质量，努力将电科院建设成"中国第一、世界知名"的独立第三方检测机构，为实现质量强国、民族伟大复兴和国家富强、民族振兴、人民幸福的"中国梦"而努力奋斗！

四、历史沿革

1965年，由苏州开关厂实验室开始，江苏省机械工业厅拨款筹建了"江苏省高低压电器产品测试站"，从此，苏州电科院开始了她50年的风雨历程。

1979年被国家第一机械工业部批准为低压电器生产许可证检测单位。

1982年被江苏省机械厅批准为"江苏省高低压电器及日用电器归口研究所"。

1985年被批准为国家进出口商品检验实验室。

1990年被省经贸委批准为"江苏省低压电器产品质量监督检测站"，被机械工业部批准为"机械工业部机床电器产品质量监督检测中心"和"机械工业部低压电器产品质量监督检测中心"。

1999年被国家经济贸易委员会批准为"低压成套设备和箱式变电站定点检测机构"。

2000年，被国家质量技术监督局批准为全国低压电器产品生产许可证检验单位，同年，被中国电工产品认证委员会批准为"CCEE苏州电器检测站"。

2001年被国家机械工业局批准为"机械工业高低压电器及机床电器产品质量监督检测中心"、"机械工业汽车电子电气产品质量监督检测中心"。

2002年，被国家认证认可监督管理委员会批准为强制性产品认证"CCC"指定检测机构。

2003年，被批准为"机械工业第二十六计量测试中心站（苏州）"。

2005年，经国家质量监督检验检疫总局和国家认证认可监督管理委员会批准成立"国家电器产品质量监督检验中心"。

2009年，被批准为"机械工业电器检测（苏州）重点实验室"。

2012年先后被国家工业和信息化部授权为"工业（电器）产品质量控制和技术评价实验室"，被国家质量监督检验检疫总局和国家认证认可监督管理委员会批准成立"国家智能电网中高压成套设备质量监督检验中心"，同年通过国际电工委员会电工产品合格测试与认证组织的评审，成为IECEE-CB国际互认实验室。

2013年被国家电网、南方电网列为一次设备检测机构，先后收购苏州国环环境检验有限公司，国家电焊机质量监督检验中心，华信技术检验有限公司。

2014年被国家能源局批准为"国家能源变压器评定中心"和"国家能源开关设备评定中心"，2014年7月被中国人民解放军总后勤部列为后勤军工产品检测试验机构。

产　品
技术篇

棒控棒位系统（RGL）

一、产品概述

棒控棒位系统（RGL）是核电站最重要的专用仪控系统之一，在核电站启堆、功率转换和停堆过程中，实现控制棒的提升、插入和保持，保证核电站的正常功率调节或停堆。RGL系统设备分为电源柜、逻辑柜、处理柜、测量柜、CRDM电流在线监测诊断柜以及其他辅助设备。RGL系统实现了数字化和模块化设计，性能优越、维护方便。

二、技术特点

基于IGBT整流电路设计：电源柜主整流电路采用先进可靠的IGBT大功率模块作为整流元件，简化了电路，减少了电源柜卡件数量，提高了系统性能：电流波形纹波小、毛刺少、电流上升/下降时间短。

电源柜输出到CRDM线圈电流采用"一拖一"驱动方式，提高了系统可靠性和可维护性，减少了核电站因控制棒滑步、失步带来的停堆风险。

电源柜整流电路采用有源抑制电路，可以有效地将电感能量转化为电源电容能量，减少了电源柜发热量。

棒位探测器电源插件采用恒流源闭环调节技术（双层负反馈），使棒位探测器的初级线圈电流恒定，保证了棒位测量信息的准确性。

测量柜按照象限分为4个机柜，每个机柜采集1个象限的控制棒棒位，防止某一机柜故障后影响控制棒棒位的测量和显示。

处理柜棒位采集采用全采集方式，并且按照象限采集，每个子组的4个棒位分别由4个不同的PLC机架采集，采集IO模块冗余设计，防止同一棒组出现两个以上棒位不可用产生第一组IO。

逻辑柜、处理柜PLC和上位机采用冗余双机系统，并且重要IO接口冗余设计，提高了系统的可靠性。

采用ControlNet控制网和以太网双网系统，并且网络采用冗余形式，解决了系统内部通信以及系统与外部DCS系统通信问题，保证了系统网络通信的可靠性和实时性。

棒控棒位系统具有"自诊断"功能，实时监测各CRDM线圈电流，使得系统在出现失步、滑棒的情况下，可以根据电流波形判定是CRDM机械故障还是棒控棒位系统自身的故障。

系统模块化设计，支持在线插拔，便于快速检修维护。

三、主要技术参数

表1　主要技术参数

型号	控制棒运行速度范围	提升线圈大电流	提升线圈小电流	移动、保持线圈大电流	移动、保持线圈小电流	电流控制精度	棒位探测器原边电流调节范围	棒位测量误差范围	电源容量余量	CPU负荷	网络负荷	备注
ERC-RGL-1	6步/分至72步/分（±2步/分）	41.6A（0~50A可调）	16A（0~50A可调）	8A（0~10A可调）	4.7A（0~10A可调）	±4%	0~1.9A（电流定值1.5A）	±6步	≥40%	≤50%	≤40%	适用于CPR、华龙一号等堆型
ERC-RGL-3	37.5步/分或75步/分（±2步/分）	9A（0~10A可调）	—	4A（0~10A可调）	2A（0~10A可调）	±4%	直流部分为100~150mA可调，交流部分峰值为0~100mA可调	±12步	≥40%	≤50%	≤40%	适用于EPR堆型

四、成功应用

中科华研究院自主研制的 RGL 设备适用于CPR1000、ACPR1000（+）、华龙一号、1700MWe

（EPR）堆型，经过适当改进可适用于AP1000、小型堆等堆型，可用于在建电站工程供货、在役电站工程改造、控制棒驱动线试验、技能培训等，供货业绩如表2所示：

表2　供货业绩

序号	产品	工程应用
1	棒控棒位系统	阳江核电厂5&6号机组、红沿河核电厂5&6号机组供货
2	棒控棒位系统试验柜	ACPR1000+/华龙一号控制棒驱动线RGL试验项目供货
3	CRDM电流在线监测诊断柜	大亚湾和岭澳核电厂供货
4	棒控棒位系统培训平台	大亚湾技能培训中心供货

图1　阳江5&6号机组RGL供货设备

图 2　1700MWe 电源柜和测量柜工程样机

图 3　控制棒驱动线 RGL 试验柜

再循环地坑过滤器系统

一、产品概述

安全壳内置水箱采用了设备道防御措施来防止碎片通过水池进入安注泵和再循环泵，拦截措施包括：拦污格栅、滞留篮和过滤器：拦污格栅设置在承重楼板回水口，将回水口完全覆盖。在失水事故工况下，含有碎片的一回路冷却剂经安全壳内的回流通道进入承重楼板层，其中尺寸较大的碎片被拦污格栅拦截。滞留篮布置在回水口的正下方，负责收集过滤来自承重楼板层的回水和环形空间的回水。过滤器布置在地坑坑口的正上方，负责对进入安注泵和再循环泵的回水进行最后一次过滤，为安注泵和再循环泵提供较为清洁的冷却水源。

二、技术亮点

该系统过滤器主要由过滤模块、坑口模块和连接模块组成，过滤模块的结构：

（1）汇流槽壳体的正反面开有六边形滤筒空的阵列，六边形的滤筒开有圆形小孔，滤筒安装于滤筒孔处。

（2）循环水从滤筒经滤筒孔流入汇流槽。

（3）汇流槽壳体的法兰是循环水流入、流出汇流槽的出入口。

（4）与连接模块相连的法兰上装有定位卡，用于和连接模块固定。

图4 地坑过滤器示意图

三、该系统滞留篮的特点

（1）滞留篮滞留容积大，能够滞留50%以上大
碎片。

（2）立体式过滤，能够保证循环水从五个方向流出。

（3）当滞留篮碎片装满时，能够从入口处溢流。

图5 滞留篮示意图

四、成功应用

该系统地坑过滤器已经采用在多个机组，如防
城港1号、2号机组，阳江1号、2号、3号、4号、5号、6号机组，宁德3号、4号机组，昌江1号、2号机组，福清3号、4号机组，岭澳1号、2号机组，大亚湾1号、2号机组，秦山二期项目。

图6 地坑滤网布置示意图

反应堆压力容器整体螺栓拉伸机

一、产品概述

反应堆压力容器整体螺栓拉伸机是中广核集团为打破国外垄断、实现设备国产化、降低工程造价和运营维护费用而自主研发的产品。

本产品是用于打开或关闭反应堆压力容器顶盖的重要专用设备，对于确保压力容器的密封性能至关重要，主要由双螺栓旋拧机器人、支承环、液压站、拉伸油缸、螺母旋转装置、全自动伸长量测量系统和电控系统等部件组成。整体螺栓拉伸机通过对反应堆压力容器的所有主螺栓进行同步整体拉伸，拧松或拧紧主螺母，拧出或拧入主螺栓来实现打开或关闭顶盖的功能，具有省时、高效、经济的特点。

图7　反应堆压力容器整体螺栓拉伸机

二、技术亮点

本产品具有如下技术亮点：

对于超高压薄壁液压缸，采用特殊设计的动密封结构，在缸壁大变形情况下可实现优异密封性能。

机械手与主螺栓的对中采用随动自对中结构，机械手可根据主螺栓的位置，被迫自动调整机械手的位置，保证机械手始终与主螺栓保持准确对中，且无任何弯曲和侧向力。

采用全自动伸长量测量，可自动取放伸长量测量装置，并实时自动测量主螺栓伸长量，可大大减少操作时间和人员辐照剂量。

采用先进的控制算法有效实现机器人旋拧螺栓的超力矩保护功能。

采用自适应运动控制算法实现螺栓重量平衡，

可以避免螺栓旋入螺纹时损坏压力容器螺纹。

三、成功应用

本反应堆压力容器整体螺栓拉伸机在深圳市大亚湾核电基地不可接近设备研发与试验中心的堆芯模拟体上已成功应用，先后进行了 10 余次的关盖和开盖，设备运行稳定、可靠，设备的性能得到了严苛考验。

本产品于 2015 年 8 月 15 日和 25 日成功应用于防城港核电站 2 号机组冷试关盖和开盖，使用过程中未发生任何异常现象和安全隐患，得到了防城港核电站有限公司、中广核工程有限公司的高度好评和认可。

压水堆核电站核燃料组件装卸装备

一、产品概述

压水堆核燃料组件装卸装备（以下简称 PMC）由换料机、燃料转运装置、乏燃料水池吊车以及其他辅助设备组成，主要功能是大修期间核燃料组件在反应堆厂房和燃料厂房的装卸、转运和相关组件倒换。

换料机是整个 PMC 系统的核心设备，由大车、小车、主提升和轨道等机构构成，可以在 X-Y-Z 三个方向上移动，也可以在堆芯内进行 0°~180°范围内的旋转运动。其主要功能有：在堆芯与传输系统之间运输燃料组件；组件装载完毕后，对组件编号进行摄像，以核对是否按照正确的堆芯装载图进行装料；借助啜漏系统执行组件的在线破损检查。

燃料转运装置属于核燃料运输和贮存系统（PMC）的重要组成部分。在反应堆停堆换料期间，燃料转运装置在反应堆厂房（RX）和燃料厂房（KX）之间进行水下转运核燃料组件；在反应堆运行期间，它通过关闭隔离阀把反应堆厂房与燃料厂房隔离开，确保安全壳的密封性和完整性。乏吊安装在核辅助厂房燃料水池上方，主要用于新燃料接收、燃料工具（阻力塞、控制棒、可燃毒物及中子源）置换、大修期间装卸料以及乏燃料装罐等工作，属于核安全相关设备。

中科华核电技术研究院研制的压水堆核燃料组件装卸装备经过国家能源局、中国机械工业联合会组织的专家评审、鉴定，并得到了专家高度评价，技术指标先进、质量管理规范，承担了多个在建电厂的供货项目，供货业绩突出。

图 8　换料机

图 9　燃料转运装置

图10 乏燃料水池吊车

二、技术亮点

中科华核电技术研究院生产的燃料组件装卸成套装备在目标定位精度（小于1毫米）、换料效率（每小时7根）等关键技术指标上远超过国外同类产品，处于国际领先水平。

换料机技术指标：

大车速度：18米/分钟；1米/分钟

小车速度：12米/分钟；1米/分钟

主提升速度：12米/分钟；1米/分钟

运行模式：全自动、半自动、手动

重复定位精度：<1毫米

燃料转运装置技术指标：

倾翻机速度：12米/分钟；1米/分钟

转运小车速度：15米/分钟；1米/分钟

转运小车行程：10600毫米

运行模式：半自动、手动

重复定位精度：<1毫米

乏燃料水池吊车技术指标：

大车速度：15米/分钟；1米/分钟

小车速度：12米/分钟；1米/分钟

主提升速度：12米/分钟；1米/分钟

运行模式：半自动、手动

重复定位精度：<1毫米

三、技术水平

公司对设备核心功能和关键技术进行了深入研究，形成多项专利技术；在确保设备可靠和安全前提下进行了多项创新设计，提升了设备技术指标，确保设备处于国际先进水平。

（1）换料机采用一次偏置换料专利技术，减少组件磕碰风险，大幅缩短燃料组件装卸时间，提高换料经济性。

（2）在换料机塔头位置设立检修平台，方便日常维护和维修。

（3）采用一体化直驱结构，辅以伺服电机控制方式，实现了紧凑结构下大力矩、高精度定位技术。

（4）控制系统采用先进控制技术，控制架构采用底层测量元件冗余、异型配置，可有效防止共模故障，确保设备安全。

（5）自主研发基于石墨嵌套技术的新型导向轮，与目前普遍采用的不锈钢导向轮相比，可有效防止"咬死"故障，提高设备可靠性。

（6）燃料转运装置倾翻机采用动态载荷保护专

利技术，可根据倾翻实际位置实时调整载荷保护定值，与传统固定载荷保护定值相比，更有效确保燃料组件在倾翻过程中安全。

（7）燃料转运装置倾翻机驱动部分采用一体式伺服电机/齿轮箱直驱方式，配合自主研发成功的小尺寸大力矩刹车模块，与采用行星齿轮内置刹车卷筒驱动方式相比，工作更稳定，故障率更低。

（8）与国内厂家合作研发成功大管径无橡胶材料密封闸阀并通过密封打压试验，与现有橡胶密封闸阀相比，寿期内无须频繁更换密封材料，维护成本低，避免维修人员受照剂量。

（9）采用电力载波专利技术，首次实现了贯穿件内外高速以太网通信模式，不仅提高通信速率，也有效降低了通信故障概率。

（10）采用人性化、可视化和具备自检功能人机交互技术，简化操作，提高交互智能程度；采用模块化编程方式，优化核心算法，提高设备定位精度；形成6套自主知识产权软件。

四、成功应用

目前，该产品已成功应用于大亚湾技能中心项目，为国内首个可为换料机操作员提供全尺寸实景培训的基地，为操作员提供日常操作培训和各种异常工况处理。

2010年中科华核电技术研究院有限公司承担了广西防城港1号、2号机组供货工程，为防城港核电站提供2台套换料机、燃料转运装置、乏燃料水池吊车及各种辅助设备。设备于2013年交付，并已全部在现场安装完毕。1号机组已于2015年9月完成首次装料，设备可靠性、易用性得到了客户高度评价。

2014年中科华核电技术研究院有限公司承担阳江核电站5号、6号机组供货工程，目前该项目正在进行设备制造、加工，预计2016年完成所有设备供货。

此外，中科华核电技术研究院有限公司生产的燃料组件装卸装备可适用于其他堆型，包括华龙一号、AP1000等并承接在运电站的各种技术改造项目，如缺陷处理或整体技术升级改造。

移动式柴油发电机组和移动试验负载

一、产品概述

针对超设计基准事故发生的情况研制移动式柴油发电机组，实现在核电站严重事故工况下反应堆的安全停堆，确保堆芯余热从安全壳内导出，防止核电站事故进一步升级恶化，尽可能降低严重事故对公众安全的不良影响。

本项目研发的移动式柴油发电机组的所有技术指标均优于或等同国外产品，目前国外没有专门针对核电站用的移动式柴油发电机组，而且本产品的成本优势明显，完全可以替代国外产品，也完全可以出口至国外核电站。

二、技术亮点

针对核电厂负载特性、接口要求等影响核电厂用移动式柴油发电机组的关键因素，依托国内现有的设计、制造、试验和核电厂资源，该产品有以下技术特点：

图11 产品概貌

1. 满足核电厂用移动式柴油发电机组的总体要求

通过对严重事故下保证核安全所必须负载特性研究，确定核电厂用移动式柴油发电机组的合理功率、输出电压、连续运行时间等关键参数，为核电厂用移动式柴油发电机组的设计提供依据。

2. 核电厂用移动式柴油发电机组系统集成化、模块化设计技术

柴油发电机组不仅包括原动机和发电机，还包括机械系统及仪表测量等辅助系统。通过对核电厂用移动式柴油发电机组系统集成技术研究，对系统和设备进行合理设计布置，满足系统的运行时间、可靠性及机动性要求。在对系统集成设计的基础上形成专用标准化模块，提高产品的适应性。

3. 核电厂用移动式柴油发电机组与核电厂接口技术

移动式柴油发电机组要实现其设计功能，必须能够可靠地连接至核电厂应急配电系统，因此，需要对其与核电厂已有的设备、建筑接口技术进行研究，并且预留与新增核安全辅助设备的接口。

4. 核电厂用移动式柴油发电机组并联运行技术

若因容量达不到核安全辅助设备的需求，或由于运输、尺寸等方面的限制不能制造大容量的移动式柴油发电机组，则多台相对小些容量的移动式柴油发电机组必须能够并联运行以满足核安全辅助设备负荷的需求。因此，必须对柴油发电机组并联运行带来的并网、调速、调频等问题进行研究。

三、移动式柴油发电机组主要参数

电压：10千伏；频率：50赫兹；功率：3100千瓦。

采用两台电源车并机运行形式（单机1550千瓦，并机3100千瓦）。

每台电源车拥有两套独立的启动系统，可以不依靠任何外部电源可靠启动，接到启动命令后15秒内达到额定电压、额定频率。

电源车自带日用油箱，可保证机组在不额外补油的情况下，额定基本功率连续运行时间不少于4小时。

四、成功应用

目前，该产品已应用于台山一期核电站，并在近期完成"神盾"国家核应急演习任务。该产品以其快速的响应和极高的可靠性获得现场专家的一致好评。

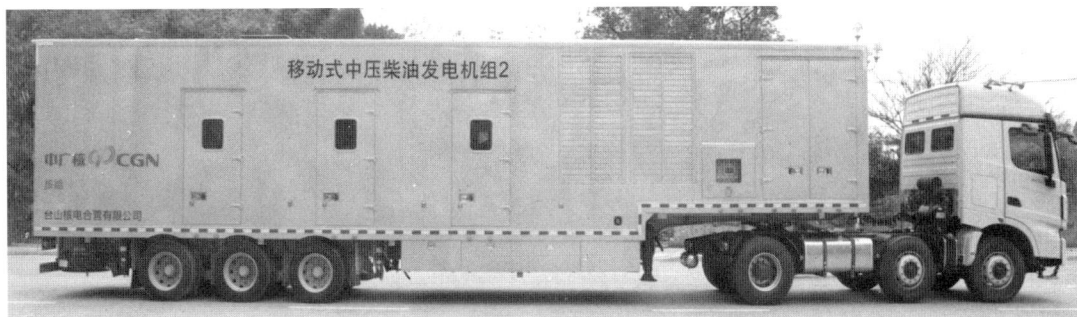

图 12　移动式中压柴油发电机组 1

图 13　移动式中压柴油机发电机组 2

应急柴油发电机组

一、产品概述

应急柴油发电机组作为核电站应急电源，是电力系统的重要电源设备。其要求当厂外优先电源全部丧失的情况下，机组在规定时间内启动供电，按带载程序要求向应急母线上指定的工艺系统负荷提供电能，保证核电机组安全停堆所需的中低压核辅助设备供电，以确保设备安全和人身安全，防止放射性物质向环境的泄漏。

应急柴油发电机组作为核电站一道重要的安全防御措施，广泛用于 CPR1000、华龙一号、EPR、AP1000 及高温气冷堆等堆型，为其提供可靠的后备电源。每台柴油发电机组包括以下设备：

柴油机本体和与其直接安装的设备；

发电机及其有关的励磁和保护设备。

辅助系统：电控系统、燃油系统，润滑油系统，冷却水系统，压缩空气系统，燃烧空气和排气系统，柴油机厂房通风系统及仪表测量和控制设备等。

图14 应急柴油发电机组

二、技术亮点

柴油发电机组与柴油机辅助系统具有卓越的启动和运行可靠性。为确保这样的可靠性，在设备设计时考虑有以下特性：

为启动引擎提供独立的空气启动系统；

为柴油发电机提供独立的燃油储存系统；

为柴油机引擎提供一套冷却水系统。

备车状态下，为柴油机进行预热与预润滑，以保证柴油机的快速启动和加载。

柴油机应急运行时，其可以在接收到启动信号数秒内达到额定转速和额定电压。并按照确定的带载顺序自动连接上各个负荷组。

三、技术参数

表3　技术参数1

设备名称	型　号	额定功率	额定电压	频率	适用堆型
应急柴油 发电机组	ERC-EDG-1	6300kW	6.6kV	50Hz	CPR 堆型
	ERC-EDG-2	4720kW	10kV	50Hz	AP1000 堆型
	ERC-EDG-3	9100kW	10kV	50Hz	EPR 堆型
	ERC-EDG-4	9100kW	10kV	50Hz	华龙一号堆型
	ERC-EDG-5	1400kW	400V	50Hz	高温气冷堆堆型
	ERC-EDG-6	3040kW	690V	50Hz	SBO 柴油机
	ERC-EDG-7	2180kW	690V	50Hz	常规岛柴油机

表4　技术参数2

设备名称	型　号	适用柴油发电机组		适用堆型
		功　率	额定电压	
电控系统	ERC-EIC-1	≤1000kW	380V	CPR 堆型 AP1000 堆型 EPR 堆型 华龙一号堆型 高温气冷堆堆型 SBO 柴油机 常规岛柴油机
	ERC-EIC-2	1000~2000kW	380V	
	ERC-EIC-3	1000~2000kW	10kV	
	ERC-EIC-4	≥5000kW	6.6kV	
	ERC-EIC-5	≥5000kW	10kV	

四、成功应用

目前，由中科华核电技术研究院有限公司承担

设计并供货的柴油机项目包括：

山东石岛湾高温气冷堆项目；

红沿河二期 5 号、6 号机组 LOT75 项目。

多堆型控制棒驱动机构技术开发与应用

一、方案概述

采用磁力提升式结构，主要包括耐压壳组件、钩爪组件、驱动杆组件、线圈组件、棒位探测器组件以及其他组件。耐压壳组件是一回路压力边界，

其内部安装钩爪组件、驱动杆组件，外部安装线圈组件和棒位探测器组件，驱动杆组件下端连接控制棒并带动控制棒上下运动。线圈组件根据控制时序交替通电励磁，带动钩爪组件的两组钩爪摆进、摆出和产生上下运动，从而带动驱动杆组件上下运动。

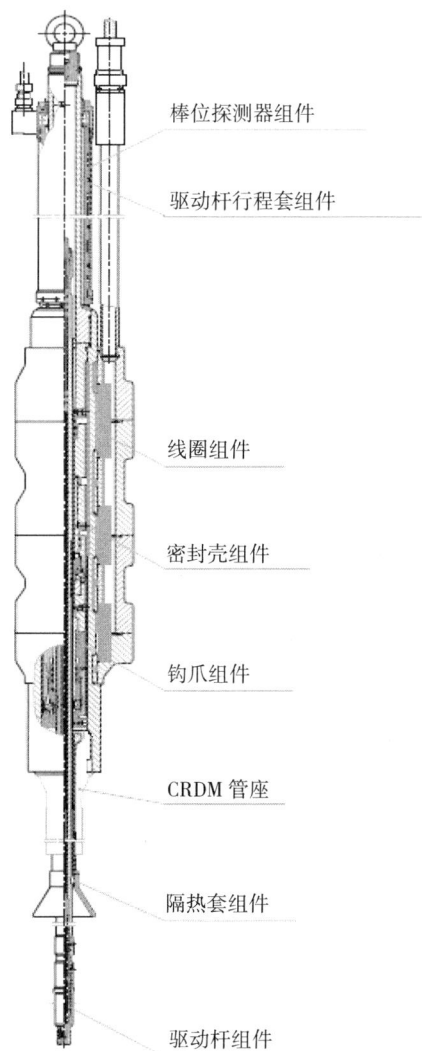

棒位探测器组件

驱动杆行程套组件

线圈组件

密封壳组件

钩爪组件

CRDM 管座

隔热套组件

驱动杆组件

图 15　控制棒驱动机构

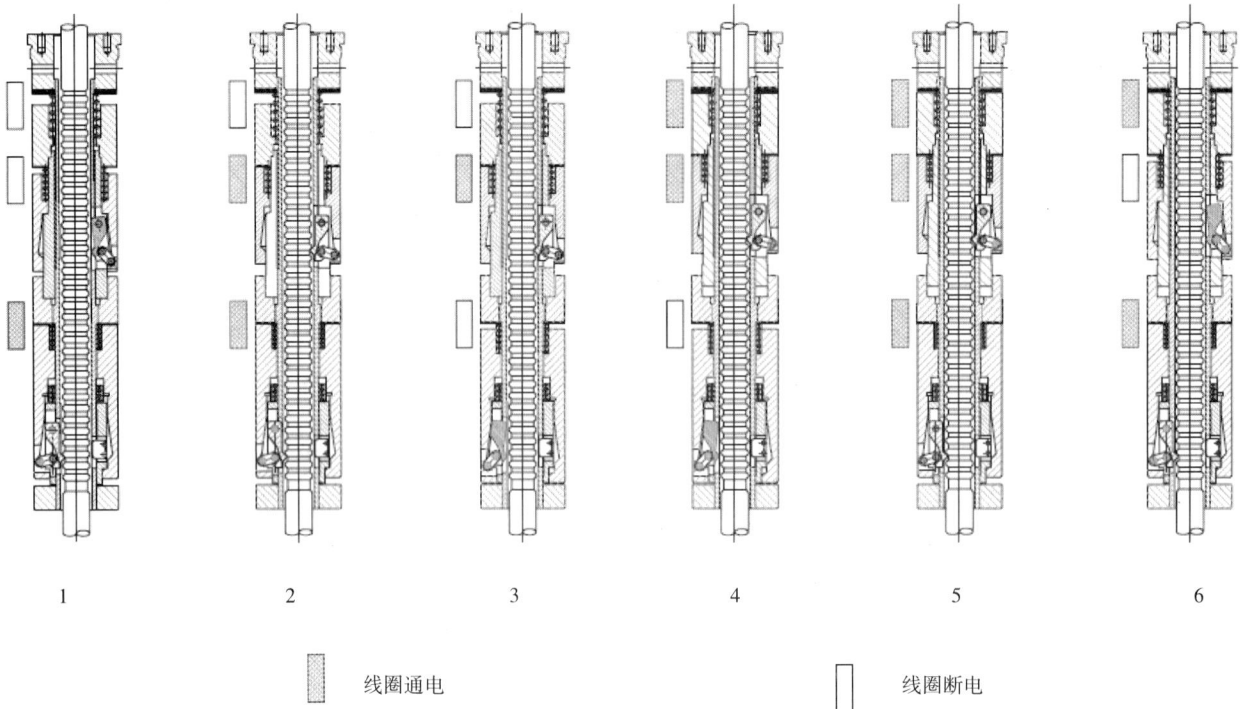

| 1 | 2 | 3 | 4 | 5 | 6 |

线圈通电　　　　　　　　　　　　　　　　　线圈断电

图 16　提升程序示意图

二、技术亮点

（1）产品适用范围广。与压力容器管座可采用螺纹连接加焊接密封结构或法兰连接加锥形垫圈密封结构两种安装和密封方式；根据抗震支撑方式可选限位器组件；根据工作环境不同，可选辅助落棒弹簧组件等；可根据需求，设计不同的磁回路。可适用于国内外 12 英尺及 14 英尺燃料组件的多种堆型，如 CPR1000、华龙一号、AP1000、EPR 以及小型堆等国内外主流堆型。

（2）工作线圈耐温等级大大提高，可取消堆顶通风系统，简化系统设计。

（3）独有的快速落棒技术，可有效降低控制棒落棒时间。

三、方案价值

从核电建设上来讲，随着国家核电自主化政策的实施，多堆型控制棒驱动机构技术的开发可以完全实现该设备的设计自主化和制造国产化，提高核电机组的国产化率，为制造企业带来高额产值，并降低核电机组建设成本。以单台设备 200 万元的价格计算，每个机组（61 套）可以实现 1.2 亿元的产值（EPR 为 89 套，约 1.8 亿元），按照国家每年审批 6 台机组计算，每年可实现 7 亿~11 亿元的产值。高温线圈带来的系统简化也将降低整体核电机组的建设成本。

从备品备件供应来看，由于国内目前堆型多样，且多数核电厂设备依靠国外供货或局部国外供货，存在备品供货周期长、价格贵的问题。本技术的成功开发和应用可有效解决上述问题，间接降低核电机组的运营成本。

四、相关产品

控制棒驱动机构、棒位探测器。

五、成功应用

本技术研发的棒位探测器已供货阳江核电站 5 号、6 号机组，为企业创收 2000 多万元。

控制棒驱动机构设备已应用于多个试验系统和教学系统，如试验样机、大亚湾不可接近设备试验平台、大亚湾技能培训中心控制棒驱动系统教学平台、燃料试验装置等。目前，该技术也应用于中广核集团华龙一号控制棒驱动机构研制项目中，所研制产品将应用于防城港二期 3 号、4 号核电机组。

基于 FPGA 技术的数字化 RPN 系统解决方案

一、方案概述

RPN 系统设备由安全级仪表和非安全级仪表两部分构成。安全级核测量仪表由四个通道组成，每个测量通道的信号调理装置和信号处理装置都安装在一个保护机柜中。非安全级仪表主要包括计算机控制机柜与定标音响设备。保护机柜采集中子通量信号，经过放大、隔离、滤波等处理后，以 FPGA 技术作为核心处理器，进行逻辑处理、中子计数率、平均电流、核功率和倍增时间等的计算，通过以太网络将报警信号的逻辑量和数据信息的数字量传输到上位机显示。同时，当反应堆发生意外情况或操作人员操作不当而导致核功率、功率倍周期变化率等超过各自规定值时给出报警信号到主控室，以便触发保护系统采取安全措施确保反应堆的安全。

图 17　RPN 系统样机

二、技术亮点

该系统是基于 FPGA 的数字化设备，芯片内部采用平行架构，不同的处理功能占用不同的资源，不会影响到其他逻辑块区的功能，因此，可靠性和处理速度相对处理器有较大优势。机柜设计满足抗震一类要求，保护机柜数据通信采用总线的结构，简化了硬件的设计，便于采用板卡模块化的设计思想，板卡按照功能区分设计，包括前面板和背板，同时总线设计使系统结构清晰，有良好的扩充性，便于故障诊断和维修。

上位机软件采用的是 NI 公司的 LabVIEW 作为开发平台，具有良好的直观图形化编程语言，它强大的数据处理能力和丰富的外部接口技术，很好地支持上下位机之间的通信。三个量程的定期实验功能实现依靠集中在控制柜的三个功能板卡，实验平台也不再需要依靠另外一套专业设备，可以直接在5号控制机柜进行，同时保证不会与监测软件相冲突。

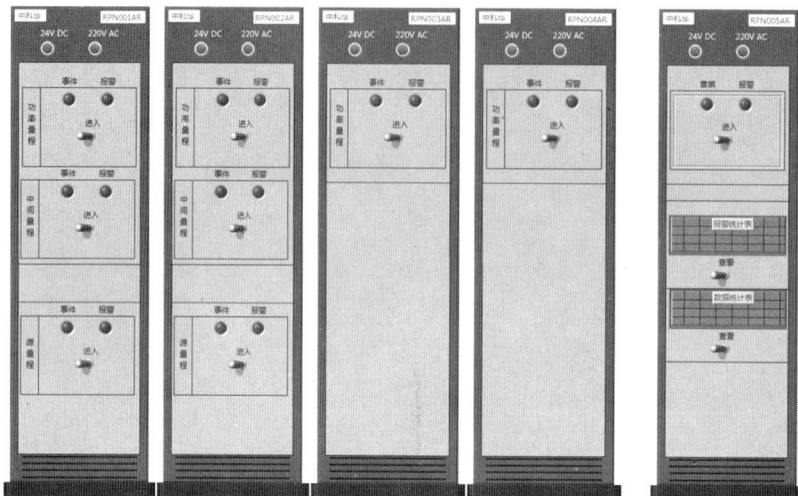

图 18　5号控制机柜上位机监测软件主界面

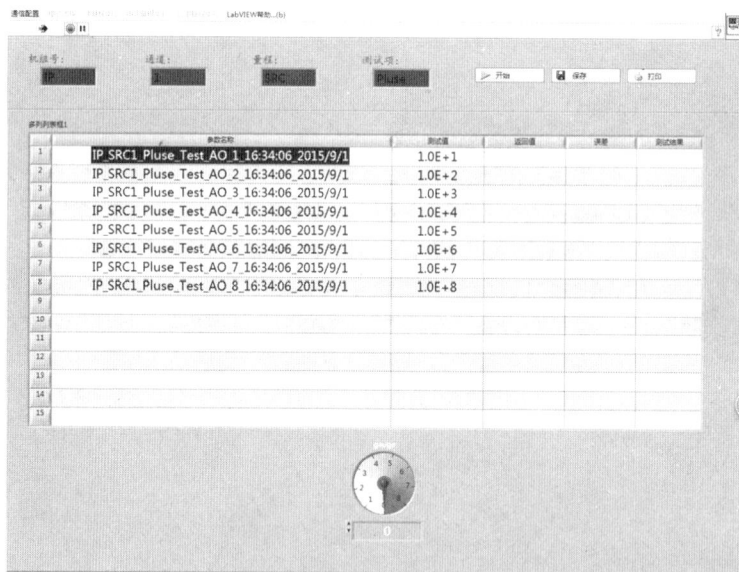

图 19　定期实验操作界面

三、技术指标对比

表 5　技术指标对比

源量程技术参数	中间量程技术参数	功率量程技术参数
（1）测量范围：$1\sim1.4\times10^6$ C/S	（1）测量范围：1×10^{-11}A~1×10^{-3}A	（1）测量范围：1×10^{-6}A~1×10^{-3}A
（2）漏计率：<±5%	（2）电流误差：<±1%	（2）电流误差：<±1%
（3）2倍周期值：<±5%	（3）2倍周期值：<±5%	（3）高压输出值：<±1%
（4）高压输出值：<±1%	（4）高压输出值：<±1%满量程	（4）设定值：<±1%
（5）设定值：<±5%	（5）设定值：<±5%	（5）触发重复性：<±0.25%
（6）触发重复性：<±0.25%	（6）触发重复性：<±0.25%	

四、方案价值

当前我国进行的压水堆核电机组的建设都面临关键核级设备国内制造困难，需要花大价钱引进国外核心技术的窘境。RPN 系统是核电站核心的专用仪控系统设备，也属于核电站关键设备国产化任务中未能实现的 15% 硬骨头。目前，国内相关科研单位尚未能攻克此类系统和设备的关键技术，不能实现国产化研制和自主供货，非常不利于我国核电站的安全运行以及核电事业的发展。

研究院目前已经掌握了 RPN 系统的关键设计与制造技术，具备了工程供货的能力。为了让我们自主研制的 RPN 产品得到电站用户的认可，已经依托阳江 3 号机组建设 RPN 系统离线试验综合验证平台，将有力促进自主研制的 RPN 系统的国产化道路，同时确保设备的高可靠性能，实现我国核电站建设又快又好的发展目标，解决我国日益突出的能源结构调整重大课题。

五、相关产品、文章和专利

探测器离线拷机实验装置，RPN 系统上位机监测软件以及相关定期实验工具软件：

《基于坎贝尔算法的中子监测技术研究》；

《基于反应堆堆外核测量系统微电流线性放大器设计与实现》；

《基于单片机技术脉冲周期算法研究》；

用于反应堆堆外核测量系统的微电流处理电路—发明型专利。

六、成功应用

该 RPN 系统在完成一系列测试试验（EMC 试验、零功率试验、高低温工作试验、交变湿热试验、振动试验和长期稳定性拷机试验）后，在阳江核电站电气厂房与 RPN 系统同期进行上堆前的调试和拷机试验，达到了预期效果。目前，阳江 3 号机正在进行核燃料的首次装料，该 RPN 系统将会在阳江该号机组实现堆上试验，这是中科华核电技术研究院多年来致力于 RPN 系统国产化技术研制的重大突破。

设备鉴定技术服务

一、技术概述

设备鉴定是验证核级设备能够满足设计要求的重要手段；是一个持续性的过程，始于核电厂的设计直至设备寿期终结。设备鉴定在各国的核安全法规中均有要求，如法国的 RFS IV.2.b、美国的 10CRF50.49 等。在我国，HAF 102 "核动力厂设计安全规定"中也有此项要求，规定必须采用设备鉴定的程序来确认安全重要物项能够执行其安全功能。

图 20　汽动辅助给水泵

图 21　1E 级 K3 类应急柴油发电机

图 22　电加热器

二、技术亮点

广核集团设备鉴定中建立设备鉴定规范标准、指导试验装置、开展鉴定实践活动等方面做出了突出的成绩。承担了国内首批设备鉴定规范及行业标准的编制，使得国内设备鉴定活动有"法"可依；指导完成余热排除泵 K1 级电机带载 LOCA 鉴定试验，此类试验不仅在国内属于首次，在国际也属首创。

在 EPR 机组的鉴定过程中，实现了国内设备首次完全按照法国鉴定要求进行鉴定，并且形成了国内首套完整的设备鉴定文件体系。此前无论是国内还是国外的鉴定标准都是原则性、指导性的文件，不能用于具体设备鉴定实践活动，此次设备鉴定文件体系的建立，真正使得国内具体设备的鉴定实践有了详细的、系统的、完整的参考。

三、设备鉴定技术服务产品

表6 设备鉴定技术服务产品

序 号	名 称	说 明
1	设备鉴定规范制定	提供针对不同堆型及设备的鉴定规范制定服务
2	设备鉴定总包服务	针对具体设备提供全部鉴定服务，包括各类设备鉴定文件编制、设备鉴定试验的实施、分析鉴定及计算等，实现设备鉴定的一站式服务
3	设备鉴定文件审查服务	提供设备鉴定文件的审查服务
4	设备鉴定技术咨询	提供设备鉴定技术咨询、试验见证等服务

四、成功应用

（1）完成首套国内设备鉴定规范的制定；完成17份适用于CPR1000机组的鉴定规程类的能源行业标准制定。

（2）完成台山一期（EPR机组）全部设备鉴定文件（近1500份）的审查工作。

（3）完成52家核电装备制造商、106种设备的鉴定技术支持。

（4）完成台山一期（EPR机组）核电通风系统所有的鉴定工作，涉及九大类，百余种规格，共计7000余台设备；编写鉴定文件234份，参加鉴定试验数十次。

"三代"核电机组堆芯测量系统整体解决方案

一、方案概述

堆芯测量系统（RIC）的主要功能是探测反应堆功率运行阶段堆芯的状态，实时监测反应堆堆芯中子通量分布与燃料的燃耗、堆芯冷却剂出口温度、RPV上封头冷却剂温度和RPV冷却剂水位等，并计算DNBR、线功率密度，校准堆外核测量仪表，验证功率分布与燃耗的关系是否符合设计要求，堆芯冷却剂温度和水位还用于事故后监视系统（PAMS），RIC系统主要由如下5个部分组成：

（1）一体化堆芯测量组件（3类）以及电缆与接插件。

（2）中子通量信号调理。

（3）温度测量信号。

分为A/B/C/D组和A/B列，其中A、C组为A列，B、D组为B列；

A组和C组各连接11个测量组件，B组和D组各连接10个测量组件；

直接送PAMS，其中A/B组执行严重事故监测功能。

（4）压力容器水位信号调理。

（5）堆芯监测在线系统（KSS）。

二、技术亮点

RIC系统由堆芯中子通量监测子系统、堆芯温度监测子系统（包括堆芯温度及压力容器上封头温度）、压力容器水位监测子系统、KSS系统及相应的探测器组件与电缆组成，其中，堆芯温度信号经过连接器板转接后直接送到DCS进行处理，水位及中子通量信号分别经水位处理机柜及中子信号调理机柜处理后送DCS及KSS系统。本方案具有如下亮点：

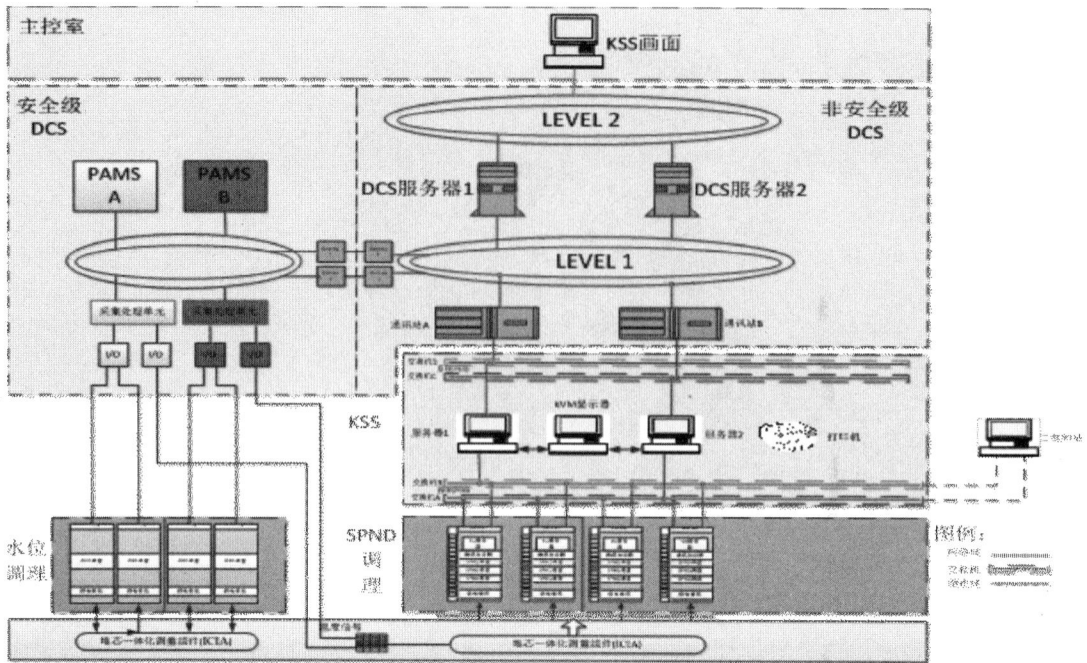

图23　RIC系统整体方案

（1）具有很高的控制精确性和很强大的逻辑运算处理、计算能力，响应时间快，能计算反应堆燃料组件的线功率密度及DNBR。

（2）水位保护柜、SPND调理机柜采用UDP协议与KSS系统及DCS系统通信，保证了安全级设备与非安设备的通信安全及设计要求。

（3）系统的数字化处理单元采用了双机热备技术，具备了故障安全和容错等功能，提高了系统可用性和可靠性，并且能够方便、有效地实现系统在线检查和自诊断功能，有助于故障分析和判断。

（4）系统扩展灵活性好、可组态性强，便于维护。技术参数对比见表7。

表7　技术参数对比

中子测量	温度测量	水位测量
范围：$1 \times 10^{-9} \sim 1 \times 10^{-6}$A 误差：<1% LPD稳定性：<1% DNBR稳定性：<1% 响应时间：1s	测量范围：0~1260℃ 精度： 0~375℃：≤1.5℃ 375~1260℃：≤0.4% 分散性： 40~200℃：≤0.4℃ 200~370℃：≤0.8℃ 响应时间：≤0.2s	测量精度：≤±50mm 响应时间：小于30s 工作温度：0~400℃

三、方案价值

目前国内在运和新建的百万千瓦级核电站中RIC系统都由国外进口，价格昂贵且供货周期长。相关技术长期被国外垄断，不能满足核电产业国产化和自主化的需要。中科华核电技术研究院研制的RIC系统可以满足华龙一号、AP1000等三代核电站RIC系统测量的需要，实现RIC系统的自主设计

和国产化供货，为打破国外长期的技术垄断，降低新项目设备供货、备品备件采购、在运电站系统改造和后期技术支持的成本。根据我国的核电中长期发展规划，RIC系统具备广阔的市场应用前景。另外，中科华核电技术研究院的堆芯测量系统整体解决方案具备100%的自主知识产权，因此可以在国内核电站迅速推广应用，并可能凭借价格优势，进入国际核电市场，创造出巨大的社会效益和经济效益。

四、相关产品、文章和专利

堆芯中子测量系统；

压力容器水位监测系统；

堆芯温度测量子系统；

一种基于铑自给能探测器的延时消除算法。

五、成功应用

目前该系已经研制成功，经过大量试验（包括EMC、规定环境条件下的例行试验等）表明，该设备满足电站需求，计划将在中广核集团的华龙一号（防城港 3 号、4 号机组）实现首次运用。

核电站智能机器人关键技术解决方案

一、核电站智能机器人关键技术方案概述

1. 高耐辐照视觉技术

视觉技术是机器人技术的一个方面，普通成像摄像机并不能满足核辐射条件下的图像采集要求。为了获得高信噪比的视频信号，除采用高耐辐照的光导管获得成像原始信号之外，通过改变成像光路减少超高频核辐射波的直接破坏，强化后端信号处理单元电路元件选型和板件整体辐射屏蔽方面进行系统设计，保证了视频信号的稳定。同时，在视频信号的算法方面，采用先进的视觉伺服技术，优化图像的轮廓而获得更加清晰的图像。

图 24 是利用高耐辐照摄像系统获取的现场螺栓图像，通过视觉伺服技术处理后最终对其中心进行定位的算法分解图。

图像预处理	边缘检测	中心识别算法
图像 滤波平滑锐化增强 去噪处理	Canny 算法 二维情况 边缘梯度方向、强度	计算图像质心 计算量小 精度高

图 24　现场螺栓图

2. 空间紧凑的动静密封结合密封技术

针对工作环境，结合所研发的机器人的具体结构，研究出采用旋转动密封与填料压面式静密封相结合的密封方式，该密封方式针对驱动输出轴，采用吸附环与双层胶圈结构，并结合外螺纹端盖与箱体间压面胶圈辅以填料，实现一种小结构空间尺寸下的动静密封。

另外，在静密封方面，在管道增加两道 O 型充气环进行密封。由于 O 型充气环可以保证各处的受力均匀，因此密封效果大大提高。图 25 是双 O 充气环密封效果图。

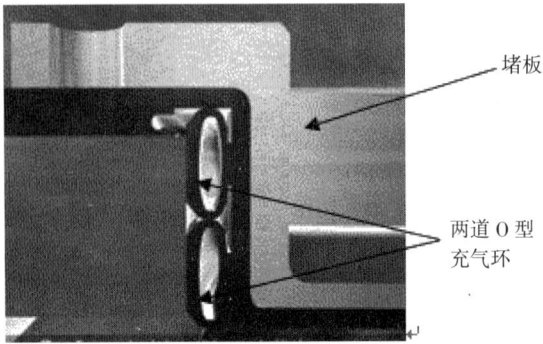

图 25 双 O 充气环密封效果

3. 具有 3D 效果的虚拟交互方法实现机器人系统的位姿控制

基于计算机图形学建模技术，研究分析机械手各关节主动、从动关系，确定各关节的层级关系，进行层级建模，从而建立虚拟机械手，利用 3D 效果虚拟交互技术，通过 WPF 技术与高级编程语言结合作为信息交互载体，保持机械手样机位姿与虚拟样机同步，并通过计算反解，得出末端执行器空间辅助参数，并依据建立的运动学关系，分析计算安全位姿空间，从而建立一套具有人机交互功能的辅助操作方法，实现对机械手的一种基于虚拟交互的位姿控制。

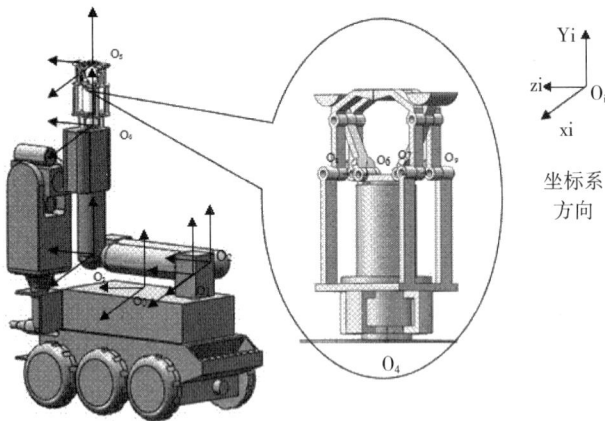

图 26 计算机图形学建模技术

图 27 是基于虚拟现实技术对机器人在高辐照区域的位姿控制模拟结果。

4. 薄壁超高压液压技术

为了获得平稳而高精度的可靠性运动控制，液压技术在核电智能设备中较为常见。但薄壁超高压技术在核电大型智能装备领域一直不易突破。针对

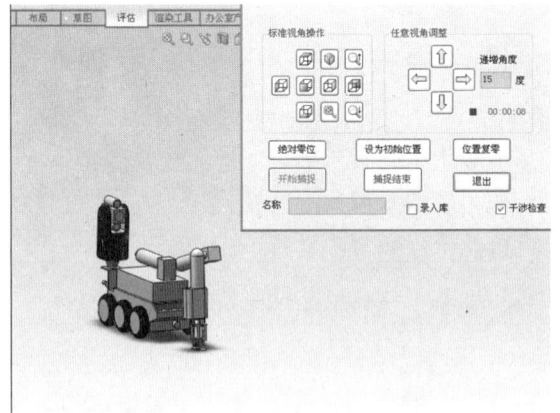

图 27 模拟结果

某些机器人工作空间狭窄，系统处理要求高的特点，通过研究，设计了一种自补偿动密封结构。传统密封结构对超高压、变形大的液压缸无法实现可靠的密封，基于目前的空间尺寸要求、大的载荷，设计自补偿动密封结构，可根据压力的高低动态补偿缸体变形，能够始终保持良好可靠的密封，可为关键设备的有限形变提供平稳而持续的外部动力。

图 28 为超高压薄壁液压缸示意图。

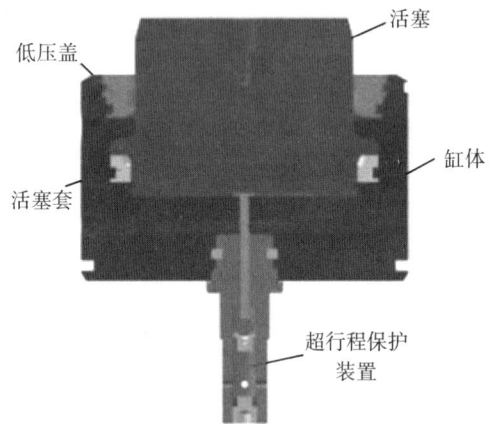

图 28 超高压薄壁液压缸示意图

5. 辐照环境下的重负载伺服同步驱动技术

部分核电智能机器人具有负载重、工作平台跨距大的特点，为了使桥架两侧驱动真正同步，对其控制模式进行了技术研究，选择了双控制器同步的改进方案，即采用闭环控制方式，对两台电机转速独立调节。由两个独立控制器分别控制两台交流永磁伺服电机。两个电机的轴上各配置一个旋转变压器，将速度、轴角信号反馈给控制器。控制器、伺服电机、旋转变压器构成闭环速度控制系统。两驱动电机独立控制调节。采用可编程控制器（PLC）对桥架同步运动进行控制，桥架两侧各安装一个绝对值编码器。绝对值编码器将桥架两侧的物理位置反馈给 PLC，PLC 通过对两编码器数据处理，计算出桥架两端的行程和行程偏差，PLC 根据行程偏差调节桥架跟踪电机运行速度，并最终实现桥架两侧的同步行程。

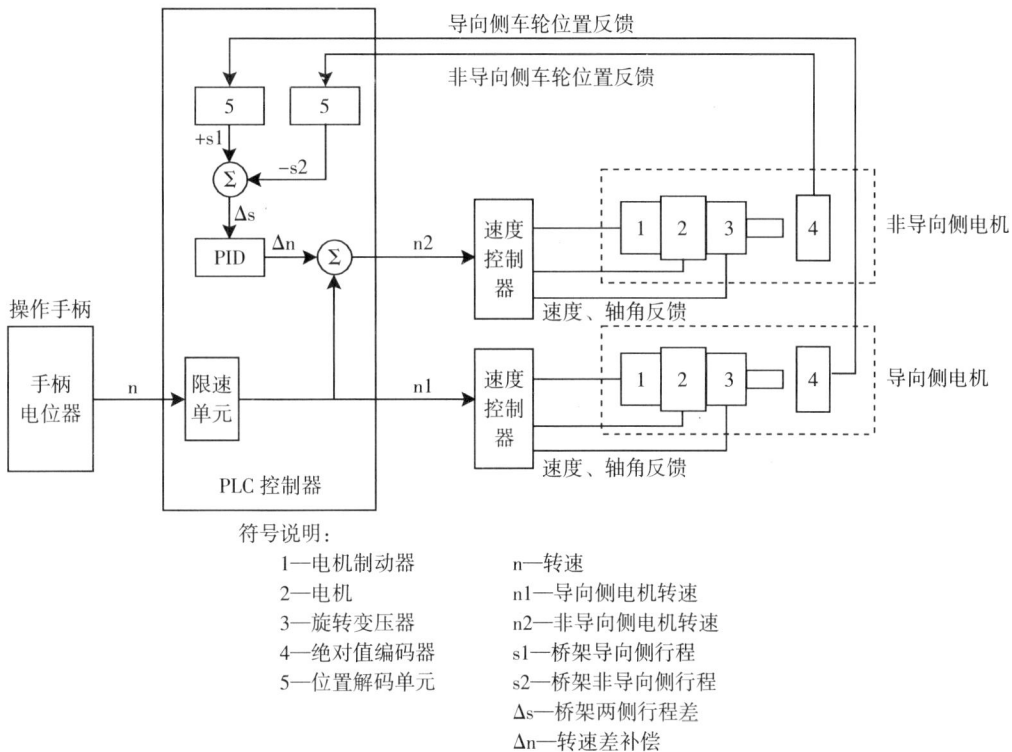

符号说明：
1—电机制动器   n—转速
2—电机   n1—导向侧电机转速
3—旋转变压器   n2—非导向侧电机转速
4—绝对值编码器   s1—桥架导向侧行程
5—位置解码单元   s2—桥架非导向侧行程
           Δs—桥架两侧行程差
           Δn—转速差补偿

图 29　同步调节方式

同步调节方式采用主从方式，PLC 以控制导向侧电机为主，而非导向侧电机则跟踪导向侧电机运行。PLC、桥架驱动电机、绝对值编码器三者共同构成吊车桥架的同步闭环控制系统，而同步检验形式为行程同步。

为了更好实现桥架两侧的同步控制，还采取了如下措施：

（1）限制主动电机的最大速度，使从动电机有超过主动电机速度的能力，才能实现跟踪。

（2）停运时，先停止主动电机，后停止从动电机，给从动侧进一步跟踪的时间。

（3）区别对待静态和动态不同步的容差。动态时，阈值大；静态时，阈值小。动态阈值考虑桥架本体允许程度，静态阈值考虑设备定位精度要求。

由于本方案采用了双控制器同步，使吊车运行速度提高了一倍，桥架同步性能非常好；同时将可编程控制器（PLC）直接应用于控制，使得调速控制更加方便灵活。调速器可以灵活地控制电机的速度和加速度，使得电机工作更加平稳。PLC 通过内置 PID 调节器调节两侧电机的同步运行，使调速控制更灵活。

6. 辐照环境下的控制系统冗余可靠性传输技术

针对核电智能机器人控制系统的需要，本方案采用"处理器硬冗余+网络冗余"模式，即：

（1）两个处理器机架上的 CPU 通过 1756-RM2 模块进行热备，控制层采用双缆 ControlNet 通信，信息管理层则使用双缆 Ethernet/IP 网络。

（2）现场接线箱总线耦合器、驱动器、编码器和测距仪通信数据经 DeviceNet 网络上传到 Control-Net 远程 I/O 机架，再通过双缆 ControlNet 网络上传至处理器。

ControlNet 网络既能满足控制网对实时性、确定性和可重复性的要求，又具有可带电插拔、效率高、精确同步化、结构灵活、可对等通信等优点。其采用"生产者/消费者"的模式，生产者在网络上发送数据包，每个数据包含一个标识符说明信息含义；消费者则接收标识符与自己的过滤器相匹配的数据包；特定的数据包均可被任一个节点设备接收到，从而可实现一点对多点的广播通信。

在热备系统中，主处理器执行完程序后，会将所有输出指令的结果传送给从处理器。同时，由于所有的 I/O 设备都在 ControlNet 网络中，基于"生产者/消费者"通信模式，从处理器作为一个"消费者"可以与主处理器具有一样的地位，获取 I/O 的输入信息。从而确保主、从处理器内输入/输出映像保持一致。当主处理器出现故障时，从控制器能在 100ms 以内接替当前工作，实现无扰切换。网络架构如图 30 所示。

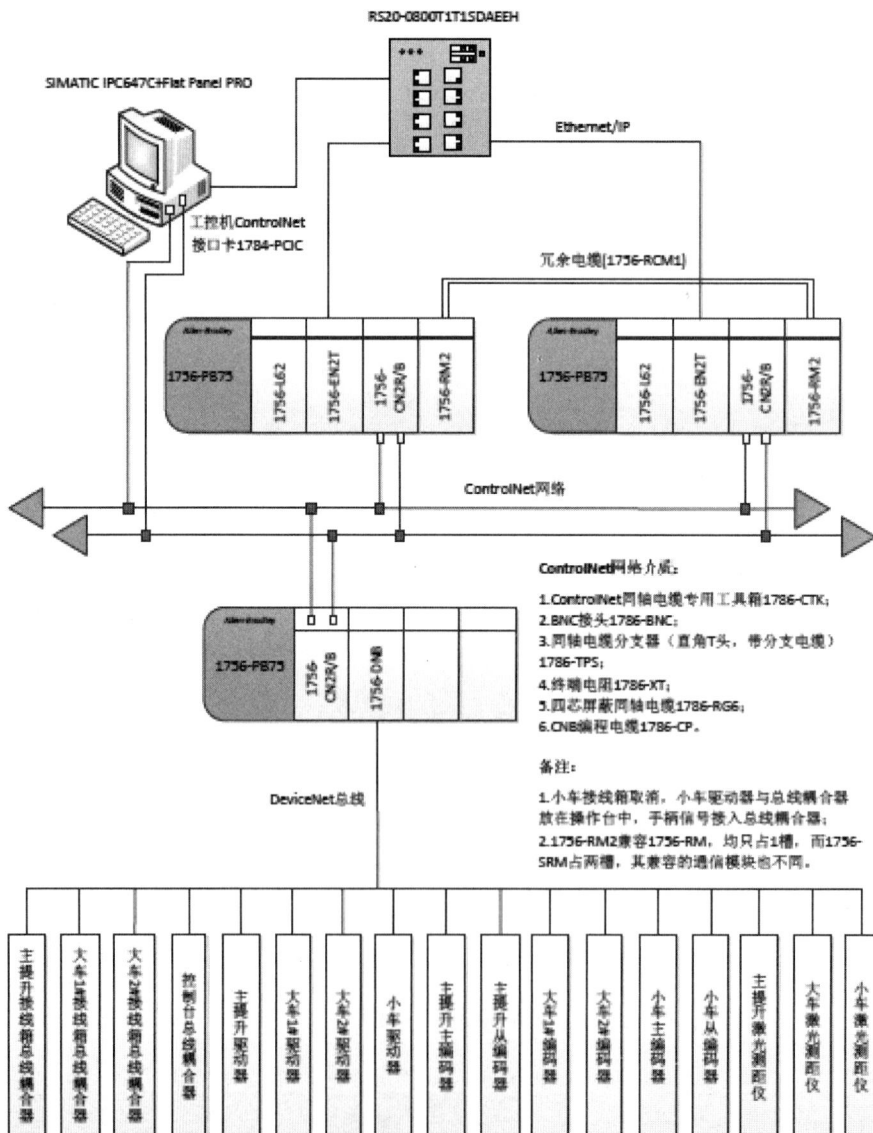

图 30　网络架构

二、方案价值

目前，以上几项核电机器人共性关键技术均得到有效突破，并在现场进行成功应用。随着核电对工作人员居留环境的持续优化，对辐射环境的持续改善，对核事故应急能力的进一步提升，以上关键技术可在大部分核电智能设备上进行推广应用。还可对小型化设备的大力矩工作能力具有显著提升，其模块化设计可灵活多变地对现有装备进行有效升级。为我国自主核电智能装备技术提供共性技术支撑。

三、相关产品

燃料缺陷视频检查及更换机器人、核电站高剂量水池异物打捞及水下设备修复机器人，核电站压力容器无损检查机器人、蒸汽发生器堵板机器人等。

四、成功应用

该技术已应用在广西防城港核电站、广东阳江核电站部分燃料操作机器人、反应堆压力容器顶盖操作机器人、压力容器无损检查机器人、水下爬行机器人、蒸汽发生器堵板机器人等。

氢气增压透平膨胀机

一、产品概述

氢气增压透平膨胀机组是杭氧膨胀机有限公司根据市场需求，自主开发和研制的新产品。该产品目前主要应用于石油液化气深加工领域中的脱氢系统，具有能耗低（不需设备拖动）、占地面积少等优点。装置能够快速地降低氢气的压力和温度，并为冷箱系统提供冷源，帮助提取、合成石油液化气介质中的价格昂贵的高分子有机物，实现采用分离技术对液化气的深加工。例如：用含丙烷的石油液化气脱氢制丙烯；用含异丁烷介质的石油液化气脱氢后得到重要的化工原料异丁烯，然后用异丁烯来生产 MTBE 产品。

图 1　氢气增压透平膨胀机组

二、技术亮点

该氢气增压透平膨胀机组采用迷宫密封。为了避免影响最终产品的纯度，密封气即为介质气——氢气。氢气增压透平膨胀机的特点决定了其要具有较高的热效率，必须具有较高的转速。该氢气膨胀机设计转速达 51000 转/分钟，叶轮线速度超过 400 米/秒，从而保证了设备具有较高的热效率。

氢气是一种分子量极小的物质，是所有气体中最小的，其特点决定了其易泄漏性，因此对设备的气密性要求很高。厂内气密性检测，成套机组气密性达到了 GB50177《氢气站设计规范》中的泄漏率每小时小于 0.5% 的要求。

氢气是一种易燃易爆产品,其着火能很小,很容易着火,在微小的静电火花下也容易着火,氢气在空气中的可燃范围(20℃,101.325 千帕):4.0%~74.5%,在氧气中的可燃范围(20℃,101.325 千帕):4.0%~94%。氢气燃烧时放出大量的热:$2H_2 + O_2 = 2H_2O + 572.8$ 千焦。因此,在氢气设备及管道、

容器中,为防爆炸,必须用高纯氮进行彻底的置换。氢气膨胀机考虑了置换操作方法的可行性和置换操作的充分性,确保了机组的安全运行。

三、技术参数

鲁清石化国产氢气增压透平膨胀机设计参数:

表 1   技术参数

	项 目	设计参数	备注
膨胀机	介质	氢气	氢气体积含量≥93%
	流量(Nm³/h)	16006	
	调节范围(%)	50~105	
	进口温度(K)	183.15	
	进口压力(MPa(A))	0.6673	
	出口压力(MPa(A))	0.412	
	转速(rpm)	51000	
	等熵效率(%)	77.1	
增压机	介质	氢气	氢气体积含量≥93%
	流量(Nm³/h)	16003	
	进口温度(K)	309.45	
	进口压力(MPa(A))	0.6353	
	出口压力(MPa(A))	0.711	
	功转换率(%)	55.87	

四、成功应用

山东寿光鲁清石化 20 万吨/年异丁烷脱氢项目冷箱分离系统透平膨胀机组。该项目两台氢气膨胀机均为杭氧自主设计制造,2015 年 7 月中旬成功投入运行,为国内自主设计制造首台套产品,目前设备各项运行参数良好。

低阻高效铝制板翅式换热器

一、产品概述

8~10 兆帕低阻高效高压铝制板翅式换热器是杭氧集团针对内压缩空气分离设备流程开发的一种传热效率高、结构紧凑的换热设备，广泛应用于航空、汽车、内燃机、工程机械、空气分离、石油化工、空调制冷、深低温和超导等领域。

图 1　杭氧配套神华宁煤 100000 立方米/时空分高压板翅式换热器

二、技术亮点

在高压板翅式换热器研制过程中，成功开发了新型翅片冲床生产线，其性能优于英国冲床，冲制出的高密锯齿翅片成型良好，设计压力可达 9.27 兆帕。成功研制新型翅片，经过特殊工艺处理，齿形经过反复调整优化，其阻力因子是锯齿翅片的55%，而传热因子是后者的 75%，翅片效率得到有效提升。

三、成功应用

2012 年杭氧成功研制了设计压力为 9.0 兆帕和10.0 兆帕的高压板翅式换热器，并经过英国劳氏和德国 TUV 的现场见证。截至 2014 年，已按 ASME规范和 CE 规范制造板式换热器数百台，分别出口到美国、德国、意大利、西班牙、伊朗等国家和地区，累计完成板式换热器数千台，产品钎焊吨位达上万吨。

BCL1407 离心压缩机组

图 1　离心压缩机组

随着我国国民经济的迅猛发展，中小型炼油及芳烃装置已经远远不能满足国内生产、生活的需要。同时，中小型炼油及芳烃装置能耗大、效益低。根据行业发展的需要以及国家发改委的要求，我国近几年内要长足发展大型高效、低耗炼油装置，以获得巨大的规模效益。

基于上述经济和政策的原因，宁波中金石化有限公司于2012年开工建设年产90万吨芳烃的大型石油化工项目，其中包括320万吨/年连续重整装置。沈鼓集团作为国内最大的透平机械装备制造商，承担了该芳烃项目的核心设备——BCL1407重整循环氢离心压缩机的研制任务，该机型也是目前有文献可查的世界最大的筒型离心压缩机。

项目组经过不断攻关，针对机组机型超大，在现有加工装配各项制约条件下，对传统结构，模型级加以优化，各构件进行多角度数据分析，工艺性分析，做到严密可靠，最终确定完整方案。

由于该机型前所未有，研发设计、加工制造、装配试车等各个环节都是沈鼓首次，沈鼓集团对该项目的进展高度重视，对工艺流程、气动方案、产品结构进行了多次评审，与此同时，该项目被集团党委列为"重大共产党员工程"。

机组研制成功，实现了转子跨距5.5米，隔板束重120吨，总重约250吨，整机气动效率86.7%，机组的多项指标打破了国内大型筒型离心压缩机组研制的纪录，实现了大型筒型离心压缩机组研制技术的跨越。

BCL1407 循环氢离心压缩机研制成功，可广泛应用于 2000 万吨/年以上炼油项目，该项目的成功将为沈鼓在大型炼油及芳烃领域树立新的里程碑，使沈鼓牢牢占据行业制高点，可为沈鼓带来巨大的经济效益与社会效益。

HS2200 高速撬装往复输气压缩机组

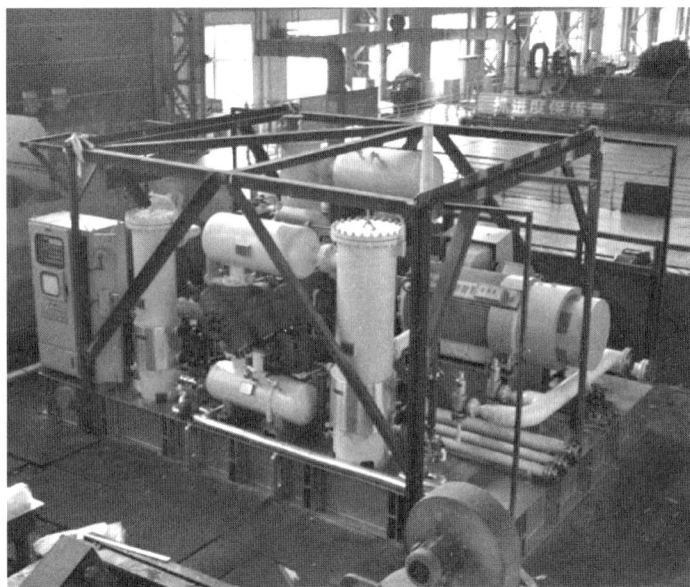

图 1 高速撬装往复输气压缩机组

高速撬装往复式压缩机广泛应用于油、气上游开采，天然气前期处理和集输，LNG 及天然气储气库等领域。目前，国内与国际的天然气市场蓬勃发展，从天然气的开采、集输、储运到天然气的液化都呈现一片欣欣向荣的景象；同时原有油气田储量下降，油田气举、伴生气回注增产等辅助开采手段也频繁运用于各油气田，这无疑创造了一个巨大的高速撬装往复式压缩机市场。

国内高速撬装往复式压缩机起步较晚，设计和生产制造能力都跟不上市场的需求。在压缩机推力方面，国内的高速撬装往复式压缩机最高许用杆载荷在 250 千牛以下，与国外著名制造商存在较大差距，大吨位推力的高速机处于空白。所以积极开拓高速撬装往复式压缩机市场，打破国外厂家的垄

断，为沈鼓集团和国家创造效益就显得尤为重要和紧迫。

沈鼓集团在项目研制过程中，从主机零部件的开发设计到机组的整体成撬，都是全新的挑战。项目团队充分发挥敢于创新的精神，借助先进的辅助设计软件，攻克了多项技术难关，实现了多项第一，顺利完成了首台高速撬装往复式压缩机组的设计、制造和试验，填补了公司在高速往复压缩机领域的空白。针对机组设计转速达到 1000 转/分钟的需求，开展了多项技术研究，突破了传统工艺机组 600 转/分钟的速度限制；首次采用了整体铸造机身及铝合金轴瓦；首次在曲轴上增加平衡块；首次应用整体铸造 + 表面喷涂的十字头制造技术；首次应用气缸及填料的空冷技术；首次将气、水、油管

路、仪表管路、仪控系统高度集成于压缩机撬块之上……

该机组的研制成功，是沈鼓集团往复机产品在油、气上游市场的重大突破，预示着沈鼓集团已成功进入高速往复式压缩机市场，为沈鼓集团开拓了新的市场领域，为企业发展贡献了新的力量。同时也为沈鼓集团后续的大推力高速往复机产品进入市场，彻底打破国际企业垄断积累了丰富经验、奠定了坚实基础。

核级仪控系统

核安全级数字化控制保护系统

一、产品概述

核安全级数字化控制保护系统（英文名"Firm-Sys®"，中文名"和睦系统"）是由广利核公司自主研发的用于核电站控制保护系统的核安全级通用平台，可应用于多种类型的核反应堆安全级仪控系统，包括反应堆保护系统（RPS）、专设安全设施驱动系统（ESFAS）、事故后监视系统（PAMS），也可降级应用于安全相关级和非安全级控制系统。

二、技术亮点

和睦系统是我国首个具有完全自主知识产权的核安全级数字化控制保护系统平台，它的工程应用标志着我国核电站"神经中枢"实现中国制造。

和睦系统的研发严格遵循国家核安全法规及相关行业标准，具备高可靠性、实时性、安全性和稳定性，包括一系列基于嵌入式处理器和网络的计算机系统设备和软件单元，可以组成多个彼此独立的子系统，各子系统彼此独立异步运行，由隔离的安全网络实现数据交换。系统能够完成网络通信、信号输入、数据处理、各类保护和控制算法、信号输出、信息显示、操作控制等功能，可实现多通道冗余设计，执行反应堆紧急停堆、专设安全设施控制等多种安全保护功能。

系统特点：贯穿全生命周期的可靠性技术；满足确定性要求的高性能控制处理单元；采用形式化方法的核安全级图形算法组态软件；可靠、安全、实时、独立、确定的自主通信网络；领先国外同类产品的低功耗设计；填补国内空白的1E级抗震机柜。

三、成功应用

目前，和睦系统已广泛应用于广东阳江核电站5~6号机组一体化DCS项目、山东石岛湾高温气冷堆核电站示范工程一体化DCS项目、大亚湾核电站和岭澳核电站一期RIC控制柜堆芯冷却监视系统升级改造项目、清华大学核研院高温气冷堆核电站数字化保护系统工程样机，红沿河5~6号机组等项目。随着和睦系统产业化应用步伐的迈出，广利核公司成为了继美国西屋、法国阿海珐、日本三菱等之后全球少数几家具备基于自主产品提供核电站仪控系统整体解决方案能力的企业之一。

核电站数字化专用仪控系统（SpeedyHold®）

一、产品概述

核电站数字化专用仪控系统（SpeedyHold®）是广利核公司自主研发的通用核电专用仪控系统平台，旨在为核电站安全稳定运行提供高精度、高速度、高稳定性的完整系统解决方案，可用于如试验数据采集系统 KDO、试验仪表系统 KME、安全壳泄漏率在线监测系统 EPP、LOCA 监测系统 LSS、瞬态数据记录分析系统 TRA、核岛三废处理控制系统 KSN 等各类核电站专用采集和控制系统，以及在役核电站的仪控系统改造，如 KIT/KPS 系统。目前广利核公司的核电站数字化专用仪控系统已经在多个核电站得到广泛应用，产品质量得到了客户的普遍认可。

二、技术亮点

本系统的一期产品入选了 2010 年国家火炬计划，系统产品精度高、运行快速、稳定可靠，人机界面友好，扩展性强，核心技术及创新点如下：

（1）功能：具有核电站专用仪控系统的通用功能。

（2）性能：满足核电站专用仪控系统对数据处理能力和可靠性的要求。

（3）设计：组件化的设计，具有可组态、可配置、可裁剪、可扩展和可分布式部署能力、强大灵活的二次开发能力，具有很好的兼容性。

（4）接口：具有标准的外部通信接口。

（5）标准：过程和设计符合行业标准和法规。

三、成功应用

本产品目前已经应用于红沿河核电站 1~4 号机组、宁德核电站 1~4 号机组、阳江核电站 1~2 机组和 3~4 号机组等核电工程，市场竞争力强。

超临界燃煤机组脱硫脱硝引风联合风机

图 1 超临界燃煤机组脱硫脱硝引风联合风机

一、产品简介

600 兆瓦及以上超临界燃煤机组节能环保型脱硫脱硝引风联合风机属先进制造与重大装备，涉及节能减排科学技术领域。

低碳、节能、减排已经成为国家和行业调整能源结构、提高能源利用率、发展绿色电力的选择，发展以低能耗、低排放、低污染为标志的可持续循环经济，已得到全社会的认同。上海鼓风机厂有限公司凭借引进技术消化吸收，坚持自主设计和生产、二次开发创新，形成了电站动叶可调轴流风机

产品自主设计制造开发能力，以此依托为 300 兆瓦、600 兆瓦、1000 兆瓦火电机组锅炉配套动叶可调一次、送引风机等产品，成为大型火电站机组风机配套专业企业，具备大型火电机组脱硫脱硝装置配套风机的市场表现力，在火电机组的脱硫装置系统配套上有了相当的市场竞争力。

上鼓公司在成功开发 RAF 脱硫增压风机的基础上，适应市场变化需求，迎难而上，研发 600 兆瓦及以上超临界燃煤机组节能环保型脱硫脱硝引风联合风机（引风、脱硫脱硝功能为一体），既是国家产业政策调整市场形势下的正确选择，更是企业参与保护生态环境、走持续健康发展之路的发展方向。

二、技术亮点

项目就产品结构和性能的提高及整体功能完善方面进行了技术创新和技术攻关，对提高风机优异的空气动力性能；提高风机专业密封专利技术；提高风机叶片防腐耐高温耐磨的专项工艺技术；提高热态工况下风机安全运行的大型钢结构件力学设计技术；提高叶片调节功能的大型液压调节装置自有设计制造技术等内容进行了研究，并取得样机在600兆瓦及以上超临界燃煤机组成功应用的成果。

经过几年的关键技术攻关、样机试制；技术工艺成熟、选型定制等阶段，已形成规模化批产，2010~2012年，项目600兆瓦及以上超临界燃煤机组节能环保型脱硫脱硝引风联合风机产值额达11801.2万元；国产化风机也替代进口并获得出口订单；项目产品不仅达到使用的功能技术要求，也得到脱硫脱硝环保公司和用户的认可，基本保持与市场相应的占有率。

600兆瓦及以上超临界机组节能环保型脱硫脱硝引风联合风机良好的气动性能和灵活的调节功能，能在机组不同煤种、脱硫脱硝不同工艺技术等情况下，达到88%以上最高效率，且高效运行区域宽，实现设计点效率与运行点效率基本吻合，有利于脱硫脱硝系统的配置优化和安全运行，风机运行经济合理；另外，成功开发风机动叶片选型和计算程序，以及脱硫脱硝引风联合风机的动叶片设计加工工艺技术成功申请发明专利《风机叶片表面复合涂层超音速喷涂工艺》（201110450098.7），提升了企业的风机技术开发能力，项目技术国内行业领先。

V 系列罗茨水蒸气压缩机

图 1　V 系列罗茨水蒸气压缩机

一、产品简介

长沙鼓风机厂有限责任公司以勇于创新的科研精神和前瞻性的市场眼光，凭借 60 多年专注于罗茨鼓风机（真空泵）生产经验，赢得了与中国原子能科学研究院联合开发核废液浓缩处理用罗茨水蒸气压缩机项目的珍贵机会。在一举获得成功后隆重推出罗茨水蒸气压缩机系列产品，满足市场需求。

二、产品性能

流量：250~25000 立方米/时；

　　　100~8000 千克/时。

最大压力：100 千帕。

最高温升：25℃。

口径：DN100~500 毫米。

三、技术特点

针对介质特点及系统运行环境的要求，采用最新设计技术，融合当前最新材料工艺，实现了完美解决方案，确保了连续工作状态下的可靠运行。

四、应用领域

作为当前蒸发浓缩主流工艺的单效蒸发机械压气法（MVR）的核心设备，罗茨水蒸气压缩机广泛应用于制药、化工、石油、医疗、轻工、食品、海水淡化、垃圾处理等工业部门，该工艺相对于国内现今采用的常规浓缩方式，其能耗水平、水资源利用效率和运行成本均有大幅度下降。

北重集团产品系列

一、NHL 品牌矿用车

内蒙古北方重工业集团有限公司是我国唯一的国家级非公路矿用车研发基地，具有年产千台矿用车的生产能力。产品广泛应用于国内冶金、有色、化工、煤炭、建材、水电、交通等七大行业、500多个矿山和工地，占有国内市场70%以上的份额，产品已覆盖了我国除台湾地区以外的所有省份，并相继出口到国外近60个国家和地区，市场保有量超过6000台。主要用户有神华集团、华能集团、中国大唐集团、中国国电集团、海螺集团、中国水利水电建设集团、中铝集团、江西铜业、中水集团、中国武警水利水电集团、中铁建集团、平煤集团、五大发电集团及国内各大钢铁冶金企业等。

图 1　NHL 品牌矿用车

表 1　NHL 品牌矿用车主要产品型号

类　别	系　列	名　称	型　号
非公路矿用车	机械轮	刚性式自卸卡车	TR30、TR35、TR50、TR60、TR100
		铰接式自卸卡车	TA25、TA30、TA35、TA40
		煤斗车（25~91t）	TR30C、TR35C、TR50C、TR60C、TR100C
		洒水车（24~80m³）	TR30W、TR35W、TR50W、TR60W、TR100W
	电动轮	电动轮矿用车	NTE150、NTE240、NTE260、NTE330
液压元件		液压油缸	各类矿山及工程机械用液压油缸

二、ATLAS 全液压挖掘机

内蒙古北方重工业集团有限公司与德国阿特拉斯公司合作生产全液压挖掘机产品。有 2306LC、2307LC、3306LC、3607LC、7008LC 五种型号产品。ATLAS 液压挖掘机在欧洲畅销 50 余年，在欧洲的市场占有率近 20%，在国内外的市场销量稳步增长。

图 2　ATLAS 全液压挖掘机

表2 ATLAS挖掘机主要技术参数

产品型号	操作重量 (kg)	额定功率 (kW)	标准斗容 (m³)	行走速度 (Km/h)	动臂长度 (mm)	斗杆长度 (kN)	铲斗挖掘力 (kN)	斗杆挖掘力 (kN)	最大挖掘半径 (mm)	最大挖掘深度 (mm)
2306LC	21800	121	1.0	2.5~4.5	5500	2700	130	92	9990	6945
2307LC	21500	121	0.9	3.6~5.4	5680	2900	130	105	9935	6520
3306LC	31500	161	1.6	2.6~5.3	5570	2800	235	144	10250	6900
3607LC	36000	200	1.6	3.3~5.4	6470	3187	225	150	11120	7345
7008LC	67000	360	3.5	3.0~4.5	6600	2900	310	275	11432	6913

三、专用汽车

内蒙古北方重工业集团有限公司具有较强的专用汽车研发、生产制造能力。主要产品系列有：以垃圾收集、转运、管道疏通、高压清洗、吸污车为代表的环卫专用车辆；以重型洒水车、油罐车为代表的罐式车辆；以工程自卸车、大型重载多轴半挂车为代表的公路运输车辆；以高空作业车为代表的市政工程车辆及其他特种车辆；以混凝土搅拌车、泵车为代表的混凝土专用车辆。占有内蒙古自治区50%以上的市场份额，并利用兵器集团及成员单位销售网络、境外代理商等多种渠道，积极开拓专用车国际市场，出口国家包括蒙古、俄罗斯、中亚五国、印度，东南亚的印度尼西亚、缅甸及非洲的尼日利亚、肯尼亚、利比亚、加纳等国家。

图3 专用汽车

四、掘进机

内蒙古北方重工业集团有限公司是国内高端煤机成套设备的重要供应商。30多年来，已累计生产60余种架型液压支架40000多架。具有年产20套

各型号液压支架、300台掘进机的生产能力。掘进机型号有 EBH-90、EBH-132、EBH-132XK、EBZ-132、EBZ-160、EBZ-200、EBZ-230、EBZ-260、EBZ-300、EBH-350型，可生产采煤机、刮板运输机、井下救生舱系列产品。多项科研成果获内蒙古自治区、中国兵器工业集团、包头市科学技术奖、科学技术进步奖，产品获内蒙古名牌产品荣誉称号，中国驰名商标。公司生产的横轴、纵轴掘进机系列产品已成功销往国内外市场。产品已广泛应用于神华集团、伊泰集团、乌海棋盘井煤业、山西焦煤集团、阳泉煤业集团、同煤集团、甘肃华庭集团、新疆神风天设煤业。

图4 掘进机

五、无缝钢管

内蒙古北方重工业集团有限公司具有年产20万吨特种钢生产能力，可冶炼高纯净度军民品用优质钢，性能指标达到世界先进水平；具有世界首台首套3.6万吨黑色金属垂直挤压机，年生产能力12

万吨，可生产直径 219~1200mm，壁厚 20~200mm 无缝钢管，产品适用于超临界、超超临界高压锅炉用蒸汽管道、给水管道，电站四大管道及核电，石油化工领域产品，完全替代进口。产品已广泛应用于中石油、中石化、华能集团、华电集团、神华集团、国电集团、中电投资集团、上海电气电站集团、哈电集团、东方电气集团等电站、锅炉项目建设并出口印度等中亚国家。在核电领域产品已进入中广核、中核集团。

图 5 无缝钢管

六、模具钢

公司具有世界上精度最高、技术最成熟的 1800 吨精锻机，年产 10 万吨各类优质锻件，在锻造速度、精度、自动化程度等方面拥有行业领先优势。工模具钢采用电弧炉 + 真空精炼 + 自由锻造成型（快锻造成型），具有材质纯净均一、组织致密，较高的淬透性、耐热性、抗疲劳性、抗腐蚀性以及抗回火稳定性，综合力学性能卓越。可供材质：45Cr2NiMoVSi、4Cr2NiMoVSi、5Cr2NiMoVSi、B2（4Cr2MoVNi）5CrNiMo、5CrNiMoV、H13（4Cr5Mo-SiV1）、5CrMnMo、P4410、P20、4Cr13V、56CrNi-MoV7 等 H13（4Cr5MoSiV1）热作模具钢，为北重传统特色优势产品。被广泛应用于彩电、冰箱等家用电器，发动机缸体、轮毂、仪表盘、保险杠等车辆零件以及汽轮机大型叶片、大型联杆的热锻成型模具。主要用户有天津汽车集团、无锡透平叶片公司、陕西法士特集团、南京高速齿轮公司等。

图 6 模具钢

数据篇

表1　2012年能源装备大行业主要指标汇总

		电工电器行业	石化通用行业	重型矿山行业	仪器仪表行业	通用基础件行业
企业数（个）		19 808	8 987	3 857	3 662	11 039
应收账款	全年累计（亿元）	8 832.15	2 689.50	2 083.16	1 250.80	1 799.69
	同比增减（%）	12.19	20.00	20.27	22.02	14.39
产成品	全年累计（亿元）	1 911.82	755.05	475.28	261.88	576.78
	同比增减（%）	3.83	13.01	3.94	8.53	6.95
流动资产合计	全年累计（亿元）	25 036.66	8 202.37	6 208.20	3 785.25	5 829.76
	同比增减（%）	7.98	13.41	13.32	13.23	12.32
资产总计	全年累计（亿元）	38 544.74	12 856.33	9 347.10	5 746.79	10 170.68
	同比增减（%）	10.69	15.10	14.27	14.07	14.63
负债总计	全年累计（亿元）	22 166.72	6 914.80	5 675.26	2 804.27	5 112.23
	同比增减（%）	9.96	14.62	13.74	11.62	12.60
主营业务收入	全年累计（亿元）	47 258.09	15 788.63	9 840.87	6 791.53	15 060.61
	同比增减（%）	9.72	14.01	11.44	16.48	13.47
成本费用总额	全年累计（亿元）	43 974.61	14 474.87	9 172.83	6 201.77	13 841.57
	同比增减（%）	9.84	14.09	12.33	16.91	13.35
利润总额	全年累计（亿元）	2 761.81	1 145.31	567.46	553.10	954.08
	同比增减额（亿元）	144.93	161.80	−18.55	50.44	67.97
	同比增减（%）	5.54	16.45	−3.17	10.03	7.67
税金总额	全年累计（亿元）	1 391.39	531.40	311.76	243.76	501.80
	同比增减（%）	14.87	20.70	9.35	19.46	20.31
从业人员平均人数	全年累计（万人）	486.52	179.00	98.47	100.49	195.67
	同比增减（%）	0.25	2.72	3.83	4.18	1.29

表2　2012年能源装备大行业主要经济效益指标汇总

		电工电器行业	石化通用行业	重型矿山行业	仪器仪表行业	通用基础件行业
亏损面	全年累计（%）	12.51	9.66	10.53	9.56	10.28
	去年同期（%）	10.06	7.24	7.42	8.08	6.65
亏损额	全年累计（亿元）	305.32	48.15	100.80	24.42	55.83
	去年同期（亿元）	185.38	34.66	31.83	16.54	35.27
总资产贡献率	全年累计（%）	12.09	14.11	10.54	14.78	15.53
	去年同期（%）	12.11	13.71	11.57	14.84	15.77
资产保值增值率（%）		111.69	115.65	115.09	116.51	116.76
资产负债率	全年累计（%）	57.51	53.79	60.72	48.80	50.26
	去年同期（%）	57.89	54.01	61.00	49.87	51.17
流动资产周转率[①]	全年累计（次）	1.89	1.92	1.59	1.79	2.58
	去年同期（次）	1.86	1.91	1.61	1.74	2.56
成本费用利润率	全年累计（%）	6.28	7.91	6.19	8.92	6.89
	去年同期（%）	6.54	7.75	7.18	9.48	7.26
工业产品销售率	全年累计（%）	97.75	97.21	97.04	97.79	97.83
	去年同期（%）	97.82	97.39	97.72	97.77	97.86
主营业务收入利润率	全年累计（%）	5.84	7.25	5.77	8.14	6.33
	去年同期（%）	6.08	7.10	6.64	8.62	6.68
出口交货值率	全年累计（%）	12.93	9.59	7.50	16.70	9.17
	去年同期（%）	15.09	10.40	7.46	17.33	10.11
总资产利润率	全年累计（%）	7.17	8.91	6.07	9.62	9.38
	去年同期（%）	7.51	8.80	7.16	9.98	9.99

注：因流动资产平均余额指标取消，故计算流动资产周转率时以流动资产合计指标代替，该指标仅供参考。

表3　2012年能源装备有关分行业主要经济指标

	企业数（个）	主营业务收入（万元）	利润总额（万元）	亏损企业亏损额（万元）
电气机械及器材制造业				
发电机及发电机组制造	789	30 413 609	2 002 805	234 219
变压器、整流器和电感器制造	1 673	35 230 411	1 819 016	439 116
电容器及其配套设备制造	247	3 582 426	211 844	9 171
配电开关控制设备制造	2 407	46 749 021	3 593 783	93 208
电力电子元器件制造	1 024	14 858 961	875 319	117 729
光伏设备元器件制造	413	23 847 961	531 919	676 090
其他输配电及控制设备制造	632	16 307 952	1 280 561	38 871
电线电缆制造	3 714	114 589 571	5 973 728	190 654
绝缘制品制造	369	5 443 077	341 391	12 967
其他电工器材制造	270	3 823 080	245 032	10 848
锂离子电池制造	405	12 105 425	474 100	126 986
镍氢电池制造	128	2 377 103	109 619	10 376
其他电池制造	674	24 064 923	762 259	502 498
专用设备制造业				
矿山机械制造	1 536	32 642 065	1 958 608	273 426
石油钻采专用设备制造	718	19 198 865	1 589 119	51 042
海洋工程专用设备制造	29	2 382 558	31 049	32 384
炼油、化工生产专用设备制造	433	7 101 887	471 152	30 342
电工机械专用设备制造	294	3 763 236	290 525	19 302
环境保护专用设备制造	991	17 106 901	1 191 592	46 127
地质勘查专用设备制造	36	562 372	61 569	937
通用设备制造业				
锅炉及辅助设备制造	744	16 079 618	1 217 936	51 589
汽轮机及辅机制造	93	5 899 753	301 218	90 816
水轮机及辅机制造	40	632 916	48 959	1 664
风能原动设备制造	43	1 516 121	72 911	32 327
泵及真空设备制造	1 181	17 507 660	1 324 201	48 114
气体压缩机械制造	427	14 405 141	773 779	50 294
阀门和旋塞制造	1 543	20 810 445	1 509 632	34 016
液压和气压动力机械及元件制造	1 275	17 188 372	1 249 655	63 696
轴承制造	1 518	22 273 421	1 356 894	84 315
齿轮及齿轮减、变速箱制造	731	10 821 192	771 781	28 114
风机、风扇制造	418	7 431 673	547 118	25 454
气体、液体分离及纯净设备制造	399	6 813 562	601 649	19 219
金属密封件制造	440	8 276 926	638 242	4 551
紧固件制造	1 024	11 152 229	709 408	39 178
仪器仪表制造业				
工业自动控制系统装置制造	972	24 498 856	2 148 318	69 796
电工仪器仪表制造	308	4 794 460	296 006	28 295
绘图、计算及测量仪器制造	156	1 589 223	117 673	2 370
实验分析仪器制造	190	2 197 368	208 560	10 376
试验机制造	85	812 003	74 540	2 626
供应用仪表及其他通用仪器制造	364	5 736 788	556 507	7 005
环境监测专用仪器仪表制造	72	1 409 161	118 066	1 348
运输设备及生产用计数仪表制造	195	4 736 284	423 856	11 935
导航、气象及海洋专用仪器制造	73	1 911 820	111 049	1 350

续表

	企业数（个）	主营业务收入（万元）	利润总额（万元）	亏损企业亏损额（万元）
地质勘探和地震专用仪器制造	56	1 387 641	159 845	994
核子及核辐射测量仪器制造	12	106 269	8 990	17
电子测量仪器制造	140	2 267 544	209 864	4 203
金属制品业				
金属压力容器制造	424	6 973 945	433 011	26 590
锻件及粉末冶金制品制造	1 635	31 060 278	1 786 013	127 141

表4　2012年能源装备重点企业经济效益综合指数前50家

序号	企业名称	主营产品	工业经济效益综合指数	总资产贡献率（%）	资本保值增值率（%）	资产负债率（%）	流动资产周转率（次）	工业成本费用利润率（%）	从业人员劳动生产率（元/人）	工业产品销售率（%）
1	上海锅炉厂	电站锅炉及成套、大型重化工设备、电站环保设备	790.21	17.17	114.64	80.13	0.93	12.11	1 103 022	99.81
2	安徽应流机电股份有限公司	发电、油气等专用设备高端零部件	711.02	7.96	113.93	65.51	1.61	6.66	1 016 662	99.34
3	北京ABB高压开关设备有限公司	变压器、高中低压开关、电气传动系统和电机	667.24	29.06	123.29	51.27	1.32	22.80	778 763	99.62
4	常熟开关制造有限公司	高低压电器元件、电子产品及高低压成套开关设备	581.06	36.96	110.96	40.91	1.34	42.94	489 386	98.03
5	哈尔滨锅炉厂有限责任公司	50MW~1000MW电站锅炉、锅炉和汽轮机辅机、石化容器、核电设备、工业锅炉	513.65	10.31	127.57	77.14	0.55	17.46	636 583	98.97
6	许继集团有限公司	电力系统自动化、保护及控制产品	489.23	12.83	121.28	68.63	1.12	8.94	629 370	99.49
7	杭州汽轮动力集团有限公司	汽轮机、燃汽轮机、压缩机辅机成套设备及备品备件	412.84	14.34	114.26	49.46	0.74	22.23	419 703	97.57
8	陕西鼓风机（集团）有限公司	压缩机、鼓风机、通风机、汽轮机、智能测控仪表、工业锅炉、压力容器	402.68	7.53	111.31	59.18	0.46	17.94	454 614	103.59
9	上海电气电站设备有限公司	汽轮发电机、电站辅机	385.88	8.16	120.14	74.14	0.90	7.93	484 818	104.46
10	浙江中控技术股份有限公司	炼化、电力、仪控系统、LNG	379.44	15.83	95.36	38.73	1.16	16.20	394 485	100.00
11	江苏远东（控股）集团有限公司	电线、电缆	336.26	5.46	101.15	75.90	1.71	0.86	448 331	100.00
12	杭州锅炉集团股份有限公司	锅炉、压力容器、环保设备	331.21	6.31	104.88	57.30	0.68	11.34	379 946	100.93
13	广州白云电器设备股份有限公司	中/低压成套开关设备、气体绝缘金属封闭开关设备（GIS）、电力电子产品	328.54	13.22	132.21	39.92	0.98	19.48	292 718	100.46
14	哈尔滨电机厂有限责任公司	水轮机、水轮发电机、汽轮发电机、风力发电机、电站控制设备、滑动轴承	326.85	9.75	105.66	56.42	0.61	15.79	334 665	104.34
15	杭州制氧机集团有限公司	空分设备、大型乙烯冷箱、真空贮槽、压缩机、离心式液体泵、环保设备	317.06	7.15	123.61	50.79	1.24	9.02	355 159	100.64
16	上海电气（集团）总公司	火力发电机组、核电机组、输配电设备	310.65	9.17	104.40	66.44	—	7.33	376 597	100.46
17	开封高压阀门有限公司	高、中压阀门	306.06	27.26	133.33	22.74	1.29	36.02	104 642	97.86

续表

序号	企业名称	主营产品	工业经济效益综合指数	总资产贡献率（%）	资本保值增值率（%）	资产负债率（%）	流动资产周转率（次）	工业成本费用利润率（%）	从业人员劳动生产率（元/人）	工业产品销售率（%）
18	中信重工机械股份有限公司	采掘、提升、选煤、破碎设备、环保机械、发电设备	284.50	8.70	213.34	55.27	1.76	6.79	283 064	98.17
19	沈阳鼓风机（集团）有限公司	鼓风机系列、气压机系列、水泵系列设备	283.76	7.51	112.01	74.07	1.05	4.84	340 682	87.97
20	大连重工·起重集团有限公司	风电核心部件、核电站起重设备	269.28	5.14	105.55	67.38	0.62	5.31	324 050	98.09
21	江苏通润机电集团有限公司	电气开关、高低压开关柜	256.13	16.35	97.17	52.37	2.43	5.33	237 362	93.78
22	天津百利机电控股集团有限公司	输配电设备、发电设备、探矿机械、大重型液压机、风机、泵、环保成套设备	252.94	12.48	87.68	58.52	2.04	8.17	233 000	101.35
23	哈尔滨空调股份有限公司	电站空冷器、石化空冷器	252.91	4.50	81.69	67.08	0.46	3.22	321 602	89.36
24	北方重工集团有限公司	系列成套煤矿机械、电站设备	249.01	4.92	109.84	77.83	0.84	1.75	314 502	96.00
25	四川宏华石油设备有限公司	石油钻采设备	242.88	12.96	111.79	75.08	0.78	20.46	164 405	86.86
26	南京汽轮电机（集团）有限责任公司	汽轮机、燃气轮机、发电机、风力发电机、水轮发电机	240.61	4.45	100.67	64.61	0.57	6.09	274 591	97.47
27	潍柴控股集团有限公司	柴油发电机组	239.87	6.22	109.14	60.41	1.64	4.36	255 438	105.67
28	德力西集团有限公司	低压输配电和工业自动化控制电气、自动化仪器仪表、高压电器和成套设备	236.79	12.89	100.70	49.47	1.94	7.15	211 595	95.21
29	正泰集团股份有限公司	高低压电器、输配电设备、仪器仪表、光伏电池及组件	229.19	12.85	112.59	51.34	1.29	12.27	174 232	99.79
30	哈尔滨电气集团公司	发电设备、驱动及控制设备、通用及环保设备	226.90	5.87	111.67	71.42	0.60	6.67	243 928	99.98
31	大连冰山集团有限公司	石化专用螺杆制冷压缩机组等	221.06	11.20	106.19	53.90	1.45	6.14	202 586	101.53
32	中国东方电气集团有限公司	火电机组、水轮发电机组、核电机组主设备、重型燃气轮机设备、风电设备、太阳能电站设备、大型电站锅炉烟气脱硫脱硝、大型化工容器	204.76	1.94	103.45	77.79	0.53	2.94	248 843	99.87
33	烟台冰轮集团有限公司	循环流化床锅炉、燃气—蒸汽联合循环发电用余热锅炉等	198.83	11.00	104.87	63.17	2.06	—	196 849	100.35
34	菲达集团有限公司	电站除尘、输灰、脱硫系统环保装备、污水处理设备	195.29	5.79	101.12	58.28	0.87	1.24	218 151	99.83
35	广州广重企业集团有限公司	汽轮机、锅炉、发电机、石油化工设备、环保工程设备、铸锻件、生物质、垃圾焚烧、余热发电设备	190.74	6.18	106.56	54.33	0.54	10.94	153 151	100.20
36	山东鲁能泰山电缆股份有限公司	电线电缆	189.31	2.74	99.84	51.55	1.41	0.53	213 734	98.70
37	北京京城环保产业发展有限责任公司	石化、煤气、空气、天然气压缩机	187.57	13.89	113.76	38.69	1.35	9.42	120 869	90.98
38	上海柴油机股份有限公司	柴油发电机组	183.31	0.44	148.12	35.95	0.90	—	211 874	99.44

续表

序号	企业名称	主营产品	工业经济效益综合指数	总资产贡献率（%）	资本保值增值率（%）	资产负债率（%）	流动资产周转率（次）	工业成本费用利润率（%）	从业人员劳动生产率（元/人）	工业产品销售率（%）
39	北京天海工业有限公司	气体储运设备、压力容器	183.18	5.58	194.98	49.38	2.35	2.54	145 957	100.30
40	中国四联仪器仪表集团有限公司	电站用仪器仪表	182.66	9.88	97.74	60.10	1.15	6.91	145 346	101.06
41	比亚迪汽车有限公司	储能电站、太阳能电站、新能源车	167.41	10.93	106.93	64.75	3.73	1.72	107 890	99.85
42	上海鼓风机厂有限公司	离心压缩机系列、离心鼓风机系列、罗茨鼓风机系列、通风机系列	166.84	4.01	142.06	73.12	0.96	1.80	167 907	105.72
43	广西玉柴机器集团有限公司	柴油发电机组	164.59	4.45	109.92	68.04	1.39	—	174 064	94.83
44	湘电集团有限公司	风力发电机组及辅机、碟式太阳能发电设备、电气控制设备	163.70	3.47	100.46	80.55	0.65	0.30	193 528	97.14
45	上海电气液压气动有限公司	液压设备	161.95	5.10	92.36	23.80	1.43	3.69	142 376	101.54
46	北京巴布科克威尔科克斯有限公司	电站锅炉、烟气脱硝（SCR）设备	161.64	8.23	110.68	77.51	0.34	11.65	105 456	100.00
47	四川空分设备（集团）有限责任公司	大、中、小型空气分离设备、低温液体贮槽、天然气液化分离设备、低温液体泵、阀门	161.35	7.40	106.33	72.02	0.65	7.53	127 434	95.30
48	杭州前进齿轮箱集团有限公司	风电齿轮箱等	156.25	5.05	102.80	40.89	1.12	4.47	127 418	117.71
49	中国西电集团公司	输配电及控制设备	143.47	2.32	100.30	50.72	0.69	1.27	146 429	99.02
50	中国第一重型机械集团公司	核电、水电、风电成套设备及煤化工设备、石油开采与加工设备、铸锻件	141.80	1.75	103.02	52.66	0.32	0.94	157 781	77.07

表5　2012年能源装备进出口总值汇总

	进出口		进口		出口		贸易差额（万美元）
	全年累计（万美元）	同比增减（%）	全年累计（万美元）	同比增减（%）	全年累计（万美元）	同比增减（%）	
电工电器行业	14 533 032	3.10	5 330 058	−3.05	9 202 974	7.03	3 872 916
石化通用行业	8 878 837	4.77	2 914 647	−4.35	5 964 191	9.89	3 049 544
重型矿山行业	1 656 936	2.80	600 207	−13.31	1 056 729	14.93	456 522
仪器仪表行业	7 650 928	8.65	4 592 308	5.78	3 058 620	13.26	−1 533 688
机械基础件行业	3 525 034	−3.36	1 551 419	−13.04	1 973 615	5.91	422 196

表6　2012年能源装备进出口产品两种不同贸易方式总值

	进出口（万美元）	进口（万美元）	出口（万美元）	贸易差额（万美元）
进出口总值	31 914 457.39	12 554 759.18	19 359 698.21	6 804 939.03
一般贸易	19 573 871.21	8 152 624.34	11 421 246.87	3 268 622.53
电工电器行业	6 503 047.79	2 141 202.02	4 361 845.77	2 220 643.75
石化通用行业	5 649 987.16	1 978 795.74	3 671 191.42	1 692 395.68
重型矿山行业	1 038 870.52	398 441.03	640 429.49	241 988.46
仪器仪表行业	3 742 500.93	2 593 786.57	1 148 714.36	−1 445 072.21
机械基础件行业	2 639 464.81	1 040 398.98	1 599 065.83	558 666.85
加工贸易	12 340 586.18	4 402 134.84	7 938 451.34	3 536 316.50

续表

	进出口（万美元）	进口（万美元）	出口（万美元）	贸易差额（万美元）
电工电器行业	6 264 663.42	2 357 408.62	3 907 254.80	1 549 846.18
石化通用行业	2 359 696.17	476 110.35	1 883 585.82	1 407 475.47
重型矿山行业	381 149.54	76 220.81	304 928.73	228 707.92
仪器仪表行业	2 789 476.14	1 169 648.62	1 619 827.52	450 178.90
机械基础件行业	545 600.91	322 746.44	222 854.47	-99 891.97

表 7　2012 年能源装备进口总值前 50 名产品

名次	商品名称	计量单位	进口			
			全年数量	数量同比（%）	全年金额（万美元）	金额同比（%）
		电工电器产品				
1	低压电器	—	—	—	1 360 817.29	2.23
3	电线电缆	千克	297 548 048	-6.74	557 444.39	2.63
7	低压开关零件	千克	83 517 170	-11.67	407 193.59	-10.45
9	低压开关板、柜	个	57 280 129	26.78	355 880.58	-4.41
10	变压器、互感器	个	150 243 610 372	13.86	344 206.41	15.78
19	静止变流器用零件	千克	29 554 324	-21.04	144 565.40	3.77
20	内燃发电机组	台	60 042	-28.24	120 663.46	4.70
24	风机	台	199 349 119	-8.61	92 713.94	-9.10
30	绝缘制品	千克	25 286 568	2.78	65 801.67	-3.64
32	高压开关	个	6 968 441	-16.75	64 787.42	-22.11
38	汽轮机零件	千克	13 356 024	-31.47	46 653.75	-21.26
44	燃气轮机	台	73	305.56	34 788.43	669.58
46	汽轮机	个	102	30.77	27 762.55	61.83
47	蓄电池	个	6 899 289	23.68	24 919.12	24.62
49	发电机	台	18 519	-24.34	23 425.99	0.60
50	变压器零件	千克	22 646 833	-18.69	21 069.86	-12.13
		石化通用机械产品				
5	阀门	套	441 813 171	20.82	459 940.25	5.60
12	泵	台	53 886 004	-10.21	286 531.15	-15.88
16	气体压缩机	台	18 330 727	-6.77	184 008.33	-4.42
17	分离机械	—	—	—	165 891.22	3.18
18	石油化工设备	—	—	—	162 272.04	20.45
22	用于制冷设备的压缩机	台	11 966 418	-8.43	105 088.58	-7.34
26	阀门零件	千克	23 635 931	-5.74	84 579.17	5.20
33	泵零件	千克	28 036 235	-18.04	63 621.84	-18.51
41	石油钻采设备零件	千克	12 354 694	50.93	44 864.67	59.30
43	真空泵	台	1 345 308	36.79	34 945.23	-23.37
		重型矿山机械产品				
39	矿山采掘设备	台	966	11.03	46 570.53	8.70
42	矿物筛、洗选、破碎磨粉设备	台	3 191	-9.11	40 015.84	-11.69
		仪器仪表产品				
2	电子测量仪器	台	162 125 902	2 422.35	674 959.11	28.44
4	分析仪器	台	23 834 311	698.54	476 831.03	19.34
6	电力电子元器及静止变流器	—	—	—	444 704.81	-26.65
8	自动调节或控制仪器及装置	台	45 928 405	2.19	390 042.47	-16.88
15	分析仪器零件	千克	26 109 825	1 146.63	221 213.53	327.20
25	自动调节或控制仪器零件、附件	千克	9 833 996	-35.63	88 568.78	-42.05

续表

名次	商品名称	计量单位	进口			
			全年数量	数量同比（%）	全年金额（万美元）	金额同比（%）
28	电工、电子测量仪器零件、附件	千克	1 860 043	3.14	76 128.05	1.85
29	压力检测仪表	个	43 003 621	211.78	66 161.48	69.50
31	大地测量仪器	个	3 261 711	416.97	65 627.73	20.75
36	流量、液位仪表	个	3 759 725	30.96	48 125.81	8.58
37	液气体其他测量或检验仪器零件	千克	3 045 696	−11.64	47 480.62	−16.73
48	液气体其他测量或检验仪器	个	5 003 224	215.37	24 830.94	33.74
	机械基础件产品					
11	标准件	千克	251 525 748	−4.74	287 271.15	−2.24
13	轴承	套	1 787 127 715	−4.33	285 351.52	−19.14
14	液压元件及装置	台	27 533 259	64.11	227 207.58	−33.65
21	电工合金	千克	38 325 777	−14.32	111 844.48	1.80
23	焊接设备	台	89 350	37.35	94 029.78	−10.57
34	气动元件及装置	—	—	—	56 282.56	−1.17
35	轴承零件	千克	48 364 219	−4.58	52 871.10	−2.75
40	密封件	千克	6 341 854	−21.13	46 150.43	−9.94
45	焊接材料	千克	44 523 917	−17.49	29 657.24	−13.49
	其他设备					
27	环保设备	个	9 000 481	1.39	76 465.21	−17.62

表8 2012年能源装备出口总值前50名产品

名次	商品名称	计量单位	出口			
			全年数量	数量同比（%）	全年金额（万美元）	金额同比（%）
	电工电器产品					
1	电线电缆	千克	1 936 368 396	3.43	1 742 258.59	12.50
2	低压电器	—	—	—	1 131 052.95	12.88
6	低压开关板、柜	个	262 144 877	25.10	385 327.79	17.88
8	变压器、互感器	个	48 413 745 405	6.92	367 082.60	6.30
9	内燃发电机组	台	9 854 393	−13.54	347 483.97	3.21
11	低压开关零件	千克	230 239 536	4.27	316 508.71	7.50
17	蓄电池	个	153 232 144	14.28	211 078.73	12.30
20	静止变流器用零件	千克	79 701 256	−1.15	163 479.69	28.94
22	蒸汽锅炉零件	千克	359 704 716	−38.15	152 483.35	−27.51
25	风机	台	356 443 675	−1.05	136 809.70	5.75
26	高压开关	个	61 495 827	7.39	124 809.88	15.92
29	汽轮机零件	千克	65 032 119	−30.41	99 965.24	−25.87
30	风力发电机组零件	千克	388 735 753	48.69	97 504.87	55.44
34	发电机	台	1 069 004	29.24	63 691.32	−1.20
35	电磁避雷器	个	281 940 290	20.05	63 468.38	17.05
41	锅炉辅助设备	千克	87 136 170	−9.58	52 451.03	−26.85
44	风力发电机组	台	19 363	20.28	46 694.17	32.97
46	绝缘制品	千克	87 248 627	−0.62	45 551.51	1.67
49	蒸汽锅炉	台	3 050	21.81	42 416.85	33.09
50	变压器零件	千克	93 836 095	16.14	41 591.39	2.25
	石化通用机械产品					
4	阀门	套	2 564 433 942	1.67	587 043.25	12.54
7	泵	台	1 219 275 671	36.36	367 751.21	12.41

续表

名次	商品名称	计量单位	出口			
			全年数量	数量同比（%）	全年金额（万美元）	金额同比（%）
12	用于制冷设备的压缩机	台	52 180 563	15.19	268 765.08	11.34
14	石油化工设备	—	—	—	229 339.72	20.49
15	阀门零件	千克	366 212 021	0.18	228 783.28	5.28
16	气体压缩机	台	249 582 915	6.85	213 474.56	9.04
19	石油钻采设备零件	千克	302 728 732	9.21	177 502.69	5.39
23	石油钻采设备	台	10 365	−31.13	142 530.68	23.32
24	泵零件	千克	241 567 555	5.03	140 424.89	16.42
33	分离机械	—	—	—	83 403.60	5.84
重型矿山机械产品						
27	矿物筛、洗选、破碎磨粉设备	台	87 520	40.84	113 173.72	0.51
37	矿山采掘设备	台	31 400	1.64	57 668.30	64.75
仪器仪表产品						
3	电力电子元器及静止变流器	—	—	—	838 566.42	9.56
18	电子测量仪器	台	232 566 378	44.16	191 514.79	39.12
32	分析仪器	台	27 921 293	13.62	90 475.78	18.60
36	自动调节或控制仪器零件、附件	千克	21 892 677	2.93	58 225.78	−3.25
39	大地测量仪器	个	25 834 507	−8.35	54 659.55	6.00
40	分析仪器零件	千克	11 243 685	33.12	53 211.72	78.70
43	压力检测仪表	个	158 496 944	4.64	47 069.55	20.78
45	液气体其他测量或检验仪器零件	千克	12 387 655	7.53	46 647.27	19.33
机械基础件产品						
5	标准件	千克	2 464 154 290	−4.82	451 255.61	−3.25
10	轴承	套	4 401 094 779	−9.06	319 620.45	−2.94
13	电工合金	千克	229 907 586	−11.19	258 430.79	−6.50
21	自动调节或控制仪器及装置	台	94 781 444	−10.44	157 109.75	2.43
28	轴承零件	千克	224 366 127	−9.77	101 061.31	−3.93
31	焊接设备	台	7 601 017	19.80	96 701.83	13.19
38	液压元件及装置	台	10 049 072	28.38	56 246.32	12.01
42	焊接材料	千克	387 358 543	9.72	49 159.39	12.03
47	密封件	千克	40 688 755	−19.75	45 288.91	−13.70
其他设备						
48	环保设备	个	7 473 024	9.34	44 021.65	23.24

表9 2012年能源装备大行业主要产值指标统计分析

	企业数（个）	工业总产值		工业销售产值		出口交货值	
		全年累计（亿元）	同比增减（%）	全年累计（亿元）	同比增减（%）	全年累计（亿元）	同比增减（%）
电工电器行业	19 808	49 007.69	12.05	47 902.69	11.96	6 192.00	−4.11
1. 按经济类型分							
国有企业	192	940.72	15.42	932.22	17.22	33.47	8.86
集体企业	335	647.78	7.79	635.49	7.86	8.28	−14.59
股份合作企业	201	345.15	7.98	336.07	8.44	4.01	−11.62
联营企业	32	43.16	29.03	43.78	27.39	4.01	7.78
有限责任公司	3 862	11 263.47	13.61	11 010.35	14.45	550.06	−12.03
股份有限公司	621	3 779.54	8.85	3 687.12	8.81	381.36	6.44

续表

	企业数（个）	工业总产值		工业销售产值		出口交货值	
		全年累计（亿元）	同比增减（%）	全年累计（亿元）	同比增减（%）	全年累计（亿元）	同比增减（%）
私营企业	10 622	19 210.89	18.54	18 819.15	18.72	893.60	−0.04
其他企业	289	565.52	18.48	549.88	18.64	19.64	−14.46
港澳台商投资企业	1 568	4 511.54	10.18	4 416.40	9.10	1 522.66	6.38
外商投资企业	2 086	7 699.91	−1.33	7 472.23	−2.76	2 774.91	−9.80
2. 按控股情况分							
国有企业	696	4 820.67	2.36	4 713.22	3.80	367.19	−10.28
国有控股	696	4 820.67	2.36	4 713.22	3.80	367.19	−10.28
民营企业	15 288	32 095.31	17.28	31 367.59	17.27	1 680.14	−1.29
集体控股	818	2 369.35	11.27	2 309.51	11.61	93.38	−5.77
私人控股	14 470	29 725.96	17.78	29 058.08	17.74	1 586.76	−1.01
三资企业	2 999	9 819.75	2.18	9 578.01	1.18	3 951.58	−3.95
港澳台商控股	1 336	3 718.26	10.28	3 620.43	9.10	1 414.99	8.54
外商控股	1 663	6 101.49	−2.20	5 957.58	−3.09	2 536.59	−9.74
其他	825	2 271.96	10.81	2 243.87	10.61	193.09	−16.74
3. 按企业规模分							
大型企业	544	13 644.49	6.86	13 298.64	5.72	3 003.02	−9.40
中型企业	2 814	12 752.05	7.51	12 468.96	7.76	1 796.87	−5.00
小型企业	16 450	22 611.15	18.34	22 135.08	18.79	1 392.11	11.29
4. 按小行业分							
锅炉及辅助设备制造	744	1 657.67	12.37	1 656.06	14.51	95.37	−18.29
汽轮机及辅机制造	93	551.64	−11.64	553.20	−10.72	74.08	−31.01
水轮机及辅机制造	40	64.36	6.47	62.64	7.35	1.81	−36.62
发电机及发电机组制造	789	3 371.03	3.75	3 179.08	4.13	368.00	13.43
变压器、整流器和电感器制造	1 673	3 657.29	13.43	3 573.32	12.74	423.15	−4.99
电容器及其配套设备制造	247	382.33	16.09	367.14	16.12	41.06	15.41
配电开关控制设备制造	2 407	4 848.83	16.12	4 743.74	16.18	224.62	5.76
电力电子元器件制造	1 024	1 544.54	6.82	1 520.49	7.24	460.11	10.83
其他输配电及控制设备制造	632	1 654.52	25.84	1 628.57	26.42	64.97	16.01
电线、电缆制造	3 714	11 812.36	11.89	11 592.85	12.52	844.52	3.79
绝缘制品制造	369	571.50	3.87	556.61	2.72	84.46	0.70
风能原动设备制造	43	164.50	8.76	162.02	5.62	27.12	46.91
其他原动设备制造	18	36.26	100.98	34.93	108.25	0.53	−40.81
光伏设备及元器件制造	413	2 519.22	−3.94	2 412.11	−6.68	819.04	−30.02
锂离子电池制造	405	1 258.45	14.65	1 225.06	14.40	431.53	15.85
镍氢电池制造	128	248.30	11.64	236.52	9.20	74.75	15.81
其他电池制造	674	2 332.27	23.34	2 272.91	22.56	418.70	−16.40
电动机制造	777	1 581.84	7.68	1 558.28	6.46	211.16	−5.40
微电机及其他电机制造	873	1 847.37	13.40	1 813.52	13.12	497.43	2.96
特种陶瓷制品制造	555	1 078.63	23.27	1 065.37	23.52	77.20	−25.62
石墨及碳素制品制造	948	1 859.07	15.23	1 798.65	13.99	83.81	11.00
其他未列明金属制品制造	1 611	2 817.28	16.64	2 796.55	17.46	263.24	8.84
金属切割及焊接设备制造	283	364.47	8.49	349.97	6.96	54.16	6.42
烘炉、熔炉及电炉制造	219	231.12	−6.17	229.73	−4.21	15.16	−17.46
风动和电动工具制造	407	941.35	15.85	931.83	15.13	373.19	2.97
电工机械专用设备制造	294	395.91	19.13	390.04	18.67	28.01	20.78

续表

	企业数（个）	工业总产值		工业销售产值		出口交货值	
		全年累计（亿元）	同比增减（%）	全年累计（亿元）	同比增减（%）	全年累计（亿元）	同比增减（%）
其他电工器材制造	270	397.62	20.28	389.49	19.02	53.20	10.18
光纤、光缆制造	158	817.96	22.22	802.01	19.62	81.62	−4.45
5. 按地区分							
东部地区	14 564	35 192.98	9.67	34 445.75	9.24	5 544.37	−5.33
中部地区	3 735	9 370.28	21.10	9 205.86	21.17	369.21	10.81
西部地区	1 509	4 444.43	13.66	4 251.08	16.28	278.42	4.03
6. 按省区市分							
北京市	306	735.33	−17.79	734.10	−16.81	58.44	−9.21
天津市	425	1 069.30	12.63	1 100.01	15.64	238.17	33.45
河北省	716	1 594.11	3.05	1 540.88	1.36	124.62	−36.79
山西省	109	343.83	12.75	335.77	14.85	12.33	−6.91
内蒙古自治区	126	655.62	40.34	645.84	42.05	27.19	446.37
辽宁省	1 017	2 447.67	17.67	2 393.47	16.09	120.80	−9.14
吉林省	196	400.32	16.51	417.69	24.90	5.52	−22.46
黑龙江省	156	460.70	5.72	454.03	5.89	55.27	−24.44
上海市	1 009	1 965.51	−7.41	1 949.75	−7.68	369.97	−19.54
江苏省	3 742	12 536.58	11.61	12 273.57	11.24	1 677.95	−13.36
浙江省	2 608	4 012.15	4.59	3 885.22	4.17	835.98	−4.02
安徽省	807	1 956.19	24.57	1 893.50	24.69	48.38	18.22
福建省	546	1 081.17	13.84	1 036.15	12.57	256.59	15.22
江西省	516	1 608.18	17.21	1 602.01	17.93	102.12	14.48
山东省	1 644	4 907.66	20.37	4 812.88	20.52	267.04	3.65
河南省	789	2 044.56	23.84	2 009.72	23.18	18.52	21.36
湖北省	494	1 189.53	29.00	1 155.30	28.54	57.73	38.23
湖南省	668	1 366.97	20.15	1 337.85	17.95	69.34	31.99
广东省	2 545	4 781.84	9.87	4 662.15	8.96	1 572.27	3.82
广西壮族自治区	164	542.44	17.33	518.10	21.45	38.66	0.40
海南省	6	61.66	26.39	57.57	19.85	22.54	7.91
重庆市	200	466.46	20.58	450.08	23.47	57.60	114.97
四川省	533	1 394.63	1.45	1 377.73	1.69	102.08	−23.51
贵州省	42	62.73	27.57	57.46	37.45	—	—
云南省	66	87.24	7.90	81.68	−0.15	1.79	−51.78
陕西省	193	563.64	20.05	535.31	22.50	33.76	−20.34
甘肃省	61	326.86	12.24	248.72	40.77	9.74	7.49
青海省	16	34.88	124.98	34.50	125.62	—	—
宁夏回族自治区	61	63.00	−14.28	60.60	−13.22	3.77	60.33
新疆维吾尔自治区	47	246.92	3.10	241.05	3.57	3.84	−40.08
7. 按三大都市圈分							
三大都市圈合计	14 012	34 050.15	9.52	33 352.03	9.12	5 265.24	−6.19
长江三角洲地区	7 359	18 514.24	7.70	18 108.54	7.31	2 883.89	−11.74
珠江三角洲地区	2 545	4 781.84	9.87	4 662.15	8.96	1 572.27	3.82
环渤海湾地区	4 108	10 754.07	12.63	10 581.34	12.46	809.07	−2.59
8. 按新开发地带分							
东北老工业基地	1 369	3 308.68	15.71	3 265.18	15.59	181.59	−14.83
东部沿海地区	14 564	95 192.98	9.67	34 445.75	9.24	5 544.37	−5.33

	企业数（个）	工业总产值		工业销售产值		出口交货值	
		全年累计（亿元）	同比增减（%）	全年累计（亿元）	同比增减（%）	全年累计（亿元）	同比增减（%）
新中部开发地带	3 383	8 509.26	22.29	8 334.15	21.95	308.43	21.94
新西部开发地带	1 345	3 901.99	13.17	3 732.98	15.60	239.76	4.64
9. 按新划分地区分							
* 东部地区	13 547	32 745.31	9.12	32 052.28	8.76	5 423.57	-5.24
* 中部地区	3 838	8 509.26	22.29	8 334.15	21.95	308.43	21.94
* 西部地区	1 509	4 444.43	13.66	4 251.08	16.28	278.42	4.03
* 东北地区	1 369	3 308.68	15.71	3 265.18	15.59	181.59	-14.83
石化通用行业	8 987	16 292.52	15.87	15 837.53	15.64	1 518.23	6.63
1. 按经济类型分							
国有企业	124	374.42	1.97	360.70	2.79	13.65	19.59
集体企业	113	219.77	21.38	213.84	24.22	1.26	38.93
股份合作企业	95	97.14	2.34	94.15	2.33	3.23	26.14
联营企业	9	14.06	19.37	12.11	135.95	0.50	44.68
有限责任公司	1 652	3 493.54	20.57	3 350.10	19.43	214.64	9.28
股份有限公司	246	1 053.96	16.52	1 015.88	16.17	67.32	12.75
私营企业	4 986	7 008.34	19.89	6 833.35	19.99	334.80	4.98
其他企业	159	342.35	25.50	333.29	25.67	37.31	93.80
港澳台商投资企业	493	1 108.26	3.02	1 078.76	2.20	235.37	-4.80
外商投资企业	1 110	2 580.69	7.06	2 545.34	6.95	610.16	7.58
2. 按控股情况分							
国有企业	373	1 696.79	6.68	1 629.43	7.62	138.23	3.37
国有控股	373	1 696.79	6.68	1 629.43	7.62	138.23	3.37
民营企业	7 012	11 069.28	19.88	10 744.02	19.68	613.56	12.76
集体控股	276	571.49	15.69	546.78	18.57	33.99	96.77
私人控股	6 736	10 497.79	20.12	10 197.23	19.74	579.56	10.00
三资企业	1 270	2 765.93	2.46	2 724.38	1.82	716.78	2.43
港澳台商控股	389	865.09	2.39	842.25	1.84	183.39	-8.62
外商控股	881	1 900.85	2.49	1 882.13	1.81	533.38	6.87
其他	332	760.52	41.38	739.70	40.08	49.67	7.41
3. 按企业规模分							
大型企业	154	3 057.81	10.42	2 967.12	10.72	367.53	-2.46
中型企业	1 084	4 437.13	9.03	4 301.10	8.45	568.33	4.72
小型企业	7 749	8 797.59	21.80	8 569.31	21.56	582.37	15.46
4. 按小行业分							
石油钻采专用设备制造	718	1 990.02	25.19	1 919.82	24.33	219.11	30.71
炼油、化工生产专用设备制造	433	740.20	14.45	711.14	16.20	27.73	17.04
金属压力容器制造	424	727.27	19.04	707.66	18.36	38.64	-5.92
泵及真空设备制造	1 181	1 806.53	15.60	1 754.34	15.05	206.29	4.19
气体压缩机械制造	427	1 397.36	15.58	1 364.22	15.05	187.30	-0.53
阀门和旋塞制造	1 543	2 116.49	18.71	2 068.01	18.52	316.09	14.29
环境污染防治专用设备制造	991	1 770.51	19.58	1 738.26	19.74	48.01	-16.56
气体、液体分离及纯净设备制造	399	708.05	12.79	691.71	14.46	60.73	15.34
制冷、空调设备制造	751	2 065.04	12.57	2 016.54	12.01	163.06	-7.43
喷枪及类似器具制造	81	77.15	-0.72	75.48	-0.59	23.43	2.30
其他通用设备制造	833	1 003.99	15.60	972.44	15.78	48.81	6.49

续表

	企业数（个）	工业总产值		工业销售产值		出口交货值	
		全年累计（亿元）	同比增减（%）	全年累计（亿元）	同比增减（%）	全年累计（亿元）	同比增减（%）
风机、风扇制造	418	811.54	9.27	773.80	7.83	49.45	-1.11
橡胶加工专用设备制造	139	258.51	17.50	252.69	18.26	15.22	-4.03
塑料加工专用设备制造	365	456.24	1.47	438.69	1.16	77.01	7.56
印刷专用设备制造	248	335.43	-0.12	325.31	-0.42	33.63	2.44
日用化工专用设备制造	36	28.20	25.56	27.42	25.37	3.74	14.20
5. 按地区分							
东部地区	6 972	12 107.57	12.02	11 788.62	12.01	1 348.77	5.14
中部地区	1 368	2 719.05	32.82	2 640.49	32.38	67.62	20.27
西部地区	647	1 465.91	21.58	1 408.42	19.74	101.84	19.96
6. 按省区市分							
北京市	163	303.17	3.66	297.09	4.20	16.27	-14.68
天津市	186	312.71	2.05	295.30	-1.47	59.67	5.74
河北省	322	537.41	18.43	523.96	18.79	31.29	4.48
山西省	40	55.15	13.29	53.43	16.80	1.45	46.46
内蒙古自治区	20	54.83	-20.73	54.54	-20.90	0.95	1.42
辽宁省	896	1 856.97	16.82	1 803.53	18.40	54.47	5.45
吉林省	120	200.66	24.72	197.25	24.84	2.52	224.05
黑龙江省	90	121.99	17.39	119.00	19.12	6.09	26.22
上海市	602	899.73	-1.86	889.66	-2.49	154.80	4.37
江苏省	1 603	2 492.76	13.26	2 444.34	12.41	266.29	10.14
浙江省	1 486	1 804.02	9.25	1738.79	8.30	416.77	8.66
安徽省	230	528.11	80.57	508.83	80.03	13.35	55.00
福建省	200	413.69	20.80	400.06	22.43	42.31	1.82
江西省	61	198.35	17.54	196.77	17.03	20.03	29.93
山东省	971	2 519.55	18.39	2 450.60	18.83	136.58	-1.97
河南省	381	858.46	30.87	829.34	29.04	10.01	13.90
湖北省	240	407.95	21.66	394.95	22.10	7.51	10.17
湖南省	206	348.38	23.89	340.92	24.44	6.65	-33.43
广东省	543	967.55	4.42	945.28	5.75	170.32	-0.50
广西壮族自治区	44	73.61	14.72	69.72	14.81	2.52	-5.16
重庆市	88	169.27	14.21	159.87	14.24	6.66	9.77
四川省	330	710.28	24.38	691.27	23.11	57.88	41.16
贵州省	12	11.78	62.73	11.57	74.49	0.15	-28.94
云南省	12	8.08	10.53	7.75	9.94	—	80.17
陕西省	89	330.63	29.20	309.28	23.11	28.01	-2.79
甘肃省	35	95.77	34.78	92.93	33.65	4.85	23.36
青海省	1	0.64	-20.77	0.77	-20.00	—	—
宁夏回族自治区	7	3.44	15.77	3.62	16.66	—	—
新疆维吾尔自治区	9	7.58	-3.31	7.10	7.90	0.82	-35.52
7. 按三大都市圈分							
三大都市圈合计	6 772	11 693.88	11.73	11 388.56	11.68	1 306.46	5.26
长江三角洲地区	3 691	5 196.51	8.96	5 072.79	8.11	837.87	8.30
珠江三角洲地区	543	967.55	4.42	945.28	5.75	170.32	-0.50
环渤海湾地区	2 538	5 529.82	15.92	5 370.48	16.46	298.27	0.63

续表

	企业数（个）	工业总产值		工业销售产值		出口交货值	
		全年累计（亿元）	同比增减（%）	全年累计（亿元）	同比增减（%）	全年累计（亿元）	同比增减（%）
8. 按新开发地带分							
东北老工业基地	1 106	2 179.63	17.54	2 119.78	19.02	63.08	10.17
东部沿海地区	6 972	12 107.57	12.02	11 788.62	12.01	1 348.77	5.14
新中部开发地带	1 158	2 396.39	34.45	2 324.24	33.83	59.01	16.56
新西部开发地带	603	1 392.30	21.96	1 338.70	20.01	99.32	20.78
9. 按新划分地区分							
*东部地区	6 076	10 250.59	11.19	9 985.09	10.93	1 294.30	5.13
*中部地区	1 158	2 396.39	34.45	2 324.24	33.83	59.01	16.56
*西部地区	647	1 465.91	21.58	1 408.42	19.74	101.84	19.96
*东北地区	1 106	2 179.63	17.54	2 119.78	19.02	63.08	10.17
重型矿山行业	3 857	10 115.50	15.49	9 816.11	14.68	736.66	15.31
1. 按经济类型分							
国有企业	86	434.46	1.11	355.37	−9.69	7.02	16.96
集体企业	73	86.96	7.43	84.07	6.27	0.58	−3.28
股份合作企业	42	46.56	27.53	46.05	27.53	—	—
联营企业	6	26.96	11.95	26.90	9.26	0.22	—
有限责任公司	901	2 941.34	13.96	2 878.68	14.07	181.14	20.87
股份有限公司	106	890.18	7.22	852.56	7.23	60.42	12.09
私营企业	2 180	3 384.41	23.57	3 293.06	23.35	66.56	14.05
其他企业	54	100.10	29.39	93.17	24.10	0.67	47.21
港澳台商投资企业	121	569.02	13.63	560.99	14.30	63.07	43.81
外商投资企业	289	1 635.51	12.07	1 625.27	10.44	356.97	9.57
2. 按控股情况分							
国有企业	234	2 552.96	5.41	2 412.01	3.53	173.05	18.99
国有控股	234	2 552.96	5.41	2 412.01	3.53	173.05	18.99
民营企业	3 137	5 335.41	21.10	5 204.29	21.15	160.80	12.78
集体控股	155	268.15	9.56	262.02	8.45	6.97	17.12
私人控股	2 982	5 067.27	21.77	4 942.27	21.91	153.83	12.59
三资企业	311	1 762.79	13.17	1 752.58	11.44	374.68	14.33
港澳台商控股	93	466.72	17.50	460.88	17.31	58.09	55.84
外商控股	218	1 296.08	11.69	1 291.70	9.49	316.59	9.00
其他	175	464.34	24.44	447.23	23.79	28.13	21.78
3. 按企业规模分							
大型企业	106	3 810.73	10.78	3 662.18	8.72	446.09	13.17
中型企业	501	2 286.22	11.70	2 230.63	11.12	165.09	22.00
小型企业	3 250	4 018.55	22.81	3 923.31	23.24	125.48	14.76
4. 按小行业分							
矿山机械制造	1 536	3 322.39	16.37	3 215.84	15.17	102.30	6.25
轻小型起重设备制造	267	395.86	13.73	392.55	15.33	85.70	19.44
起重机制造	745	2 538.47	13.75	2 505.50	13.88	252.94	6.23
生产专用车辆制造	98	335.58	4.11	341.52	7.46	63.61	7.72
连续搬运设备制造	189	272.57	26.20	266.23	26.14	9.10	−14.36
电梯、自动扶梯及升降机制造	403	1 773.28	24.79	1 746.51	23.50	157.01	45.86
其他物料搬运设备制造	106	163.81	15.84	158.97	15.12	10.04	−19.95
冶金专用设备制造	485	1 271.55	6.25	1 147.90	2.54	55.91	31.10

续表

	企业数 （个）	工业总产值		工业销售产值		出口交货值	
		全年累计 （亿元）	同比增减 （%）	全年累计 （亿元）	同比增减 （%）	全年累计 （亿元）	同比增减 （%）
窄轨机车车辆制造	28	41.99	57.56	41.10	58.59	0.06	−70.37
5. 按地区分							
东部地区	2 403	6 499.59	13.56	6 337.46	12.55	664.53	15.28
中部地区	1 178	2 982.44	20.19	2 883.57	19.99	63.14	10.89
西部地区	276	633.47	14.41	595.08	13.27	9.00	65.57
6. 按省区市分							
北京市	55	88.85	−13.00	87.97	−11.46	3.04	−7.38
天津市	80	309.64	17.48	308.44	13.67	35.48	90.62
河北省	250	546.10	14.67	523.85	17.07	33.80	32.47
山西省	78	329.39	9.84	316.02	10.41	19.83	28.83
内蒙古自治区	23	48.23	35.98	47.24	37.68	—	—
辽宁省	368	1 105.53	11.46	1 028.92	6.42	54.44	18.93
吉林省	56	143.22	37.93	138.42	38.74	—	—
黑龙江省	32	149.09	−10.39	122.73	−13.13	5.65	87.42
上海市	179	805.00	5.60	797.89	5.91	198.12	−5.52
江苏省	595	1 776.29	10.94	1 761.86	10.19	205.61	33.93
浙江省	296	540.68	9.26	528.28	9.73	74.79	13.66
安徽省	245	436.43	24.56	425.77	25.92	17.59	17.19
福建省	61	110.62	3.22	107.00	1.69	20.59	−7.02
江西省	58	127.28	30.52	125.55	30.07	1.32	−32.26
山东省	402	850.25	26.84	835.77	27.99	15.42	−1.92
河南省	441	1 210.17	19.04	1 190.34	18.67	11.89	−17.56
湖北省	116	199.40	44.28	185.63	39.65	1.80	−28.76
湖南省	152	387.46	25.53	379.11	24.17	4.05	−0.71
广东省	117	366.64	44.30	357.48	40.93	23.24	41.66
广西壮族自治区	22	67.53	39.21	60.30	36.23	0.63	9.68
重庆市	42	62.52	35.92	61.73	31.32	0.01	−36.64
四川省	107	285.98	7.89	263.06	5.46	4.76	58.55
贵州省	17	13.68	0.53	12.85	0.67	0.89	90.71
云南省	11	8.27	17.29	7.33	6.72	—	—
陕西省	26	86.45	2.04	84.73	4.21	2.66	115.15
甘肃省	7	5.97	12.82	4.82	7.08	0.03	−3.79
宁夏回族自治区	12	46.56	17.91	45.48	19.58	—	—
新疆维吾尔自治区	9	8.29	−2.60	7.53	9.93	0.02	−78.85
7. 按三大都市圈分							
三大都市圈合计	2 342	6 388.98	13.75	6 230.46	12.76	643.94	16.17
长江三角洲地区	1 070	3 121.96	9.22	3 088.03	8.97	478.52	11.54
珠江三角洲地区	117	366.64	44.30	357.48	40.93	23.24	41.66
环渤海湾地区	1 155	2 900.37	15.83	2 784.94	14.23	142.17	30.55
8. 按新开发地带分							
东北老工业基地	456	1 397.85	10.76	1 290.07	6.80	61.09	23.86
东部沿海地区	2 403	6 499.59	13.56	6 337.46	12.55	664.53	15.28
新中部开发地带	1 090	2 690.13	21.66	2 622.42	21.28	56.49	5.80
新西部开发地带	254	565.94	12.03	534.78	11.16	8.37	72.15
9. 按新划分地区分							
* 东部地区	2 035	5 394.06	14.00	5 308.54	13.83	610.09	14.96

续表

	企业数 （个）	工业总产值		工业销售产值		出口交货值	
		全年累计 （亿元）	同比增减 （%）	全年累计 （亿元）	同比增减 （%）	全年累计 （亿元）	同比增减 （%）
＊中部地区	1 090	2 690.13	21.66	2 622.42	21.28	56.49	5.80
＊西部地区	276	633.47	14.41	595.08	13.27	9.00	65.57
＊东北地区	456	1 397.85	10.76	1 290.07	6.80	61.09	23.86
仪器仪表行业	3 661	6 929.21	18.18	6 775.88	18.20	1 131.48	13.92
1. 按经济类型分							
国有企业	63	182.43	11.27	178.18	16.31	19.01	−3.81
集体企业	34	44.75	−17.28	44.36	−16.86	4.80	−53.42
股份合作企业	39	41.65	9.45	40.71	12.18	1.35	42.80
联营企业	1	0.55	−49.10	0.52	−38.97	—	—
有限责任公司	706	1 220.15	24.88	1 198.61	23.60	85.98	43.46
股份有限公司	155	656.61	14.75	638.19	15.18	61.97	25.27
私营企业	1 687	2 552.55	27.07	2 488.90	27.26	130.61	9.36
其他企业	42	64.54	63.03	62.42	63.72	0.07	−92.90
港澳台商投资企业	326	750.11	16.76	727.72	16.59	364.60	25.42
外商投资企业	608	1 415.87	3.65	1 396.27	3.66	463.10	4.83
2. 按控股情况分							
国有企业	253	776.28	22.44	772.63	22.06	85.19	32.13
国有控股	253	776.28	22.44	772.63	22.06	85.19	32.13
民营企业	2 492	4 172.51	22.31	4 061.84	22.72	262.05	12.34
集体控股	118	174.46	3.83	172.21	5.29	7.64	−39.42
私人控股	2 374	3 998.06	23.27	3 889.63	23.63	254.40	15.30
三资企业	777	1 786.03	7.35	1 751.41	7.06	766.13	12.84
港澳台商控股	273	623.54	18.16	606.38	17.52	355.18	28.30
外商控股	504	1 162.39	2.33	1 145.03	2.24	410.95	2.20
其他	139	194.38	26.16	190.00	23.43	18.11	9.56
3. 按企业规模分							
大型企业	89	1 500.58	8.84	1 460.16	8.22	344.92	7.02
中型企业	643	2 117.91	14.48	2 073.21	15.52	411.32	8.96
小型企业	2 929	3 310.71	25.67	3 242.51	25.26	375.24	27.89
4. 按小行业分							
工业自动控制系统装置制造	972	2 504.16	17.99	2 448.65	17.80	157.78	6.49
电工仪器仪表制造	307	496.33	9.87	486.10	11.31	57.46	5.01
地质勘探和地震专用仪器制造	56	145.32	25.17	140.34	28.67	10.80	−2.43
核子及核辐射测量仪器制造	12	10.27	24.27	9.86	16.63	0.05	−0.44
绘图、计算及测量仪器制造	156	162.49	10.49	159.20	10.79	32.50	5.77
实验分析仪器制造	190	216.29	29.23	213.97	30.61	31.57	1.15
试验机制造	85	82.92	25.78	81.73	24.42	8.48	20.25
应用仪表及其他通用仪器制造	364	606.35	22.77	586.41	22.61	88.39	14.84
环境监测专用仪器仪表制造	72	143.28	18.01	141.21	17.54	14.08	14.41
运输设备及生产用计数仪表制造	195	476.81	19.54	465.12	19.83	48.72	14.92
导航、气象及海洋专用仪器制造	73	192.52	18.89	189.13	19.56	68.85	23.83
电子测量仪器制造	140	223.77	29.23	221.85	28.94	36.73	16.34
其他专用仪器制造	144	192.28	14.08	186.49	15.19	33.17	4.99
农林牧渔专用仪器仪表制造	9	24.75	53.58	24.38	53.54	0.59	−10.88
教学专用仪器制造	45	42.84	22.69	41.23	22.76	1.92	−18.60

续表

	企业数（个）	工业总产值		工业销售产值		出口交货值	
		全年累计（亿元）	同比增减（%）	全年累计（亿元）	同比增减（%）	全年累计（亿元）	同比增减（%）
钟表与计时仪器制造	213	251.18	14.83	246.24	16.33	133.88	11.21
光学仪器制造	273	529.15	25.36	520.66	22.19	218.17	33.64
光学玻璃制造	227	474.26	9.87	462.17	9.41	161.47	7.02
衡器制造	128	154.27	7.87	151.15	9.46	26.87	20.83
5. 按地区分							
东部地区	2 881	5 672.52	17.92	5 558.97	17.95	1 055.39	14.00
中部地区	519	805.46	20.30	783.41	20.55	47.05	12.59
西部地区	261	451.22	17.76	433.50	17.30	29.04	13.36
6. 按省区市分							
北京市	187	215.77	7.37	215.58	6.20	16.17	8.41
天津市	63	75.87	13.52	72.91	11.89	25.51	5.24
河北省	71	95.78	13.61	96.13	18.03	4.51	-8.67
山西省	14	25.94	14.16	24.68	11.52	0.58	-35.52
内蒙古自治区	5	5.79	53.44	5.79	53.60	—	—
辽宁省	178	214.33	18.91	204.12	16.08	12.54	17.67
吉林省	32	43.06	22.82	41.97	25.05	1.22	51.45
黑龙江省	16	17.73	-4.45	18.89	2.61	0.27	45.91
上海市	203	303.66	-1.66	305.79	-1.00	109.66	-2.19
江苏省	950	2 736.19	25.30	2 687.32	25.41	293.64	10.32
浙江省	468	615.20	3.99	591.75	4.52	132.98	10.48
安徽省	77	138.33	22.96	134.66	23.46	5.53	5.67
福建省	102	142.29	11.98	138.70	11.18	77.32	8.33
江西省	52	93.11	24.04	94.42	24.29	20.21	-1.45
山东省	299	629.08	18.54	614.12	17.55	40.34	40.17
河南省	143	198.52	20.60	194.79	21.45	11.20	37.22
湖北省	79	96.94	23.05	92.99	25.05	5.74	51.03
湖南省	106	191.83	18.25	181.00	16.03	2.29	4.81
广东省	358	620.53	17.80	608.48	18.61	342.45	25.85
广西壮族自治区	19	22.79	29.90	20.90	34.45	1.57	14.87
海南省	2	23.83	150.03	24.08	152.06	0.27	67.95
重庆市	75	130.58	13.29	127.10	13.32	6.38	4.09
四川省	77	103.10	4.68	100.83	9.07	12.43	38.91
贵州省	8	8.69	-6.85	7.65	-2.60	0.07	-66.96
云南省	15	13.93	15.45	13.91	17.18	2.09	13.05
陕西省	48	149.76	34.07	144.19	25.40	6.01	-13.78
甘肃省	5	3.61	69.54	2.63	34.18	0.33	—
青海省	1	1.46	11.64	1.28	7.24	0.15	24.33
宁夏回族自治区	6	10.50	-0.49	8.26	21.05	—	—
新疆维吾尔自治区	2	1.03	-0.14	0.96	0.84	—	—
7. 按三大都市圈分							
三大都市圈合计	2 777	5 506.40	17.81	5 396.20	17.85	977.80	14.46
长江三角洲地区	1 621	3 655.05	18.51	3 584.86	18.78	536.29	7.55
珠江三角洲地区	358	620.53	17.80	608.48	18.61	342.45	25.85
环渤海湾地区	798	1 230.82	15.79	1 202.86	14.79	99.07	18.60

	企业数（个）	工业总产值		工业销售产值		出口交货值	
		全年累计（亿元）	同比增减（%）	全年累计（亿元）	同比增减（%）	全年累计（亿元）	同比增减（%）
8. 按新开发地带分							
东北老工业基地	226	275.12	17.65	264.98	16.31	14.03	20.46
东部沿海地区	2 881	5 672.52	17.92	5 558.97	17.95	1 055.39	14.00
新中部开发地带	471	744.68	20.91	722.55	20.85	45.56	11.67
新西部开发地带	242	428.43	17.18	412.60	16.55	27.46	13.28
9. 按新划分地区分							
*东部地区	2 703	5 458.20	17.88	5 354.85	18.02	1 042.85	13.95
*中部地区	471	744.68	20.91	722.55	20.85	45.56	11.67
*西部地区	261	451.22	17.76	433.50	17.30	29.04	13.36
*东北地区	226	275.12	17.65	264.98	16.31	14.03	20.46
通用基础件行业	11 039	15 588.11	15.92	15 249.56	15.89	1 398.27	5.10
1. 按经济类型分							
国有企业	82	173.69	7.69	164.08	7.35	4.13	−63.37
集体企业	174	367.56	28.14	375.61	28.13	11.47	−4.58
股份合作企业	83	74.10	10.47	71.36	10.18	2.90	−12.97
联营企业	5	8.49	−16.30	8.62	−13.96	—	−62.72
有限责任公司	1 616	2 576.73	16.08	2 545.01	17.40	111.15	9.25
股份有限公司	193	698.44	6.98	679.50	6.91	55.37	−7.63
私营企业	6 726	8 314.54	21.37	8 089.76	20.92	318.52	5.36
其他企业	174	253.29	26.22	249.48	26.73	3.79	−3.37
港澳台商投资企业	723	1 093.97	9.94	1 073.50	10.95	322.69	8.51
外商投资企业	1 263	2 027.29	1.23	1 992.63	0.62	568.24	5.52
2. 按控股情况分							
国有企业	241	771.39	−0.76	746.59	−1.54	39.27	−11.74
国有控股	241	771.39	−0.76	746.59	−1.54	39.27	−11.74
民营企业	8 804	11 835.34	20.46	11 572.34	20.50	544.22	3.70
集体控股	313	576.77	21.67	581.70	21.81	26.24	−6.77
私人控股	8 491	11 258.57	20.40	10 990.64	20.43	517.99	4.29
三资企业	1 680	2 559.63	2.80	2 521.58	2.90	789.54	7.14
港澳台商控股	623	878.93	11.47	865.44	12.78	287.44	12.99
外商控股	1 057	1 680.70	−1.22	1 656.14	−1.61	502.09	4.06
其他	314	421.75	18.99	409.05	17.98	25.24	4.07
3. 按企业规模分							
大型企业	120	1 934.01	6.57	1 887.14	7.08	405.35	9.71
中型企业	1 203	3 532.27	9.03	3 445.69	8.60	473.87	3.97
小型企业	9 716	10 121.83	20.60	9 916.73	20.59	519.05	2.74
4. 按小行业分							
锻件及粉末冶金制品制造	1 635	3 266.58	17.05	3 177.15	16.40	162.69	14.79
液压和气压动力机械及元件制造	1 275	1 800.22	11.53	1 755.38	11.42	130.67	−0.28
轴承制造	1 518	2 259.98	15.48	2 197.81	15.29	247.09	−4.17
齿轮及齿轮减、变速箱制造	731	1 125.55	17.51	1 102.98	17.41	67.71	−5.95
其他传动部件制造	227	287.96	9.74	284.23	9.86	44.83	10.04
金属密封件制造	440	849.94	14.71	837.94	14.72	83.24	10.79
紧固件制造	1 024	1 151.65	10.07	1 134.44	10.87	183.44	−2.51
弹簧制造	226	231.63	11.20	258.12	26.03	15.31	7.02

续表

	企业数（个）	工业总产值		工业销售产值		出口交货值	
		全年累计（亿元）	同比增减（%）	全年累计（亿元）	同比增减（%）	全年累计（亿元）	同比增减（%）
机械零部件加工	1 537	1 879.33	24.78	1 841.88	24.72	54.58	−5.43
其他通用零部件制造	738	842.58	16.57	819.60	14.90	72.94	7.23
模具制造	1 688	1 892.69	15.37	1 840.04	14.93	335.77	18.32
5. 按地区分							
东部地区	8 687	12 117.54	13.90	11 872.18	13.92	1 309.77	4.19
中部地区	1 602	2 488.45	24.47	2 429.37	24.68	71.02	21.50
西部地区	750	982.12	21.33	948.01	20.13	17.49	17.12
6. 按省区市分							
北京市	73	156.10	−10.14	144.66	−10.37	39.50	11.38
天津市	171	219.62	11.56	216.94	7.77	17.65	22.17
河北省	341	464.22	25.50	443.88	24.13	27.56	23.60
山西省	98	116.58	27.20	119.16	17.33	9.23	13.14
内蒙古自治区	46	69.86	5.78	68.41	4.64	0.60	−14.81
辽宁省	1 022	1 657.30	23.25	1 620.33	23.89	34.86	3.65
吉林省	81	145.68	26.82	142.05	26.72	0.23	−59.55
黑龙江省	55	83.27	44.83	78.22	45.06	0.91	−28.43
上海市	512	500.30	−7.08	495.23	−7.20	111.88	2.18
江苏省	1 891	2 467.41	13.86	2 421.56	13.59	362.87	10.56
浙江省	1 587	1 353.03	1.55	1 310.80	1.46	307.24	−3.90
安徽省	382	482.47	33.35	464.23	36.97	30.92	31.50
福建省	214	204.60	11.92	200.27	11.63	24.51	16.03
江西省	90	160.78	13.41	160.42	13.62	9.69	−28.74
山东省	2 038	4 305.71	19.30	4 221.39	18.94	217.92	7.73
河南省	383	698.73	15.58	686.10	15.08	5.50	11.56
湖北省	239	334.68	32.14	321.24	34.24	6.93	81.83
湖南省	274	466.25	24.75	457.94	25.40	7.60	193.63
广东省	837	788.71	9.06	796.47	12.76	165.78	−2.72
广西壮族自治区	49	68.01	23.18	64.79	25.21	0.59	41.22
海南省	1	0.54	−5.58	0.64	−9.85	—	—
重庆市	121	152.32	22.69	145.64	20.77	1.59	136.04
四川省	419	560.14	25.05	547.65	24.65	9.97	21.06
贵州省	16	26.72	38.76	24.35	31.40	0.16	−41.66
云南省	18	8.62	−17.01	8.73	−15.20	0.60	10.48
陕西省	54	63.92	4.81	57.41	−1.41	0.30	−16.85
甘肃省	6	10.12	20.23	9.10	13.78	3.01	3.46
青海省	2	4.05	13.70	3.88	33.02	—	—
宁夏回族自治区	12	16.04	38.48	15.49	28.10	0.61	−21.99
新疆维吾尔自治区	7	2.33	21.98	2.56	27.15	0.07	57.79
7. 按三大都市圈分							
三大都市圈合计	8 472	11 912.40	13.94	11 671.27	13.96	1 285.26	3.99
长江三角洲地区	3 990	4 320.74	7.01	4 227.60	6.83	781.99	3.25
珠江三角洲地区	837	788.71	9.06	796.47	12.76	165.78	−2.72
环渤海湾地区	3 645	6 802.96	19.47	6 647.21	19.18	337.49	9.53
8. 按新开发地带分							
东北老工业基地	1 158	1 886.26	24.33	1 840.60	24.88	36.01	1.47

续表

	企业数（个）	工业总产值		工业销售产值		出口交货值	
		全年累计（亿元）	同比增减（%）	全年累计（亿元）	同比增减（%）	全年累计（亿元）	同比增减（%）
东部沿海地区	8 687	12 117.54	13.90	11 872.18	13.92	1 309.77	4.19
新中部开发地带	1 466	2 259.50	23.69	2 209.10	23.94	69.87	23.45
新西部开发地带	701	914.12	21.20	883.22	19.78	16.89	16.42
9. 按新划分地区分							
＊东部地区	7 665	10 460.23	12.55	10 251.85	12.49	1 274.90	4.21
＊中部地区	1 466	2 259.50	23.69	2 209.10	23.94	69.87	23.45
＊西部地区	750	982.12	21.33	948.01	20.13	17.49	17.12
＊东北地区	1 158	1 886.26	24.33	1 840.60	24.88	36.01	1.47

表 10　2012 年能源装备大行业主要效益指标统计分析

	企业数（个）	主营业务收入		利润总额			税金总额	
		全年累计（亿元）	同比增减（%）	全年累计（亿元）	金额同比（亿元）	同比增减（%）	全年累计（亿元）	同比增减（%）
电工电器行业	19 808	47 258.09	9.72	2 761.81	144.93	5.54	1 391.39	14.87
1. 按经济类型分								
国有企业	192	895.37	13.36	31.33	6.80	27.71	32.08	23.76
集体企业	335	624.72	4.16	36.71	4.03	12.33	22.86	-2.42
股份合作企业	201	354.44	9.20	27.56	7.46	37.10	11.14	12.30
联营企业	32	41.03	21.85	2.36	1.20	103.11	1.37	56.56
有限责任公司	3 862	10 910.80	11.19	562.79	45.18	8.73	336.24	16.15
股份有限公司	621	3 475.28	3.54	240.12	-14.92	-5.85	115.94	18.74
私营企业	10 622	18 553.57	17.43	1 198.14	191.26	19.00	587.82	19.87
其他企业	289	578.73	15.86	29.65	8.97	43.40	14.66	10.08
港澳台商投资企业	1 568	4 410.80	7.34	204.14	-45.24	-18.14	76.91	9.26
外商投资企业	2 086	7 413.34	-4.30	429.01	-59.80	-12.23	192.38	1.29
2. 按控股情况分								
国有企业	696	4 620.99	1.62	137.28	-42.90	-23.81	153.76	2.72
国有控股	696	4 620.99	1.62	137.28	-42.90	-23.81	153.76	2.72
民营企业	15 288	30 757.75	14.72	1 985.92	228.55	13.01	960.08	19.16
集体控股	818	2 224.39	8.08	152.72	17.36	12.83	76.19	11.87
私人控股	14 470	28 533.36	15.28	1 833.20	211.18	13.02	883.89	19.83
三资企业	2 999	9 556.10	-0.13	511.14	-40.39	-7.32	208.60	5.87
港澳台商控股	1 336	3 591.08	7.65	184.96	4.57	2.53	64.47	18.55
外商控股	1 663	5 965.03	-4.29	326.18	-44.96	-12.11	144.13	1.03
其他	825	2 323.24	8.27	127.46	-0.32	-0.25	68.94	17.14
3. 按企业规模分								
大型企业	544	13 224.47	4.24	732.35	-119.56	-14.03	398.56	11.57
中型企业	2 814	12 370.14	5.14	761.85	30.29	4.14	358.36	12.33
小型企业	16 450	21 663.48	16.34	1 267.60	234.20	22.66	634.47	18.58
4. 按小行业分								
锅炉及辅助设备制造	744	1 607.96	9.30	121.79	13.24	12.19	68.71	5.57
汽轮机及辅机制造	93	589.98	-1.66	30.12	-12.00	-28.49	27.85	33.56
水轮机及辅机制造	40	63.29	5.88	4.90	-0.59	-10.78	1.93	12.38
发电机及发电机组制造	789	3 041.36	2.61	200.28	15.11	8.16	89.51	16.30
变压器、整流器和电感器制造	1 673	3 523.04	11.71	181.90	-1.32	-0.72	115.59	16.13

续表

	企业数 （个）	主营业务收入		利润总额			税金总额	
		全年累计 （亿元）	同比增减 （%）	全年累计 （亿元）	金额同比 （亿元）	同比增减 （%）	全年累计 （亿元）	同比增减 （%）
电容器及其配套设备制造	247	358.24	17.29	21.18	1.67	8.54	9.54	2.51
配电开关控制设备制造	2 407	4 674.90	14.48	359.38	52.43	17.08	174.68	18.66
电力电子元器件制造	1 024	1 485.90	3.40	87.53	−4.66	−5.05	40.84	−5.03
其他输配电及控制设备制造	632	1 630.80	22.46	128.06	18.98	17.40	62.64	28.48
电线、电缆制造	3 714	11 458.96	9.65	597.37	90.48	17.85	251.35	14.78
绝缘制品制造	369	544.31	3.85	34.14	3.06	9.85	14.16	−0.26
风能原动设备制造	43	151.61	−4.11	7.29	−2.47	−25.34	6.57	13.42
其他原动设备制造	18	34.24	82.58	2.91	2.66	1077.60	1.31	106.50
光伏设备及元器件制造	413	2 384.80	−10.63	53.19	−84.78	−61.45	62.74	5.85
锂离子电池制造	405	1 210.54	14.35	47.41	−2.50	−5.01	19.27	12.76
镍氢电池制造	128	237.71	10.97	10.96	1.78	19.35	8.01	39.80
其他电池制造	674	2 406.49	27.28	76.23	−39.04	−33.87	50.41	1.85
电动机制造	777	1 581.84	7.89	84.53	6.56	8.41	46.30	11.05
微电机及其他电机制造	873	1 773.30	12.49	118.63	21.36	21.96	53.18	29.68
特种陶瓷制品制造	555	1 049.65	22.28	113.35	21.27	23.10	47.55	14.21
石墨及碳素制品制造	948	1 808.17	12.04	113.51	9.19	8.81	65.17	16.26
其他未列明金属制品制造	1 611	2 716.46	10.09	130.15	18.87	16.96	73.73	27.36
金属切割及焊接设备制造	283	344.61	5.09	30.50	2.14	7.55	10.63	−12.83
烘炉、熔炉及电炉制造	219	224.65	−7.18	16.20	−9.58	−37.16	8.20	−6.01
风动和电动工具制造	407	819.21	1.74	63.05	5.39	9.35	21.28	15.02
电工机械专用设备制造	294	376.32	13.77	29.05	4.21	16.93	12.34	12.91
其他电工器材制造	270	382.31	13.03	24.50	5.04	25.92	10.53	19.85
光纤、光缆制造	158	777.43	18.48	73.68	8.45	12.95	37.38	23.54
5. 按地区分								
东部地区	14 564	34 297.67	7.32	1 965.66	15.32	0.79	980.65	14.28
中部地区	3 735	8 928.04	18.17	586.97	99.77	20.48	278.08	14.79
西部地区	1 509	4 032.38	13.32	209.18	29.85	16.64	132.65	19.57
6. 按省区市分								
北京市	306	746.65	−15.04	56.16	−21.05	−27.26	25.50	−5.13
天津市	425	1 090.44	9.55	67.12	−0.81	−1.19	32.29	33.74
河北省	716	1 533.14	−1.22	42.20	−35.44	−45.65	32.17	5.31
山西省	109	324.71	6.81	10.98	1.52	16.07	7.47	3.56
内蒙古自治区	126	594.63	31.58	23.56	7.53	47.01	12.98	59.37
辽宁省	1 017	2 380.29	15.31	112.59	17.92	18.93	50.54	34.57
吉林省	196	379.12	13.81	19.34	0.45	2.38	10.17	17.38
黑龙江省	156	440.88	−0.13	24.65	−2.87	−10.44	22.43	−7.24
上海市	1 009	2 010.99	−6.68	111.70	−30.42	−21.40	54.31	8.13
江苏省	3 742	12 129.30	9.88	750.25	31.74	4.42	414.00	17.32
浙江省	2 608	3 995.36	3.39	212.33	0.91	0.43	103.54	9.95
安徽省	807	1 812.88	26.38	131.37	27.53	26.52	50.02	17.28
福建省	546	1 010.81	10.54	72.57	9.69	15.41	28.88	21.93
江西省	516	1 636.03	20.07	130.24	32.15	32.78	49.17	22.72
山东省	1 644	4 763.65	19.24	329.89	62.97	23.59	151.64	16.10
河南省	789	2 016.45	20.47	164.31	24.13	17.21	66.45	15.93
湖北省	494	964.94	12.14	55.45	13.96	33.66	22.70	11.56

	企业数（个）	主营业务收入		利润总额			税金总额	
		全年累计（亿元）	同比增减（%）	全年累计（亿元）	金额同比（亿元）	同比增减（%）	全年累计（亿元）	同比增减（%）
湖南省	668	1 353.03	18.14	50.63	2.90	6.07	49.67	18.81
广东省	2 545	4 579.93	2.87	202.87	−22.73	−10.07	85.54	−1.57
广西壮族自治区	164	489.96	23.67	36.93	10.68	40.70	11.48	62.61
海南省	6	57.12	18.21	8.00	2.53	46.10	2.23	365.02
重庆市	200	460.48	24.14	24.19	5.29	28.01	12.44	39.44
四川省	533	1 381.93	5.22	81.79	7.82	10.57	62.17	2.36
贵州省	42	54.02	23.64	2.89	1.78	161.42	1.14	−4.46
云南省	66	84.56	0.71	1.52	−1.22	−44.53	2.07	−8.34
陕西省	193	479.53	20.93	10.46	7.62	268.24	13.59	16.84
甘肃省	61	176.27	11.21	10.68	−0.69	−6.03	5.29	58.80
青海省	16	26.57	47.37	0.66	0.74	934.05	0.34	69.51
宁夏回族自治区	61	61.05	−13.73	0.94	−1.72	−64.53	1.91	35.20
新疆维吾尔自治区	47	223.40	−12.21	15.57	−7.99	−33.91	9.23	52.67
7. 按三大都市圈分								
三大都市圈合计	14 012	33 229.74	7.21	1 885.09	3.10	0.16	949.54	13.86
长江三角洲地区	7 359	18 135.65	6.32	1 074.28	2.23	0.21	571.86	14.99
珠江三角洲地区	2 545	4 579.93	2.87	202.87	−22.73	−10.07	85.54	−1.57
环渤海湾地区	4 108	10 514.16	10.84	607.94	23.60	4.04	292.13	16.98
8. 按新开发地带分								
东北老工业基地	1 369	3 200.28	12.73	156.58	15.50	10.99	83.14	18.10
东部沿海地区	14 564	34 297.67	7.32	1 965.66	15.32	0.79	980.65	14.28
新中部开发地带	3 383	8 108.04	19.58	542.97	102.19	23.18	245.48	17.23
新西部开发地带	1 345	3 542.42	12.03	172.25	19.16	12.52	121.17	16.64
9. 按新划分地区分								
*东部地区	13 547	31 917.38	6.77	1 853.08	−2.60	−0.14	930.12	13.35
*中部地区	3 838	8 108.04	19.58	542.97	102.19	23.18	245.48	17.23
*西部地区	1 509	4 032.38	13.32	209.18	29.85	16.64	132.65	19.57
*东北地区	1 369	3 200.28	12.73	156.58	15.50	10.99	83.14	18.10
石化通用行业	8 987	15 788.63	14.01	1 145.31	161.80	16.45	531.40	20.70
1. 按经济类型分								
国有企业	124	365.65	−0.78	25.46	7.52	41.91	13.87	22.09
集体企业	113	214.30	21.73	13.16	2.66	25.33	10.45	17.84
股份合作企业	95	91.80	3.44	6.06	0.68	12.59	3.78	18.41
联营企业	9	12.32	12.76	0.83	0.16	23.76	1.44	41.90
有限责任公司	1 652	3 310.50	18.56	213.47	38.57	22.05	111.94	18.63
股份有限公司	246	1 067.68	16.94	80.31	3.92	5.13	36.15	22.80
私营企业	4 986	6 709.72	17.70	474.27	92.87	24.35	232.37	21.39
其他企业	159	319.57	30.51	33.89	15.22	81.57	13.39	12.77
港澳台商投资企业	493	1 103.64	2.22	97.91	3.67	3.89	33.02	24.80
外商投资企业	1 110	2 593.44	4.83	199.95	−3.47	−1.71	74.97	20.44
2. 按控股情况分								
国有企业	373	1 681.10	5.74	100.29	11.01	12.33	58.56	27.22
国有控股	373	1 681.10	5.74	100.29	11.01	12.33	58.56	27.22
民营企业	7 012	10 619.84	18.08	758.32	145.99	23.84	370.54	20.72
集体控股	276	537.74	14.03	35.67	7.40	26.20	24.91	22.58

续表

	企业数（个）	主营业务收入		利润总额			税金总额	
		全年累计（亿元）	同比增减（%）	全年累计（亿元）	金额同比（亿元）	同比增减（%）	全年累计（亿元）	同比增减（%）
私人控股	6 736	10 082.10	18.31	722.65	138.59	23.73	345.63	20.59
三资企业	1 270	2 769.70	0.77	236.36	−8.97	−3.66	83.16	17.17
港澳台商控股	389	854.05	1.44	83.29	1.89	2.33	27.43	25.19
外商控股	881	1 915.64	0.48	153.08	−10.87	−6.63	55.73	13.59
其他	332	718.00	38.85	50.35	13.77	37.66	19.14	17.24
3. 按企业规模分								
大型企业	154	3 045.16	9.58	221.51	26.98	13.87	89.12	17.52
中型企业	1 084	4 259.17	7.79	334.74	27.57	8.97	156.78	18.00
小型企业	7 749	8 484.30	19.18	589.07	107.25	22.26	285.50	23.29
4. 按小行业分								
石油钻采专用设备制造	718	1 919.89	23.10	158.91	57.65	56.93	63.95	34.62
炼油、化工生产专用设备制造	433	710.19	14.76	47.12	3.26	7.44	25.46	28.07
金属压力容器制造	424	697.39	17.18	43.30	8.19	23.31	22.37	35.80
泵及真空设备制造	1 181	1 750.77	13.63	132.42	12.07	10.03	65.44	23.79
气体压缩机械制造	427	1 440.51	15.12	77.38	2.90	3.89	36.05	31.00
阀门和旋塞制造	1 543	2 081.04	16.53	150.96	18.03	13.56	71.56	12.29
环境污染防治专用设备制造	991	1 710.69	14.91	119.16	12.45	11.67	58.81	12.71
气体、液体分离及纯净设备制造	399	681.36	14.26	60.16	6.92	12.99	28.39	15.92
制冷、空调设备制造	751	1 996.67	11.86	144.40	24.61	20.54	63.06	20.35
喷枪及类似器具制造	81	74.72	−3.29	4.73	−0.59	−11.02	2.50	3.80
其他通用设备制造	833	957.70	12.39	72.45	11.25	18.39	30.99	13.64
风机、风扇制造	418	743.17	7.49	54.71	6.94	14.53	28.85	13.86
橡胶加工专用设备制造	139	228.97	14.76	10.49	0.27	2.65	7.00	37.49
塑料加工专用设备制造	365	443.94	−3.18	39.19	0.61	1.59	14.79	25.48
印刷专用设备制造	248	327.99	−0.77	29.29	−2.96	−9.18	11.48	5.85
日用化工专用设备制造	36	23.62	31.39	0.63	0.21	50.19	0.68	45.66
5. 按地区分								
东部地区	6 972	11 861.17	10.50	863.06	90.42	11.70	399.95	20.15
中部地区	1 368	2 578.77	31.28	169.89	37.25	28.08	78.01	17.28
西部地区	647	1 348.70	17.24	112.36	34.13	43.63	53.44	30.79
6. 按省区市分								
北京市	163	346.58	4.52	33.17	−0.23	−0.68	14.36	23.89
天津市	186	312.07	2.08	25.22	0.05	0.20	9.94	16.69
河北省	322	506.01	17.68	37.57	5.23	16.18	12.94	3.79
山西省	40	53.10	16.52	2.08	0.70	50.91	1.46	42.63
内蒙古自治区	20	53.78	−27.05	2.63	−0.42	−13.72	0.75	−35.71
辽宁省	896	1 800.14	15.33	109.64	24.34	28.54	49.35	33.73
吉林省	120	190.41	21.54	12.24	1.26	11.46	6.19	10.35
黑龙江省	90	112.13	10.42	6.75	1.70	33.73	4.06	31.76
上海市	602	943.20	−4.09	76.11	−6.24	−7.58	28.58	14.73
江苏省	1 603	2 430.66	10.64	180.66	12.85	7.66	94.24	15.44
浙江省	1 486	1 734.86	6.05	118.99	3.99	3.47	54.56	12.45
安徽省	230	488.39	83.99	32.22	10.19	46.27	12.24	60.78
福建省	200	407.75	20.85	36.00	8.28	29.88	14.11	34.11
江西省	61	200.01	17.42	14.05	4.16	42.15	4.96	23.24

续表

	企业数 （个）	主营业务收入		利润总额			税金总额	
		全年累计 （亿元）	同比增减 （%）	全年累计 （亿元）	金额同比 （亿元）	同比增减 （%）	全年累计 （亿元）	同比增减 （%）
山东省	971	2 465.66	21.38	188.39	41.86	28.57	93.58	24.36
河南省	381	826.24	27.21	59.02	6.68	12.77	25.92	−1.38
湖北省	240	377.73	19.97	21.74	2.85	15.11	9.23	10.96
湖南省	206	330.77	26.99	21.79	9.69	80.08	13.96	32.00
广东省	543	914.22	−0.72	57.31	0.28	0.50	28.29	25.38
广西壮族自治区	44	64.47	17.21	6.40	1.76	38.06	1.81	−6.91
重庆市	88	162.50	12.64	9.06	2.29	33.92	5.29	24.55
四川省	330	681.50	21.47	68.29	26.40	63.04	32.42	37.13
贵州省	12	11.33	38.77	0.69	0.15	28.02	1.03	176.83
云南省	12	7.87	12.67	0.04	−0.18	−81.94	0.23	−8.93
陕西省	89	285.50	24.92	21.05	2.49	13.40	8.94	23.43
甘肃省	35	70.28	14.70	3.21	1.34	71.21	2.48	54.46
青海省	1	0.77	−22.52	0.00	0.00	−118.69	0.03	56.80
宁夏回族自治区	7	2.36	−25.12	0.09	−0.02	−20.55	0.13	34.70
新疆维吾尔自治区	9	8.34	15.59	0.90	0.32	55.93	0.33	21.54
7. 按三大都市圈分								
三大都市圈合计	6 772	11 453.42	10.16	827.07	82.14	11.03	385.84	19.69
长江三角洲地区	3 691	5 108.73	6.07	375.76	10.60	2.90	177.38	14.39
珠江三角洲地区	543	914.22	−0.72	57.31	0.28	0.50	28.29	25.38
环渤海湾地区	2 538	5 430.47	16.55	393.99	71.26	22.08	180.18	24.49
8. 按新开发地带分								
东北老工业基地	1 106	2 102.68	15.59	128.63	27.31	26.95	59.59	30.72
东部沿海地区	6 972	11 861.17	10.50	863.06	90.42	11.70	399.95	20.15
新中部开发地带	1 158	2 276.23	33.41	150.90	34.29	29.40	67.76	17.18
新西部开发地带	603	1 284.23	17.24	105.96	32.37	43.98	51.63	32.67
9. 按新划分地区分								
＊东部地区	6 076	10 061.02	9.68	753.43	66.08	9.61	350.60	18.46
＊中部地区	1 158	2 276.23	33.41	150.90	34.29	29.40	67.76	17.18
＊西部地区	647	1 348.70	17.24	112.36	34.13	43.63	53.44	30.79
＊东北地区	1 106	2 102.68	15.59	128.63	27.31	26.95	59.59	30.72
重型矿山行业	3 857	9 840.87	11.44	567.46	−18.55	−3.17	311.76	9.35
1. 按经济类型分								
国有企业	85	352.05	−7.04	−13.37	−27.32	−195.89	12.76	−12.03
集体企业	73	84.95	2.62	2.52	0.80	46.36	4.05	10.05
股份合作企业	42	45.03	23.33	2.24	0.48	27.23	1.35	10.10
联营企业	6	26.25	−3.36	2.17	−0.93	−29.91	0.82	6.69
有限责任公司	901	2 890.24	10.62	125.81	−11.14	−8.13	85.01	11.60
股份有限公司	106	902.16	5.03	64.39	−5.61	−8.01	26.10	−10.91
私营企业	2 180	3 242.50	19.08	216.28	40.25	22.87	105.94	20.07
其他企业	54	94.68	16.16	−1.73	−6.81	−134.08	5.53	83.94
港澳台商投资企业	121	559.99	5.76	65.50	−4.58	−6.53	21.39	−13.20
外商投资企业	289	1 643.03	9.57	103.66	−3.70	−3.45	48.81	12.02
2. 按控股情况分								
国有企业	234	2 497.74	2.63	78.54	−61.27	−43.82	76.70	−2.12
国有控股	234	2 497.74	2.63	78.54	−61.27	−43.82	76.70	−2.12

续表

	企业数（个）	主营业务收入		利润总额			税金总额	
		全年累计（亿元）	同比增减（%）	全年累计（亿元）	金额同比（亿元）	同比增减（%）	全年累计（亿元）	同比增减（%）
民营企业	3 137	5 116.68	17.18	334.71	55.67	19.95	166.01	19.72
集体控股	155	261.27	4.99	10.30	1.96	23.47	9.14	8.29
私人控股	2 982	4 855.42	17.92	324.41	53.71	19.84	156.87	20.46
三资企业	311	1 788.29	9.35	132.70	−8.86	−6.26	52.29	−6.64
港澳台商控股	93	465.02	12.52	57.09	1.05	1.88	17.25	−13.83
外商控股	218	1 323.27	8.28	75.61	−9.91	−11.59	35.04	−2.64
其他	175	438.16	10.95	21.50	−4.09	−15.98	16.76	38.87
3. 按企业规模分								
大型企业	106	3 787.01	4.97	194.79	−80.86	−29.34	117.30	−6.36
中型企业	501	2 212.29	8.60	142.21	11.78	9.03	76.13	14.74
小型企业	3 250	3 841.57	20.59	230.45	50.53	28.08	118.34	26.57
4. 按小行业分								
矿山机械制造	1 536	3 264.21	12.87	195.86	−4.57	−2.28	106.58	8.97
轻小型起重设备制造	267	381.31	11.91	22.61	4.76	26.64	11.61	29.91
起重机制造	745	2 455.04	10.67	135.17	−9.31	−6.44	72.22	7.90
生产专用车辆制造	98	356.14	1.67	16.93	0.32	1.93	7.86	18.07
连续搬运设备制造	189	258.61	24.36	16.06	2.95	22.53	7.41	20.32
电梯、自动扶梯及升降机制造	403	1 766.72	18.85	158.25	25.58	19.28	62.66	23.31
其他物料搬运设备制造	106	159.94	12.82	11.61	1.23	11.88	7.03	20.91
冶金专用设备制造	485	1 162.72	−0.47	8.68	−40.53	−82.36	34.95	−14.62
窄轨机车车辆制造	28	36.19	47.06	2.29	1.01	79.82	1.44	37.00
5. 按地区分								
东部地区	2 403	6 301.12	8.76	395.47	−8.25	−2.04	209.28	9.65
中部地区	1 178	2 958.50	17.49	167.69	8.91	5.61	81.13	8.38
西部地区	276	581.25	12.05	4.30	−19.21	−81.71	21.35	10.10
6. 按省区市分								
北京市	55	101.34	−3.24	3.61	−2.45	−40.41	3.92	25.71
天津市	80	313.41	13.15	40.21	−0.89	−2.16	13.04	32.00
河北省	250	515.19	8.66	37.77	8.02	26.97	19.20	41.47
山西省	78	323.48	10.10	4.81	−6.77	−58.47	6.01	−16.97
内蒙古自治区	23	45.12	44.64	1.15	−0.23	−16.67	0.47	59.78
辽宁省	368	1 028.32	4.92	41.70	−10.07	−19.45	27.11	−7.83
吉林省	56	133.76	30.50	4.23	1.20	39.52	2.95	23.52
黑龙江省	32	121.96	−6.39	3.33	−8.01	−70.65	3.20	−32.59
上海市	179	776.33	2.57	17.57	−13.95	−44.27	24.31	18.09
江苏省	595	1 762.66	7.08	121.01	−10.70	−8.12	57.40	−3.94
浙江省	296	533.29	8.05	45.53	6.22	15.82	20.06	25.34
安徽省	245	431.88	21.94	25.81	7.54	41.28	11.79	44.01
福建省	61	115.60	3.87	7.72	−0.22	−2.72	2.80	11.07
江西省	58	126.30	23.80	11.44	3.15	37.94	4.98	28.77
山东省	402	788.28	20.97	56.95	10.78	23.36	31.85	19.77
河南省	441	1 266.25	13.73	96.14	8.64	9.87	35.40	0.96
湖北省	116	187.53	42.63	4.30	0.67	18.34	4.59	26.17
湖南省	152	367.34	26.46	17.63	2.50	16.54	12.21	25.47
广东省	117	366.71	23.06	23.40	5.00	27.15	9.58	1.86

续表

	企业数（个）	主营业务收入		利润总额			税金总额	
		全年累计（亿元）	同比增减（%）	全年累计（亿元）	金额同比（亿元）	同比增减（%）	全年累计（亿元）	同比增减（%）
广西壮族自治区	22	60.96	54.13	4.13	2.87	227.76	1.81	36.22
重庆市	42	63.87	33.62	7.86	2.25	40.06	3.95	113.95
四川省	107	253.60	1.61	−17.87	−23.46	−419.37	9.39	−9.44
贵州省	17	12.14	−7.59	0.31	0.01	3.24	0.22	1.58
云南省	11	7.05	−11.89	−0.17	−0.13	−368.46	0.17	−15.36
陕西省	26	81.15	1.13	3.02	−2.37	−44.00	2.95	−3.93
甘肃省	7	4.62	13.51	0.00	−0.07	−105.95	0.13	−25.95
宁夏回族自治区	12	45.44	19.96	4.95	1.67	50.85	2.12	19.20
新疆维吾尔自治区	9	7.30	0.34	0.92	0.25	38.18	0.14	27.63
7. 按三大都市圈分								
三大都市圈合计	2 342	6 185.52	8.86	387.75	−8.04	−2.03	206.48	9.63
长江三角洲地区	1 070	3 072.27	6.07	184.11	−18.44	−9.10	101.77	5.63
珠江三角洲地区	117	366.71	23.06	23.40	5.00	27.15	9.58	1.86
环渤海湾地区	1 155	2 746.54	10.41	180.24	5.40	3.09	95.13	15.19
8. 按新开发地带分								
东北老工业基地	456	1 284.05	5.86	49.25	−16.88	−25.52	33.26	−9.00
东部沿海地区	2 403	6 301.12	8.76	395.47	−8.25	−2.04	209.28	9.65
新中部开发地带	1 090	2 702.78	18.26	160.13	15.72	10.89	74.98	10.71
新西部开发地带	254	520.29	8.58	0.17	−22.08	−99.25	19.54	8.18
9. 按新划分地区分								
* 东部地区	2 035	5 272.80	9.55	353.77	1.82	0.52	182.17	12.84
* 中部地区	1 090	2 702.78	18.26	160.13	15.72	10.89	74.98	10.71
* 西部地区	276	581.25	12.05	4.30	−19.21	−81.71	21.35	10.10
* 东北地区	456	1 284.05	5.86	49.25	−16.88	−25.52	33.26	−9.00
仪器仪表行业	3 662	6 791.53	16.48	553.10	50.44	10.03	243.76	19.46
1. 按经济类型分								
国有企业	63	200.41	18.84	9.16	0.42	4.83	5.98	−13.36
集体企业	34	43.77	−16.15	3.10	−0.41	−11.63	1.63	32.68
股份合作企业	39	44.74	17.28	3.22	0.49	17.99	1.99	8.45
联营企业	1	0.56	−62.95	−0.48	−0.28	−138.46	0.00	−98.17
有限责任公司	706	1 190.15	20.73	95.38	8.10	9.28	42.29	12.29
股份有限公司	155	637.72	15.17	70.72	5.79	8.91	30.94	19.39
私营企业	1 687	2 452.16	25.30	192.19	51.52	36.62	96.52	29.09
其他企业	42	59.47	51.36	4.24	0.70	19.61	2.58	38.51
港澳台商投资企业	326	731.96	14.05	50.59	1.19	2.41	18.90	25.46
外商投资企业	608	1 430.60	2.72	124.97	−17.08	−12.02	42.92	10.83
2. 按控股情况分								
国有企业	253	769.39	20.60	50.61	−3.62	−6.67	26.93	3.54
国有控股	253	769.39	20.60	50.61	−3.62	−6.67	26.93	3.54
民营企业	2 493	4 012.83	21.10	333.00	64.46	24.01	162.24	24.22
集体控股	118	179.35	5.60	18.71	4.94	35.88	6.84	12.03
私人控股	2 375	3 833.48	21.94	314.29	59.52	23.36	155.39	24.82
三资企业	777	1 792.00	5.21	148.75	−13.96	−8.58	46.39	10.67
港澳台商控股	273	613.10	14.91	43.77	2.29	5.53	12.90	17.46
外商控股	504	1 178.90	0.78	104.98	−16.26	−13.41	33.50	8.26

续表

	企业数（个）	主营业务收入		利润总额			税金总额	
		全年累计（亿元）	同比增减（%）	全年累计（亿元）	金额同比（亿元）	同比增减（%）	全年累计（亿元）	同比增减（%）
其他	139	190.30	23.82	20.74	3.55	20.66	8.20	48.36
3. 按企业规模分								
大型企业	89	1 438.55	6.15	110.26	−0.82	−0.74	42.43	−0.69
中型企业	643	2 094.16	12.97	185.44	1.44	0.78	77.54	20.85
小型企业	2 930	3 258.82	24.29	257.40	49.82	24.00	123.78	27.40
4. 按小行业分								
工业自动控制系统装置制造	972	2 449.89	15.74	214.83	9.75	4.75	98.57	20.10
电工仪器仪表制造	308	479.45	9.80	29.60	3.75	14.52	17.44	19.96
地质勘探和地震专用仪器制造	56	138.76	30.92	15.98	4.48	38.93	6.90	1.07
核子及核辐射测量仪器制造	12	10.63	21.54	0.90	0.18	25.52	0.34	−11.50
绘图、计算及测量仪器制造	156	158.92	8.11	11.77	2.23	23.35	5.28	6.80
实验分析仪器制造	190	219.74	30.69	20.86	4.13	24.70	10.48	37.05
试验机制造	85	81.20	25.18	7.45	1.66	28.70	3.52	32.59
供应用仪表及其他通用仪器制造	364	573.68	21.15	55.65	10.48	23.21	22.49	25.94
环境监测专用仪器仪表制造	72	140.92	16.69	11.81	0.97	8.97	7.10	16.99
运输设备及生产用计数仪表制造	195	473.63	16.57	42.39	2.00	4.95	15.93	10.22
导航、气象及海洋专用仪器制造	73	191.18	15.63	11.10	2.16	24.15	3.81	9.39
电子测量仪器制造	140	226.75	29.74	20.99	1.50	7.72	8.55	23.21
其他专用仪器制造	144	192.64	15.69	18.89	1.73	10.10	9.29	22.11
农林牧渔专用仪器仪表制造	9	23.45	48.00	1.59	0.97	155.67	0.75	74.99
教学专用仪器制造	45	40.80	21.23	3.63	0.55	17.84	1.31	19.51
钟表与计时仪器制造	213	244.74	11.24	15.08	2.10	16.15	7.28	40.01
光学仪器制造	273	512.95	19.30	33.69	2.02	6.36	8.56	3.25
光学玻璃制造	227	477.25	8.19	22.97	−2.71	−10.54	11.60	17.71
衡器制造	128	154.96	14.87	13.92	2.47	21.63	4.57	22.76
5. 按地区分								
东部地区	2 881	5 571.94	16.14	452.95	32.38	7.70	198.75	21.25
中部地区	520	805.33	20.73	67.01	13.99	26.39	29.18	19.28
西部地区	261	414.27	13.18	33.14	1.06	13.98	15.83	1.01
6. 按省区市分								
北京市	187	266.52	8.38	29.22	−2.40	−7.58	12.53	19.87
天津市	63	85.74	10.52	6.19	0.35	5.96	3.08	16.99
河北省	71	94.74	7.87	12.42	1.27	11.35	4.12	20.71
山西省	14	26.76	7.82	2.62	0.87	49.37	0.86	21.05
内蒙古自治区	5	5.36	26.10	0.64	0.14	28.08	0.06	1.08
辽宁省	178	208.81	17.13	15.55	2.75	21.46	7.25	27.42
吉林省	32	42.49	30.63	4.14	1.17	39.51	1.16	−21.51
黑龙江省	16	18.54	0.26	1.16	−0.32	−21.77	0.74	−31.05
上海市	203	320.69	−1.82	25.83	−4.61	−15.15	7.54	14.34
江苏省	950	2 656.68	23.99	206.64	25.82	14.28	102.23	25.67
浙江省	468	576.72	2.05	52.52	−5.35	−9.25	23.76	4.20
安徽省	77	134.00	27.04	17.56	2.93	20.02	4.55	6.66
福建省	102	142.09	9.66	10.45	−1.10	−9.50	3.61	36.18
江西省	53	122.24	31.66	5.97	0.50	9.05	3.01	40.08
山东省	299	595.46	16.73	48.86	8.42	20.82	20.78	19.01

续表

	企业数（个）	主营业务收入		利润总额			税金总额	
		全年累计（亿元）	同比增减（%）	全年累计（亿元）	金额同比（亿元）	同比增减（%）	全年累计（亿元）	同比增减（%）
河南省	143	193.42	16.27	15.78	3.65	30.10	6.40	31.54
湖北省	79	88.67	23.49	7.50	2.02	36.88	3.66	20.33
湖南省	106	179.21	15.81	12.29	3.18	34.95	8.81	27.85
广东省	358	600.68	14.40	44.60	6.72	17.75	13.47	24.93
广西壮族自治区	19	19.35	36.75	1.68	0.73	77.47	0.82	21.11
海南省	2	23.81	165.00	0.67	0.52	335.27	0.38	278.68
重庆市	75	122.41	13.24	9.08	1.36	17.59	5.09	20.33
四川省	77	96.14	7.01	9.18	0.30	3.43	3.75	20.95
贵州省	8	6.77	−21.30	1.01	0.01	1.20	0.51	22.86
云南省	15	10.42	−13.50	0.72	−0.27	−27.24	0.12	−3.24
陕西省	48	141.77	21.23	10.01	1.90	23.40	4.87	−27.40
甘肃省	5	2.12	−21.72	0.00	−0.25	−98.37	0.09	13.89
青海省	1	1.12	−7.20	0.11	−0.04	−28.70	0.06	−29.71
宁夏回族自治区	6	7.82	8.84	0.60	0.15	34.15	0.40	149.65
新疆维吾尔自治区	2	0.97	−0.26	0.10	0.03	32.05	0.06	93.80
7. 按三大都市圈分								
三大都市圈合计	2 777	5 406.04	16.03	441.83	32.96	8.06	194.76	20.84
长江三角洲地区	1 621	3 554.08	17.12	284.99	15.85	5.89	133.53	20.58
珠江三角洲地区	358	600.68	14.40	44.60	6.72	17.75	13.47	24.93
环渤海湾地区	798	1 251.28	13.78	112.24	10.38	10.19	47.76	20.46
8. 按新开发地带分								
东北老工业基地	226	269.84	17.68	20.85	3.60	20.85	9.14	11.06
东部沿海地区	2 881	5 571.94	16.14	452.95	32.38	7.70	198.75	21.25
新中部开发地带	472	744.30	20.82	61.71	13.14	27.06	27.28	24.48
新西部开发地带	242	394.91	12.23	31.46	3.33	11.84	15.01	0.10
9. 按新划分地区分								
* 东部地区	2 703	5 363.13	16.10	437.40	29.63	7.27	191.51	21.02
* 中部地区	472	744.30	20.82	61.71	13.14	27.06	27.28	24.48
* 西部地区	261	414.27	13.18	33.14	4.06	13.98	15.83	1.01
* 东北地区	226	269.84	17.68	20.85	3.60	20.85	9.14	11.06
通用基础件行业	11 039	15 060.61	13.47	954.08	67.97	7.67	501.80	20.31
1. 按经济类型分								
国有企业	82	175.38	0.36	3.11	0.47	17.76	5.26	24.66
集体企业	174	356.22	24.91	22.12	4.37	24.64	11.71	10.01
股份合作企业	83	66.45	4.23	2.93	−0.44	−12.97	2.15	8.00
联营企业	5	9.19	−26.17	0.62	−0.10	−14.05	0.16	−22.76
有限责任公司	1 616	2558.42	13.50	139.66	8.70	6.65	82.16	24.48
股份有限公司	193	676.66	6.50	49.13	−3.69	−6.99	22.56	28.57
私营企业	6 726	7925.55	18.68	518.26	94.77	22.38	273.14	21.27
其他企业	174	240.37	24.12	16.73	2.39	16.63	8.57	29.16
港澳台商投资企业	723	1055.38	5.86	58.29	−5.33	−8.37	32.23	21.61
外商投资企业	1 263	1996.99	0.91	143.23	−33.18	−18.81	63.87	9.86
2. 按控股情况分								
国有企业	241	811.84	0.68	31.60	−5.26	−14.26	22.29	10.96
国有控股	241	811.84	0.68	31.60	−5.26	−14.26	22.29	10.96

续表

	企业数(个)	主营业务收入		利润总额			税金总额	
		全年累计(亿元)	同比增减(%)	全年累计(亿元)	金额同比(亿元)	同比增减(%)	全年累计(亿元)	同比增减(%)
民营企业	8 804	11 321.39	17.50	734.04	106.97	17.06	387.39	22.08
集体控股	313	563.57	19.95	37.14	5.27	16.52	18.71	13.26
私人控股	8 491	10 757.82	17.37	696.90	101.70	17.09	368.68	22.57
三资企业	1 680	2 513.26	1.47	162.36	−36.50	−18.35	78.47	12.89
港澳台商控股	623	848.33	7.03	42.41	−3.22	−7.06	25.28	24.03
外商控股	1 057	1 664.93	−1.14	119.95	−33.28	−21.72	53.19	8.26
其他	314	414.12	16.83	26.08	2.76	11.82	13.66	33.98
3. 按企业规模分								
大型企业	120	1 916.40	7.06	123.30	−25.12	−16.92	52.23	15.96
中型企业	1 203	3 414.22	7.29	220.82	−0.22	−0.10	110.36	15.67
小型企业	9 716	9 729.99	17.22	609.95	93.31	18.06	339.21	22.62
4. 按小行业分								
锻件及粉末冶金制品制造	1 635	3 106.03	13.39	178.60	22.34	14.30	101.83	21.39
液压和气压动力机械及元件制造	1 275	1 718.84	8.74	124.97	−9.77	−7.25	62.36	14.17
轴承制造	1 518	2 227.34	16.23	135.69	11.09	8.90	66.58	15.69
齿轮及齿轮减、变速箱制造	731	1 082.12	13.93	77.18	−0.62	−0.80	36.83	17.15
其他传动部件制造	227	278.06	9.98	18.75	−2.21	−10.53	9.60	14.15
金属密封件制造	440	827.69	14.16	63.82	5.53	9.49	35.10	20.51
紧固件制造	1 024	1 115.22	8.27	70.94	11.23	18.81	36.44	20.86
弹簧制造	226	233.58	−2.23	14.73	−4.27	−22.48	7.77	−4.19
机械零部件加工	1 537	1 833.18	22.15	104.92	20.83	24.78	58.54	36.96
其他通用零部件制造	738	822.34	14.69	48.70	0.83	1.73	28.88	27.14
模具制造	1 688	1 816.20	11.93	115.79	12.99	12.63	57.87	19.69
5. 按地区分								
东部地区	8 687	11 737.92	11.41	750.50	38.79	5.45	398.46	18.67
中部地区	1 602	2 392.43	23.12	143.89	17.45	13.80	70.10	23.28
西部地区	750	930.27	17.06	59.69	11.73	24.45	33.25	35.85
6. 按省区市分								
北京市	73	161.55	−6.76	13.61	−8.83	−39.34	5.51	3.37
天津市	171	216.06	7.12	16.28	3.49	27.31	6.90	−7.37
河北省	341	446.06	25.16	31.00	2.63	9.26	13.46	45.24
山西省	98	98.15	5.61	2.04	0.47	29.84	2.28	8.65
内蒙古自治区	46	71.16	14.00	0.08	−0.75	−90.00	1.02	1.69
辽宁省	1 022	1 613.52	23.26	85.11	17.87	26.57	39.34	23.16
吉林省	81	136.26	19.93	8.04	0.88	12.29	3.31	11.84
黑龙江省	55	74.61	43.57	4.94	2.08	72.33	3.50	31.52
上海市	512	525.45	−5.64	31.00	−12.34	−28.47	16.07	6.95
江苏省	1 891	2 412.09	12.07	163.92	6.03	3.82	88.48	17.78
浙江省	1 587	1 290.18	−1.09	75.73	−11.10	−12.79	46.24	12.37
安徽省	382	456.89	32.45	29.33	6.36	27.69	13.47	45.85
福建省	214	198.62	10.07	9.29	−0.35	−3.66	6.47	20.86
江西省	90	163.51	15.69	9.91	0.78	8.60	4.43	28.84
山东省	2 038	4 121.26	16.50	289.40	45.52	18.67	155.32	24.33
河南省	383	718.57	15.82	50.88	2.16	4.44	18.43	1.79
湖北省	239	296.94	25.89	7.71	−1.44	−15.69	6.99	20.83

	企业数（个）	主营业务收入		利润总额			税金总额	
		全年累计（亿元）	同比增减（%）	全年累计（亿元）	金额同比（亿元）	同比增减（%）	全年累计（亿元）	同比增减（%）
湖南省	274	447.50	30.84	31.03	6.15	24.73	17.68	40.63
广东省	837	752.65	-1.34	35.17	-3.95	-10.09	20.66	2.41
广西壮族自治区	49	59.62	10.92	3.35	-1.58	-32.10	1.24	12.06
海南省	1	0.48	-13.76	-0.01	-0.19	-106.65	0.02	-48.40
重庆市	121	144.66	23.05	9.83	3.10	46.05	4.55	39.71
四川省	419	540.46	20.91	39.39	10.35	35.64	23.12	46.38
贵州省	16	23.32	50.90	2.70	1.07	65.41	0.61	19.72
云南省	18	9.04	-40.68	0.22	0.09	73.41	0.33	90.48
陕西省	54	55.72	-4.43	2.44	-1.19	-32.74	1.40	-15.39
甘肃省	6	6.96	-10.92	0.04	-0.08	-65.16	0.17	-34.91
青海省	2	1.30	-44.50	0.16	-0.25	-61.07	0.15	-12.87
宁夏回族自治区	12	15.45	25.11	1.36	1.14	519.73	0.49	11.29
新疆维吾尔自治区	7	2.56	6.64	0.13	-0.18	-57.85	0.18	60.10
7. 按三大都市圈分								
三大都市圈合计	8 472	11 538.82	11.44	741.22	39.33	5.60	391.97	18.65
长江三角洲地区	3 990	4 227.71	5.34	270.64	-17.41	-6.04	150.79	14.85
珠江三角洲地区	837	752.65	-1.34	35.17	-3.95	-10.09	20.66	2.41
环渤海湾地区	3 645	6 558.46	17.58	435.41	60.68	16.19	220.52	23.26
8. 按新开发地带分								
东北老工业基地	1 158	1 824.39	23.72	98.10	20.82	26.95	46.15	22.86
东部沿海地区	8 687	11 737.92	11.41	750.50	38.79	5.45	398.46	18.67
新中部开发地带	1 466	2 181.55	22.73	130.90	14.49	12.45	63.29	23.51
新西部开发地带	701	870.64	17.51	56.35	13.31	30.93	32.01	36.98
9. 按新划分地区分								
* 东部地区	7 665	10 124.40	9.73	665.39	20.92	3.25	359.12	18.20
* 中部地区	1 466	2 181.55	22.73	130.90	14.49	12.45	63.29	23.51
* 西部地区	750	930.27	17.06	59.69	11.73	24.45	33.25	35.85
* 东北地区	1 158	1 824.39	23.72	98.10	20.82	26.95	46.15	22.86

注：①东部地区：北京、天津、河北、辽宁、上海、江苏、浙江、福建、山东、广东、海南；中部地区：山西、吉林、黑龙江、安徽、江西、河南、湖北、湖南；西部地区：内蒙古、广西、重庆、四川、贵州、云南、西藏、陕西、甘肃、青海、宁夏、新疆。

②三大都市圈包括：长江三角洲地区、珠江三角洲地区、环渤海湾地区。长江三角洲地区包括：上海、江苏、浙江；珠江三角洲地区包括：广东、香港、澳门（目前香港、澳门无数）；环渤海湾地区包括：北京、天津、河北、山东、辽宁。

③东北老工业基地：辽宁、吉林、黑龙江；东部沿海地区：北京、天津、河北、辽宁、上海、江苏、浙江、福建、山东、广东、海南；新中部开发地带：山西、安徽、江西、河南、湖北、湖南；新西部开发地带：内蒙古、重庆、四川、贵州、云南、西藏、陕西、甘肃、青海、宁夏、新疆。

④* 东部地区：北京、天津、河北、上海、江苏、浙江、福建、山东、广东、海南；* 中部地区：山西、安徽、江西、河南、湖北、湖南；* 西部地区：内蒙古、广西、重庆、四川、贵州、云南、西藏、陕西、甘肃、青海、宁夏、新疆；* 东北地区：辽宁、吉林、黑龙江；* 其他地区：香港、澳门、台湾（目前无数）。

表11 能源装备大行业2012年与2011年主要指标构成分析

	2012年					2011年				
	指标值 (亿元)	比重 (%)	增减额 (亿元)	增减率 (%)	贡献率 (%)	指标值 (亿元)	比重 (%)	增减额 (亿元)	增减率 (%)	贡献率 (%)
一、现价工业总产值										
全国合计①	184 131.05	100.00	20 657.43	12.64	100.00	168 870.68	100.00	33 840.60	25.06	100.00
电工电器行业	49 007.69	26.62	5 269.90	12.05	25.51	44 506.74	26.36	9 456.04	26.98	27.94
石化通用行业	16 292.52	8.85	2 231.07	15.87	10.80	14 840.56	8.79	3 299.79	28.59	9.75
重型矿山行业	10 115.50	5.49	1 356.74	15.49	6.57	8 720.40	5.16	1 809.61	26.19	5.35
仪器仪表行业	6 929.21	3.76	1 065.98	18.18	5.16	6 098.55	3.61	1 370.14	28.98	4.05
通用基础件行业	15 588.11	8.47	2 140.94	15.92	10.36	14 205.64	8.41	3 175.82	28.79	9.38
二、工业销售产值										
全国合计	180 355.95	100.00	20 102.26	12.54	100.00	164 954.99	100.00	32 870.58	24.89	100.00
电工电器行业	47 902.69	26.56	5 117.97	11.96	25.46	43 315.35	26.26	9 069.77	26.48	27.59
石化通用行业	15 837.53	8.78	2 142.44	15.64	10.66	14 393.20	8.73	3 238.26	29.03	9.85
重型矿山行业	9 816.11	5.44	1 256.81	14.68	6.25	8 494.30	5.15	1 806.20	27.01	5.49
仪器仪表行业	6 775.88	3.76	1 043.32	18.20	5.19	5 913.34	3.58	1 300.97	28.21	3.96
通用基础件行业	15 249.56	8.46	2 090.62	15.89	10.40	13 888.50	8.42	3 134.69	29.15	9.54
三、出口交货值										
全国合计	17 911.54	100.00	572.59	3.30	100.00	16 987.17	100.00	3 107.52	22.39	100.00
电工电器行业	6 192.00	34.57	−265.11	−4.11	−46.30	5 991.98	35.27	966.15	19.22	31.09
石化通用行业	1 518.23	8.48	94.33	6.63	16.47	1 448.32	8.53	261.63	22.05	8.42
重型矿山行业	736.66	4.11	97.82	15.31	17.08	622.31	3.66	99.65	19.07	3.21
仪器仪表行业	1 131.48	6.32	138.26	13.92	24.15	1 179.89	6.95	237.01	25.14	7.63
通用基础件行业	1 398.27	7.81	67.81	5.10	11.84	1 301.19	7.66	217.43	20.06	7.00
四、主营业务收入										
全国合计	179 957.89	100.00	16 056.21	9.80	100.00	164 835.30	100.00	32 456.98	24.52	100.00
电工电器行业	47 258.09	26.26	4 185.78	9.72	26.07	42 510.03	25.79	8 787.42	26.06	27.07
石化通用行业	15 788.63	8.77	1 939.83	14.01	12.08	14 228.15	8.63	3 160.59	28.56	9.74
重型矿山行业	9 840.87	5.47	1 010.52	11.44	6.29	8 524.89	5.17	1 844.29	27.61	5.68
仪器仪表行业	6 791.53	3.77	960.67	16.48	5.98	5 815.76	3.53	1 218.74	26.51	3.75
通用基础件行业	15 060.61	8.37	1 787.39	13.47	11.13	13 635.37	8.27	2 983.46	28.01	9.19
五、利润总额										
全国合计	12 251.04	100.00	603.83	5.18	100.00	12 013.05	100.00	2 096.15	21.14	100.00
电工电器行业	2 761.81	22.54	144.93	5.54	24.00	2 647.17	22.04	406.28	18.13	19.38
石化通用行业	1 145.31	9.35	161.80	16.45	26.80	1 029.06	8.57	217.53	26.80	10.38
重型矿山行业	567.46	4.63	−18.55	−3.17	−3.07	585.79	4.88	113.11	23.93	5.40
仪器仪表行业	553.10	4.51	50.44	10.03	8.35	496.55	4.13	96.26	24.05	4.59
通用基础件行业	954.08	7.79	67.97	7.67	11.26	922.67	7.68	175.57	23.50	8.38
六、资产总计										
全国合计	141 568.62	100.00	16 053.01	12.79	100.00	122 311.17	100.00	21 364.39	21.16	100.00
电工电器行业	38 544.74	27.23	3 722.29	10.69	23.19	33 025.24	27.00	6 309.60	23.62	29.53
石化通用行业	12 856.33	9.08	1 686.35	15.10	10.50	11 182.90	9.14	2 082.89	22.89	9.75
重型矿山行业	9 347.10	6.60	1 166.97	14.27	7.27	7 846.50	6.42	1 458.69	22.84	6.83
仪器仪表行业	5 746.79	4.06	708.91	14.07	4.42	4 951.04	4.05	962.13	24.12	4.50
通用基础件行业	10 170.68	7.18	1 298.26	14.63	8.09	8 977.59	7.34	1 499.49	20.05	7.02
七、税金总额										
全国合计	6 553.30	100.00	746.52	12.86	100.00	5 672.76	100.00	1 035.22	22.32	100.00
电工电器行业	1 391.39	21.23	180.10	14.87	24.13	1 163.61	20.51	231.64	24.85	22.38

续表

	2012 年					2011 年				
	指标值 (亿元)	比重 (%)	增减额 (亿元)	增减率 (%)	贡献率 (%)	指标值 (亿元)	比重 (%)	增减额 (亿元)	增减率 (%)	贡献率 (%)
石化通用行业	531.40	8.11	91.14	20.70	12.21	444.22	7.83	78.71	21.54	7.60
重型矿山行业	311.76	4.76	26.66	9.35	3.57	274.64	4.84	53.83	24.38	5.20
仪器仪表行业	243.76	3.72	39.70	19.46	5.32	198.58	3.50	50.01	33.66	4.83
通用基础件行业	501.80	7.66	84.70	20.31	11.35	424.59	7.48	81.94	23.91	7.92

注：全国总计是指全国机械工业全行业数值总计。

表 12　2013 年能源装备大行业主要指标汇总

		电工电器行业	石化通用行业	重型矿山行业	仪器仪表行业	通用基础件行业
企业数（个）		18 652	9 725	4 244	3 782	11 648
应收账款	全年累计（亿元）	8 359.98	3 683.91	2 496.87	1 380.05	2 070.32
	同比增减（%）	10.99	19.35	14.09	13.28	15.07
产成品	全年累计（亿元）	1 827.61	874.45	519.59	283.08	644.27
	同比增减（%）	4.49	6.93	6.68	10.01	9.17
流动资产合计	全年累计（亿元）	25 599.94	10 762.86	7 251.52	4 162.73	6 569.10
	同比增减（%）	8.79	14.34	12.29	10.44	12.13
资产总计	全年累计（亿元）	39 330.62	16 908.36	11 053.98	6 383.73	11 484.12
	同比增减（%）	9.33	14.94	13.10	12.19	12.47
负债总计	全年累计（亿元）	22 522.87	9 116.85	6 682.53	3 016.75	5 777.23
	同比增减（%）	8.02	12.71	12.70	10.67	12.30
主营业务收入	全年累计（亿元）	49 121.87	19 794.45	11 328.46	7 612.92	17 109.87
	同比增减（%）	12.07	14.07	10.76	14.73	12.88
成本费用总额	全年累计（亿元）	45 920.48	18 254.29	10 572.93	6 974.79	15 824.68
	同比增减（%）	12.72	14.52	11.03	15.23	13.47
利润总额	全年累计（亿元）	2 819.84	1 374.20	704.80	646.25	1 091.66
	同比增减额（亿元）	251.57	139.76	103.01	92.68	147.92
	同比增减（%）	9.80	11.32	17.12	16.74	15.67
税金总额	全年累计（亿元）	1 485.95	678.71	370.92	291.53	598.69
	同比增减（%）	13.61	15.28	14.71	19.82	18.40

表 13　2013 年能源装备大行业主要经济效益指标汇总

		电工电器行业	石化通用行业	重型矿山行业	仪器仪表行业	通用基础件行业
亏损面	全年累计（%）	11.89	10.03	10.65	10.55	10.37
	去年同期（%）	11.16	8.78	10.30	8.59	9.86
亏损额	全年累计（亿元）	335.00	63.02	98.96	22.26	71.24
	去年同期（亿元）	295.07	51.41	101.94	21.22	55.53
总资产贡献率	全年累计（%）	12.22	13.12	10.85	15.53	15.91
	去年同期（%）	12.11	13.43	10.58	14.87	15.41
资产保值增值率（%）		111.14	117.66	113.70	113.58	112.64
资产负债率	全年累计（%）	57.27	53.92	60.45	47.26	50.31
	去年同期（%）	57.96	54.99	60.67	47.90	50.38
流动资产周转率	全年累计（次）	1.92	1.84	1.56	1.83	2.60
	去年同期（次）	1.86	1.84	1.58	1.76	2.59
成本费用利润率	全年累计（%）	6.14	7.53	6.67	9.27	6.90
	去年同期（%）	6.30	7.74	6.32	9.15	6.77

		电工电器行业	石化通用行业	重型矿山行业	仪器仪表行业	通用基础件行业
利润率①	全年累计（%）	5.74	6.94	6.22	8.49	6.38
	去年同期（%）	5.86	7.11	5.88	8.34	6.23
总资产利润率	全年累计（%）	7.17	8.13	6.38	10.12	9.15
	去年同期（%）	7.14	8.39	6.16	9.73	9.24

注：利润率=利润总额÷主营业务收入×100%（目前由中国机械工业联合会执行）。

表 14 2013 年能源装备有关分行业主要经济指标

	企业数（个）	主营业务收入（万元）	利润总额（万元）	亏损企业亏损额（万元）
电气机械及器材制造业				
发电机及发电机组制造	848	34 879 621	1 878 091	347 039
变压器、整流器和电感器制造	1 774	40 892 637	1 768 891	789 311
电容器及其配套设备制造	250	4 105 300	294 521	5 489
配电开关控制设备制造	2 594	54 433 730	4 172 237	111 037
电力电子元器件制造	1 126	17 255 054	1 007 165	95 826
光伏设备元器件制造	558	34 568 755	897 441	927 337
其他输配电及控制设备制造	692	19 861 972	1 372 906	43 209
电线电缆制造	3 794	121 669 544	6 187 175	226 304
绝缘制品制造	381	5 724 187	329 418	16 269
其他电工器材制造	265	4 086 685	267 422	6 084
其他电池制造	621	22 994 928	816 165	247 756
专用设备制造业				
矿山机械制造	1 712	37 344 359	2 148 357	302 204
石油钻采专用设备制造	799	28 123 686	1 976 243	141 395
海洋工程专用设备制造	46	6 042 031	189 126	14 395
炼油、化工生产专用设备制造	458	8 483 987	612 769	37 545
电工机械专用设备制造	294	4 113 524	310 468	23 351
环境保护专用设备制造	1 109	20 993 307	1 508 790	53 860
地质勘查专用设备制造	25	405 588	53 694	1 854
通用设备制造业				
锅炉及辅助设备制造	779	17 640 716	1 151 475	50 622
汽轮机及辅机制造	95	5 981 629	356 216	75 106
水轮机及辅机制造	46	775 638	49 060	573
风能原动设备制造	47	1 397 132	65 266	22 410
泵及真空设备制造	1 279	20 348 403	1 547 315	40 909
气体压缩机械制造	442	17 483 063	1 089 864	31 368
阀门和旋塞制造	1 703	24 122 481	1 699 456	40 759
液压和气压动力机械及元件制造	1 260	18 844 025	1 346 457	112 466
轴承制造	1 658	24 901 230	1 656 461	118 673
齿轮及齿轮减、变速箱制造	796	13 096 373	941 471	66 273
风机、风扇制造	430	8 087 760	576 190	21 539
气体、液体分离及纯净设备制造	436	8 147 927	632 729	18 371
金属密封件制造	408	8 121 233	611 075	6 829
紧固件制造	1 053	12 122 653	698 659	31 308
仪器仪表制造业				
工业自动控制系统装置制造	1 060	30 320 954	2 760 946	65 186
电工仪器仪表制造	325	5 648 043	507 318	21 339
绘图、计算及测量仪器制造	173	2 003 602	159 714	10 043

续表

	企业数（个）	主营业务收入（万元）	利润总额（万元）	亏损企业亏损额（万元）
实验分析仪器制造	199	2 339 409	216 384	12 382
试验机制造	95	968 234	77 545	3 169
供应用仪表及其他通用仪器制造	377	6 495 216	537 477	15 709
环境监测专用仪器仪表制造	80	1 611 953	144 967	1 134
运输设备及生产用计数仪表制造	202	5 798 708	472 116	11 126
导航、气象及海洋专用仪器制造	80	1 871 879	106 911	13 258
地质勘探和地震专用仪器制造	57	1 479 594	159 422	425
核子及核辐射测量仪器制造	12	186 209	9 163	38
电子测量仪器制造	151	2 528 192	239 896	5 632
金属制品业				
金属压力容器制造	470	8 062 530	486 907	28 742
锻件及粉末冶金制品制造	1 677	34 628 093	2 094 268	115 360
机械和设备修理业				
通用设备修理	46	627 414	24 950	990
专用设备修理	40	662 629	68 061	1 754
电气设备修理	15	180 549	4 621	1 805

表15　2013年能源装备进出口总值汇总

	进出口		进口		出口		贸易差额（万美元）
	全年累计（万美元）	同比增减（%）	全年累计（万美元）	同比增减（%）	全年累计（万美元）	同比增减（%）	
电工电器行业	15 689 821	7.96	5 637 923	5.78	10 051 898	9.22	4 413 975
石化通用行业	9 336 579	5.16	3 058 533	4.94	6 278 046	5.26	3 219 512
重型矿山行业	1 768 391	6.73	576 501	−3.95	1 191 889	12.79	615 388
仪器仪表行业	8 030 161	4.96	4 743 669	3.30	3 286 491	7.45	−1 457 178
机械基础件行业	3 634 816	3.11	1 537 135	−0.92	2 097 681	6.29	560 545

表16　2013年能源装备进出口产品两种不同贸易方式总值

	进出口（万美元）	进口（万美元）	出口（万美元）	贸易差额（万美元）
进出口总值	33 469 928.13	12 913 680.83	20 556 247.30	7 642 566.47
一般贸易	21 073 997.90	8 589 883.21	12 484 114.69	3 894 231.48
电工电器行业	7 186 824.46	2 290 908.60	4 895 915.86	2 605 007.26
石化通用行业	6 073 509.62	2 129 756.63	3 943 752.99	1 813 996.36
重型矿山行业	1 046 715.45	370 897.67	675 817.78	304 920.11
仪器仪表行业	4 036 622.75	2 757 356.06	1 279 266.69	−1 478 089.37
机械基础件行业	2 730 325.62	1 040 964.25	1 689 361.37	648 397.12
加工贸易	12 395 930.23	4 323 797.62	8 072 132.61	3 748 334.99
电工电器行业	6 205 337.43	2 286 706.86	3 918 630.57	1 631 923.71
石化通用行业	2 381 458.39	509 443.02	1 872 015.37	1 362 572.35
重型矿山行业	438 567.87	62 952.68	375 615.19	312 662.51
仪器仪表行业	2 872 440.75	1 175 374.14	1 697 066.61	521 692.47
机械基础件行业	498 125.79	289 320.92	208 804.87	−80 516.05

表 17　2013 年能源装备进口总值前 50 名产品

名次	商品名称	计量单位	进口			
			全年数量	数量同比（%）	全年金额（万美元）	金额同比（%）
			电工电器产品			
1	低压电器	—	—	—	1 423 360.50	4.60
3	电线电缆	千克	294 980 655	-0.86	612 972.25	9.96
7	变压器、互感器	个	156 560 700 102	4.20	410 207.36	19.17
8	低压开关零件	千克	87 204 557	4.42	408 194.80	0.25
10	低压开关板、柜	个	68 623 684	19.80	388 828.46	9.26
14	静止变流器用零件	千克	39 250 590	32.81	263 776.15	82.46
20	内燃发电机组	台	87 369	45.51	120 745.19	0.07
22	风机	台	197 804 538	-0.77	105 596.72	13.90
30	高压开关	个	7 835 003	12.44	67 585.64	4.32
31	绝缘制品	千克	23 181 318	-8.33	67 560.11	2.67
39	变压器零件	千克	17 399 558	-23.17	48 693.63	131.11
44	燃气轮机	台	99	35.62	38 198.79	9.80
46	蓄电池	个	6 430 815	-6.79	26 471.52	6.23
48	汽轮机零件	千克	10 548 720	-21.02	24 788.49	-46.87
49	电瓷避雷器	个	22 157 076	-27.14	20 879.58	5.76
			石化通用机械产品			
5	阀门	套	551 944 911	24.93	519 253.62	12.90
11	泵	台	93 600 518	73.70	307 325.26	7.26
17	气体压缩机	台	22 344 845	21.90	200 819.69	9.14
18	分离机械	—	—	—	157 126.74	-5.28
19	石油化工设备	—	—	—	125 849.87	-22.45
21	用于制冷设备的压缩机	台	12 742 472	6.49	114 964.69	9.40
23	阀门零件	千克	28 162 362	19.15	101 620.10	20.15
28	泵零件	千克	27 031 591	-3.58	70 906.32	11.45
34	石油钻采设备零件	千克	14 194 195	14.89	55 522.12	23.75
37	真空泵	台	1 948 754	44.86	50 930.08	45.74
			重型矿山机械产品			
42	矿山采掘设备	台	1 285	33.02	44 179.82	-5.13
43	矿物筛、洗选、破碎磨粉设备	台	2 881	-9.71	41 621.27	4.01
			仪器仪表产品			
2	电子测量仪器	台	479 501 273	195.76	654 198.15	-3.08
4	分析仪器	台	28 044 057	17.66	556 039.05	16.61
6	电力电子元器及静止变流器	—	—	—	493 232.23	10.91
9	自动调节或控制仪器及装置	台	45 208 846	-1.57	392 784.39	0.70
15	分析仪器零件	千克	30 186 414	986.41	240 505.66	283.35
16	液压元件及装置	台	57 123 781	107.47	201 236.31	-11.43
25	压力检测仪表	个	81 902 530	90.45	82 307.87	24.40
29	电工、电子测量仪器零件、附件	千克	1 479 134	-20.48	69 444.27	-8.78
32	自动调节或控制仪器零件、附件	千克	9 296 663	-5.46	67 240.25	-24.08
33	大地测量仪器	个	3 089 949	-5.27	57 497.76	-12.39
35	流量、液位仪表	个	6 691 597	77.98	51 062.65	6.10
36	气动元件及装置	—	—	—	51 008.35	-9.37
38	液气体其他测量或检验仪器零件	千克	3 106 874	2.01	49 231.32	3.69
45	液气体其他测量或检验仪器	个	7 247 997	44.87	29 859.09	20.25
50	产量计数器、转速表	个	16 251 951	66.89	20 434.82	49.61

续表

名次	商品名称	计量单位	进口			
			全年数量	数量同比（%）	全年金额（万美元）	金额同比（%）
			机械基础件产品			
12	标准件	千克	273 194 951	8.62	299 915.69	4.40
13	轴承	套	1 879 024 474	5.14	282 267.87	−1.08
24	焊接设备	台	72 065	−19.35	84 362.64	−10.28
26	电工合金	千克	35 070 591	−8.49	80 171.65	−28.32
40	密封件	千克	6 244 412	−1.54	48 399.11	4.87
41	轴承零件	千克	43 162 398	−10.76	48 057.03	−9.11
47	焊接材料	千克	35 809 054	−19.57	25 755.34	−13.16
			其他设备			
27	环保设备	个	13 986 600	55.40	79 948.87	4.56

表18　2013年能源装备出口总值前50名产品

名次	商品名称	计量单位	出口			
			全年数量	数量同比（%）	全年金额（万美元）	金额同比（%）
			电工电器产品			
1	电线电缆	千克	2 054 624 858	6.11	1 943 715.26	11.56
2	低压电器	—	—	—	1 205 856.16	6.61
6	变压器、互感器	个	49 284 976 186	1.80	456 830.49	24.45
7	低压开关板、柜	个	273 662 865	4.39	454 608.24	17.98
9	内燃发电机组	台	10 884 814	10.46	385 280.88	10.88
11	低压开关零件	千克	240 397 561	4.41	324 961.90	2.67
13	静止变流器用零件	千克	91 841 451	15.23	284 053.56	73.75
17	蓄电池	个	145 891 772	−4.79	213 102.31	0.96
23	风机	台	370 117 660	3.84	150 621.08	10.10
24	高压开关	个	69 570 005	11.13	137 218.88	9.94
26	蒸汽锅炉零件	千克	306 878 624	−14.69	127 083.43	−16.66
27	汽轮机零件	千克	69 670 469	7.13	109 960.80	10.00
33	风力发电机组零件	千克	362 930 280	−6.64	92186.16	−5.45
34	变压器零件	千克	96 016 566	2.32	74 391.52	78.86
35	发电机	台	1 268 639	18.67	72 779.24	14.27
37	锅炉辅助设备	千克	104 657 290	20.11	66 543.80	26.87
40	电瓷避雷器	个	290 293 850	2.96	63 980.33	0.81
43	风力发电机组	台	13 702	−29.24	46 756.08	0.13
45	绝缘制品	千克	80 184 456	−8.10	50 530.78	10.93
47	风力发电机组	台	13 702	−29.24	46 756.08	0.13
50	蒸汽锅炉	台	4 009	31.44	44 685.92	5.35
			石化通用机械产品			
4	阀门	套	3 061 823 807	19.40	625 687.09	6.58
8	泵	台	1 599 476 151	31.18	394 959.69	7.40
12	用于制冷设备的压缩机	台	60 903 973	16.72	307 612.32	14.45
14	石油化工设备	—			251 258.61	9.56
15	气体压缩机	台	237 625 513	−4.79	234 826.48	10.00
16	阀门零件	千克	339 582 871	−7.27	223 549.19	−2.29
19	石油钻采设备零件	千克	321 461 577	6.19	192341.43	8.36
22	泵零件	千克	246 628 371	2.09	151 125.37	7.62
31	分离机械	—	—	—	102 464.13	22.85

续表

名次	商品名称	计量单位	出口			
			全年数量	数量同比（%）	全年金额（万美元）	金额同比（%）
32	石油钻采设备	台	6 504	−37.25	98 174.21	−31.12
	重型矿山机械产品					
25	矿物筛、洗选、破碎磨粉设备	台	89 797	2.60	132 906.17	17.44
36	矿山采掘设备	台	38 640	23.06	70 659.84	22.53
	仪器仪表产品					
3	电力电子元器及静止变流器	—	—	—	908 417.08	8.33
20	电子测量仪器	台	292 153 942	25.62	190 606.61	−0.47
21	自动调节或控制仪器及装置	台	96 860 688	2.19	176 428.35	12.30
30	分析仪器	台	34 540 103	23.71	103 662.48	14.57
38	液压元件及装置	台	11 844 725	17.87	65 657.79	16.73
41	自动调节或控制仪器零件、附件	千克	24 121 090	10.18	62 564.51	7.45
42	大地测量仪器	个	26 698 544	3.34	58 907.09	7.77
43	分析仪器零件	千克	21 179 796	153.98	57 956.16	72.45
44	压力检测仪表	个	182 699 824	15.27	55 642.43	18.21
49	液气体其他测量或检验仪器零件	千克	13 174 185	6.35	45 465.02	−2.53
	机械基础件产品					
5	标准件	千克	2 558 554 039	3.83	460 422.19	2.03
10	轴承	套	4 745 102 950	7.82	339 069.53	6.09
18	电工合金	千克	236 230 864	2.75	208 893.84	−19.17
28	焊接设备	台	8 482 765	11.60	107 635.47	11.31
29	轴承零件	千克	241 498 074	7.64	107 432.94	6.30
46	焊接材料	千克	406 715 693	5.00	50 512.36	2.75
48	密封件	千克	35 220 196	−13.44	45 583.63	0.65
	其他设备					
39	环保设备	个	8 857 205	18.52	65 193.10	48.09

表19　2013年能源装备大行业主要效益指标统计分析

	企业数（个）	主营业务收入		利润总额			税金总额	
		全年累计（亿元）	同比增减（%）	全年累计（亿元）	金额同比（亿元）	同比增减（%）	全年累计（亿元）	同比增减（%）
电工电器行业	18 652	49 121.87	12.07	2 819.84	251.57	9.80	1 485.95	13.61
1. 按经济类型分								
国有企业	160	951.95	11.48	37.12	5.09	15.90	35.15	14.19
集体企业	287	573.74	4.24	37.13	2.06	5.86	22.38	3.45
股份合作企业	190	417.29	16.20	24.27	−1.76	−6.76	13.10	22.19
联营企业	26	38.85	−5.04	2.13	0.10	5.12	1.22	22.04
有限责任公司	3 775	11 066.74	12.88	527.27	32.40	6.55	336.05	9.37
股份有限公司	620	4 070.68	10.73	232.36	−18.72	−7.46	133.03	12.24
私营企业	10 127	19 860.58	14.91	1 260.03	147.38	13.25	638.89	17.77
其他企业	331	683.96	21.79	39.42	6.53	19.86	21.49	26.24
港澳台商投资企业	1 339	4 266.22	5.61	199.20	16.29	8.91	86.59	10.97
外商投资企业	1 797	7 191.85	7.92	460.90	62.20	15.60	198.05	9.74
2. 按控股情况分								
国有企业	609	4 126.60	7.37	47.14	−42.11	−47.18	143.73	5.33
国有控股	609	4 126.60	7.37	47.14	−42.11	−47.18	143.73	5.33

	企业数（个）	主营业务收入		利润总额			税金总额	
		全年累计（亿元）	同比增减（%）	全年累计（亿元）	金额同比（亿元）	同比增减（%）	全年累计（亿元）	同比增减（%）
民营企业	14 720	33 316.50	14.21	2 079.67	205.96	10.99	1 056.56	16.57
集体控股	685	2 046.93	3.54	134.49	-4.34	-3.13	74.79	10.56
私人控股	14 035	31 269.58	14.98	1 945.18	210.30	12.12	981.78	17.05
三资企业	2 566	9 307.66	7.00	563.35	84.83	17.73	219.95	10.39
港澳台商控股	1 134	3 496.54	4.91	188.57	23.28	14.09	71.92	13.02
外商控股	1 432	5 811.12	8.30	374.78	61.54	19.65	148.03	9.15
其他	757	2 371.11	11.92	129.68	2.90	2.29	65.71	-0.18
3. 按企业规模分								
大型企业	512	13 628.39	8.50	752.14	32.80	4.56	427.87	4.19
中型企业	2 650	14 060.44	11.84	836.64	55.48	7.10	408.23	16.02
小型企业	15 490	21 433.04	14.62	1 231.06	163.29	15.29	649.85	19.14
4. 按小行业分								
锅炉及辅助设备制造	779	1 764.07	11.89	115.15	-6.92	-5.67	56.54	-19.02
汽轮机及辅机制造	95	598.16	1.26	35.62	5.72	19.12	33.31	19.36
水轮机及辅机制造	46	77.56	17.36	4.91	-0.07	-1.37	2.58	29.70
发电机及发电机组制造	848	3 487.96	13.00	187.81	0.95	0.51	101.56	10.68
变压器、整流器和电感器制造	1 774	4 089.26	14.24	176.89	-8.68	-4.68	133.11	14.52
电容器及其配套设备制造	250	410.53	22.08	29.45	10.65	56.63	12.50	27.46
配电开关控制设备制造	2 594	5 443.37	12.34	417.22	47.44	12.83	207.01	15.00
电力电子元器件制造	1 126	1 725.51	12.43	100.72	13.51	15.50	48.96	15.57
其他输配电及控制设备制造	692	1 986.20	19.59	137.29	14.82	12.10	81.57	37.98
电线、电缆制造	3 794	12 166.95	10.66	618.72	53.74	9.51	276.07	14.85
绝缘制品制造	381	572.42	5.31	32.94	-2.68	-7.51	15.55	7.13
风能原动设备制造	47	139.71	21.46	6.53	1.87	40.22	3.76	23.35
其他原动设备制造	21	37.37	16.85	0.96	-0.49	-33.57	1.21	3.37
光伏设备及元器件制造	558	3 456.88	13.03	89.74	66.12	279.89	81.89	8.49
其他电池制造	621	2 299.49	8.80	81.62	-20.07	-19.74	57.80	17.74
电动机制造	846	1 843.56	8.23	116.21	15.38	15.25	55.34	11.24
微电机及其他电机制造	911	2 068.59	13.78	130.63	15.64	13.60	64.49	22.25
特种陶瓷制品制造	585	1 222.00	12.53	131.27	15.31	13.21	55.52	13.95
石墨及碳素制品制造	961	2 041.93	14.76	131.12	16.82	14.72	76.45	18.71
其他未列明金属制品制造								
金属切割及焊接设备制造	315	411.78	15.58	37.43	5.29	16.46	11.61	9.97
烘炉、熔炉及电炉制造	243	244.98	-3.14	16.02	-2.93	-15.45	9.50	3.40
风动和电动工具制造	409	944.35	15.33	75.18	11.85	18.72	27.83	27.00
电工机械专用设备制造	294	411.35	17.46	31.05	3.17	11.38	13.55	11.42
其他电工器材制造	265	408.67	13.78	26.74	4.06	17.92	11.76	12.53
光纤、光缆制造	197	1 269.21	8.05	88.63	-8.95	-9.17	46.47	2.51
5. 按地区分								
东部地区	13 395	35 151.57	10.37	1 963.49	144.31	7.93	1 049.53	13.92
中部地区	3 702	9 746.28	15.62	659.98	103.03	18.50	292.53	11.97
西部地区	1 555	4 224.02	18.83	196.38	4.23	2.20	143.89	14.77
6. 按省区市分								
北京市	280	707.07	8.68	42.87	-8.52	-16.57	24.27	1.20
天津市	313	759.51	22.19	49.02	7.48	18.00	25.16	5.97
河北省	669	1 638.91	13.05	15.24	-23.31	-60.47	34.25	8.70

续表

	企业数（个）	主营业务收入		利润总额			税金总额	
		全年累计（亿元）	同比增减（%）	全年累计（亿元）	金额同比（亿元）	同比增减（%）	全年累计（亿元）	同比增减（%）
山西省	116	203.91	0.53	10.88	3.12	40.17	6.22	4.01
内蒙古自治区	124	419.78	13.00	27.34	4.60	20.23	11.95	30.31
辽宁省	959	2 512.90	11.98	114.20	14.36	14.38	51.94	14.27
吉林省	189	383.80	6.89	12.91	−5.28	−29.01	10.36	5.16
黑龙江省	165	389.01	−6.71	18.24	−5.33	−22.60	12.78	−39.64
上海市	836	1 874.53	−0.75	115.11	13.37	13.14	45.63	−10.02
江苏省	3 601	12 860.45	11.84	795.75	92.79	13.20	466.97	19.29
浙江省	2 635	4 307.58	6.75	237.89	18.20	8.28	114.44	7.05
安徽省	833	2 017.71	17.34	142.89	16.51	13.06	56.28	19.37
福建省	520	984.29	11.63	66.33	3.05	4.81	28.71	9.24
江西省	503	2 011.32	16.87	179.23	47.86	36.43	63.03	24.63
山东省	1 580	5 332.42	12.98	339.60	21.86	6.88	174.21	18.97
河南省	764	2 166.20	15.50	172.00	17.04	10.99	58.97	−1.00
湖北省	513	1 183.88	28.96	68.96	16.21	30.72	27.37	27.33
湖南省	619	1 390.46	14.27	54.86	12.90	30.74	57.53	26.55
广东省	1 995	4 111.23	8.18	185.12	10.45	5.98	82.80	14.03
广西壮族自治区	156	561.33	24.53	22.76	−12.17	−34.84	14.42	40.86
海南省	7	62.68	9.57	2.37	−5.41	−69.55	1.16	−48.20
重庆市	192	475.79	24.17	27.44	7.13	35.13	19.06	64.41
四川省	552	1 466.73	8.67	57.97	−16.06	−21.69	64.25	3.86
贵州省	52	81.11	50.18	2.05	−0.92	−30.94	1.64	40.18
云南省	67	90.48	15.36	1.96	0.89	82.50	2.07	9.55
陕西省	203	488.47	22.00	16.16	6.50	67.30	17.17	21.24
甘肃省	68	186.36	8.17	12.63	2.19	20.95	3.23	−26.56
青海省	19	23.50	4.42	0.46	−0.03	−5.86	0.19	34.32
宁夏回族自治区	68	71.98	15.62	1.42	0.54	61.87	1.96	4.28
新疆维吾尔自治区	54	358.49	70.98	26.18	11.55	78.94	7.95	−10.30
7. 按三大都市圈分								
三大都市圈合计	12 868	34 104.59	10.34	1 894.78	146.67	8.39	1 019.67	14.21
长江三角洲地区	7 072	19 042.56	9.29	1 148.74	124.35	12.14	627.04	14.20
珠江三角洲地区	1 995	4 111.23	8.18	185.12	10.45	5.98	82.80	14.03
环渤海湾地区	3 801	10 950.80	13.06	560.92	11.87	2.16	309.83	14.27
8. 按新开发地带分								
东北老工业基地	1 313	3 285.70	8.79	145.35	3.75	2.65	75.08	−1.84
东部沿海地区	13 395	35 151.57	10.37	1 963.49	144.31	7.93	1 049.53	13.92
新中部开发地带	3 348	8 973.48	17.24	628.82	113.63	22.06	269.39	17.02
新西部开发地带	1 399	3 662.70	18.00	173.62	16.40	10.43	129.47	12.46
9. 按新划分地区分								
* 东部地区	12 436	32 638.67	10.25	1 849.29	129.95	7.56	997.60	13.90
* 中部地区	3 348	8 973.48	17.24	628.82	113.63	22.06	269.39	17.02
* 西部地区	1 555	4 224.02	18.83	196.38	4.23	2.20	143.89	14.77
* 东北地区	1 313	3 285.70	8.79	145.35	3.75	2.65	75.08	−1.84
石化通用行业	9 725	19 794.45	14.07	1 374.20	139.76	11.32	678.71	15.28
1. 按经济类型分								
国有企业	122	339.66	2.39	13.69	−2.83	−17.16	11.69	7.11
集体企业	107	313.59	8.43	22.00	2.68	13.87	14.62	−19.11

续表

	企业数（个）	主营业务收入		利润总额			税金总额	
		全年累计（亿元）	同比增减（%）	全年累计（亿元）	金额同比（亿元）	同比增减（%）	全年累计（亿元）	同比增减（%）
股份合作企业	89	103.33	4.92	6.08	0.03	0.56	4.59	2.98
联营企业	8	10.87	2.80	0.68	−0.11	−13.43	0.77	−43.53
有限责任公司	1 878	4 584.30	15.25	281.56	39.93	16.52	157.98	10.44
股份有限公司	273	1 343.68	12.09	102.51	8.11	8.59	45.13	19.82
私营企业	5 433	8 295.15	18.22	570.41	81.02	16.55	298.84	22.04
其他企业	171	321.12	13.07	18.03	1.90	11.80	11.84	21.62
港澳台商投资企业	521	1 327.90	12.00	128.60	13.05	11.29	38.53	6.83
外商投资企业	1 123	3 154.83	6.56	230.64	−4.02	−1.71	94.72	14.70
2. 按控股情况分								
国有企业	368	2 473.75	4.93	104.02	−20.64	−16.55	79.02	−1.20
国有控股	368	2 473.75	4.93	104.02	−20.64	−16.55	79.02	−1.20
民营企业	7 688	13 306.79	16.79	927.41	128.57	16.10	470.07	17.21
集体控股	273	636.40	6.65	45.28	3.57	8.56	27.77	−12.92
私人控股	7 415	12 670.39	17.35	882.13	125.00	16.51	442.30	19.82
三资企业	1 321	3 276.15	8.96	289.31	20.34	7.56	101.47	11.59
港澳台商控股	417	1 060.28	13.99	105.95	8.69	8.94	30.16	6.03
外商控股	904	2 215.87	6.71	183.36	11.65	6.79	71.31	14.12
其他	348	737.76	24.00	53.45	11.48	27.34	28.15	67.39
3. 按企业规模分								
大型企业	190	4 935.57	10.74	311.34	18.84	6.44	149.59	6.40
中型企业	1 166	5 375.41	12.45	409.88	20.91	5.37	195.24	13.05
小型企业	8 369	9 483.46	16.84	652.97	100.02	18.09	333.88	21.20
4. 按小行业分								
石油钻采专用设备制造	799	2 812.37	15.88	197.62	13.62	7.40	90.34	2.08
海洋工程专用设备制造	46	604.20	4.73	18.91	−8.41	−30.78	15.57	15.67
炼油、化工生产专用设备制造	458	848.40	10.79	61.28	9.31	17.92	32.34	11.41
金属压力容器制造	470	806.25	13.10	48.69	4.63	10.52	28.41	24.04
泵及真空设备制造	1 279	2 034.84	13.09	154.73	20.31	15.11	75.56	12.77
气体压缩机械制造	442	1 748.31	12.84	108.99	20.15	22.68	49.81	28.40
阀门和旋塞制造	1 703	2 412.25	12.71	169.95	19.42	12.90	82.57	14.53
环境污染防治专用设备制造	1 109	2 099.33	19.59	150.88	27.27	22.06	78.25	23.38
气体、液体分离及纯净设备制造	436	814.79	15.96	63.27	1.25	2.01	32.81	16.38
制冷、空调设备制造	786	2 319.96	17.05	168.00	25.67	18.04	78.34	23.26
喷枪及类似器具制造	83	81.57	3.72	5.79	0.61	11.74	3.47	26.76
其他通用设备制造	883	1 254.59	12.34	80.71	−1.90	−2.30	38.13	11.85
风机、风扇制造	430	808.78	10.37	57.62	1.92	3.45	33.88	14.86
橡胶加工专用设备制造	143	284.86	26.34	13.77	3.39	32.72	7.73	8.66
塑料加工专用设备制造	376	498.93	8.72	44.79	1.89	4.40	18.59	17.58
印刷专用设备制造	282	365.03	10.93	29.20	0.62	2.16	12.91	2.81
5. 按地区分								
东部地区	7 484	14 860.54	12.14	1 033.80	96.60	10.31	512.85	14.48
中部地区	1 552	3 326.50	22.31	215.79	36.13	20.11	99.40	17.81
西部地区	689	1 607.40	16.30	124.61	7.03	5.97	66.46	17.81
6. 按省区市分								
北京市	154	342.00	1.89	34.06	1.06	3.23	14.69	6.41
天津市	212	881.33	8.77	33.52	−3.58	−9.64	31.18	−4.79

续表

	企业数（个）	主营业务收入		利润总额			税金总额	
		全年累计（亿元）	同比增减（%）	全年累计（亿元）	金额同比（亿元）	同比增减（%）	全年累计（亿元）	同比增减（%）
河北省	374	566.74	10.05	42.12	4.36	11.55	15.37	16.97
山西省	46	69.65	25.21	2.90	0.65	28.92	1.47	0.52
内蒙古自治区	19	66.24	52.19	5.54	3.51	172.88	2.37	265.66
辽宁省	906	2 138.09	11.50	125.59	9.32	8.02	57.81	20.16
吉林省	115	198.53	7.13	11.98	0.49	4.26	5.01	-15.04
黑龙江省	94	132.43	16.11	5.93	-1.11	-15.78	4.06	-1.45
上海市	609	964.76	0.06	78.20	-3.00	-3.69	29.08	-1.02
江苏省	1 763	3 242.71	16.61	234.60	31.00	15.23	130.83	23.22
浙江省	1 615	1 966.54	6.87	133.91	8.08	6.42	64.12	13.15
安徽省	288	609.15	19.09	42.96	8.38	24.23	19.63	47.58
福建省	210	459.29	16.28	37.00	3.50	10.43	15.51	15.54
江西省	67	258.38	24.38	19.40	4.79	32.80	6.65	27.32
山东省	1 096	3 247.06	18.98	248.69	36.99	17.47	121.34	15.79
河南省	404	1 105.88	26.60	78.47	16.18	25.97	29.85	6.65
湖北省	290	501.67	25.83	27.01	3.57	15.21	14.37	37.37
湖南省	248	450.80	20.80	27.13	3.19	13.31	18.36	15.33
广东省	545	1 052.03	9.13	66.10	8.86	15.48	32.90	10.74
广西壮族自治区	47	72.71	10.24	4.69	-1.81	-27.83	2.16	15.90
重庆市	96	194.84	15.60	10.32	0.65	6.71	7.85	44.91
四川省	337	802.29	16.46	77.40	6.41	9.03	37.47	10.11
贵州省	12	10.61	0.45	0.66	-0.11	-13.82	0.41	-58.72
云南省	12	7.53	-3.89	0.48	0.44	1 138.10	0.27	18.68
陕西省	112	347.38	14.52	19.93	-2.54	-11.32	11.60	18.71
甘肃省	38	91.41	12.25	4.37	0.44	11.24	3.57	20.59
青海省	1	0.64	-16.40	0.04	0.04	-7 257.41	0.02	-28.42
宁夏回族自治区	7	2.11	-33.01	0.13	-0.12	-46.51	0.08	-44.46
新疆维吾尔自治区	8	11.65	43.14	1.05	0.12	12.33	0.65	99.33
7. 按三大都市圈分								
三大都市圈合计	7 274	14 401.25	12.01	996.80	93.11	10.30	497.34	14.45
长江三角洲地区	3 987	6 174.00	10.54	446.71	36.08	8.79	224.04	16.54
珠江三角洲地区	545	1 052.03	9.13	66.10	8.86	15.48	32.90	10.74
环渤海湾地区	2 742	7 175.21	13.76	484.00	48.16	11.05	240.40	13.07
8. 按新开发地带分								
东北老工业基地	1 115	2 469.05	11.37	143.51	8.70	6.45	66.88	15.06
东部沿海地区	7 484	14 860.54	12.14	1 033.80	96.60	10.31	512.85	14.48
新中部开发地带	1 343	2 995.54	23.77	197.87	36.75	22.81	90.33	21.48
新西部开发地带	642	1 534.69	16.60	119.92	8.84	7.95	64.30	17.87
9. 按新划分地区分								
* 东部地区	6 578	12 722.45	12.25	908.20	87.28	10.63	455.04	13.80
* 中部地区	1 343	2 995.54	23.77	197.87	36.75	22.81	90.33	21.48
* 西部地区	689	1 607.40	16.30	124.61	7.03	5.97	66.46	17.81
* 东北地区	1 115	2 469.05	11.37	143.51	8.70	6.45	66.88	15.06
重型矿山行业	4 244	11328.46	10.76	704.80	103.01	17.12	370.92	14.71
1. 按经济类型分								
国有企业	92	340.49	-0.02	-15.01	-1.72	12.98	13.41	6.58
集体企业	83	83.74	6.83	2.84	0.63	28.54	3.49	-10.85

续表

	企业数（个）	主营业务收入		利润总额			税金总额	
		全年累计（亿元）	同比增减（%）	全年累计（亿元）	金额同比（亿元）	同比增减（%）	全年累计（亿元）	同比增减（%）
股份合作企业	36	52.91	20.12	2.74	0.46	20.13	1.61	24.51
联营企业	5	22.20	−11.37	2.62	0.56	27.00	0.65	−12.02
有限责任公司	1 019	3 236.72	6.74	155.89	25.48	19.54	96.86	12.12
股份有限公司	125	1 051.75	−1.10	74.77	−7.80	−9.44	32.82	6.30
私营企业	2 387	3 862.12	15.83	262.58	36.23	16.01	138.64	21.15
其他企业	66	104.24	36.21	8.39	1.84	28.13	3.90	47.09
港澳台商投资企业	131	697.21	16.89	81.45	15.14	22.83	25.73	20.19
外商投资企业	300	1 877.08	14.70	128.52	32.19	33.42	53.79	9.69
2. 按控股情况分								
国有企业	249	2 463.88	−4.72	75.31	−13.32	−15.03	78.36	−2.26
国有控股	249	2 463.88	−4.72	75.31	−13.32	−15.03	78.36	−2.26
民营企业	3 473	6 286.39	16.13	421.58	65.43	18.37	214.47	21.16
集体控股	156	284.92	14.63	13.13	2.57	24.32	8.57	9.30
私人控股	3 317	6 001.47	16.20	408.45	62.86	18.19	205.90	21.71
三资企业	324	2 036.18	13.83	162.72	36.89	29.31	59.77	15.89
港澳台商控股	99	578.35	16.72	73.56	14.68	24.94	21.49	22.15
外商控股	225	1 457.83	12.72	89.16	22.20	33.16	38.29	12.64
其他	198	542.02	23.32	45.18	14.01	44.94	18.32	25.60
3. 按企业规模分								
大型企业	114	4 177.20	3.34	251.10	28.24	12.67	129.41	5.17
中型企业	545	2 840.49	11.09	196.49	30.56	18.42	101.45	18.32
小型企业	3 585	4 310.77	18.81	257.21	44.21	20.76	140.06	22.26
4. 按小行业分								
矿山机械制造	1 712	3 734.44	10.81	214.84	9.98	4.87	129.04	18.12
轻小型起重设备制造	280	437.50	12.63	25.57	3.21	14.34	14.26	18.82
起重机制造	763	2 668.08	5.83	159.88	14.04	9.63	79.23	5.90
生产专用车辆制造	118	408.04	12.14	22.85	5.93	35.04	9.76	26.72
连续搬运设备制造	231	338.55	15.30	19.07	1.28	7.20	10.57	20.43
电梯、自动扶梯及升降机制造	482	2 276.13	20.59	230.62	62.84	37.45	79.32	18.35
其他物料搬运设备制造	115	200.62	18.26	12.67	1.06	9.15	7.23	4.22
冶金专用设备制造	519	1 235.89	2.93	17.37	4.84	38.67	40.58	14.23
窄轨机车车辆制造	24	29.21	−9.94	1.93	−0.17	−8.19	0.93	−29.57
5. 按地区分								
东部地区	2 589	7 122.96	9.25	495.17	81.48	19.70	238.44	9.71
中部地区	1 336	3 423.32	11.67	190.23	9.56	5.29	101.16	21.95
西部地区	319	782.18	21.85	19.39	11.97	161.33	31.33	35.76
6. 按省区市分								
北京市	58	96.05	−9.70	3.14	−1.19	−27.46	3.62	−11.58
天津市	81	359.75	13.31	47.96	6.03	14.39	11.75	−3.83
河北省	260	545.57	−0.05	42.88	1.55	3.76	21.88	10.31
山西省	101	301.28	−7.70	6.19	1.89	43.96	6.17	−6.24
内蒙古自治区	23	62.94	39.60	1.72	0.40	30.84	0.31	−32.11
辽宁省	358	1 032.62	0.62	48.31	5.49	12.83	27.26	−4.13
吉林省	55	149.69	14.89	5.45	1.43	35.48	3.55	24.53
黑龙江省	43	127.24	−0.77	2.69	−0.75	−21.82	5.54	67.30

续表

	企业数（个）	主营业务收入		利润总额			税金总额	
		全年累计（亿元）	同比增减（%）	全年累计（亿元）	金额同比（亿元）	同比增减（%）	全年累计（亿元）	同比增减（%）
上海市	178	889.30	13.79	43.10	25.67	147.23	22.82	-5.83
江苏省	651	1 971.98	7.79	133.60	6.33	4.97	69.06	13.57
浙江省	355	688.66	14.62	59.35	9.72	19.59	27.79	23.60
安徽省	297	550.30	19.86	33.66	6.51	23.96	17.24	40.77
福建省	68	126.81	10.37	9.08	1.55	20.59	3.88	36.93
江西省	58	153.52	21.94	14.78	3.30	28.75	5.65	13.53
山东省	452	954.33	16.06	71.54	13.33	22.89	37.24	13.66
河南省	482	1 435.56	11.06	96.08	-1.61	-1.64	38.96	15.32
湖北省	138	232.85	17.81	3.42	-1.69	-33.10	6.91	41.51
湖南省	162	472.88	16.61	27.97	0.48	1.75	17.14	19.73
广东省	128	457.90	22.10	36.20	12.99	55.98	13.14	36.48
广西壮族自治区	25	93.09	38.56	6.40	2.00	45.55	3.38	68.48
重庆市	49	91.63	31.13	12.43	4.03	48.03	4.50	8.16
四川省	110	306.33	18.99	-20.81	-3.01	16.91	14.80	53.79
贵州省	28	31.94	65.54	0.58	-0.02	-3.94	1.31	147.19
云南省	12	7.37	0.37	-0.26	-0.11	67.50	0.25	33.98
陕西省	35	104.70	-0.67	11.45	7.80	213.62	3.07	-5.08
甘肃省	11	16.41	13.15	0.74	0.14	24.05	0.63	7.39
宁夏回族自治区	14	48.09	4.34	5.46	0.50	10.16	2.86	34.12
新疆维吾尔自治区	12	19.67	103.12	1.69	0.23	15.42	0.20	40.43
7. 按三大都市圈分								
三大都市圈合计	2 521	6 996.16	9.23	486.09	79.93	19.68	234.55	9.35
长江三角洲地区	1 184	3 549.93	10.53	236.06	41.72	21.47	119.67	11.29
珠江三角洲地区	128	457.90	22.10	36.20	12.99	55.98	13.14	36.48
环渤海湾地区	1 209	2 988.32	6.03	213.83	25.22	13.37	101.74	4.52
8. 按新开发地带分								
东北老工业基地	456	1 309.56	1.93	56.45	6.17	12.27	36.35	5.07
东部沿海地区	2 589	7 122.96	9.25	495.17	81.48	19.70	238.44	9.71
新中部开发地带	1 238	3 146.39	12.09	182.10	8.88	5.13	92.06	19.90
新西部开发地带	294	689.08	19.90	12.99	9.97	329.74	27.95	32.65
9. 按新划分地区分								
* 东部地区	2 231	6 090.34	10.86	446.86	75.99	20.49	211.18	11.80
* 中部地区	1 238	3 146.39	12.09	182.10	8.88	5.13	92.06	19.90
* 西部地区	319	782.18	21.85	19.39	11.97	161.33	31.33	35.76
* 东北地区	456	1 309.56	1.93	56.45	6.17	12.27	36.35	5.07
仪器仪表行业	3 782	7 612.92	14.73	646.25	92.68	16.74	291.53	19.82
1. 按经济类型分								
国有企业	66	230.16	13.29	15.38	1.29	9.14	9.73	1.74
集体企业	29	55.32	27.00	4.43	1.37	44.71	2.13	28.25
股份合作企业	43	48.13	22.35	3.46	0.64	22.89	2.00	0.08
联营企业	2	1.46	22.35	0.05	-0.09	-63.98	0.03	-43.37
有限责任公司	785	1 271.93	11.38	104.92	18.91	21.98	49.24	17.75
股份有限公司	167	686.22	11.96	89.26	7.81	9.58	35.39	13.72
私营企业	1 770	3 033.98	19.56	233.81	41.05	21.30	123.03	26.55
其他企业	47	83.31	5.35	5.31	1.68	46.21	3.79	13.23

续表

	企业数（个）	主营业务收入		利润总额			税金总额	
		全年累计（亿元）	同比增减（%）	全年累计（亿元）	金额同比（亿元）	同比增减（%）	全年累计（亿元）	同比增减（%）
港澳台商投资企业	317	697.69	14.94	51.89	4.81	10.22	21.34	25.73
外商投资企业	556	1 504.73	9.86	137.74	15.22	12.42	44.84	13.39
2. 按控股情况分								
国有企业	258	872.78	11.29	66.60	10.91	19.58	34.11	11.09
国有控股	258	872.78	11.29	66.60	10.91	19.58	34.11	11.09
民营企业	2 623	4 650.53	16.94	389.38	62.52	19.13	196.67	22.37
集体控股	104	145.76	16.78	17.22	3.73	27.61	7.02	17.02
私人控股	2 519	4 504.76	16.95	372.15	58.80	18.76	189.64	22.58
三资企业	742	1 831.05	10.88	162.43	18.33	12.72	51.00	18.71
港澳台商控股	266	537.09	11.52	43.05	4.78	12.49	14.47	32.96
外商控股	476	1293.97	10.62	119.38	13.55	12.80	36.53	13.88
其他	159	258.56	15.90	27.84	0.93	3.44	9.76	9.28
3. 按企业规模分								
大型企业	88	1 678.71	20.58	146.05	23.43	19.11	60.65	27.98
中型企业	673	2 534.63	10.39	246.22	32.06	14.97	98.54	11.30
小型企业	3 021	3 399.58	15.35	253.97	37.19	17.15	132.34	23.25
4. 按小行业分								
工业自动控制系统装置制造	1 060	3 032.10	16.61	276.09	50.19	22.22	126.35	21.73
电工仪器仪表制造	325	564.80	9.07	50.73	15.28	43.11	21.35	14.14
地质勘探和地震专用仪器制造	57	147.96	7.96	15.94	0.61	3.94	8.61	27.33
核子及核辐射测量仪器制造	12	18.62	45.09	0.92	0.15	19.78	0.28	−21.21
绘图、计算及测量仪器制造	173	200.36	17.61	15.97	3.75	30.73	6.79	25.83
实验分析仪器制造	199	233.94	5.16	21.64	2.07	10.58	10.64	4.13
试验机制造	95	96.82	12.89	7.75	0.04	0.57	4.38	20.52
供应用仪表及其他通用仪器制造	377	649.52	12.57	53.75	1.88	3.62	26.70	21.19
环境监测专用仪器仪表制造	80	161.20	12.64	14.50	1.97	15.76	7.23	−1.11
运输设备及生产用计数仪表制造	202	579.87	17.28	47.21	4.26	9.93	20.72	23.18
导航、气象及海洋专用仪器制造	80	187.19	19.24	10.69	−0.30	−2.69	4.97	27.38
电子测量仪器制造	151	252.82	7.77	23.99	2.81	13.26	9.48	10.47
其他专用仪器制造	147	238.84	30.48	22.44	4.57	25.57	10.52	27.13
农林牧渔专用仪器仪表制造	11	29.98	24.66	2.24	0.61	37.16	1.01	29.01
教学专用仪器制造	54	52.75	16.61	4.25	0.78	22.53	2.37	55.79
钟表与计时仪器制造	218	291.31	8.02	20.60	1.51	7.90	8.65	13.18
光学仪器制造	287	497.05	9.79	31.29	−0.44	−1.38	10.14	20.44
衡器制造	134	175.13	15.69	15.65	1.95	14.26	4.72	9.88
其他仪器仪表制造业	120	202.66	29.23	10.59	0.97	10.12	6.61	36.39
5. 按地区分								
东部地区	2 924	6 273.65	14.74	533.72	79.32	17.46	238.46	19.44
中部地区	600	936.70	18.38	85.50	14.41	20.26	36.45	25.28
西部地区	258	402.58	6.88	27.03	−1.04	−3.70	16.61	14.12
6. 按省区市分								
北京市	173	277.46	6.72	33.49	3.96	13.41	12.43	0.07
天津市	76	83.96	7.60	6.15	−0.42	−6.39	3.48	9.57
河北省	75	103.25	18.30	10.93	0.77	7.54	4.22	12.62
山西省	19	47.48	3.68	5.23	0.18	3.64	1.06	15.19

续表

	企业数（个）	主营业务收入		利润总额			税金总额	
		全年累计（亿元）	同比增减（%）	全年累计（亿元）	金额同比（亿元）	同比增减（%）	全年累计（亿元）	同比增减（%）
内蒙古自治区	6	7.55	26.82	0.76	0.10	15.49	0.06	-6.75
辽宁省	183	273.99	9.26	16.49	-0.25	-1.51	7.86	6.20
吉林省	33	46.37	8.62	4.42	0.26	6.26	1.31	14.93
黑龙江省	20	18.47	-8.13	0.89	-0.29	-24.63	0.97	24.05
上海市	200	340.25	6.47	34.99	7.76	28.51	8.11	7.52
江苏省	879	3 013.45	18.53	247.04	47.33	23.70	127.31	26.77
浙江省	520	679.57	6.51	60.77	3.66	6.42	28.70	9.77
安徽省	96	156.97	21.25	17.97	2.26	14.36	5.50	21.42
福建省	105	126.98	8.34	8.77	1.20	15.82	3.89	18.44
江西省	51	82.56	11.03	7.49	1.45	24.05	3.21	22.79
山东省	339	688.94	18.17	57.04	5.80	11.32	24.28	14.65
河南省	178	262.11	21.12	25.22	7.35	41.14	9.27	29.45
湖北省	96	106.26	26.13	7.66	-0.04	-0.58	4.56	33.04
湖南省	107	216.49	21.47	16.60	3.23	24.19	10.58	24.06
广东省	371	653.17	15.25	58.75	11.06	23.19	17.28	24.68
广西壮族自治区	20	21.03	3.53	1.39	-0.40	-22.47	0.68	-21.40
海南省	3	32.63	31.98	-0.70	-1.55	-182.85	0.91	89.45
重庆市	81	134.62	6.67	10.18	0.76	8.04	5.40	2.58
四川省	67	66.12	9.38	4.96	-1.11	-18.30	3.01	30.08
贵州省	9	9.30	16.22	0.77	-0.26	-24.98	0.64	17.97
云南省	15	15.36	41.73	0.37	-0.31	-46.19	0.14	11.70
陕西省	44	137.66	3.55	8.37	0.60	7.74	6.25	31.71
甘肃省	8	2.54	-15.25	0.01	-0.06	-91.32	0.11	-38.16
青海省	1	1.05	-6.35	0.10	-0.01	-12.49	0.08	27.87
宁夏回族自治区	5	6.96	1.26	0.05	-0.33	-87.04	0.22	-32.48
新疆维吾尔自治区	2	0.39	-60.03	0.09	-0.01	-10.66	0.02	-74.04
7. 按三大都市圈分								
三大都市圈合计	2 816	6 114.04	14.80	525.65	79.67	17.86	233.66	19.28
长江三角洲地区	1 599	4 033.26	15.24	342.80	58.76	20.69	164.12	22.38
珠江三角洲地区	371	653.17	15.25	58.75	11.06	23.19	17.28	24.68
环渤海湾地区	846	1 427.60	13.39	124.10	9.85	8.62	52.26	9.07
8. 按新开发地带分								
东北老工业基地	236	338.83	8.06	21.80	-0.28	-1.28	10.13	8.75
东部沿海地区	2 924	6 273.65	14.74	533.72	79.32	17.46	238.46	19.44
新中部开发带	547	871.86	19.68	80.18	14.44	21.95	34.18	25.75
新西部开发带	238	381.55	7.07	25.64	-0.64	-2.42	15.93	16.37
9. 按新划分地区分								
* 东部地区	2 741	5 999.65	15.01	517.23	79.57	18.18	230.60	19.95
* 中部地区	547	871.86	19.68	80.18	14.44	21.95	34.18	25.75
* 西部地区	258	402.58	6.88	27.03	-1.04	-3.70	16.61	14.12
* 东北地区	236	338.83	8.06	21.80	-0.28	-1.28	10.13	8.75
通用基础件行业	11 648	17 109.87	12.88	1 091.66	147.92	15.67	598.69	18.40
1. 按经济类型分								
国有企业	82	173.66	1.84	0.72	1.26	-230.16	5.13	-3.10
集体企业	185	349.61	4.98	22.22	1.90	9.33	12.88	14.75
股份合作企业	81	93.01	10.86	4.60	0.87	23.42	3.03	29.46

续表

	企业数（个）	主营业务收入		利润总额			税金总额	
		全年累计（亿元）	同比增减（%）	全年累计（亿元）	金额同比（亿元）	同比增减（%）	全年累计（亿元）	同比增减（%）
联营企业	10	20.13	4.86	1.67	−0.08	−4.36	0.51	3.65
有限责任公司	1 811	3 026.69	12.57	162.18	13.94	9.40	96.18	13.65
股份有限公司	204	606.51	6.69	40.66	−0.67	−1.62	21.93	4.50
私营企业	7 060	9 305.76	15.48	624.87	105.42	20.30	342.24	23.14
其他企业	204	303.21	12.95	18.30	0.85	4.85	10.89	5.50
港澳台商投资企业	739	1 155.90	5.54	61.62	1.30	2.16	35.55	11.56
外商投资企业	1 272	2 075.39	10.86	154.83	23.12	17.56	70.37	16.10
2. 按控股情况分								
国有企业	246	724.76	0.59	14.67	−5.34	−26.69	18.94	−5.01
国有控股	246	724.76	0.59	14.67	−5.34	−26.69	18.94	−5.01
民营企业	9 376	13 173.81	14.36	866.01	123.81	16.68	474.63	19.76
集体控股	312	571.95	2.41	33.09	−1.93	−5.51	21.24	15.73
私人控股	9 064	12 601.86	14.97	832.93	125.74	17.78	453.39	19.95
三资企业	1 692	2 745.25	9.56	183.46	25.18	15.91	86.96	13.80
港澳台商控股	630	977.43	7.33	48.68	3.12	6.85	27.76	8.54
外商控股	1 062	1 767.82	10.83	134.79	22.06	19.57	59.20	16.45
其他	334	466.05	13.03	27.51	4.28	18.40	18.16	39.84
3. 按企业规模分								
大型企业	123	1 947.97	5.21	111.29	−3.51	−3.06	57.19	11.12
中型企业	1 295	4 288.05	10.07	291.82	32.20	12.40	144.40	9.66
小型企业	10 230	10 873.85	15.55	688.56	119.23	20.94	397.10	23.12
4. 按小行业分								
锻件及粉末冶金制品制造	1 677	3 462.81	12.55	209.43	33.66	19.15	114.95	13.33
液压和气压动力机械及元件制造	1 260	1 884.40	10.86	134.65	7.74	6.10	71.91	13.18
轴承制造	1 658	2 490.12	11.79	165.65	32.84	24.73	92.70	35.62
齿轮及齿轮减、变速箱制造	796	1 309.64	13.48	94.15	10.06	11.96	46.15	20.90
其他传动部件制造	261	351.41	13.24	21.24	0.65	3.17	10.96	4.40
金属密封件制造	408	812.12	7.89	61.11	6.59	12.10	36.42	11.05
紧固件制造	1 053	1 212.27	8.23	69.87	5.69	8.87	39.82	12.04
弹簧制造	242	256.59	14.27	16.60	2.96	21.70	8.69	13.38
机械零部件加工	1 732	2 294.14	17.99	133.38	24.63	22.65	76.25	24.50
其他通用零部件制造	778	905.43	14.94	55.56	8.72	18.63	31.35	15.98
模具制造	1 783	2 130.95	14.53	130.04	14.36	12.42	69.50	16.99
5. 按地区分								
东部地区	8 975	12 995.57	10.85	858.61	115.95	15.61	471.49	17.94
中部地区	1 870	2 975.38	19.58	166.62	26.24	18.69	86.56	19.62
西部地区	803	1 138.92	20.36	66.43	5.73	9.44	40.64	21.22
6. 按省区市分								
北京市	69	138.83	−5.16	9.89	−3.14	−24.11	5.78	17.09
天津市	184	221.25	9.15	15.01	1.99	15.28	7.11	3.88
河北省	367	502.93	14.63	36.83	5.37	17.05	13.53	0.61
山西省	101	107.90	1.76	2.32	0.09	3.81	2.13	−15.47
内蒙古自治区	44	117.04	66.78	1.54	1.45	1 507.62	2.22	109.61
辽宁省	1 078	1 870.53	12.17	121.66	31.33	34.68	62.76	48.39
吉林省	85	171.13	18.91	9.86	0.60	6.44	5.57	49.01
黑龙江省	63	100.14	30.84	7.27	2.25	44.89	4.71	32.31

续表

	企业数（个）	主营业务收入		利润总额			税金总额	
		全年累计（亿元）	同比增减（%）	全年累计（亿元）	金额同比（亿元）	同比增减（%）	全年累计（亿元）	同比增减（%）
上海市	518	557.84	6.12	40.63	10.27	33.84	16.64	2.27
江苏省	1 980	2 691.42	9.70	175.91	12.58	7.70	105.86	19.50
浙江省	1 667	1 435.06	8.48	83.50	5.60	7.19	50.26	6.66
安徽省	458	550.61	19.87	32.20	3.41	11.83	15.28	16.41
福建省	257	219.39	5.08	11.55	2.09	22.04	7.27	5.06
江西省	100	187.80	5.88	14.73	3.39	29.95	6.71	32.95
山东省	2 047	4 577.85	14.17	330.11	52.22	18.79	180.05	17.84
河南省	457	942.33	20.57	61.27	7.10	13.12	20.52	0.72
湖北省	297	430.67	36.03	14.14	5.81	69.79	10.19	35.50
湖南省	309	484.80	13.55	24.83	3.59	16.88	21.45	30.15
广东省	807	779.92	4.37	33.51	-2.37	-6.60	22.18	7.95
广西壮族自治区	50	80.80	32.49	3.59	0.38	11.68	1.59	11.47
海南省	1	0.54	13.56	0.01	0.02	-193.76	0.05	100.50
重庆市	136	190.45	26.49	15.70	4.63	41.80	6.97	42.46
四川省	428	593.48	11.61	39.61	2.16	5.76	24.86	12.51
贵州省	23	27.77	3.67	1.99	-1.10	-35.64	0.55	-13.64
云南省	16	8.19	5.58	0.25	0.02	6.91	0.20	-20.15
陕西省	77	92.28	29.23	4.43	0.46	11.62	3.33	57.74
甘肃省	6	7.52	12.67	-0.03	-0.04	-374.97	0.21	22.64
青海省	2	1.21	-6.55	-0.11	-0.26	-168.04	0.20	34.55
宁夏回族自治区	12	16.52	6.90	-0.65	-2.01	-147.87	0.31	-37.63
新疆维吾尔自治区	9	3.64	8.14	0.10	0.05	106.88	0.21	-17.00
7. 按三大都市圈分								
三大都市圈合计	8 717	12 775.63	10.95	847.05	113.85	15.53	464.17	18.16
长江三角洲地区	4 165	4 684.32	8.89	300.04	28.46	10.48	172.77	13.67
珠江三角洲地区	807	779.92	4.37	33.51	-2.37	-6.60	22.18	7.95
环渤海湾地区	3 745	7 311.39	13.09	513.50	87.76	20.61	269.23	22.21
8. 按新开发地带分								
东北老工业基地	1 226	2 141.80	13.44	138.79	34.18	32.67	73.05	47.29
东部沿海地区	8 975	12 995.57	10.85	858.61	115.95	15.61	471.49	17.94
新中部开发地带	1 722	2 704.12	19.24	149.48	23.39	18.55	76.28	17.24
新西部开发地带	753	1 058.12	19.53	62.84	5.35	9.31	39.05	21.65
9. 按新划分地区分								
* 东部地区	7 897	11 125.03	10.63	736.96	84.63	12.97	408.73	14.33
* 中部地区	1 722	2 704.12	19.24	149.48	23.39	18.55	76.28	17.24
* 西部地区	803	1 138.92	20.36	66.43	5.73	9.44	40.64	21.22
* 东北地区	1 226	2 141.80	13.44	138.79	34.18	32.67	73.05	47.29

注：①东部地区：北京、天津、河北、辽宁、上海、江苏、浙江、福建、山东、广东、海南；中部地区：山西、吉林、黑龙江、安徽、江西、河南、湖北、湖南；西部地区：内蒙古、广西、重庆、四川、贵州、云南、西藏、陕西、甘肃、青海、宁夏、新疆。

②三大都市圈包括：长江三角洲地区、珠江三角洲地区、环渤海湾地区。长江三角洲地区包括：上海、江苏、浙江；珠江三角洲地区包括：广东、香港、澳门（目前香港、澳门无数）；环渤海湾地区包括：北京、天津、河北、山东、辽宁。

③东北老工业基地：辽宁、吉林、黑龙江；东部沿海地区：北京、天津、河北、辽宁、上海、江苏、浙江、福建、山东、广东、海南；新中部开发地带：山西、安徽、江西、河南、湖北、湖南；新西部开发地带：内蒙古、重庆、四川、贵州、云南、西藏、陕西、甘肃、青海、宁夏、新疆。

④* 东部地区：北京、天津、河北、上海、江苏、浙江、福建、山东、广东、海南；* 中部地区：山西、安徽、江西、河南、湖北、湖南；* 西部地区：内蒙古、广西、重庆、四川、贵州、云南、西藏、陕西、甘肃、青海、宁夏、新疆；* 东北地区：辽宁、吉林、黑龙江；* 其他地区：香港、澳门、台湾。（目前无数）

表 20　能源装备大行业 2013 年与 2012 年主要指标构成分析

	2013 年					2012 年				
	指标值 (亿元)	比重 (%)	增减额 (亿元)	增减率 (%)	贡献率 (%)	指标值 (亿元)	比重 (%)	增减额 (亿元)	增减率 (%)	贡献率 (%)
一、出口交货值										
全国总计①	17 855.43	100.00	440.90	2.53	100.00	17 037.64	100.00	503.15	3.04	100.00
电工电器行业	5 327.75	29.84	−24.84	−0.46	−5.63	5 422.47	31.83	−355.76	−6.16	−70.71
石化通用行业	1 977.18	11.07	87.71	4.64	19.89	1 532.08	8.99	98.21	6.85	19.52
重型矿山行业	752.19	4.21	−7.52	−0.99	−1.71	736.66	4.32	97.82	15.31	19.44
仪器仪表行业	1 109.19	6.21	103.24	10.26	23.42	1 006.16	5.91	156.18	18.37	31.04
通用基础件行业	1 483.18	8.31	112.54	8.21	25.53	1 398.27	8.21	67.81	5.10	13.48
二、主营业务收入										
全国总计	204 275.07	100.00	24 838.35	13.84	100.00	175 848.75	100.00	15 726.56	9.82	100.00
电工电器行业	49 121.87	24.05	5 289.13	12.07	21.29	43 093.37	24.51	3 761.39	9.56	23.92
石化通用行业	19 794.45	9.69	2 441.03	14.07	9.83	16 003.27	9.10	1 953.01	13.90	12.42
重型矿山行业	11 328.46	5.55	1 100.80	10.76	4.43	9 840.87	5.60	1 010.52	11.44	6.43
仪器仪表行业	7 612.92	3.73	977.39	14.73	3.94	6 473.62	3.68	996.75	18.20	6.34
通用基础件行业	17 109.87	8.38	1 951.74	12.88	7.86	15 060.61	8.56	1 787.39	13.47	11.37
三、利润总额										
全国总计	14 147.22	100.00	1 905.22	15.56	100.00	12 074.71	100.00	599.30	5.22	100.00
电工电器行业	2 819.84	19.93	251.57	9.80	13.20	2 573.28	21.31	126.79	5.18	21.16
石化通用行业	1 374.20	9.71	139.76	11.32	7.34	1 147.79	9.51	161.74	16.40	26.99
重型矿山行业	704.80	4.98	103.01	17.12	5.41	567.46	4.70	−18.55	−3.17	−3.10
仪器仪表行业	646.25	4.57	92.68	16.74	4.86	541.46	4.48	57.80	11.95	9.64
通用基础件行业	1 091.66	7.72	147.92	15.67	7.76	954.08	7.90	67.97	7.67	11.34
四、资产总计										
全国总计	39 330.62	24.35	3 356.15	9.33	17.92	35 163.08	25.45	3 389.66	10.67	21.54
电工电器行业	16 908.36	10.47	2 197.70	14.94	11.73	13 132.90	9.51	1 761.27	15.49	11.19
石化通用行业	11 053.98	6.84	1 279.95	13.10	6.83	9 347.10	6.77	1 166.97	14.27	7.41
重型矿山行业	6 383.73	3.95	693.41	12.19	3.70	5 438.70	3.94	679.08	14.27	4.31
仪器仪表行业	11 484.12	7.11	1 273.50	12.47	6.80	10 170.68	7.36	1 298.26	14.63	8.25
通用基础件行业	39 330.62	24.35	3 356.15	9.33	17.92	35 163.08	25.45	3 389.66	10.67	21.54
五、税金总额										
全国总计	7 817.48	100.00	1 275.16	19.49	100.00	6 458.67	100.00	729.50	12.73	100.00
电工电器行业	1 485.95	19.01	178.01	13.61	13.96	1 290.37	19.98	159.79	14.13	21.90
石化通用行业	678.71	8.68	89.94	15.28	7.05	539.27	8.35	91.81	20.52	12.59
重型矿山行业	370.92	4.74	47.57	14.71	3.73	311.76	4.83	26.66	9.35	3.65
仪器仪表行业	291.53	3.73	48.22	19.82	3.78	238.79	3.70	41.12	20.80	5.64
通用基础件行业	598.69	7.66	93.02	18.40	7.29	501.80	7.77	84.70	20.31	11.61

注：全国总计是指全国机械工业全行业数值总计。

数据采用说明：

①能源装备行业暂无独立的统计口径和统计数据，篇中数据来自全国机械工业统计数据，重点采用了电工电器、石化通用、重型矿山、仪器仪表、通用基础件五大与能源装备密切相关的行业统计数据。

②能源装备在五大行业统计数据中的占比分别为：电工电器行业，发电设备（锅炉、汽轮机、发电机）100%，输变电设备（变压器、开关、电线电缆等）100%，工业汽轮机 60%；石化通用设备行业，风机 60%，泵 60%，压缩机 60%，阀门 60%，空分设备 70%，化工设备（压力容器、换热器等 90%）；煤炭机械行业 100%；仪器仪表行业 50%；通用基础件行业 50%。读者在使用时，可以此作参考。

附　录

关于调整重大技术装备进口税收政策有关目录的通知（2013年）

（财政部、工业和信息化部、海关总署、国家税务总局　3月25日发布
财关税〔2013〕14号）

（节选）

按照《财政部　国家发展改革委　工业和信息化部 海关总署 国家税务总局 国家能源局关于调整重大技术装备进口税收政策的通知》（财关税〔2009〕55号）规定，根据国内相关产业发展情况，在广泛听取有关主管部门、行业协会及企业意见的基础上，经研究决定，对集成电路设备等装备及其关键零部件、原材料进口税收政策予以调整。

自2013年4月1日起，对符合规定条件的国内企业为生产国家支持发展的直流场设备、太阳能电池设备、集成电路关键设备、新型平板显示器件生产设备、锂离子动力电池设备、电子元器件生产

设备等装备（见附1）而确有必要进口部分关键零部件、原材料（见附2），免征关税和进口环节增值税。

自2013年4月1日起，取消液压支架等装备进口关键零部件及原材料免税政策；调整直流输变电设备、交流输变电设备等装备的技术规格要求（见附1）；调整六氟化硫断路器、串联补偿装置、PTA工艺空气压缩机组、大型空分设备、刮板输送机、刮板转载机、等离子刻蚀机等装备的进口零部件清单（见附2）。

附1　国家支持发展的重大技术装备和产品目录（2013年调整）

编号	名称	技术规格要求	销售业绩要求	修订说明
二、超、特高压输变电设备				
（一）直流输变电设备				
1	直流换流变压器	±600千伏及以上	持有合同订单	调整技术规格
2	换流阀	±800千伏及以上	持有合同订单	调整技术规格
3	直流输电用晶闸管	±800千伏及以上	持有合同订单	调整技术规格
4	控制保护设备	±800千伏及以上	持有合同订单	调整技术规格
5	直流场设备	±800千伏及以上	持有合同订单	新增
（二）交流输变电设备				
1	电力变压器、六氟化硫断路器、气体绝缘金属封闭开关设备（GIS）、串联补偿装置	750千伏及以上	持有合同订单	调整技术规格及零部件
三、大型石化设备和石油钻采装备				
（四）对苯二甲酸（PTA）成套设备				
4	PTA工艺空气压缩机组	年产量≥80万吨	持有合同订单	调整零部件清单
四、大型煤化工设备				
（三）大型空分设备及其压缩机、空压机、增压机				
1	大型空分设备	氧产量≥40000立方米/小时	持有合同订单	调整零部件清单
六、大型煤炭设备				
（三）大型煤炭采掘设备				

续表

编号	名称	技术规格要求	销售业绩要求	修订说明
2	刮板输送机和刮板转载机	刮板输送机装机功率≥800 千瓦，刮板转载机装机功率≥400 千瓦	年销售量≥10 台（套）	调整零部件清单
3	液压支架	工作阻力4600 千牛顿以上支撑掩护式支架、5000 千牛顿以上薄煤层双柱式掩护支架、6400 千牛顿以上大采高支架和放顶煤支架	年销售量≥50 台	删除

十五、电子信息及生物医疗装备

（一）集成电路关键设备、新型平板显示器件生产设备、电子元器件生产设备、表面贴装及无铅工艺的整机联装设备

1. 太阳能电池设备

（5）	晶硅太阳能电池生产用全自动印刷、烘干、烧结、测试分选系统	硅片（多晶、单晶）尺寸：156 毫米×156 毫米	持有合同订单	调整名称及零部件清单
（6）	太阳能级单晶炉、多晶铸锭炉	单晶炉投料量≥150 千克；多晶铸锭炉一次投料量≥800 千克	持有合同订单	新增
（7）	扩散炉	硅片（多晶、单晶）尺寸：156 毫米×156 毫米	持有合同订单	新增
（8）	铜铟镓硒（CIGS）薄膜太阳能电池硒化、热处理	基板尺寸0.6 米×1.2 米；最高温度≥500℃	持有合同订单	新增

3. 集成电路关键设备

（1）	氧化炉	硅片直径300 毫米，线宽65~90 纳米	持有合同订单	新增
（2）	单晶硅棒多线切割机	硅片直径200~300 毫米	持有合同订单	新增

5. 锂离子动力电池设备

（1）	锂离子电池生产用涂覆设备	涂布速度：20~70 米/分；单面涂布厚度≤300 微米；最大涂布宽度≥700 毫米	持有合同订单	新增
（2）	锂离子电池极片分切设备	最大放卷幅宽≥670 毫米；可分切极片厚度50~300 微米；分切精度≤±0.05 毫米	持有合同订单	新增

注：本目录的编号在财关税〔2012〕14 号文件附2 已有编号的基础上编制。

附2　重大技术装备和产品进口关键零部件、原材料商品清单（2013 年调整）

设备名称	一级部件	二级部件	单机用量	税则号列（供参考）	修订说明
二、超、特高压输变电设备					
（一）直流输变电设备					
2. 换流阀	散热器		3072~4032 个/站	84195000	调整单机用量
	绝缘螺杆		4608 根/站	39269090 85489000 85479090	调整单机用量
	拉紧环		768 个/站	73066900	调整单机用量
	ETT 阀底部控制柜		12 套/站	85379090 85371090	调整单机用量
	LTT 阀底部控制柜		4 套/站	85379090 85371090	调整单机用量
	阻尼电容（LTT/ETT）		2880（LTT）个/站或6144（ETT）个/站	85321000	调整单机用量
	阻尼电阻		2880 个/站	85333900	调整单机用量
	阀避雷器		48 个/站	85354000	调整单机用量
5. 直流场设备	直流穿墙套管		2~11 支/站	85462010	新增
	直流旁路开关		4~8 台/站	85353090	新增
	直流电压测量装置		4~12 台/站	85043210	新增
	直流电流测量装置		8~45 台/站	85043210	新增
	直流断路器		5~8 台/站	85353090	新增
	金具		2000~2800 个/站	85389000	新增

续表

设备名称	一级部件	二级部件	单机用量	税则号列 （供参考）	修订说明
（二）交流输变电设备					
2. 六氟化硫断路器	瓷套管		6 个	85462010 85471000	修改名称与税号
	绝缘拉杆		800 千伏：12 个	85479090	
	油压传动阀（控制阀）		3 个	84812010	
	电阻		800 千伏：400~600 个	85332900	
	电容器片		800 千伏：1000~1500 个	85322300	
	电容器管		800 千伏：15~30 个	85322900	
4. 串联补偿装置	支柱绝缘子		20~200 柱/套	85462010 85479090	删除
	旁路断路器		3 台/套	85352990	
	金属氧化物限压器		20~180 支/套	85354000	
	光纤绝缘子		6~7 柱/套	85469000 85479090	
三、大型石化设备和石油钻采装备					
（四）对苯二甲酸（PTA）成套设备					
4、PTA 工艺空气压缩机组	齿轮箱		3 套	84834090	新增
	止推轴承		2 套	84833000	
	支撑轴承		2 套	84833000	
	膜盘联轴器		2 套	84836000	
	膜片联轴器		2 套	84836000	
	控制系统		1 套	853710 90328990	
	机组监控系统		1 套	90318090 90328990	
	测振轴位移装置		1 套	90318090	
四、大型煤化工设备					
（三）大型空分设备及其压缩机、空压机、增压机					
1. 大型空分设备	低温调节阀		30 个/台	84818090	调整单机用量
	高压板式换热器		4~12 台	84195000	新增
	透平膨胀机	浮环密封	2 套	84842000	新增
		可倾瓦组合轴	2 套	84833000	新增
	切换阀		8~12 个	84818090	新增
	高压氧气阀		4~12 个	84818090	新增
	高压液空节流阀		2~4 个	84818090	新增
	离心式低温液体泵		2~12 台	84137090	
	分馏塔系统	钢铝接头	30 个	76090000	
		合金铝管	5000 米	76082000	
		钎焊片	6 吨	76071190	
六、大型煤炭设备					
2. 刮板输送机和刮板转载机	变频电机		4 台	85015300	新增
	传动装置用	减速器	3 套	84834090 84834020	
		可控传输装置（CST）	3 套	84834090 8428	
		限矩器	2 套	84834090	
		液压马达	2 套	84122910	
		耦合器	1~3 套	84836000	

续表

设备名称	一级部件	二级部件	单机用量	税则号列 （供参考）	修订说明
2. 刮板输送机和刮板转载机	机头、尾架用链轮组件	轴承	4~8 套	84822000 84825000	
		浮动油封	6~22 套	84841000 84842000	
		链轮	2~8 件	84839000	
	中部槽用	底板或耐磨钢板	45~100 吨	72254000	
	刮板链用	圆环链	100~800 米	73158200	
		接链环	10~50 件	73159000	
3. 液压支架	手动反冲洗高压过滤站/自动反冲洗高压过		1 台/面	84212990	删除
	电液控系统（含电源装置、支架控制器、传感器和耦合器和主机及其配套电缆等）		1 套/面	90329000 84311000 84714940 90328990	删除
	主控阀（电液控制换向阀）		1 组/架	84812010	删除
	主控阀（电液控制换向阀）	阀芯	10~22 件/组	84819010	删除
		过滤器	1 件/组	84212990	删除
		电磁先导阀	5~11 件/组	84818021	删除
	推移千斤顶		1 根/架	84254210	删除
	高压胶管总成		40~80 根/架	40092200	删除
	安全阀	阀芯	1~10 个/架	84819010	删除

十五、电子信息及生物医疗装备

（一）集成电路关键设备、新型平板显示器件生产设备、电子元器件生产设备、表面贴装及无铅工艺的整机联装设备

1. 太阳能电池设备

设备名称	一级部件	二级部件	单机用量	税则号列 （供参考）	修订说明
（5）晶硅太阳能电池生产用全自动印刷、烘干、烧结、测试分选系统	测试系统		1 套	84861010	
	直线电机		41 台	85013200	
	滑环		1 套	85369000	新增
	圆光栅		3 套	90314920	新增
	光栅尺		6 套	90314920	新增
（6）太阳能级单晶炉、多晶铸锭炉	固体碳毡		4 套	38019000 38011000 38011000	新增
	热电偶		2 个	90259000 90259000	新增
	超导磁场装置		1 个	85059090	新增
（8）CIGS 薄膜太阳能电池硒化/热处理设备	真空泵组	干式真空泵、高真空泵组	22 套	84869090	新增
	传输阀		22 个	84813000	新增
	蝶阀		25 个	84813000	新增

5. 锂离子动力电池设备

设备名称	一级部件	二级部件	单机用量	税则号列 （供参考）	修订说明
（1）离子电池生产用涂覆设备	直线导轨		8 对	84799090	新增
	角接触球轴承		40 个	84821030	新增
	伺服电机		8 个	8501	新增
	变频器		8 个	85044099	新增
	传感器		2 个	90319000	新增
	控制模块		10 个	85389000	新增
	间隙测量放大器		2 套	90319000	新增
	喷头		1 套	84249090	新增
	高能输送螺杆泵		1 套	84136040	新增

续表

设备名称	一级部件	二级部件	单机用量	税则号列 （供参考）	修订说明
（2）锂离子电池极片分切设备	直线导轨		6 对	84799090	新增
	变频器		1 个	85044099	新增
	刀片		30 片	82089000	新增

国务院关于加快发展节能环保产业的意见

（国务院 2013 年 8 月 1 日发布　国发〔2013〕30 号）

（节选）

一、总体要求

（一）指导思想

牢固树立生态文明理念，立足当前、着眼长远，围绕提高产业技术水平和竞争力，以企业为主体、以市场为导向、以工程为依托，强化政府引导，完善政策机制，培育规范市场，着力加强技术创新，大力提高技术装备、产品、服务水平，促进节能环保产业快速发展，释放市场潜在需求，形成新的增长点，为扩内需、稳增长、调结构，增强创新能力，改善环境质量，保障改善民生和加快生态文明建设作出贡献。

（二）基本原则

1. 创新引领，服务提升

加快技术创新步伐，突破关键核心技术和共性技术，缩小与国际先进水平的差距，提升技术装备和产品的供给能力。

2. 需求牵引，工程带动

释放节能环保产品、设备、服务的消费和投资需求，形成对节能环保产业发展的有力拉动。

3. 法规驱动，政策激励

健全节能环保法规和标准，强化监督管理，完善政策机制，加强行业自律，规范市场秩序，形成促进节能环保产业快速健康发展的激励和约束机制。

4. 市场主导，政府引导

针对产业发展的薄弱环节和瓶颈制约，有效发挥政府规划引导、政策激励和调控作用。

（三）各主要目标

产业技术水平显著提升。形成一大批拥有知识产权和国际竞争力的重大装备和产品，部分关键共性技术达到国际先进水平。

国产设备和产品基本满足市场需求。通过引进消化吸收和再创新，努力提高产品技术水平，促进我国节能环保关键材料以及重要设备和产品在工业、农业、服务业、居民生活各领域的广泛应用，为实现节能环保目标提供有力的技术保障。

节能环保产业产值年均增速在 15% 以上，到 2015 年，总产值达到 4.5 万亿元，成为国民经济新的支柱产业。

二、围绕重点领域，促进节能环保产业发展水平全面提升

要围绕市场应用广、节能减排潜力大、需求拉动效应明显的重点领域，加快相关技术装备的研发、推广和产业化，带动节能环保产业发展水平全面提升。

（一）加快节能技术装备升级换代，推动重点领域节能增效

1. 推广高效锅炉

重点提高锅炉自动化控制、主辅机匹配优化、燃料品种适应、低温烟气余热深度回收、小型燃煤锅炉高效燃烧等技术水平，加大高效锅炉应用推广力度。

2. 扩大高效电动机应用

建设 15~20 个高效电机及其控制系统产业化基地。提高高效电机设计、匹配和关键材料、装备，以及高压变频、无功补偿等控制系统的技术水平。

3. 发展蓄热式燃烧技术装备

建设一批以高效燃烧、换热及冷却技术为特色的制造基地，加快重大技术、装备的产业化示范和规模化应用。

4. 加快新能源汽车技术攻关和示范推广

加快实施节能与新能源汽车技术创新工程，大力加强动力电池技术创新。加快完善配套产业和充电设施，示范推广纯电动汽车和插电式混合动力汽车、空气动力车辆等。

5. 推动半导体照明产业化

培育 10~15 家掌握核心技术、拥有知识产权和知名品牌的龙头企业，加快核心材料、装备和关键技术的研发，着力解决散热、模块化、标准化等重大技术问题。

（二）提升环保技术装备水平，治理突出环境问题

示范推广大气治理技术装备，加快大气治理重点技术装备的产业化发展和推广应用。大力发展脱硝催化剂制备和再生、资源化脱硫技术装备，推进耐高温、耐腐蚀纤维及滤料的开发应用，加快发展选择性催化还原技术和选择性非催化还原技术及其装备。

开发新型水处理技术装备，推动形成一批水处理技术装备产业化基地。推动垃圾处理技术装备成套化。大力推广垃圾处理先进技术和装备。重点发展大型垃圾焚烧设施炉排及其传动系统、循环流化床预处理工艺技术等。

（三）发展资源循环利用技术装备，提高资源产出率

提升再制造技术装备水平。提升再制造产业创新能力，推广纳米电刷镀、激光熔覆成形等产品再制造技术。重点支持建立 10~15 个国家级再制造产业聚集区和一批重大示范项目，大幅度提高基于表面工程技术的装备应用率。

三、推广节能环保产品，扩大市场消费需求

（一）扩大节能产品市场消费

继续采取补贴方式，推广高效节能照明、高效电机等产品。研究完善峰谷电价、季节性电价政策，通过合理价差引导群众改变生活模式，推动节能产品的应用。在北京、上海、广州等城市扩大公共服务领域新能源汽车示范推广范围，每年新增或更新的公交车中新能源汽车的比例达到 60% 以上，到 2015 年，终端用能产品能效水平提高 15% 以上，高效节能产品市场占有率提高到 50% 以上。

（二）拉动环保产品及再生产品消费

研究扩大环保产品消费的政策措施，完善环保产品和环境标志产品认证制度。放开液化石油气（LPG）市场管控，扩大农村居民使用量。落实相关支持政策，推动粉煤灰、煤矸石、建筑垃圾、秸秆等资源综合利用产品应用。

四、加强技术创新，提高节能环保产业市场竞争力

（一）支持企业技术创新能力建设

强化企业技术创新主体地位，鼓励企业加大研发投入，支持企业牵头承担节能环保国家科技计划项目。发展一批由骨干企业主导、产学研用紧密结合的产业技术创新战略联盟等平台。支持区域节能环保科技服务平台建设。

（二）加快掌握重大关键核心技术

加大节能环保关键共性技术攻关力度，加快突破能源高效和分质梯级利用、污染物防治和安全处置、资源回收和循环利用、二氧化碳热泵、低品位余热利用、供热锅炉模块化等关键技术和装备。

（三）促进科技成果产业化转化

选择节能环保产业发展基础好的地区，建设一批产业集聚、优势突出、产学研用有机结合、引领示范作用显著的节能环保产业示范基地，支持成套

装备及配套设备、关键共性技术和先进制造技术的生产制造和推广应用。筛选一批技术先进、经济适用的节能环保装备设备，扩大推广应用。

（四）推动国际合作和人才队伍建设

依托"千人计划"和海外高层次创新创业人才基地建设，加快吸引海外高层次人才来华创新创业。依托重大人才工程，大力培养节能环保科技创新、工程技术等高端人才。

2014 年能源工作指导意见

（国家能源局 2014 年 1 月 20 日发布）

（节选）

一、总体要求

2014 年能源工作的指导思想是：全面贯彻党的十八大和十八届二中、三中全会精神，认真落实党中央、国务院各项决策部署，围绕确保国家能源战略安全、转变能源消费方式、优化能源布局结构、创新能源体制机制等四项基本任务，着力转方式、调结构、促改革、强监管、保供给、惠民生，以改革红利激发市场动力活力，打造中国能源"升级版"，为经济社会发展提供坚实的能源保障。

二、主要目标

（一）提高能源效率

2014 年，单位 GDP 能耗 0.71 吨标准煤/万元，比 2010 年下降 12%。

（二）优化能源结构

2014 年，非化石能源消费比重提高到 10.7%，非化石能源发电装机比重达到 32.7%。天然气占一次能源消费比重提高到 6.5%，煤炭消费比重降低到 65% 以下。

（三）增强能源生产能力

2014 年，能源生产总量 35.4 亿吨标准煤，同比增长 4.3%。其中，煤炭生产 38 亿吨，增长 2.7%；原油生产 2.08 亿吨，增长 0.5%；天然气生产（不含煤制气）1310 亿立方米，增长 12%；非化石能源发电 1.3 万亿千瓦时，增长 11.8%。

（四）控制能源消费

2014 年，能源消费总量 38.8 亿吨标准煤左右，同比增长 3.2%；用电量 5.72 万亿千瓦时，同比增长 7%；煤炭消费量 38 亿吨，增长 1.6%；石油表观消费量 5.1 亿吨，增长 1.8%；天然气表观消费量 1930 亿立方米，增长 14.5%。

三、重点任务

（一）转变能源消费方式，控制能源消费过快增长

2014 年，单位 GDP 能耗比 2013 年下降 3.9% 左右。

1. 推行"一挂双控"措施

将能源消费与经济增长挂钩，对高耗能产业和过剩产业实行能源消费总量控制强约束。

2. 推行区域差别化能源政策

在能源资源丰富的西部地区，根据水资源和生态承载能力，合理增强能源开发力度，加大跨区调出能力。合理控制中部地区能源开发强度。大力优化东部地区能源开发利用结构，严格控制化石能源消费过快增长。

（二）认真落实大气污染防治措施，促进能源结构优化

着力降低煤炭消费比重，提高天然气和非化石能源比重。2014 年，京津冀鲁分别削减原煤消费 300 万吨、200 万吨、800 万吨和 400 万吨，合计 1700 万吨；全国淘汰煤炭落后产能 3000 万吨，关

停小火电机组 200 万千瓦；力争实现煤电脱硫比重接近 100%，火电脱硝比重达到 70%。

1. 落实大气污染防治行动计划年度重点任务

加强京津冀及其周边地区联防联控，抓好增供外来电力、保障天然气供应、发展核电和可再生能源以及提前供应国五油品等 5 个方面 127 个重大项目落地。

降低煤炭消费比重。

2. 提高煤炭洗选加工比例

完善差别化煤炭进口关税政策，鼓励优质煤炭进口，限制高灰、高硫劣质煤炭进口。

3. 严格控制京津冀、长三角、珠三角等区域煤电项目

除热电联产外，禁止审批新建燃煤发电项目。现有多台燃煤机组装机容量合计达到 30 万千瓦以上的，可按照煤炭等量替代的原则改建为大容量机组。

4. 提高天然气供气保障能力

加强常规天然气生产供应，加快开发煤层气、页岩气等非常规天然气，推进煤制气产业科学有序发展。加快推进输气管道、储气设施和 LNG 接收站项目建设。

5. 加大淘汰落后产能和节能减排工作力度

停止核准新建低于 30 万吨/年的煤矿和低于 90 万吨/年的煤与瓦斯突出矿井。科学安排电力行业脱硫、脱硝、除尘改造工程，加大节能减排监管力度，确保相关设施稳定、达标运行。2015 年前，完成京津冀、长三角、珠三角区域燃煤电厂污染治理设施建设和改造。

（三）大力发展清洁能源，促进能源绿色发展

坚持集中式与分布式并重、集中送出与就地消纳结合，稳步推进水电、风电、太阳能、生物质能、地热能等可再生能源发展，安全高效发展核电。2014 年，新核准水电装机 2000 万千瓦，新增风电装机 1800 万千瓦，新增光伏发电装机 1000 万千瓦（其中分布式占 60%），新增核电装机 864 万千瓦。

加快完成 AP1000 设计固化、主设备定型，推动 AP1000 自主化依托工程建设。加快推进国内自主技术研发和工程验证，重点做好大型先进压水堆和高温气冷堆重大科技专项示范工程建设。

（四）加快石油天然气发展，提高安全保障能力

2014 年，国内原油产量达到 2.1 亿吨，天然气产量（不含煤制气）达到 1310 亿立方米，其中页岩气生产量 15 亿立方米，煤层气（煤矿瓦斯）抽采量 180 亿立方米。

（五）优化布局，推进煤炭煤电大基地和大通道建设

按照"安全、绿色、集约、高效"的原则，重点建设 14 个大型煤炭基地、9 个大型煤电基地、12 条"西电东送"输电通道，优化能源发展空间布局，提高能源资源配置效率。2014 年，煤炭基地产量达到 34.6 亿吨，占全国的 91.1%。煤电基地开工和启动前期工作规模 7000 万千瓦，占全国煤电总装机比重达到 8%。

1. 加强大型煤炭基地建设

按照优化结构、扶强限劣，综合施策、挖潜增效，分质利用、抓好示范的方针，推进神东、陕北、蒙东、宁东、新疆、云贵等 14 个大型煤炭基地建设。

2. 加快清洁煤电基地和输电通道建设

（六）以重大项目为载体，大力推进能源科技创新

坚持自主创新，鼓励引进消化吸收再创新，以能源重大工程为载体，以政府为主导、以企业为主体，建立政、产、学、研、用相结合的自主创新体制机制，推动能源装备国产化，打造能源科技装备"升级版"。

1. 抓好重大技术研究和重大科技专项

重点推进非常规油气、深水油气、先进核电、新能源、700℃超超临界燃煤发电等重大技术研究。启动并抓好 24 项国家能源重大应用技术研究及工程示范专项。

2. 依托重大工程推动关键装备国产化

重点推动页岩气和煤层气勘探开发、海洋油气开发、天然气液化和接收、核电、抽水蓄能等重大装备国产化。推进大型燃气轮机自主研发，加快高温部件研制和验证平台建设。制订出台促进能源装备制造业健康发展的指导意见。加快能源企业及能源装备制造企业自主创新技术平台建设，推进能源装备国产化，提升能源装备自主化水平，形成有国际竞争力的能源装备工业体系，积极支持能源装备企业"走出去"。

（七）深化能源国际合作，拓展我国能源发展空间

以建设丝绸之路经济带和 21 世纪海上丝绸之路为重大契机，统筹国际国内两个大局、两个市场、两种资源，围绕确保国家能源战略安全核心目标，按照"总体谋划、多元合作、分类施策、掌握主动"的方针，全面落实能源国际合作成果，巩固深化能源国际合作重大关系，推动能源企业"走出去"，增强全球能源治理的话语权和影响力，进一步提升能源国际合作水平。

（八）推进体制机制改革，强化能源市场监管

全面贯彻党的十八届三中全会精神，研究拟订全面深化能源领域体制机制改革方案，推进能源领域体制机制创新，为能源科学发展提供保障。

1. 鼓励和引导民间资本进一步扩大能源领域投资

2. 进一步深化电力改革

积极支持在内蒙古、云南等省区开展电力体制改革综合试点。推进输配电价改革，提出单独核定输配电价的实施方案。

关于调整重大技术装备进口税收政策的通知（2014年）

（财政部、发改委、工信部、海关总署、国家税务局、国家能源局

2月18日发布　财关税〔2014〕2号）

（节选）

为贯彻落实国务院关于装备制造业振兴规划有关决定，提高我国装备制造业的核心竞争力及自主创新能力，推动产业结构调整和升级，促进国民经济可持续发展，2009年8月，财政部会同国家发展改革委、工业和信息化部、海关总署、国家税务总局、国家能源局出台了重大技术装备进口税收政策。根据近年来国内装备制造业及其配套产业的发展情况，在广泛听取产业主管部门、行业协会及相关企业等方面意见的基础上，决定对重大技术装备进口税收政策有关规定和目录进行调整。

一、《国家支持发展的重大技术装备和产品目录（2014年修订）》（见附件3）和《重大技术装备和产品进口关键零部件及原材料商品目录（2014年修订）》自2014年3月1日起执行，符合规定条件的国内企业为生产本通知所列装备或产品而确有必要进口本通知所列商品，免征关税和进口环节增值税。

二、《进口不予免税的重大技术装备和产品目录（2014年修订）》自2014年3月1日起执行。对2014年3月1日（含3月1日）以后批准的按照或比照《国务院关于调整进口设备税收政策的通知》（国发〔1997〕37号）规定享受进口税收优惠政策的下列项目和企业，进口本通知所列自用设备以及按照合同随上述设备进口的技术及配套件、备件，一律照章征收进口税收：

（一）国家鼓励发展的国内投资项目和外商投资项目；

（二）外国政府贷款和国际金融组织贷款项目；

（三）由外商提供不作价进口设备的加工贸易企业；

（四）中西部地区外商投资优势产业项目；

（五）《海关总署关于进一步鼓励外商投资有关进口税收政策的通知》（署税〔1999〕791号）规定的外商投资企业和外商投资设立的研究中心利用自有资金进行技术改造项目。

三、根据国内产业发展情况，自2014年3月1日起，将国家支持发展的油气钻探设备、半潜式钻井平台、液化天然气运输船、深水物探船、接触网多功能综合作业车、湿式电除尘器等装备纳入重大技术装备进口税收政策支持范围（见附3）。

自2014年3月1日起，取消直流供电牵引设备、火灾自动报警及气体灭火系统、联锁系统、燃煤电站烟气脱硝成套设备等装备进口免税政策；调整三代核电机组核岛设备、二代改进型核电机组核岛设备与常规岛设备、清筛机、混凝土泵车、城市轨道交通装备等装备的进口免税零部件及原材料目录（见附3）。

附 3 国家支持发展的重大技术装备和产品目录（2014 年修订）

编号	名称	技术规格要求	销售业绩要求	备注
一	大型清洁高效发电装备			
（一）	核电机组（三代核电机组）	百万千瓦级		
1	核岛设备：反应堆压力容器、蒸汽发生器、稳压器、反应堆堆内构件、控制棒驱动机构、环行吊车、主管道、安全注入箱、主设备支撑、数字化仪控系统、堆芯补水箱、安全壳、非能动余排换热器、结构模块、核燃料元件	三代核电机组核岛设备	持有合同订单	
2	常规岛设备：汽轮机、汽轮发电机、除氧器、汽水分离器再热器、加热器	三代核电机组常规岛设备	持有合同订单	
3	核级泵：核主泵（反应堆冷却剂主泵）、上充泵、安注泵、安全壳余热排出泵、喷淋泵	三代核电机组核级泵	持有合同订单	
4	核级阀：安全壳隔离阀、波纹管截止阀、稳压器安全阀、稳压器比例喷雾调节阀、主蒸汽隔离阀、核岛阀	三代核电机组核级阀	持有合同订单	
（二）	核电机组（二代改进型核电机组）	百万千瓦级		
1	核岛设备：反应堆压力容器、蒸汽发生器、稳压器、堆内构件、控制棒驱动机构、环行吊车、主管道、安全注入箱、硼注箱	二代改进型核电机组核岛设备	持有合同订单	
2	常规岛设备：汽轮机（半转速组）、汽轮发电机、除氧器、汽水分离器再热器（MSR）和汽水分离再热器系统（GSS）、高低压给水加热器、应急柴油发电机组	二代改进型核电机组常规岛设备，其中应急柴油发电机组的技术规格要求为：50 赫兹/6.6 千伏/10.5 千伏	持有合同订单	
3	核级泵：核主泵、上充泵	二代改进型核电机组核级泵	持有合同订单	
4	核级阀：波纹管截止阀	二代改进型核电机组核级阀	持有合同订单	
（三）	超超临界参数火电机组			
	燃煤锅炉、汽轮机、发电机	输出功率：600 兆瓦级、1000 兆瓦级	持有合同订单	
（四）	大型循环流化床锅炉	输出功率≥300 兆瓦级	持有合同订单	
（五）	大型空冷电站成套设备			
	空冷汽轮机、直接空冷系统	输出功率≥300 兆瓦	持有合同订单	
（六）	燃气—蒸汽联合循环机组			
	燃气轮机、发电机、汽轮机	E 级、F 级	持有合同订单	
（七）	大型水力发电成套设备			
1	混流式水电机组	额定容量≥600 兆瓦	持有合同订单	
2	抽水蓄能机组	额定容量≥250 兆瓦	持有合同订单	
3	轴流式水电机组	额定容量≥150 兆瓦	持有合同订单	
4	贯流式水电机组	额定容量≥40 兆瓦	持有合同订单	
5	冲击式水电机组	额定容量≥50 兆瓦	持有合同订单	
（八）	大功率风力发电机（组）及其配套部件			
1	风力发电机（组）整机	单机额定功率≥2 兆瓦	2 兆瓦以上 150 台（2.5 兆瓦及以上整机不作销售量要求）	
2	风力发电机（组）配套部件：叶片、齿轮箱、发电机、控制系统、变流器	叶片、齿轮箱、发电机为单机额定功率≥2 兆瓦的整机配套	叶片年销售量≥300 片；发电机年销售量≥100 台；齿轮箱≥100 台（为 2.5 兆瓦及以上整机配套不作销售量要求）	
		控制系统、变流器为单机额定功率≥1.5 兆瓦的整机配套	持有合同订单	
（九）	垃圾焚烧发电设备	*	*	
（十）	太阳能发电设备	*	*	

续表

编号	名称	技术规格要求	销售业绩要求	备注
二	超、特高压输变电设备			
（一）	直流输变电设备			
1	直流换流变压器	±600 千伏及以上	持有合同订单	
2	换流阀	±800 千伏及以上	持有合同订单	
3	直流输电用晶闸管	±800 千伏及以上	持有合同订单	
4	控制保护设备	±800 千伏及以上	持有合同订单	
5	直流场设备	±800 千伏及以上	持有合同订单	
（二）	交流输变电设备			
1	电力变压器、六氟化硫断路器、气体绝缘金属封闭开关设备（GIS）、串联补偿装置	750 千伏及以上	持有合同订单	
三	大型石油及石化装备			
（一）	乙烯成套设备			
1	乙烯裂解气压缩机组及其配套用工业汽轮机、乙烯制冷压缩机组及其配套用工业汽轮机、丙烯制冷压缩机组及其配套用工业汽轮机、乙烯冷箱、加氢反应器、加氢装置空冷器	年产量≥80 万吨	持有合同订单	
（二）	聚乙烯循环气压缩机和聚乙烯配套用往复式压缩机（迷宫密封式）	年产量≥40 万吨	持有合同订单	
（三）	混炼挤压造粒机组	年产量≥20 万吨	持有合同订单	
（四）	对苯二甲酸（PTA）成套设备			
1	PTA 氧化反应器、加氢精制装置加氢反应器、蒸汽回转干燥机、PTA 工艺空气压缩机组	年产量≥80 万吨	持有合同订单	
（五）	千万吨级炼油设备			
1	炼油用加氢反应器、精制反应器	设备单重≥1000 吨	持有合同订单	
2	循环氢离心压缩机	轴功率≥2000 千瓦	持有合同订单	
3	大型工业汽轮机	输出功率≥60000 千瓦	持有合同订单	
4	催化裂化空气压缩机机组	流量≥3000 标准立方米/时	持有合同订单	
5	催化裂化能量回收装置空气压缩机机组	配套 1000 万吨原油/年	持有合同订单	
（六）	天然气管道运输和液化储运装备：燃压机组、大型管线球阀和控制系统、液化天然气接收站			
1	长输管道燃驱压缩机组	30 兆瓦级及以上	持有合同订单	
2	长输管道电驱压缩机组	20 兆瓦级及以上	持有合同订单	
3	高压大口径全锻焊管道球阀	公称通径≥40″，压力等级≥class600 磅	持有合同订单	
（七）	油气钻采装备			
1	大型压裂装备（含配套的泵车、混砂车）	额定输出功率≥2500 马力	持有合同订单	新增
2	连续油管作业装备（机组/车）	提升能力≥18 吨	持有合同订单	新增
3	不压井作业装备	提升能力≥70 吨	持有合同订单	新增
4	顶部驱动钻井装置	钻井深度≥7000 米	持有合同订单	新增
5	天然气发动机驱动压缩机组	压缩机≥30 标准立方米/分	持有合同订单	新增
四	大型煤化工设备			
（一）	往复式水煤浆隔膜泵	流量：25~550 立方米/时	持有合同订单	
		压力：1.5~25 兆帕		
（二）	煤液化加氢反应器	设备自重≥500 吨	持有合同订单	
（三）	大型空分设备及其压缩机、空压机、增压机			
1	大型空分设备	氧产量≥40000 立方米/时	持有合同订单	
2	双缸氧气压缩机	流量≥30000 立方米/时；压力：8~30 巴；功率：3000~12000 千瓦	持有合同订单	
3	大型空分装置用空压机或增压机	为氧产量≥40000N 立方米/时的空分装置配套用	持有合同订单	3

续表

编号	名称		技术规格要求	销售业绩要求	备注
（四）	大型合成氨设备				
1	合成气压缩机		年产量 30 万吨以上合成氨项目配套用	持有合同订单	
2	二氧化碳压缩机		年产量 30 万吨以上尿素项目配套用	持有合同订单	
（五）	煤化工气化炉		为 30 万吨及以上合成氨、甲醇配套用，水煤浆（湿法）气化炉工作压力≥6.5 兆帕，粉煤浆（干法）气化炉工作压力≥2.8 兆帕	持有合同订单	
六	大型煤炭设备				
（一）	大型正铲式矿用挖掘机		标准斗容≥20 立方米（测定标准斗容的物料密度为 1.8 吨/立方米）		
（二）	大型非公路矿用自卸车				
1	电动轮非公路矿用自卸车		额定装载质量≥108 吨	年销售量≥15 台（额定装载质量在 220 吨及以上整机年销售量不做要求）	
2	机械传动非公路矿用自卸车		额定装载质量≥85 吨	年销售量≥50 台	
（三）	大型煤炭采掘设备				
1	电牵引采煤机		装机功率≥900 千瓦	年销售量≥10 台（套）	
2	刮板输送机和刮板转载机		刮板输送机装机功率≥800 千瓦，刮板转载机装机功率≥400 千瓦	年销售量≥10 台（套）	
3	多绳摩擦式提升机		最大静张力≥960 千牛，最大静张力差≥180 千牛，电动机功率≥2200 千瓦	年销售量≥10 台（套）	
4	大型破碎站		生产能力≥500 吨/时；装机功率≥300 千瓦	年销售量≥5 台	
七	大型船舶、海洋工程设备				
（一）	大型海洋石油工程装备				
1	自升式钻井平台		作业水深≥300 英尺	持有合同订单	
2	半潜式钻井平台		作业水深≥500 米	持有合同订单	新增
（二）	大型高技术、高附加值船舶				
7	海上浮式生产储卸油装置		储油≥100 万桶	持有合同订单	
11	独立 C 型液化天然气运输船		整船舱容≥1000 立方米	持有合同订单	新增
12	多缆高性能深水物探船		3~16 缆	持有合同订单	新增
九	大型环保及资源综合利用设备				
（一）	大气污染治理设备				
1	燃煤机组湿法烟气脱硫成套设备：循环浆液泵（流量≥4000 立方米/小时）、烟气挡板门、喷淋层、脱硫风机（亦称脱硫增压风机，额定功率≥2000 千瓦）、桨叶搅拌器、烟气换热器		300 兆瓦及以上	持有合同订单	
2	循环流化床干法烟气脱硫关键设备		火电厂 600 兆瓦机组配套用	持有合同订单	
3	大型烟煤电站除尘除灰设备：袋式除尘器、电除尘器、烟气调质、电袋复合除尘器		袋式除尘器（火电厂 300 兆瓦及以上机组配套用）、电除尘器（火电厂 600 兆瓦及以上机组配套用）、烟气调质、电袋复合除尘器（火电厂 200 兆瓦及以上机组配套用）	持有合同订单	
	湿式电除尘器		600 兆瓦及以上燃煤电站机组配套用；粉尘排放浓度≤10 毫克/立方米	持有合同订单	新增
（四）	资源综合利用设备				
1	大型高炉煤气余压透平能量回收利用装置		额定功率≥4000 千瓦	持有合同订单	
2	低热值富余高炉煤气联合循环发电机组		额定功率≥2.5 万千瓦	持有合同订单	
4	煤矿瓦斯发电成套设备：瓦斯、沼气发电机组；双燃料发动机；瓦斯防爆自动抽排设备		发电机组或发动机额定功率≥500 千瓦	持有合同订单	

续表

编号	名称		技术规格要求	销售业绩要求	备注
5	煤气综合利用净化设备：脱酸塔、喷淋式饱和器			持有合同订单	
十五	电子信息及生物医疗装备				
（一）	集成电路关键设备、新型平板显示器件生产设备、电子元器件生产设备、表面贴装及无铅工				
1	太阳能电池生产设备				
（1）	等离子加强型化学气相沉积设备（PECVD）		膜厚均匀性<15%	持有合同订单	
（2）	低压化学气相沉积设备（LPCVD）		膜厚均匀性<15%	持有合同订单	
（3）	物理气相沉积设备（PVD）		膜厚均匀性<15%	持有合同订单	
（4）	硅片多线切割机		156毫米×156毫米硅片；总厚度变化≤30微米；切割硅片厚度≤0.18毫米	持有合同订单年产30台以上	
（5）	晶硅太阳能电池生产用全自动印刷、烘干、烧结、测试分选系统		硅片（多晶、单晶）尺寸：156毫米×156毫米	持有合同订单	
（6）	太阳能级单晶炉、多晶铸锭炉		单晶炉投料量≥150千克；多晶铸锭炉一次投料量≥800千克	持有合同订单	
（7）	扩散炉		硅片（多晶、单晶）尺寸：156毫米×156毫米	持有合同订单	
（8）	铜铟镓硒（CIGS）薄膜太阳能电池硒化、热处理设备		基板尺寸0.6米×1.2米；最高温度≥500℃	持有合同订单	
3	集成电路关键设备				
（1）	氧化炉		硅片直径300毫米，线宽65~90纳米	持有合同订单	
（2）	切割机		硅片直径200~300毫米	持有合同订单	
5	锂离子动力电池设备				
（1）	锂离子电池生产用涂覆设备		涂布速度：20~70米/分；单面涂布厚度≤300微米；最大涂布宽度≥700毫米	持有合同订单	
（2）	锂离子电池极片分切设备		最大放卷幅宽≥670毫米；可分切极片厚度50~300微米；分切精度≤±0.05毫米	持有合同订单	

海洋工程装备工程实施方案

（国家发展改革委、财政部、工业和信息化部 2014年4月24日发布

发改高技〔2014〕784号）

（节选）

一、总体思路和工程目标

（一）总体思路

重点突破深远海油气勘探装备、钻井装备、生产装备、海洋工程船舶、其他辅助装备以及相关配套设备和系统的设计制造技术，全面提升我国海洋工程装备自主研发设计、专业化制造及系统配套能力，实现海洋工程装备产业链协同发展。

（二）工程目标

到2016年，我国海洋工程装备实现浅海装备自主化、系列化和品牌化，深海装备自主设计和总包建造取得突破，专业化配套能力明显提升，基本形成健全的研发、设计、制造和标准体系，创新能力显著增强，国际竞争力进一步提升。深海半潜式钻井平台、钻井船等形成系列化，深海浮式生产储卸装置（FPSO）、半潜式生产平台等实现自主设计和总承包，水下生产系统初步具备设计制造能力；升降锁紧系统、深水锚泊系统、动力定位系统、大型平台电站等实现自主设计制造和应用；深海工程装备试验、检测平台初步建成。

到2020年，全面掌握主力海洋工程装备的研发设计和制造技术，具备新型海洋工程装备的设计与建造能力，形成较为完整的科研开发、总装建造、设备供应和技术服务的产业体系，海洋工程装备产业的国际竞争能力明显提升。

二、主要任务

（一）加快主力装备系列化研发，形成自主知识产权

通过引进消化吸收再创新，开展物探船、半潜式钻井/生产/支持平台、钻井船、浮式生产储卸装置（FPSO）、海洋调查船等主力装备的系列化设计研发，着力攻克关键技术，加强技术标准制定，形成具有自主知识产权的品牌产品，扩大国际市场占有率。

（二）加强新型海洋工程装备开发，提升设计建造能力

通过集成创新和协同创新，加强浮式钻井生产储卸装置、自升式钻井储卸油平台等装备开发，逐步提升研发设计建造能力。开展原始创新，加强海上大型浮式结构物等设计建造关键技术的研发。

（三）加强关键配套系统和设备技术研发及产业化，提升配套水平

重点开展深水锚泊系统、动力定位系统、单点系泊系统等技术研发。

（四）加强海洋工程装备示范应用，实现产业链协同发展

支持由用户牵头建立产业联盟，加强产学研用合作，推动本土研制的海洋工程装备的应用，开展关键配套系统和设备的示范，为全面形成产业化能力奠定基础。

（五）加强创新能力建设，支撑产业持续快速发展

在整合利用现有创新平台的基础上，依托骨干企业、重点科研院所和大学，围绕海洋工程核心装备及其配套系统设备的共性技术、关键技术，建立一批国家级企业技术中心、工程研究中心、工程实验室。

三、组织方式

（一）深海油气资源开发装备创新发展

1. 发展目标

面向国内国际两个市场，全面掌握设计、建造关键技术，实现我国海洋工程装备产业化、规模化、品牌化。

2. 实施原则

订单优先、技术先进、自主配套、发挥优势。

3. 实施重点

自升式钻井平台、半潜式钻井/生产/支持平台等装备的自主设计和建造技术，具备概念设计、基本设计、详细设计能力。突破浮式钻井生产储卸装（FDPSO）等装备的研发设计和建造技术，形成总装建造能力。开展钻/修井设备等关键配套设备和系统的集成设计技术、系统成套和检测技术研究。

（二）深海油气资源开发装备示范应用

1. 发展目标

通过示范工程实施，实现深海油气开发首台（套）重大关键装备、系统和设备的应用，推动科研成果向工程化、产业化转化，促进总装及配套产业协调发展。

2. 实施原则

急用先上、技术先进、带动配套、实力优先。工程经验较好的企业承担，可采用建设—经营—移交（BOT）等多种方式组织实施。

3. 实施重点

重点在深水钻井船、半潜式钻井平台上进行动力定位、钻井包等关键系统和设备的示范应用，努力突破 TLP 平台、深水 FPSO 等深水工程示范。海洋石油勘探开采企业牵头，形成集规划、研制、实施、使用、服务为一体的产学研用联盟。

（三）深海油气资源开发装备创新公共平台建设

1. 发展目标

支持国内有实力的企业集团、研究和第三方中介机构开展研发能力、试验能力和关键设备测试、鉴定、认证能力建设，提高自主研制的海洋工程装备的质量、安全性和可靠性。增强产业创新能力和可持续发展能力。

2. 实施原则

统筹规划、盘活存量、创新机制。

3. 实施重点

开展本土化油气开采装备和配套设备的研制、产品"孵化"和推广。加强海洋工程装备技术检验与认证能力、技术指导能力和规范研究能力建设，扩大对外技术交流和对内技术指导的作用，增强其在认证方面的国际性与权威性。

（四）实施周期

2014~2016 年。

四、保障措施

（1）对国内企业为生产国家支持发展海洋工程装备而确有必要进口的关键零部件及原材料，免征关税和进口环节增值税。

（2）支持科研机构、总装制造企业、配套系统和设备企业、油气开发企业等发挥各自优势，共同构建产业创新联盟。

（3）推动建立使用国产首台（套）产品的风险补偿机制。

（4）鼓励金融机构灵活运用多种金融工具，支持信誉良好、产品有市场、有效益的海洋工程装备企业加快发展。

（5）依托国家工程（技术）研究中心、工程（重点）实验室等研究机构以及测试认证中心的建设，加强海洋工程装备领域的专业人才培养。

能源发展战略行动计划（2014~2020年）

（国务院办公厅 2014年6月7日发布 国办发〔2014〕31号）

（节选）

能源是现代化的基础和动力。能源供应和安全事关我国现代化建设全局。新世纪以来，我国能源发展成就显著，供应能力稳步增长，能源结构不断优化，节能减排取得成效，科技进步迈出新步伐，国际合作取得新突破，建成世界最大的能源供应体系，有效保障了经济社会持续发展。

我国可再生能源、非常规油气和深海油气资源开发潜力很大，能源科技创新取得新突破，能源国际合作不断深化，能源发展面临着难得的机遇。

从现在到2020年，是我国全面建成小康社会的关键时期，是能源发展转型的重要战略机遇期。打造中国能源升级版，必须加强全局谋划，明确今后一段时期我国能源发展的总体方略和行动纲领，推动能源创新发展、安全发展、科学发展，特制定本行动计划。

一、总体战略

战略方针与目标

坚持"节约、清洁、安全"的战略方针，加快构建清洁、高效、安全、可持续的现代能源体系。重点实施四大战略：

1. 节约优先战略

到2020年，一次能源消费总量控制在48亿吨标准煤左右，煤炭消费总量控制在42亿吨左右。

2. 立足国内战略

到2020年，基本形成比较完善的能源安全保障体系。国内一次能源生产总量达到42亿吨标准煤，能源自给能力保持在85%左右，石油储采比提高到14~15，能源储备应急体系基本建成。

3. 绿色低碳战略

到2020年，非化石能源占一次能源消费比重达到15%，天然气比重达到10%以上，煤炭消费比重控制在62%以内。

4. 创新驱动战略

深化能源体制改革，加快重点领域和关键环节改革步伐，完善能源科学发展体制机制，充分发挥市场在能源资源配置中的决定性作用。到2020年，基本形成统一开放竞争有序的现代能源市场体系。

二、主要任务

（一）增强能源自主保障能力

1. 推进煤炭清洁高效开发利用

转变煤炭使用方式，着力提高煤炭集中高效发电比例。提高煤电机组准入标准，新建燃煤发电机组供电煤耗低于每千瓦时300克标准煤，污染物排放接近燃气机组排放水平。

2. 稳步提高国内石油产量

坚持陆上和海上并重，稳定东部老油田产量、实现西部增储上产、加快海洋石油开发、大力支持低品位资源开发。

3. 大力发展天然气

加快常规天然气勘探开发。到2020年，累计新增常规天然气探明地质储量5.5万亿立方米，年产常规天然气1850亿立方米。

重点突破页岩气和煤层气开发。到 2020 年，页岩气产量力争超过 300 亿立方米。以沁水盆地、鄂尔多斯盆地东缘为重点，加大支持力度，加快煤层气勘探开采步伐。到 2020 年，煤层气产量力争达到 300 亿立方米。

坚持煤基替代、生物质替代和交通替代并举的方针，科学发展石油替代。到 2020 年，形成石油替代能力 4000 万吨以上。

（二）推进能源消费革命

实施煤电升级改造行动计划。实施老旧煤电机组节能减排升级改造工程，现役 60 万千瓦（风冷机组除外）及以上机组力争 5 年内供电煤耗降至每千瓦时 300 克标准煤左右。

（三）优化能源结构

1. 降低煤炭消费比重

加快清洁能源供应，控制重点地区、重点领域煤炭消费总量，推进减量替代，压减煤炭消费，到 2020 年，全国煤炭消费比重降至 62% 以内。

削减京津冀鲁、长三角和珠三角等区域煤炭消费总量。加大高耗能产业落后产能淘汰力度，扩大外来电、天然气及非化石能源供应规模，耗煤项目实现煤炭减量替代。到 2020 年，京津冀鲁四省市煤炭消费比 2012 年净削减 1 亿吨，长三角和珠三角地区煤炭消费总量负增长。

2. 提高天然气消费比重

坚持增加供应与提高能效相结合，加强供气设施建设，扩大天然气进口，有序拓展天然气城镇燃气应用。到 2020 年，天然气在一次能源消费中的比重提高到 10% 以上。

3. 安全发展核电

采用国际最高安全标准、确保安全的前提下，适时在东部沿海地区启动新的核电项目建设，研究论证内陆核电建设。坚持引进消化吸收再创新，重点推进 AP1000、CAP1400、高温气冷堆、快堆及后处理技术攻关。加快国内自主技术工程验证，重点建设大型先进压水堆、高温气冷堆重大专项示范工程。积极推进核电基础理论研究、核安全技术研究开发设计和工程建设，完善核燃料循环体系。积极推进核电"走出去"。加强核电科普和核安全知识宣传。到 2020 年，核电装机容量达到 5800 万千瓦，在建容量达到 3000 万千瓦以上。

4. 大力发展可再生能源

按照输出与就地消纳利用并重、集中式与分布式发展并举的原则，加快发展可再生能源。到 2020 年，非化石能源占一次能源消费比重达到 15%。

积极开发水电。在做好生态环境保护和移民安置的前提下，以西南地区金沙江、雅砻江、大渡河、澜沧江等河流为重点，积极有序推进大型水电基地建设。因地制宜发展中小型电站，开展抽水蓄能电站规划和建设，加强水资源综合利用。到 2020 年，力争常规水电装机达到 3.5 亿千瓦左右。

大力发展风电。重点规划建设酒泉、内蒙古西部、内蒙古东部、冀北、吉林、黑龙江、山东、哈密、江苏等 9 个大型现代风电基地以及配套送出工程。以南方和中东部地区为重点，大力发展分散式风电，稳步发展海上风电。到 2020 年，风电装机达到 2 亿千瓦，风电与煤电上网电价相当。

加快发展太阳能发电。有序推进光伏基地建设，同步做好就地消纳利用和集中送出通道建设。加快建设分布式光伏发电应用示范区，稳步实施太阳能热发电示范工程。加强太阳能发电并网服务。鼓励大型公共建筑及公用设施、工业园区等建设屋顶分布式光伏发电。到 2020 年，光伏装机达到 1 亿千瓦左右，光伏发电与电网销售电价相当。

（四）拓展能源国际合作

统筹利用国内国际两种资源、两个市场，着力建设丝绸之路经济带、21 世纪海上丝绸之路、孟中印缅经济走廊和中巴经济走廊，积极支持能源技术、装备和工程队伍"走出去"。

加强俄罗斯中亚、中东、非洲、美洲和亚太五大重点能源合作区域建设，深化国际能源双边多边合作，建立区域性能源交易市场。积极参与全球能源治理。加强统筹协调，支持企业"走出去"。

（五）推进能源科技创新

按照创新机制、夯实基础、超前部署、重点跨越的原则，加强科技自主创新，鼓励引进消化吸收再创新，打造能源科技创新升级版，建设能源科技强国。

1. 明确能源科技创新战略方向和重点

确立非常规油气及深海油气勘探开发、煤炭清洁高效利用、分布式能源、智能电网、新一代核电、先进可再生能源、节能节水、储能、基础材料等9个重点创新领域，明确页岩气、煤层气、页岩油等20个重点创新方向。

2. 抓好科技重大专项

加快实施大型油气田及煤层气开发国家科技重大专项。加强大型先进压水堆及高温气冷堆核电站国家科技重大专项。加强技术攻关，力争页岩气、深海油气、天然气水合物、新一代核电等核心技术取得重大突破。

3. 依托重大工程带动自主创新

依托海洋油气和非常规油气勘探开发、煤炭高效清洁利用、先进核电等重大能源工程。加快能源装备制造创新平台建设，支持先进能源技术装备"走出去"，形成有国际竞争力的能源装备工业体系。

4. 加快能源科技创新体系建设

建立以企业为主体、市场为导向、政产学研用相结合的创新体系。加强能源人才队伍建设，鼓励引进高端人才，培育一批能源科技领军人才。

三、保障措施

（一）深化能源体制改革

推进能源价格改革。推进石油、天然气、电力等领域价格改革，有序放开竞争性环节价格，天然气井口价格及销售价格、上网电价和销售电价由市场形成，输配电价和油气管输价格由政府定价。

深化重点领域和关键环节改革。重点推进电网、油气管网建设运营体制改革。

加快电力体制改革步伐，推动供求双方直接交易，构建竞争性电力交易市场。

健全能源法律法规，进一步转变政府职能，健全能源监管体系。加强能源发展战略、规划、政策、标准等制定和实施，加快简政放权，继续取消和下放行政审批事项。

（二）健全和完善能源政策

完善能源税费政策。加快资源税费改革，积极推进清费立税，逐步扩大资源税从价计征范围。

完善能源投资和产业政策。在充分发挥市场作用的基础上，扩大地质勘探基金规模，重点支持和引导非常规油气及深海油气资源开发和国际合作，完善政府对基础性、战略性、前沿性科学研究和共性技术研究及重大装备的支持机制。研究制定推动绿色信贷发展的激励政策。完善能源消费政策。实行差别化能源价格政策。

西部地区鼓励类产业目录

（国家发展改革委员会　2014 年 8 月 20 日发布　发改委令第 15 号）

（节选）

为深入实施西部大开发战略，促进西部地区产业结构调整和特色优势产业发展，特制订本目录。

本目录共包括两部分，一是国家现有产业目录中的鼓励类产业，二是西部地区新增鼓励类产业。

本目录原则上适用于在西部地区生产经营的各类企业。其中外商投资企业按照《外商投资产业指导目录》和《中西部地区外商投资优势产业目录》执行。

一、国家现有产业目录中的鼓励类产业

（1）《产业结构调整指导目录（2011 年本）（修正）》（国家发展改革委令 2013 年第 21 号）中的鼓励类产业。

（2）《外商投资产业指导目录（2011 年修订)》（国家发展改革委、商务部令 2011 年第 12 号）中的鼓励类产业。

（3）《中西部地区外商投资优势产业目录（2013 年修订)》（国家发展改革委、商务部令 2013 年第 1 号）中的西部地区产业。

以上目录如修订，按新修订版本执行。

二、西部地区新增鼓励类产业

西部地区新增鼓励类产业按省、自治区、直辖市分列，并根据实际情况适时修订。

（一）重庆市

（1）核设备、高精密核仪器、仪表的开发制造。

（2）压缩天然气（CNG）汽车加气站成套设备及装置（汽车储气钢瓶、压缩机、储气罐、深度脱水装置、脱硫罐、冷凝管、油水分离器等）研发及制造。

（3）高压输变电及控制设备的研发及制造。

（二）四川省

（1）高效太阳能电池组件技术开发及生产。

（2）高精密核仪器、仪表开发制造。

（3）火力发电、水泥、钢铁等选择性催化还原法（SCR）脱硝催化剂及 SCR 烟气脱硝设备生产。

（4）压缩天然气（CNG）汽车加气站成套设备及装置（CNG 汽车储气钢瓶、压缩机、高压地下储气井、储气罐、深度脱水装置、脱硫罐、冷凝管、油水分离器等）制造与应用，液化天然气（LNG）汽车加气站成套设备及装置制造与应用。

（5）核、化学、生物等领域的侦查、防护、消洗等防化应急装备开发制造。

（三）贵州省

（1）高压柱塞式液压泵、液压马达等液压基础件研发及制造。

（2）4 兆瓦以上燃气轮机研发及制造。

（四）云南省

（1）依托分布式电源的智能微电网技术开发及应用。

（2）高效太阳能电池组件技术开发及制造。

（3）石油精细化工产品开发及生产（《产业结

构调整指导目录》中限制类、淘汰类项目除外)。

(4) 特殊环境(高原、湿热、高寒、重污染等环境)用发输变电、供配电及控制设备、高原型电工电器产品、中小水电成套设备研发及制造。

(五) 陕西省

(1) 背压式热电联产机组建设及运营。

(2) 百万吨级大型乙烯、千万吨级大型炼油等重大煤化工、石油化工、电站用装备关键用泵、控制阀、调节阀的研发及制造。

(3) 工业流程节能环保能效综合利用成套设备制造及系统服务:大型等温型高效节能成套设备及系统服务、大型硝酸装置能效综合利用成套设备及系统服务、大型高效轴流压缩机成套装置技术开发制造、工业驱动高效节能成套设备及系统服务、高效节能能量回收成套设备及系统服务。

(4) 高效微排放燃煤锅炉制造(优于国家标准)。

(六) 甘肃省

(1) 背压式热电联产机组建设及运营。

(2) 太阳能发电系统建设及运营。

(3) 风力发电场建设及运营。

(4) 电网系统节电设备制造(比同类产品空载损耗下降10%~20%,负载损耗下降5%)。

(七) 青海省

(1) 背压式热电联产机组建设及运营。

(2) 太阳能发电系统建设及运营。

(3) 风力发电场建设及运营。

(八) 新疆维吾尔自治区 (含新疆生产建设兵团)

(1) 背压式热电联产机组建设及运营。

(2) 风力发电场建设及运营。

(3) 太阳能发电系统建设及运营。

(4) 依托分布式能源的智能微电网技术开发及应用。风电机组控制系统,风电机组用新型发电机、高速叶片、全功率变流器、变桨控制器、增速齿轮箱、主轴、轴承等关键部件,海上风电工程施工机械研发及制造。

(九) 内蒙古自治区

(1) 背压式热电联产机组建设及运营。

(2) 太阳能发电系统建设及运营。

(3) 风力发电场建设及运营。

(4) 依托分布式能源的智能微电网技术开发及应用。

(十) 广西壮族自治区

压缩天然气(CNG)汽车加气站成套设备及装置(CNG汽车储气钢瓶、长管玻璃纤维缠绕气瓶、压缩机、高压地下储气井、储气罐、深度脱水装置、脱硫罐、冷凝管、油水分离器等)制造,液化天然气(LNG)加气站成套设备(含LNG储罐)及装置制造。

重大环保技术装备与产品产业化工程实施方案

（发改委、工信部、科技部、财政部、环保部　2014 年 9 月 9 日

发改环资〔2014〕2064 号）

（节选）

为贯彻落实《"十二五"国家战略性新兴产业发展规划》和《"十二五"节能环保产业发展规划》，加快提升我国环保技术装备与产品的技术水平和供给能力，尽快满足我国污染物减排和保护生态环境的需要，特制定本方案。

一、实施背景

目前我国环保装备制造业一方面自主创新能力还较弱，原始创新技术过少，技术集成和再创新能力薄弱，另一方面推广应用我国自主研发的技术也不足，产业化水平与发展速度还无法满足日益紧迫的环境污染治理需求。编制本方案对于加快落实国家相关政策，推动环保装备和产品产业发展，调整产业结构，提高经济发展质量和效益，拉动投资和消费具有重要意义。

二、工程总体目标

到 2016 年，环保技术装备水平在基本保障二氧化硫、氮氧化物、化学需氧量、氨氮等四项约束性指标减排的基础上，针对危害大、影响面广的雾霾、水污染和重金属污染等突出环境问题，重点开发推广一批急需的技术装备和产品，完善技术创新体系，提升创新能力，突破一批关键共性环保技术。

（一）产业规模快速增长

环保装备制造业年均增速保持在 20% 以上，到 2016 年实现环保装备工业生产总值 7000 亿元，重大环保装备基本满足国内市场需求。

（二）创新能力和技术水平大幅提升

突破一批关键共性环保技术，获得 200 个以上专利授权，大幅提升关键零部件和原材料的国产化水平。

（三）装备制造水平和能力显著提高

基本保障主要污染物的装备供给能力，到 2016 年形成以集聚区为依托、大型企业集团为核心、"专精特新"中小企业配套的产业格局。

（四）先进环保技术装备市场占有率稳步提升

到 2016 年，高效低耗的先进环保技术装备与产品的市场占有率由目前的 10% 左右提高到 30% 以上，提升优势产品的国际竞争力。

三、重点任务

针对急需产业化的重点环保技术、装备及产品的需求，在关键技术研发、重大技术示范、产业化建设、创新能力建设、先进装备与产品推广等五个方面进行重点推进。

（一）加大关键技术攻关力度

以水处理用膜材料、高效柴油催化剂、高温除尘滤料等为先导，鼓励企业和科研院校加强共性技术和应用技术的专利布局。关键技术研发的重点方向见附 4。

附 4　关键技术研发重点方向

防治领域	装备与产品名称	关键技术	研发目标
大气污染防治领域	湿式静电除尘器	无火花电控技术、高效喷淋系统及喷淋控制技术	提高湿式静电除尘器安全性和使用寿命，减少用水量的同时保证收尘板的水膜均布及阴极线和集尘极的高效清灰
	高效长袋脉冲袋式除尘器	气流均布技术、滤袋检漏技术、微压静态清灰技术	避免滤袋局部磨损、延长滤袋寿命、满足设备长期稳定运行；对破损滤袋及时进行修补，保证滤袋的安全运行；降低清灰压力，在不破坏残留粉尘的前提下，避免深度破坏灰滤层而影响粉尘排放控制的稳定性
	余热利用高效低温电除尘器	余热利用装置与电除尘闭环控制技术、余热利用装置 CFD 模拟试验（气流均布计算机仿真试验）、喷枪结构型式设计技术	实现烟气余热利用和电除尘提效以及系统节能的自适应控制；研究余热利用装置对电除尘器气流均布性影响和结合技术；增强喷枪的耐磨度和抗变形能力，研发可变流量喷枪调节雾化空气喷入量，自吹扫防止喷嘴堵塞，延长喷枪使用寿命，减少维护工作量
	工业挥发性有机废气处理装备	沸石蜂窝转轮浓缩催化燃烧技术、等离子催化氧化技术、吸附浓缩+溶剂回收集成技术	解决沸石疏水性问题，开发出大直径沸石转轮；使氧化剂更为活跃，同时与高能粒子共同轰击氧化污染物质，从而使污染因子分解得更快、更彻底，提高去除效率；将低浓度有机废气浓缩至原体积的 5%以下
	重型柴油车尾气净化装备	高精度 SCR 尿素喷射系统技术、臭氧氧化—海水吸收脱硫脱硝技术	在 9 巴压力下，最大尿素喷射量 8 升/时。NO$_x$脱除效率大于 90%，脱硫效率大于 98%
	船舶柴油机脱硫脱硝装备	低温等离子体技术、尾部烟气脱硫脱硝脱汞一体化技术	产生大体积、分布均匀的等离子体；一体化脱除氧化吸收剂开发，进行一体化工艺开发和装备试制，提高烟气净化效率和达到较高环保要求
	重金属废水处理装备	重金属超磁分离处理技术、吸附法处理技术	增加重金属耐受度，减少运行能耗和费用，提高去除分离速度和稳定性；解决动态吸附问题，以适应大型工业化应用
环境应急处理领域	环境应急装备	智能化快速响应系统技术、功能模块单元组合集成技术	增强污染应急处理反应能力，及时反馈污染程度和因素，提高应对各种污染因素的能力

（二）加快推进先进技术的示范应用

加快更新国家鼓励的重大环保技术装备与产品目录，引导用户单位选用示范意义重大的技术，扩大先进、高效的装备与产品的市场需求。重大环保技术装备与产品应用示范领域和方向见附 5。

附 5　重大环保技术装备与产品应用示范领域和方向

防治领域	示范内容	建议示范行业或规模
	1000 兆瓦等级及以上机组的电袋复合除尘	火电、水泥
	1000 兆瓦等级及以上机组的湿式静电除尘	火电、水泥
	4000 吨/天及以上水泥窑烟气 SNCR 脱硝	4000~5000 吨/天
	300 兆瓦等级及以上机组的余热利用高效低温电除尘	火电、钢铁

（三）着重加强产业化工程建设

以市场需求为前提，以示范工程为依托，支持重大环保装备与产品的产业化建设项目。重大环保技术装备与产品产业化应用方向见附 6。

附6　重大环保技术装备与产品产业化应用方向

序号	防治领域	装备与产品名称
1	大气污染防治领域	大型燃煤电站旋转电极电除尘器
2		燃煤电厂电袋高效除尘协同脱汞装备
3		大风量复杂挥发性有机气体控制装备
4		高温烟尘过滤滤袋
5		燃煤电站 PM2.5 预荷电及低温微颗粒控制装备
6		VOCs 废气沸石蜂窝转轮浓缩催化燃烧装备
7		高效长袋脉冲袋式除尘器
8		湿式静电除尘器
9		燃煤工业锅炉烟气一体化净化装备
10		自平衡污泥循环流化床焚烧系统成套装备
11		余热利用高效低低温电除尘器
12		氨氮废水处理装备除氨塔
13		大型高效臭氧发生器装置
14		管式膜及组件
15		高浓度工业废水处理装备
16		膜法重金属脱除成套装备
17	环保产品领域	高性能聚苯硫醚刺毡微孔滤料
18		除尘过滤材料
19		新型微孔滤膜组件
20		烟气脱硝催化剂载体
21		电石法聚氯乙烯合成用固汞催化剂
22		袋式除尘器用大口径、高压电磁脉冲阀

（四）加强创新开发与能力建设

结合国内市场需求，联合科研院校、骨干企业等行业力量，形成开放式、网络化的技术联合机制。深入落实人才战略，推进环保领域领军人才、创新团队、工程应用人才等培养。

（五）推动促进先进装备与产品的市场消费

研究制定促进先进环保产品消费的政策措施，重点扶持使用量大、应用面广、产品质量好、污染减排效果明显、社会影响力大的产品，促进和引导先进环保产品消费。

四、组织实施和保障措施

（一）本方案实施周期为 2014~2016 年

（二）保障措施

1. 加大资金支持力度，创新融资模式

鼓励环保领域企事业单位参照本方案确定的方向和领域加大环保产业化力度，积极推进创新融资方式，引导投资公司、银行、担保等金融机构共同投入实施方案。

2. 制定完善鼓励发展的产业政策和财税政策，调动供需双方积极性

定期修订发布国家鼓励发展的环保产业装备（产品）目录，鼓励先进环保产业装备及产品发展，加快淘汰落后技术、装备及产品。逐步提高环保装备及产品市场准入门槛。

3. 推进环保设施建设运营专业化和社会化，促进环保产业集约发展

鼓励发展具有系统设计、设备成套、工程施工、调试和维护管理一条龙服务的总承包。

4. 不断完善环保产品标准，推进环保产业规范化发展

5. 加强环境管理，扩大市场需求

加强环境监管力度，以提高环保设施运行效率和环保装备产品质量为重点。逐步淘汰落后、低端的环保装备。加强市场培育，完善环保产品认证认可体系，统一认证依据标准和认证标识，打破行业和地方保护，促进先进环保装备推广应用。

煤电节能减排升级与改造行动计划（2014~2020 年）

（发改委、环保部、国家能源局　2014 年 9 月 12 日发布

发改能源〔2014〕2093 号）

（节选）

为贯彻中央财经领导小组第六次会议和国家能源委员会第一次会议精神，落实《国务院办公厅关于印发能源发展战略行动计划（2014~2020 年）的通知》（国办发〔2014〕31 号）要求，加快推动能源生产和消费革命，进一步提升煤电高效清洁发展水平，制定本行动计划。

一、指导思想和行动目标

（一）指导思想

全面落实"节约、清洁、安全"的能源战略方针，推行更严格能效环保标准，加快燃煤发电升级与改造，努力实现供电煤耗、污染排放、煤炭占能源消费比重"三降低"和安全运行质量、技术装备水平、电煤占煤炭消费比重"三提高"，打造高效清洁可持续发展的煤电产业"升级版"，为国家能源发展和战略安全夯实基础。

（二）行动目标

全国新建燃煤发电机组平均供电煤耗低于 300 克标准煤/千瓦时（以下简称"克/千瓦时"）；东部地区新建燃煤发电机组大气污染物排放浓度基本达到燃气轮机组排放限值，中部地区新建机组原则上接近或达到燃气轮机组排放限值，鼓励西部地区新建机组接近或达到燃气轮机组排放限值。

到 2020 年，现役燃煤发电机组改造后平均供电煤耗低于 310 克/千瓦时，其中现役 60 万千瓦及以上机组（除空冷机组外）改造后平均供电煤耗低于 300 克/千瓦时。东部地区现役 30 万千瓦及以上公用燃煤发电机组、10 万千瓦及以上自备燃煤发电机组以及其他有条件的燃煤发电机组，改造后大气污染物排放浓度基本达到燃气轮机组排放限值。

在执行更严格能效环保标准的前提下，到 2020 年，力争使煤炭占一次能源消费比重下降到 62% 以内，电煤占煤炭消费比重提高到 60% 以上。

二、加强新建机组准入控制

（一）严格能效准入门槛

新建燃煤发电项目（含已纳入国家火电建设规划且具备变更机组选型条件的项目）原则上采用 60 万千瓦及以上超超临界机组，100 万千瓦级湿冷、空冷机组设计供电煤耗分别不高于 282 克/千瓦时、299 克/千瓦时，60 万千瓦级湿冷、空冷机组分别不高于 285 克/千瓦时、302 克/千瓦时。

30 万千瓦及以上供热机组和 30 万千瓦及以上循环流化床低热值煤发电机组原则上采用超临界参数。对循环流化床低热值煤发电机组，30 万千瓦级湿冷、空冷机组设计供电煤耗分别不高于 310 克/千瓦时、327 克/千瓦时，60 万千瓦级湿冷、空冷机组分别不高于 303 克/千瓦时、320 克/千瓦时。

（二）严控大气污染物排放

东部地区新建燃煤发电机组大气污染物排放浓度基本达到燃气轮机组排放限值，中部地区新建机组原则上接近或达到燃气轮机组排放限值，鼓励西部地区新建机组接近或达到燃气轮机组排放限值。

（三）优化区域煤电布局

京津冀、长三角、珠三角等区域新建项目禁止配套建设自备燃煤电站。除热电联产外，禁止审批新建燃煤发电项目；继续扩大西部煤电东送规模。

（四）积极发展热电联产

到 2020 年，燃煤热电机组装机容量占煤电总装机容量比重力争达到 28%。

三、加快现役机组改造升级

（一）深入淘汰落后产能

单机容量 5 万千瓦及以下的常规小火电机组；以发电为主的燃油锅炉及发电机组；大电网覆盖范围内，单机容量 10 万千瓦级及以下的常规燃煤火电机组、单机容量 20 万千瓦级及以下设计寿命期满和不实施供热改造的常规燃煤火电机组；污染物排放不符合国家最新环保标准且不实施环保改造的燃煤火电机组。2020 年前，力争淘汰落后火电机组 1000 万千瓦以上。

（二）实施综合节能改造

重点对 30 万千瓦和 60 万千瓦等级亚临界、超临界机组实施综合性、系统性节能改造，改造后供电煤耗力争达到同类型机组先进水平。20 万千瓦级及以下纯凝机组重点实施供热改造，优先改造为背压式供热机组。力争 2015 年前完成改造机组容量 1.5 亿千瓦，"十三五"期间完成 3.5 亿千瓦。

（三）推进环保设施改造

2014 年启动 800 万千瓦机组改造示范项目，2020 年前力争完成改造机组容量 1.5 亿千瓦以上。鼓励其他地区现役燃煤发电机组实施大气污染物排放浓度达到或接近燃气轮机组排放限值的环保改造。

（四）强化自备机组节能减排

供电煤耗高于同类型机组平均水平 5 克/千瓦时及以上的自备燃煤发电机组，应加快实施节能改造；未实现大气污染物达标排放的自备燃煤发电机组要加快实施环保设施改造升级；东部地区 10 万千瓦及以上自备燃煤发电机组要逐步实施大气污染物排放浓度基本达到燃气轮机组排放限值的环保改造。

在气源有保障的条件下，京津冀区域城市建成区、长三角城市群、珠三角区域到 2017 年基本完成自备燃煤电站的天然气替代改造任务。

四、提升机组负荷率和运行质量

（一）优化电力运行调度方式

完善调度规程规范，加强调峰调频管理，优先采用有调节能力的水电调峰，充分发挥抽水蓄能电站、天然气发电等调峰电源作用，探索应用储能调峰等技术。

（二）推进机组运行优化

扎实做好燃煤发电机组设备和环保设施运行维护，提高机组安全健康水平和设备可用率，确保环保设施正常运行。

（三）加强电煤质量和计量控制

限制高硫分高灰分煤炭的开采和异地利用，禁止进口劣质煤炭用于发电。煤炭企业要积极实施动力煤优质化工程，按要求加快建设煤炭洗选设施，积极采用筛分、配煤等措施，着力提升动力煤供应质量。

（四）促进网源协调发展

加快推进"西电东送"输电通道建设，强化区域主干电网，加强区域电网内省间电网互联，提升跨省区电力输送和互济能力。完善电网结构，实现各电压等级电网协调匹配，保证各类机组发电可靠上网和送出。积极推进电网智能化发展。

五、推进技术创新和集成应用

（一）提升技术装备水平

进一步加大对煤电节能减排重大关键技术和设备研发支持力度，通过引进与自主开发相结合，掌握最先进的燃煤发电除尘、脱硫、脱硝和节能、节水、节地等技术。

（二）促进工程设计优化

制（修）订燃煤发电产业政策、行业标准和技术规程，规范和指导燃煤发电项目工程设计。支持地方制定严于国家标准的火电厂大气污染物排放地方标准。

（三）推进技术集成应用

加强企业技术创新体系建设，推动产学研联合，支持电力企业与高校、科研机构开展煤电节能减排先进技术创新。

六、完善配套政策措施

（一）促进节能环保发电

对大气污染物排放浓度接近或达到燃气轮机组排放限值的燃煤发电机组，可在一定期限内增加其发电利用小时数。对按要求应实施节能环保改造但未按期完成的，可适当降低其发电利用小时数。

（二）实行煤电节能减排与新建项目挂钩

对燃煤发电能效和环保指标先进、积极实施煤电节能减排升级与改造并取得显著成效的企业，各省级能源主管部门应优先支持其新建项目建设；对燃煤发电能效和环保指标落后、煤电节能减排升级与改造任务完成较差的企业，可限批其新建项目。

（三）完善价格税费政策

对大气污染物排放浓度接近或达到燃气轮机组排放限值的燃煤发电机组，各地可因地制宜制定税收优惠政策。支持有条件的地区实行差别化排污收费政策。

（四）拓宽投融资渠道

统筹运用相关资金，对煤电节能减排重大技术研发和示范项目建设适当给予资金补贴。鼓励民间资本和社会资本进入煤电节能减排领域。引导银行业金融机构加大对煤电节能减排项目的信贷支持。

附件：

1. 典型常规燃煤发电机组供电煤耗参考值。
2. 燃煤电厂节能减排主要参考技术。

附 7 典型常规燃煤发电机组供电煤耗参考值

单位：克/千瓦时

机组类型		新建机组设计供电煤耗	现役机组生产供电煤耗	
			平均水平	先进水平
100 万千瓦级超超临界	湿冷	282	290	285
	空冷	299	317	302
60 万千瓦级超超临界	湿冷	285	298	290
	空冷	302	315	307
60 万千瓦级超临界	湿冷	303（循环流化床）	306	297
	空冷	320（循环流化床）	325	317
60 万千瓦级亚临界	湿冷	—	320	315
	空冷	—	337	332
30 万千瓦级超临界	湿冷	310（循环流化床）	318	313
	空冷	327（循环流化床）	338	335
30 万千瓦级亚临界	湿冷	—	330	320
	空冷	—	347	337

注：不含燃用无烟煤的 W 火焰锅炉机组。

附8　燃煤电厂节能减排主要参考技术

序号	技术名称	技术原理及特点	节能减排效果	成熟程度及适用范围
一、新建机组设计优化和先进发电技术				
1	提高蒸汽参数	常规超临界机组汽轮机典型参数为24.2MPa/566℃/566℃，常规超超临界机组典型参数为25~26.25MPa/600℃/600℃。提高汽轮机进汽参数可直接提高机组效率，综合经济性、安全性与工程实际应用情况，主蒸汽压力提高至27~28MPa，主蒸汽温度受主蒸汽压力提高与材料制约一般维持在600℃，热再热蒸汽温度提高至610℃或620℃，可进一步提高机组效率	主蒸汽压力大于27MPa时，每提高1MPa进汽压力，降低汽机热耗0.1%左右。热再热蒸汽温度每提高10℃，可降低热耗0.15%。预计相比常规超超临界机组可降低供电煤耗1.5~2.5克/千瓦时	技术较成熟　适用于66万、100万千瓦超超临界机组设计优化
2	二次再热	在常规一次再热的基础上，汽轮机排汽二次进入锅炉进行再热。汽轮机增加超高压缸，超高压缸排汽为冷一次再热，其经过锅炉一次再热器加热后进入高压缸，高压缸排汽为冷二次再热，其经过锅炉二次再热器加热后进入中压缸	比一次再热机组热效率高出2%~3%，可降低供电煤耗8~10克/千瓦时	技术较成熟　美国、德国、日本、丹麦等国家部分30万千瓦以上机组已有应用。国内有100万千瓦二次再热技术示范工程
3	管道系统优化	通过适当增大管径、减少弯头、尽量采用弯管和斜三通等低阻力连接件等措施，降低主蒸汽、再热、给水等管道阻力	机组热效率提高0.1%~0.2%，可降低供电煤耗0.3~0.6克/千瓦时	技术成熟　适于各级容量机组
4	外置蒸汽冷却器	超超临界机组高加抽汽由于抽汽温度高，往往具有较大过热度，通过设置独立外置蒸汽冷却器，充分利用抽汽过热焓，提高回热系统热效率	预计可降低供电煤耗约0.5克/千瓦时	技术较成熟　适用于66万、100万千瓦超超临界机组
5	低温省煤器	在除尘器入口或脱硫塔入口设置1级或2级串联低温省煤器，采用温度范围合适的部分凝结水回收烟气余热，降低烟气温度从而降低体积流量，提高机组热效率，降低引风机电耗	预计可降低供电煤耗1.4~1.8克/千瓦时	技术成熟　适用于30万~100万千瓦各类型机组
6	700℃超超临界	在新的镍基耐高温材料研发成功后，蒸汽参数可提高至700℃，大幅提高机组热效率	供电煤耗预计可达到246克/千瓦时	技术研发阶段
二、现役机组节能改造技术				
7	汽轮机通流部分改造	对于13.5万、20万千瓦汽轮机和2000年前投运的30万和60万千瓦亚临界汽轮机，通流效率低，热耗高。采用全三维技术优化设计汽轮机通流部分，采用新型高效叶片和新型汽封技术改造汽轮机，节能提效效果明显	预计可降低供电煤耗10~20克/千瓦时	技术成熟　适用于13.5万~60万千瓦各类型机组
8	汽轮机间隙调整及汽封改造	部分汽轮机普遍存在汽缸运行效率较低、高压缸效率随运行时间增加不断下降的问题，主要原因是汽轮机通流部分不完善、汽封间隙大、汽轮机内缸接合面漏汽严重、存在级间漏汽和蒸汽短路现象。通过汽轮机本体技术改造，提高运行缸效率，节能提效效果显著	预计可降低供电煤耗2~4克/千瓦时	技术成熟　适用于30万~60万千瓦各类型机组
9	汽机主汽滤网结构型式优化研究	为减少主再热蒸汽固体颗粒和异物对汽轮机通流部分的损伤，主再热蒸汽阀门均装有滤网。常见滤网孔径均为φ7，已开有倒角。但滤网结构及孔径大小需进一步研究	可减少蒸汽压降和热耗，暂无降低供电煤耗估算值	技术成熟　适于各级容量机组
10	锅炉排烟余热回收利用	在空预器之后、脱硫塔之前烟道的合适位置通过加装烟气冷却器，用来加热凝结水、锅炉送风或城市热网低温回水，回收部分热量，从而达到节能提效、节水效果	采用低压省煤器技术，若排烟温度降低30℃，机组供电煤耗可降低1.8克/千瓦时，脱硫系统耗水量减少70%	技术成熟　适用于排烟温度比设计值偏高20℃以上的机组
11	锅炉本体受热面及风机改造	锅炉普遍存在排烟温度高、风机耗电高，通过改造，可降低排烟温度和风机电耗。具体措施包括：一次风机、引风机、增压风机叶轮改造或变频改造；锅炉受热面或省煤器改造	预计可降低煤耗1.0~2.0克/千瓦时	技术成熟　适用于30万千瓦亚临界机组、60万千瓦亚临界机组和超临界机组
12	锅炉运行优化调整	电厂实际燃用煤种与设计煤种差异较大时，对锅炉燃烧造成很大影响。开展锅炉燃烧及制粉系统优化试验，确定合理的风量、风粉比、煤粉细度等，有利于电厂优化运行	预计可降低供电煤耗0.5~1.5克/千瓦时	技术成熟　现役各级容量机组可普遍采用
13	电除尘器改造及运行优化	根据典型煤种，选取不同负荷，结合吹灰情况等，在保证烟尘排放浓度达标的情况下，试验确定最佳的供电控制方式（除尘器耗电率最小）及相应的控制参数。通过电除尘器节电改造及运行优化调整，节电效果明显	预计可降低供电煤耗约2~3克/千瓦时	技术成熟　适用于现役30万千瓦亚临界机组、60万千瓦亚临界机组和超临界机组

续表

序号	技术名称	技术原理及特点	节能减排效果	成熟程度及适用范围
14	热力及疏水系统改进	改进热力及疏水系统，可简化热力系统，减少阀门数量，治理阀门泄漏，取得良好节能提效效果	预计可降低供电煤耗 2~3 克/千瓦时	技术成熟 适用于各级容量机组
15	汽轮机阀门管理优化	通过对汽轮机不同顺序开启规律下配汽不平衡汽流力的计算，以及机组轴承承载情况的综合分析，采用阀门开启顺序重组及优化技术，解决机组在投入顺序阀运行时的瓦温升高、振动异常问题，使机组能顺利投入顺序阀运行，从而提高机组的运行效率	预计可降低供电煤耗 2~3 克/千瓦时	技术成熟 适用于 20 万千瓦以上机组
16	汽轮机冷端系统改进及运行优化	汽轮机冷端性能差，表现为机组真空低。通过采取技术改造措施，提高机组运行真空，可取得很好的节能提效效果	预计可降低供电煤耗 0.5~1.0 克/千瓦时	技术成熟 适用于 30 万千瓦亚临界机组、60 万千瓦亚临界机组和超临界机组
17	高压除氧器乏汽回收	将高压除氧器排氧阀排出的乏汽通过表面式换热器提高化学除盐水温度，温度升高后的化学除盐水补入凝汽器，可以降低过冷度，一定程度提高热效率	预计可降低供电煤耗约 0.5~1 克/千瓦时	技术成熟 适用于 10 万~30 万千瓦机组
18	取较深海水作为电厂冷却水	直流供水系统取、排水口的位置和型式应考虑水源特点、利于吸取冷水、温排水对环境的影响、泥沙冲淤和工程施工等因素。有条件时，宜取较深处水温较低的水。但取水水深和取排水口布置受航道、码头等因素影响较大	采用直流供水系统时，循环水温每降低 1℃，供电煤耗降低约 1 克/千瓦时	技术成熟 适于沿海电厂
19	脱硫系统运行优化	具体措施包括：①吸收系统（浆液循环泵、pH 值运行优化、氧化风量、吸收塔液位、石灰石粒径等）运行优化；②烟气系统运行优化；③公用系统（制浆、脱水等）运行优化；④采用脱硫添加剂。可提高脱硫效率、减少系统故障、降低系统能耗和运行成本、提高对煤种硫分的适应性	预计可降低供电煤耗约 0.5 克/千瓦时	技术成熟 适用于 30 万千瓦亚临界机组、60 万千瓦亚临界机组和超临界机组
20	凝结水泵变频改造	高压凝结水泵电机采用变频装置，在机组调峰运行可降低节流损失，达到提效节能效果	预计可降低供电煤耗约 0.5 克/千瓦时	技术成熟 在大量 30 万~60 万千瓦机组上得到推广应用
21	空气预热器密封改造	回转式空气预热器通常存在密封不良、低温腐蚀、积灰堵塞等问题，造成漏风率与烟风阻力增大，风机耗电增加。可采用先进的密封技术进行改造，使空气预热器漏风率控制在 6%以内	预计可降低供电煤耗 0.2~0.5 克/千瓦时	技术成熟 各级容量机组
22	电除尘器高频电源改造	将电除尘器工频电源改造为高频电源。由于高频电源在纯直流供电方式时，电压波动小、电晕电压高，电晕电流大，从而增加了电晕功率。同时，在烟尘带有足够电荷的前提下，大幅度减小了电除尘器电场供电能耗，达到了提效节能的目的	可降低电除尘器电耗	技术成熟 适用于 30 万~100 万千瓦机组
23	加强管道和阀门保温	管道及阀门保温技术直接影响电厂能效，降低保温外表面温度设计值有利于降低蒸汽损耗。但会对保温材料厚度、管道布置、支吊架结构产生影响	暂无降低供电煤耗估算值	技术成熟 适于各级容量机组
24	电厂照明节能方法	从光源、镇流器、灯具等方面综合考虑电厂照明，选用节能、安全、耐用的照明器具	可以一定程度减少电厂自用电量，对降低煤耗影响较小	技术成熟 适用于各类电厂
25	凝汽式汽轮机供热改造	对纯凝汽式汽轮机组蒸汽系统适当环节进行改造，接出抽汽管道和阀门，分流部分蒸汽，使纯凝汽式汽轮机组具备纯凝发电和热电联产两用功能	大幅度降低供电煤耗，一般可达到 10 克/千瓦时以上	技术成熟 适用于 12.5 万~60 万千瓦纯凝汽式汽轮机组
26	亚临界机组改造为超（超）临界机组	将亚临界老机组改造为超（超）临界机组，对汽轮机、锅炉和主辅机设备做相应改造	大幅提升机组热力循环效率	技术研发阶段
三、污染物排放控制技术				
27	低（低）温静电除尘	在静电除尘器前设置换热装置，将烟气温度降低到接近或低于酸露点温度，降低飞灰比电阻，减小烟气量，有效防止电除尘器发生反电晕，提高除尘效率	除尘效率最高可达 99.9%	低温静电除尘技术较成熟，国内已有较多运行业绩。低低温静电除尘技术在日本有运行业绩，国内正在试点应用，防腐问题国内尚未有实例验证

续表

序号	技术名称	技术原理及特点	节能减排效果	成熟程度及适用范围
28	布袋除尘	含尘烟气通过滤袋，烟尘被粘附在滤袋表面，当烟尘在滤袋表面粘附到一定程度时，清灰系统抖落附在滤袋表面的积灰，积灰落入储灰斗，以达到过滤烟气的目的	烟尘排放浓度可以长期稳定在 20 毫克/标准立方米以下，基本不受灰分含量高低和成分影响	技术较成熟 适于各级容量机组
29	电袋除尘	综合静电除尘和布袋除尘优势，前级采用静电除尘收集 80%~90%粉尘，后级采用布袋除尘收集细粒粉尘	除尘器出口排放浓度可以长期稳定在 20 毫米/标准立方米以下，甚至可达到 5 毫克/标准立方米，基本不受灰分含量高低和成分影响	技术较成熟 适于各级容量机组
30	旋转电极除尘	将静电除尘器末级电场的阳极板分割成若干长方形极板，用链条连接并旋转移动，利用旋转刷连续清除阳极板上粉尘，可消除二次扬尘，防止反电晕现象，提高除尘效率	烟尘排放浓度可以稳定在 30 毫克/标准立方米以下，节省电耗	技术较成熟 适用于 30 万~100 万千瓦机组
32	湿式静电除尘	将粉尘颗粒通过电场力作用吸附到集尘极上，通过喷水将极板上的粉尘冲刷到灰斗中排出。同时，喷到烟道中的水雾既能捕获微小烟尘又能降电阻率，利于微尘向极板移动	通常设置在脱硫系统后端，除尘效率可达到 70%~80%，可有效除去 PM2.5 细颗粒物和石膏雨微液滴	技术较成熟 国内有多种湿式静电除尘技术，正在试点应用
32	双循环脱硫	与常规单循环脱硫原理基本相同，不同在于将吸收塔循环浆液分为两个独立的反应罐和形成两个循环回路，每条循环回路在不同 pH 值下运行，使脱硫反应在较为理想的条件下进行。可采用单塔双循环或双塔双循环	双循环脱硫效率可达 98.5%或更高	技术较成熟 适于各级容量机组
33	低氮燃烧	采用先进的低氮燃烧器技术，大幅降低氮氧化物生成浓度	炉膛出口氮氧化物浓度可控制在 200 毫克/标准立方米以下	技术较成熟 适于各类烟煤锅炉

重大节能技术与装备产业化工程实施方案

（国家发展改革委、工业和信息化部　2014 年 10 月 27 日

发改环资〔2014〕2423 号）

（节选）

为贯彻落实《关于加快培育和发展战略性新兴产业的决定》（国发〔2010〕32 号）、《"十二五"国家战略性新兴产业发展规划》（国发〔2012〕28 号）等文件精神，加快重大节能技术与装备产业化和推广应用，特制定本方案。

一、现状与形势

（一）产业现状

近年来，我国不断加强节能技术创新，积极推进节能技术与装备产业化。但总体看，我国节能技术装备产业化水平与节能挖潜需求相比仍有一定差距，主要表现在：自主创新能力不强、产业集中度低、政策不完善、市场化推广体系不健全。

（二）面临的形势

当前，绿色、循环、低碳发展已成为全球发展的大趋势。特别是随着节能工作深入推进，进一步挖掘节能潜力的难度加大，节能的任务更加艰巨。这迫切需要在节能技术装备创新、产业化和推广应用方面，实现更大突破。

为加快节能技术与装备产业化步伐，我国明确把推进重大节能技术与装备产业化作为发展节能环保产业的重要内容，各项政策措施力度不断加大，这为推进节能技术创新和产业化工作营造了良好的政策环境，节能装备制造业面临重大发展机遇。

二、工程目标

强化科技创新体系建设，形成一批支撑节能技术与装备研发的高水平、基础性、战略性和前沿性机构；研发、示范 30 项以上重大节能技术。形成一批拥有自主知识产权和核心竞争力的重大装备与产品，显著提高节能装备核心元器件、生产工艺核心技术以及先进仪器仪表的国产化水平；支持、引导节能关键材料、装备和产品制造业做大做强。推广重大节能技术与装备，到 2017 年，高效节能技术与装备市场占有率由目前不足 10% 提高到 45% 左右，产值超过 7500 亿元，实现年节能 1500 万吨标准煤。

三、主要任务

（一）培育节能科技创新能力

加强自主创新支撑体系建设、加快节能领域研发创新平台建设、强化协同创新能力建设、推动产业技术创新联盟建设。

（二）突破重大关键节能技术

围绕节能领域重大、关键、共性材料、技术和装备，加大研发投入力度，开展节能科技研发攻关，突破核心技术"瓶颈"，掌握专利技术和自主知识产权，为大规模推广节能产品和装备奠定科技基础。

1. 锅炉窑炉领域

重点突破煤炭高效清洁燃烧、锅炉自动控制技术、节能高效循环流化床技术等关键技术。

2. 电机系统领域

中突破高效电机新材料、绝缘栅极型功率管（IGBT）、高效电机专用制造设备、稀土永磁无铁芯电机、特种非晶电机和非晶电抗器、特大功率高压变频、无功补偿控制系统、高效风机水泵等机电装备整体化设计等核心技术"瓶颈"，推动电机及拖动系统与电力电子技术、现代信息控制技术相融合。

（三）推动形成节能装备制造产业集聚

鼓励若干具有产业基础、区位优势和智力资源优势的地区率先发展，加快形成节能装备制造集聚优势。

推动一批有条件的地区加快形成产业链完善、竞争优势突出、协同创新能力较强的节能装备制造集聚区，提高关键技术装备国产化率和本地化配套能力。增强新一代节能装备开发能力，发挥行业示范引领作用。

（四）加快节能装备推广应用

推动高效电机等节能机电设备、节能与新能源汽车等重大节能技术装备产业化示范和规模化利用。

1. 锅炉窑炉领域

鼓励用户采用高效煤粉工业锅炉、节能高效循环流化床锅炉，以及采用优化炉膛结构、蓄热式高温空气预热、太阳能工业热利用系统、强化辐射传热等技术的节能环保锅炉等，推动锅炉房系统节能改造，推广锅炉用煤洗选及集中供应系统。

2. 电机系统领域

重点推广达到国家1、2级能效标准的电动机、变压器、高压变频器、无功补偿设备、风机、水泵、空压机系统等，加快现有电机系统节能改造。

3. 余能回收领域

推广低温烟气余热深度回收、空气源低温热泵供暖等低品位余热回收利用技术，支持余能发电上网，推动能源按品质高低实现梯级利用。

（五）强化节能技术装备市场需求

加快调整能源税费价格改革，推动差别电价、峰谷电价、惩罚性电价的覆盖范围和实施力度，增强用能单位节能的内生动力，提高企业采购节能设备的积极性，进一步激发节能技术装备市场需求，实现由节能潜在需求向装备采购使用的现实市场转变。

四、年度工作

（一）2014年

完善节能服务公司扶持政策，实行节能服务产业负面清单管理。培育一批"节能医生"、节能审核、节能低碳认证等第三方机构。利用中央预算内资金支持13个重大节能技术装备产业化项目。落实《2014~2015年节能减排低碳发展行动方案》，发布《燃煤锅炉节能环保综合提升工程实施方案》。制定能效领跑者制度。组织发布第七批重点节能低碳技术推荐目录。组织实施工业能效提升计划，开展能效对标，加强工业企业能源管控中心建设。制定发布《能效信贷指引》。

（二）2015年

利用现有资金渠道支持10个左右重大节能技术产业化示范项目，支持一批技术改造和合同能源管理项目。贯彻落实节能技术推广管理办法，组织发布第八批国家重点节能低碳技术推广目录。发布一批能效领跑者目录，对能效领跑者给予奖励。组织实施燃煤锅炉节能环保综合提升工程，推广高效节能锅炉。

（三）2016年

着力把节能减排的法规标准约束和政策要求有效转化为节能产业发展的市场需求，促进重大节能技术装备的创新开发与产业化应用。支持约20个重大节能技术装备产业化与推广应用示范项目，在高效锅炉窑炉、换热器、高效电机拖动系统和控制设备、余热余压回收利用等领域，培育一批大型节能装备制造企业。组织发布第九批国家重点节能低碳技术推广目录。进一步扩大能效领跑者产品范围，将一批能效领跑者标准纳入国家强制性节能标准，发挥能效标准的引领作用。

（四）2017年

将支持约30个节能技术装备产业化与推广应用项目。完善节能技术产品认证制度，强化节能技术产品认证采信。扩大实施能效标识的产品范围。组织发布第十批国家重点节能低碳技术推广目录。初步建立政策引导与市场驱动并重的节能技术装备产业应用体系。

五、保障措施

（一）严格落实目标责任

完善节能目标责任考核制度，将重大节能技术与装备产业化工作情况纳入对地方政府节能目标责任评价考核范围；强化社会舆论监督；通过加大节能目标责任考核问责力度，形成促进重大节能技术与装备产业化应用的倒逼机制。

（二）强化政策扶持

利用中央预算内资金加大对重点节能技术与装备产业化项目的支持。鼓励政策性银行、商业银行、融资担保机构开展金融产品和服务方式创新，加大对节能技术与装备产业化的支持；鼓励风险投资基金、民间投资和外资加大对节能技术研发示范和节能装备制造企业的投入；支持符合条件的节能技术装备制造企业上市融资、发行企业债券；通过完善和落实相关金融政策，建立促进重大节能技术与装备产业化的绿色融资机制。

（三）加快推行市场化机制

鼓励采用合同能源管理、设备租赁等方式，促进节能技术装备的推广应用；加强节能产品认证，扩大能效标识实施范围，及时发布能效标识产品目录。积极培育节能服务第三方机构。

（四）加强法规标准引导

推动修订节约能源法，完善能评、节能监察等相关制度；加强节能标准制修订工作，健全节能标准体系，建立节能标准动态更新机制；鼓励地方制定更加严格的能效标准；加快落后用能工艺和设备退出市场，支撑淘汰落后、化解过剩产能。

（五）营造良好氛围

充分发挥舆论导向和社会监督作用、增强用能单位的节能意识、加强复合型节能人才培养。加强节能技术对外交流合作，搭建多种形式的平台，鼓励引进来、走出去，提升我国节能技术装备的研发、制造水平。

六、组织实施

着力构建企业主体、地方组织、国家政策引导的实施格局，推动节能技术与装备产业化工程的各项工作任务落到实处。

国家发展改革委、工业和信息化部会同相关部门依据职责共同落实本方案。地方政府有关主管部门要按照国家统一部署，加强组织领导，结合当地实际，抓好相关任务的落实。有关行业协会和中介机构要充分发挥专业技术和信息优势，配合有关部门做好技术论证、项目评审和政策咨询等工作，为企业开展节能技术装备研发、产业化和推广应用提供支持。

中国能源报 2013~2014 年能源装备有关报道

一、2013 年

大连金州重型机械有限公司的技术人员告诉记者，煤气化技术包括备煤、气化炉、气化后工艺三部分。但在众多设备中，煤气化炉因包含大量尖端技术，在煤化工成套设备中最具代表性，占据着重要地位。但是，我国的煤气化炉技术比较薄弱，其快速发展是近几年的事。长期以来，我国建设煤化工项目时，煤气化炉等核心设备都必须依赖进口。据称，一套壳牌煤气化炉仅外壳的造价就为 3 亿多元。不仅费用高昂，还导致在核心技术上受制于人。

《煤气化炉国产化亟需工程依托》，2013 年 3 月 4 日，第 6 版。

在日前闭幕的第十三届中国国际石油石化技术装备展上，页岩气压裂设备成为瞩目的热点。中国石化石油工程机械公司承担的 3000 型成套压裂装备项目突破开发的关键技术，满足了"连续施工、大负载、长时间"的页岩气压裂特殊需求。据介绍，3000 型的压裂技术为世界首创，核心技术达到了世界领先水平，预计两年内将规模化投产。

《油气压裂设备成市场新宠》，2013 年 4 月 1 日，第 6 版。

日前，中国船舶工业行业协会相关负责人透露，由多部委共同制订的《"十二五"后三年船舶工业行业行动计划》将于近期出台，拟对重点船舶企业予以政策倾斜，给予财政、税收和金融方面的必要支持，同时引导船舶行业向高端环保和深水海工领域进军。船舶企业进军海工装备市场，似乎正成为一种趋势。

《海工装备业求解"造壳"困局》，2013 年 4 月 15 日，第 6 版。

中船重工集团相关分析报告称，LNG 船市场有望回归理性，主要是受到以下因素影响。第一，LNG 是一种清洁能源，全球的环保减排浪潮推动着环保能源消费需求持续扩大。第二，亚洲地区是目前全球最大 LNG 进口和消费市场，消费需求量快速增加。目前全世界的年 LNG 贸易量约为 1.4 亿~1.5 亿吨，其中，日本、韩国、中国大陆 2011 年合计进口量就超过了 1 亿吨。东北亚地区是全世界最大的 LNG 进口消费市场。第三，受金融危机冲击的影响，国际上一部分停滞的 LNG 项目已纷纷重启或上新的项目。第四，美国天然气商用化开采生产，将使美国成为世界上重要的 LNG 出口国之一，这大大吊起了 LNG 船市场的胃口。

《LNG 需求带动装备市场谨慎乐观》，2013 年 5 月 13 日，第 6 版。

"2006 年我国阀门产业工业总产值 725.1 亿元，产量 205 万吨；2012 年我国阀门产业工业总产值达到 2116.4 亿元，同比增长 18.71%。" 5 月 21 日，中国通用机械工业协会副秘书长兼阀门分会秘书长宋银立在第三届中国石油装备采购国际峰会暨展览会上透露。据介绍，目前，全球 50% 的阀门零部件从中国采购，实际上，由于贴牌等原因，更多的阀门成品都是从中国采购。石油装备的全球采购正带动中国阀门设备加速走向海外市场。

《国际采购商越来越青睐国产阀门》，2013 年 5 月 27 日，第 6 版。

《海洋工程装备科研项目指南（2013 年版）》提出了深远海浮式基地、深海天然气浮式装备、水下油气生产系统等三个工程与专项，并针对我国海洋工程装备制造业较为薄弱的关键系统和设备、共性技术和标准的研究给予了重点引导，将海洋平台及浮式储油卸油装置（FPSO）用大容量发电模块研制等十大系统和设备，海洋工程数据库研究开发、潜水器标准体系研究等共性技术和标准，列为重点研究方向。

《国际采购商越来越青睐国产阀门》，2013 年 5 月 27 日，第 6 版。

业内人士介绍说，这套成套设备的智能化水平已达到较高水平。以太重煤机研制的智能采煤机为例，它能自动完成采煤工艺所要求的各种采煤工序，实现与液压支架及刮板运输机协调控制，具备完善的自诊断、故障预警及通信功能。采煤机智能化系统包括以 DSP 为核心的中心模块、感知模块、故障分析模块、网络远程通信控制模块、安全检测应急模块、智能切割模块、人机接口等功能模块。通过这些智能化模块，能有效地实现煤岩识别、滚筒高度自动调节、牵引速度自动调节，并具有采煤机运行工作状态电流、电压、功率及截割部、牵引部关键部件的转距、转速、振动、温度等信号进行在线监测、诊断、预警功能，反应速度能在 0.001 秒间作出。

《智能煤机成套装备试车成功》，2013 年 7 月 1 日，第 6 版。

6 月 26 日，中国首台 110 千伏智能移动变电站在西门子武汉工厂下线，该变电站将于近期交付国网公司四川省电力公司德阳供电公司。这是西门子继 2012 年 5 月向国家电网大连供电公司交付 66 千伏移动变电站之后，根据客户实际需求，在智能车载移动变电站产品上的又一创新成果。该移动变电站分为 110 千伏变电车和 10 千伏箱式开关配电车。其中 110 千伏变电车部分由 110 千伏组合电器 HGIS 模块、110 千伏主变压器模块、10 千伏总路箱式配电装置模块及组合式液压半挂车组成。10 千伏箱式开关配电车部分由 10 千伏配电开关柜、所用变、PT 及电源屏组成。该移动变电站具有结构紧凑、技术先进、设备可靠、运行安全和装配快捷等特点，可快速应对紧急情况，在最短时间内恢复供电。

《中国首台 110 千伏智能移动变电站下线》，2013 年 7 月 1 日，第 6 版。

由东方锅炉自主设计制造的世界首台 600 兆瓦超临界循环流化床锅炉顺利通过 168 小时试运行，正式投入商业运行。这标志着我国在大容量、高参数循环流化床洁净煤燃烧技术领域走在了世界前列，对国家重大技术装备制造企业全面掌握 600 兆瓦循环流化床原始设计技术，提高自主创新和自主开发能力，调整能源结构，实现能源发展与环境保护具有划时代的重大意义，在世界循环流化床锅炉发展史上具有里程碑的意义。

《首台 600 兆瓦超临界循环流化床锅炉诞生记》，2013 年 7 月 15 日，第 6 版。

日前，*ST 二重发布公告称，控股股东中国第二重型机械集团公司转来国务院国资委《关于中国第二重型机械集团公司与中国机械工业集团有限公司重组的通知》，二重与中国机械工业集团有限公司实施联合重组。二重整体产权无偿划入国机集团，作为重组后新集团的全资子企业。同时，国机未来将间接收购二重所持 *ST 二重 16.39 亿股份，占总股本 71.47% 股权。

《国机集团"收编"二重》，2013 年 7 月 29 日，第 6 版。

蓝皮书指出，应对我国装备制造业目前出现的问题，首先，要重视高端装备制造业的发展。尽管我国已是一个装备制造业大国，但我国装备制造产业和世界先进水平相比还有不小的差距，特别是一些高端制造装备。因此，高端装备制造产业是制造业发展的重中之重，须重视高端装备制造业的发展。

《发展高端装备方能走出当前困境》，2013 年 7 月 29 日，第 6 版。

日前，从溪洛渡电站传回我国水电设备制造领域重大消息，当前世界单机容量最大空冷水电机组——溪洛渡6号机组通过72小时运行测试，业内专家得出重要结论：主要指标比三峡集团公司提出的"精品机组"要求还要好。定子绕组温度61度、水导摆度值0.09毫米；顶盖垂直振动值0.02毫米……机组的稳定性超乎最初的设想。这也标志着，我国在中高水头段混流式水轮发电机组领域，自主研发设计制造能力迈上了一个新台阶。

《我国空冷水电机组技术又获突破》，2013年8月12日，第6版。

日前，由中国计量科学研究院牵头承担完成的"十一五"国家科技支撑计划项目课题"高压电能计量标准及量值溯源关键技术研究"顺利通过国家质检总局组织的专家验收。课题组在国际上首次建立了10千伏、35千伏、110千伏高压电能计量标准装置及现场校准装置，并率先在高压电网上进行电能计量现场校准实践，使我国成为国际上第一个研制成功高压电能计量标准并成功掌握高压电网电能计量现场校准技术的国家。

《我国成功研制高压电能计量标准装置》，2013年8月26日，第6版。

8月29日，中国能源装备自主创新报告会暨中国能源装备企业全球化发展论坛在京举行，首部《中国能源装备年鉴（2012）》在京首发。能源界的领导、专家和学者，济济一堂，深情回顾我国能源装备产业30多年来自主创新取得的傲世成就。站在新的历史起点上眺望，自主创新依然前路漫漫，充满未知的挑战。在首部《中国能源装备年鉴（2012）》编纂过程中，推选曾培炎、张国宝等29位"中国能源装备优秀人物"，就是以中国能源装备自主创新发展为己任的这个群体的杰出代表，他们放任青春年华与自主创新结伴前行，在不同岗位风雨砥砺，愈挫愈勇，不辱使命，与中国能源装备产业自主创新的傲世成就一起，彪炳史册，启迪来者。

《自主创新只有进行时，没有完成时！》，2013年9月16日，第12版。

中机联相关人士表示，我国能源装备多行业产品从2011年以来需求渐趋放缓，增速下行的困难

日子至今已两年有余。经过30多年的发展，我国重大能源装备已从"有无"和"多少"转化为"好坏"，技术水平与发达国家的差距从"望尘莫及"蜕变为"望其项背"。"我国能源装备制造业正面临增长速度换挡期、结构调整阵痛期、前期刺激政策消化期叠加的阶段。"业内专家称。

《能源装备转型升级孕育"新生态"》，2013年10月7日，第12版。

由太重集团、中化二建集团、中科合成油技术有限公司联合自主研制的大型吊装设备——6400吨液压复式起重机，不仅是世界上起吊能力最大的液压提升式起重机，同时也是世界上提升重量最大、提升高度最高的陆地起重设备，其最大提升能力达到6400吨，相当于可将100节火车皮的重量提升至120米的高空。7月12日，该设备顺利进行了动载吊装试验，并成功通过了验收。

《国产装备又一项世界之最诞生》，2013年10月7日，第12版。

通过内嵌感知芯片、标识手段记录每个设备静态信息，使设备可识别、可管理，实现产品及装备数字化。"邱善勤介绍说，"进一步，在数字化基础上，加入各种传感器、模数转换、多信息融合，实时检测设备运行动态，使设备能自主感知，智能处理。""最后，在产品及装备传统制造技术中加入互联网、工业云等功能，使'物—物'相连，信息共享，实现产品从设计制造、销售服务到回收再利用全生命周期智能管控，促进全产业链、全价值链信息交互和集成协作，延伸产业链，培养新业态。"

《物联网技术助推能源装备转型升级》，2013年10月14日，第12版。

2013年8月20日，中国电力工程顾问集团东北电力设计院（以下简称"东北院"）联合上海机易电站设备有限公司和电力规划设计总院研发的重大科研课题——"煤中取水高效褐煤发电工程技术研究"在京通过专家评审。由中国工程院院士秦裕琨、国家级设计大师汤蕴琳、原东北电科院院长张经武等多位国内热能动力领域权威专家组成的评审委员会给出的评审结论指出："该技术创新性地提

出了采用炉烟干燥、乏气水回收、风扇磨仓储式制粉系统的高效褐煤发电技术方案，全部工艺在锅炉岛内完成，流程简洁清晰，国际首创，拥有整体自主知识产权。"

《东北电力设计院高效褐煤发电技术研究取得重大突破》，2013 年 10 月 14 日，第 12 版。

评审组专家、中国石油和石油化工设备工业协会秘书长杨双全告诉记者，本次烟台杰瑞石油服务集团股份有限公司研制的"小井场大作业"新概念成套页岩气压裂设备由自动混配液、连续输砂、大排量自动混砂、大功率高压注入、返排液处理和智能控制六大系统组成，是具有自主知识产权的成套设备。特别是 3100 型压裂车，是由杰瑞完全自主研制，输出功率 4000 马力，是全球现投入现场使用的最大功率压裂泵；240 桶闭式混砂车为国内首创，实现了脉冲加砂和纤维加砂两套系统互为备用。

《"小井场大作业"驱动国内页岩气大规模开发》，2013 年 10 月 21 日，第 12 版。

工信部电子科学科技情报研究所相关专家分析称，目前工业企业推进两化融合所面临的困惑和发展瓶颈，非常重要的一个原因是对两化融合的重点和切入点不清，路径不明，从而严重制约和影响了企业两化融合推进工作的时效性、信心和决心。此外，我国工业化和信息化发展的基础薄弱，重点和路径均与发达国家存在差异，具有显著的中国特色，两化融合决不能简单引入和模仿国外先进的相关技术和理念，必须从我国工业化和信息化发展的现状和不足出发，自行深入探索和实践。

《能源装备两化融合评估规范滞后》，2013 年 11 月 4 日第 12 版。

李玉龙：截至目前，我国已建成投产的天然气液化厂超过 50 座，LNG 接收站 7 座，在建（含扩建）和拟建接收站项目达到 17 个。预计到"十二五"末，我国 LNG 总接收能力将超过 6000 万吨/年。在江苏如东 LNG 项目之前，国内前期已建成投产的 LNG 接收站项目基本由国外 EPC 总承包商主导。即使完全购买国外的技术和设备，国内 LNG 厂商依然可利用差额盈利，没有进一步利用国产技

术和设备降低成本的需求。由于国家政策限制，国内至今尚无用自主技术建成的大型天然气液化工厂，目前最大的是安塞 50 万吨/年的液化装置。虽然有少数国内公司已经开发出了大型天然气液化技术，但尚未有工业化应用的经验。

《国产 LNG 装备产业化呼唤工程实践》，2013 年 12 月 2 日，第 12 版。

11 月 26 日，由工信部装备工业司组织编制的《装备工业"十二五"技术标准体系建设方案》（下称《方案》）通过验收。《方案》是由装备工业司组织相关标准技术支撑机构历时半年编写完成，共包含装备工业总报告及机械（含制药装备）、汽车、航空、船舶等 4 个行业、17 个领域子报告。根据方案规划，在"十二五"后三年，我国装备工业需制定新标准 11000 余项，修订标准 6000 余项，若能按照方案执行，预计到 2015 年装备工业标准数可达 32000 余项。工信部知情人士称，方案对机械工业领域国际标准转化情况和实质性参与国际标准化活动进行摸底调查，同时结合技术、产业发展现状与趋势，建立了完善的机械工业技术标准体系，为在机械工业技术标准体系下成套地制定标准提供指导。

《能源装备取道"标准"方可强》，2013 年 12 月 9 日，第 12 版。

梁武湖："十一五"期间，四川省能源装备行业紧紧抓住国家扩大内需和"西部大开发"的历史机遇，主要经济指标增长速度均超过 30%，在产业规模、技术创新、装备国产化等方面都取得了较大发展，已形成产业规模较大、技术装备先进、研制水平较领先、配套体系较为完善的能源装备工业体系，成为四川省优势产业和支柱产业。目前，四川省已经形成火电、水电、核电、气电、风电、光电、生物质发电设备"七电并举"的格局；大型石油钻机产量全国领先，出口全国第一，远销美国、俄罗斯、中东等市场；天然气钻采、输送、液化设备独具特色。四川省在核能、风能、太阳能等新能源装备产业方面取得了长足的进步。

《四川能源装备转型升级步履清晰》，中国能源

报 2013 年 12 月 16 日，第 12 版。

工信部军民结合推进司有关负责人告诉记者，之所以"军转民"目录如此关注新能源领域，主要基于以下几个方面的考量：一是新能源产业是国家战略性新兴产业，新能源产业知识密集、成长潜力大、综合效益好，对经济社会发展具有重要引领作用；二是较其他传统技术而言，新能源技术的通用性强，易于在军民之间实现相互转化，便于实现一份投入、两份产出；三是随着以"探月工程"和"载人航天"为代表的国防领域重大工程的实施，军工单位在核能、太阳能、风电等领域储备了大量技术；四是民营企业在新能源领域的技术水平快速提高，在有些细分领域中达到甚至超过了现有军用技术水平。

《推进军工先进技术向能源装备产业融合》，2013 年 12 月 23 日，第 12 版。

江国进：阳江 5 号、6 号机组采用具有自主知识产权的核级 DCS 替代国外进口设备，意义非凡。核电与航天一样是国家的战略产业，核级 DCS 涉及核电站安全，它的自主研发是央企的责任，也是一种政治和战略使命。核级 DCS 在阳江核电 5 号、6 号机组实现应用，将从技术上和工程上证明我国在这一领域的竞争力，打破了西方国家对我国发展核电的核级 DCS 技术封锁，规避潜在隐患。

《核级 DCS 自主化实现重大突破——访北京广利核系统工程公司总经理江国进》，2013 年 12 月 30 日，第 12 版。

二、2014 年

日前，工信部发布的《关于推进工业机器人产业发展的指导意见》（下称《指导意见》）明确提出了我国工业机器人发展目标：开发满足用户需求的工业机器人系统集成技术、主机设计技术及关键零部件制造技术，突破一批核心技术和关键零部件，提升量大面广主流产品的可靠性和稳定性指标，在重要工业制造领域推进工业机器人的规模化示范应用。

《工业机器人驱动能源装备智能升级》，2014 年 1 月 6 日，第 12 版。

"发电设备制造业及其相关上下游产业、输变电设备制造业及其相关上下游产业、电能转换与控制技术及装备是'能源装备课题'主要研究领域的三个方面。"机械工业北京电工技术经济研究所所长、《制造强国战略研究》能源装备课题组副组长郭振岩在 1 月 8 日中国电器工业协会四届八次会长会暨电工行业科研单位院所长联席会议上介绍说。

《发电输变电制造强国有了路线图》，2014 年 1 月 13 日，第 12 版。

这套装置主要包括废碱稀释中和、废碱液污水生物处理和尾气净化等工艺处理单元，采用全生物氧化废碱处理技术，是国内首套采用此技术的装置。兰州石化此套装置 2013 年 3 月破土动工，11 月 18 日实现中交，设计处理废碱能力为每小时 16 吨。2013 年 12 月 31 日，装置正式向系统引入污泥及废碱液，处理后废水的 COD、pH 值、硫化物等含量均达到设计要求，标志着装置一次试车成功。

《首套全生物氧化乙烯　废碱处理装置投运》，2014 年 1 月 13 日，第 12 版。

2013 年处在国家"十二五"规划实施中期，我国经济发展面临结构调整进一步深化，转型升级不断深入，宏观经济整体呈探底回稳。在国际上，全球经济情况仍然复杂多变，矛盾重重，国际市场仍然低迷不振。我国石油和石油化工设备制造业受国内和国外市场萎缩的不利影响以及国家宏观经济调整的大环境，经济运行增速呈继续下降、合理回归、趋于平稳态势；发电和输变电设备制造业总体实现平稳增长，利润增速逐步回升，产品产量有增有减，产品价格低位运行，资产投资趋于理性，国际贸易优于上年。

《逆势转型温和增长》，2014 年 2 月 10 日，第 20 版。

2 月 12 日，工业和信息化部公布了国家新型工业化产业示范基地第五批名单，焦作高新技术产业开发区、山东东营胜利经济开发区等一批涉及能源领域的装备制造示范基地榜上有名。此类涉及能源领域的装备制造示范基地已日益成为带动能源装备制造业转型升级、推动产业由大变强的重要力量。

《能源装备制造基地 依靠可持续发展牵引产业转型》，2014 年 2 月 17 日，第 20 版。

《目录》将能源装备各子领域基本囊括进来。煤炭主要有井工矿山、洗选煤、露天矿山、深加工及综合利用 4 个设备专业、16 种重大或关键设备；石油石化主要有炼油、乙烯、陆地油气田开采、油气输送 4 个设备专业、15 种重大或关键设备；电力主要有火电、水电、风电、输变电、核电、光伏发电 6 个设备专业、14 种重大或关键设备；同时，还有环保、热力及燃气等行业多个设备专业涉及能源装备。

《重大能源装备实施质量监理》，2014 年 2 月 24 日，第 19 版。

积极推动油品升级，保障清洁油品供应是大气污染防治重点任务之一。在 2013 年 9 月《国家发展改革委关于油品质量升级价格政策有关意见的通知》（下称《通知》）发布之前，关于成品油升级要不要提价的问题一直争论不休，《通知》一锤定音后，舆论的焦点又转向了技改成本分摊合理度的探讨。事实上，无论油品质量升级是否加价，以及技改成本应由谁承担都只是以现有设备技术为基础的经济责任论，只有推进炼厂设备改造升级才能实现多赢。

《炼化设备改造何以左顾右盼博私利》，2014 年 3 月 3 日，第 19 版。

目前，清华大学燃气轮机研究院成立，该研究院吸引了教育部、发改委、国内相关院校、企业以及国外同行的关注，被寄予大力发展天然气发电、提高能源综合效率的厚望，也为国内关键技术壁垒较高的燃气轮机行业注入了一针强心剂。

《完善重型燃气轮机自主研发体系》，2014 年 3 月 10 日，第 20 版。

目前，国内首套带压作业电控模拟装置安装调试工作在西南油气田采气工程研究院顺利完成，并正式投入使用，结束了带压作业操作人员以往培训"纸上谈兵"的历史。西南油气田采气工程研究院

经过近两年攻关，与国内知名带压作业设备制造商合作开发出国内首套带压作业电控模拟实验装置。这一装置能模拟真实工作状况，能满足对操作人员、设备使用维护人员进行培训以及技术改进等工作需求，并能通过数字化控制流程，提高作业效率、减少误操作、降低员工劳动强度，确保天然气井带压作业安全。

《首套带压作业电控模拟装置正式投入使用》，2014 年 3 月 10 日，第 20 版。

中国东方电气集团有限公司作为涉及国家安全和国民经济命脉的国有重点骨干企业和国内最大的发电设备制造基地，在经济增长速度放缓、电力市场有所下滑的背景下，产品结构调整成效明显，"走出去"战略取得显著成绩，努力保持了稳健持续发展的良好态势。围绕现阶段工业领域转型升级、产能过剩和国产装备走出国门等热点问题，本报总编辑解树江与来京参加两会的东方电气集团董事长、党组书记王计，就上述焦点进行了深入交流。

《东方电气："六电并举"布局全球战略（对话）》，2014 年 3 月 17 日，第 19 版。

《支持目录》显示，额定功率大于 2500 马力的大型压裂设备、提升能力大于 18 吨的连续油管作业装备和大于 70 吨的不压井作业装备、钻井深度大于 7000 米的顶部驱动钻井装置、30 标准立方米/分钟的天然气发动机驱动压缩机组、作业水深大于 500 米的半潜式钻井平台、整船舱容大于 1000 立方米的独立 C 型 LNG 运输船进口相关配件享受进口免税政策。

《能源装备进口免税政策调整褒贬不一》，2014 年 3 月 17 日，第 20 版。

我国 8 万等级空分装置配套的离心压缩机日前在西安试车成功，这不仅是我国国产化大型离心空压机组研制的新突破，推进了重大装备国产化的进程，也打破了 8 万等级空分配套离心压缩机组国外垄断的现状。

《8 万等级空分配套 离心压缩机试车成功》，2014 年 3 月 31 日，第 19 版。

李毅中表示，发达国家服务业占 GDP 的比例达到 70% 左右，在服务业中生产性服务业占了近六成，如欧盟 52%、日本 54%、美国 60%；我国目前服务业中生产性服务业占比尚无准确数据，但发展滞后、比例偏低是不争的事实。在能源装备产业，市场环境已经从卖方市场进入买方市场，单纯的生产制造难以形成足够的竞争力和利润，依靠投资拉动的传统发展方式也已成为过去式，产业发展过度依赖资源消耗和增加环境成本的局面亟待破解。因此，从"生产型制造"向"服务型制造"转型，成为行业企业必须要啃的硬骨头。

《能源装备"服务型制造"重在落实》，2014 年 4 月 7 日，第 19 版。

4 月 2~3 日，在广西南宁召开的全国装备工业工作会议上，工信部副部长苏波在总结过去五年装备制造业发展情况时说，我国装备制造业综合实力大幅跃升，自主化迈上新台阶，新兴产业发展取得重大进展，优势企业国际竞争力显著增强，产业聚集迈出新步伐，行业管理体系建设开创了新局面。

《全国装备会透露强国时间表路线图》，2014 年 4 月 7 日，第 19 版。

4 月 15 日，江苏虹港石化有限公司 150 万吨/年 PTA 项目完成全部安装工程，实现装置机械竣工。这是采用中国昆仑工程公司（原中国纺织工业设计院）自主 PTA 工艺建设的产能规模最大的 PTA 装置，已达国际一流规模水平，80% 以上的国产设备也使该装置成为国产化率最高的 PTA 装置，标志着我国自主技术 PTA 装置在工艺技术、规模和装备国产化上又有新突破。

《国产 150 万吨/年 PTA 装置实现双突破》，2014 年 4 月 21 日，第 19 版。

日前，中国第二重型机械集团制造的我国自主设计、具有独立自主知识产权的第三代核电国家重大示范工程——CAP1400 稳压器中筒体、下筒体锻件已精加工完毕，下封头进入最后精加工阶段，上筒体进入精加工、探伤阶段，上封头将进入后续加工。这标志着我国大型核电异型封头锻件运用胎膜锻技术完成近净性锻造实现突破，其关键制造技术

进入世界先进行列。

《中国二重大型核电 锻件技术获新突破》，2014 年 4 月 28 日，第 20 版。

日前，世界首套 620℃1000 兆瓦超超临界汽轮机中压内缸铸件在中国二重研制成功。为我国发展大型高效火电机组，打破装备制造"瓶颈"制约提供了坚强保障，对我国改善电力结构，实现火电机组大型化、集约化，提升燃煤效能，减少大气污染具有十分积极的意义。

《620℃1000 兆瓦超超临界汽轮机中压内缸铸件在二重研制成功》，2014 年 5 月 5 日，第 19 版。

Lee Giok Seng 表示，天然气设备制造商和供应商在出口方面面临的最大挑战是要遵守国际法律法规和相关的产品标准，例如 ISO9001 标准、ISO14001 标准等；与此同时，出口到一些国家还需要更加严格的标准，例如 API 标准；此外，天然气设备的买方或进口商也会有其各自的相关产品标准，而这些标准都需要满足。

《天然气设备制造商和供应商坎坷向前》，2014 年 5 月 12 日，第 19 版。

根据《方案》，到 2016 年，我国海洋工程装备实现浅海装备自主化、系列化和品牌化，深海装备自主设计和总包建造取得突破，专业化配套能力明显提升，基本形成健全的研发、设计、制造和标准体系，创新能力显著增强，国际竞争力进一步提升。到 2020 年，全面掌握主力海洋工程装备的研发设计和制造技术，具备新型海洋工程装备的设计与建造能力，形成较为完整的科研开发、总装建造、设备供应和技术服务的产业体系，海洋工程装备产业的国际竞争能力明显提升。

《海工装备自主研发制造全面启动》，2014 年 5 月 19 日，第 19 版。

但与国际同类先进产品相比，我国产品的材料厚度大、自重大、成本高。而应变强化技术正是针对这一桎梏，对容器施加一定的压力，使材料总体产生塑性应变，提高屈服强度，从而可以采用更薄的材料制造低温容器。然而由于国内外使用材料、相关制造法规差异，中国想要借鉴国外的先进技

术，就必须克服相关困难，按照国内材料、法规，重新研究。

《压力容器轻薄化实现技术突破》，2014 年 5 月 26 日，第 19 版。

日前，黄台煤气炉有限公司与中国科学院工程热物理研究所合作研发的洁净煤气化技术——40000 标准平方米/小时循环流化床粉煤气化炉系统在山东茌平信发华宇氧化铝有限公司一次点火成功，各项技术指标均达到设计要求，目前已进入正式生产运行阶段。

《国内产气量最大　洁净煤制气设备投产》，2014 年 5 月 26 日，第 19 版。

"由于装备水平差，管理能力弱等综合因素的影响，选煤技术装备自动化、信息化、智能化程度不高，这些都是当前煤炭分选行业的突出问题。"在日前召开的中国选煤发展论坛上，中煤科工集团北京华宇工程有限公司总经理助理李志勇如是说。

《选煤设备散而不强亟需升级》，2014 年 6 月 2 日，第 19 版。

南海发现石油储藏丰富，被誉为"第二个波斯湾"，在"海洋石油 981"南海开钻之前，我国海洋石油勘探开发的海上油气田的水深普遍小于 300 米，对"深海宝藏"只能望而兴叹。"海洋石油 981"这一"海上巨无霸"，开启了我国正式挺进深水的新征程，为保障我国能源安全、推进海洋强国战略和维护我国领海主权做出了贡献。

《屹立深海的中国力量》，2014 年 6 月 16 日，第 20 版。

在世界杯历史上，首次出现中国高端装备的身影，其意义深远。彰显出中国企业为世界各地量身打造个性化高端装备的能力，重塑了世人对"中国制造"的认识，为中国高铁及其他中国高端装备"走出去"奠定了口碑、增强了信心。不过，也有知情人士表示，中国制造此次走红世界杯，却不意味着所有的企业都有丰厚回报，"为抢夺世界杯订单，不少企业压低了价格，以便为未来的市场赢得更多机会。"但这种短暂的商机能否发酵显现出持续效应，现在还很难说，还要看来自中国制造的后续发展。

《国产高端装备踢进巴西世界杯》，2014 年 6 月 23 日，第 20 版。

《指南》提出，开发高规格大水深 3 型系列自升式钻井平台，平台主要技术性能指标达到或超过同类国际品牌产品，最大钻井深度 35000~40000 英尺，作业工况下最大甲板可变载荷提高 5%~10%，钻井系统大钩载荷提高 25%左右，悬臂梁纵向最大外伸距离 75~80 英尺，关键系统和设备自主化配套率达到 80%以上，完成基本设计并通过船级社认证，承接工程订单。

《海工装备明确重点研发方向》，2014 年 6 月 30 日，第 19 版。

日前，东方电气集团发布了 2013 年社会责任报告，报告提出，作为能源装备企业，其将继续探寻战略性社会责任，与利益相关方和全世界共享企业发展的成果，共同深入参与全球可持续发展。记者了解到，截至上半年，中煤集团、中国一重等大型能源装备企业或涉及能源装备领域的企业多数已发布 2013 年社会责任报告，且信息披露较完整，彰显出能源装备企业积极履行社会责任，不断提升可持续发展能力。

《装备企业发展要扛起社会责任》，2014 年 7 月 14 日，第 19 版。

业内专家表示，目前一个不可回避的事实是，在装备制造向高端化、成套化发展的趋势下，配套基础件短板效应越来越明显，关键零部件依赖进口，国外设备集团垄断，成为我国制造业做强做大的软肋。在经济上，外商总会切中要害地抬高关键零部件价格，使得装备制造业仍受制于国外。

《装备国产化用户国货情结成关键》，2014 年 7 月 21 日，第 19 版。

7 月 21 日，中国环境监测总站在杭州发布权威消息，我国首个燃煤发电机组烟气超低排放改造项目——浙能集团所属嘉兴发电厂三期 7 号、8 号百万机组主要污染物排放水平均低于天然气机组排放标准，达到国际领先水平。该改造项目取得成功，标志着燃煤发电机组清洁化技术取得了革命性突破

《浙能集团燃煤机组清洁化技术取得重大突破》，2014 年 7 月 28 日，第 20 版。

"长期以来，能源的商品属性往往被弱化。"国家能源委专家咨询委员会主任、国家能源局原局长张国宝在论坛开幕式上表示，尽管与二三十年前的计划经济，甚至与十年前比较，能源市场化改革有了很大进展，但能源领域存在不少影响生产力发展的计划经济做法，改革需要继续深化。

《第三届中国能源经济论坛在京举行》，2014 年 8 月 4 日，第 1 版。

机械工业是为能源发展提供装备的重要产业，目前，我国机械工业总体规模已连续多年位居世界前茅，我们的发电设备产量占全球 60% 左右，产业结构也有所改善，产品技术逐年提高，单机容量世界最大的泰山核电 1 号机组 175 万千瓦核能发电机成功研发，特高压输变电设备的充电桩、高压绝缘套管等一大批长期受制于进口的关键零部件也都取得了重大突破。能源装备的其他方面这些年也已经有了长足进步，许多产品、关键技术已经替代了进口。但是，我们也冷静地认识到，我们现在还有好多产品能源排放超标、技术改造乏力、工艺水平落后、高效节能等高档产品供给不足，在资源制约、能源安全与环境约束矛盾加剧的形势下，机械工业为我们能源产业、为能源生产和消费提供一些高端的产品，加快转型升级的任务十分艰巨。

《第三届中国能源经济论坛致辞》，2014 年 8 月 4 日，第 3 版。

当前中国的能源体制是多重体制亚型的复合体，有计划体制、市场体制，计划体制中有直接计划、间接计划，有传统的计划方式，有新的计划方式，双重体制当中，有影子计划，有垄断计划，有外生计划，还有差别计划。因此，能源体制改革充满了复杂性。

《中国能源市场化改革路径与难点》，2014 年 8 月 4 日，第 3 版。

为给我国能源装备产业健康持续发展营造良好的舆论氛围，在上一届的基础上，《中国能源报》在众多的专业机构包括国家能源委员会专家咨询委员会、中国机械工业联合会的大力支持下，评选出了 2014 年中国能源装备优秀人物和企业，并于 7 月 28 日在"第三届中国能源经济论坛"上揭晓了终身成就人物、年度领军人物、杰出贡献企业、十大优秀管理者、十大自主创新企业、中国能源装备十佳民企以及能源装备产业园区十强等奖项。本次遴选出来的优秀人物与企业对推动我国能源装备产业的深化改革和有序健康发展作出了积极贡献，抒写了能源行业实现伟大复兴中国梦的又一生动篇章。

《中国能源装备优秀人物/企业榜单》，2014 年 8 月 4 日，第 21 版。

"我国能源装备企业没有形成一个系统的装备产业，只是停留在某个门类上，离 GE、西门子这样的大型跨国装备企业差距依旧很大"。国家能源委专家咨询委员会主任、国家能源局原局长张国宝 7 月 28 日在"第三届中国能源经济论坛"召开间隙，接受中国能源报记者采访时表示。

《国产装备离世界一流的路途还很远》，2014 年 8 月 11 日，第 19 版。

作为中国最大的发电设备制造企业之一，中国东方电气集团有限公司参与了恒运电厂 9 号机组的锅炉、汽轮机、发电机和脱硝（氮氧化物排放控制）的改造。业内人士表示，我国发电设备制造企业在清洁燃煤技术研发和系统集成上取得了快速成长与发展，得益于此，燃煤发电行业已经逐步挺进一个"超低排放时代"。

《中国煤电挺进超低排放时代》，2014 年 8 月 25 日，第 19 版。

8 月 22 日凌晨 3 时 08 分，由中国寰球工程公司 EPCC 总承包的中国石油昆仑能源山东泰安 60 万吨/年 LNG 装备国产化项目生产出合格产品，标志着装置开车投产成功。泰安 LNG 项目是国家能源局和中国石油集团公司批准的天然气液化技术和关键设备国产化依托工程，也是中国石油引领国内 LNG 产业国产化、高端化发展的战略工程。

《首座 LNG 国产化示范工程顺利投运》，2014 年 8 月 25 日，第 20 版。

国家发改委于 8 月 22 日公布了一项鼓励西部

地区产业发展的政策。记者对《西部地区鼓励类产业目录》（下称《目录》）梳理发现，12 个西部省、自治区、直辖市的新增鼓励类产业中均涉及能源装备相关产业，其中有 9 个地区涉及太阳能、风能和核能设备。

《能源装备成新增鼓励类重点》，2014 年 9 月 1 日，第 19 版。

记者近日联系了几家国内生产轴承的供应商，商家坦言，店面并没有因为如火如荼地反垄断调查而热闹起来。目前并没有因反垄断调查而让国内用户觉得外资品牌属于暴利，进而到国产自主品牌进行消费，因为价格下调消息传出，不少原本有意购买自主品牌设备的用户反而开始关注起合资品牌，一旦合资品牌的价格下探到用户能承受的价位，购买意向即开始向合资品牌转移。反垄断调查势必引起原本垄断产业价格的大幅下跌，并下探至合资品牌的价格区间，由此引发的市场连锁反应，将会给自主品牌经销商带来更大的投资风险。

《反垄断，自主品牌路在何方？》，2014 年 9 月 1 日，第 20 版。

9 月 2 日，作为第四届中国—亚欧博览会三大论坛和重要活动之一的中国—中亚科技创新合作论坛，在新疆昌吉市特变电工总部科技研发基地举行，该论坛由中华人民共和国科技部主办，新疆维吾尔自治区科技厅、昌吉州人民政府、昌吉市人民政府、特变电工股份有限公司承办。据悉，此次论坛重点围绕能源、新能源、输变电设备、智能电网、大型矿山建设等世界最新创新成果展开交流和讨论。与会的各国代表既能够通过论坛进行交流，了解世界电力领域装备的最新技术，也能通过对特高压基地的参观，身临其境地感受特高压装备的具体研制实践，近距离分享各项技术的创新及实践经验。

《丝绸之路经济带建设的务实举措》，2014 年 9 月 8 日，第 19 版。

被全球资源开发巨头必和必拓作为试验模式准采购的中国首台大型矿用挖掘机——55 立方米大型矿用挖掘机，在与国际同类顶尖设备在相同条件下同台竞技一年半之后，目前通过了各项性能参数的考核和严格的服务保障核准，最终获得满意评价。这意味着由太原重型机械集团有限公司（以下简称"太重"）研发的 55 立方米挖掘机正式通过必和必拓验收，获得采矿业"全球通"资格证。

《太重 55 立方矿用挖掘机获"全球通"资格》2014 年 9 月 8 日，第 19 版。

"863 计划"机器人技术主体组组长、哈尔滨工业大学机电学院院长赵杰指出，我国机器人市场井喷时代已到来，网络化、数字化、智能化、无人化已成为机器人技术发展的重要趋势。我国机器人产业要攻克关键技术，与市场需求有效结合，推动制造业转型升级，促进我国从制造业大国向制造业强国转变。

《机器人来袭：推动装备制造业升级》，2014 年 9 月 15 日，第 20 版。

沈阳机床集团董事长关锡友，从机床产业的角度诠释了产业转型的趋势。关锡友称，中国的产业发展光靠自己肯定不行，金融好比血液，要流到任何器官。要想实现真正的产业转型和升级，金融对实体产业的转型升级是最重要的支撑，除了这个支撑之外还需要载体，所以，要想从传统制造商转向工业服务商，服务存量是核心，没有金融的力量做不到，没有网络、没有技术也做不到。融资租赁可以按照用户的使用时间收取租金，会出现差异化的金融产品，对客户而言更加合理。融资租赁不仅仅是一个产品销售的工具，更是一个综合服务的纽带，其核心内涵是贴近客户而不是远离客户，只有真正了解客户，走近客户，才有可能实施转型升级。

《装备制造与融资租赁合力"走出去"》，2014 年 9 月 22 日，第 19 版。

中国轴承工业协会副秘书长牛辉告诉本报记者，"轴承是能源装备制造业中关键的基础零部件，广泛运用于大型风电、水电、核电机组、深井钻机、海上钻井平台等领域，直接决定着重大装备性能、水平、质量和可靠性。"

《能源装备需破轴承之困》，2014 年 9 月 29 日，第 10 版。

记者在东汽了解到，在早先国内火电三年不开工的日子里，东汽就是主要依靠火电改造而维持企业发展，并实现盈利不亏损。而对于本次《行动计划》，东汽副总经理、总工程师王建录也表示，"东汽已经做好了充分的准备，会紧跟政策市场的步伐，不断进行设备的老旧改造升级，做到设备效率最大化。"

《东方电气："减"污染"加"效益用技术创新谋良性发展（煤电节能减排·技术装备升级改造）》，2014 年 10 月 13 日，第 20 版。

"制造业是创新驱动、转型升级的主战场。打造制造业升级版，实现 2025 年进入制造强国行列，必须推行'三化'制造，即数字化、网络化、智能化制造。"在日前召开的作为 2014 中国（郑州）产业转移系列对接活动之一的"制造强国战略报告会"上，中国工程院院长周济如是说。

《制造强国须"三化"推进》，2014 年 11 月 10 日，第 19 版。

燃煤锅炉节能改造已箭在弦上，但改造的进度则受制于政策推动力度和企业的经济性考量。"晚改不如早改，企业不要拖到政策到期时再被动改造。"北京公众环境研究中心主任马军如是建议。

《燃煤锅炉改造时不我待》，2014 年 11 月 17 日，第 20 版。

对外经贸大学教授王炜瀚认为，随着国家能源经济战略的调整，我国对外能源合作不仅是单向引进油气资源、能源技术装备，逐渐向对外输出核电等技术装备，资源与市场合作开发等方面转变，合作的广度和深度将加大，实现各国共享机遇、共迎挑战、共创繁荣。

《能源互联互通："一带一路"带动装备走出去》，2014 年 11 月 24 日，第 19 版。

国家核安全局副局长郭承站指出，质量是安全的前提，今天的质量就是明天的安全，"对待质量问题，绝不能有半点疏漏，也不能留有半点隐患，更不能有半点侥幸。"即使面对事关经济效益的工程进度，在郭承站看来，质量仍是最大的经济性，"只有保证质量才能保证核电建设的进度，设备的设计制造、工程进度务必要让位于产品质量，务必认识到核安全就是最大的经济效益。"中国机械工业联合会原总工程师隋永滨在谈到设备质量时也称："拒绝一切投机取巧，拒绝一切敷衍了事，拒绝一切不按照核电的规章制度办事的行为。"

《要国产化，更要有质量的国产化》，2014 年 12 月 15 日，第 20 版。

图书在版编目（CIP）数据

中国能源装备年鉴（2014）/《中国能源装备年鉴》编委会编. —北京：经济管理出版社，2015.7
ISBN 978-7-5096-3899-6

Ⅰ. ①中⋯　Ⅱ. ①中⋯　Ⅲ. ①能源—装备产业—中国—2014—年鉴　Ⅳ. ①F426.4-54

中国版本图书馆 CIP 数据核字（2015）第 175018 号

组稿编辑：陈　力
责任编辑：杨国强　张瑞军
责任印制：黄章平
责任校对：车立佳

出版发行：经济管理出版社
　　　　　（北京市海淀区北蜂窝 8 号中雅大厦 A 座 11 层　100038）
网　　址：www. E-mp. com. cn
电　　话：（010）51915602
印　　刷：北京晨旭印刷厂
经　　销：新华书店
开　　本：880mm×1230mm/16
印　　张：30.75
字　　数：922 千字
版　　次：2015 年 11 月第 1 版　2015 年 11 月第 1 次印刷
书　　号：ISBN 978-7-5096-3899-6
定　　价：880.00 元

江苏银环精密钢管股份有限公司

江苏银环精密钢管股份有限公司（以下简称江苏银环），是一家国家级重点高新技术企业，主要研发并生产石油石化、火电核电、航空航天、轨道交通和军工装备等领域用精密钢管，是国内石油化工、火电核电、电站锅炉、高速列车等重大装备用耐温、耐压和耐蚀精密钢管等关键材料国产化研制基地。公司拥有4个独资工厂、1个合资工厂、1个国家级材料工程研究中心、1个省级工程技术研究中心和1个博士后创新实践基地，先后承担了超(超)临界火电机组用高压给水加热器用U型管、高温气冷堆蒸发器用螺线盘管、快中子反应堆蒸发器用管研发项目等20多项国家重大科技专项和国家重大工程项目关键材料研制任务，拥有24项专利，被授权起草了5项国家标准、6项行业标准，获得了中国机械工业科技一等奖、国家科技进步二等奖、中国"产、学、研"合作创新成果奖、国家核安全局《核1级、核2级、核3级管道制造许可证》，先后被授予了中国能源装备杰出贡献单位、中国自主创新年度先进企业、中国改革杰出单位等。

BAOSTEEL 宝银特种钢管有限公司

宝银特种钢管有限公司（以下简称公司），专业生产核电蒸汽发生器用690合金传热管（CPR1000、EPR、AP1000、ACP1000、CAP1400等），年产能750吨。公司取得了国家核安全局颁发的核1级《民用核安全机械设备制造许可证》和美国机械工程师协会颁发ASME QSC质量体系证书。 公司承担国家重大科技专项课题——"大型压水堆核电蒸汽发生器用690合金U形管研制和应用性能研究"，是690合金U形管研制及产业化的责任单位。2014年4月26日，CAP1400蒸汽发生器690合金管成功发货。经过多年的技术积累，公司产品综合合格率稳定达到85%以上。公司形成了《690合金传热管论文集》和21项技术秘密，拥有17项发明专利。

中核苏阀科技实业股份有限公司
CNNC SUFA TECHNOLOGY INDUSTRY CO.LTD

深交所主板上市

代码：000777

中核苏阀科技实业股份有限公司（以下简称公司）成立于1997年，是一家集工业阀门研发、设计、制造及销售为一体的科技型制造企业，也是中国阀门行业和中国核工业集团所属的率先上市企业。

公司产品广泛应用于国内外石油、石油天然气、炼油、核电、电力、冶金、化工、造船、造纸、医药等十几个行业及国家有关科研部门，所使用的　"H"及"SUFA"商标是阀门行业的知名品牌，在国际阀门市场也具有良好的声誉和一定的影响力。公司所属"H"品牌是苏州市知名商标、江苏省著名商标，并在2006年"第14届世界生产力大会"上获得"2006世界市场中国（阀门）十大年度品牌"称号。

核电事业部大楼

生产现场

大口径钠阀

主蒸汽隔离阀

CAP1000爆破阀14吋ADS功能试验

中核苏阀科技实业股份有限公司
CNNC SUFA TECHNOLOGY INDUSTRY CO.,LTD.

电话：0512—67533655　　传真：0512-67511301
地址：苏州市高新区珠江路501号　　邮编：215129

国家电投

黄河上游水电开发有限责任公司

龙羊峡水电站

青铜峡水电站

黄河上游水电开发有限责任公司（以下简称黄河公司）是国家电力投资集团公司控股的大型综合性能源企业，成立于1999年10月。公司主要从事电站的开发与建设；电站的生产、经营、测试及检修维护；晶硅产品及太阳能电池及组件的生产、销售；电解铝的生产、销售；矿产资源开发等业务。

黄河公司遵循"流域、梯级、滚动、综合"的开发原则，加快黄河上游水电资源和新能源开发，积极延伸上下游产业链，产业分布在青海、甘肃、宁夏、陕西等省（区）。截至2015年9月，电力装机规模为1292.61万千瓦，拥有黄河班多、龙羊峡、拉西瓦、李家峡、公伯峡、苏只、积石峡、盐锅峡、八盘峡、青铜峡和大通河流域等水电站16座，并正在开发建设一批水电项目；在青海、甘肃、陕西等地开发光伏发电项目和风电项目，已形成新能源发电能力214.61万千瓦；在青海西宁建成年产2500吨多晶硅项目、57万吨水电铝联营和30万吨炭素项目；在西安、西宁两地建成年产太阳能电池400兆瓦及组件300兆瓦生产线项目。

黄河公司成立以来，累计完成发电量3500亿千瓦时，实现营业收入近800亿元，资产总额达798亿元。公司已初步形成了"以清洁能源为核心，产业协同发展，突出创新创造，建设国内一流企业"的产业格局，成为国家电投的骨干产业集群。多年来，黄河公司荣获"全国五一劳动奖状"、"中央企业先进集体"、"企业信用评价AAA级信用企业"等多项荣誉称号，连续14年荣获"青海省财政支柱企业"称号。

黄河公司全体干部员工正在以开放、合作、共赢的态度，加快建设资产质量优良、产业结构合理、管理水平先进、经济效益明显的国内一流综合性能源企业。

李家峡水电站

公伯峡水电站

积石峡水电站

盐锅峡水电站主厂房

龙羊峡水光互补850兆瓦电站

甘肃景泰49.5兆瓦风电场

青海格尔木500兆瓦并网光伏电站

西宁电厂效果图

黄河上游水电开发有限责任公司　　地址：青海省西宁市五四西路43号　电话：0971 6322205　　0971 6322200（传真）
邮编：810008　　　　　　　　　　　　网址：www.hhsd.com.cn

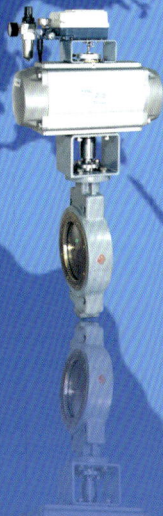

京城新能源
JINGCHENG NEW ENERGY

北京京城新能源有限公司（以下简称京城新能源）成立于2010年8月，由北京京城机电控股有限责任公司、北京北重汽轮电机有限责任公司和北京重型电机厂共同参股组建。京城新能源凝心聚力，艰苦创业，在改革转型创新中求发展，现已成为集风电技术研发、相关组件制造、机组总装、技术咨询、售后服务、风电场投资等业务于一体的风电设备制造与服务的供应商。北京制造基地已形成年产风力发电机组500台（套）生产能力。北京京城新能源（酒泉）装备有限公司成立于2011年1月，为京城新能源下属全资子公司，基地位于甘肃省酒泉市工业园区，是酒泉地区最大的风电装备制造企业，已形成年产风力发电机组500台（套）和风力发电机1000台（套）的生产能力。北京京城新能源（克什克腾）装备有限公司加紧建设中，基地工程建成后年产风电机组300台。京城新能源已建成两个50MW风力发电厂。京城新能源全方位做好深度服务，为用户提供快捷、优质、方便、高效的风电业务及保证风场运营的各项服务。

京城新能源坚持创新驱动发展，技术引进、消化吸收和自主研发相结合，全力打造核心竞争力，全面提升风电装备制造能力，现已形成1.5MW、2MW、3MW风电机组系列的批量生产，5.5MW系列风电机组正在上线制造中，为我国电力事业的发展提供精良的绿色能源，造福社会、造福人民。

北京京城新能源有限公司

地址：北京市石景山区吴家村路57号 邮编：100040

电话：010-51792812 传真：010-51792570

网址：www.jcnewenergy.com

上海弘盛特种阀门制造有限公司
SHANGHAI HONSHEN VALVE MANUFACTURE CO.,LTD

卓越品质，源于用心打造；弘盛阀门，旨在领先全球

上海弘盛特种阀门制造有限公司是由原上海海工阀门厂（1981年建厂）改制组建而成。1997年由原上海海工阀门厂的技术、生产、经营等主要部门按照现代企业的要求在原企业职工全体下岗的基础上重新择优组合，组成本企业。本公司现有工程技术人员16名，以产品开发更新，不断适应市场需求，填补市场空白为目标，舍去过去大而全、多而杂的生产模式。多年来致力于大口径、高压力、耐高温球阀的开发生产，取得了较好的社会效益和经济效益。生产的大口径高压力防爆、防烧球阀已得到了行业专家的认证。

企业在2000年9月完成ISO9001（DNV认证）质量认证工作；2004年取得了特种设备制造许可证证书。

多年来，公司的大口径高压力阀门在输油气行业有较好市场，成功的参与了中济天然气管线、鲁宁输油管线改造、中油公司黄岛油库和上海天然气输配等工程，为今后更好的参与石油、石化及天然气建设积累了经验。自1992年始，公司参与了鲁南化肥厂、不海焦化厂及淮南化肥厂的煤气化气化项目阀门的研制，十几年来对其灰黑水、渣水阀门的国产化，做了大量探索和改进。2003年，公司参与山东德州华鲁恒化工股份有限公司国产化大化肥改造项目，承担了国家发改委的专项课题，同时，我公司的硬密封球阀在金陵石化、南化一、二期，兖矿国宏化工、黑龙江浩良河化肥厂、陕西神木化学、山西丰喜化工、内蒙古三维等煤气化项目中得到了广泛应用。公司通过努力研制、开发煤化球阀，形成了锁斗阀、开关阀、分子筛切断球阀、黑灰水手动切断管线阀门四大品种，十几个系列，几百个规格。2005年起，公司锁渣阀开始在华鲁恒升化工、山西丰喜化工等公司使用并反映良好。

氧阀

电动轨道球阀

软密封球阀

硬密封球阀

上海弘盛特种阀门制造有限公司

地址：上海市金山工业园区金百路368号　　邮编：201506
电话：021-67222688 转(8208)(8219)　　传真：021-67228566　　E-mail: www.pipeline-valve.com.cn

萍乡市华朋实业有限公司

萍乡市华朋实业有限公司成立于1996年6月6日，到目前为止，公司已经有18年复合材料生产的经验。是国内率先将复合材料应用到工业领域并且形成规模生产的企业之一，是江西领先进入复合材料产业并且生产时间较久的企业。

公司坐落在萍乡市上栗县彭高镇动漫产业园内，占地面积100亩，生产厂房12360平方米，拥有职工265人，管理技术人员32人。公司技术力量雄厚，目前的研发团队中，有高级工程师1人，中级工程师6人，助理工程师4人，其中硕士研究生学历2人，本科及大专学历5人，储备人才10余名，具备自己的研发团队和研发能力。

公司拥有雄厚的技术研发团队和一流水平的管理队伍。公司早期的研究与发展业务是在化工部科学技术研究院中国玻璃钢技术顾问团的帮助下进行的。现在，公司有雄厚的技术力量和完善的人才培养机制，除定期从武汉理工大学、上玻院等院校和研究所聘请专家、教授来公司进行人才培训外，还经常组织技术人员到上海玻璃钢研究院、金风科技等风电上市公司和各种展览会现场参观、交流，通过不断的学习来完善自身的缺陷，提高技术工艺的先进性，使公司产品在市场中具备更强的竞争力。截至2007年底，当全国复合材料制品还处于最原始的手工糊制工艺阶段时，公司率先从丹麦引进真空注压、树脂纤维喷射SMC等先进工艺，并在同年获得上玻院等权威机构的认可，批量投入生产；并且公司引进新工艺后生产的机舱罩在2008年冰灾中以零故障的成绩领先风电行业。2011年，公司为中国南车集团提供的3MW叶片和机舱罩已经投入运行，是江西省内能够生产3MW的大型叶片和机舱罩的厂家。目前，能够生产3MW大型叶片和机舱罩的厂家在全国不超过5家。

2012年，公司抓住风电大发展的机遇，与上海玻璃钢研究院合作开发用于1.5MW风机的42.8米和45.3米风力发电机叶片。2013年，叶片试制成功而且通过上海玻璃钢研究院以及船级社检验，同年底叶片投入量产。

截至2012年，公司已经积累了叶片批量生产经验，在技术方面有自己完整的开发体系和过程控制能力，这些经验为公司开发叶片奠定了坚实的基础。

公司经过十几年的发展壮大，自开工建设以来，在市委、市政府和有关部门的支持下，公司克服金融危机等不利因素影响，到目前为止，已完成该项目20%的基础建设工程，成为上栗县重点建设项目，萍乡市工业骨干企业，也是江西省具备大型复合材料产品研发生产并拥有自己知识产权的企业之一，被江西省科技厅认定为"优秀高新技术企业"。公司于2005年成为中国玻璃钢工业协会会员，与上海玻璃钢研究院和武汉理工大学同为技术协作单位，2006年通过中国质检局ISO9001：2000质量认证。公司不仅将江西省的风电产业带入一个新的发展阶段，也正在逐渐将发展方向从"做大"转为"做强"，成为江西省复合材料行业的龙头企业。

公司主要生产复合材料系列产品，复合材料制品均系节能型、环保型产品，具有重量轻、防腐蚀、耐老化、抗冲击、成型美观、寿命长的优点，是优质绿色建材。在国际上，复合材料是公认的环保、低碳产品之一，随着复合材料行业的不断发展，复合材料产业已经成为国际上的朝阳产业。

目前公司主要为南车时代集团、湖南湘电风能等上市公司提供产品。公司凭借"做一流工作，出一流产品，创一流水平"的企业精神，在技术和工艺上不断的更新提高，产品质量上不断的完善，得到了顾客的好评，市场前景十分广阔。

企业负责人：袁建国　　联系人：陈放明
电话：0799-3673239　　传真：0799-3673239
邮政编码：337005　E-mail：huapengsy@126.com
通信地址：萍乡市上栗县彭高镇动漫产业园内（沽塘村）

扬州电力设备修造厂有限公司

扬州电力设备修造厂有限公司始建于1969年，占地10万余平方米，隶属于中国能源建设集团，现有职工443人，总资产2.57亿元，是国家中型企业、国家火炬计划重点高新技术企业、江苏省创新型企业、江苏省科技型中小企业、江苏省"两化融合"试点企业、江苏省电力阀门驱动装置工程技术研究中心、江苏省企业技术中心、江苏省企业研究生工作站。2014年公司销售收入3.47亿余元。

公司是国内阀门驱动装置行业主导厂，于2009年取得中华人民共和国民用核安全设备设计/制造许可证、全国工业产品防爆电气生产许可证；2010年中低压成套开关设备取得了国家强制性产品（CCC）认证；2012年通过测量管理体系（AAA）认证，国军标（GJB）第三方审核。

公司是全国阀门标准化技术委员会委员单位，过程控制与测量标准技术委员会TC124／SC4和SC5委员单位，电站阀门标准化技术委员会委员单位，现场总线PROFIBUS CPO委员单位，中国仪器仪表行业协会自动化仪表分会过程控制仪表与系统工作委员会理事单位，主持起草了国家标准GB/T28270-2012《智能型阀门电动装置》、能源行业标准NB/T 20093-2012《核电厂安全级阀门驱动装置的鉴定》、NB/T 20010.11-2010《压水堆核电厂阀门 第11部分：电动装置》和NB/T20010.12-2010《压水堆核电厂阀门 第12部分：气动装置》，作为主要起草单位参与起草了国家标准GB30439.8-2014《工业自动化产品安全要求 第8部分：电动执行机构的安全要求》、机械行业标准JB/T8862-2014《阀门电动装置寿命试验规程》、GB/T 24923-2010《普通型 阀门电动装置技术条件》和GB/T 24922-2010《隔爆型阀门电动装置技术条件》。公司主持修订的DL/T 641-2005《电站阀门电动执行机构》和DL/T 642-1997《隔爆型阀门电动装置》两个行业标准，目前已完成报批稿并上报电力行业热工自动化与信息标准化技术委员会，2015年发布实施。公司主持起草的《低温环境用阀门电动装置技术条件》和《阀门气—液联动装置 技术条件》预计2016年将颁布实施。

公司注重技术创新，近三年投入研发费用总计3951万元，占总销售收入的3.95%，公司坚持产学研合作，增强创新能力。紧紧围绕超（超）临界机组、核电、军工等尖端领域的技术需求，打造企业的核心竞争力。企业已在超（超）临界机组等尖端领域与东南大学、江苏大学等单位进行技术合作；在核电技术方面与清华大学、上海核工程研究设计院、中科华核电技术研究院、核工业标准化研究所进行技术合作；在军工技术方面与解放军理工大学、武汉719所、上海704所进行技术合作。通过技术合作引进最新技术，消化吸收提升企业创新能力。目前企业已获得发明专利6项、实用新型专利36项、软件著作权6项、外观专利10项。

国电常州发电厂2×600MW机组气力除灰系统_1001

化学分析实验室

加工车间一角

大唐南京电厂2×600MW机组电动调节门装置_0946

公司一角

扬州电力设备修造厂有限公司
地址：江苏扬州 文昌中路77号
邮编：225003
电话：0514-87208581 87208868

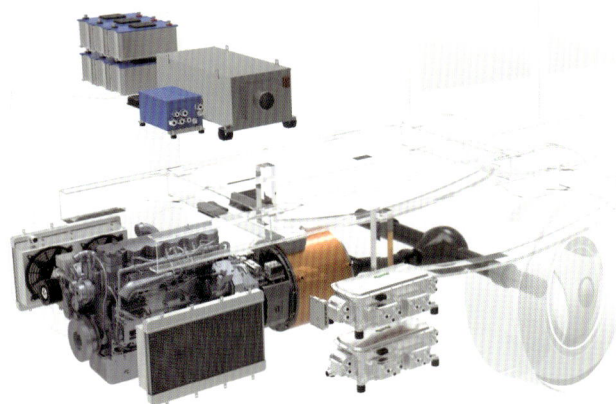

天津市松正电动汽车技术股份有限公司

电池包	主电机控制器	电容
助力转向控制器	主电机	变速箱
发电机控制器	助力转向电机油泵	发电机
整车控制器副本	预充电控制器	散热总成

天津市松正电动汽车技术股份有限公司坐落于天津市空港经济区，是一家致力于提供新能源汽车动力系统解决方案及核心部件的民营高新技术企业。公司先后推出面向城市公交的松正1代串联、松2代并联、松正3代混联、松正4代插电式深混、松正4S插电式深混、松正4C插电式深混等公交车动力系统，且插电式深混系列产品均可扩展为常规混合动力；先后开发并掌握了纯电动乘用车、纯电动客车、纯电动特种车等新能源汽车动力系统关键技术；开发并掌握了高可靠、高安全的电动液压助力转向、智能电子水箱中冷风扇等电动化辅助产品。2010年10月，公司推出了松正3代混合动力公交车动力系统，成为国内混合动力公交车动力系统技术方案标杆。该系统国内率先实现发动机怠速启停，实际路况节油率超过32%。2013年12月，公司推出了面向城市公交的松正4代插电式深混公交车动力系统，该产品技术经中国汽车工程学会组织专家鉴定达到国际领先水平。装载松正4代系统的插电式深混公交车（12米车长，18吨满载，空调关）在非插电状态下百公里平均油耗达到20升水平，纯电动时间占比超过70%，PM颗粒物排放减少90%，产品可靠性、安全性直接对标国际。2014年期间，公司先后推出了松正4代系列化产品，如松正4S、松正4C、松正MINI及松正双电。公司累计申请国家专利600余项，是国家知识产权试点单位、天津市专利示范企业；先后通过了ISO9001、ISO/TS16949认证；获得天津市科技进步一等奖、滨海新区科技进步一等奖等多项荣誉。

截至2013年12月，搭载松正3代系统的混合动力公交车销往全国70多个城市，累计销售5618辆，连续两年国内市场占有率超过30%。截至2014年11月，搭载松正4代系统的插电式深混公交车已在天津、合肥、盐城、郑州、佛山、厦门等20多个城市上线运营，累计销售2000多辆。

露天采煤机

河北天择重型机械有限公司

物竞天择　适者生存

　　河北天择重型机械有限公司是冀中能源峰峰集团的子公司之一，始建于1946年，现有员工2000余人，各类专业技术人员350余人，高级工程师50余人，注册资金1.2亿元，年销售收入超过5亿元。经过60多年的发展，现拥有"天择"品牌煤炭机械和冶金机械两大系列主导产品。煤炭机械主要设计制作重型综采成套装备、薄煤层数字化综采成套装备和大型露天连续采煤成套装备；冶金机械主要设计制作各类中宽带、窄带、棒线型材、钢管等成套成条热轧、冷轧生产线以及各种备件。

　　公司研发的新产品曾获国家科技进步二等奖、中国煤炭工业科技进步二等奖、河北省科技进步三等奖；"天择"商标被评为河北省著名商标，"掩护式液压支架"和"带式输送机"被评为河北省名牌产品。

　　物竞天择，搏击长空。在企业发展的道路上，天择公司紧紧抓住国家煤炭工业发展规划和产业政策机遇，大力实施厂区搬迁项目，该项目位于河北邯郸市马头生态工业城，项目占地总面积470亩，总投资约10亿元。通过大力实施企业发展战略，把公司打造为华北地区装备制造和规模能力、国内煤机行业综合装备能力领先的重型机械制造企业。

地址：河北省邯郸市峰峰矿区鼓山中街2号
邮编：056200
电话：0310-5282133
传真：0310-5282126
邮箱：ffjxzc@vip.163.com
网址：http://www.nstz.com

三机配套

公司大门

中国电建集团上海能源装备有限公司
POWERCHINA SPEM COMPANY LIMITED

中国电建集团上海能源装备有限公司（原上海电力修造总厂有限公司），是世界500强企业中国电力建设集团旗下，集研究设计、制造成套、服务咨询、合同能源管理于一体的能源装备制造企业，拥有电站调速给水泵组生产研发基地。

公司致力于配套大型火电、核电站调速锅炉给水泵组、液力偶合器、高温高压电站阀门和新型焊接材料等系列产品的研发和制造，在中国电力工业发展史上创造了多项成就，开创了国产化的新纪元。随着国内环保节能意识的增强，公司在节能改造及新能源领域方面勇于开拓，积极进行电厂节能改造技术研究及推广，为电厂创造良好经济效益的同时积累了丰富的技术经验。此外，公司和英国Enegry10、美国SunEdison等知名公司合作，致力于垃圾高温分解技术以及光伏光热发电等可再生能源领域的研究服务与设备制造。

公司将以领先的技术，诚信的理念，全方位的客户服务方案，全球性的战略发展视野，为客户提供优质产品、提供满意服务，为企业灿烂辉煌的明天，为中国装备制造业的发展谱写浓墨重彩的篇章。

地址：中国.上海航都路80号　　邮编：201316　　传真：+86 21 3375 8818
电话：+86 21 3375 8800　　网址：http://www.spem.com.cn　　电子邮箱：spem@spem.com.cn

上海自动化仪表股份有限公司
自 动 化 仪 表 七 厂

上海自动化仪表股份有限公司自动化仪表七厂（以下简称自仪七厂），创建于1958年，是上海电气（集团）总公司旗下上海自动化仪表股份有限公司的分支机构，是国内较早从事调节阀设计、制造集研发、生产、销售为一体的国有控股企业。

55年来，自仪七厂秉承"质量是企业的生命"经营战略，贯彻"依靠科技进步，持续改进管理；创造优质产品，提供一流服务"的质量理念。20世纪80年代末、90年代初，先后两次引进美国Masoneilan公司高温、高压控制阀设计、制造技术，通过消化吸收、组织科技攻关，自主研发高端阀门。目前，产品技术处于领先水平。1995年起，公司高温、高压调节阀系列产品连续获得《上海市名牌产品》称号；2000年，公司取得《民用核承压设备设计、制造》两张许可证，成为国内设计、制造核级调节阀的主要企业。

自仪七厂的产品，应用于石油、化工、冶金、食品等行业。在我国军工、航空、航天领域，自仪七厂同样取得了骄人的业绩，被军工研究所列为关键调节阀的供货商。自仪七厂自主研发的高档次特殊阀门在"天上"、"水下"大显身手，推进了我国国防现代化建设，为实现"强军梦"作出了重大贡献，曾受到国务院的嘉奖。在核电领域，十九年来，我国已建、在建的十几家核电站都有自仪七厂的产品。

2011年，自仪七厂承接的超（超）临界火电用调节阀国产化项目，仅用8个月时间，5台样机按时通过鉴定；2012年，攻克核电站主给水调节阀国产化难题，成为援建巴基斯坦C2核电工程项目的合格供应商；2013年，生产系统全面推行ERP管理模式，优化生产流程，提高产能；2014年，自仪七厂将继续坚持高标准生产管理模式，依靠科技进步，不断做强产品，做大市场。

在十一五期间，国家高度重视我国核电产业的发展，作为核电配套企业的自仪七厂，抓住契机，借助国家发展战略平台，建立国家级的核电调节阀产业化基地的项目可行性报告，得到国家发改委批准，2011年10月，自仪七厂整体迁入崇明工业园区秀山路123号，建设新厂、建立调节阀研究所、添置数字化加工设备、极大地提升了自仪七厂的市场竞争能力，也为企业的再次创业注入了新的活力。

展望未来，自仪七厂将紧随国家能源发展战略，以"用户的需求就是我们的追求"为核心价值观，继续深化改革，强化管理，提高效益，实现与利益相关者的协同发展。

核电产品设计制造资格证书

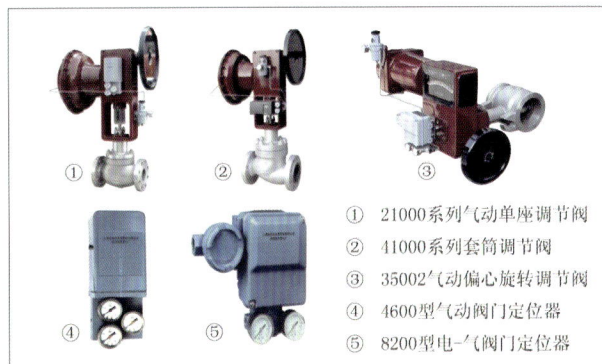

① 21000系列气动单座调节阀
② 41000系列套筒调节阀
③ 35002气动偏心旋转调节阀
④ 4600型气动阀门定位器
⑤ 8200型电气阀门定位器

上海瑞纽机械股份有限公司
Shanghai Railnu Machinery Corp.

C公司简介
Company Brief

上海瑞纽机械股份有限公司是国有控股的有限公司，前身为上海理工大学附属工厂与上海理工大学附属二厂，始建于1958年。公司致力于研发、制造各类核电、军工、铁路等领域光、机、电、液一体化非标设备。源于上海理工，使瑞纽拥有不凡的品质。

公司坐落于浦东新区南汇工业园区，占地面积46000平方米。聚集了上海理工大学附属工厂与上海理工大学附属二厂的优质资产及市场营销、设计制造、科研开发等方面的优势，并拥有一支技术精湛、经验丰富的专业工程技术人员和技术工人队伍及一批具有先进的精密加工、焊接、检测、试验等设备。

公司自秦山一期工程就开始了核电产品的研发制造，还取得了核级阻尼器核承压设备设计和制造许可证。公司是具备批量生产核电站蒸发器支撑板的厂家。逐步建立了整套有效完善的核电质保体系，不断开发各类新产品，各类核电设备几乎在所有已建和在建核电站中均有应用。

联系我们 CONTACT US

地址：上海市浦东新区宣桥镇园德路105号
电话：021-68043200
传真：021-68043319
邮编：201314
官网：http://www.rnmachine.com

核电站蒸汽发生器管子支撑板
产品简介

管子支撑板是核电站蒸汽发生器中支撑U型管的关键部件，属于核安全2级，质量保证最高级QAI，目前主要型号有CPR1000、EPR、AP1000、CAP1400、ACP1000。

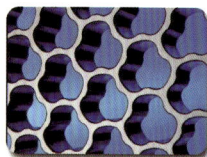

AP1000孔型

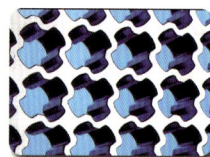

CPR1000孔型

核电站蒸汽发生器管子支撑

企业资质

中华人民共和国民用核安全设备
设计许可证
国核安证字S(13)02号
国家核安全局

中华人民共和国民用核安全设备
制造许可证
国核安证字Z(13)02号
国家核安全局

核电阻尼器系列（机械、液压、大吨位）
产品简介

阻尼器主要用作核电站、火电站及化工厂管道和设备的抗震支撑。在正常情况下，管道和设备因温度变化而产生变形移位，与之连接的机械阻尼器件也缓慢移动，其阻力很小；但在发生地震和管道破裂等事故时，阻尼器能立即限制被支撑管道或设备的位移，起到抗震支撑的作用。

机械阻尼器

液压阻尼器

大吨位阻尼器

无锡动力工程股份有限公司

无锡动力工程股份有限公司研制、生产的万迪牌柴油机及其成套产品被授予江苏省著名商标和江苏名牌产品称号。公司通过ISO9001:2008质量管理体系认证，并积极推行TS16949质量体系的贯标与认证，被中国产品质量协会授予"质量信用AAA标志"，通过江苏省出入境检验检疫局审核，获得出口产品质量许可证书。2008年公司获得中国内燃机工业诞辰一百周年成就奖。2009年万迪牌柴油机在行业中率先取得国II排放认证证书。2010年10月，公司138系列柴油机被列入国家有关部门推荐的节能机电产品之一，并获得机械工业节能机电设备（产品）证书。

公司研制生产的"万迪"牌138、140、145系列6缸和12缸柴油和燃气发动机，功率覆盖110KW～1000KW，广泛应用于电站、船用、消防、钻探等配套领域。在机场、高铁、地铁、高速公路、石油天然气输送、房地产、大型养殖基地、高端酒店、三甲医院等非道路用配套动力领域，WD牌柴油机得到了广泛应用。

2006年，公司开始与国内知名设计所及国际知名柴油机设计咨询公司合作研发新一代"蓝迪"系列发动机，功率从430KW～1000KW，该系列产品属国家科技项目《江苏省重大科技成果转化项目》认定产品。

公司通过合资合作走出了成功的发展之路。1996年2月，由无锡动力工程股份有限公司（WD）和英国霍尔塞特工程有限公司（HOLSET）合资经营的无锡霍尔塞特工程有限公司正式开业。2007年2月，合资公司更名为无锡康明斯涡轮增压技术有限公司。2006年4月，由无锡动力工程股份公司（WD）和康明斯（中国）投资有限公司（CCI）合资经营的无锡范尼韦尔工程有限公司正式开业。

WD164TAD45

WD287TAD61L

WD305TAD68

WD327TAD88

"蓝迪"系列柴油机			
新型号	转速 r/min	功率（KW/PS）	
		标定功率	超负荷功率
WD164TAD43	1500	432/588	475/646
WD164TAD45	1500	450/613	495/673
WD305TAD68	1500	682/928	750/1020
WD327TAD78	1500	780/1060	858/1167
WD327TAD82	1500	820/1115	902/1227
WD327TAD88	1501	882/1200	970/1316

138系列柴油机			
新型号	转速 r/min	功率（KW/PS）	
		标定功率	超负荷功率
WD129TAD23	1500	235/320	259/352
WD129TAD25	1500	258/350	284/385
WD135TAD28	1500	280/380	308/418
WD145TAD30	1500	309/420	340/462
WD145TAD33L	1500	339/460	373/506
WD145TAD35	1500	353/480	388/528
WD269TAD38	1500	382/520	420/572
WD269TAD41	1500	418/568	460/625
WD269TAD43	1500	432/588	475/646
WD269TAD45	1500	465/632.5	512/696
WD269TAD48	1500	482/656	530/721
WD269TAD50	1500	506/688	556/757
WD269TAD56	1500	562/764	618/840
WD269TAD58	1500	588/800	647/880
WD269TAD61L	1500	618/840	680/924

地址：无锡市锡山经济开发区胶阳路2721号（东区）
电话：0510-88536507
邮箱：wdpower@wdpower.com

内蒙古中环光伏材料有限公司

——高效团队、卓越品质、持续创新、行业领先

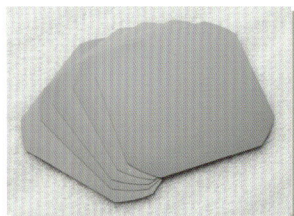

内蒙古中环光伏材料有限公司（以下简称中环光伏）成立于2009年3月10日，是由天津中环半导体股份有限公司（SZ002129）及其全资子公司天津市环欧半导体材料技术有限公司共同投资组建的高新技术企业，主要从事绿色可再生能源太阳能电池用单晶硅材料产业化工程项目建设及其他应用领域硅材料的研发与制造。公司2011年被评为高新技术企业，2012年被评为省级企业研发中心，同年还被评为自治区知识产权试点企业以及"十二五"制造业信息化示范企业。

中环光伏通过先进技术的应用，差异化产品的竞争，适应和引领光伏电池制造业的市场变化和市场发展，公司充分发挥新能源产业的再投料技术、N型硅片技术、金刚石线切割晶片技术、CFZ技术等技术优势，减少资源使用，降低制造成本，提升光电转换效率，为国内下游电池片制造商提供品质优、成本低、一致性高的电池硅片；为国际下游电池片制造商提供转换效率23%以上N型硅片，转换效率25%以上抗衰减CFZ单晶硅片；用不同产品应用范围的产品结构满足不同客户需求。

中环光伏已成为产品应用范围最宽、产品结构齐全、具备为客户提供高光电转换效率低衰减率的太阳能电池用单晶硅片的全球范围的优质制造商和供应商。同时，公司已实现DW金刚石线切割的产业化、规模化运用，已成为产销规模大、产品品质优、国际客户认可度高的全球大型的钻石线切割的硅片制造商和供应商。

电话：0471-3252037　网址：www.zhonghuansolar.com

重庆水泵厂有限责任公司
CHONGQING PUMP INDUSTRY CO.,LTD.

　　重庆水泵厂有限责任公司始建于1951年，是国有独资企业，工厂占地面积13万平方米。公司现有员工1000余人，其中工程技术和管理人员260余人，技术专家5人。是中国同时从事叶片泵和容积泵两大门类产品制造的知名泵企业。

　　历经60余年的开拓创新，从1955年研制成功国内三重式高压往复泵到历时5年实现百万千瓦压水堆核电站上充泵的国产化，在国内60万kW火电机组应用自主研制的机电仪一体化学加药装置到高压水除鳞系统遍布国内90％以上的钢铁企业，重泵公司处处展现出厚重的技术底蕴和实力。

　　公司已取得ISO9001质量体系认证证书、产品核安全级认证证书和军工质量认证证书,同时是取得民用与军用核2级、核3级离心泵和往复泵认证的企业。公司已成功研发并交付二代及二代加核电的上充泵和水压试验泵等核岛关键设备。现正致力于中国第三代核电技术"华龙一号"的新型上充泵等关键泵的研发。公司在对传统加工设备进行全面数字化升级的基础上，通过添置大型五轴联动数控加工中心等高精尖设备，配置高速动平衡机、三坐标测量机、相阵控超声波探伤仪及辉光离子氮化炉等完善的检测和热处理设备，确保产品的加工精度和优良品质。

　　公司不断强化产品出厂的模拟工业运行试验条件，离心泵B级闭式试验台、计量泵试验台、高压往复泵试验台、高低温试验台、泵成套系统检测试验台以及核泵和军品专用试验台八大试验装置形成了泵流量达10000m³/h、压力达120Mpa、转速达8000r/min、配套功率达5000kW的全性能综合测试能力。

　　公司在全国共设有20多个直属办事处，营销及服务网络遍布全国，产品广泛用于有色冶金、矿山、煤化工、石油、石化、电力、核工业、军工等领域，已远销巴西、韩国、伊朗、巴基斯坦、哈萨克斯坦、孟加拉国、新加坡、越南等国际市场。

核二级上充泵、中压安注泵

核二级水压试验泵、硼注泵

甲铵泵系统

注水泵、原油输送泵

液压隔膜泵

高压除鳞系统

煤层气压裂泵

重庆水泵厂有限责任公司
CHONGQING PUMP INDUSTRY CO.,LTD.
网址：www.cqpump.com
电话：023-65429419
信箱：duan65305486@163.com
地址：重庆市沙坪坝区井口工业园区井盛路8号

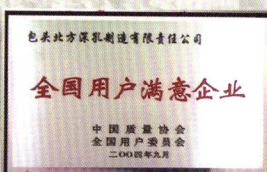

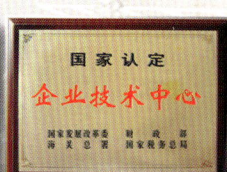